# 2010

# 统计思政

主编 冯 巍

吉林大学出版社

**统 计 思 考** 主 编 冯 巍

责任编辑、责任校对：从立新 刘洺瑜 封面设计：张沭沉

吉林大学出版社出版 吉林大学出版社发行
(长春市明德路421号) 长春科普快速印刷有限公司印刷

开本：889×1194毫米 1/16 2011年5月第1版
印张：31 插页：32页 2011年5月第1次印刷
字数：650千字 1—500册

ISBN 978-7-5601-3347-8 定价：350.00元

主　　编：冯　巍

副主编：程建华　王德军　李　悦
　　　　沙景芳　王智初　蔡晓力

编辑人员：（按姓氏笔画为序）
　　　　王　洁　孙　臻　陈　雪
　　　　程　春　程淑云　潘　豫
　　　　韩　檬

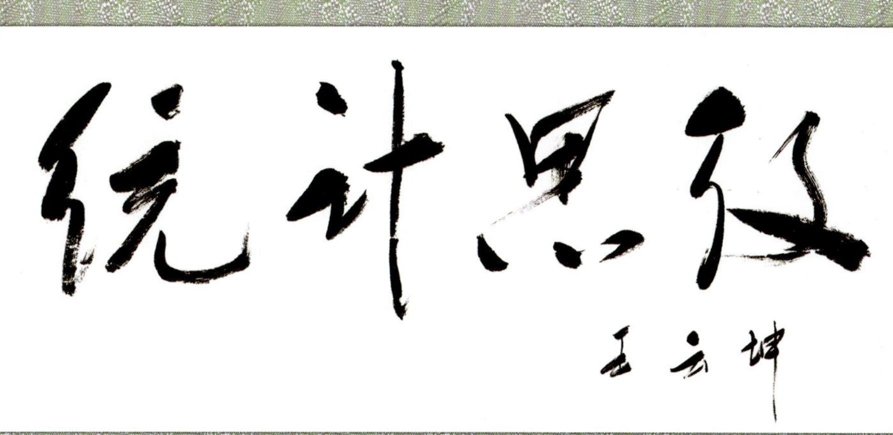


原省人大常委会主任王云坤为本书题写的书名

2010年12月27日，王儒林省长在吉林省统计局调研时与局领导合影。

2010年12月27日，王儒林省长分别到吉林省统计局和国家统计局吉林调查总队调研。

2010年12月27日，王儒林省长、王守臣副省长视察吉林省统计局社情民意调查中心。

2010年9月27日，省委常委、常务副省长竺延风亲切会见国家统计局副局长徐一帆一行。

2010年1月16日，吉林省第二次全国经济普查课题论证会在长春召开。

2010年6月7日—8日，以国务院第六次全国人口普查领导小组成员、国土资源部副部长鹿心社为组长的国务院人口普查督查组来吉林省进行督导检查。

2010年7月8日—9日，上半年全省主要经济指标分析座谈会暨市州局长季度例会在长春召开。

2010年8月4日，全省第六次全国人口普查宣传工作会议在长春召开。

2010年9月2日—6日，吉林省统计局局长冯魏陪同保加利亚副总统安格尔·马林来长参加第六届东北亚博览会。

2010年9月27日，吉林统计调查信息系统网络扩建工程验收会议在长春举行。

2010年10月8日，省政法委副书记、省综治办主任姜德志、省综治办副主任孔庆坤等到吉林省统计局民意调查中心就“吉林省群众安全感”调查工作进行现场检查指导。

2010年10月20日，吉林省统计局局长冯巍应邀到吉林财经大学讲学。

2010年10月20日，吉林财经大学校长宋冬林向吉林省统计局局长冯巍授予客座教授聘书。

2010年10月26日，吉林省统计局新闻发言人、副局长程建华在省政府新闻办召开的新闻发布会上介绍全省前三季度经济运行情况。

2010年11月1日，省政府副秘书长张宝田和省统计局局长冯巍深入人口普查登记现场。

2010年11月1日，省政府副秘书长张宝田和省统计局局长冯巍深入人口普查登记现场。

2010年12月14日，在吉林省统计局普查中心成立十周年座谈会上，省统计局局长冯巍和国家统计局普查中心主任杨宽宽开启香槟祝贺。

2010年12月20日，吉林省统计局局长冯巍在全省统计系统市县两级领导干部轮训班上作了《趋势与阶段—从统计视角观察经济与社会发展》的报告。

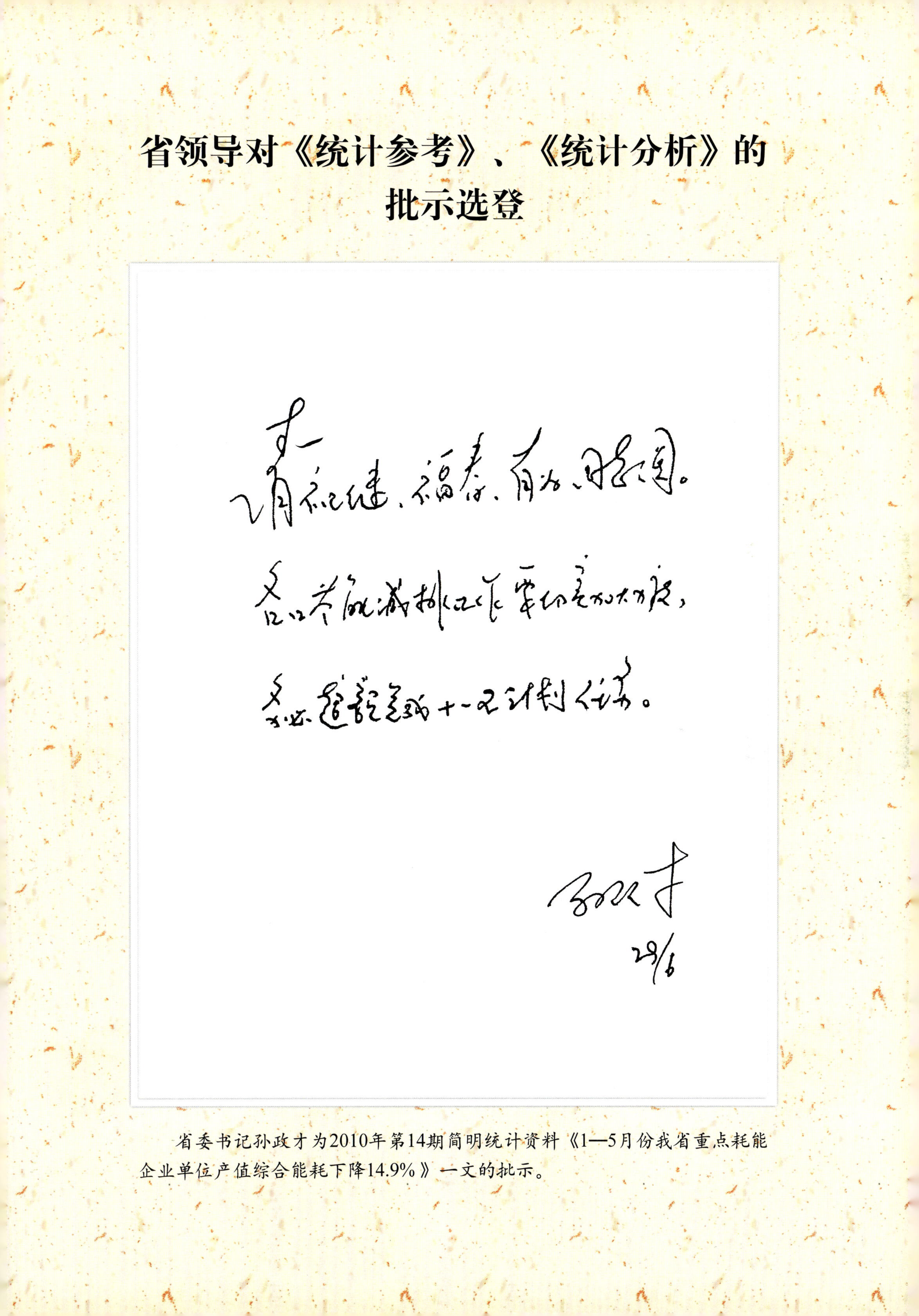

# 省领导对《统计参考》、《统计分析》的批示选登

省委书记孙政才为2010年第14期简明统计资料《1—5月份我省重点耗能企业单位产值综合能耗下降14.9%》一文的批示。

儒林、延风同志：

要从我省的具体实际出发，抓住节能减排中存在的突出问题、强化薄弱环节，采取得力措施，综合施策，确保完成全年的指标。

孙政才 2/11

省委书记孙政才为2010年第14期统计参考《今年第四季度我省节能降耗形势更加严峻》一文的批示。

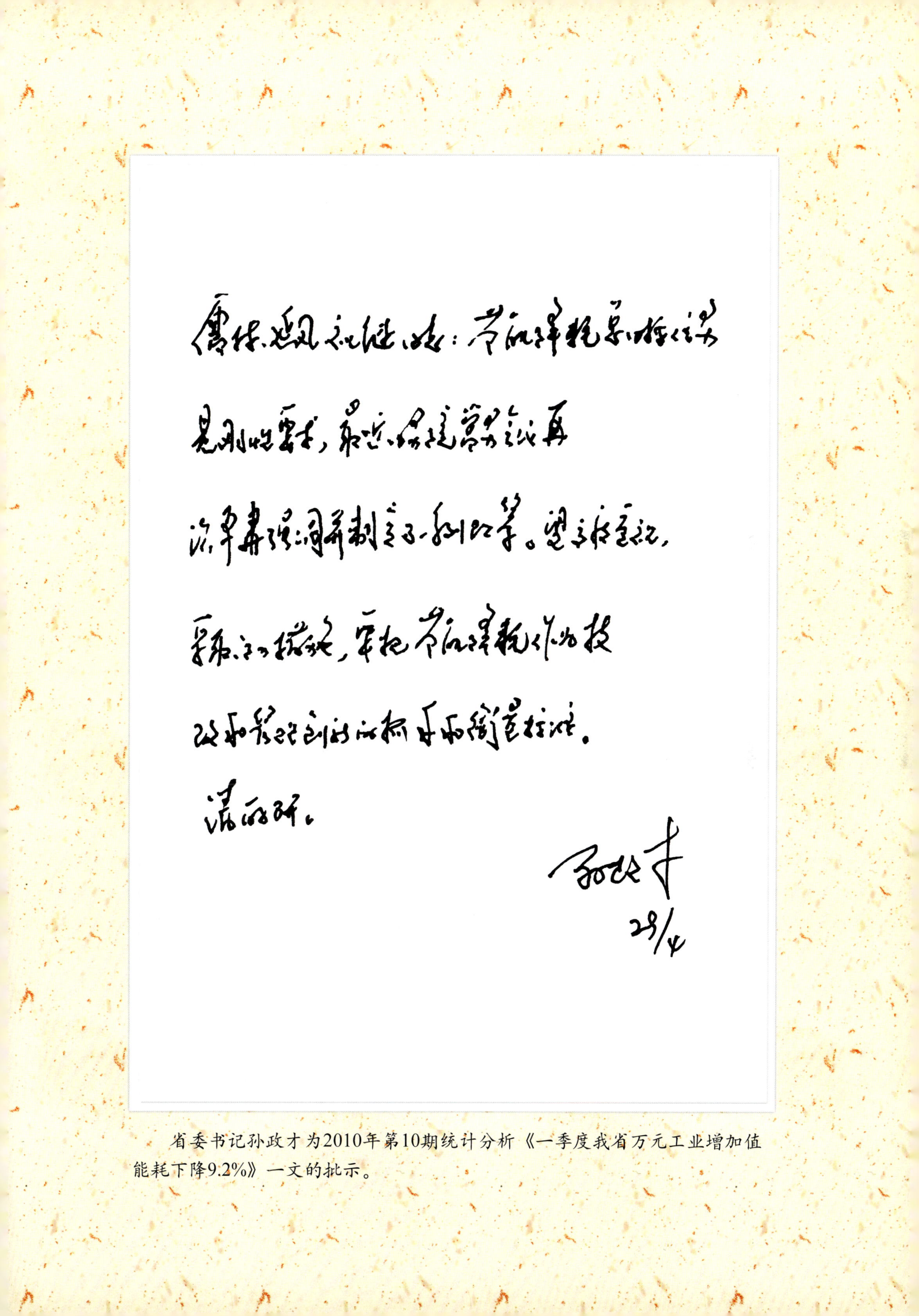

省委书记孙政才为2010年第10期统计分析《一季度我省万元工业增加值能耗下降9.2%》一文的批示。

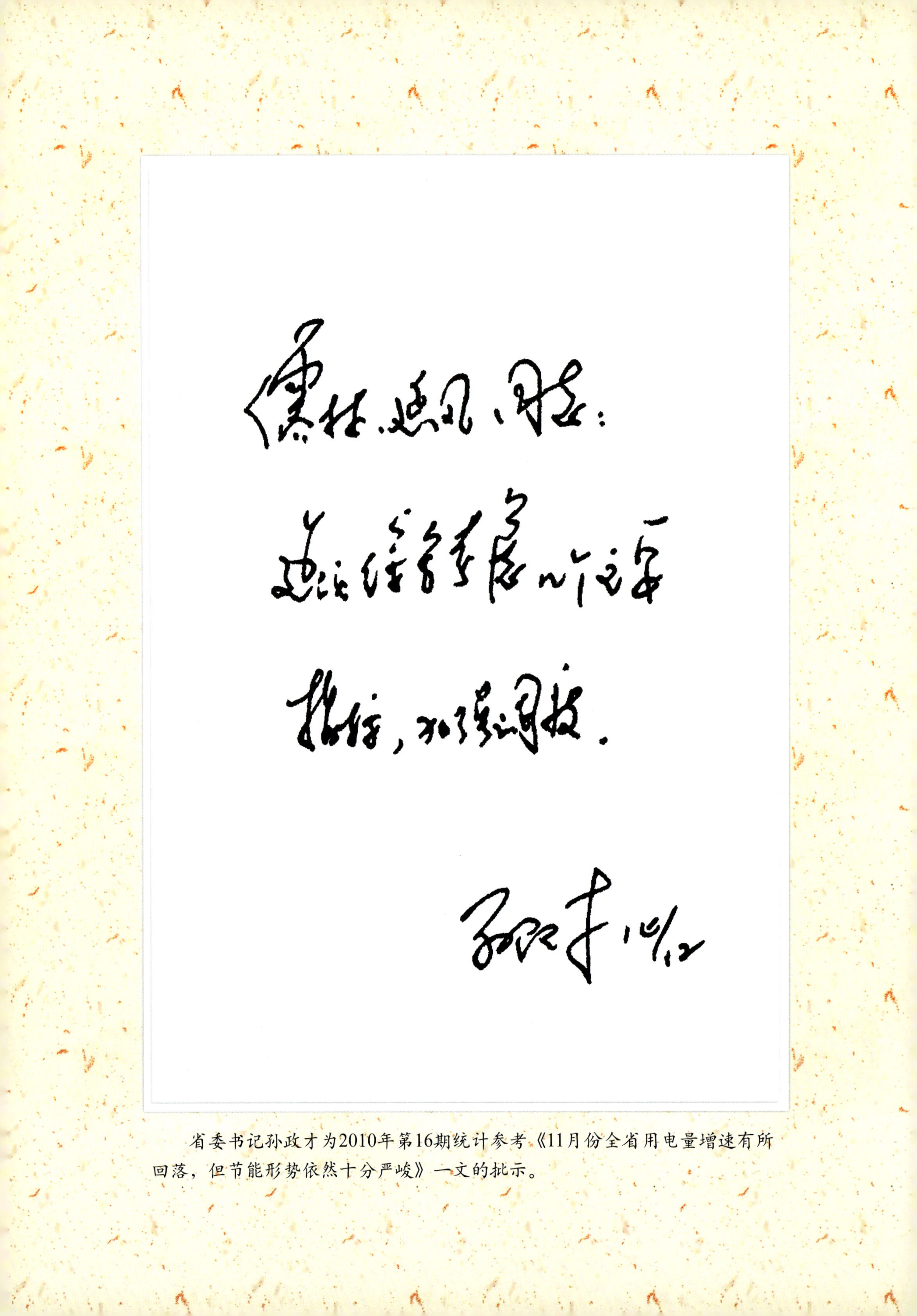

省委书记孙政才为2010年第16期统计参考《11月份全省用电量增速有所回落，但节能形势依然十分严峻》一文的批示。

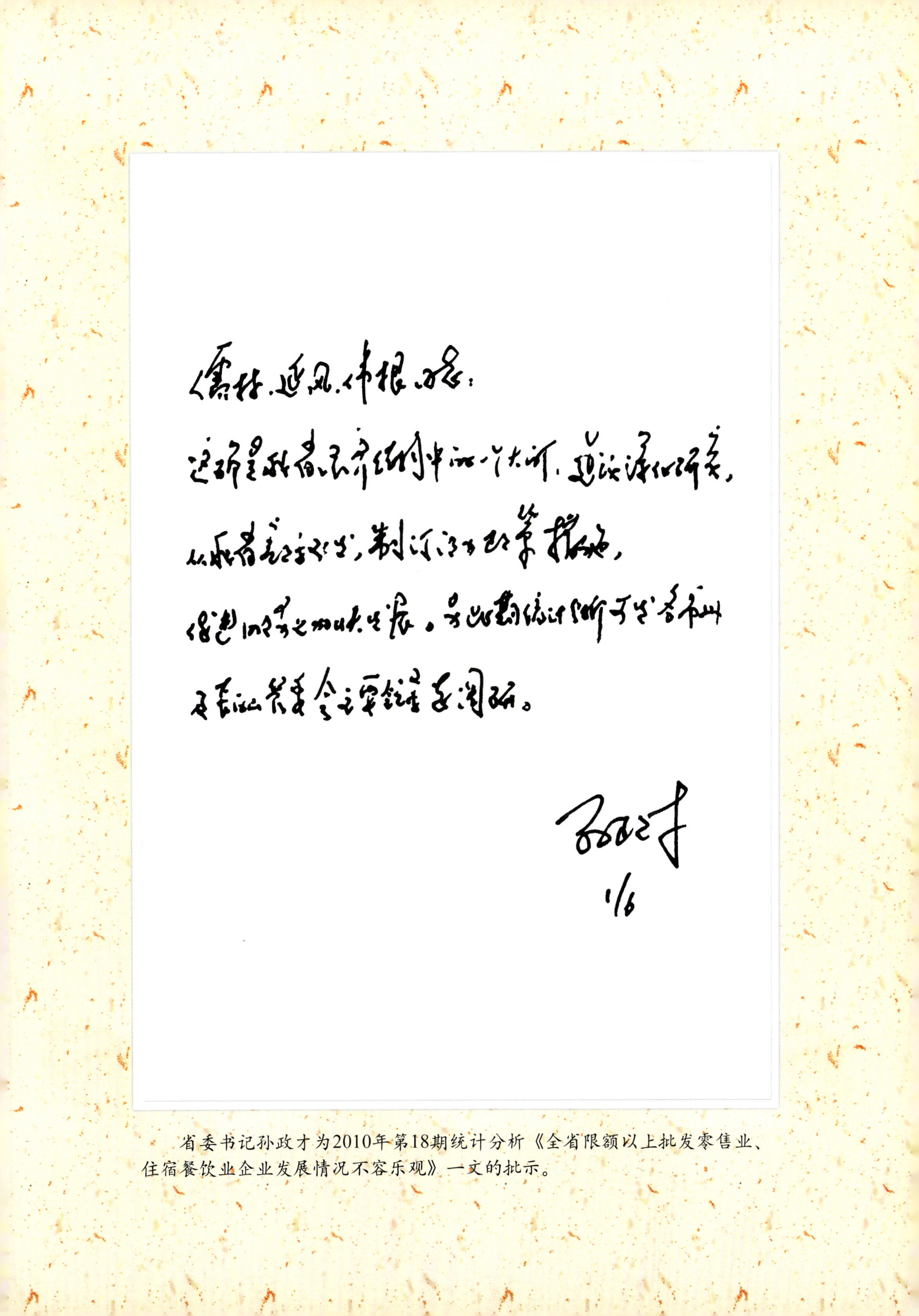

省委书记孙政才为2010年第18期统计分析《全省限额以上批发零售业、住宿餐饮业企业发展情况不容乐观》一文的批示。

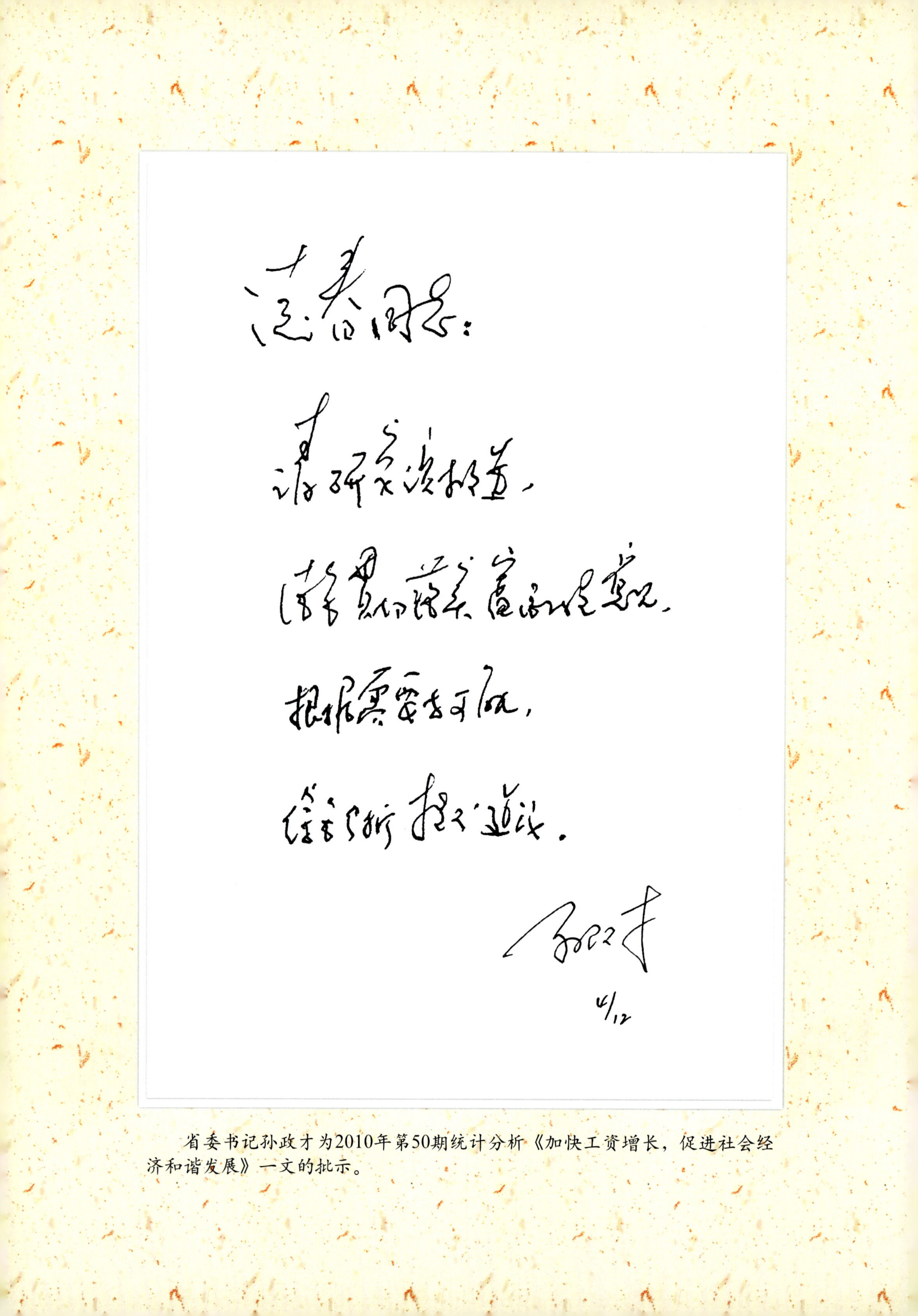

省委书记孙政才为2010年第50期统计分析《加快工资增长，促进社会经济和谐发展》一文的批示。

春林、延风、洪波：今年新开工项目增长因素及房地产开发投资增长乏力，需注意和重视。建议一是切实加大招商引资力度；二是做好银企、银地对接，尽最大努力为银行资金和信托投资等资金找到稳定和收益率高、发展前景好的项目；三是已引进的项目，尚未开工或进展缓慢的项目，可由各地书记带头，有关部门参加，逐个督促，促进项目开工和加快进度，确保项目落地。请阅研。

孙政才

21/5

省委书记孙政才为2010年第14期统计分析《一季度投资运行分析》一文的批示。

请运行局协调做

好供应，近期召开会议

落实国务院会议电视电

话会精神和政才书记批

示。请云岫同志安排。

王儒林

5/5

省长王儒林为2010年第10期统计分析《一季度我省万元工业增加值能耗下降9.2%》一文的批示。

要下功夫培育新兴战略产业、培育新的产业集群、形成新的更多的工业增长点。请省发改委、工信厅阅研。

王儒林
10/1

省长王儒林为2010年第53期统计分析《吉林省工业产业结构现状分析及调整建议》一文的批示。

[illegible]同志：這分析情況清楚，數據翔實，點出了問題，找到了原因。建議進一步深入研究解決問題的辦法。

王儒林

20/11

省长王儒林在我局报送的《近三年来我省居民初次与再次分配收入情况的分析》一文上的批示。

[illegible][illegible]并报告同意：积极配合省统计局工作，合力做好相关工作。

王儒林
30/11

省长王儒林在我局报送的《吉林省统计局关于当前全省工业增速有关情况的报告》一文上的批示。

伟程同志：对此事要高度重视，研究对策，全力扶持，力争完成年初确定的目标任务。

王儒林

2/6

省长王儒林为2010年第18期统计分析《全省限额以上批发零售业、住宿餐饮业企业发展情况不容乐观》一文的批示。

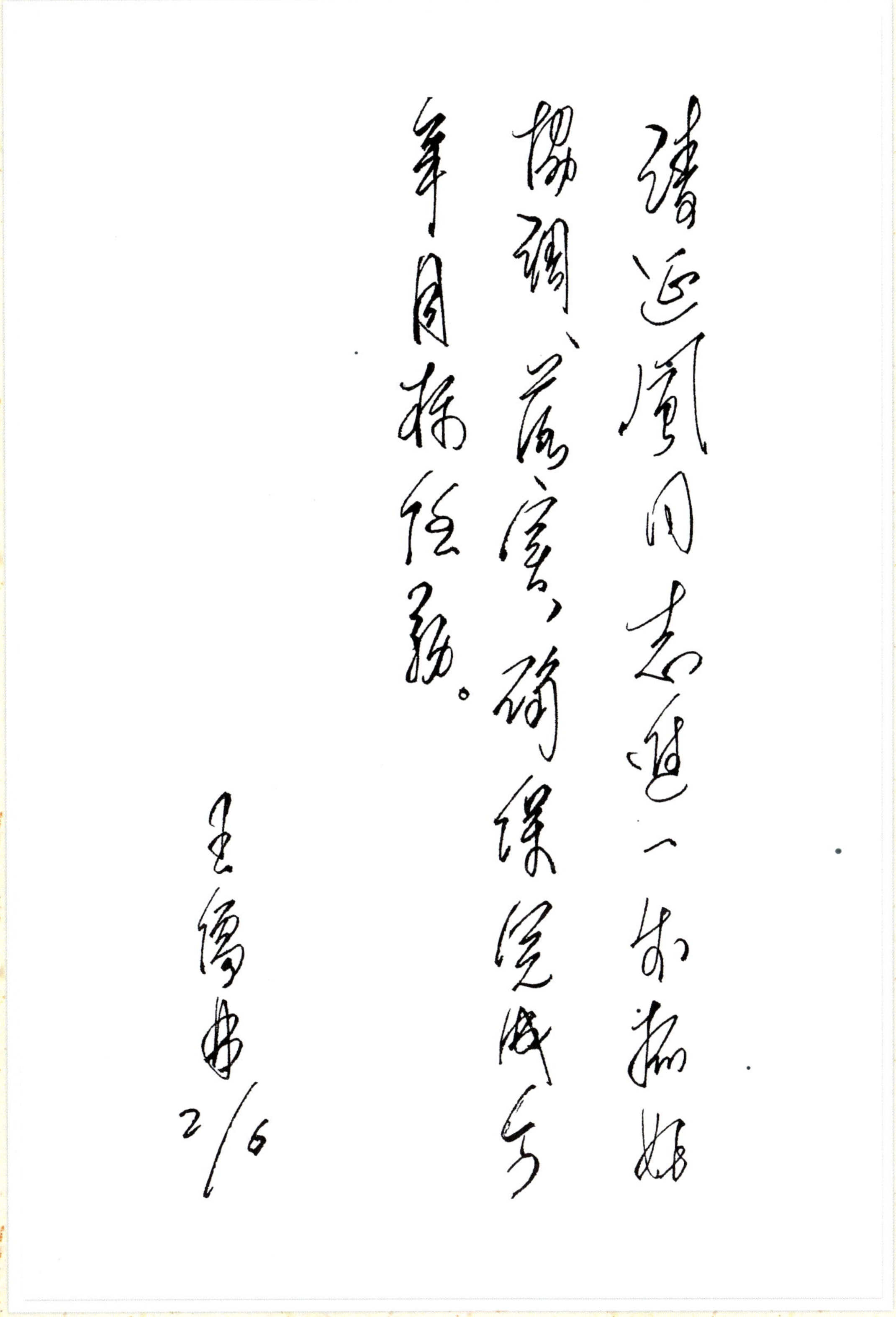
请运周同志进一步抓好协调、落实、确保完成今年目标任务。
王儒林
2/6

省长王儒林在我局报送的《关于全省投资和重大项目有关情况的报告》一文上的批示。

书记，省长：

已会商，发改委进行了研究，对我省"十一五"的指标做了进一步分解、落实。总的看能够完成任务，实现目标。但仍应加强督促，调结构，形成节能、减排的结构和基础、机制。这是长期工作，省内会议已准备好。

竺延风 6/5

常务副省长竺延风为2010年第10期统计分析《一季度我省万元工业增加值能耗下降9.2%》一文的批示。

坚决完成全年任务目标，
各部门配合好。

报政才书记，儒林省长
阅示。

竺延风
21/10

常务副省长竺延风在我局报送的《关于全省投资和重大项目有关情况的报告》一文上的批示。

同意，对年经会定的投资有挑战性，说明一下。

竺延风

常务副省长竺延风在我局报送的《关于上半年全省经济运行的情况汇报》一文上的批示。

统计局做了很好的工作，

发改委、环保方面，

在"十二五"期间考虑解决

一些问题，报儒林省长阅知。

竺延风

1/11

.常务副省长竺延风为2010年第45期统计分析《对近年来吉林省环境状况的分析》一文的批示。

请商务厅阅研。

[illegible]

的使用及今年外贸的重点工作、措施

（包括针对文中所述限额以上企业

发展中的困难问题的对策），

请研的报告。

陈伟根 6.8.

副省长陈伟根为2010年第18期统计分析《全省限额以上批发零售业、住宿餐饮业企业发展情况不容乐观》一文的批示。

# 序

2010年是我国经济发展进程中不平凡的一年，面对国内外复杂的经济形势，曾被喻为国民经济运行和社会发展“晴雨表”“温度计”的统计数字显得格外敏感而引人注目，作为生产数据的统计部门和统计工作者，又一次经受了严峻的挑战。

当这本厚厚的《统计思考》如期放在我的案上时，那一串串统计数据仿佛是跳动着的鲜活精灵，用一种无声却又灵动的语言，描述着社会经济发展现象，揭示着经济运行的规律，勾勒着时代发展的脉络。一篇篇统计分析是对统计数据处理的延续，是对统计数据的解读，更是统计工作者用真实、可靠、准确的数据为制定吉林经济宏观调控和发展规划提供科学依据，以客观数据结合自已的专业知识，为党政领导决策提供有力支持。我们看到的不仅仅是统计工作者的厚积薄发，统计能力在不断提高，也见证了统计数据质量经受住社会公众和相关部门的检验，亦深深感受到政府统计的公信力日益深入人心。

统计数据，看似简单却又承载着太多丰富内涵的独特数字，是用无声语言解读数字背后蕴藏的本质。通过这些数据，让我们感受到统计无处不在，统计无时不有，统计无人不用。繁荣发展的伟大时代赋予了统计事业更多的机遇和挑战，站在“十二五”开局的新起点上，吉林统计人将会更好地为党政决策服务、为社会管理服务、为公众需要服务，助力吉林经济实现新的腾飞！

竺延风

二○一一年六月七日

# 目　　录

# 吉林省2009年国民经济和社会发展统计公报

吉林省统计局

2009年，全省各族人民在省委、省政府的正确领导下，坚持以科学发展观为统领，以“保增长、保民生、保稳定”为主线，以推动吉林加快振兴为己任，全面贯彻落实中央和国务院关于应对国际金融危机的一揽子计划，奋力攻坚克难，在克服金融危机的强力冲击和影响中，实现了经济的较快发展和社会的全面进步。

## 一、综　合

初步核算，全省实现地区生产总值（GDP）7203.18亿元，按可比价格计算，增长13.3%。其中，第一产业实现增加值980.50亿元，增长2.8%；第二产业实现增加值3491.96亿元，增长16.7%；第三产业实现增加值2730.72亿元，增长12.7%。按常住人口计算，当年全省人均GDP达到26319元/人，增长13.1%。三次产业比例为13.6:48.5:37.9，对经济增长的贡献率分别为2.7%、59.4%、37.9%。（见图1）

全省民营经济主营业务收入增长26.2%。规模以上工业单位增加值综合能源消耗降低8.2%。

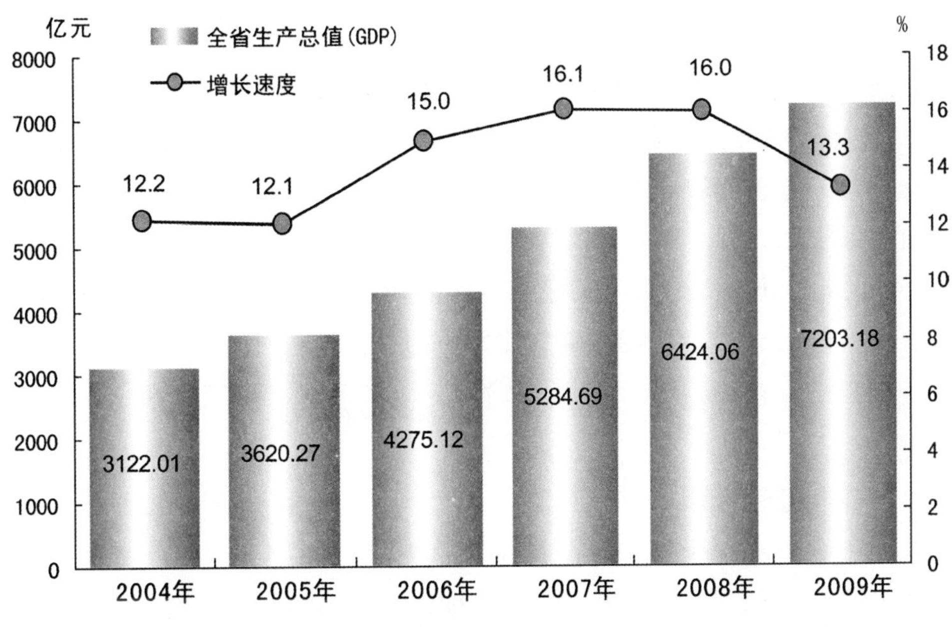


图1　2004—2009年全省地区生产总值及其增长速度

2009年全省居民消费价格指数为100.1（上年同期为100），价格水平同比上涨0.1%；其中，农村为100.7，上涨0.7%；城市为99.9，下降0.1%。农业生产资料价格指数为96.4，下降3.6%；工业品出厂价格指数为96.1，下降3.9%；原材料燃料动力购进价格指数为95.3，下降4.7%；固定资产投资价格指数为99.4，下降0.6%。（见表1）

表1 2009年全省居民生活消费价格指数

上年=100

| 指　　标 | 全省 | 城市 | 农村 |
|---|---|---|---|
| 居民生活消费价格总指数 | 100.1 | 99.9 | 100.7 |
| 食品 | 101.0 | 100.7 | 101.6 |
| 其中：粮食 | 111.0 | 109.3 | 113.0 |
| 烟酒及用品 | 101.1 | 101.5 | 100.5 |
| 衣着 | 99.2 | 99.0 | 100.5 |
| 家庭设备用品及服务 | 102.1 | 103.0 | 100.1 |
| 医疗保健及个人用品 | 101.2 | 101.3 | 101.1 |
| 交通和通信 | 97.6 | 97.1 | 99.2 |
| 娱乐教育文化用品及服务 | 99.3 | 99.9 | 98.1 |
| 居住 | 99.0 | 98.3 | 101.3 |

全年完成地方级财政收入487.08亿元，增长15.2%。其中全年完成税收收入361.10亿元，增长16.1%，其中实现企业所得税49.19亿元，增长15.5%。税收收入占地方级财政收入的比重为74.1%，比上年提高0.5个百分点。全年完成地方财政支出1479.21亿元，增长25.3%。其中：教育支出216.99亿元，增长15.4%；社会保障和就业支出250.44亿元，增长25.3%；医疗卫生支出107.43亿元，增长80.4%；环境保护支出49.48亿元，增长8.5%；交通运输支出57.66亿元，增长96.8%。

## 二、农　　业

全年粮食作物播种面积6641.55万亩，增长0.8%。由于受到春季低温多雨、夏季罕见旱情的不利影响，全年粮食总产量2460万吨，下降13.4%。其中，玉米产量1810万吨，下降13.1%，单产6120.7公斤/公顷，下降14.1%；水稻产量505万吨，下降12.8%，单产7646.9公斤/公顷，下降13.0%。（见图2）

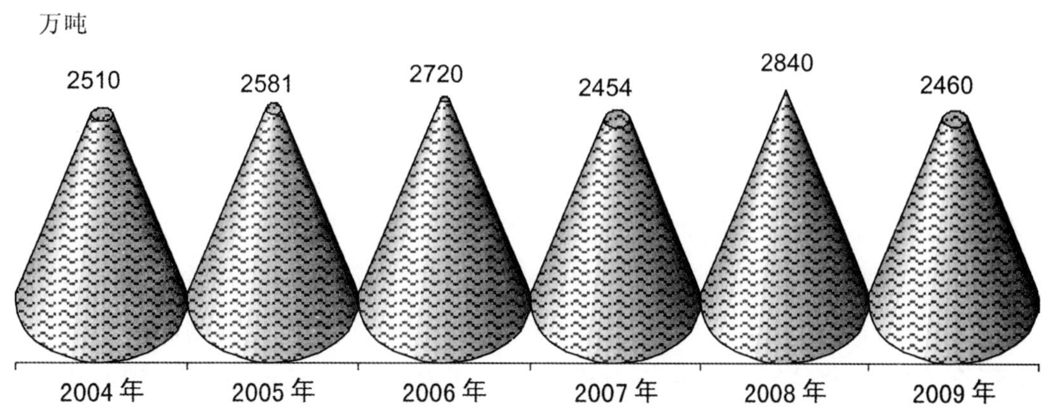


图2　2004—2009年全省粮食产量

2009年，全省猪、牛、羊、禽出栏量分别达到1374.80万头、283.80万头、293.80万只和3.85亿只，分别增长8.1%、4.6%、4.0%和3.3%。肉、蛋、奶产量分别达到224.49万吨、98.60万吨和44.50万吨，分别增长6.0%、13.2%和12.1%。（见表2）

表2　主要农副产品产量

| 指　　标 | 单 位 | 2009年 | 比上年增长(%) |
|---|---|---|---|
| 粮食总产量 | 万吨 | 2460.00 | −13.4 |
| 蔬菜总产量 | 万吨 | 968.42 | 12.9 |
| 猪、牛、羊、禽肉类总产量 | 万吨 | 224.49 | 6.0 |
| 鲜蛋总产量 | 万吨 | 98.60 | 13.2 |
| 牛奶总产量 | 万吨 | 44.50 | 12.1 |
| 水产品总产量 | 万吨 | 16.50 | 6.5 |
| 出栏生猪 | 万头 | 1374.80 | 8.1 |
| 出栏家禽 | 亿只 | 3.85 | 3.3 |

全省农机总动力达到2001万千瓦，同比增长11.2%。主要农业机械与设备均有增加，其中拥有大中型拖拉机24.5万台、机电井16.6万眼、农用排灌机械46.95万台，同比分别增长21.7%、25.8%和2.3%。农田水利建设进一步加强，农田有效灌溉面积

和旱涝保收面积分别达到168.77万公顷和103.59万公顷，比上年提高0.5%和1.2%。全年农村用电量达到37.49亿千瓦时，增长8.1%。

全省较大规模的农业产业化经营组织达到3730个，同比增长6.3%。完成固定资产投资295亿元，粮食加工量达1450万吨，畜禽屠宰加工量达3.18亿头（只），比上年均有增长。全省实现园艺特产业产值555.9亿元，增长17.3 %；农产品加工业销售收入2150亿元，增长15.6%。全省有效使用绿色食品标志产品785个，有机食品271个，无公害农产品2090个，无公害农产品产地认定436个，环境监测面积达到3900万亩。全年全省绿色食品标志产品、有机食品、无公害农产品产量达3340万吨，实现产值487亿元，带动农民增收58亿元，带动农户278万户 。

## 三、工业和建筑业

2009年，全省规模以上工业企业完成增加值2926.65亿元，按可比价格计算，增长16.8%，增幅高于年初规划目标1.8个百分点。其中轻工业实现增加值809.39亿元，增长22.9%；重工业实现增加值2117.26亿元，增长14.7%。（见表3、图3）

表3　规模以上工业企业增加值

单位：亿元

| 指　　标 | 2009年 | 同比增长(%) |
|---|---|---|
| 工业增加值 | 2926.65 | 16.8 |
| 轻工业 | 809.39 | 22.9 |
| 重工业 | 2117.26 | 14.7 |
| 其中：国有及国有控股企业 | 1191.63 | 4.9 |
| 其中：交通运输设备制造业 | 734.57 | 13.6 |
| 石油化工业 | 405.64 | 5.8 |
| 食品工业 | 498.20 | 20.7 |
| 医药制造业 | 175.05 | 25.4 |
| 通信设备、计算机及其他电子设备制造业 | 13.77 | 13.9 |

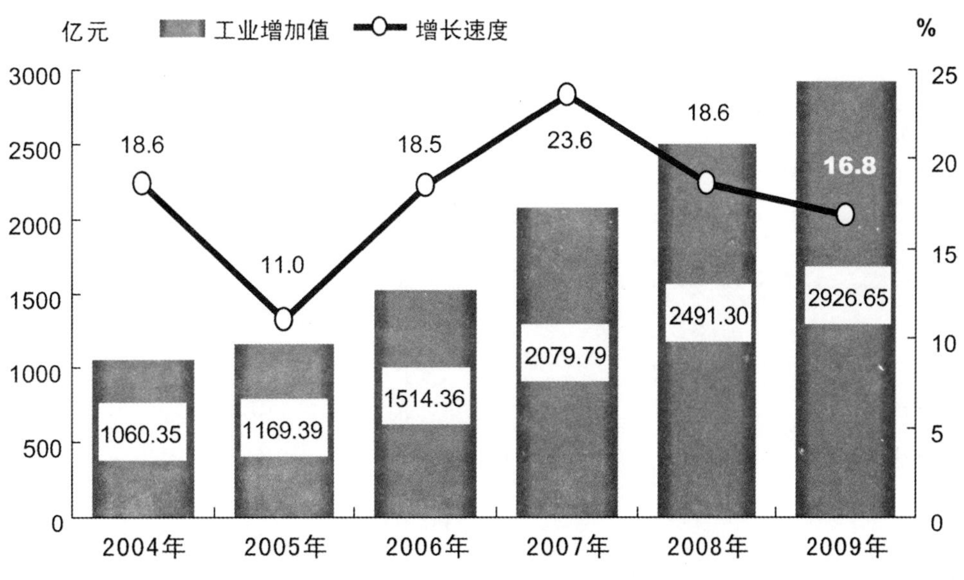


图3　2004—2009年工业增加值及其增长速度

在全省规模以上工业中，九大支柱、优势和特色行业共实现增加值2267.99亿元，按可比价格计算，增长14.3%，对全省工业生产增长的贡献率为68.4%。其中，交通运输设备制造业实现增加值734.57亿元，增长13.6%；食品工业实现增加值498.20亿元，增长20.7%；石化工业实现增加值405.64亿元，增长5.8%；医药制造业实现增加值175.05亿元，增长25.4%；冶金工业实现增加值150.24亿元，增长11.8%；建材工业实现增加值 174.15亿元，增长 25.8%。(见表4)

全省规模以上工业企业盈亏相抵累计实现净利润475.12亿元，比上年增加122.34亿元，增长34.7%。其中交通运输设备制造、石化、食品和医药制造行业累计实现利润363.1亿元，占全省规模以上工业实现利润总额的76.4%。全年规模以上工业经济效益综合指数为260.4%，比上年提高18.8个百分点。

截至2009年末，全省规模以上民营工业企业有4394户，比上年末净增加1054户，实现工业增加值1344.40亿元，增长32.8%，增幅高于全省规模以上工业平均增长水平16.0个百分点；实现利润178.32亿元，增长31.4%。

全年全省建筑业企业实现增加值487.32亿元，增长19.2%。全省具有资质等级的总承包和专业承包建筑业企业完成总产值1151.75亿元，增长15.7%；全员劳动生产率186807元/人（按建筑业总产值计算），增长33.0%；实现利税81.51亿元，增长4.0%。

### 表4　主要工业产品产量及其增速

| 产品名称 | 单位 | 产量 | 比上年增长(%) |
|---|---|---|---|
| 纱 | 万吨 | 5.67 | 21.7 |
| 布 | 亿米 | 0.44 | 2.5 |
| 服装 | 万件 | 16460.12 | 19.5 |
| 化学纤维 | 万吨 | 29.05 | 15.9 |
| 配混合饲料 | 万吨 | 470.84 | 17.0 |
| 精致食用植物油 | 万吨 | 36.94 | 47.0 |
| 软饮料 | 万吨 | 351.84 | 9.7 |
| 卷烟 | 亿支 | 359.00 | 7.0 |
| 汽车仪器仪表 | 万台 | 139.46 | −2.3 |
| 原煤 | 万吨 | 4401.46 | 15.2 |
| 焦炭 | 万吨 | 423.78 | 12.7 |
| 天然原油 | 万吨 | 639.90 | −6.8 |
| 原油加工量 | 万吨 | 824.81 | −1.2 |
| 发电量 | 亿千瓦小时 | 538.15 | 7.7 |
| 粗钢 | 万吨 | 792.56 | 23.4 |
| 钢材 | 万吨 | 855.97 | 19.4 |
| 生铁 | 万吨 | 648.31 | 10.5 |
| 铁合金 | 万吨 | 53.10 | −9.9 |
| 黄金 | 千克 | 10257.82 | 21.9 |
| 十种有色金属 | 万吨 | 0.32 | 103.3 |
| 水泥 | 万吨 | 4165.80 | 28.9 |
| 硫酸（折100%） | 万吨 | 29.15 | 35.3 |
| 合成氨 | 万吨 | 57.98 | 13.8 |
| 合成橡胶 | 万吨 | 18.11 | 7.7 |
| 乙烯 | 万吨 | 83.85 | 5.6 |
| 农用化学肥料(氮、磷、钾类折纯) | 万吨 | 20.49 | 1.6 |
| 化学药品原药 | 万吨 | 0.64 | 12.1 |
| 中成药 | 万吨 | 10.31 | 39.7 |
| 汽车 | 万辆 | 123.22 | 37.6 |
| 轿车 | 万辆 | 86.20 | 36.1 |

## 四、固定资产投资

全年完成全社会固定资产投资7259.50亿元，比上年增长29.5%。人均投资达到2.65万元。其中，城镇投资5958.62亿元，增长29.7%。（见图4）

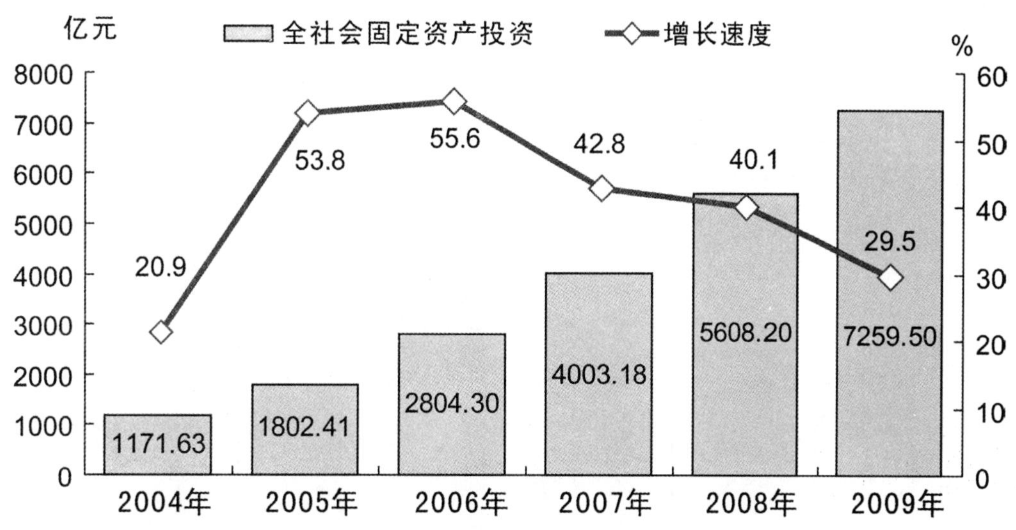


图4　2004—2009年固定资产投资及其增长速度

在城镇投资中，第一产业完成投资101.84亿元，增长27.7%；第二产业完成投资3360.25亿元，增长32.2%；第三产业完成投资2496.53亿元，增长26.6%。

全年完成城镇工业投资3285.71亿元，增长30.4%，增幅高于全部城镇投资增速0.7个百分点，对全社会投资增长的贡献率达56.1%。其中：交通运输设备制造、化工、食品、建材和医药等支柱优势产业投资额分别达到499.26亿元、245.09亿元、424.32亿元、227.45亿元和152.64亿元，分别增长51.7%、51.2%、34.3%、59.1%和43.7%。

全省全年完成非国有投资4200.78亿元，增长25.8%；占城镇投资的70.5%。其中，完成私营企业投资1159.03亿元，增长34.1%。

全省城镇基础设施建设投资达到1231.36亿元，比上年增长19.6%，占城镇固定资产投资总额的比重为20.7%。全省在建计划总投资超亿元以上的建设项目有881个，完成投资1889.24亿元；计划总投资10亿元以上的项目130个，完成投资870.90亿元。

全年完成房地产开发投资756.34亿元，增长18.0%。商品房竣工面积1240.28万平方米，下降19.6%；商品房销售建筑面积1823.22万平方米，增长15.1%。其中，销售住宅面积1660.08万平方米，增长15.6%。商品房屋空置面积566.95万平方米，下降15.2%。

## 五、国内贸易

全年实现社会消费品零售总额2957.33亿元，增长19.0%。其中，城市实现消费品零售额2291.16亿元，增长18.3%；农村实现消费品零售额666.17亿元，增长21.6%，农村消费品零售额增长幅度高于全省平均增长水平2.6个百分点，高于城市3.3个百分点。

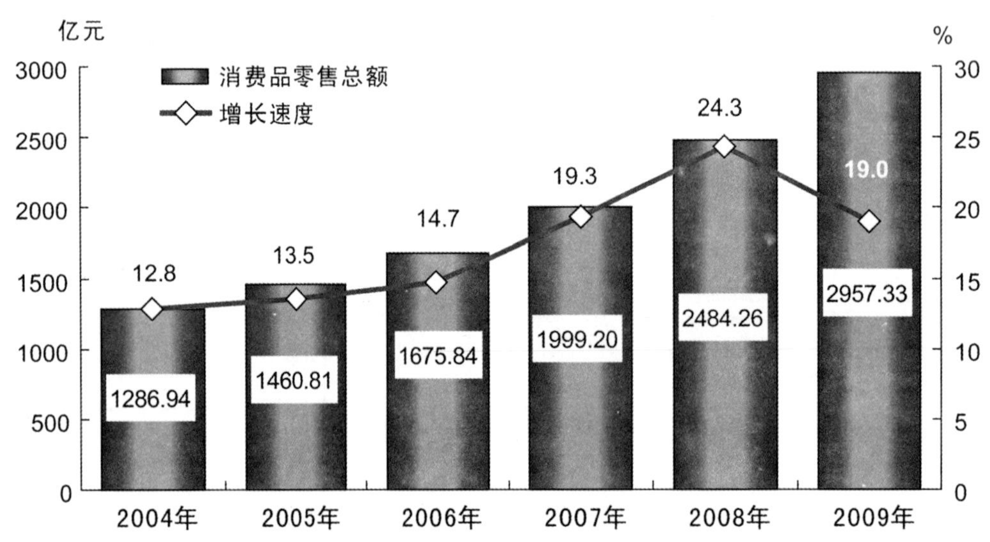


图5　2004—2009年社会消费品零售总额及其增长速度

表5　2009年社会消费品零售额及其增速

单位：亿元

| 指　标 | 2009年 | 同比增长(%) |
|---|---|---|
| 社会消费品零售额 | 2957.33 | 19.0 |
| 按行业分： | | |
| 批发、零售贸易业 | 2515.80 | 18.6 |
| 其中：限额以上批发零售贸易业 | 744.47 | 15.0 |
| 按商品用途分： | | |
| 食品类 | 80.01 | 29.4 |
| 衣着类 | 106.14 | 26.0 |
| 日用类 | 558.32 | 11.3 |
| 住宿、餐饮业 | 439.96 | 22.0 |
| 其他行业 | 1.57 | −9.8 |
| 按城乡分： | | |
| 城市 | 2291.16 | 18.3 |
| 农村 | 666.17 | 21.6 |

在全省限额以上批发零售贸易企业实现零售额中，汽车类增长37.9%；文化办公用品类增长17.7%；书报杂志类增长30.5%；体育、娱乐用品类增长37.7%；中西医药类增长56.4%；家具类增长 22.0%；金银珠宝类增长2.4%；建筑及装潢材料类增长28.3%；石油及其制品类增长2.0%；日用品类增长16.6%。

## 六、对外经济

根据海关统计，全省全年累计实现外贸进出口总值117.47亿美元，比上年下降11.9%。其中实现出口总值31.32亿美元，下降34.4%；实现进口总值86.16亿美元，增长0.6%。

表6　全省进出口贸易主要分类情况

| 指　　标 | 2009年（亿美元） | 比上年增减（%） |
|---|---|---|
| 出口总额 | 31.32 | -34.4 |
| 其中：一般贸易 | 18.49 | -40.0 |
| 加工贸易 | 5.67 | -15.2 |
| 进口总额 | 86.16 | 0.6 |
| 其中：一般贸易 | 78.69 | 3.4 |
| 加工贸易 | 2.82 | 8.6 |

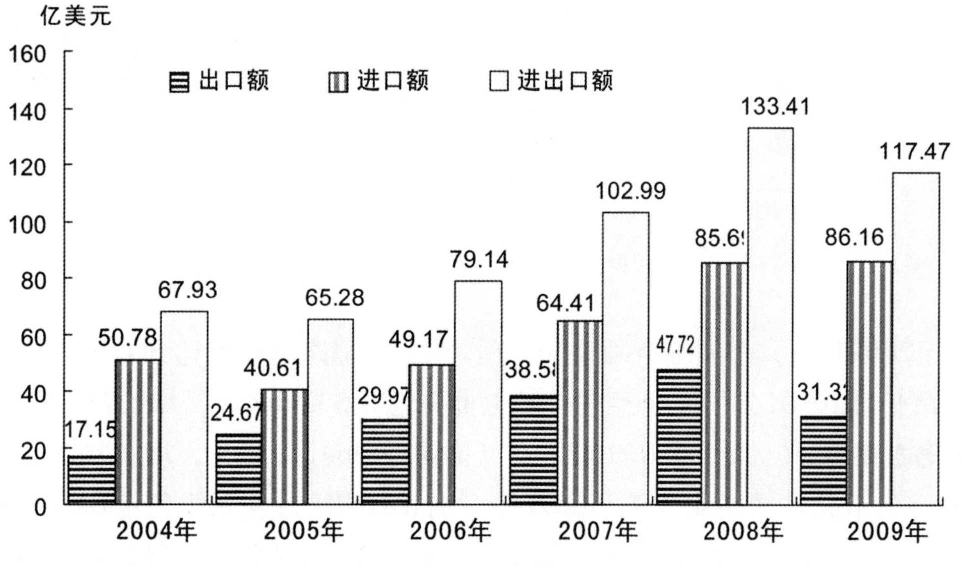


图6　2004—2009年全省进出口总额

全年实际利用外资35.67亿美元，增长18.6%，其中外商直接投资11.40亿美元，增长14.7%。全年域外资金实际到位1899.58亿元，同比增长32.7%，其中，引入外省资金1656.01亿元，同比增长35.5%。

## 七、交通、邮电和旅游

全年全省各种运输方式完成货物周转量1281亿吨公里，同比增长1.3%；货物发送量3.86亿吨，增长12.4%。全年旅客周转量456亿人公里，增长5.6%；旅客发送量5.88亿人，增长4.6%。民航集团全年共保障运输起降航班4.37万架次，完成旅客吞吐量474万人次。

截至2009年末，全省铁路营业里程达到3913公里；公路总里程 88430公里，等级公路总里程77643公里，占公路总里程的87.8%，其中，高速公路1035公里；等外公路总里程10787公里，占总里程12.2 %。2009年末，全省民用汽车保有量146.31万辆，比上年同一时点增长19.0%。全省私人汽车保有量110.15万辆，增长24.5 %，其中私人轿车保有量47.53万辆，增长34.4%。

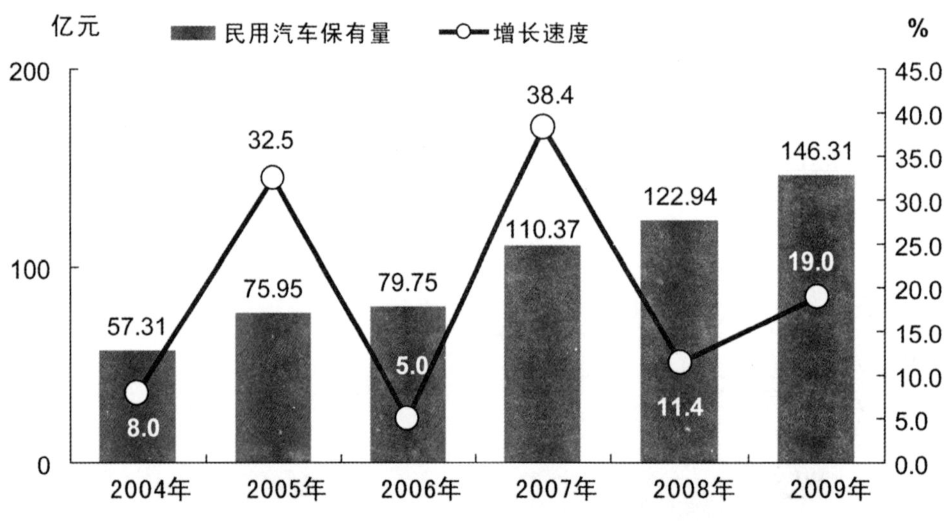


图7　2004—2009年全省民用汽车保有量

截至2009年末，全省拥有邮政局、所989个，邮路总长度达到41380公里；长途光缆线路长度20161公里。全年完成邮电业务总量532.6亿元，增长16.8%。其中，邮政业务总量20.56亿元，增长16.2%；电信业务总量512亿元，增长16.8%。在邮政业务中，全年完成函件业务量8088万件，增长16.2%；包裹业务量123万件，增长4.6%；汇票473万笔，增长5.9%；订销报刊累计数2.50亿份，下降1.8 %；特快专递711万件，增长9.1%；邮政储蓄平均余额503亿元，增长24.8%。年末全省局用电话交换机总容量860万门；固定电话用户581.3 万户，其中城市电话用户425.4万户，农村电话用户115.9万户，固定电话普及率21.3部/百人。移动电话用户达到1574.2万户，移动电话普及率57.6部/百人，增长7.7%。互联网络宽带接入用户227.9万户，增长29.6%。

全年接待国内外旅游者5501.08万人次，增长20.7%。其中，接待国内旅游者5433.03万人次，增长20.8%；接待入境旅游者68.05万人次，增长10.2%，其中接待外国游客58.29万人次；港澳台同胞9.77万人次。全年旅游总收入580.96亿元人民币，增长28.8%。其中，国内旅游收入564.10亿元人民币，增长29.4%；旅游外汇收入2.43亿美元，增长15.1%。截至2009年末，全省星级以上宾馆已达231家，其中五星级宾馆6家；旅行社530家。2009年末，全省拥有国家A级旅游景区111家，其中5A级旅游景区2家。

## 八、金融、证券和保险业

2009年末，全省境内金融机构本外币存款余额8405.70亿元，比年初增加1962.43亿元；金融机构本外币贷款余额6300.42亿元，比年初增加1403.49亿元。其中，农村信用社人民币贷款696.51亿元，比年初增加 82.23亿元；人民币消费贷款 471.71亿元，比年初增加160.56亿元。

表7　2009年全部金融机构本外币存贷款及其增长速度

单位：亿元

| 指　　标 | 年末数 | 比上年增长(%) |
|---|---|---|
| 各项存款余额 | 8405.70 | 30.7 |
| 其中：企事业单位存款 | 2347.47 | 52.0 |
| 城乡居民储蓄存款 | 4678.74 | 17.7 |
| 其中：人民币 | 4614.39 | 17.6 |
| 各项贷款余额 | 6300.42 | 28.8 |
| 其中：短期贷款 | 2714.70 | 18.3 |
| 中长期贷款 | 3271.50 | 39.9 |

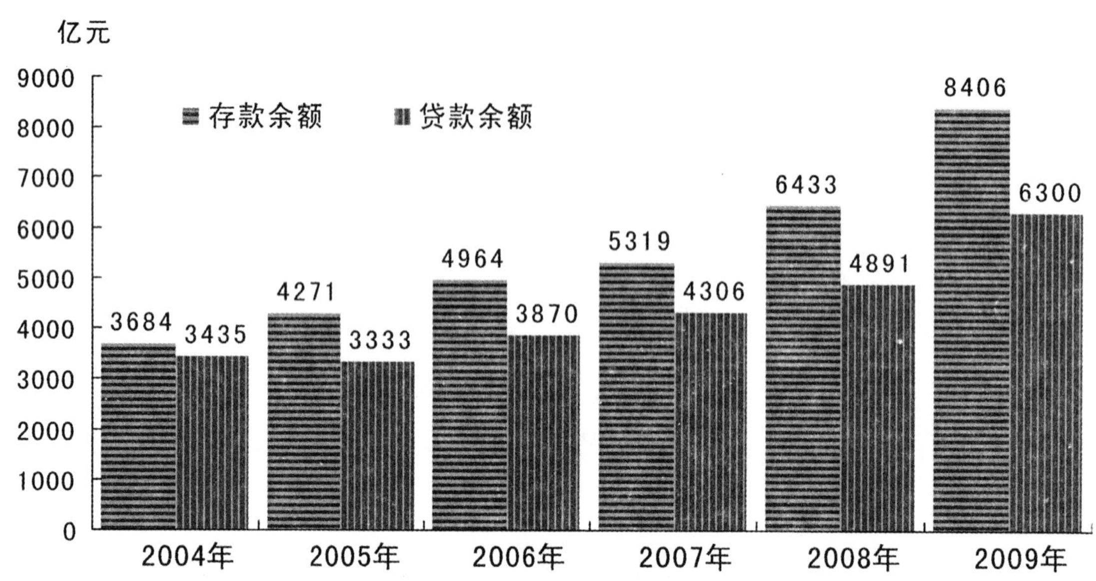


图8　2004—2009年金融机构本外币存贷款余额

截至2009年末，全省共有上市公司37家，其中境内上市公司33家。全年证券市场股票、基金交易总量11096亿元。

截至2009年末，全省有各类保险公司22家，比上年末增加1家；有保险专业中介法人机构36家，兼业保险代理机构2658家，全年实现保费收入184.87亿元，同比增长16.3%。其中，寿险收入134.29亿元，增长13.2%；健康险和意外伤害险收入10.12亿元，增长26.0%；财产险收入40.46亿元，增长25.6%。全年支付各类保险赔款给付总额56.09亿元，增长5.9%。其中，寿险给付25.15亿元，下降1.2%；健康险和意外伤害险赔款3.67亿元，增长6.1%；财产险赔款27.27亿元，增长13.3%。

## 九、科学技术和教育

截至2009年末，全省县以上政府部门属自然科学研究机构有120个，其中，中科院属3个，省属所48个。拥有中国科学院和中国工程院院士21人（不包括双聘院士）。全省已建成国家级重点实验室10个，省属重点实验室15个，省级科技创新中心（含工程技术研究中心）81个。

全年全省国内专利申请量5934件，授权量3274件，分别增长7.2%和10.1%。其中发明专利申请量2166件，授权量718件，分别增长14.3%和25.1%。 2009年度（自2008年11月1日至2009年10月31日）登记省级科技成果510项，增长23.5%。全年有15项科研成果获得国家科技奖；20项获得省科技进步一等奖；55项获省科技进步二等奖；135项获三等奖。全年共签订技术合同3222份，实现合同成交额19.80亿元。

全省共有产品质量检验机构706个，国家质量检测中心16个，共监督抽查产品58种，1254个批次。共有质量认证机构4个，全省共有3778户企业通过了自愿性认证，颁发证书3949张。法定计量技术机构60个，强制检定计量器具12.35万台件，增长9.8%。截止2009年末，我省已有27个中国名牌产品。

全年市、州以上气象部门共发布各类气象灾害预警预报990次，预警信息累计覆盖12191万人次。全年共开展飞机人工增雨作业38架次，跨区域飞机作业12架次，地面人工增雨345次，累计增水12.8亿立方米，全省共有16个地震台站，2个火山观测站，18口观测井。

全省测绘系统共为社会各界提供各种比例尺地形图8654张，测绘大地基准成果9597点，航空摄影航片14462片。

2009年，全省拥有小学6184所，减少266所；在校生146.11万人，减少3.96万人。学龄儿童入学率为99.78%。普通初中1226所，在校生86.90万人，减少3.67万人。

2009年，全省高中阶段教育在校学生为79.15万人（不含技工学校），比上年增加4.13万人。其中有普通高中学校262所，在校生46.86万人；有中等职业教育学校（机构）384所，在校生32.29万人。获得职业技术证书的人数为4.06万人，增加0.84万人。另有职工技术培训学校（机构）2691所，注册学生63.91万人。

高等教育稳步发展，毛入学率达到32.3%。全省共有研究生培养单位19个，招收研究生1.68万人，在学研究生4.68万人。全省普通高校45所，其中普通本科院校26所；普通专科（高职）院校19所；另有普通高校举办的独立学院10所。全年招收普通本科、专科（高职）学生15.80万人，比上年增加0.31万人；在校生53.10万人，比上年增加2.69万人。普通高等学校校均规模由0.99万人增加到1.05万人。全省有成人高校16所，在校生达15.92万人。

2009年，全省有幼儿园2576所，在园幼儿（包括学前班）32.60万人。有特殊教育学校45所，招收残疾学生925人，在校生0.68万人。有独立设置少数民族普通高中24所，在校生2.07万人；有少数民族普通初中41所，在校生1.16万人；有少数民族小学85所，在校生2.55万人；有少数民族幼儿园46所，在园儿童0.52万人。

2009年，全省共有各级各类民办学校（机构）1929所，在校生为39.85万人，增加3.35万人。民办普通高等学校4所，在校生1.87万人。独立学院10所，在校生8.15万人。有民办非学历高等教育机构15所，各类注册学生0.86万人。有民办普通高中24所，在校生2.52万人。有民办中等职业学校77所，在校生4.69万人。有民办普通初中26所，在校生4.69万人。有民办普通小学17所，在校生3.06万人。有民办幼儿园1766所，在园儿童14.02万人。

## 十、文化、卫生和体育

2009年末，全省有文化事业活动单位1206个（不包括文化市场统计数据）；群众文化机构795个（其中：文化馆63个，群众艺术馆13个，文化站719个）；艺术表演团体65个。有公共图书馆65个，藏书1334万册。有博物馆72个，文物藏品24万件，全年参观人数达555万人次。全年共出版各种图书1.04万种；期刊238种，总印量4.23亿印张；出版发行报纸80种，印刷总量26.48亿印张。

2009年，全省广播人口覆盖率达到98.26%；全省电视人口覆盖率达到98.48%，全省有线广播电视用户数为294万户，其中数字电视用户数达到165万户。

2009年，全省地方财政支出中的文体广播事业费支出达到9.18亿元。

截至2009年末，全省有卫生技术人员16.49万人，其中执业医师和执业助理医师5.88万人，注册护士4.23万人。全省医院和卫生院拥有医疗床位10.09万张。全省有乡镇卫生院789个，床位1.64万张，卫生技术人员2.56万人。全省已建成社区卫生服务中心2228家。全省所有县（市、区、开发区）均实行了新型农村合作医疗，覆盖率达100%。有1251.50万农民参加了新型农村合作医疗，参合率达95.5%。全年共筹集资金12.60亿元；已有691.68万参合农民从中受益，支付补偿资金11.73亿元，占筹资资金总额的93.2%。全省报告甲、乙类传染病发病人数7.07万例，报告死亡129人；报告传染病发病率258.58例/10万人，死亡率0.47人/10万人。全省孕产妇死亡率为27.12人/10万人；婴儿死亡率为6.83‰；全省农村卫生厕所普及率达到66.7%。

2009年，全省新建1个国家级全民健身户外营地；2个市（州）级全民健身中心；4个县（市、区）级全民健身中心；6个（市、区）级健身广场；125个街道（社区）健身路径；204个乡镇健身路径；610个行政村配建了体育器材。全年培训审批一级社会体育指导员54人；二级社会体育指导员690人；三级社会体育指导员1389人。全年新建全民健身活动站点793个；国家级青少年体育俱乐部7个，参与健身活动人数达1140万人次。全年在国际、国内重大体育比赛中共获得金牌53.5枚、银牌39枚、铜牌37枚。

## 十一、人口、人民生活和社会保障

截至2009年末，全省常住人口为2739.55万人，比上年末增加5.34万人。其中，城镇人口1460.73万人，占全省常住人口的53.3%。全省人口出生率为6.69‰，比上年提高0.15个千分点；死亡率为4.74‰，比上年降低0.3个千分点；全年人口自然增长率为1.95‰，比上年提高0.34个千分点。

2009年全省城镇居民人均可支配收入达到14006.27元，同比增长9.17%；城镇居民人均消费性支出为10914.44元，增长12.18%。农村居民人均纯收入达到5266元，增长6.8%；农村居民人均生活消费支出3902.90元，增长13.4%。城镇恩格尔系数为33.3%，农村恩格尔系数为35.13%。城镇人均住房建筑面积27.68平方米，同比增加0.71平方米；农村人均住房面积22.79平方米，增加0.86平方米。

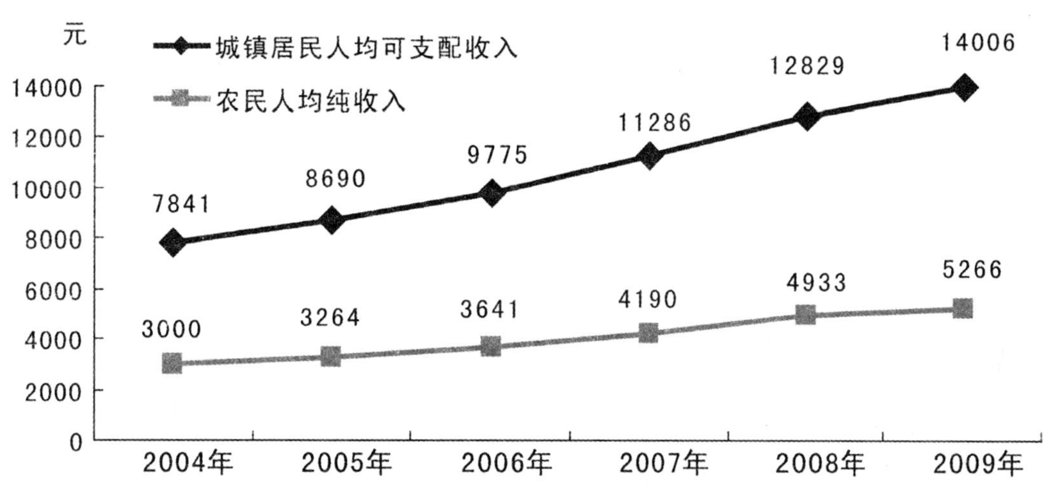


图9 2004—2009年全省城镇居民人均可支配收入和农民人均纯收入

截至2009年末，全省基本养老保险参保人数达到554.25万人，比上年末增长5.5%。其中参保职工为383.16万人，增长3.6%；参保离退休人员为171.09万人。全省基本医疗保险参保人数达到1242.81万人，增长32.6%。其中城镇职工参保人数为486.41万人，增长7.9%；城镇居民为756.40万人，增长55.5%。年末失业保险参保人数达到241.45万人，增长3.3%。工伤保险参保人数达到272.15万人，增长15.8%。生育保险参保人数达到289.93万人，增长27.2%。

全年共筹集城市低保资金37.88亿元。城市低保标准和月人均补助水平分别达到214元和170元，同比增长28.0%和30.7%；农村低保标准和年人均补助水平分别达到1200元和760元，同比增长41.0%和40.7%，有效保障了全省207万城乡低保对象的基本生活。投入医疗救助资金3.7亿元，资助救助城乡困难群众173.2万人次，其中直接救助43.2万人次。全年下拨救灾资金2.29亿元，妥善安排了90万人次受灾群众的基本生活。完成困难户泥草房改造69335户，超出原计划1300多户。省财政列支3800万元，税费改革后首次将分散供养和集中供养的农村五保对象年供养标准分别提高到1700元和2700元，使8.7万名五保对象的基本生活得到改善。可容纳2000名孤儿学习生活的省孤儿学校新校区投入使用。全年共安置城镇退役士兵7294人，其中3130人选择自谋职业。38个县（市、区）投入资金441万元，对近7000名退役士兵进行了职业教育和技能培训。积极推进农村社区建设实验工作，全省累计投入资金2.1亿元，建成农村社区服务中心412个。

## 十二、环境保护和安全生产

主要污染物总量减排任务提前完成。2009年，全省化学需氧量(COD)排放量36.08万吨，比上年下降3.62%；二氧化硫($SO_2$) 排放量36.3万吨，比上年下降3.83%，COD、$SO_2$两项指标均超额完成2009年度削减任务。全省列入松花江流域“十一五”水污染防治规划的86个项目已完成66个，在建20个，其中，47个重点工业企业污染治理项目基本完成。列入辽河流域“十一五”水污染防治规划的26个项目已完成14个。全省15条江河的65个国省控监测断面，好于Ⅲ类水质的占44.6%，有16个断面水质好于上年。松花江流域水质不断改善，出省界断面稳定保持国家规定的Ⅲ类水质。支流牡丹江水质有所改善，饮马河、辉发河水质保持稳定。17个主要城镇饮用水源水质均符合国家标准。全省各类自然保护区达到36个，其中，国家级自然保护区13个，省级自然保护区23个，总面积229.83万公顷，占省域国土面积的12.26%。全省共有国家级生态示范区11个、国家级环境优美乡镇14个和国家级生态村1个。

全省全年发生伤亡事故13929起，比上年减少2588起，死亡1822人，减少198人，分别下降15.7%和9.8%。其中，工矿商贸企业发生事故184起，减少12起，死亡241人，增加1人，分别下降6.1%和上升0.4%。

2009年全省亿元GDP生产安全事故死亡率为0.25，减少0.06，下降19.4%。工矿商贸企业10万就业人员生产安全事故死亡率3.27，同比减少0.14，下降4.1%；煤矿百万吨煤死亡率1.69，同比减少0.81，下降32.4%。

说明：

1.本《公报》发表的数据，为年度快报初步统计数。

2.本《公报》中使用的部分指标数据，为省直相关部门（行业）提供。

3.本《公报》中使用的年度畜牧业统计数据，采用国家统计局吉林调查总队提供的重点监测数据。

4.本《公报》中使用的地区生产总值及各产业增加值绝对数，按当年价格计算，其增长率按可比价格计算。

# 吉林省2010年国民经济和社会发展统计公报

吉林省统计局

2010年是"十一五"规划的收官之年，也是吉林发展史上极不平凡的一年，面对复杂多变的外部环境和历史罕见的自然灾害，全省各族人民在省委、省政府的正确领导下，深入贯彻落实科学发展观，大力推动经济发展方式转变和结构调整，科学谋划、攻坚克难，统筹推进具有吉林特色的工业化、城镇化和农业现代化建设，全面实施、协同推进投资拉动、项目带动和创新驱动战略，经济企稳向好态势不断增强，结构调整取得重大进展，经济发展质量稳步提高，改革开放深入发展，各项社会事业取得了新的重大成就。

## 一、综　合

初步核算，全省实现地区生产总值（GDP）8577.06亿元，按可比价格计算，比上年增长13.7%。其中，第一产业实现增加值1050.15亿元，增长3.5%；第二产业实现增加值4417.39亿元，增长18.9%；第三产业实现增加值3109.52亿元，增长10.4%。按常住人口计算，当年全省人均GDP达到31306元，增长13.6%。三次产业的结构比例为12.2∶51.5∶36.3，对经济增长的贡献率分别为3.0%、67.1%和29.9%。

全省民营经济实现增加值4219.9亿元，占全省地区生产总值的比重为49.2%；民营经济实现主营业务收入13955.9亿元，增长30.7%。规模以上工业企业万元增加值综合能源消耗降低12.0%。

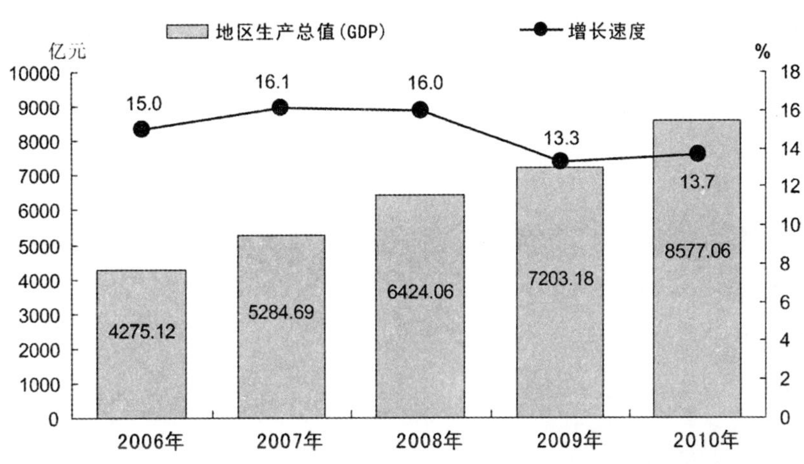


图1　2006—2010年全省地区生产总值及其增长速度

2010年，全省居民消费价格总指数为103.7（以上年为100，下同），价格水平同比上涨3.7%。其中，农村为104.1，上涨4.1%；城市为103.4，上涨3.4%。农业生产资料价格指数为99.1，下降0.9%；工业品出厂价格指数为105.2，上涨5.2%；原材料燃料动力购进价格指数为108.6，上涨8.6%；固定资产投资价格指数为103.4，上涨3.4%。

表1　2010年全省居民消费价格总指数

上年=100

| 指　标 | 全 省 | 城 市 | 农 村 |
|---|---|---|---|
| 居民生活消费价格总指数 | 103.7 | 103.4 | 104.1 |
| 食品 | 109.2 | 109.0 | 109.4 |
| 其中：粮食 | 113.9 | 115.4 | 112.4 |
| 烟酒及用品 | 100.7 | 100.9 | 100.5 |
| 衣着 | 100.7 | 100.9 | 100.1 |
| 家庭设备用品及服务 | 99.6 | 99.5 | 99.7 |
| 医疗保健及个人用品 | 101.8 | 101.5 | 102.5 |
| 交通和通信 | 99.1 | 98.7 | 99.8 |
| 娱乐教育文化用品及服务 | 100.5 | 100.3 | 101.0 |
| 居住 | 102.4 | 101.8 | 103.5 |

全年完成地方级财政收入602.41亿元，增长23.7%。其中，全年完成税收收入439.31亿元，增长21.7%。在全年完成税收收入中完成企业所得税收入60.82亿元，增长23.6%。税收收入占地方级财政收入的比重为72.9%，下降1.2个百分点。全年完成地方财政支出1787.25亿元，增长20.8%。其中：教育支出250.2亿元，增长15.3%；社会保障和就业支出253.36亿元，增长25.6%；医疗卫生支出110.91亿元，增长3.3%；环境保护支出71.55亿元，增长44.6%；交通运输支出89.78亿元，增长55.7%。

## 二、农　　业

全年实现农林牧渔业增加值1050.15亿元，按可比价格计算，比上年增长3.5%。其中，实现种植业增加值577.03亿元，增长5.5%；林业增加值43.0亿元，增长4.7%；牧业增加值381.48亿元，增长0.5%；渔业增加值15.63亿元，增长0.6%；农林牧渔服务业增加值33.01亿元，增长8.6%。

全年粮食作物播种面积6725.3万亩，比上年增加65.3万亩，增长1.0%。全年粮食总产量2842.5万吨，增长15.5%。其中，玉米产量2088万吨，增长15.4%，单产

6853.2公斤/公顷，增长12.0%；水稻产量588.5万吨，增长16.5%，单产8737.5公斤/公顷，增长14.3%。

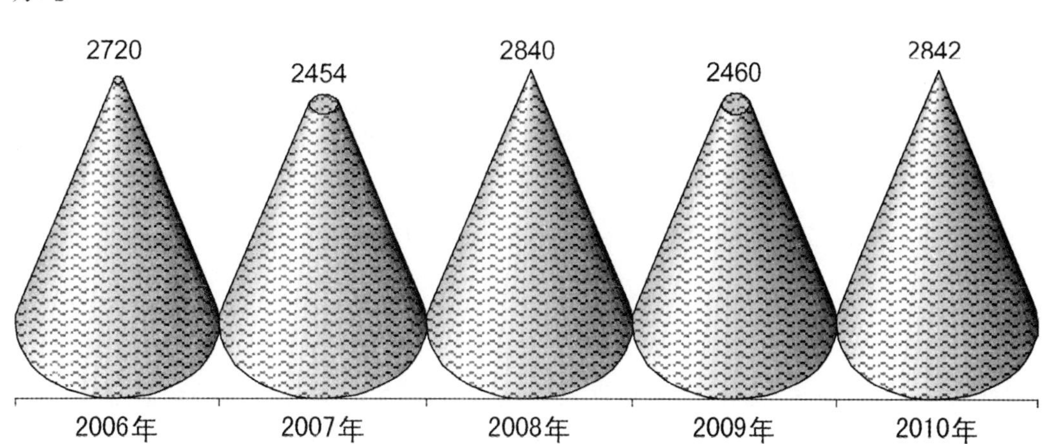


图2　2006—2010年全省粮食产量

2010年，全省猪、牛、羊、禽出栏量分别达到1454.6万头、293.7万头、305.65万只和3.78亿只，其中猪、牛、羊出栏量分别增长5.8%、3.5%和4.0%，禽类出栏量下降1.8%。全年猪牛羊禽肉类总产量232.72万吨，增长3.7%；鲜蛋类总产量95.64万吨，下降3.0%；牛奶总产量43.50万吨，下降2.2%。

表2　2010年全省主要农副产品产量

| 指　标 | 单 位 | 2009年 | 增长（%） |
|---|---|---|---|
| 粮食总产量 | 万吨 | 2842.50 | 15.5 |
| 蔬菜总产量 | 万吨 | 1078.75 | 11.4 |
| 猪、牛、羊、禽肉类总产量 | 万吨 | 232.72 | 3.7 |
| 鲜蛋总产量 | 万吨 | 95.64 | −3.0 |
| 牛奶总产量 | 万吨 | 43.50 | −2.2 |
| 水产品总产量 | 万吨 | 16.90 | 2.4 |
| 出栏生猪 | 万头 | 1454.60 | 5.8 |
| 出栏家禽 | 亿只 | 3.78 | −1.8 |

2010年末，全省农机总动力达到2145万千瓦，增长7.2%。主要农业机械与设备均有增加，其中拥有大中型拖拉机29.37万台、机电井16.96万眼、农用水泵47.87万台，分别增长19.9%、2.2%和1.2%。农田水利建设进一步加强，农田有效灌溉面积和旱涝保收面积分别达到172.68万公顷和106.35万公顷，增长2.6%和2.7%。全年农

村用电量达到39.50亿千瓦时，增长5.4%。

全省较大规模的农业产业化经营组织达到3900个，增长4.6%。完成固定资产投资301亿元，粮食加工量达1480万吨，畜禽屠宰加工量达3.4亿头（只），分别增长2.4%、2.1%和6.3%。全省实现园艺特产业产值707.8亿元，增长27.3%；农产品加工业销售收入2550亿元，增长18.6%。全省有效使用绿色食品标志产品850个，有机食品308个，无公害农产品2297个，无公害农产品产地认定214个，环境监测面积达到4200万亩。全年全省绿色食品标志产品、有机食品、无公害农产品产量达3510万吨，实现产值530亿元，带动农民增收61亿元，带动农户289万户 。

## 三、工业和建筑业

2010年，全省规模以上工业企业完成增加值3755.11亿元，按可比价格计算，比上年增长19.9%，增幅高于年初规划目标4.9个百分点。其中轻工业实现增加值1047.32亿元，增长21.2%；重工业实现增加值2707.80亿元，增长19.4%。（见表3）

表3　2010年全省规模以上工业企业增加值

单位：亿元

| 指　　标 | 工业增加值 | 增长（%） |
|---|---|---|
| 总计 | 3755.11 | 19.9 |
| 轻工业 | 1047.32 | 21.2 |
| 重工业 | 2707.80 | 19.4 |
| 在总计中：国有及国有控股企业 | 1552.21 | 15.3 |

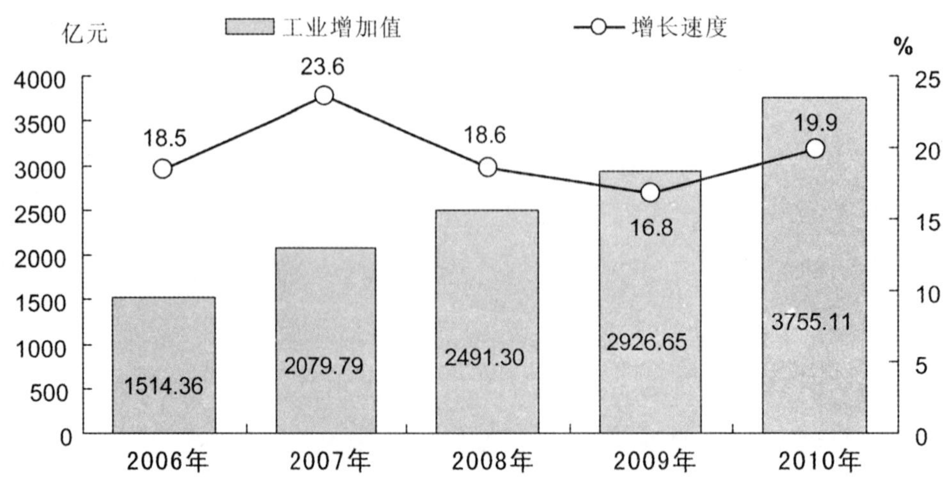


图3　2006—2010年全省规模以上工业增加值及其增长速

在全省规模以上工业中，《吉林省工业产业跃升计划》所涉及的汽车产业、石油化工产业、食品产业、信息产业、医药产业、冶金建材产业和装备制造业分别实现增加值1091.40亿元、565.44亿元、596.18亿元、75.90亿元、218.83亿元、436.63亿元和320.69　亿元，分别增长24.6%、7.8%、16.6%、27.9%、25.0%、17.7%和26.6%。

六大高耗能行业共实现增加值806.29亿元，增长14.3%。高技术制造业实现增加值263.99亿元，增长26.0%。（见表4）

表4　2010年全省主要工业产品产量及其增速

| 产品名称 | 单位 | 产量 | 比上年增长(%) |
|---|---|---|---|
| 纱 | 万吨 | 5.81 | 2.4 |
| 布 | 亿米 | 0.42 | −4.8 |
| 服装 | 万件 | 19526.56 | 22.5 |
| 化学纤维 | 万吨 | 27.23 | −7.6 |
| 配混合饲料 | 万吨 | 592.91 | 32.7 |
| 精致食用植物油 | 万吨 | 60.22 | 60.2 |
| 软饮料 | 万吨 | 504.68 | 36.1 |
| 卷　烟 | 亿支 | 400.00 | 11.4 |
| 汽车仪器仪表 | 万台 | 125.40 | −10.1 |
| 原煤 | 万吨 | 5190.02 | 18.3 |
| 焦炭 | 万吨 | 411.29 | −1.3 |
| 天然原油 | 万吨 | 702.33 | 9.7 |
| 原油加工量 | 万吨 | 830.68 | 0.7 |
| 发电量 | 亿千瓦小时 | 594.40 | 9.9 |
| 粗钢 | 万吨 | 827.17 | 4.3 |
| 钢材 | 万吨 | 875.80 | 3.8 |
| 生铁 | 万吨 | 691.71 | 6.7 |
| 铁合金 | 万吨 | 48.60 | −8.5 |
| 黄金 | 千克 | 11686.38 | 3.3 |
| 十种有色金属 | 万吨 | 0.57 | 195.8 |
| 水泥 | 万吨 | 3974.60 | 10.9 |
| 硫酸（折100%） | 万吨 | 26.23 | −10.0 |
| 合成氨 | 万吨 | 60.20 | 3.8 |
| 合成橡胶 | 万吨 | 18.12 | 0.1 |
| 乙烯 | 万吨 | 83.33 | −0.6 |
| 农用化学肥料(氮、磷、钾类折纯) | 万吨 | 27.68 | 19.2 |
| 化学药品原药 | 万吨 | 0.79 | 15.0 |
| 中成药 | 万吨 | 28.95 | 181.4 |
| 汽车 | 万辆 | 167.42 | 36.4 |
| 轿车 | 万辆 | 115.58 | 34.9 |

全年规模以上工业企业累计实现利润总额794.74亿元，比上年增加317.16亿元，增长66.4%。全年规模以上工业经济效益综合指数为289.3%，比上年提高37.1个百分点。

全年规模以上民营工业企业累计实现增加值1861.61亿元，增长24.0%，增幅高于全部规模以上工业平均增长水平4.1个百分点；实现利润254.78亿元，增长50.2%。

全年建筑业企业实现增加值583.87亿元，增长19.8%。全省具有资质等级的总承包和专业承包建筑业企业完成总产值1348.78亿元，增长18.0%；建筑业全员劳动生产率为171899元/人（按建筑业总产值计算），增长8.2%；实现利税89.37亿元，增长14.7%。

## 四、固定资产投资

全年完成全社会固定资产投资9621.77亿元，比上年增长32.5%。人均投资达到35381万元。其中，城镇投资7925.72亿元，增长33.0%；农村投资1696.05亿元，增长30.4%。（见图4）

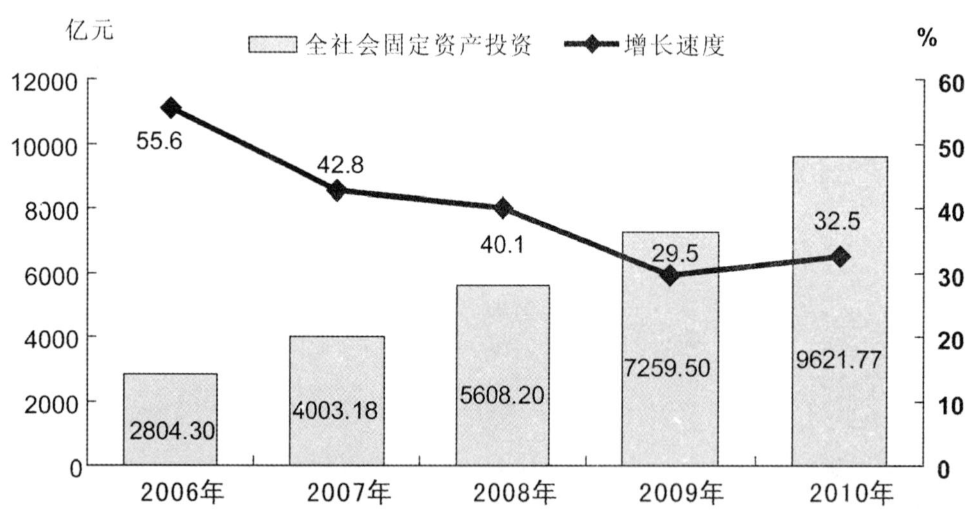


图4　2006—2010年全省全社会固定资产投资及其增长速度

在城镇固定资产投资中，第一产业完成投资167.10亿元，增长64.1%；第二产业完成投资4610.03亿元，增长37.2%；第三产业完成投资3148.59亿元，增长26.1%。

全年完成城镇工业投资4516.34亿元，增长37.5%，增幅高于全部城镇投资增速4.5个百分点，对全社会投资增长的贡献率达52.1%。（见表5）

表5　2010年全省分行业城镇固定资产投资及其增长速度

| 行　　业 | 投资额 | 增长(%) |
|---|---|---|
| 总计 | 7925.72 | 33.0 |
| （一）农、林、牧、渔业 | 167.10 | 64.1 |
| （二）采矿业 | 483.09 | 27.6 |
| 煤炭开采和洗选业 | 83.31 | 44.8 |
| 石油和天然气开采业 | 252.29 | 22.3 |
| （三）制造业 | 3477.83 | 35.4 |
| 农副食品加工业 | 313.92 | 43.9 |
| 食品制造业 | 120.74 | 40.0 |
| 纺织业 | 37.44 | 60.1 |
| 纺织服装、鞋、帽制造业 | 26.14 | 16.2 |
| 石油加工、炼焦及核燃料加工业 | 21.16 | 109.1 |
| 化学原料及化学制品制造业 | 258.52 | 5.5 |
| 非金属矿物制品业 | 350.18 | 54.0 |
| 黑色金属冶炼及压延加工业 | 128.83 | 242.9 |
| 有色金属冶炼及压延加工业 | 22.96 | 3.1 |
| 金属制品业 | 136.63 | 21.0 |
| 通用设备制造业 | 163.89 | 1.0 |
| 专用设备制造业 | 176.92 | 23.4 |
| 交通运输设备制造业 | 728.29 | 45.9 |
| 电气机械及器材制造业 | 138.22 | 53.4 |
| 通信设备、计算机及其他电子设备 | 26.33 | 14.0 |
| （四）电力、燃气及水的生产和供应业 | 555.42 | 64.4 |
| 电力、热力的生产和供应业 | 466.57 | 64.4 |
| （五）建筑业 | 93.69 | 25.7 |
| （六）交通运输、仓储和邮政业 | 621.74 | 57.8 |
| （七）信息传输、计算机服务和软件业 | 57.05 | 0.0 |
| （八）批发和零售业 | 276.86 | 26.8 |
| （九）住宿和餐饮业 | 69.08 | -3.3 |
| （十）金融业 | 14.22 | 71.9 |
| （十一）房地产业 | 1063.10 | 17.7 |
| （十二）租赁和商务服务业 | 47.37 | -6.5 |
| （十三）科学研究、技术服务和地质勘查业 | 60.49 | 28.5 |
| （十四）水利、环境和公共设施管理业 | 549.59 | 10.0 |
| （十五）居民服务和其他服务业 | 36.04 | 82.5 |
| （十六）教育 | 95.39 | 30.6 |
| （十七）卫生、社会保障和社会福利业 | 62.41 | 19.5 |
| （十八）文化、体育和娱乐业 | 89.45 | 154.0 |
| （十九）公共管理和社会组织 | 105.80 | 58.1 |

全年完成城镇非国有投资5590.60亿元，增长32.4%，占全部城镇投资总额的70.5%。其中，完成私营企业投资1728.64亿元，增长81.3%。

全年城镇基础设施建设投资达到1608.32亿元，增长39.3%，占城镇固定资产投资总额的比重为20.3%。全省在建计划总投资超亿元以上的建设项目有1023个，完成投资2854.09亿元；计划总投资10亿元以上的项目166个，完成投资1558.21亿元。

全年完成房地产开发投资921.01亿元，增长21.7%。商品房竣工面积1871.38万平方米，增长27.3%；商品房销售建筑面积2319.64万平方米，增长19.3%。其中，销售住宅面积2062.73万平方米，增长17.3%。

## 五、国内贸易

全年实现社会消费品零售总额3501.82亿元，比上年增长18.5%。其中，城镇实现消费品零售额3104.07亿元，增长18.6%；乡村实现消费品零售额397.74亿元，增长17.8%，城镇消费品零售额增长幅度高于全省平均水平0.1个百分点，高于乡村0.8个百分点。(见图5、表6)

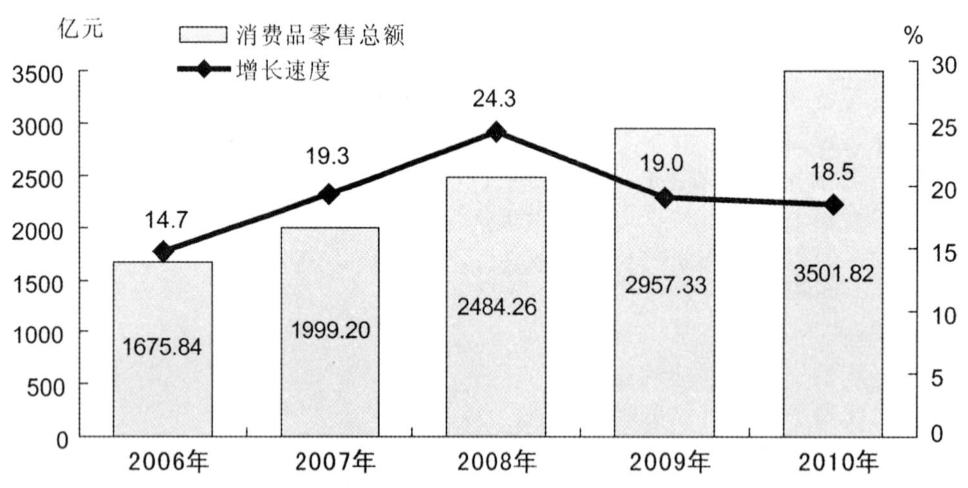


图5　2006—2010年全省社会消费品零售总额及其增长速度

在全省限额以上批发零售贸易企业实现零售额中，粮油类增长59.4%；金银珠宝类增长44.5%；文化办公用品类增长42.7%；服装类增长41.2%；家用电器和音像器材类增长37.4%；汽车类增长35.8%；化妆品类增长35.4%；中西药品类增长31.6%；书报杂志类增长27.9%；石油及其制品类增长27.2%；日用品类增长24.5%；肉禽蛋类增长21.0%；家具类增长18.2%；建筑及装潢材料类增长16.1%；通讯器材类增长11.9%；体育、娱乐用品类增长11.7%。

表6　2010年全省社会消费品零售额及其增长速度

单位：亿元

| 指　　标 | 社会消费品零售额 | 增长（%） |
| --- | --- | --- |
| 总计 | 3501.82 | 18.5 |
| 按行业分： | | |
| 批发、零售贸易业 | 3152.18 | 18.4 |
| 其中：限额以上批发零售贸易业 | 976.90 | 32.1 |
| 按商品用途分： | | |
| 食品类 | 111.15 | 37.0 |
| 衣着类 | 152.08 | 35.9 |
| 日用类 | 713.67 | 30.6 |
| 住宿、餐饮业 | 349.64 | 19.6 |
| 按城乡分： | | |
| 城镇 | 3104.07 | 18.6 |
| 乡村 | 397.74 | 17.8 |

## 六、对外经济

根据海关统计，全年累计实现外贸进出口总值168.46亿美元，增长43.5%。其中，实现出口总值44.76亿美元，增长43.2%；实现进口总值123.70亿美元，增长43.5%。（见表7、图6）

表7　2010年全省进出口贸易主要分类情况

| 指　　标 | 外贸进出口总值（亿美元） | 比上年增长（%） |
| --- | --- | --- |
| 总计 | 168.46 | 43.5 |
| 出口总值 | 44.76 | 43.2 |
| 其中：一般贸易 | 25.68 | 39.3 |
| 加工贸易 | 11.45 | 101.9 |
| 进口总值 | 123.70 | 43.5 |
| 其中：一般贸易 | 113.57 | 44.3 |
| 加工贸易 | 4.49 | 58.8 |

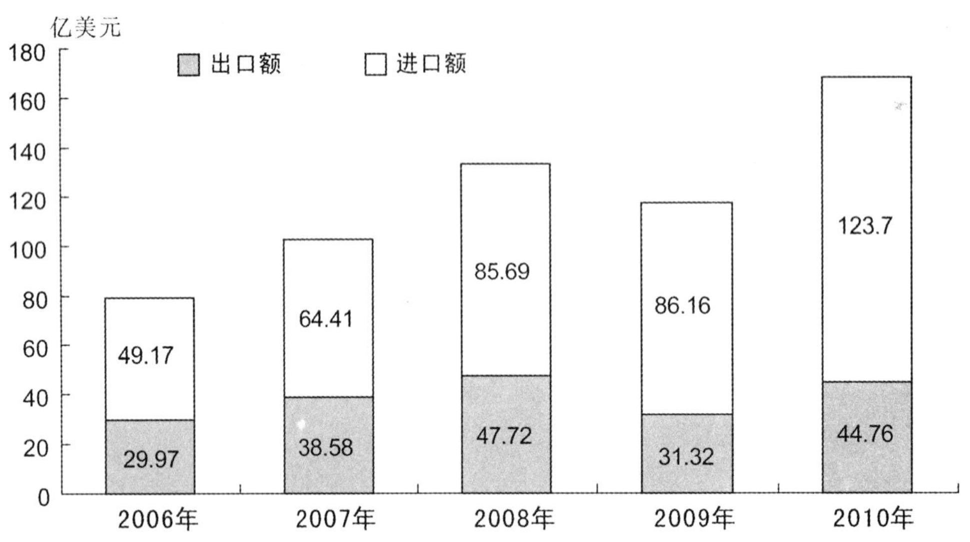


图6 2006—2010年全省进出口总额

全年实际利用外资41.65亿美元，增长16.8%，其中外商直接投资12.80亿美元，增长12.3%。全年域外资金实际到位2491.65亿元，增长31.2%，其中，引入外省资金2209.75亿元，增长33.4%。

## 七、交通、邮电和旅游

2010年，全省各种运输方式完成货物周转量1391.94亿吨公里，比上年增长8.7%；货物发送量4.5亿吨，增长15.4%。全年旅客周转量511.31亿人公里，增长12.1%；旅客发送量6.5亿人，增长10.2%。民航集团全年共保障运输起降航班5.1万架次，完成旅客吞吐量580万人次。

2010年末，全省铁路营业里程达到4036.6公里；公路总里程9.04万公里，其中等级公路总里程8.10万公里，占公路总里程的89.6%，全省公路总里程中，高速公路1850公里；等外公路9432公里，占公路总里程的10.4%。2010年末，全省民用汽车保有量173.19万辆，比上年末增长19.0%。全省私人汽车保有量134.43万辆，增长22.4%，其中私人轿车保有量63.36万辆，增长32.9%。(见图7)

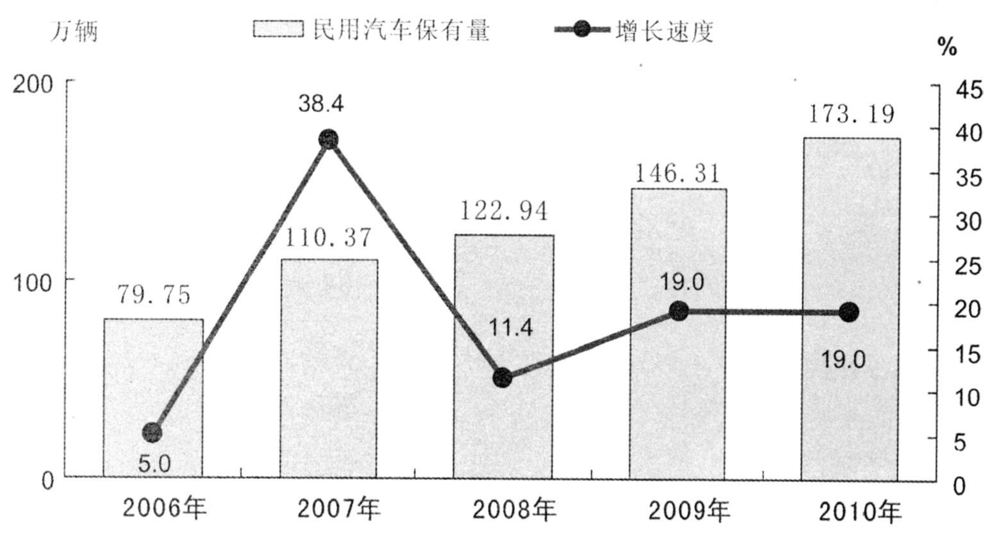


图7 2006—2010年全省民用汽车保有量及其增长速度

2010年末，全省拥有邮政局、所957个，邮路总长度达到27034公里；长途光缆线路长度21801公里。全年完成邮电业务总量652.7亿元，增长22.6%。其中，完成邮政业务总量23.8亿元，增长15.8%；完成电信业务总量628.9亿元，增长22.9%。在邮政业务中，全年完成函件业务量9319万件，增长15.2%；包裹业务量116万件，下降5.6%；汇票492万笔，增长3.9%；累计订销报刊2.62亿份，增长4.0%；特快专递849万件，增长19.4%；邮政储蓄平均余额576亿元，增长14.5%。截至2010年末，全省局用交换机容量837万门；固定电话用户595万户，其中城市电话用户433万户，农村电话用户162万户，固定电话普及率21.7部/百人。移动电话用户1805.4万户，移动电话普及率65.9部/百人，增长14.4%。互联网络宽带接入用户285.9万户，增长25.4%。

2010年，全省接待国内外旅游者6490.90万人次，增长18.0%。其中，接待国内旅游者6408.89万人次，增长18.0%；接待入境旅游者82.01万人次，增长20.50%，其中接待外国游客72.16万人次；港澳台同胞9.85万人次。全年旅游总收入732.83亿元，增长26.2%。其中，国内旅游收入712.39亿元，增长26.3%；旅游外汇收入3.05亿美元，增长25.5%。截至2010年末，全省有旅行社567家。有星级以上宾馆223家，其中五星级宾馆7家。截至2010年末，全省拥有国家A级旅游景区123家，其中5A级旅游景区3家。

## 八、金融、证券和保险业

2010年末，全省境内金融机构本外币存款余额9702.55亿元，比年初增加1296.93亿元；金融机构本外币贷款余额7279.62亿元，增加979.19亿元。其中，农村信用社人民币贷款726.29亿元，增加29.78亿元；人民币个人消费贷款742.09亿元，增加216.55亿元。（见表8、图8）

表8　2010年全省境内金融机构本外币存贷款及其增长速度

| 指　　标 | 年末数（美元） | 比上年末增长（%） |
| --- | --- | --- |
| 各项本外币存款余额 | 9702.55 | 15.4 |
| 其中：企事业单位存款 | 2788.91 | 18.8 |
| 城乡居民储蓄存款 | 5203.16 | 11.2 |
| 其中：人民币存款余额 | 5147.26 | 11.6 |
| 各项本外币贷款余额 | 7279.62 | 15.5 |
| 其中：短期贷款 | 2815.66 | 3.7 |
| 中长期贷款 | 4310.84 | 31.8 |

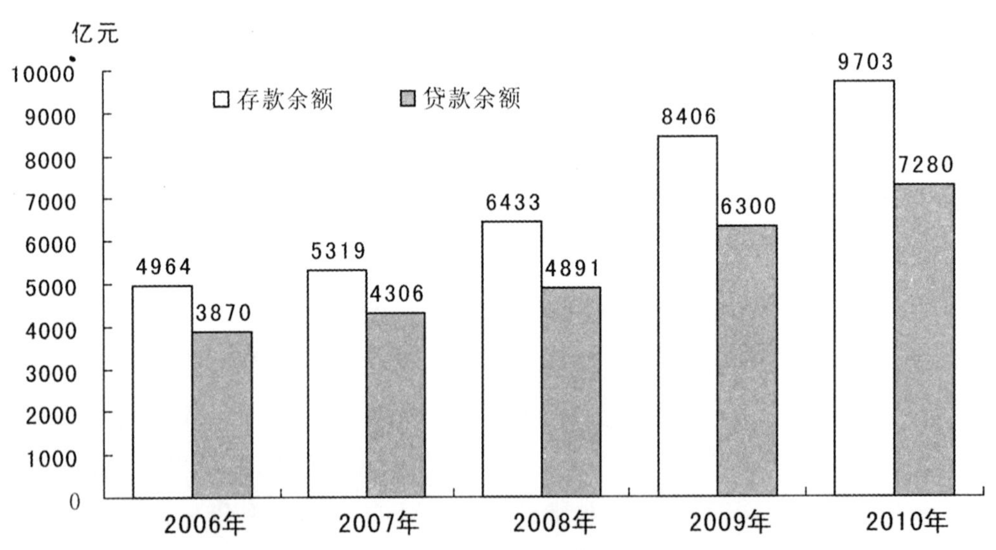


图8　2004—2009年金融机构本外币存贷款余额

2010年末，全省共有境内上市公司35家。全年证券市场股票、基金交易总量8692.08亿元。

2010年末，全省有各类保险公司经营主体23家，比上年末增加1家；有保险专业中介法人机构40家，兼业保险代理机构2941家，全年原保险保费收入239.25亿元，比上年增长29.4%。其中，寿险收入165.93亿元，增长23.6%；健康险和意外伤害险收入12.44亿元，增长22.9%；财产险收入60.89亿元，增长50.5 %。全年原保险赔付额56.27亿元，增长0.3%。其中，寿险给付23.34亿元，下降7.2%；健康险和意外伤害险赔款4.21亿元，增长14.9%；财产险赔款28.72亿元，增长5.3%。

## 九、科学技术和教育

2010年末，全省有各级政府部门科学研究机构107个。其中，自然科学研究机构92个（其中中科院属3个；省属47个）；社会科学研究机构15个（其中省属11个）。拥有中国科学院和中国工程院院士21人（不包括双聘院士）。全省已建成国家重点实验室11个，省部（吉林省与科技部）共建重点实验室2个，省属重点实验室31个，省级科技创新中心（含工程技术研究中心）81个。

2010年，全省国内专利申请量6445件，授权量4343件，分别比上年增长8.6%和32.7%。其中，发明专利申请量2789件，授权量785件，分别增长28.8%和9.3%。2010年度（自2009年11月1日至2010年10月31日）登记省级科技成果487项。全年有10项科研成果获得国家科技奖励；1项获得省科技进步特等奖；23项获得省科技进步一等奖；79项获得省科技进步二等奖；148项获得省科技进步三等奖；2项获得省科技发明一等奖；3项获得省科技发明二等奖；8项获得省科技发明三等奖。全年共签订技术合同3424份，实现合同成交额18.81亿元。

2010年末，全省共有产品质量检验机构705个，其中国家质量检测中心11个，全年共监督抽查产品35种，860个批次。全省共有质量认证机构4个，有4120户企业通过了自愿性认证，颁发证书4664张。有法定计量技术机构69个，强制检定计量器具12.21万台件，增长8.4%。截止2010年末，全省已拥有27个中国名牌产品。

全年省级气象部门累计发布各类气象灾害预警信号189次，预警信号累计覆盖1.4亿人次。全年共开展飞机人工增雨作业51架次，跨区域飞机作业17架次，地面人工增雨191次，累计增水14.5亿立方米。组织防雹作业722次，防雹保护面积12552平方公里，挽回经济损失3.6亿元。全省共有9个地震台站，2个火山观测站，18口观测井。

2010年末，全省拥有小学5837所，比上年末减少347所；在校生144.46万人，减少1.65万人，学龄儿童入学率为99.84%。有普通初中1209所，减少17所；在校生81.75万人，减少5.16万人。有职业初中12所，减少13所。在校生8299人，减少9042人。有普通高中学校257所，减少5所；在校生47.09万人，增加0.24万人。有中等职业教育学校（机构）386所，增加2所；在校生29.44万人，毕业生9.18万人，其中获得职业技术证书的人数为4.13万人，比上年增加718人。另有职工技术培训学校（机构）2339所，注册学生数64.62万人。

2010年，全省高等教育毛入学率达到35%。全省共有研究生培养单位19个，全年招收研究生1.76万人，在学研究生5.16万人。有普通高校56所，其中普通本科院校37所（包含10所普通高等学校举办的独立学院），普通专科（高职）院校19所；全年招收普通本科、专科（高职）学生15.29万人，在校生54.44万人，比上年末增加1.34万人。全年成人高校本专科共招生6.48万人，在校生14.82万人。

2010年末，全省共有各级各类民办学校（机构）2082所，在校生41.92万人，比上年末增加2.06万人。其中民办普通高等学校5所，在校生1.98万人；独立学院10所，在校生8.47万人。民办非学历高等教育机构14所，各类注册学生5702人；民办普通高中26所，在校生2.99万人；民办中等职业学校78所，在校生4.62万人；民办普通初中30所，在校生4.75万人；民办普通小学18所，在校生3.20万人；民办幼儿园1901所，在园学生15.33万人。

## 十、文化、卫生和体育

2010年末，全省拥有群众文化机构1066个。其中，文化馆63个，群众艺术馆13个，乡镇文化站614个；艺术表演团体68个。公共图书馆65个，藏书1500万册。博物馆、纪念馆85个，文物藏品20万件，全年参观人数达260万人次。全年共出版各种图书1.04万种；期刊238种，总印量0.85亿册；出版发行报纸80种，印刷总量15.5亿份。广播人口覆盖率达到98.47%；电视人口覆盖率达到98.59%，有线广播电视用户数为422.94万户，其中数字电视用户数达到260.46万户。

2010年末，全省有卫生技术人员17.05万人，其中执业医师和执业助理医师6.07万人，注册护士4.57万人。医院和卫生院拥有医疗床位10.65万张。全省有乡镇卫生院769个，床位1.7万张，卫生技术人员2.48万人。全省已建成社区卫生服务中心（站）2084家。全省所有县（市、区、开发区）均实行了新型农村合作医疗，覆盖率达100%。有1252.54万农民参加了新型农村合作医疗，参合率达96.8%。全年共筹集资金18.79亿元；已有626.33万参合农民从中受益，支付补偿资金17.72亿元，占筹集资金总额的94.3%。全年报告甲、乙类传染病发病人数6.73万例，报告死亡139人；甲、乙类传染病报告发病率为245.63/10万，死亡率0.51/10万。孕产妇死亡率为28.5人/10万人；婴儿死亡率为6.78‰；农村卫生厕所普及率达到73.2%。

2010年，我省在国际、国内重大体育比赛中共获得金牌51枚、银牌29枚、铜牌18枚。全年培训审批一级社会体育指导员81人；二级社会体育指导员497人；三级社会体育指导员380人。全年新建1个国家级全民健身户外营地；2个市（州）级全民健身中心；7个县（市、区）级全民健身中心；3个（市、区）级健身广场；36个街道（社区）健身路径；63个乡镇健身路径；450个行政村配建了体育器材。新建全民健身活动站点532个；国家级青少年体育俱乐部10个，参与健身活动的人数达到1296万人次。

## 十一、人民生活和社会保障

2010年，全省城镇居民人均可支配收入达到15411.47元，比上年增长10.0%；城镇居民人均消费性支出为11679.04元，增长7.0%。农村居民人均纯收入达到6237.44元，增长18.4%；农村居民人均生活消费支出4147.36元，增长6.3%。城镇恩格尔系数为32.3%，农村恩格尔系数为36.73%。城镇人均住房建筑面积28.41平方米，增加0.73平方米；农村人均住房面积22.89平方米，增加0.1平方米。（见图9）

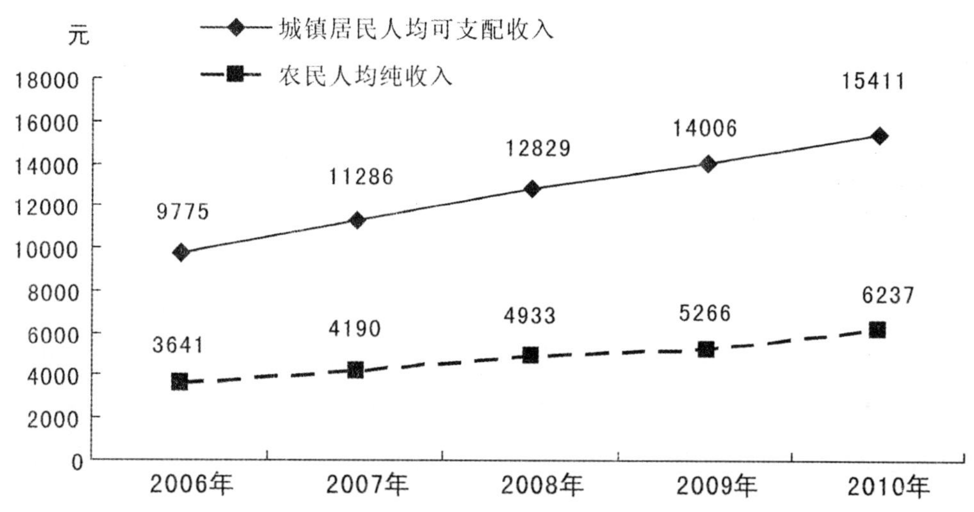


图9　2006—2010年全省城镇居民人均可支配收入和农民人均纯收入

2010年末，全省基本养老保险参保人数达到599.5万人，增长8.2%，其中参保职工为392.9万人，增长2.5%。全省基本医疗保险参保人数达到1333.8万人，增长7.3%，其中城镇职工参保人数为550.1万人，增长13.1%；城镇居民为783.7万人，增长3.6%。全省失业保险参保人数达到245.3万人，增长1.6%。全省工伤保险参保人数达到300.5万人，增长10.4%。全省生育保险参保人数达到310.5万人，增长7.1%。

2010年，全省共筹集城乡低保资金36.70亿元，其中城市低保资金28.97亿元，农村低保资金7.73亿元。城市低保月标准和月人均补助水平分别达到226元和198元，比上年增长5.6%和16.5%；农村低保年标准和年人均补助水平分别达到1319元和989元，增长5.9 %和30.1 %，有效保障了全省213万城乡低保对象的基本生活。全年投入医疗救助资金5.98亿元，资助救助城乡困难群众246.3万人次，其中直接救助52.3万人次。全年省财政共下拨救灾资金13.11亿元，妥善安排了321万人次受灾群众的基本生活。2010年全省完成困难户泥草房改造7.06万户，超出年初省政府计划任务数609户。2010年省财政列支农村五保供养补助经费5148万元，将3.2万名符合条件的农村五保对象全部纳入保障范围，实现了应保尽保。目前，全省共保障农村五保供养对象11.9万人，其中集中供养对象3.3万人，分散供养对象8.6万人，集中供养年人均补助标准为2700元，分散供养对象年人均补助标准为1700元。积极推进农村社区建设实验工作，全省累计投入资金4.9亿元，建成农村社区服务中心1018个。

## 十二、环境保护和安全生产

2010年，全省化学需氧量（COD）排放量35.22万吨，比上年下降2.4%；二氧化硫（$SO_2$）排放量35.63万吨，下降1.9%，两项指标分别完成“十一五”削减任务的130.5%、142.8%。全省列入松花江流域“十一五”水污染防治规划的86个项目已全部完成。列入辽河流域“十一五”水污染防治规划的26个项目已完成21个。全省17条江河的64个监测断面中，好于Ⅲ类水质断面的占56.3%，有9个断面水质好于上年，占断面总数的14.1%。松花江流域出省界断面稳定保持国家规定的水质要求。2010年末，全省拥有各类自然保护区38个，其中，国家级自然保护区13个，省级自然保护区17个，市、县级自然保护区8个，自然保护区总面积230.77万公顷，占省域国土面积的12.3%。

2010年，全省安全生产形势总体稳定。全年共发生各类事故12477起，死亡1755人，比上年减少1363起，减少死亡96人，分别下降9.9%和5.2%。其中发生工矿商贸企业事故138起，死亡208人，减少46起，减少死亡人数33人，分别下降25%和13.7%。

2010年，全省亿元GDP生产安全事故死亡率0.20，同比减少0.05，下降20%。煤矿百万吨死亡率1.4，同比减少0.29，下降17.1%。道路交通万车死亡率4.1，同比减少0.51，下降11%。

说明：

1．本《公报》所使用的数据，均为年度统计快报提供的初步统计数据。

2．本《公报》中使用的部分指标数据，为省直相关部门提供的行业统计数据。

3．本《公报》中使用的年度畜牧业统计数据，采用国家统计局吉林调查总队提供的重点监测数据。

4．本《公报》中使用的地区生产总值及各产业增加值绝对数，按当年价格计算，其增长率按可比价格计算。

# 2009年我省GDP总量突破7200亿

王洪奕

**编者按：**《2009年我省GDP总量突破7200亿》一文于2009年12月31日以《统计参考》第1期（总第16期）印发。

受全球金融危机的影响，我省多数行业均受到了较大冲击。年初以来，在严峻的经济形势下，省委省政府坚持以“保增长、保稳定、保民生”为重心，采取一系列有效措施，攻坚克难，取得了可喜的成果。据国家统计局反馈，2009年我省GDP总量达7203.18亿元，位居全国第22位，同比增长13.3%，比全国平均水平高4.6个百分点，增速位居全国第8位。

## 一、2009年我省经济运行呈现出如下特点：

### (一）经济逐季转暖

2009年一季度我省累计GDP增速9.1%，二季度11.7%，三季度12.1%，四季度13.3%，全年GDP实现稳步回升的良好发展态势。（见图1）

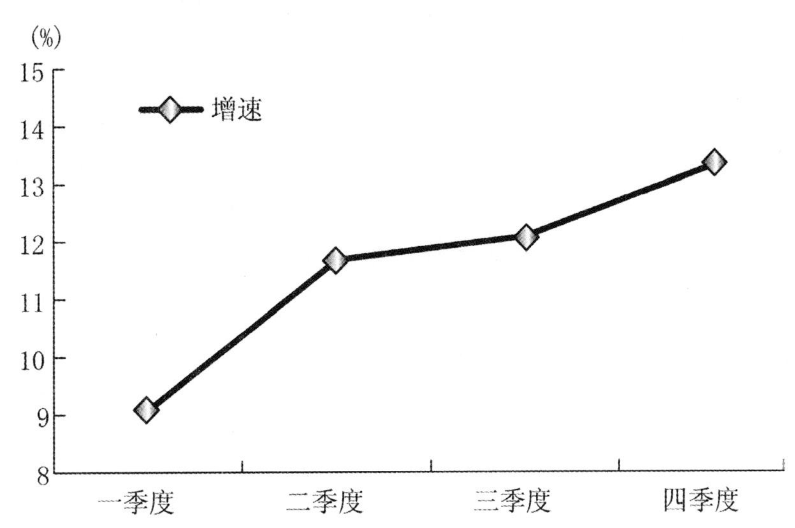


图1　2009年四个季度GDP增长情况

纵观全年，我省经济由一季度的个位数增长，到年底达到13.3%的较快增长，这个成果实属不易。

（二）工业快速回升

我省工业逐步摆脱金融危机的影响，工业经济的快速回暖，带动了全省经济的稳步回升。2009年全年我省第二产业实现增加值3491.96亿元，占GDP比重48.5%，增长16.7%，比全国平均增速快7.2个百分点，对GDP增长的贡献率达59.4%，拉动GDP增长6.5个百分点。其中：工业实现增加值3004.64亿元，增速16.3%，对GDP增长的贡献率达50.4%，拉动GDP增长5.6个百分点，是拉动我省经济增长的主动力。

（三）服务业增速位居全国第9位

2009年我省第三产业实现增加值2730.72亿元，增长12.7%，比全国平均增速快3.8个百分点，位居全国第9位，对GDP增长的贡献率达37.9%。其中，批发和零售业、住宿和餐饮业、金融业和营利性服务业均有较高增长，增速分别为16.9%、15.7%、28.2%和19.2%，对GDP增长的贡献率分别为11.8%、2.6%、4.9%和9.8%。

（四）扩大投资成为支撑吉林省经济增长的强劲动力

在国际金融危机的影响下，扩大投资成为支撑吉林省经济增长的强劲动力。2009年我省全社会固定资产投资实现7259.5亿元，比上年同期增加1651.3亿元，增长29.5%；实现社会消费品零售总额2957.3亿元，比上年同期增加473亿元，增长19.0%，增速位居全国第16位。

（五）人均GDP达26319元／人，位居全国第11位

2009年我省人均GDP达26319元／人，比上年同期增加2805元，连续两年超过全国平均水平，位居全国第11位，与上年持平。（见表1）

## 二、目前经济运行中存在的一些问题

回首2009年，是我省经济非常困难的一年，从2008年四季度增速16.0%一下跌落至2009年一季度的9.1%，在不到一年时间里快速回升至2009年四季度的13.3%，我省经济能够迅速反弹，快速摆脱金融危机的影响，三大产业实现稳步增长，这充分表明我省抵抗金融危机措施有效得当，及时准确。但是在经济快速增长的同时，我们不得不注意到经济发展的以下几个问题：

（一）GDP增量同比减少

2009年我省GDP增加值为7203.18亿元，比2008年增加777.08亿元，与2008年的增量1141.41亿元相比GDP增量少增加364.33亿元。主要原因是我省经济的发展速度还不够快，2009年经济增长速度为13.3%，但由于2009年价格指数同比有大幅回落，

无形中使GDP增速提高了5.9个点，如按2008年价格指数计算，我省经济增长速度只有7.4%。（见表2）

表1　2009年4季度GDP绝对额及人均GDP排序

| | 国内生产总值（亿元） | 排位 | 人均GDP（元/人） | 排位 |
|---|---|---|---|---|
| 上　海 | 14900.93 | 8 | 78905 | 1 |
| 北　京 | 11865.93 | 13 | 70005 | 2 |
| 天　津 | 7500.80 | 20 | 63782 | 3 |
| 浙　江 | 22832.43 | 4 | 44595 | 4 |
| 江　苏 | 34061.19 | 2 | 44366 | 5 |
| 广　东 | 39081.59 | 1 | 40949 | 6 |
| 内蒙古 | 9725.78 | 15 | 40294 | 7 |
| 山　东 | 33805.30 | 3 | 35897 | 8 |
| 辽　宁 | 15065.57 | 7 | 34917 | 9 |
| 福　建 | 11949.53 | 12 | 33156 | 10 |
| **吉　林** | **7203.18** | **22** | **26319** | **11** |

注：其他省份人均GDP按2008年末总人口数计算

表2　2008—2009年四季度价格指数

| 名　　称 | 2009年指数 | 2008年指数 | 两年相差 |
|---|---|---|---|
| 农产品生产价格缩减指数 | 101.8 | 107.1 | -5.3 |
| 工业品出厂价格指数 | 96.1 | 104.9 | -8.8 |
| 固定资产投资价格指数 | 99.4 | 107.3 | -7.9 |
| 建筑安装工程价格指数 | 99.6 | 110.7 | -11.1 |
| 房屋销售价格指数 | 101.1 | 107.0 | -5.9 |
| 土地交易价格指数 | 100.0 | 100.0 | 0.0 |
| 房屋租赁价格指数 | 100.0 | 102.6 | -2.6 |
| 商品零售价格指数 | 99.3 | 106.2 | -6.9 |
| 居民消费价格指数 | 100.1 | 105.1 | -5.0 |
| 服务项目价格指数 | 100.2 | 100.7 | -0.5 |
| 宾馆住宿价格指数 | 97.9 | 100.3 | -2.4 |
| 其他住宿价格指数 | 97.6 | 99.3 | -1.7 |
| 在外用膳食品价格指数 | 99.2 | 110.1 | -10.9 |
| 城市间交通费价格指数 | 100.7 | 102.1 | -1.4 |
| 通信服务价格指数 | 99.7 | 98.4 | 1.3 |

由上表可见，除土地交易价格指数外其它行业价格指数均呈下降态势。2009年GDP13.3%的增速与2008年16.0%的增速是有较大差距的。

其次，部分行业增加值增速同比下降较大。2009年规模以上工业增加值增速为16.8%，比上年下降1.8个点；由于交通部计算运距方法改变，我省铁路运输总周转量增速仅为－3.1%，同比下降13个点，公路运输总周转量增速为1.5%，同比下降13.2个点；批发和零售业增速也有所放缓；全年社会消费品零售额现价速度18.6%，同比下降5.7个点。

第三，作为吉林省经济的支柱产业重工业，由于缺乏市场竞争力，用较高的资源消耗创造不了更高附加值的产品，不能创造更高的增加值。以上各种原因造成我省GDP增量与上年相比有一定数量的减少。

（二）我省与其他省份比较尚有明显不足

2009年第一产业增加值980.5亿元，但我省作为一个农业大省，第一产业对GDP的贡献率只有2.7%，与全国总量排位相邻省份比较，我省优势并不明显。（见表3）

表3　2009年4季度我省与各省GDP比较情况

| | 地区GDP（亿元） | 排位 | 第一产业（亿元） | 排位 | 第二产业（亿元） | 排位 | 第三产业（亿元） | 排位 |
|---|---|---|---|---|---|---|---|---|
| 陕　西 | 8186.65 | 17 | 789.63 | 19 | 4312.11 | 15 | 3084.91 | 18 |
| 广　西 | 7700.36 | 18 | 1458.71 | 10 | 3377.72 | 22 | 2863.93 | 20 |
| 江　西 | 7589.22 | 19 | 1098.31 | 15 | 3890.31 | 19 | 2600.60 | 22 |
| 天　津 | 7500.80 | 20 | 131.01 | 26 | 4110.54 | 16 | 3259.25 | 16 |
| 山　西 | 7365.74 | 21 | 477.60 | 24 | 4021.19 | 17 | 2866.95 | 19 |
| **吉　林** | **7203.18** | **22** | **980.50** | **17** | **3491.96** | **20** | **2730.72** | **21** |

表4　2009年4季度我省与天津、山西GDP比较情况

| | 地区GDP（亿元） | 排位 | 第一产业（亿元） | 排位 | 第二产业（亿元） | 排位 | 第三产业（亿元） | 排位 |
|---|---|---|---|---|---|---|---|---|
| **吉　林** | **7203.18** | **22** | **980.50** | **17** | **3491.96** | **20** | **2730.72** | **21** |
| 天　津 | 7500.80 | 20 | 131.01 | 26 | 4110.54 | 16 | 3259.25 | 16 |
| 我省与天津之间差距 | −297.62 | | 849.49 | | −618.58 | | −528.53 | |
| 山　西 | 7365.74 | 21 | 477.60 | 24 | 4021.19 | 17 | 2866.95 | 19 |
| 我省与山西之间差距 | −162.56 | | 502.90 | | −529.23 | | −136.23 | |

第一产业我省占有绝对优势，增加值比天津多849.49亿元，比山西多502.9亿元，总量位居全国第17位。但是，第二产业我省比天津少618.58亿元，比山西少529.23亿元。第三产业我省比天津少528.53亿元，比山西少136.23亿元。作为拉动我省经济主要动力的工业行业，与天津比较起来，自主创新能力明显不足。

创新是企业发展的不竭动力，企业开展技术创新是为了更好地获得消费者和市场的认可，从而赢取更广泛的发展空间。从创新的新颖性和企业R&D强度等指标看，我省工业企业的技术创新水平还比较低，深度有限。由于作为优势产业的第一产业，不足以把我省的GDP与这两个地区拉开到一定的距离，而第二三产业与之的差距又比较大，所以虽然我省三次产业排位分别为17、20、21位，但GDP总量位居第22位，也是情理之中的。

（三）GDP增速在全国排位波动较大（见图2）

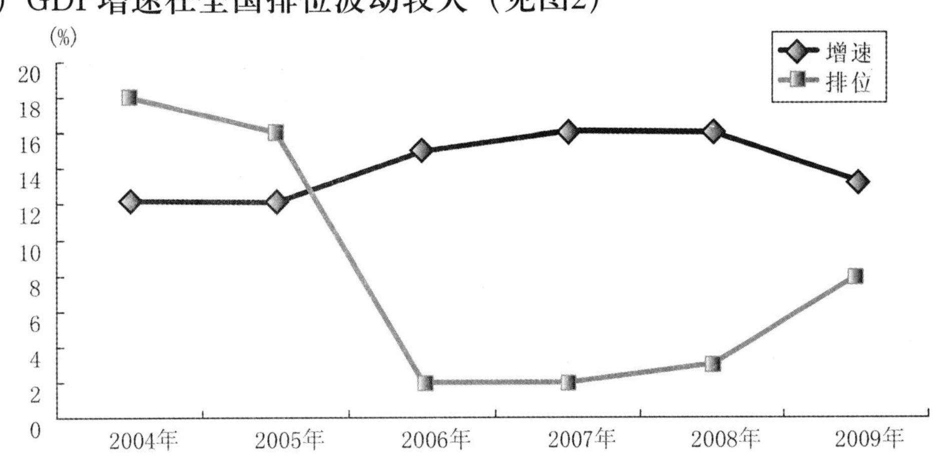


图2　近年来我省4季度增速及在全国

虽然2009年我省GDP增速迅速回升到13.3%，位居全国第8位，但还是比2008年增速下降2.7个百分点，比2007年下降2.8个百分点，比2008年在全国排位后退5位；比2007年在全国排位后退6位。就东北三省比较，辽宁2009年GDP增速13.1%，与2008年保持不变；黑龙江2009年GDP增速11.1%，仅比2008年下降0.7个百分点，我省GDP增速出现大幅下降的情况也充分表明了我省经济基础不牢，抗打击能力不强等一些问题。

（四）第一、三产业贡献率下降

2009年我省第一产业贡献率2.7%，比上年下降了5.4个百分点。第二产业的主导作用更加显著，贡献率达到59.4%。作为吉林省经济的支柱产业——第二产业的快速增长没能带动第三产业的共同发展。2009年第三产业贡献率37.9%，比上年下降了0.4个百分点。第三产业的发展缓慢，虽然与振兴东北老工业基地加快第二产业发展有关，但服务业跨越发展成效式微。

# 2009年全省有95%以上的行政村开展了农业保险业务

尹致远

**编者按：《2009年全省有95%以上的行政村开展了农业保险业务》一文于2010年1月20日以《统计分析》第1期（总第561期）印发。**

2009年，吉林省农业生产遭受了严重的旱灾，粮食大幅减产。为了解政策性农业保险参保和理赔情况，以及对农业生产的影响。近日，吉林省统计局对全省23个县230个行政村及2300个农户进行了问卷调查。调查结果显示，2009年全省有95.7%的村开展了农业保险业务，有42.3%的农户参加了农业保险。

## 一、调查村参保情况

从230个村的调查数据汇总情况看，农业保险在村级普遍展开。2009年，参加农业保险的村有220个，占调查村总数的95.7%。参保调查村主要有以下特点。

### （一）42.3%的农户参加了保险

从调查村参加农业保险的户数来看，2009年220个村参加农业保险的户数为39287户，比2008年增加了756户，增长了2.0%。参保农户占所在村全部农户数的42.3%，比2008年增长了0.8个百分点。

### （二）投保的耕地面积达44.5%

从参加农业保险的耕地面积情况看，2009年220个村参加农业保险的平均耕地面积为2503亩，占所在村全部耕地面积的44.5%。其中，有上级下达任务指标的村为101个，占全部调查村的42.9%。在101个有保险任务的村中，平均每村参保任务为3483亩，占这些村耕地面积总数的58.6%。

对于任务指标完成情况，2009年在101个有任务的村中，超额完成任务指标的村有39个；参保耕地面积与任务指标相同的村为34个；有28个村没有完成任务指标。（见图1）

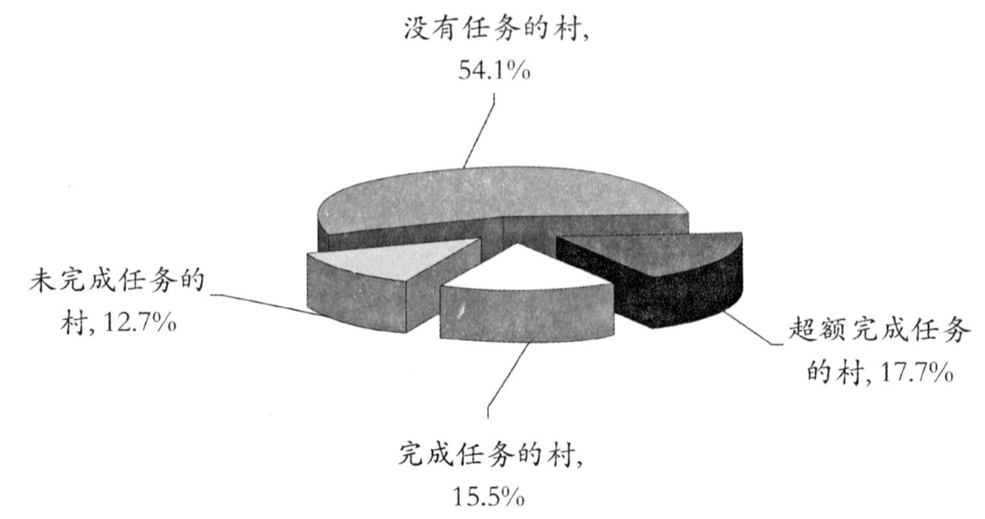


图1　各村农业保险参保任务及完成情况

（三）交纳保险费以农户自愿交纳为主

从农业保险保费交纳情况看，2009年参保的220个村中，182个村的保费全部由各户自愿交纳，占调查村总数的82.7%；13个村的保费全部由村委会（或村干部）垫付，占总数的5.9%；其余25个村的保费在农户自愿交纳的基础上，剩余部分由村干部垫付，占总数的11.4%。为了完成上级下达的任务指标，有些村在农户自愿参保无法完成的情况下，由村干部出资垫付其余的部分。这些村村干部平均垫付交纳的保险金比例为45.7%，其中，垫付比例最高的达到96.0%，最低的为5.0%。

（四）2009年赔付金额为每亩41.8元

对于2009年参保耕地农作物受灾减产情况，在参加农业保险的220个村中，村民认定的受灾减产程度平均为37.4%。其中，12个村（占总数的5.5%）认定2009年农作物没有受灾减产，208个村（占总数的94.5%）认定参保的农作物都遭受了不同程度的减产，认定减产比例最大的为80%，最小的为6%。

从保险公司对今年粮食受灾减产的赔付情况看，截止2009年末，在参保的220个村中，还无法确定保险公司赔付金额的为21个村，占9.5%；其余的199个村，通过各地村委会与保险公司沟通协调，都大致确定了保险公司对作物减产赔付的标准。调查数据显示，这部分村保险赔付的平均金额为每亩41.8元。其中，最高的为每亩210元，最低的为4元（减产程度小，不予赔付的除外）。

（五）2010年参保户数将有所下降

对于2010年是否继续参加农业保险的问题，在2009年参保的220个村中，有11个村（占总数的5%）仍在观望，他们要视今年的赔偿情况，决定下一年是否参保；另外209个村（占总数的95%）2010年参保户数预计为34579户，与上年相比减少984

户，下降2.8%。其中，参保户数减少的村有86个，占41.1%，参保户数增加的村有97个，占46.4%；参保户数和上年相同的为26个，占12.5%。（见表1）

表1　2010年预计参保农户与2009年相比增减情况表

| 项　　目 | 村　数 | 占总数的比例（%） |
|---|---|---|
| 增加的村 | 97 | 46.4 |
| 持平的村 | 26 | 12.5 |
| 减少的村 | 86 | 41.1 |
| 总　　计 | 209 | 100.0 |

## 二、2009年参保农户对农业保险的评价

为了解和掌握农户对政策性农业保险开展情况的评价，我们在23个县抽取了2300个农户进行了问卷调查，其中的1394户参加了2009年的农业保险，参保农户对农业保险的评价主要有以下几个方面。

### （一）75.8%的参保农户认为保障水平低

当前我省实施的农业保险主要是指农作物成本保险，受灾减产30%及以下时，保险公司不予赔偿。对于现有农业保险的保险金额和保障水平，有69.9%的农户认为保障水平太低，不能满足需要；对于作物减产30%以上给与赔付的问题，有57.6%的农户希望作物减产10%～30%就开始赔付。有24.2%的农户认同30%以上开始赔付的比例。只有18.2%的农户认为损失10%以下就应给予赔付。（见表2）

表2　农户认可的开始赔付的作物减产程度的户数比例

| 作物减产程度 | 户　数 | 比　例（%） |
|---|---|---|
| 30%以上 | 337 | 24.2 |
| 10%～30% | 803 | 57.6 |
| 10%以下 | 254 | 18.2 |
| 合　　计 | 1394 | 100.0 |

### （二）60.3%参保农户认为保险理赔过程比较顺利

通过几年来参加农业保险，对于农作物受灾减产后保险理赔的过程，有60.8%的农户认为很顺利或比较顺利，有39.2%的农户认为不顺利。对于获得保险赔款是否

及时的问题，仅有9.5%的农户认为获得很及时，有43.0%的农户认为比较及时，有47.5%的农户认为不及时。

（三）54.0%的参保农户对保险公司认定的作物减产程度不满意

2009年农作物受灾减产后，保险公司通过现场勘查等过程，初步确定了本村农作物受灾减产情况。调查数据显示，对于保险公司认定的农作物减产程度，有54.0%的农户表示不满意。有46.0%的农户表示满意。

（四）77.6%的农户认为保险公司的赔付款作用不大。

在所获得的保险赔款对农户恢复生产和挽回损失的作用方面，只有17.7%的农户认为作用很大，有36.0%的农户认为有一定的作用，有41.6%的农户认为作用很小，另有4.7%的农户认为根本没用。可以看出，多数农户认为赔款的作用很小。

（五）75.5%的农户2010年继续参保

对于2010年是否继续参加农业保险，有75.5%的农户表示2010年将继续参加农业保险。另外24.5%的农户表示2010年将不再继续参加农业保险。

## 三、2009年未参保农户的情况

在参与问卷调查的全部农户中，有906户在2009年没有参加农业保险，这部分农户未参保原因及2010年投保意向如下。

（一）农户未参加农业保险的原因

根据调查资料汇总情况看，按农户没有参加农业保险的原因分，2009年未参保农户的构成如下：一是认为当前开展的农业保险保障水平低，没什么作用或作用很小，这部分农户为337户，占未参保农户总数的37.2%；二是由于上年丰收，认为参加保险没必要的农户为253户，占总数的27.9%；三是认为农业保险理赔困难，手续繁琐而不愿意参保的农户为192户，占总数的21.2%；四是没地或少地的农户，包括退耕还林户、土地转包户和菜农等，为79户，占总数的8.7%；五是其它原因未参保的农户45户，占总数的5.0%。（见图2）

（二）多数未参保农户2010年仍不愿参保

对于2010年是否继续参加农业保险，有80.2%的农户表示2010年仍将不参加农业保险。另有19.8%的农户表示2010年想要参加农业保险。

## 四、农民对农业保险的意见和建议

对于农业保险开展情况，农民们提出了各种各样的意见和建议，我们对此进行了归纳和总结，主要有以下几个方面。

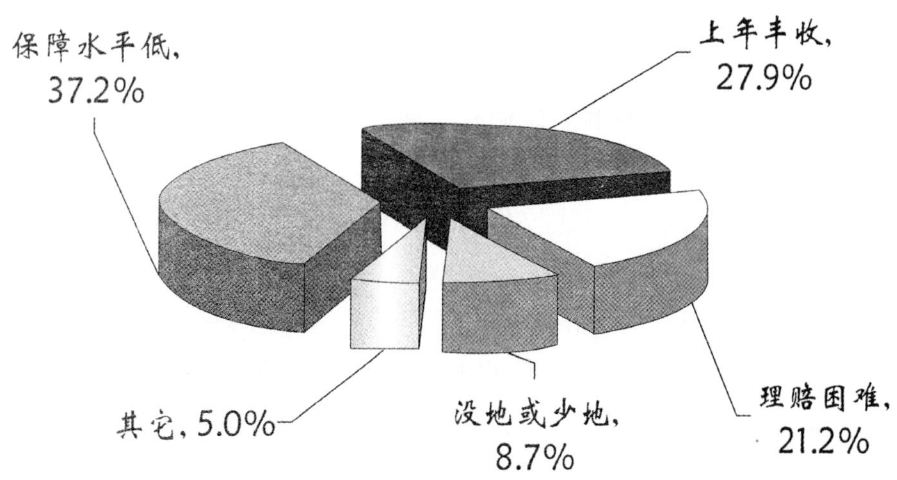


图2　2009年未参保农户原因构成图

（一）出险和理赔不及时

截至目前，我省的农业保险理赔资金的发放工作还没有开始，根据往年的经验，理赔资金要到春耕前才能发放，农民对此反映强烈。农民希望保险公司一旦出现灾情，要尽快组织人力勘查，认定减产程度，受灾的赔付应该及时，不要拖来拖去，拖到年底，否则将影响到2010年参保。同时希望保险公司经常与村民联系，及时和群众沟通，随报险随到，及时出险和理赔。

（二）村里保险下任务，不以自愿为原则

当前我省的农业保险是以村为单位组织参保的，上级对村里下达保险参保任务指标，村里为了完成任务指标，有的地方强制农民参保，有的是村里先行垫付，然后再向各户收取，农民意见很大。有的村是动员村民自愿交纳保险金，剩下没有完成的任务，由村干部先行垫付，待赔付款到账后再由各户取出返还给村干部，工作难度很大，村干部多有怨言。

农民希望农业保险应与其他保险一样，由保险公司与农户直接对接，体现农民自愿参保，而不应由政府下达保险任务指标。

（三）农业保险保障水平低

当前的农业保险是作物减产程度达到30%以上时才给予赔付，农民普遍反映理赔起点太高，有些村民认为本村常年气候和积温环境比较好，十几年来没有受过大灾，粮食基本上每年都丰收，仅有今年气候差点，部分地方减产严重，一般年头很难减产超过30%。我省的东部地区，特别是山区的农民认为他们的粮食作物基本都种植在山坡和半山坡，多年来无灾害发生，参加保险意义不大。如果农作物减产10%就给予赔付的话,农民的参保还能积极。

（四）应适当增加保险品种

在调查中了解到，有些村没有农户参加农业保险，是由于本村没有大田粮食作物，农民以种植大棚蔬菜为主，他们建议将菜田也纳入农业保险范畴。有些县市以种植杂粮杂豆为主，都不能参加保险，希望扩大参保品种，特别是绿豆，蓖麻，芝麻，谷子等品种。此外有农民建议作物受到环境污染也能纳入参保范围，获得赔付。

（五）应按户核实受灾情况和理赔

当前农业保险的参保和理赔都是以村为单位进行的，对于同一个村的农民来说，受灾和不受灾一样待遇，赔付不合理。建议农业保险部门，对受灾农户，应该到地块实际察看，按每户的损失程度给予赔付。同时核实受灾程度时应与农民见面，说明其评定的依据。

# 2009年我省各市州及县域农民收入情况分析

尹致远

**编者按：《2009年我省各市州及县域农民收入情况分析》一文于2010年1月27日以《统计分析》第2期（总第562期）印发。2月5日，王守臣副省长阅后批示："关于农民人均纯收入的分析不仅要考虑粮食减产因素，也要考虑市场粮价变动因素，还要考虑我省已经从过去农民集中卖粮转变为常年择机卖粮的实际情况。这些变化如考虑不到，农民收入很难与实际相符合。"**

2009年，我省由于遇到伏旱粮食减产严重，而且粮食质量下降。受其影响，农民收入增幅减缓，2009年全省农民人均纯收入达到5266元，比上年增加333元，增长6.8%。

## 一、各市州农民收入增长情况

2009年吉林省各市州粮食均不同程度减产，但由于农民收入结构不同，农民收入增长情况也有所差别。

### （一）从收入水平看，长春市最高

2009年各市州农民收入均实现了增加，其中的长春市达到了5662元，为全省收入水平最高的地区；白城市农民人均纯收入为3537元，是收入水平最低的地区。2009年各市州农民人均纯收入水平见图1。

### （二）从收入增长幅度看，白城市增幅最小

2009年各市州农民收入均实现了增长，收入增长幅度最小的是白城市，白城市由于受自然条件的限制，近些年几乎是十年九旱，农民收入有75%以上又来源于粮食生产，受自然灾害的影响特别大。2009年白城市粮食产量受到旱灾的影响减产严重，特别是通榆县粮食减产近5成，农民收入增长乏力。2009年白城市农民人均纯收入为3537元，同比仅增长0.5%，为全省农民收入增长幅度最小的地区。2009年各市州农民收入增长情况见表1。

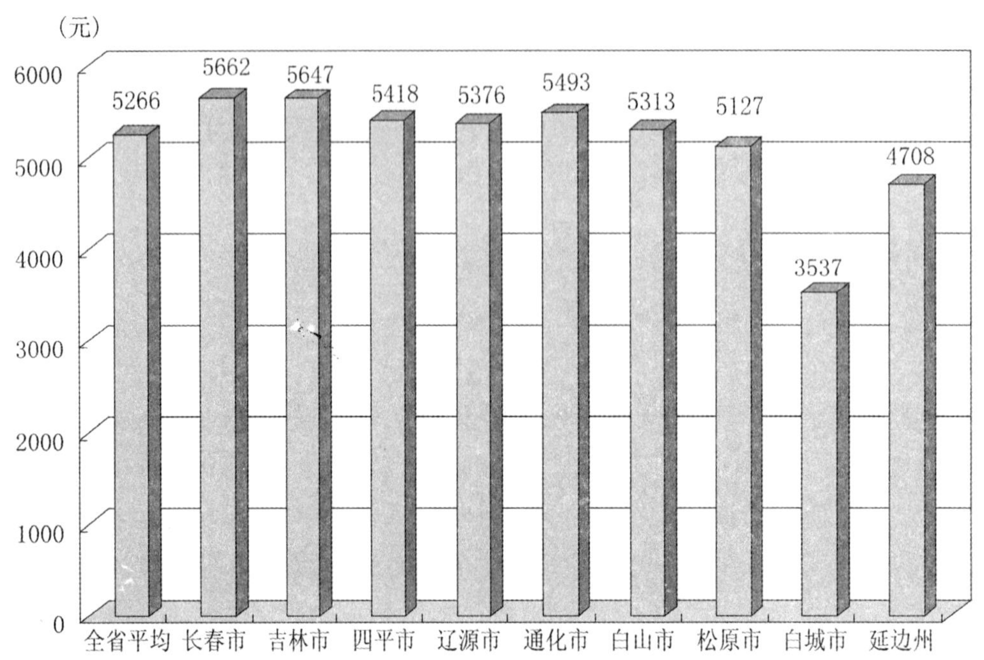


图1　2009年吉林省各市州农民人均纯收入

表1　2009年各市州农民人均纯收入增长情况表

单位：元

| 地　区 | 2009年收入 | 2008年收入 | 2009年比2008年 | |
|---|---|---|---|---|
| | | | 增加 | 增长% |
| 长春市 | 5662 | 5292 | 370 | 7.0 |
| 吉林市 | 5647 | 5281 | 366 | 6.9 |
| 四平市 | 5418 | 5045 | 373 | 7.4 |
| 辽源市 | 5376 | 5011 | 365 | 7.3 |
| 通化市 | 5493 | 5127 | 366 | 7.1 |
| 白山市 | 5313 | 4990 | 323 | 6.5 |
| 松原市 | 5127 | 4839 | 288 | 6.0 |
| 白城市 | 3537 | 3519 | 18 | 0.5 |
| 延边州 | 4708 | 4392 | 316 | 7.2 |

从近5年全省各市州农民收入增长情况看，受自然条件和旱灾频发等因素的影响，西部的白城市和松原市是增长最慢的地区。各市州近5年收入增长情况见图2。

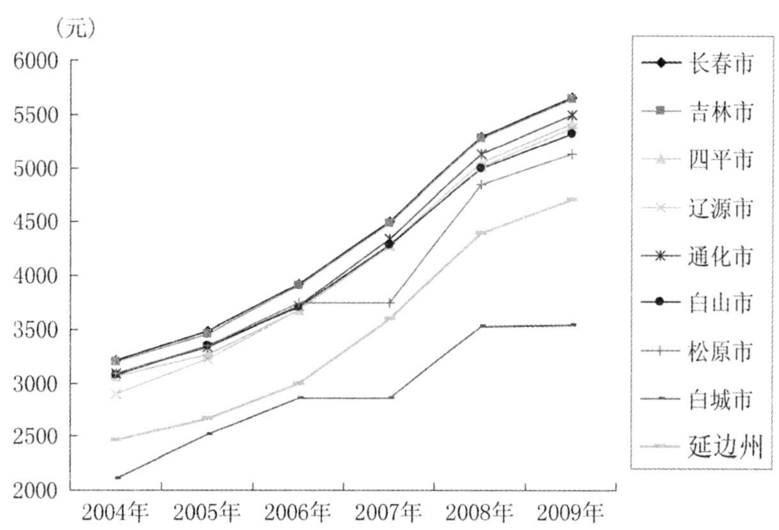


图2　各市州2004—2009年农民收入增长图

### （三）从收入结构上看，均以家庭经营收入为主

作为农业大省和粮食主产省，我省农民收入主要来源于以种养业为主的家庭经营收入，家庭经营收入一直占农民收入的70%左右。分市州情况看，由于地理位置、社会经济条件、自然条件等存在的差异，经济发展各有特色，农民收入结构也显示出各自的特点。2009年各市州农民收入结构中，家庭经营收入均占56%以上，其中，白城市农民收入中家庭经营收入比重最高，占76.7%，白山市最低，为56.4%。2009年各市州农民收入结构见图3。

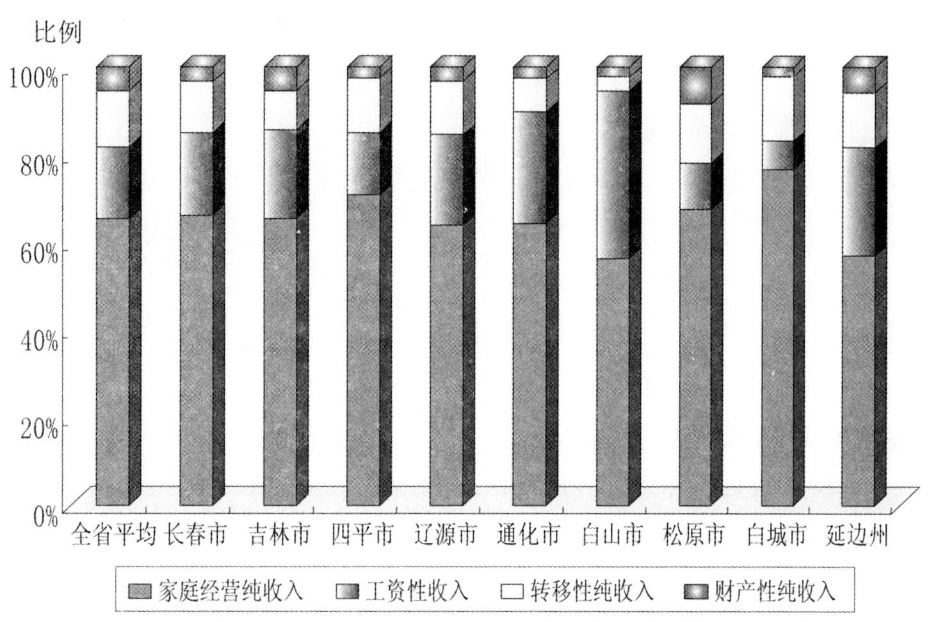


图3　2009年各市州农民收入结构图

（四）从增长的贡献率来看，农业收入占主要成分

2009年我省农民收入在粮食减产的情况下实现了增长。增收原因主要有以下几个方面，一是农民工资性收入增长；二是农民出售粮食的价格上涨，2009年农民出售粮食的平均价格为每公斤1.41元，同比上涨了1.5%，同时由于2008年是丰收年，2009年农民出售粮食的数量增长明显；三是农民出售牧业产品的价格和数量均出现大幅增长。四是农民各种补贴收入继续大幅增长。从对农民收入增长的贡献率来看，以粮食和牧业收入为主的农业收入仍是农民收入的主要来源。

## 二、各县（市、区）农民收入增长情况

（一）从收入水平看，延吉市农民收入水平最高

从所调查的42个县（市、区）看，2009年农民收入水平最高的是延吉市，人均纯收入达到7221元，抚松县、敦化市农民人均纯收入超过6000元。收入水平较低的是8个国家重点扶持县，平均农民人均纯收入只有3036元，仅为全省平均水平的57.7%；收入水平最低的是通榆县，人均纯收入为2717元，仅为全省平均水平的51.6%，比收入水平最高的延吉市低4504元。（见表2）

（二）从收入增长情况看，柳河县增幅最大

从农民收入增长的幅度看，2009年农民收入增长幅度达到9%的县有柳河县、伊通县和长白县，涨幅分别达到9.8%、9.4%和9.0%。收入增长的原因主要是由于2008年粮食产量大幅增长，出售粮食收入滞后效应。收入涨幅达到8%以上的有汪清县、延吉市、抚松县、龙井市和扶余县，这几个县收入的增长主要由于农民外出务工收入和特色种植业收入的大幅增长。收入增长幅度最小的是镇赉县、通榆县和大安市，由于粮食减产严重导致收入下降。

从收入增长的绝对值看，2009年，农民人均纯收入增加在500元以上的只有延吉市，增加了585元；农民人均纯收入增加在400～500元的有7个县市，300～400元的有19个县市，200～300元的有9个县市，100～200元的有3个县市，100元以下的有1个县市，收入下降的有3个县市。（见表3）

（三）2009年县（市）农民收入增长亮点

**1．延吉市的国外打工收入**

延吉市的农民收入水平在我省各县（市、区）中一直处于领先位置，从其收入增长因素看，主要得益于其有较高的国外务工收入。由于地域原因，又具有语言和文化优势，当地朝鲜族居民大多与韩国有血缘或亲缘关系，加之韩国实行的“访问就业制度”，受邀请去韩国就业人员较多。同时大部分朝鲜族群众会讲日语，也为赴日务工创造了条件。

表2　按位次排列的2009年各县市区农民人均纯收入表

单位:元

| 位　次 | 单　位 | 2009年收入 | 2008年收入 | 2009年比2008年 | |
|---|---|---|---|---|---|
| | | | | 增加 | 增长% |
| 1 | 延吉市 | 7221 | 6635 | 585 | 8.8 |
| 2 | 抚松县 | 6039 | 5585 | 454 | 8.1 |
| 3 | 敦化市 | 6004 | 5576 | 428 | 7.7 |
| 4 | 梅河口 | 5777 | 5436 | 341 | 6.3 |
| 5 | 德惠市 | 5757 | 5417 | 340 | 6.3 |
| 6 | 辉南县 | 5711 | 5400 | 312 | 5.8 |
| 7 | 榆树市 | 5706 | 5325 | 382 | 7.2 |
| 8 | 桦甸市 | 5687 | 5301 | 386 | 7.3 |
| 9 | 磐石市 | 5676 | 5398 | 278 | 5.2 |
| 10 | 前郭县 | 5605 | 5305 | 300 | 5.6 |
| 11 | 江源县 | 5561 | 5292 | 269 | 5.1 |
| 12 | 蛟河市 | 5549 | 5234 | 315 | 6.0 |
| 13 | 公主岭 | 5526 | 5174 | 351 | 6.8 |
| 14 | 临江市 | 5514 | 5268 | 246 | 4.7 |
| 15 | 双阳区 | 5477 | 5147 | 330 | 6.4 |
| 16 | 梨树县 | 5452 | 5050 | 402 | 8.0 |
| 17 | 九台市 | 5446 | 5096 | 349 | 6.9 |
| 18 | 舒兰市 | 5432 | 5137 | 295 | 5.7 |
| 19 | 集安市 | 5394 | 5042 | 351 | 7.0 |
| 20 | 东丰县 | 5384 | 5016 | 368 | 7.3 |
| 21 | 农安县 | 5378 | 5062 | 315 | 6.2 |
| 22 | 珲春市 | 5375 | 5001 | 374 | 7.5 |
| 23 | 东辽县 | 5365 | 5003 | 362 | 7.2 |
| 24 | 扶余县 | 5357 | 4960 | 397 | 8.0 |
| 25 | 永吉县 | 5350 | 4999 | 351 | 7.0 |
| 26 | 双辽市 | 5318 | 5000 | 318 | 6.4 |
| 27 | 通化县 | 5315 | 4998 | 318 | 6.4 |
| 28 | 伊通县 | 5217 | 4767 | 450 | 9.4 |
| 29 | 长白县 | 4948 | 4541 | 407 | 9.0 |
| 30 | 柳河县 | 4894 | 4456 | 439 | 9.8 |
| 31 | 图们市 | 4864 | 4546 | 318 | 7.0 |
| 32 | 乾安县 | 4732 | 4629 | 103 | 2.2 |
| 33 | 长岭县 | 4721 | 4469 | 252 | 5.6 |
| 34 | 洮南市 | 4578 | 4332 | 246 | 5.7 |
| 35 | 安图县 | 3435 | 3302 | 133 | 4.0 |
| 36 | 和龙市 | 3250 | 3189 | 62 | 1.9 |
| 37 | 汪清县 | 3217 | 2955 | 263 | 8.9 |
| 38 | 龙井市 | 3126 | 2893 | 233 | 8.0 |
| 39 | 靖宇县 | 2989 | 2845 | 144 | 5.1 |
| 40 | 大安市 | 2787 | 2912 | -125 | -4.3 |
| 41 | 镇赉县 | 2770 | 2953 | -183 | -6.2 |
| 42 | 通榆县 | 2717 | 2881 | -163 | -5.7 |

表3　按增幅排序的2008年各县市区农民人均纯收入表

单位:元

| 增幅名次 | 单　位 | 2009年收入 | 2008年收入 | 2009年比2008年 | |
|---|---|---|---|---|---|
| | | | | 增加 | 增长% |
| 1 | 柳河县 | 4894 | 4456 | 439 | 9.8 |
| 2 | 伊通县 | 5217 | 4767 | 450 | 9.4 |
| 3 | 长白县 | 4948 | 4541 | 407 | 9.0 |
| 4 | 汪清县 | 3217 | 2955 | 263 | 8.9 |
| 5 | 延吉市 | 7221 | 6635 | 585 | 8.8 |
| 6 | 抚松县 | 6039 | 5585 | 454 | 8.1 |
| 7 | 龙井市 | 3126 | 2893 | 233 | 8.0 |
| 8 | 扶余县 | 5357 | 4960 | 397 | 8.0 |
| 9 | 梨树县 | 5452 | 5050 | 402 | 8.0 |
| 10 | 敦化市 | 6004 | 5576 | 428 | 7.7 |
| 11 | 珲春市 | 5375 | 5001 | 374 | 7.5 |
| 12 | 东丰县 | 5384 | 5016 | 368 | 7.3 |
| 13 | 桦甸市 | 5687 | 5301 | 386 | 7.3 |
| 14 | 东辽县 | 5365 | 5003 | 362 | 7.2 |
| 15 | 榆树市 | 5706 | 5325 | 382 | 7.2 |
| 16 | 永吉县 | 5350 | 4999 | 351 | 7.0 |
| 17 | 图们市 | 4864 | 4546 | 318 | 7.0 |
| 18 | 集安市 | 5394 | 5042 | 351 | 7.0 |
| 19 | 九台市 | 5446 | 5096 | 349 | 6.9 |
| 20 | 公主岭 | 5526 | 5174 | 351 | 6.8 |
| 21 | 双阳区 | 5477 | 5147 | 330 | 6.4 |
| 22 | 双辽市 | 5318 | 5000 | 318 | 6.4 |
| 23 | 通化县 | 5315 | 4998 | 318 | 6.4 |
| 24 | 德惠市 | 5757 | 5417 | 340 | 6.3 |
| 25 | 梅河口 | 5777 | 5436 | 341 | 6.3 |
| 26 | 农安县 | 5378 | 5062 | 315 | 6.2 |
| 27 | 蛟河市 | 5549 | 5234 | 315 | 6.0 |
| 28 | 辉南县 | 5711 | 5400 | 312 | 5.8 |
| 29 | 舒兰市 | 5432 | 5137 | 295 | 5.7 |
| 30 | 洮南市 | 4578 | 4332 | 246 | 5.7 |
| 31 | 前郭县 | 5605 | 5305 | 300 | 5.6 |
| 32 | 长岭县 | 4721 | 4469 | 252 | 5.6 |
| 33 | 磐石市 | 5676 | 5398 | 278 | 5.2 |
| 34 | 江源县 | 5561 | 5292 | 269 | 5.1 |
| 35 | 靖宇县 | 2989 | 2845 | 144 | 5.1 |
| 36 | 临江市 | 5514 | 5268 | 246 | 4.7 |
| 37 | 安图县 | 3435 | 3302 | 133 | 4.0 |
| 38 | 乾安县 | 4732 | 4629 | 103 | 2.2 |
| 39 | 和龙市 | 3250 | 3189 | 62 | 1.9 |
| 40 | 大安市 | 2787 | 2912 | -125 | -4.3 |
| 41 | 通榆县 | 2717 | 2881 | -163 | -5.7 |
| 42 | 镇赉县 | 2770 | 2953 | -183 | -6.2 |

受金融危机等因素的影响，2009年当地赴日韩等地打工人员的收入水平明显下降，以前月平均工资水平大多在1万元以上，现在仅为5000～6000元。今年，当地政府加大了外出务工的组织和引导，农民外出务工人员大幅增加，外出务工人员收入呈现小幅上涨态势，支撑了农民收入水平的快速增长。2009年延吉市农民人均纯收入达到7221元，比上年增长了8.8%。其中，国外务工收入3218元，比上年增长0.7%，占农民收入的比重为44.6%，仍为农民收入的最主要来源。

**2．柳河县烟叶种植**

柳河县是吉林省东南部最大的烤烟生产基地，是全省四大烤烟基地之一。烟叶产业已经成为一项拉动农民增收、富裕地方经济、支持全县发展的特色产业。2009年全县有11个乡镇、148个村，1315户农户种植烟叶，种植面积达到4万亩，比上年增长11.1%，产量11万担，比上年增长11.9%，烟叶亩均产值达到2533元，比上年增长9.1%，农民纯收入达到3720万元，比上年增长21.6%。有效地拉动了全县农民收入的快速增长。在大灾之年，粮食大幅减产的情况下，取得了较好的收益。2009年柳河县农民人均纯收入达到4894元，比上年增长了9.8%，其中85.1%的收入增长来自于农业收入的增长。

**3．梨树县的牧业养殖**

作为吉林省乃至全国的牧业养殖大县，梨树县一直以“发展牧业、促农增收”为目标，加强疫病防疫、畜牧小区、改良体系和服务体系等建设，牧业生产得到了快速发展。目前，梨树县已发展成为国家瘦肉型商品猪生产基地县、国家级秸秆养牛示范县和全国畜牧兽医科技示范县，绿色牧业产品成为了国内各大市场的放心货源，如建设的吉林省最大的梨北生猪交易市场，年生猪交易量达到150万头以上，在北京、上海、浙江、福建等地建立了稳定的生猪营销网络，并取得了北京、浙江免检准入资格。2009年，全县生猪、牛、羊产量分别比上年增长12.5%、16.2%和3.8%；牧业总产值和牧业人均收入已分别占到农业总产值和家庭人均总收入的一半。尤其是今年伏旱灾情发生后，梨树县又适时引导受灾农户发展畜牧业，做到主业损失副业补，有效地缓解了因粮食减产造成的收入下降的局面，2009年梨树县农民人均纯收入达到5452元，比上年增加402元，增长了8.0%。其中，人均牧业纯收入达到1113元，比上年增加780元，扭转了因粮食减产导致的农民收入下降的局面。

**4．扶余县的花生产业**

扶余县种植花生有得天独厚的优势，全县有14个乡镇沙壤土面积较大，遇到干旱年份，种植大多数农作物都不同程度地减产，有的地块甚至绝收，而花生产量不减反增，亩收入最高时能达到1200元，效益是玉米的两倍多。今年，扶余县花生种植面积为3.1万公顷，而且在黑龙江、内蒙古的一些地方，还有扶余县农民租包土地种植的近4万公顷花生。扶余花生已远销全国1300多个县市，并出口到东南亚和日本等国家，基本不存在市场的困扰。2009年花生价格由2008年的每吨3750元上涨到7900元，上涨了1.1倍，农民的花生收入随之大幅增长。2009年扶余县农民人均纯收入达到5357元，同比增加397元，增长了8.0%。其中50%以上是由于花生收入增长的拉动。

## 三、当前农民收入中反映出的问题

### （一）农民收入来源单一，非农产业收入低

近几年，党和国家高度重视“三农”问题，连续出台了6个涉农“一号文件”，在各项支农惠农政策的刺激下，我省农民收入实现了较快的增长，但从农民收入结构和增收贡献因素看，我省农民收入增长主要来源于以种植业为主的农业收入和种粮补贴收入。2009年这两项收入占农民全部收入的60%以上，对农民增收的贡献率达70%以上。而同时，农民来源于非农产业的收入对收入的贡献率非常低，2009年农民工资性收入和家庭经营二三产业收入占全部收入的比重为20.4%，对农民增收的贡献率仅为17.3%。分市州情况看，农业收入比重较低的是白山市和延边州，分别为52.4%和54.0%，比重较高的是白城市和松原市，为76.1%和65.3%。而非农产业收入比重较高的是白山市，占42.3%，非农比重较低的是白城市和松原市，分别为7.0%和12.8%。具体情况见表4。

表4　2009年各市州农业收入和非农产业收入占全部收入比重表

单位：元，%

| 单 位 | 全年纯收入 | 农业收入 | 农业收入比重 | 非农产业收入 | 非农产业比重 |
|---|---|---|---|---|---|
| 长春市 | 5662 | 3588 | 63.4 | 1235 | 21.8 |
| 吉林市 | 5647 | 3458 | 61.2 | 1388 | 24.6 |
| 四平市 | 5418 | 3565 | 65.8 | 1041 | 19.2 |
| 辽源市 | 5376 | 3096 | 57.6 | 1446 | 26.9 |
| 通化市 | 5493 | 3319 | 60.4 | 1618 | 29.5 |
| 白山市 | 5313 | 2782 | 52.4 | 2245 | 42.3 |
| 松原市 | 5127 | 3346 | 65.3 | 657 | 12.8 |
| 白城市 | 3537 | 2691 | 76.1 | 248 | 7.0 |
| 延边州 | 4708 | 2543 | 54.0 | 1299 | 27.6 |

### （二）农业抵御风险的能力差

由于我省农民收入主要来源于以粮食生产为主的农业收入，粮食产量的增减

对农民收入影响特别大。近些年由于全球气候变暖和农田水利基础设施的缺乏，我省农业生产抵御自然灾害的能力下降。特别是西部的白城市和松原市几乎是十年九旱，农民收入有75%以上来源于粮食生产，受自然灾害的影响特别大，2009年白城市和松原市的粮食产量受到旱灾的影响，分别比2008年减产两成以上，特别是通榆县的粮食产量下降了48%以上，农民收入随之下降明显。

（三）农民收入差距进一步拉大

随着农业生产的稳定发展和粮食的丰收，2009年我省农民整体收入水平大幅上升，但农民内部之间的收入差距却呈现扩大的态势。

市州之间的收入差距继续扩大。2009年收入水平最高的长春市与收入水平最低的白城市收入差距为人均2125元，比2007年收入差距扩大了352元。收入最低的白城市的收入仅为最高的长春市收入的64.2%。

县（市、区）之间的收入差距拉大明显。从所调查的全省42个县（市）来看，2009年农民收入水平排在县（市）的第1位是延吉市，其农民人均纯收入为7221元，而排在县（市、区）末位的是通榆县，其收入为2717元，高低相差4504元，比2008年高低收入县之间3790元的差距扩大了714元。

农户之间的收入差距不断扩大。我们把农民人均纯收入按高、中上、中、中下、低分成五等份，即各占样本总体的20%。分析高低收入户的差异程度，可以看出高低收入户的收入差距呈逐年扩大的趋势，也就显现了贫富差距越拉越大的结果。从全省平均计算得出，2009年我省农民20%最高收入户的人均纯收入水平为12747元，而20%低收入户的人均纯收入仅为1437元，两者相差11310元，比2008年扩大了401元。

# 2009年吉林省国内旅游蓬勃发展

朱 洁

**编者按：**《2009年吉林省国内旅游蓬勃发展》一文于2010年1月28日以《统计分析》第3期（总第563期）印发。

2009年，吉林省按照省委、省政府加快培育旅游产业成为经济支柱产业的精神，继续积极推进旅游产业的快速发展。在国际金融危机和甲型H1N1流感的大背景下，我省旅游业积极应对，克服困难，开拓创新，变挑战为机遇，加强了对旅游市场的开发力度，在旅游各项主体活动的积极配合下，全省旅游业蓬勃发展，显示出巨大的发展潜力和强劲的发展势头。据抽样调查统计，全年共接待国内旅游者5433.03万人次，比上年增加936.11万人次，增长20.8%；国内旅游收入564.10亿元，比上年增加128亿元，增长29.4%。

## 一、全年旅游市场的主要特点

### （一）宣传作用显现，全省旅游业知名度有所提升

2009年，省委、省政府为推进旅游产业快速发展，一方面积极努力加大对旅游业发展的投资力度，全年全省旅游发展专项资金增加到了历史上最多的一年；另一方面重点加大了对吉林省旅游宣传和促销的力度。韩长赋省长对全省旅游的形象定位和宣传工作提出了明确要求，并亲自提出了“南有亚龙湾、北有长白山”、“观光胜地，度假天堂”的旅游宣传形象定位语。吉林省在CCTV—1、4台晚间黄金时段栏目开展了全省系列旅游形象广告等的宣传，整体效果十分明显。随着宣传力度的加大，我省旅游业知名度大幅提升，同时，经过旅游部门加大对旅游资源整合和积极努力拓展市场，旅游市场规模得到了迅速的扩大。

### （二）特色旅游竞争力提高，新的旅游亮点使全省旅游淡季逐渐转旺

2009年，全省特色旅游产品的王牌冰雪旅游竞争能力明显提高，冰雪旅游市场规模进一步拓宽。冬季的冰雪项目依然异常火爆。全年举办了准备充分、内容丰富、规模大、档次高、有市场影响力的冰雪节庆活动多达十多项。在隆冬季节，特别是元旦、春节期间，冰雪特色旅游魅力十足，对旅游者具有较大的吸引力，冰

雪旅游项目招徕了大批的外地游客。广东、四川、北京等长线旅游团队纷至沓来，他们到我省各冰雪旅游景点观雪、滑雪和玩雪。长春市、吉林市和长白山各大滑雪场天天游客爆满，滑雪板供不应求，蹬高山缆车、滑雪圈、狗爬犁、乘雪地摩托、体验高山滑翔伞，游客们享受着冰雪带来的无穷快乐，许多游客流连忘返。被评为“吉林八景”之一的查干湖冬捕景区，即捕鱼节（冰湖腾鱼），12月8日在松原市隆重开幕，也吸引了众多的游客，仅在这期间就接待国内外游客达10余万人次。

不仅冬季的冰雪旅游火爆，新的旅游亮点也吸引了众多的游客。如松原市2009年新增的国家3A级旅游景区一处即赛罕塔拉蒙古部落，有蒙古族风情的赛马比赛、射箭比赛、摔跤比赛、蒙古族婚俗表演、投布鲁、自驾勒勒车、得胜鼓楼、草地摩托车等娱乐项目，吸引了众多的游客来松原旅游观光；另一新的旅游景点龙华寺国家3A级旅游风景区于2009年10月13日正式开业，该景区以生态建设、旅游开发为宗旨，注重现代人文景观、艺术品位，建设成了集水域风光、森林景观、宗教文化和湿地生态景观于一体的休闲、娱乐、观光、度假的风景区。开业的当天就接待国内外游客20余万人次。由于外地游客强劲增长，促使全省旅游淡季逐渐转旺，这良好的局面也表明了近年来全省积极稳步而富有策略的特色旅游市场开发成效显著。

（三）度假旅游升温，东北夏日的凉爽资源受到游客的青睐

2009年，我国实行了全年115天新的休假制度，除“春节”、“五一”“十一”节外又增加了清明节、端午节和中秋节。由于短期假日的增加，大众消费的热点正在由观光旅游向观光与度假旅游并重转变，国内居民度假休闲的需求增强，呈现出居民亲友团、家庭团自助散客外出旅游人数明显增多。从客源情况来看，长短线游客同时增加。长线游客大部分来自我国南方的广东、上海、青岛等地，他们目的地是长白山。长白山原始森林神秘旅游资源，生物品种丰富，自然景观雄奇壮丽，受人为破坏较少，目前这些资源大都保留了未经雕饰的原始风貌，给人以强烈的新奇感，符合世界旅游求新、求异、求知、求乐的需求和趋势。长白山还是一个天然的大氧吧，特别是夏日凉爽的气候，对南方省份度假的旅游者都具有强烈的吸引力，成为南方游客夏天度假、休闲的首选地方。统计数据显示7、8月份长白山附近的延边州、白山市、长白山管委会，涉外宾馆和非涉外宾馆的客房出租率分别达到95%、90%以上，有的宾馆在一段时间内客房出租率达100%。短线零散游客也大量增加，本省游客居多，长春、吉林和延边地区的游客占主要部分，他们带着亲戚和家人一同去城市周边重点景点（区）休闲度假。由于全省各地旅游景区（点）提前做了大量的度假休闲的建设准备工作，都以饱满的状态、生机勃勃的崭新形象和富有地方特色的活动迎接八方度假游客，推出的一系列精彩活动，吸引了众多的旅游者。

（四）自助、自驾游迅猛增加

短途自助、自驾游现已成为市民出游的一个主要方式。随着居民生活水平不断的提高，私家车大幅增长，短线零散游客增长迅速，人数大大超过往年。省内各地区和周边省、市居民，在节假日采取自助、自驾车外出旅游的形式，流向比较集中在本省（市）周边地区的重点旅游休闲景（区）点如：长白山、长春净月潭国家森林公园、世界雕塑公园、动植物公园、吉林市松花湖。参加全省各主要城市景点及周边乡村旅游、生态旅游、民俗旅游及各个季节旅游景（区）点举办的休闲娱乐旅游活动。全年全省接待一日游旅游客达1799.20万人次，占接待旅游者总人数的33.1%，比上年同期增长22.7%；一日游旅游收入达114.35亿元，同比增长15%。旅游人均花费635.56元。

## 二、目前全省旅游业存在的不足

（一）旅游基础设施仍然薄弱

随着我省旅游业的快速发展，旅游基础设施建设，有显著的提高和改善。但不可否认，目前，全省交通、餐饮、住宿、游览、购物、娱乐等旅游服务基础设施仍不能完全满足旅游快速发展的需要，这将是我省旅游业制约招徕游客的一个主要原因。因为旅游基础设施的改善、旅游产品的丰富是招徕游客的重要条件。

（二）品牌意识不强，对外宣传力度有待增强

我省旅游的部分产品品牌意识还不够鲜明、生动、突出，很多旅游精品至今"藏在深山人未识"，如吉林市磐石秋天枫叶谷的景色；白山市“十五道沟”的景观；松原市“查干湖”冬季捕鱼，满族村民俗、萨满文化等等旅游项目，游客看过后赞叹不已，认为可以或超过国内和国外同类景点，但是知名度还是不高。

（三）旅游资源保护意识亟待提高

有些地区旅游资源保护意识差，表现为重开发轻保护、重建设轻管理，致使出现旅游旺季游客数量大时，管理失控、白色污染、文物古迹屡遭破坏等问题。

（四）旅游纪念品商品不够丰富

发达国家和地区的旅游纪念商品收入占总收入的比重，一般在三分之一左右，而我省除土特产品以外，地方性有特色的旅游商品少得可怜，游客购物需求不能够得到满足。2009年来我省的旅游者人均“购”旅游纪念商品花费比重仅为21.%，虽然比重比上年的17.6%增长了3.5%百分点，但比重还是很小，使得旅游业整体效益的发挥受到了影响。

## 三、对发展旅游业的建议

(一) 继续加大对旅游业的投入和宣传促销力度

结合我省的实际情况，有计划、切实地加大对旅游资源开发投资力度，进一步改善旅游业发展条件及投资环境，搞好重点旅游景区的道路、电、水、通讯等基础设施建设。加强自然环境、文化遗产资源保护，以及开展资源开发规划和特色旅游项目。与此同时，通过发挥国家投入的基础性和导向性作用，吸引更多的社会资金参与旅游开发建设。有针对性地采取行之有效的形式加强宣传，提高我省旅游景点的知名度，让全国乃至全世界充分的了解吉林，使我省旅游业尽快融入世界大市场。

(二) 要全力打造旅游精品名牌，提升旅游产业整体素质

下力气，加快实现统一规划，构建以长白山为中心、旅游重点城市为主的旅游集散中心和旅游目的地体系；建设和完善一批资源品位高、吸引力强的精品、发展潜力大的旅游景区；一批环境优美、干净舒适，适应各种档次需求的精品旅游宾馆饭店；一批设计新颖、功能完善、设备先进的精品会展设施；一批经营规范、信誉良好的精品旅游购物场所和旅游商品生产企业；一批具有地方文化特色的精品旅游城市、旅游小镇和民族文化生态旅游村；一批优秀的旅游文艺表演节目；一批内容丰富、交通便捷、竞争力强的精品旅游线路。

(三) 加快淡季旅游产品开发

我省受天气气候的影响，存在着旅游旺季短、淡季长的问题。每年6月中旬至9月中旬的是旅游旺季，游客蜂拥而至，人满为患，服务设施和交通运输超负荷运转；而在长达五六个月的淡季，游人寥寥，设施大量闲置。因此，研究开发淡季旅游产品，搞好均衡旅游已成当务之急。建议深度开发民族地区的民俗风情、民族文化资源，争取实现旅游淡季不淡的状况。

(四) 加大旅游纪念商品的开发与经营力度

结合我省资源，尽快开发出有吉林特色的高科技含量的土特产品和档次高而有艺术性和有收藏性的旅游纪念商品，以满足游客购物需求，同时，要在主要旅游城市的商业区建立大型的吉林特产专卖店或大型超市设专卖柜台，有商品，有购处，扭转旅游购物滞后的局面。

# 对我省服务业发展的现状分析与思考

兰 乔

**编者按：《对我省服务业发展的现状分析与思考》一文于2010年2月25日以《统计分析》第4期（总第564期）印发。**

服务业是指除第一、第二产业以外的其他各业，亦称第三产业。服务业是市场经济的基础产业和经济国际化的先导产业，其发展水平是衡量一个国家或地区经济发展水平高低和现代化程度的重要标志。在我省，省委、省政府一直将服务业工作放在十分重要的战略地位，将发展服务业作为产业结构升级和经济发展方式转变的重要推动力量，大力加快推进我省服务业的发展，已经成为构筑吉林经济竞争优势、实现又好又快发展的紧迫而重要的战略性目标和努力方向。

## 一、我省服务业总体情况

改革开放以来，我省将大力发展服务业作为推进经济持续增长和结构优化的主要着力方向，采取多种政策举措促进服务业发展水平和层次的提升。总体上看，我省服务业发展领域不断扩展、新兴服务业不断涌现，发展水平特别是现代服务业的发展有了长足的进步，服务业的影响力和对经济发展的拉动作用不断增强。主要表现在:

### （一）总量超过2700亿元

2009年全省服务业实现增加值2730.72亿元，比上年增长12.7%，增加318.46亿元。2000-2009年服务业增加值年均增长12.7%，高于同期GDP增幅0.4个百分点。（见表1）

### （二）产业结构向合理化演进

随着服务业规模的迅速扩大，服务业占国民经济的比重发生了积极的变化，三次产业结构呈现“生产向服务”转移的大趋势。1978年我省地区生产总值中三次产业构成比为29.3:52.4:18.3；1988年调整为25.1:47.1:27.8； 2009年变化为13.6:48.5:37.9。产业结构逐步向优化的方向发展。30多年间第一产业比重下降15.7个百分点，第二产业比重下降3.9个百分点,服务业比重上升19.6个百分点。三次产业结构的次序虽然仍保持“二三一”构成，但这种经济结构已有了本质上的改变。

表1　吉林服务业发展情况

| 年 份 | GDP（亿元） | 增速（%） | 服务业增加值（亿元） | 增速（%） | 服务业增加值同比增量（亿元） |
|---|---|---|---|---|---|
| 2000 | 1951.51 | 9.2 | 783.89 | 11.7 | 179.82 |
| 2001 | 2120.35 | 9.3 | 858.74 | 9.9 | 74.85 |
| 2002 | 2348.54 | 9.5 | 958.88 | 10.1 | 100.14 |
| 2003 | 2662.08 | 10.2 | 1075.49 | 8.3 | 116.61 |
| 2004 | 3122.01 | 12.2 | 1223.64 | 11.0 | 148.15 |
| 2005 | 3620.27 | 12.1 | 1413.83 | 13.6 | 190.19 |
| 2006 | 4275.12 | 15.0 | 1687.07 | 17.4 | 273.24 |
| 2007 | 5284.69 | 16.1 | 2025.44 | 16.4 | 338.37 |
| 2008 | 6426.10 | 16.0 | 2412.26 | 15.3 | 386.82 |
| 2009 | 7203.18 | 12.3 | 2730.72 | 12.7 | 318.46 |

（三）对经济增长的贡献加大

在服务业总量不断扩张的同时，服务业对GDP的拉动作用明显增强，对经济增长的贡献加大。按可比价格计算，2009年我省服务业对GDP增长的贡献率为37.9%，比2000年高了4.4个百分点。长期以来我省主要依靠第二产业为主带动经济增长的局面正在逐步改变，成为以第二产业、服务业为主共同带动经济增长的新格局。（见表2）

表2　吉林服务业增加值及对经济增长的贡献

| 年 份 | GDP（亿元） | 服务业增加值（亿元） | 服务业对经济增长的贡献率（%） |
|---|---|---|---|
| 2000 | 1951.51 | 783.89 | 33.5 |
| 2001 | 2120.35 | 858.74 | 42.9 |
| 2002 | 2348.54 | 958.88 | 42.8 |
| 2003 | 2662.08 | 1075.49 | 33.1 |
| 2004 | 3122.01 | 1223.64 | 35.8 |
| 2005 | 3620.27 | 1413.83 | 44.1 |
| 2006 | 4275.12 | 1687.07 | 45.5 |
| 2007 | 5284.69 | 2025.44 | 40.5 |
| 2008 | 6426.10 | 2412.26 | 38.3 |
| 2009 | 7203.18 | 2730.72 | 37.9 |

(四) 投入总体多元化

2009年，我省城镇投资中，服务业投资完成2496.53亿元，增长26.6%,占全部城镇投资的41.9%。从投资资金来源看，国有经济占服务业投资的44.8%，非国有投资已占服务业投资的55.2%，服务业已成为我省吸纳民间资金的重要领域。从行业看，投资额较大的交通运输、仓储和邮政业的投资额393.91亿元、房地产业903.12亿元、水利环境和公共设施管理业499.58亿元、教育73.03亿元。从投资结构看，房地产业、水利环境和公共设施管理业以及交通运输、仓储及邮政业三个行业的投资占服务业投资70.6%。

## 二、我省服务业发展中存在的问题

虽然我省服务业有了较快发展，服务层次也有了明显提升，但由于众多因素的制约，服务业仍是国民经济与社会发展的薄弱环节，与社会经济发展的需求相比还存在诸多问题，与经济发达省份相比还存在相当大的差距。主要表现在：

(一) 比重持续下降

服务业比重随经济发展水平不断上升，被认为是产业结构演进的普遍规律。近几年来，我省服务业在整个国民经济综合实力显著增强时出现比重下滑，由2000年的40.2%下降至2009年37.9%，低于全国平均水平4.7个百分点，分别低于服务业发达的广东、上海和北京7.7、21.5和38.0个百分点。服务业比重下降，看似有悖常规的发展，其实揭示了在当前的经济发展阶段、市场体制环境、经济增长方式、国际资本流动以及全球制造产业分工的背景下，我省服务业发展尚未进入以知识型、效益型、生产配套型为核心，以产业化、规模化、城市化为依托的内生扩张期。

表3　吉林服务业增加值占GDP比重与全国平均水平及服务业发达省份的比较

单位:%

| | 吉林 | 全国 | 广东 | 上海 | 北京 |
|---|---|---|---|---|---|
| 2000 | 40.2 | 39.0 | 44.3 | 52.1 | 64.9 |
| 2001 | 40.5 | 40.5 | 46.1 | 52.4 | 67.1 |
| 2002 | 40.8 | 41.5 | 47.0 | 52.9 | 69.2 |
| 2003 | 40.4 | 41.2 | 45.3 | 50.9 | 68.7 |
| 2004 | 39.4 | 40.4 | 44.3 | 50.8 | 67.8 |
| 2005 | 39.1 | 40.0 | 42.9 | 50.4 | 69.1 |
| 2006 | 39.5 | 40.0 | 42.7 | 50.6 | 70.9 |
| 2007 | 38.3 | 40.4 | 43.3 | 52.6 | 72.1 |
| 2008 | 37.5 | 41.8 | 44.3 | 56.0 | 73.2 |
| 2009 | 37.9 | 42.6 | 45.6 | 59.4 | 75.9 |

需要说明的是，由于我省处在工业化快速推进阶段，工业呈现加速发展的良好态势。2000—2009年我省工业增加值年均增长15.0%，比同期服务业增加值年均增幅高2.3个百分点。不同产业间阶段性不平衡发展，导致了三次产业的此消彼长，服务业比重下降是我省工业化进程中的正常现象，从长远看，服务业所占比重必然是上升趋势。

（二）服务业发展滞后于工业化进程

近年来，我省抓住工业发展前所未有的历史机遇，大力实施“工业强省”战略，工业生产保持持续稳定快速增长的态势。2000—2009年间，我省工业增加值有四个年度增幅保持在17%以上，其中2007年增幅高达22.4%。工业投资具有规模大、见效快的特点，而服务业创造的是无形价值，在传统认识上往往把服务业看作是其他产业的附属和补充。实际上，工业化是一个向现代工业社会转变的动态过程。在这一变革过程中，工业与服务业的发展并不是对立的，在工业快速发展的同时，也必然要求服务业加快发展，特别是加快发展与现代加工制造业相配套的生产性服务业，才能推动制造业进一步走向集约化和高端化。这是工业化发展进程中的必然要求。

（三）市场化程度低

**首先垄断经营项目多，市场准入限制多**。服务业中除居民服务业、批发和零售业、房地产、租赁和商务服务业市场化程度相对比较高以外，银行、保险、电信、铁路、教育、卫生、新闻出版、广播电视等行业，至今仍保留着十分严格的市场准入限制。

**其次是服务业投资基本上还是以国有投资为主**。目前，服务业固定资产投资中，国有投资仍占44.8%，其中银行、电信、邮电、铁路运输、航空运输等行业高达90%以上。

**再次是服务行业的经营主体单一**。绝大多数服务行业中国有企业仍占主导地位，缺少风险竞争意识，扩张实力有限；大量民间资金难以进入，多种经济成分共同发展的格局远未形成。

（四）地区发展不平衡

服务业是一个区域经济发达程度的标志，我省服务业发展受地区经济发展水平及自然环境的影响，地域差距明显。全省除长春、吉林两市以外，其它7个市州服务业发展水平相对偏低。2009年长春和吉林两地区服务业增加值占全省的比重达58.0%，长春独占38.7%。这与当地经济发展总体水平及各市、州内部产业结构有一定的相关性。地区发展不平衡，不利于提升我省服务业的整体水平。（见表4）

（五）即期消费不足

表4 2009年各市、州服务业发展情况

| | 地区生产总值（亿元） | 服务业增加值（亿元） | 服务业增加值占全省比重(%) |
|---|---|---|---|
| 吉林省 | 7203.18 | 2730.72 | 37.9 |
| 长春市 | 2919.25 | 1181.83 | 38.7 |
| 吉林市 | 1500.05 | 590.00 | 19.3 |
| 四平市 | 700.30 | 240.03 | 7.9 |
| 辽源市 | 342.08 | 113.48 | 3.7 |
| 通化市 | 518.00 | 187.37 | 6.1 |
| 白山市 | 370.43 | 121.18 | 4.0 |
| 松原市 | 915.04 | 292.11 | 9.6 |
| 白城市 | 356.63 | 134.99 | 4.4 |
| 延边州 | 450.00 | 187.62 | 6.1 |
| 长白山管委会 | 11.99 | 6.68 | 0.2 |

注：各市、州相加不等于全省合计

收入是消费的基础，一切服务消费的需求，均决定于消费者的收入水平。党的十七大以来，各级政府都十分重视提高城乡居民的收入水平，把增加城乡居民收入，提高居民生活水平作为各项工作的出发点和落脚点，惠民政策连续出台，民生工程逐年扩展，使我省城乡居民享受到的实惠逐年增多，收入明显增长，生活质量明显提高。但总体上我省城乡居民收入水平仍不高，2009年，我省城镇居民人均可支配收入为14006.27元，城镇居民消费性支出为10914.44元, 消费性支出占人均可支配收入比重为77.9%;我省农民人均纯收入5266元，农村居民人均消费支出3902.9元,消费支出占农民人均纯收入比重为 72.7%;城镇居民恩格尔系数（既居民家庭食品消费支出占家庭消费总支出的比重）为33.3%,农村居民恩格尔系数为35.13%。城乡居民家庭开销以食品、衣物等生活用品为主，对服务业的消费需求有限。同时，占总人口较大的农村居民由于生活方式和收入水平的限制，对服务业需求潜能不足，制约服务业的消费需求。

## 三、加快我省服务业发展的思考

服务业是我省经济发展的潜力所在，大力发展服务业已成为我省经济社会快速发展和全面建设和谐社会的当务之急。 为尽快改变我省服务业发展滞后状况，根据经济和社会发展要求，具体应采取下列政策措施：

### （一）找准服务业发展的突破口

世界经济发展的实践表明：现代服务业的发展，是与城市化进程相辅相成、相伴而生的。只有人口相对集中，才能形成规模化的交易和运输。只有聚集较高的消费群体，才能形成规模化的市场。从地域看，长春、吉林两市应成为发展服务业的重点区域，应付之以发展服务业的优惠政策，鼓励建设核心服务业区。从行业上看，投入少、见效快、就业容量大、层次多、适合各类人员就业的劳动密集型行业如旅游业、社区服务业应成为我省服务业发展的重点行业。按照世界旅游组织“旅游业每直接增加一个从业人员，就能为社会提供五个就业机会”来推算，我省间接从业人员就有30万人左右。因此，如果能使我省旅游业再上新台阶，就能提供更多就业机会。同时还必须采取切实有效的举措，促使我省的科教力量、文化底蕴、信息技术等“软实力”转化为经济发展水平的“硬实力”，这将使发展服务业与经济强省相得益彰，形成互动互进的良性动力机制

（二）加速市场化进程

近年来，服务领域的市场化改革进展较快，但部分行业仍存在进入门槛过高的问题。目前非公有经济只是在批发零售贸易餐饮业和房地产业及社会服务业中占优势，在其他行业中，非公有经济的比重都很低，国有资本过度垄断，缺乏竞争，经营效率差，制约了服务业中一些行业的产业化发展。因此，应减少市场进入壁垒，逐步使国有资本退出一般性竞争行业，创造更为宽松的环境，积极吸引民间资本和外来资本进入服务业领域；同时在管理和服务上给予国民待遇，理顺市场秩序，真正形成各种经济类型充分竞争的局面。认真清理服务业的市场准入规定，尽快修订有关法律法规，加大服务业市场准入制度改革与开放力度，营造公平、规范、快捷、有序的市场准入环境，切实消除体制性障碍，加快建立优化资源配置的竞争机制。

（三）鼓励民间资本投入

服务业的快速发展在很大程度上取决于投资,尤其是民间投资的多少。广泛动员社会力量，国家、集体、个人、外资一起上，大力投资服务业，使发展服务业的资金来源、筹集形式和管理方式多样化。同时建立健全优化服务业结构的投资调控体系，强化政府对投资流向的信息服务作用，以确保资金效益的最大化。凡承诺对外资开放的，应尽快、率先对民资开放；凡法律未限制民资进入的产业，应全面降低门槛对民资开放；凡部门规章对民资设限的行业，应尽快修订，加快民资的有序进入。加大政策支持力度，完善引导资金使用方式。针对我省服务业国家投资为主、公有经济比重高于一、二产业的现状，放宽政策鼓励和加快对民资、外资开放服务业市场，积极承接服务业的国际转移，引导民资、外资投向服务业部门。消除行业的体制性、政策性、管理性障碍，真正放开、放手、放活，引导民间资本的进入；

同时要促使现有的国有服务企业建立起新的企业法人治理结构，在制度变革中提高生产率，增强竞争力。

（四）优化结构，营造发展的新格局

一是要振兴传统服务业。交通运输、邮电通讯、贸易餐饮等传统服务业仍是我省服务业的主体，总量大，基础好，对经济发展和人民生活水平的提高贡献大，仍是我省强化服务业发展的重点。二是做大做强现代服务业。以金融保险、房地产开发、社会服务等为主的现代服务业一直是我省的薄弱环节，总量小、层次低、发展慢。要立足我省实际，发挥比较优势，选择重点行业率先突破，尽快建立“覆盖面广、带动力强、增加就业机会多”的现代化服务业体系。三是要加快发展新兴服务业。以信息、旅游为重点的新兴服务业贯穿于国民经济的各行业，不仅是振兴繁荣我省服务业的新亮点，也是整个国民经济新的增长点。要加快新兴服务业的基础设施建设，整合资源，拓展发展空间，完善发展平台，尤其是要改革现行不合理的运行机制和管理体制，加大资本投入，增强发展动力，尽快把以信息、旅游为重点的新兴服务业培育成为国民经济的主导产业。

（五）培养人才，为发展服务业提供智力支撑

在我省乃至全国，缺乏人才特别是缺乏熟悉现代服务业经营理念和经营方式的人才，已成为制约服务业加快发展的重要因素。因此，要加大服务业专业人才的培养力度，提高从业人员的素质。要广开渠道，延揽各方面人才，尤其要积极创造条件，吸引和聘用海外的优秀人才，为服务业的发展提供智力资源。同时，更要立足自身力量，加强企业岗位职业培训和大专院校的专业培养，逐步建设高素质的人才队伍，为服务业的发展和服务水平的提高不断注入新的活力。

注：此文数据均为快报数据

# 2009年我省对外贸易综述

王晓辉

**编者按：《2009年我省对外贸易综述》一文于2010年2月26日以《统计分析》第5期（总第565期）印发。**

2009年，国际金融危机扩散蔓延，世界经济衰退，外需萎缩严重。受此危机的冲击，以及我省支柱产业、优势产业外向度低，对外贸易缺乏产业支撑，我省对外贸易面临的形势严峻。全省外贸企业克服困难，开拓进取，对外贸易在逆境中取得了较好的成绩。

## 一、基本情况及特点

2009年，我省努力适应国际市场变化，认真落实出口退税政策，着力优化出口产品结构，实施出口多元化战略，大力发展加工贸易，对外贸易保持较好水平。全年完成进出口总值117.47亿美元，比上年下降11.9%。其中，完成出口总值31.32亿美元，比上年下降34.4%；完成进口总值86.16亿美元，比上年增长0.6%。2009年外贸进出口呈现出六个方面的特点：

### （一）出口下降，进口增长，进出口结构有进一步的变化

从进出口增幅看，2009年出口下降，进口增长，进出口呈现“低出高进”的运行态势。全年完成出口总值31.32亿美元，比上年减少16.40亿美元，下降34.4%，其

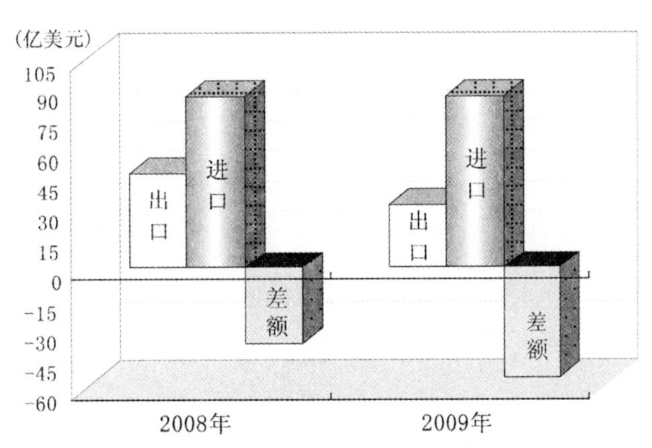


图1 近两年我省进出品总值比较

占我省进出口总值的比重由上年的35.8%下降到26.7%，缩小了9.1个百分点；完成进口总值86.16亿美元，比上年增加0.47亿美元，比上年增长0.6%，占我省进出口总值的比重由上年的64.2%提高到73.3%。出口小于进口的差额为54.84亿美元，比上年扩大了16.87亿美元，进出口结构有了进一步的变化。

（二）一般贸易和加工贸易出口双双下降

从贸易方式来看，一般贸易和加工贸易是全省对外贸易的主要形式。2009年，我省完成一般贸易出口18.49亿美元，在我省出口总值中的比重达到59.1%，比上年下降40.0%，为我省出口减量的61.5%，拉动我省出口下降7.32个百分点；完成加工贸易出口5.67亿美元，比上年下降15.2%。

（三）对主要贸易国出口降幅均较大

在2009年与主要出口国家的贸易中，我省传统出口市场韩国和日本的出口总值7.42亿美元，比上年下降28.1%，占全省出口总值的23.7%，其中，对韩国出口总值为3.74亿美元，下降25.1%；对日本的出口总值为3.36亿美元，下降31.0%。2009年我省对俄罗斯的出口下降非常大，前5个月均下降80-90%，从下半年开始降幅逐渐收窄，到年末同比下降43.3%。（见表1）

表1 2009年吉林省与主要贸易国的出口情况

| | 指标值(亿美元) | 比上年增长(%) | 比重(%) |
|---|---|---|---|
| 出口总值 | 31.32 | -34.4 | 100.0 |
| 俄罗斯 | 3.83 | -43.3 | 12.2 |
| 韩国 | 3.74 | -25.1 | 11.9 |
| 日本 | 3.68 | -31.0 | 11.7 |
| 美国 | 2.66 | -39.6 | 8.5 |
| 德国 | 1.18 | -27.9 | 3.8 |

（四）重点企业、主导产业出口下降严重，进出口主要商品集中度较高

由于我省出口龙头企业较少，且出口所占比重较大，因此，少数重点企业出口的下降，会直接导致我省优势行业，乃至全省出口总值的下降。2009年，重点企业出口下降趋势十分严重。其中一汽集团出口同比下降57.4%，吉林铁合金出口下降92.5%，通钢集团下降90.6%，这三家企业出口合计较上年净减少7.31亿美元，导致全省出口下降8个百分点。

在2009年出口商品中，出口值超过一亿美元的6种商品分别是：服装及衣着附

件、粮食、胶合板及类似多层板、纺织纱线织物及制品、汽车(包括整套散件)、鲜干水果及坚果，其出口值为13.17亿美元，比上年下降21.1%，占我省出口总值的比重为42.1%。其中传统的大宗出口商品服装及衣着附件的出口值5.28亿美元,比上年下降22.7%，其出口值占我省出口总值的16.9%。

在进口商品中，2009年进口值超过一亿美元的有11种商品，其中总值较大的是汽车零件、汽车(包括整套散件)、计量检测分析自控仪器及器具等，11种商品进口值合计为54.50亿美元，占我省进口总值的63.1%，比上年增长1.8%。其中汽车零件进口23.59亿美元, 比上年增长17.1%，其占进口总值的比重为27.4%；增长幅度较大的是收音设备，总值增长7.6倍；金属加工机床增长2.3倍。（见表2）

表2　2009年吉林省进出口一亿美元以上商品情况

| | 指标值（亿美元） | 比上年增长(%) | 比重(%) |
|---|---|---|---|
| 出口贸易总值 | 31.32 | -34.4 | 100.0 |
| 服装及衣着附件 | 5.28 | -22.7 | 16.9 |
| 粮食 | 2.36 | 10.4 | 7.5 |
| 胶合板及类似多层板 | 2.06 | -26.7 | 6.6 |
| 纺织纱线、织物及制品 | 1.41 | 3.6 | 4.5 |
| 汽车(包括整套散件) | 1.03 | -66.4 | 3.3 |
| 鲜、干水果及坚果 | 1.02 | 119.3 | 3.3 |
| 进口贸易总值 | 86.16 | 0.6 | 100.0 |
| 汽车零件 | 23.59 | 17.1 | 27.4 |
| 汽车(包括整套散件) | 10.20 | -27.7 | 11.8 |
| 计量检测分析自控仪器及器具 | 5.08 | 28.8 | 5.9 |
| 粮食 | 3.41 | 1.6 | 4.0 |
| 铁矿砂及其精矿 | 2.82 | -30.5 | 3.3 |
| 金属加工机床 | 2.04 | 225.1 | 2.4 |
| 钢材 | 1.98 | -3.9 | 2.3 |
| 通断保护电路装置及零件 | 1.85 | -9.1 | 2.1 |
| 活塞式内燃机的零件 | 1.42 | -34.7 | 1.6 |
| 钢铁制标准坚固件 | 1.10 | 20.4 | 1.3 |
| 收音设备 | 1.01 | 763.0 | 1.2 |

## （五）国有企业出口领先地位让给私营企业，私营企业出口份额增加快

2009年我省各种经济类型企业中，除国有企业外，出口值降幅均小于全省平均

水平，其中国有企业全年累计实现出口7.44亿美元，比上年下降53.1%，占我省出口总值的比重由上年的33.2%下降到23.7%；私营企业完成出口值13.29亿美元，比上年下降25.8%，占全省出口份额由上年的37.6%上升到42.5%。（见表3）

（六）各市、州进出口规模差距加大，外贸发展不平衡

从我省九个市、州的进出口看，长春市以七成多的份额占首位。长春市全年实现进出口总额85.56亿美元，下降2.7%，占全省对外贸易总量的72.8%，比上年扩大6.9个百分点，对全省对外贸易降幅收窄起到了重要的作用。

其他市、州中，只有四平市进出口出现增长的走势。长春市、辽源市的降幅小于全省，其余6个市、州的降幅都大于全省，其中吉林市的降幅接近50%，降幅达到45.3%。（见表4）

表3 2009年按企业性质分组的出口总值

| | 指标值（亿美元） | 比上年增长(%) | 比重(%) |
|---|---|---|---|
| 出口总值 | 31.32 | -34.4 | 100.0 |
| 国有企业 | 7.44 | -53.1 | 23.7 |
| 集体企业 | 0.28 | -30.7 | 0.9 |
| 外商投资企业 | 10.19 | -24.4 | 32.6 |
| 私营企业 | 13.29 | -25.8 | 42.5 |

表4 2009年各市、州进出口情况

| | 指标值（亿美元） | 比上年增长(%) | 比重(%) |
|---|---|---|---|
| 吉林省进出口 | 117.47 | -11.9 | 100.0 |
| 长春市 | 85.56 | -2.7 | 72.8 |
| 吉林市 | 7.66 | -45.3 | 6.5 |
| 四平市 | 1.46 | 4.0 | 1.2 |
| 辽源市 | 0.63 | -9.6 | 0.5 |
| 通化市 | 5.32 | -22.0 | 4.5 |
| 白山市 | 1.76 | -18.2 | 1.5 |
| 松原市 | 0.77 | -22.2 | 0.7 |
| 白城市 | 0.82 | -28.7 | 0.7 |
| 延边州 | 13.48 | -25.8 | 11.5 |

## 二、2010年对外贸易工作建议

进入2010年我国面临的贸易摩擦形势仍会很严峻，尤其是来自欧盟国家的贸易保护措施值得注意。近两年我国经济快速崛起，出口也超过德国成为全球第一，这都让欧盟国家感到很大压力。另一方面，相比起美国，欧盟国家承受外部赤字的能力更差，就业压力更大，经济不平衡问题严重，货币政策的作用非常有限。因此，2010年欧盟必会持续要求人民币升值，并实行各种反倾销、反补贴措施以降低贸易逆差。印度、巴西和俄罗斯等经济体对我国的贸易壁垒也越来越高，涉及的产品越来越多，这些都势必影响我省对外贸易的进展。

2010年是“十一五”规划的最后一年，我省对外贸易要在上年的基础上实现较大幅度增长，有一定难度。为了确保如期实现进出口总值136.3亿美元，同比增长16%的目标，我们建议重点抓好以下几项工作：

### （一）加快出口退税进度，缓解企业资金压力

充分发掘企业自身潜力，全面落实和用好相关的进出口扶持政策，加快出口退税进度，缓解企业资金压力。扶持政策的持续刺激效应日趋显现，以及外贸企业的积极应对，要加大对出口的扶持力度，使我省进出口规模稳步增大，保持对外贸易回暖的良好趋势。

### （二）推进外贸出口尽快实现恢复性增长

应采取措施力保传统出口市场的份额，积极开拓南亚、中东等新兴经济体及发展中国家出口市场。优化出口产品结构，进一步提升出口产品的竞争力，推进对外贸易多元化发展。扩大进出口规模，积极壮大经贸经营主体，扶持一批企业做大做强，整顿和规范贸易方式，从而带动我省外贸拓宽领域、提升层次，提升出口产品附加值。

### （三）积极促进汽车出口，使我省汽车走向世界

从国际汽车产业发展形势来看，发达国家的产业转移也将进一步推动我省汽车产业发展。在全球经济一体化的大背景下，发达国家汽车产业向国外转移的过程远没有结束，由于综合生产成本较低，我国在近几年仍然是吸纳发达国家汽车产业转移的主要对象，这次世界金融危机会加速发达国家汽车产业向外转移速度。作为我国汽车产业重镇，对我省汽车产业又提供了一个发展机会，我省汽车产业要在立足国内市场的同时，实施走出去战略，积极寻求扩大汽车和汽车零部件的出口，培育一批产业聚焦程度高、发展潜力大的出口基地。

# 吉林省农民卖粮时机选择及影响因素

尹致远

**编者按：《吉林省农民卖粮时机选择及影响因素》一文于2010年3月10日以《统计分析》第6期（总第566期）印发。**

近几年随着农民收入水平的提高和粮食加工企业的崛起，农民粮食销售逐渐脱离完全集中销售的模式，开始向季节性和阶段性转变。我们根据全省42个县4200个农村住户调查数据，对我省近5年农民的粮食出售时间和影响因素进行分析。

## 一、农民出售粮食总体呈现价涨量增

从近5年的全年综合情况看，吉林省农民出售粮食呈现价升量涨的态势，主要情况如下。

### （一）出售粮食的价格逐年上涨

近几年来，国家每年都提高粮食的收购保护价，农民出售粮食的价格上涨明显。2009年吉林省农民出售粮食的平均价格为每公斤1.41元，比2004年上涨了0.61元，上涨幅度达到76.1%。分品种看，与2004年相比，2009年农民出售稻谷的价格为每公斤1.98元，上涨了48.8%；玉米的价格为每公斤1.17元，上涨了53.1%；大豆的价格为每公斤3.36元，上涨了34.4%。由于我省粮食作物以玉米为主，农民出售玉米的数量占全部粮食出售量的80%以上，农民出售粮食的平均价格更多地受玉米价格的影响，与农民出售玉米的价格走势更接近。近5年我农民出售粮食的综合平均价格走势。（见图1）

### （二）出售粮食的数量呈阶梯式增长

随着国家种粮直补等各项惠农政策的实施，农民种粮积极性显著提高，加之农业生产技术水平不断提升，虽然受自然灾害频发的影响，粮食时有减产，吉林省粮食产量总体上呈现稳步增长的态势，农民出售粮食的数量也呈现阶梯式上涨的态势。2009年农民户均出售粮食的数量为7185公斤，比2004年增加了2400公斤，增长了50.2%。各年农民出售粮食的数量。（见图2）

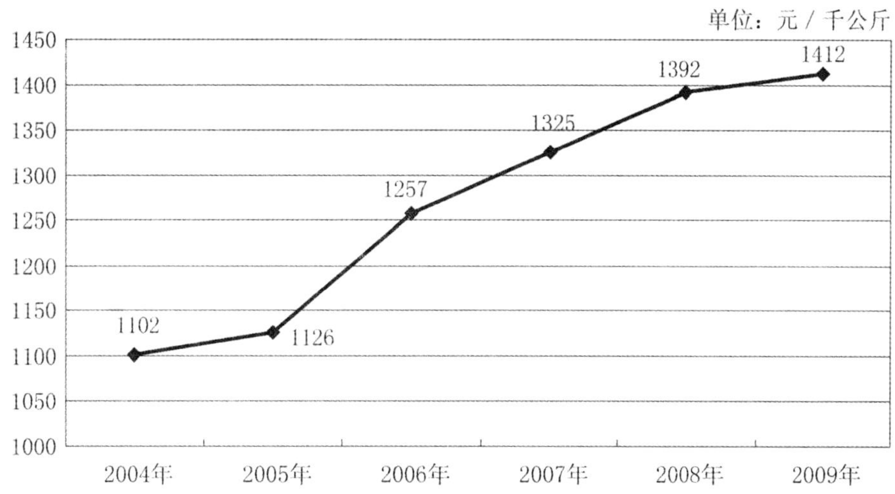


图1　2004—2009年吉林省农民出售粮食的平均价格走势图

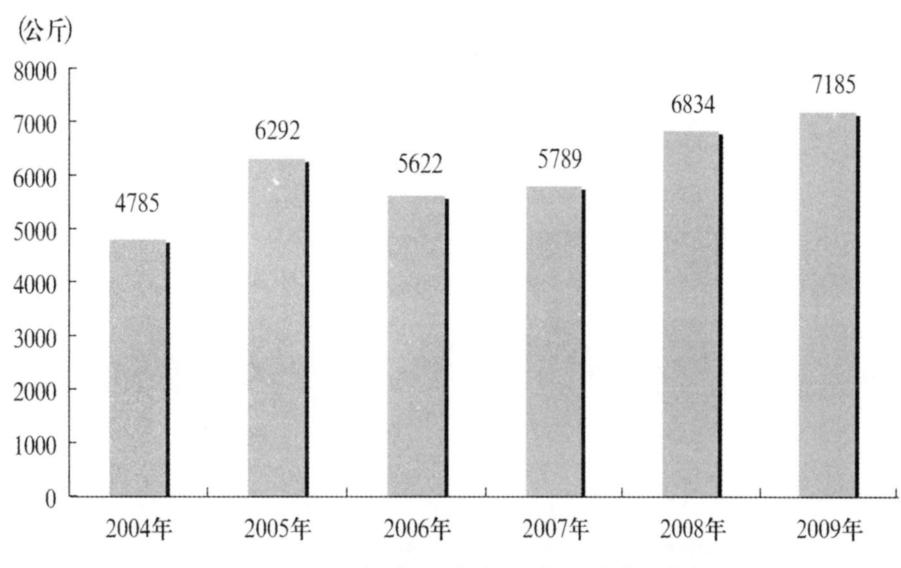


图2　2004—2009年吉林省农民户均粮食出售数量

## 二、农民出售粮食价格和数量呈周期性波动

为更准确地了解农民在一年内不同时间出售粮食的特点，根据农村住户调查资料，我们分月计算了近5年农民出售粮食的价格和数量。通过对比分析可以看出，我省农民出售粮食的数量和价格均呈现出明显的周期性波动的特点。2004年1月至2010年1月期间，我省农民各月份出售粮食的数量和价格具体情况。（见图3）

### （一）售粮数量的波动特点

我省粮食是每年的10月份开始收获，11月份开始批量上市，至下年的10月份可以看作一个售粮周期，从上图中可以看出，近5年农民粮食出售量在每一个售粮周期内波动状况基本相同，主要有以下几个特点：

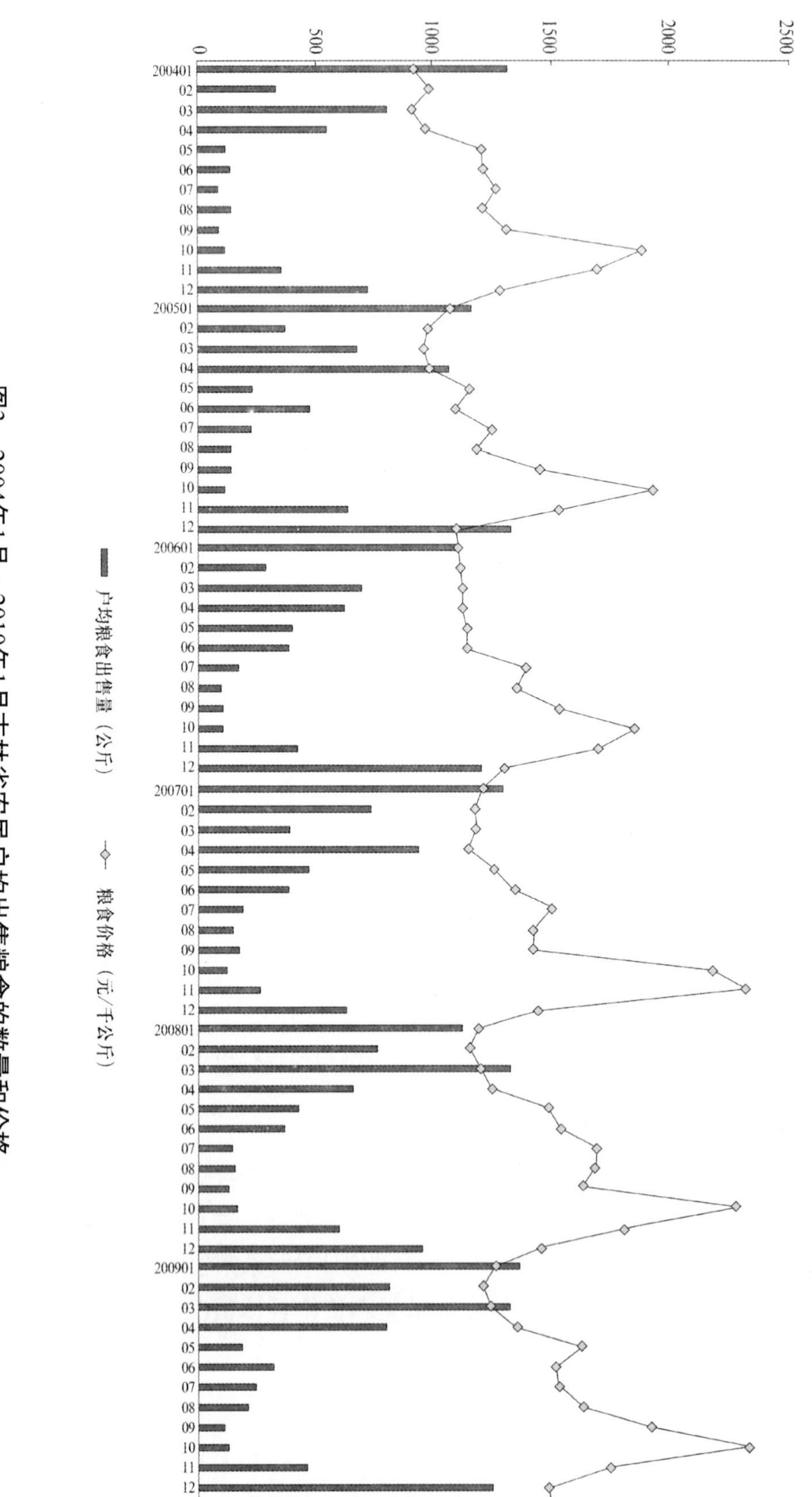


图3 2004年1月—2010年1月吉林省农民户均出售粮食的数量和价格

1．**春节前是每年农民售粮的最高峰**。从上图可以看出，我省农民出售粮食量最多的月份是12月份或次年1月份，其中，2004年、2006年、2008年和2009年的粮食出售量都是在次年的1月份最多，2005年的粮食出售量是在当年的12月份最多。2007年由于我省粮食大减产，加之粮价下降明显，农民惜售心理加重，次年的3月份才迎来农民售粮最高峰，但1月份也是粮食出售量第二多的月份。

2．**春节期间的相对低谷**。2月份由于过节的影响，粮食收购企业收购量减少，农民出售粮食的数量减少，出现一个相对低谷。

3．**春耕前是农民售粮的第二高峰期**。从上图可以看出，我省农民出售粮食数量第二多的月份在3—4月份，其中，2004年、2006年和2009年都是在3月份粮食出售量达到第二次高峰，而2005和2007年是在4月份。

4．**5月份以后农民出售粮食数量持续减少**。从5月份开始，农民手中余粮已经不多，农民出售粮食的数量逐月减少。到10月份左右，农民出售粮食的数量达到最低谷。（见表1）

表1　2004—2009年吉林省农民户均各月售粮的平均数量和比重

| 月 份 | 5年平均粮食出售量（公斤） | 占全年出售量的比重（%） |
|---|---|---|
| 1月 | 1481 | 20.1 |
| 2月 | 662 | 9.0 |
| 3月 | 1033 | 14.0 |
| 4月 | 932 | 12.7 |
| 5月 | 370 | 5.0 |
| 6月 | 416 | 5.7 |
| 7月 | 214 | 2.9 |
| 8月 | 181 | 2.4 |
| 9月 | 152 | 2.1 |
| 10月 | 146 | 2.0 |
| 11月 | 549 | 7.5 |
| 12月 | 1225 | 16.6 |
| 全 年 | 7361 | 100.0 |

（二）粮食价格的波动特点

当前我省农民售粮完全市场化，根据市场经济供求变化规律，价格必将与粮食的出售数量呈反向变动。因此粮食价格的走势，也呈现出明显的周期性变化，近5年每一个周期内的农民售粮价格的变动，主要表现为以下几个特点。

1．**新粮上市，粮价持续下降**。每年的11月份，我省农村新粮开始陆续上市，随着市场可供出售的粮食大幅增加，粮食价格随之下降到国家保护价附近。

2．**2月份粮价下降到每年的最低点**。受节日因素的影响，此时市场上粮食收购主体减少，农民粮食出售量和价格均有所下降，粮价降到了最低水平。

3．**春耕前，粮价略有上涨**。每年的3—4月份，农民粮食出售量比春节前略有减少，加之经过几个月的储存，粮食水份含量也有所下降，粮食价格有一定的上涨。

4．**5月份以后，粮价一路走高，到10月份达到全年最高点**。“五一”节以后，农民春耕生产基本结束，农民手中余粮已经所剩不多，出售量逐月减少，粮食价格持续上涨。从上图可以看出，除2007年外，每年的10月都是农民出售粮食价格最高的月份，而2007年主要是由于我省严重受灾，粮食大减产，从而导致11月份粮价虚高。

## 三、影响农民出售粮食的主要因素

从近5年农民出售粮食的情况看，在每一个售粮周期内，农民售粮数量和价格在各个年份均呈现出极其相似的周期性波动，具有很强的规律性。影响农民出售粮食的因素主要有以下几个方面。

### （一）春节前农民出售粮食的影响因素

春节前是农民售粮的第一个高峰期，这一时期农民售粮主要受以下几个因素影响。

1．**银行贷款还款压力**。当前我省农村有相当大比例的农户每年都需要银行贷款来维持正常的农业生产。从调查中了解到，有个别村有60%以上的农户每年都需要通过银行贷款来购买农业生产所需要的化肥、种子等生产资料。银行或信用社的贷款必须在12月份还清，愈期将收取滞纳金。因此这部分农户必须在12月前卖掉粮食来还清贷款，否则既增加还款数额，又将影响到下一年的继续贷款。

2．**民间借贷的还款压力**。当前农村民间借款主要有以下几方面用途。一是手中没有现金的农民，通过民间高息贷款来购买生产资料；二是通过向经销商赊购种子、化肥等来获得种地所需的生产资料，从调查中了解到，这样的农户在有些村中的比例达20%以上；三是农民生活中应急的借款，如生病住院、孩子上学、婚丧嫁娶随礼等。这几种借款一般情况下都需要在春节前还清。

3．**过年花销所需**。由于过年所需开支较大，大部分纯农业收入家庭会选择在春节前将新粮变现。很多人种地就是一年倒一年，赚点吃喝，家里没什么积蓄，年关到的时候想不卖粮都不行。

春节后粮价肯定要涨是几年来很多人的共识，可是很多农户家里急着用钱还贷或买年货等，无法坐等粮价上涨。经过本阶段，农户手中粮食剩余50%左右。

（二）春耕前农民卖粮的影响因素

对于那些年前没有还款压力、不着急用钱的农户，如果预期节后粮食价格会上涨，一般会选择年后再择机卖粮。但到了3—4月份，春耕生产在即，为满足生产需要，农民要大量售粮以购买种子、化肥等；加之随着天气的逐渐转暖，高水分玉米面临储存难，农民手中存粮霉变风险加大。同时，农业生产资料价格的变动也影响农民卖粮的时间选择。

至“五一”前，随着新一轮春耕开始，农民的售粮活动基本停止。这个阶段过后，除了有一定经济实力，不急于用钱的家庭，粮食大多已出售完毕，农民手中剩余粮食仅占全年售粮总量的20%左右。

（三）5月份以后农民卖粮影响因素

5月份及以后，随着农民手中可供出售的粮食数量逐渐减少，农民粮食的出售量逐月下降。加之粮食的水分含量基本降至最低点，粮食的价格也呈现出逐月上涨的态势。到7月底，农民手中粮食存量将降至10%以下。进入到9—10月份，很多粮食深加工企业的库存已经基本用光，农户手里的余粮也所剩无几，促使粮食价格达到每年的最高点。

综合以上因素分析，随着农民收入水平的提高以及收入结构的多样化，农民手中不足30%的粮食可以根据市场粮价变化择机售出，而70%以上的粮食在一定程度上并不能自主决定卖出的时间。其中，40%的粮食必须在春节前卖出变现来还贷款或其他急用，30%的粮食虽然可等到3—4月份择机卖出，此时粮价虽较春节前有所上涨，但考虑到粮食水分下降及其他损耗造成的粮食重量的下降，收益较春节前卖粮增长有限。

此外，由于信息量小，信息面窄，农民在售粮时容易造成对粮食价格走势的错误估计。在调查中了解到，绝大部分农户是通过小商贩和粮库的报价来了解粮食价格信息的。除此之外，对粮食供求状况、省外粮食价格甚至是县外粮食价格变化趋势都不甚了解。对粮食价格走势的预测缺乏横向参照系，单纯以本地区纵向价格，即根据往年本地区粮食价格来预计今年粮食价格。

# 2009年全省消费品市场繁荣活跃

陈 刚

**编者按：《2009年全省消费品市场繁荣活跃》一文于2010年3月10日以《统计分析》第7期（总第567期）印发。**

刚刚过去的2009年，是新世纪以来我国经济发展最为困难的一年，在百年不遇的国际金融危机寒流中，我国经济在世界各大经济体中率先回升向好，其中消费品市场保持快速发展功不可没。我省消费品市场和全国一样繁荣活跃，成为拉动全省经济稳定增长的重要因素。年初以来，全省认真贯彻十七大扩大内需、促进消费的精神，贯彻落实党中央各项政策促进消费，扩大内需，使得居民消费需求不断增强，消费结构不断改善，消费层次逐步提升，促进了全省经济社会又好又快的发展。全年实现社会消费品零售额2957.33亿元，同比增长19.0%，零售额总量居全国第16位，增幅第16位。

## 一、全年消费品市场运行特点

### （一）各月消费总量不断扩大，全年增速呈V型波动

从各月看，零售额逐月扩大，最低的2月份为210.64亿元，到最高的12月达293.19亿元；零售额增幅呈v型波动，从1月份的19.2%到4月份的17.0%再提高到12月份的19.8%，说明我省从4月份起逐步走出全球金融危机的阴影。（见图1）

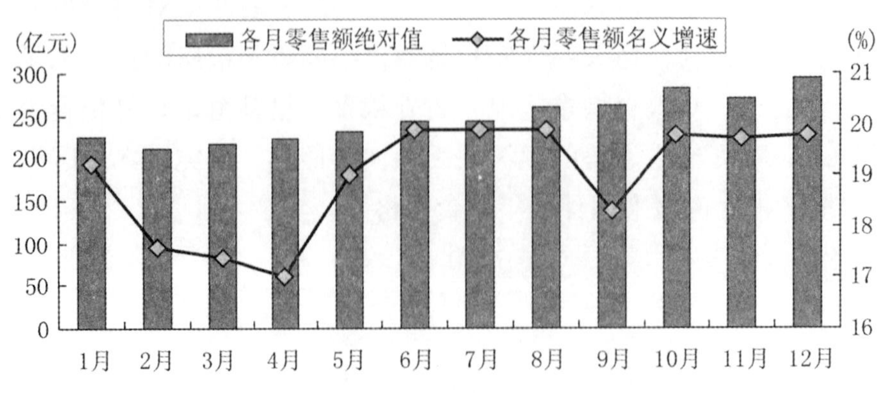


图1　2009年各月零售额及增幅走势图

（二）惠农政策效果显著，农村市场增速超过城市

2009年，国家出台了各项惠农政策，农村居民消费潜力得到有序释放。全省县及县以下实现社会消费品零售额666.17亿元，同比增长21.6%，比城市增幅高出3.3个百分点。农村零售额占全省的比重由上年的22.0%上升到22.5%。

（三）限上企业数量增多，支撑作用明显增强

随着新型零售业态的多元发展和零售业的全面开放，大型超市、大型购物中心竞相发展，并以其强大的资金实力和现代化的管理理念，使大型批发零售企业在市场竞争中不断发展壮大。2009年全省限额以上批发零售和住宿餐饮企业（单位）达1267个，比上年增加313个；全年实现社会消费品零售总额775.99亿元，增长15.0%。

（四）住宿餐饮业继续引领消费品市场发展

从消费品市场中的行业内部看，住宿餐饮业发展一直快于批发和零售业的发展。随着人们生活方式和消费观念的转变，旅游和在外就餐的次数大大增加，以及会展业的发展有效刺激了住宿、餐饮业市场的繁荣活跃。2009年，全省住宿和餐饮业实现零售额439.96亿元，比上年增长22.5%，比批发和零售业增速快3.9个百分点。

（五）消费结构不断升级，消费内容日趋多样化

消费观念的变化和居民休闲时间的增多，提高消费档次的消费比重大、增长快，使得对消费品市场的发展起到了积极的推动作用。从限额以上批发零售业企业统计数据看，2009我省限额以上批零企业实现汽车类零售额173.65亿元，同比增长37.9%；建筑及装潢材料类实现零售额15.47亿元，同比增长28.3%；书报杂志类实现零售额6.34亿元，同比增长30.5%；体育、娱乐用品类实现零售额6.34亿元，同比增长37.7%。受甲型H1N1流感疫情影响，中西药品类实现零售额14.91亿元，同比增长56.4%，其中中草药及中成药类实现零售额3.77亿元，同比增长60.4%。

（六）物价在低位运行是拉动零售额实际增速较高的重要因素

受物价指数持续走低的影响，我省各月零售额实际增幅保持在较高水平,最高的6、7月均达到22.5%。11、12月份受物价指数由负转正的影响，我省零售额名义增速也有所放缓。全年扣除物价因素我省社会消费品零售额实际增长19.8%，物价拉动零售额上涨0.8个百分点。（见图2）

## 二、促进消费品市场快速增长的有利因素

（一）全省经济发展的大环境为消费品市场的快速发展提供了保障

近几年，我省经济进入了快速发展阶段，主要表现为经济总量、工业生产、固定资产投资、民营经济等方面的快速增长，综合实力的提高带动了消费需求的增

长。2009年，全省GDP达到7203.18亿元，同比增长13.3%，增速排在全国第8位；工业增加值达到2926.65亿元，比上年增长16.8%，增速排在全国第10位；城镇固定资产投资完成额7259.50亿元，同比增长29.7%，增速排在全国第21位；民营经济主营业务收入实现10268.74亿元，同比增长26.2%。这些实体经济的快速发展为消费品市场发展提供了坚实的物质基础。

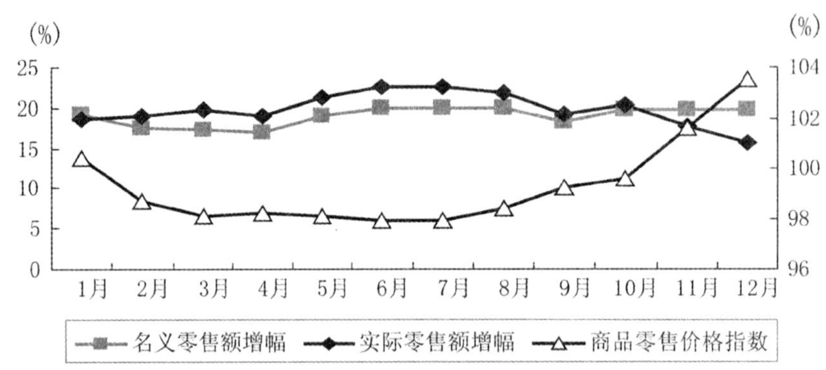


图2　2009年各月零售额与物价增幅走势图

（二）政策效应支撑消费品市场加快发展

省委、省政府按照中央的要求，顺应民意，改善民生，围绕增加城乡居民收入的目标，陆续出台了一系列惠及民生的政策，增加居民收入，提高了社会购买力，增强了居民的消费信心，激发了居民的消费热情。

一是启动“家电下乡”、“汽车下乡”工程，有力的激发了农民的消费热情，启动了农村消费市场。家电下乡、汽车下乡等惠农政策拉动了农村消费品市场的快速增长。到年末，我省家电下乡产品销售量已达424535台（部），销售金额为86148万元。仅一汽集团汽车下乡产品全省销售量就达到一万余台，比上年同期增长近1倍，其中微型车、轻型车增长4倍。二是增加低收入群体的收入。2009年省政府出台了十项措施增加城乡居民收入。从七月开始实施。包括适当提高城市和农村低保标准和补助水平、扩大城市廉租住房租赁补帖范围并提高补帖标准、适当提高农村五保供养对象保障水平、增发农村劳动力技能培训券等十项内容，共安排资金12亿元。这项措施增加了低收入群体的收入，增强了低消费群体的消费信心，扩大了消费的广度。2009年全年全省城镇居民人均可支配收入达14006.27元，同比增长9.2%；农村居民人均现金收入7977.90元，同比增长7.6%。城乡居民收入的较大幅度的提高，为扩大消费提供了保障。

（三）会展经济拉动了消费品市场的快速增长

本年度我省举办了各种丰富多彩的会展活动，对活跃消费品市场发挥重要作用。在七月份,第六届中国（长春）国际汽车博览会隆重召开。历时12天的博览会展出面积15万平方米，整车参展企业户数130家，参展品牌150个，参展车辆758辆。展会期间，共销售汽车5028台，比上届增长39.3%。总成交额达到8亿元人民币，比上届增长31.4%，现场参观人数累计达到82万人次。各方面都创出了新高。

9月份第五届东北亚博览会在长春市的成功举办，有力地拉动了全省消费品市场的增长。本届博览会参会专业客商总数达2万多人，有东北亚五国及美国、德国、法国、英国、瑞士、荷兰、加拿大等84个国家和地区的1万多名国外客商参会。天津、辽宁等27个省（区、市）和广州、深圳等7个重点城市参会，其中有17位副省级领导带队参会。参展参会的国内外企业共有559户，其中有80户是世界500强企业；43户中央企业以及65户跨国公司；有111户国内外知名金融、投资机构；有77户国内外知名采购商；还有120多户知名商会、协会。吉林省和国内外投资商签订投资合同项目252个，项目总投资额达1711.68亿元人民币，吸引域外资金总额1637.38亿元人民币，分别比上届增长61.5%和62.4%。签约项目中，超亿元项目236个，占项目总数的93.7%。展会规模层次、商品贸易成交额、国际会议的内涵及权威性均突破往届。

（四）全省旅游业的快速发展带动了消费品市场的活跃

近年来，全省加大投入力度，培育旅游业成为支柱产业。2009年旅游业取得骄人成绩，国内旅游收入和人数分别达到564.10亿元和5433.03万人次，分别同比增长29.4%和20.8%。特别是全省旅游八大景区的评选活动，使我省旅游景点的知名度大幅提升，也吸引了大量的外省游客。旅游业的发展对居民购物、住宿、餐饮等消费发挥很大促进作用。

## 三、2010年消费品市场展望

目前世界经济增速降缓，世界金融危机的滞后影响还将持续。国际经济环境的复杂化和可变性将对我省经济形成较大压力。但是，2010年党中央刺激消费的政策没有减弱，而且还有增强的趋势，一系列新的促进消费的政策举措将会发挥更加积极的作用，消费者的信心指数也在继续上升。特别是我省实施的跨越式发展战略，以及继续增加固定资产投资、加快旅游业和民营经济的发展步伐，都会进一步增加城乡居民的收入，为消费品市场继续活跃提供保障。我们坚信，随着中央和地方政府对消费的更加重视和经济结构调整的日益深化，伴随着新一轮经济增长的到来，我省消费品市场将持续稳定地增长，继续支撑着全省经济又好又快地发展。

# 在克服金融危机冲击中
# 实现经济更好更快发展和社会全面进步
## ——解读《2009年吉林省统计公报》

潘 豫

**编者按：《在克服金融危机冲击中实现经济更好更快发展和社会全面进步》一文，于2010年3月10日以《统计分析》第8期（总第568期）印发。**

透过《吉林省2009年国民经济和社会发展统计公报》（以下简称《公报》）可以看出，2009年在金融危机波及全球，对各国实体经济带来巨大破坏的情况下，吉林省经济社会发展依旧表现出了诸多抢眼之处。在全面贯彻科学发展观，认真落实“保增长、保民生、保稳定”一揽子计划的同时，全省经济和社会发展多项指标实现了新的突破。经济总量延续了平稳快速扩大的势头，地区生产总值和全社会固定资产投资双双跃上7000亿元台阶，规模以上工业增加值和社会消费品零售总额近接3000亿元，企业经济效益、社会财力和城乡居民生活水平均有显著提高，科技、教育、文化、卫生、体育、环境等各项社会事业稳步发展和改善。标志着吉林省经济社会正在以更好更快的态势进入“十一五”收官阶段。但同时，也要清醒地看到，在一个个相会关联的数据背后，经济社会发展中存在的一些深层次矛盾还急待破解，应在今后的发展中给予高度关注。

### 一、《公报》反映出2009年我省经济社会发展特点

#### （一）核心经济指标增长强劲

**1．多项核心经济指标均超出全年规划目标（见表1）**

从表一中可以看出，多项核心指标均超额完成全年规划目标，其中社会消费品零售总额增长超出年初计划2个百分点，实际利用外资增长超出年初计划4.6个百分点，利用外省资金增长超出年初计划5.5个百分点。

**2．多项核心经济指标增速均超过全国平均增长水平（见表2）**

表1　核心指标实际完成情况与全年规划情况对比

单位：亿元

| 指　标 | 地区生产总值 | 规模以上工业增加值 | 社会消费品零售总额 | 全社会固定资产投资 | 实际利用外资（亿美元） | 利用外省资金 | 地方财政收入 |
|---|---|---|---|---|---|---|---|
| 目标完成额 | 7340 | 2930 | 2910 | 7200 | 34.6 | 1590 | 486.2 |
| 实际增长(+-%) | 13.0 | 15.0 | 17.0 | 28.0 | 14.0 | 30.0 | 15.0 |
| 实际完成额 | 7203.18 | 2926.65 | 2957.33 | 7259.5 | 35.67 | 1656 | 487.1 |
| 实际增长(+-%) | 13.3 | 16.8 | 19.0 | 29.5 | 18.6 | 35.5 | 15.2 |

表2　核心指标实际增速与全国对比

单位：亿元

| 指　标 | 地区生产总值 | 规模以上工业增加值 | 规模以上工业利润 | 社会消费品零售总额 | 全社会固定资产投资 | 地方财政收入 |
|---|---|---|---|---|---|---|
| 全省实际完成额 | 7203.18 | 2926.65 | 475.12 | 2957.33 | 7259.5 | 487.08 |
| 增长(+-%) | 13.3 | 16.8 | 34.7 | 19.0 | 29.5 | 15.2 |
| 全国实际完成额 | 335353 |  | 25891 | 125343 | 224846 | 32581 |
| 增长(+-%) | 8.7 | 11.0 | 7.8 | 15.5 | 30.1 | 13.7 |

从表二中可以看出，2009年我省多项核心指标增速均明显高于全国平均水平。其中，地区生产总值高于全国平均水平4.6个百分点，这已经是我省自2004年以来连续第6年高于全国平均增长水平。

**3．多项核心经济指标均保持了连续的较高增长（见表3）**

从表三中可以看出，2003年实施振兴东北地区等老工业基地战略以来，我省多项核心经济指标均呈现出持续快速增长的良好态势。其中，地区生产总值从2003年起已连续7年实现两位数增长，虽然2009年因受国际金融危机影响有所回落，但增长率依然比近十年的平均增长速度高出1个百分点。

（二）内需在2009年的经济增长中发挥绝对主导作用

**从投资方面看**

表3 我省核心指标近十年增长情况对比

单位：%

| 指　标 | 地区生产总值 | 规模以上工业增加值 | 社会消费品零售总额 | 全社会固定资产投资 | 实际利用外资 | 利用外省资金 | 地方财政收入 |
|---|---|---|---|---|---|---|---|
| 2000 | 9.2 | 13.8 | 10.5 | 17.7 | 11.9 |  | 2.5 |
| 2001 | 9.3 | 15.1 | 11.8 | 15.8 | 8.0 |  | 16.6 |
| 2002 | 9.5 | 18.6 | 11.2 | 18.9 | 3.5 |  | 8.6 |
| 2003 | 10.2 | 17.9 | 10.1 | 19.9 | -8.3 |  | 17.1 |
| 2004 | 12.2 | 18.6 | 12.8 | 20.9 | 12.6 | 30.9 | 8.0 |
| 2005 | 12.1 | 11.0 | 13.5 | 53.8 | 101.9 | 100.8 | 24.6 |
| 2006 | 15.0 | 18.5 | 14.7 | 55.6 | 43.4 | 95.7 | 18.4 |
| 2007 | 16.1 | 23.6 | 19.3 | 42.8 | 37.6 | 59.2 | 30.8 |
| 2008 | 16.0 | 18.6 | 24.3 | 40.1 | 32.5 | 61.5 | 31.8 |
| 2009 | 13.3 | 16.8 | 19.0 | 29.5 | 18.6 | 35.5 | 15.2 |
| 2000—2009平均增速 | 12.3 | 15.7 | 13.5 | 28.6 | 21.9 | 33.5 | 16.7 |
| 2004—2009平均增速 | 14.1 | 17.8 | 17.2 | 39.9 | 38.5 | 61.8 | 21.2 |

2009年，虽然我省全社会固定资产投资增势较前几年有所回落，但是总量仍然跃上了7000亿元的新台阶，达到7259.50亿元，在全国各省市区中已处于中游偏上的规模，在这样高的基数之上，全社会固定资产投资仍然能够保持接近30%的增长速度，实属不易。

工业投资在全省固定资产投资快速增长中发挥了重要作用。2009年完成全省工业投资3285.71亿元，同比增长30.4%，增速比全部城镇投资高出0.7个百分点。其中，交通运输设备制造、化工、食品、建材和医药等支柱、优势和特色产业投资额分别达到499.26亿元、461.44亿元、424.32亿元、227.45亿元和152.64亿元，同比分别增长51.7%、31.9%、28.8%、59.1%和43.7%。

**从消费方面看**

为应对金融危机影响，确保经济稳定增长，2009年国家实施了一系列扩大内需，推动消费的政策，这些惠民措施在我省得到了很好的落实，有力地促进了全省消费品市场的繁荣活跃。2009年，全省累计实现社会消费品零售总额2957.33亿元，同比增长19.0%，扣除价格变动因素实际增长率达到19.8%。从其内部结构来看：一是新的消费热点迅速形成。2009年，全省汽车类零售额同比增长37.9%，书报杂志类零售额增长30.5%，体育、娱乐用品类零售额增长37.7%，中西医药类零售额增长56.4%，建筑及装潢材料类零售额增长28.3%，增长速度均明显快于总体零售额增长水平。说明全省人民对高档消费品、医疗保健用品、文化娱乐用品的需求明显高于一般生活用品的需求，人们的消费习惯正在向着更高的层次迈进。二是农村消费领先增长。2009年，“家电下乡”、“汽车下乡”等一系列惠农政策在我省得到了很好的落实，农村消费呈现出了强劲的增长势头。全年全省农村消费品零售总额达到666.17亿元，同比增长21.6%，增幅高于全省平均增长水平2.6个百分点，高于城市增长水平3.3个百分点，其在全省社会消费品零售总额中的比重提高到22.5%，较上年提升了0.6个百分点。农村消费正在成为全省扩大内需新的增长点。

（三）经济增长质量显著提高

**1．企业效益大幅提升，财政收入增长较快**

工业利税大幅度增加，经济效益水平继续提升。《公报》显示，2009年全省规模以上工业企业盈亏相抵累计实现净利润475.12亿元，创历史最高水平，比上年增加122.34亿元，增长34.7%。规模以上工业全年实现利税总额961.97亿元，比上年增加224.26亿元，增长30.4%。全年全省规模以上工业经济效益综合指数达到260.4%，比上年水平提高了18.8个百分点。规模以上工业全员劳动生产率为241712元/人，同比增长13.6%。

企业利税的大幅增加直接带动了地方财政收入的增长。全年完成地方级财政收入487.08亿元，增长15.2%。其中全年完成税收收入361.10亿元，增长16.1%，税收收入占地方级财政收入的比重为74.1%，比上年提高了0.5个百分点。

**2．民生得到进一步改善，社会保障覆盖面有所扩大**

2009年，省委、省政府高度重视民生，把推动经济增长和改善民生有机结合起来，大力落实“惠民八项实事”，城乡居民收入和与人民群众生活息息相关的各项民生支出大幅度增加。《公报》显示，2009年全省城镇居民人均可支配收入14006元，比上年增长9.2%；农村居民人均纯收入5266元，比上年增长6.8%。2009年末城乡居民人民币储蓄存款余额达4678.74亿元，创造新高，比上年末增长17.7%。城镇人均住房建筑面积27.68平方米，比上年末增加0.71平方米；农村人均住房面积22.79平方米，增加0.86平方米。

在全年财政支出中，社会保障和就业支出达到250.44亿元，比上年增长25.3%；医疗卫生支出107.43亿元，增长80.4%；环境保护支出49.48亿元，增长8.5%；教育支出216.99亿元，增长15.4%。

在社会保障方面，到2009年末，全省基本养老保险参保人数达到554.25万人，比上年末增长5.5%；年末基本医疗保险参保人数达到1242.81万人，增长32.6%；年末失业保险参保人数达到241.45万人，增长3.3%；年末工伤保险参保人数达到272.15万人，增长15.8%。生育保险参保人数达到289.93万人，增长27.2%。

全年共筹集城市低保资金37.88亿元，城市低保标准和月人均补助水平分别达到214元和170元，同比增长28.0%和30.7%。农村低保标准和年人均补助水平分别达到1200元和760元，同比增长41.0%和40.7%，有效保障了全省207万城乡低保对象的基本生活。

（四）社会事业全面进步

在科技方面，继续加大对公益性科研机构的支持力度，推动科研机构深化管理体制改革，支持重大科技专项的实施，启动实施新兴产业创投计划。2009年度登记省级科技成果510项，增长23.5%。全年有15项科研成果获得国家科技奖；20项获得省科技进步一等奖；55项获省科技进步二等奖；135项获三等奖。

在教育方面，伴随着学龄人口的减少和全省学校布局结构的调整，义务教育学校数、在校生和招生数、教师数有所减少，但学龄儿童入学率继续得到提高，达到99.78%，较2008年提高0.03%。2009年全省高等教育稳步发展，毛入学率达到32.3%，比2008年提高0.7个百分点。

在医疗卫生方面，深化了医药卫生体制改革，全省已建成社区卫生服务中心2228家。全省所有县（市、区、开发区）均实行了新型农村合作医疗，覆盖率达100%。有1251.50万农民参加了新型农村合作医疗，参合率达95.5%。全年共筹集资金12.60亿元；已有691.68万参合农民从中受益，支付补偿资金11.73亿元，占筹资资金总额的93.2%。

在体育方面，2009年，全省新建1个国家级全民健身户外营地；2个市（州）级全民健身中心；4个县（市、区）级全民健身中心；6个（市、区）级健身广场；125个街道（社区）健身路径；204个乡镇健身路径；610个行政村配建了体育器材。全年新建全民健身活动站点793个；国家级青少年体育俱乐部7个，参与健身活动人数达1140万人次。

## 二、透过《公报》反映出我省经济社会发展中存在的矛盾和问题

在看到经济亮点的同时，我们也要清醒地看到，在一个个相互关联的数据中也反映出一些深层次矛盾，应在今后的发展中给予高度关注。

（一）各项指标占全国比重依旧较小，总量位次靠后

2009年，虽然我省各项核心经济社会指标表现出积极向上的变动趋势，实现了连续、快速、超预期的增长，但各项指标占全国的比重却并没有明显上升，部分指

标在全国的位次还在下滑。2009年我省实现地区生产总值（GDP）占全国的比重为2.1%，总规模居全国各省、自治区、直辖市的第22位，位次与上年并没有发生变化。其中，第一、二产业总量与上年保持同位，仍为第17位和第20位，但第三产业总量位次却下滑了3位，滑落到第21位。社会消费品零售总额占全国的比重为2.4%，居全国第16位；海关进出口总值占全国的比重仅为0.5%，居全国第19位；地方财政收入占全国的比重为1.5%，居全国第24位，位次与上年均没有变化。而城镇固定资产投资占全国比重为3.1%，总量居全国第14位，位次较上年后移1位。2009年，我省虽然实现了经济的连续快速增长，但在全国各省市区经济普遍高速增长的大背景下，我省总体上并不占优。因此当前我省不能放松加快发展的步伐，必须进一步探索，寻求新的经济增长点，以确保全省经济持续保持平稳快速的增长。否则，稍有松懈，我们不仅会被发达省份越拉越远，甚至会在短时间内被经济规模相近的省份拉开差距。

（二）第三产业比重回落，贡献率下降

2009年，全省三次产业的构成比例由上年的14.3：47.7：38.0变化为13.6：48.5：37.9，第三产业比重较上年下降0.1个百分点。三次产业对经济增长的贡献率由2008年的8.1%、50.1%、41.8%转变为2.7%、59.4%、37.9%，第三产业贡献率下降3.9个百分点。这种结构变化一方面说明实施老工业振兴战略以来，全省工业经济发展取得了显著成效，工业经济抗风险能力明显提高，但从更深的层次来看，也反映出我省经济结构不尽合理的现实，现代服务业和生产性服务业在第三产业中比重小，服务业企业规模小，第三产业发展相对滞缓，抗风险能力还较差。

（三）科技成果转化率低，技术市场在经济增长中的作用微小

《公报》显示，2009年全省国内专利申请量5934件，授权量3274件，分别增长7.2%和10.1%。其中发明专利申请量2166件，授权量718件，分别增长14.3%和25.1%。年度登记省级科技成果510项，增长23.5%。发明创造成果的显著提升却没有得到很好的转化，2009年全省技术市场成交额为19.80亿元，仅比上年增加0.2亿元。技术市场成交额占GDP比重更是降低到0.27%，比上年回落0.04个百分点。说明我省科技创新与经济发展缺乏联系，科技的商品转化率和产业化率还有待提高，技术创新和科技成果转化的管理体制和运行机制需要进一步完善，以推动科技成果更快转化为现实生产力。

（四）城乡居民收入水平有待进一步提高

长期以来，我省城镇居民收入水平一直偏低。《公报》显示，2009年我省城镇居民人均可支配收入14006元，较全国平均水平低3169元，差距比2008年又拉大了217元。收入水平增长缓慢，直接导致我省城镇居民消费水平不高。2009年，我省城

镇居民人均消费性支出为10914元，比全国平均水平低1351元。要实现经济增长由投资拉动型向消费拉动型转变，必须要以扩大内需、提高居民消费水平为基础，消费水平的提高最终要依靠居民的消费能力和消费意愿的提升，而这两者直接取决于居民收入水平的高低。应在可能情况下，使经济成果分配向居民收入倾斜，特别是向城镇中低收入者和农民倾斜。应建立合理有效的工资增长机制，使职工工资随着经济发展水平不断提高，研究并建立确保最低工资标准与本地经济发展同步增长的长效机制。

# 当前吉林省农业保险工作中存在的主要问题

尹致远

**编者按：《当前吉林省农业保险工作中存在的主要问题》一文于2010年3月18日以《统计参考》第2期（总第17期）印发。4月6日，王守臣副省长阅后批示："转农委（农保办公室）阅研。"**

为了解我省政策性农业保险开展情况，近日省统计局对全省23个县230个行政村进行了有关种植业保险情况的专题调查。调查结果显示，2009年全省有95.7%的村开展了农业保险业务，有42.3%的农户参加了农业保险。总体来看，全省农业保险推广工作成效显著，但在具体实施过程中也存在一些困难和问题。

## 一、农业保险保障水平低，农民参保意愿不强

当前我省实施的农业保险主要是指农作物种植成本保险，农作物受灾减产30%及以下时，保险公司不予赔偿。只有作物减产30%以上时，才能按照一定比例给与赔付。对于现有农业保险的保障水平能否满足需要，调查数据显示，2009年在所有参加农业保险的农户中，有69.9%的农户认为保障水平太低，不能满足需要；有些村民认为本村常年气候和积温环境比较好，十几年来没有受过大灾，仅有2009年气候差点，部分地方减产严重，一般年头减产幅度很难超过30%。在一些旱涝保收的地方，不少农民认为参加农业保险根本没有必要。

近几年的农业保险理赔结果显示，即使如2009年这样的严重灾情，农民每亩耕地能够得到的赔偿金基本上是几元到十几元。相对于每亩300～400元的农业生产成本来说，基本不起作用。很多农民觉得参保意义不大，只是浪费时间和精力。

## 二、农业保险以村为单位，存在诸多问题

当前我省的农业保险工作是以村为单位组织开展的，虽然农户承担的保费数额不大，但真正收缴起来还是有一定难度，因此保险公司一般只与当地村委会打交道，不直接向农户收钱。同时，虽然保险合同是以农户的名义与保险公司签订的，但是从参保到理赔的全过程中，保险公司并不与农户直接见面，保险公司核定的参保耕地数量也是以村为单位确定的。

（一）村里保险有任务，工作难度很大

当前的农业保险工作，为了完成全省的参保任务，各级政府层层下达参保的任务指标,最后都要落实到村社。调查显示，在所调查的220个参加农业保险的村中，2009年有上级下达保险任务指标的村为101个，占全部调查村的42.9%。而在这101个有保险任务的村中，平均每村被要求参保任务耕地为3483亩，占这些村耕地面积总数的58.6%。村里为了完成任务指标，有的地方强制农民参保，有的是村里先行垫付，然后再向各户收取，有的是在动员村民自愿交纳的基础上，剩下没有完成的任务，由村社干部筹措资金先行垫付，待保险赔付款到帐后再返还给村干部，工作难度很大。对于连续几年粮食丰收没有保险赔付的情况，村委会或村社干部垫交的资金无法收回，资金缺口越来越大。农民希望农业保险应与其他保险一样，由保险公司与农户直接对接，体现农民自愿参保，而不应由政府下达保险任务指标。

（二）保险理赔搞均摊，不按户核实受灾情况

当前农业保险的参保和理赔都是以村为单位进行的，受灾减产后的理赔资金，保险公司也是以村为单位统一进行核算。由于无法具体区分各参保农户的受灾情况，理赔款的发放只能采取按户均摊。这就使同一个村的农民，受灾和不受灾一样待遇，使一些没达到赔偿标准的农户也得到了赔偿，造成了那些应该得到赔偿的农户无法得到足额的赔偿，理赔难以让农户满意。这不仅损害了农民参保的积极性，也不利于农业保险工作的持续开展。农民希望保险公司能够到受灾地块实地勘察，按每户的损失程度给予赔付。

（三）村社垫交部分赔偿金使用难

当前我省农业保险灾后理赔资金的发放是通过粮食直补卡、专门的存折或银行卡向农户支付，这种方式对于规范农业保险理赔款的发放，防止资金被截留和挪用起到了很好的保护作用。但是部分保费不是直接从农户中收取，而是由村委会或村社干部垫交。调查显示， 2009年220个参加农业保险的村中，有13个村的保费全部由村委会（或村干部）垫付，占全部调查村总数的5.9%；有25个村的保费是在农户自愿交纳的基础上，剩余部分由村干部垫付，占总数的11.4%。这些村村干部平均垫付交纳的保险金比例为45.7%，其中，垫交比例最高的达到96.0%，最低的为5.0%。这些垫交保险理赔回来的资金如何使用便成了问题。村委会或村社干部直接使用，政策不允许，而如果和自己交保费农户一样进行理赔，就会产生一些消极影响。

## 三、勘赔定损难度大，农民对核定的减产程度不认可

我省农业保险主要是大田作物保险，由于农业生产经营分散，农作物受灾减产后，如果按户核实受损面积、受灾程度等，工作量相当大。当前我省保险服务网络

还不够完善，保险公司服务机构一般只设到县，乡级和村级都没有服务网点，公司专业技术人员力量不足等因素给查勘定损工作带来了很大困难。保险公司勘查现场只能采取抽查的方式，难免会出现评估误差，受灾方与赔偿方在损失范围、损失程度上很难达成一致意见，特别是农业的灾害损失程度界定比较难，很难得出一个准确的损失赔付数额。一旦保险公司查勘赔定损结果与实际受损数额出入太大，农户就会无法接受。

2009年我省普遍受灾较重，参保农户大多对农业保险理赔期望值较高。保险公司通过现场勘查等过程，初步确定了参保村农作物受灾减产程度。调查数据显示，对于保险公司认定的农作物减产程度，有54.0%的农户表示不满意，认为与实际相差很大。

## 四、出险不到位，理赔不及时

由于农业保险投保的耕地点多、面广，特别是2009年发生了全省范围的旱灾，农作物普遍减产严重，保险公司根本做不到全部实地勘查，只能以村为单位进行抽查。对此农民意见很大，农民希望保险公司核定作物受灾减产情况时，要与农户见面，并说明核定的依据等。

由于查勘、理算工作量大，部分地区财政配套资金难以到位等原因，保险赔偿金到户时间长。目前我省2009年的农业保险理赔资金发放工作还没有全部到位，根据以往几年的经验，理赔资金通常在春节前后发放，农民对此反映强烈。希望保险公司一旦出现灾情，能尽快组织人力勘查，认定减产程度，及时赔付，不要拖到年底，影响到下一年参保。同时希望保险公司经常与村民联系，及时和群众沟通，随报险随出险，及时理赔。

## 五、2010年农民参保意愿下降

农民的参保意愿决定着农业保险工作的未来。调查数据显示，2010年农民参加农业保险意愿明显下降。在2009年参加了农业保险的农户中，有24.5%的农户表示2010年将不再继续参加农业保险；在未参加农业保险的农户中，有80.2%的农户表示2010年仍不参加农业保险。

分析影响农民参加农业保险的因素，从2009年未参保农户的原因看，主要有：一是认为当前开展的农业保险保障水平低，作用很小或没有作用，这部分农户占未参保农户总数的37.2%；二是由于连年丰收，认为参加保险没必要，占农户总数的27.9%；三是认为农业保险理赔困难，手续繁琐而不愿意参保，占农户总数的21.2%。

# 当前我省农民春耕备耕生产投入下降

尹致远

**编者按：《当前我省农民春耕备耕生产投入下降》一文于2010年4月7日以《统计分析》第9期（总第569期）印发。**

当前正值春耕备耕的关键时期，备耕情况的好坏将直接影响今年的农业生产。根据全省42个县4200个农户的住户调查数据，结合部分县市的专题调查，对当前农民备耕情况及影响因素进行简要分析。

## 一、农户农业生产投入下降明显

自去年10月份秋粮收获上市后，我省农民就开始陆续进行今年春耕的准备工作，购买种子、化肥等各种农业生产资料。农村住户抽样调查资料显示，自去年10月份至今年3月末，农户户均种植业生产费用现金支出为2859元，同比减少526元，减少幅度为15.5%。其中，购买农业生产资料现金支出户均为2105元，同比减少463元，减少幅度为18.0%。农民户均农业生产费用支出及增长情况。（见表1）

表1　2010年农户户均购买农业生产费用现金支出及对比情况

单位：元，%

| 指　　标 | 2010年 | 2009年 | 2010年比2009年 | |
|---|---|---|---|---|
| | | | 减少数量 | 减少幅度 |
| 农业生产费用支出 | 2859 | 3385 | 526 | 15.5 |
| 其中：购买农业生产资料 | 2105 | 2568 | 463 | 18.0 |
| 1.购买种子 | 459 | 483 | 24 | 4.9 |
| 2.购买化肥 | 874 | 1443 | 569 | 39.4 |
| 3.购买薄膜 | 22 | 34 | 12 | 35.5 |
| 4.购买农药 | 21 | 36 | 15 | 41.6 |

## 二、农业生产资料到户率显著降低

调查显示，今年我省农户备耕所要购买的种子和化肥等农业生产资料到户率显著降低。在所调查的4200个农户中，截至今年3月末，已经购买了农业用种子的农户为1974户，比上年同期减少465户，减少了19.9%；占全部农户的比例仅为47.0%，同比下降了8.7个百分点。已经购买了化肥的农户为1163户，比上年减少673户，减少了36.7%；占全部调查户的比例仅为27.7%，同比下降了16.0个百分点。购买了农药的农户为420户，同比减少252户，减少了37.5%，占全部农户的比例也由上年的16.0%下降到10.0%，下降了6.0个百分点。购买农业用薄膜的农户为300户，同比减少37户，减少幅度为11.0%；占全部农户的比例也由上年的8.0%下降到7.1%，下降了0.9个百分点。

分析今年农民购买生产资料下降的原因，主要是由于农民普遍存在现用现买的心理。由于各地农资市场货源充足，无论在品种、数量上都能满足春耕生产的需求，化肥、农药的网点又比较多，需要时打一个电话商家就会送货上门。因此，农民提前购买农用物资的观念也逐渐淡化。特别是过早的把化肥、种子等农资买到家，不仅占用了资金，还要费心保管。因此，有些农民虽然手中有钱，或已筹措到资金也不愿提前购买。此外今年冬季雪大，天气转暖慢，春脖子较长，播种时间要比往年延后半个月以上，导致农户不急于购买各种农用生产资料。（见表2）

表2　当前吉林省农户各种农业生产资料的入户情况

单位：户，%

| 指标 | 全部调查户 | 已购买的农户 | 今年入户率 | 上年入户率 |
|---|---|---|---|---|
| 种子 | 4200 | 1974 | 47.0 | 55.7 |
| 化肥 | 4200 | 1163 | 27.7 | 43.7 |
| 农药 | 4200 | 420 | 10.0 | 16.0 |
| 薄膜 | 4200 | 300 | 7.1 | 8.0 |

## 三、农业生产资料价格涨跌互现

从农民购买各种农业生产资料的价格来看，种子价格大幅上涨，化肥价格小幅下降。

调查显示，农民购买农业用种子的平均价格为每公斤12.5元，同比上涨2.4元，上涨幅度为23.8%。其中，购买稻谷种子的价格为每公斤6.7元，同比上涨0.9元，上涨幅度为15.5%；购买玉米种子的价格为每公斤16.1元，同比上涨4.5元，上涨幅度为38.8%；从种子价格上涨的原因看，一是去年种子培育地域旱情严重，种子产量下降，二是去年粮食收购价格上涨，一定程度上拉高了种子价格的预期。而且现在我省很多地方都已经实现了单粒精量播种，单粒播种的种子价格都要高出普通种子一倍以上，农民普遍反映，为了多打粮，只要是好种子再贵也要买。

农民购买化肥的平均价格为每公斤2.46元，同比下降了0.01元。从我们在蛟河市的行情调查看，化肥价格下降明显。其中，尿素价格下降9.4%，二铵价格上涨2.8%，氯化钾价格下降20.9%，西洋复合肥下降5.2%，鲁西复合肥下降5.7%。

购买农业用薄膜的价格为每公斤12.8元，同比下降了2.0元，下降幅度为13.5%。由于去年雪较大，影响了农户春季地膜的使用。农民购买农业用薄膜的数量同比下降明显。

购买农业用柴油的价格为每公斤5.98元，同比上涨0.77元，上涨幅度为14.8%。农用柴油价格上涨的原因是春季播种期间用油量大，据农户讲，柴油价格每年在农民播种时期价格都上涨。

## 四、今年农民春耕生产的不利因素

### （一）大雪给春耕生产带来困难

据吉林省气象台资料显示，入冬以来吉林省平均降雪量为89.5毫米，比常年同期多117%，特别是立春以来降雪量明显偏多，大范围的积雪覆盖和低温给处于备春耕阶段吉林省的粮食生产带来重大影响。由于春季是吉林省粮食生产的关键时期，积雪融水对缓解这个省持续多年的“春旱”非常必要，但由于今年春季气温偏低，大量积雪尚未融化，有可能推迟春季玉米播种时间，这对已经习惯种植晚熟品种的农民的来说，不是一个好消息。从往年的春播时间看，4月15日左右就要开始大田播种了，今年由于土壤解冻期推迟，播种期也可能推迟，农作物有效生产时间可能短于前几年，不利于晚熟品种种植。而且东部山区的坡谷地带和中部平原的洼地由于春季土壤含水量过多，会给春耕生产带来困难。

针对目前的雪大、气候转暖慢、播种期延长的实际情况，指导农户转变种植观念，多种早熟品种成当务之急。

### （二）待售余粮较多，影响农资采购资金筹集

由于今年新粮上市时价格较高，受去年粮食减产影响，很多农户都希望能把去年的减产损失弥补回来，导致对粮食价格的期望值较高，产生惜售心理。同时当前农村粮食价格的波动幅度也非常大，很难把握，导致部分农民在观望等待，较多的存粮未能折现，直接影响了农资采购资金的筹集。调查资料显示，截至3月末，按照上年的玉米产量及我省农民玉米商品率推算，当前农民手中有近700万吨的玉米待售。

（三）化肥使用量持续增加，拉高农业生产成本，降低了土壤肥力

从调查情况看，随着农村生活水平提高，以及生猪和牛等散养户数量下降明显，农户农家肥储存量下降明显。同时由于各类饼肥和生猪、家禽大型养殖场副产品大多用作饲料，很少用于肥田，在农村主要劳动力大量外出打工的情况下，农户即使积累一定的农家肥料，也很难运到田中，因而目前农家肥的使用量严重下降，大片农田已基本看不见绿肥、土杂肥、畜肥等农家肥，农户对施用农家肥的积极性降低，对化肥的依赖性越来越强。化肥使用量逐年增加，化肥投入占到农民粮食生产成本的一半，其价格高低直接影响到农民最后的收入。

因此，要大力倡导农民进行科学施肥，提高肥料利用率。倡导农民在合理使用化肥的同时，积极发挥农家肥的作用。农家肥既能节约农业生产成本，又能培护地力，有效提高土壤有机质含量。在化肥价格上涨的情况下，各级农业技术推广部门要通过多种形式积极向农民宣传农家肥的作用，倡导使用农家肥，提高农户的认知程度，积极发挥农家肥的作用。

（四）农资产品质量良莠不齐，影响农业生产

目前，农资市场货源充足，但也存在商品质量良莠不齐的现象。据被调查的农户反映，一些生产资料经营存在重办证，轻管理的现象。一些农业生产资料经营网点实行个人承包，经营的农业生产资料品种多，有的存在质量方面的问题。根据往年的经验，到临近春播时节，没买生产资料的农民不得不仓促购买，形成集中购买的形势，给一些质次品种打开了通道，尤其是一些手头缺钱的农民常会不顾后果，购买一些价格低廉的老品种，使自己的收成、收入陷入连年的恶性循环。

因此，提高农业生产物资供应过程中的服务水平，有效打击劣质农资，解除农户的后顾之忧，亦是提升农资到户率、保障春播备耕顺利进行的关键所在。

# 一季度我省万元工业增加值能耗下降9.2%

苏艳春

**编者按：《一季度我省万元工业增加值能耗下降9.2%》一文于2010年4月21日以《统计分析》第10期（总第570期）印发。4月29日，省委书记孙政才对该文做出批示："儒林、延风、祖继同志：节能降耗总目标任务是刚性要求，最近国务院常务会议再次严肃强调并制定了一系列政策。望高度重视，采取有力措施，要把节能降耗作为技改和管理创新的抓手和衡量标准。请酌研。"5月5日，省长王儒林对该文做出批示："请延风同志协调做好准备，近期召开会议落实国务院今天电视电话会议精神和政才书记批示。请云岫同志安排。"5月6日，副省长竺延风对该文做出批示："书记，省长：已会宝田，发改委进行研究，对我省'十一五'的指标做了进一步分解、落实。总的看能够完成任务，实现目标。但仍然不放松，调结构，形成节能减排的结构和基础、机制。这是长期工作，省内会议已准备好。"**

今年以来，我省经济呈现全面复苏态势，特别是工业经济持续快速发展。同时，能源利用效率持续得到改善和提高。据对全省规模以上工业企业统计，一季度，全省累计完成增加值841.96亿元，按可比价格计算，比上年同期增长29.7%；综合能源消费量为1348万吨（折标准煤，下同），比上年同期增耗203.65万吨，增长17.8%，实现万元工业增加值综合能源消费量为1.79吨，同比减少0.21吨，下降9.2%。

## 一、主要特点

### （一）9个市（州）万元工业增加值能耗均有不同程度下降

从全省各市（州）的具体情况来看，9个市（州）万元工业增加值综合能耗均有不同程度下降。（见表1）

### （二）64%的大类行业万元工业增加值综合能耗有所下降

从大类行业来看，在全省规模以上工业所涉及的39个行业大类中，一季度有14个行业万元增加值能耗同比有所上升，其余25个行业万元增加值能耗同比均有不同

表1　全省各市（州）万元工业增加值能耗情况

| | 综合能源消费量(万吨标煤) | | 综合能源消费量增长率(%) | 万元工业增加值能耗降低率(%) |
|---|---|---|---|---|
| | 2010年一季度 | 2009年一季度 | | |
| 全 省 | 1348.00 | 1144.36 | 17.80 | 9.18 |
| 长 春 | 319.07 | 251.846 | 26.70 | 9.18 |
| 吉 林 | 352.13 | 321.516 | 9.52 | 11.25 |
| 四 平 | 125.62 | 113.466 | 10.72 | 14.97 |
| 辽 源 | 58.38 | 51.15 | 14.14 | 10.40 |
| 通 化 | 165.42 | 146.22 | 13.13 | 6.81 |
| 白 山 | 131.22 | 99.46 | 31.93 | 1.91 |
| 松 原 | 123.58 | 111.54 | 10.80 | 9.26 |
| 白 城 | 16.96 | 15.95 | 6.30 | 9.21 |
| 延 边 | 87.82 | 68.891 | 27.47 | 2.47 |

程度的降低，占行业大类总数的64%。（见表2）

（三）半数高能耗行业万元增加值能耗同比下降

一季度，我省石油加工、炼焦及核燃料制造，化学原料及化学制品制造，非金属矿物制品，黑色金属冶炼及压延加工，有色金属冶炼及压延加工和电力、热力的生产和供应等6大工业高耗能行业共完成增加值187.17亿元，按可比价格计算，比上年同期增长21.1%；综合能源消费量为912.04万吨，比上年同期增耗140万吨，增长18.1%，万元工业增加值综合能源消费量为5.49吨，比上年同期下降4.0%。其中,化学原料及化学制品制造业万元增加值综合能耗5.86吨，同比下降6.7%；黑色金属冶炼及压延加工业万元增加值综合能耗5.42吨，下降6.3%；电力、热力的生产和供应业万元增加值综合能耗8.32吨，下降12.0%；石油加工、炼焦及核燃料制造业万元增加值综合能耗1.27吨，同比上升22.7%；非金属矿物制品业万元增加值综合能耗为3.95吨，上升15.7%；有色金属冶炼及压延加工业万元增加值综合能耗0.96吨，上升23.8%。

（四）主要能源品种增耗明显

一季度，伴随着工业经济的加快发展，我省规模以上工业企业主要能源品种的消费量（除原油外）均呈明显的增长趋势。其中，原煤消费2317.54万吨，同比增长21.7%；焦炭消费109.98万吨，同比增长10.3%；热力消费3885.52亿万千焦，同比增长15.3%；电力消费105.11亿千瓦时，同比增长20.0%；洗精煤消费144.08万吨，同比增长7.0%。

（五）重点耗能企业节能效果显著

一季度，纳入全省重点耗能企业定期统计范围的324户规模以上工业企业累计实

表2　全省分行业万元工业增加值能耗情况

| | 综合能源消费量(万吨标煤) | | 综合能源消费量增长率(%) | 万元工业增加值能耗降低率(%) |
|---|---|---|---|---|
| | 2010年一季度 | 2009年一季度 | | |
| 全部工业企业 | 1144.36 | 1348.00 | 17.80 | 9.18 |
| 06.煤炭开采和洗选业 | 51.14 | 68.54 | 34.03 | 0.56 |
| 07.石油和天然气开采业 | 46.71 | 47.75 | 2.22 | -3.55 |
| 08.黑色金属矿采选业 | 4.44 | 9.80 | 120.75 | -90.60 |
| 09.有色金属矿采选业 | 2.52 | 3.15 | 25.28 | 22.04 |
| 10.非金属矿采选业 | 3.83 | 3.15 | -17.76 | 36.05 |
| 11.其他采矿业 | 0.00 | 0.01 | 32.96 | -5.87 |
| 13.农副食品加工业 | 79.04 | 86.62 | 9.60 | 7.55 |
| 14.食品制造业 | 12.68 | 7.92 | -37.53 | 46.38 |
| 15.饮料制造业 | 47.38 | 45.68 | -3.57 | 6.69 |
| 16.烟草制品业 | 0.58 | 0.55 | -6.59 | 20.29 |
| 17.纺织业 | 2.27 | 2.43 | 6.87 | 20.53 |
| 18.纺织服装、鞋、帽制造业 | 1.35 | 1.22 | -9.60 | 34.55 |
| 19.皮革、毛皮、羽毛(绒)等 | 0.13 | 0.16 | 19.88 | 56.79 |
| 20.木材加工及木、竹、藤等 | 18.39 | 23.83 | 29.58 | 12.53 |
| 21.家具制造业 | 0.59 | 0.80 | 34.23 | 9.07 |
| 22.造纸及纸制品业 | 10.32 | 17.03 | 65.08 | -37.33 |
| 23.印刷业和记录媒介的复制 | 0.58 | 0.61 | 4.49 | 17.45 |
| 24.文教体育用品制造业 | 0.09 | 0.16 | 71.01 | -0.61 |
| 25.石油加工炼焦及核燃料 | 14.62 | 16.34 | 11.82 | -22.73 |
| 26.化学原料及化学制品制造 | 191.86 | 223.16 | 16.32 | 6.68 |
| 27.医药制造业 | 15.35 | 18.98 | 23.65 | 3.32 |
| 28.化学纤维制造业 | 11.95 | 19.38 | 62.19 | -7.29 |
| 29.橡胶制品业 | 0.33 | 0.30 | -9.85 | 28.92 |
| 30.塑料制品业 | 1.71 | 2.27 | 32.74 | -9.73 |
| 31.非金属矿物制品业 | 81.96 | 137.50 | 67.77 | -15.65 |
| 32.黑色金属冶炼及压延 | 128.03 | 140.49 | 9.73 | 6.32 |
| 33.有色金属冶炼及压延 | 5.62 | 7.77 | 38.29 | -23.79 |
| 34.金属制品业 | 2.04 | 2.71 | 32.99 | 3.80 |
| 35.通用设备制造业 | 4.76 | 5.84 | 22.73 | 13.65 |
| 36.专用设备制造业 | 3.66 | 4.54 | 24.02 | 11.91 |
| 37.交通运输设备制造业 | 39.97 | 48.85 | 22.23 | 23.83 |
| 39.电气机械及器材制造业 | 1.64 | 2.89 | 76.56 | -13.13 |
| 40.通信设备、计算机及其他 | 1.43 | 2.40 | 68.07 | -50.26 |
| 41.仪器仪表及文化、办公用 | 0.24 | 0.50 | 106.10 | -142.04 |
| 42.工艺品及其他制造业 | 1.11 | 0.89 | -19.90 | 18.91 |
| 43.废弃资源和废旧材料回收 | 0.28 | 0.14 | -49.21 | 60.18 |
| 44.电力、热力的生产和供应 | 349.96 | 386.77 | 10.52 | 11.98 |
| 45.燃气生产和供应业 | 3.82 | 4.83 | 26.45 | -5.82 |
| 46.水的生产和供应业 | 2.00 | 2.04 | 2.32 | 21.53 |

现工业总产值1145.80亿元，同比增长42.3%；综合能源消费量1195.64万吨，同比增长16.9%，其实现万元工业总产值的综合能源消费量为1.04吨，同比下降17.9%，节能效果明显。

（六）近6成主要工业产品能源消耗有所下降

一季度，在全省重点耗能行业生产的53种主要工业产品中，单位产品综合能源消费量同比下降的有31种，占58.5%。

## 二、单位工业增加值能源消费降幅较大的主要原因

（一）工业经济的快速发展和企业结构的变化

一季度，全省规模以上工业实现了29.7%的较高增长水平，与之相联系的是分摊到单位产品中的固定性能源消费量的相对减少，其带来的直接结果是综合能源消费总量的同比增长率明显低于工业增加值的同比增长水平，成为今年一季度我省单位工业增加值综合能源消耗降低幅度较大的重要原因。

另一方面，今年一季度纳入全省规模以上工业定期统计范围的新增企业有772户，这些新增企业多为能源消耗水平相对较低行业的企业，对有效降低单位工业增加值综合能源消耗水平也产生了积极的影响。

（二）各项节能措施效果显现

近年来，我省严格按照国务院的要求，积极实施国家“十大节能工程”和我省重点节能项目，淘汰了一批落后产能，企业节能意识和技术进步状况都有提高，能源利用效率明显改善，也在很大的程度上推动了工业能耗水平的下降。

## 三、两点建议

（一）正确处理经济增长与节能降耗的关系

今年是实施“十一五”规划的最后一年，也是全面完成“十一五”节能降耗总目标任务的关键之年，在保持经济快速发展的同时，我们更需要毫不松懈地抓好节能降耗工作。一季度，我省经济增势强劲，重点耗能企业能耗增长的刚性较强，工业企业节能降耗的任务依然很重，压力依然很大。因此，我们必须进一步树立科学发展的意识，以“转方式、调结构”为手段，继续大力淘汰落后产能，优化能源配置，使有限的能源创造出更高的能源经济效益，正确处理好经济增长与节能降耗的关系，在保持经济持续、稳定、健康快速增长的同时，不断降低能源消耗，提升能源对经济发展的支撑水平。

（二）技术水平和管理水平双推进

我省工业中重工业比重偏高，工业内部高能耗行业比重偏大，这些特殊因素都使我省节能降耗工作面临着巨大的压力。同时生产技术水平相对落后也给我省高耗能行业的技术节能带来了广阔的空间，尤其是钢铁、水泥等行业。要进一步强化节能技术改造，优化产业结构，不断推进高新技术应用，提高生产技术水平，要大力加强对重点耗能企业节能降耗情况的监测，降低产品单耗水平，减少生产能耗。

企业管理水平的提高是实现可持续节能的重要方面。要实施精细化管理，进一步强化工业企业的能源计量、能源统计监测等基础工作，建立相应的规章制度，大力加强能源管理基础能力建设，深入挖掘节能管理潜力，实现生产技术和管理水平的双提高，进一步推动我省工业节能降耗工作向纵深发展。

# 2009年吉林省职工工资增速放缓

张　丹

**编者按：《2009年吉林省职工工资增速放缓》一文于2010年4月23日以统计分析第11期（总第571期）印发。**

2009年，在全球金融危机的大背景下，吉林省职工工资水平增速放缓，不同类型单位、不同行业、不同地区的工资增速都出现降低趋势。工资水平在全国的位次继续下滑，居全国倒数第三位。在“平均工资”这一数据背后，依然存在“不平均”的现象，工资水平的地域差异、行业差异、单位类型差异依然明显。

## 一、全省工资增速放缓

2009年吉林省城镇单位（不含私营单位）在岗职工平均工资为26230元，同比增加2744元，增长11.7%，增幅比上年回落2.8个百分点，是近五年来的工资增速最低的一年。工资水平在全国的位次下滑了2位，在全国31个省（市、自治区）中居第29位，仅高于海南、江西两省。

由于近年来，我省一直没有出台明显的增资政策，加之受金融危机影响，企业工资增速放慢，全省职工工资增长缺乏强有力支持，使得工资增速持续降低。（见图1）

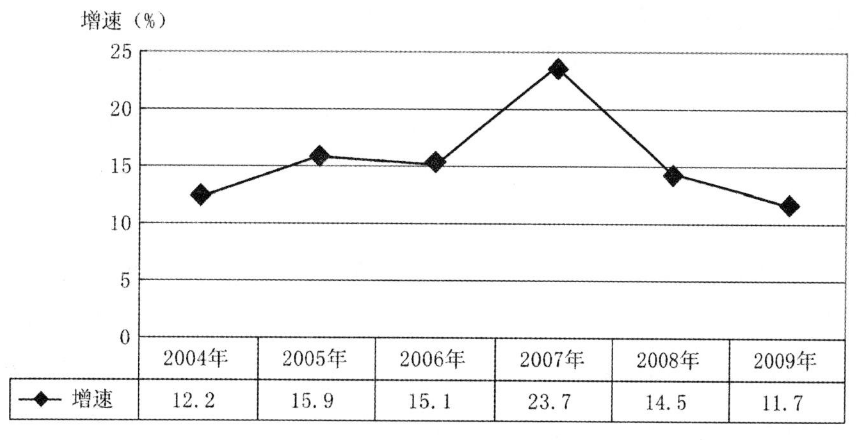


图1　2004—2009年吉林省工资增长情况

## 二、不同类型单位、行业、地区工资增长呈现如下特点：

### （一）外商投资企业工资水平最高，股份有限公司工资增长最快

分单位的经济类型看，不同所有制单位工资差异较大。外商投资企业职工工资最高，为35503元；其次为股份有限公司32652元，居第三位的是国有单位27523元。工资最低的是联营企业，工资水平为13131元。

2009年，吉林省不同经济类型单位工资增速都有不同程度的降低。工资增速最高的是股份有限公司18.8%，其次是外商投资企业工资增长17.8%，居第三位的是股份合作企业增长16.9%，工资增速最低的是联营企业，增长1.1%。（见表1）

表1　2009年吉林省不同经济类型单位职工工资及增长情况

单位：元，%

| | 工资水平 | 增速 | 增速比上年增减 |
|---|---|---|---|
| 全省 | 26230 | 11.7 | -2.8 |
| 国有单位 | 27523 | 11.2 | -3.1 |
| 城镇集体单位 | 14443 | 13.2 | -1.4 |
| 其他经济类型单位 | 25755 | 12.9 | -1.2 |
| 其中：1.股份合作 | 14714 | 16.9 | -1.4 |
| 2.联营 | 13131 | 1.1 | -15.0 |
| 3.有限责任公司 | 21910 | 10.0 | -7.8 |
| 4.股份有限公司 | 32652 | 18.8 | -11.5 |
| 5.港澳台投资 | 18774 | 13.7 | 0.8 |
| 6.外商投资 | 35503 | 17.8 | 0.2 |

### （二）机关工资水平最高，事业单位工资增长最快

从单位性质看：2009年，吉林省机关的工资最高，为27929元，其次为事业单位，平均工资为26151元，企业的工资最低为25995元。从工资增长情况看：事业单位的工资增长最快，增速为13.2%；其次是企业增长11.1%，机关工资增速最低，增长10.8%。

近年来，吉林省国民经济保持快速发展，企业在效益支撑下工资增速较快，企业工资总体上增速高于事业和机关，2008年企业的工资水平一度超过事业。与机关工资差距进一步缩小。2009年，企业工资增速放慢，市州和县市机关工资进行了补发和补涨，使得企业工资低于事业和机关的工资水平。（见表2）

表2　2009年吉林省企业、事业和机关职工工资及增长情况

单位：元，%

| | 工资水平 | 增速 | 增速比上年增减 |
|---|---|---|---|
| 全省 | 26230 | 11.7 | -2.8 |
| 企业 | 25995 | 11.1 | -5.5 |
| 事业 | 26151 | 13.2 | -0.1 |
| 机关 | 27929 | 10.8 | 1.6 |

### （三）中央直属单位工资最高，地区属单位工资增长最快

从单位的隶属关系看：中央直属单位的工资最高，为40640元；其次为省属单位29541元，地区属单位25693元，县及县以下单位21988元。地区属单位工资增速最快，为15.7%，其次为县及县以下单位11.6%，中央直属单位10.6%，省属单位工资增速最低，为8.8%。2009年市州和县市机关事业单位工资的补涨和补发，影响不同隶属关系单位的工资增速。（见表3）

表3　2009年吉林省不同隶属关系单位职工工资及增长情况

单位：元，%

| | 工资水平 | 增速 | 增速比上年增减 |
|---|---|---|---|
| 中央属 | 40640 | 10.6 | -2.8 |
| 省属 | 29541 | 8.8 | -5.5 |
| 地区属 | 25693 | 15.7 | 3.8 |
| 县及县以下单位 | 21988 | 11.6 | 5.0 |

### （四）金融业的工资水平最高，且增速最快

从不同行业的情况看，在国民经济19个行业门类中，9个行业的工资高于全省平均水平。垄断性行业和新兴产业工资处于高位。工资连续多年处于高水平的金融业居首位，人均工资达38849元；科学研究、技术服务和地质勘查业位居第二，34290元；采矿业位居第三，31791元；信息传输、计算机服务和软件业位居第四，31453元；电力、燃气及水的生产和供应业位居第五，29605元。全省11个行业的工资水平低于全省平均水平，传统行业工资和竞争性行业工资水平普遍偏低。农、林、牧、渔业工资最低，人均工资为13667元，其次是住宿和餐饮业14689元，居民服务和其他服务业16257元，水利、环境和公共设施管理业17238元，建筑业19519元，批发和零售业20138元。

工资增长最快的行业是金融业，增幅为20.1%，其次是建筑业19.6%，居民服务和其他服务业17.3%，卫生、社会保障和社会福利业15.9%，工资增幅最低的行业住宿和餐饮业，工资增长0.2%。（见表4）

表4　2009年吉林省不同行业单位职工工资及增长情况

单位：元，%

| | 工资水平 | 增幅 | 增幅比上年增减 |
|---|---|---|---|
| 全省 | 26230 | 11.7 | －2.8 |
| 农林牧渔业 | 13667 | 13.0 | －15.2 |
| 采矿业 | 31791 | 8.7 | －9.4 |
| 制造业 | 25953 | 8.7 | －5.5 |
| 电力燃气及水的生产和供应业 | 29605 | 2.4 | －10.2 |
| 建筑业 | 19519 | 19.6 | 5.6 |
| 交通运输仓储和邮政业 | 26742 | 10.7 | －8.1 |
| 信息传输计算机服务和软件业 | 31453 | 3.2 | 3.1 |
| 批发和零售业 | 20138 | 13.5 | －1.6 |
| 住宿和餐饮业 | 14689 | 0.2 | －17.9 |
| 金融业 | 38849 | 20.1 | 5.9 |
| 房地产业 | 21248 | 13.9 | 3.6 |
| 租赁和商务服务业 | 24498 | 6.2 | －4.9 |
| 科学研究技术服务和地质勘查业 | 34290 | 12.9 | －3.1 |
| 水利环境和公共设施管理业 | 17238 | 11.9 | －4.7 |
| 居民服务和其他服务业 | 16257 | 17.3 | 11.9 |
| 教育 | 29452 | 11.4 | －1.5 |
| 卫生、社会保障和社会福利业 | 26245 | 15.9 | 2.7 |
| 文化体育和娱乐业 | 25286 | 15.6 | 3.4 |
| 公共管理和社会组织 | 28042 | 13.2 | 4.4 |

（五）长春市工资水平最高，辽源市工资增长最快

在全省9个市、州中，长春市、吉林市和松原市的工资超过全省平均水平，其他6个市州的工资低于全省平均水平。工资水平最高的是长春市为30448元，其次是吉林市29299元，松原市28814元，白山市23958，辽源市22019，延边州21634元，通化市21589元，四平市19968元，工资水平最低的是白城市17948元。从工资增长情况看，辽源市工资增长最快，增幅为17.2%，其次为白山市17.0%，通化市15.9%，长春市12.9%，延边州11.8%，白城市11.2%，四平市9.5%，吉林市8.1%，松原市工资增幅最低，为6.3%。（见表5）

（六）城区与县域工资差异显著

由于城区与县域所处的地理位置，经济发展状况、人文环境等方面存在诸多差

异，城区和县域的工资水平有很大差距。高端产业、中省直大中型企业多集中在城区，县市的小型企业效益明显低于大中型企业，县市的机关事业单位工资也明显低于处于城区的省直、市直单位。2009年吉林省城区的职工平均工资水平为30279元，县域的职工平均工资仅为19535元，两者相差10744元，前者是后者的1.54倍。县域职工人数占全省的36.0%，这一低工资群体对全省工资的增长具有很大影响。

表5　2009年吉林省各市州工资及增长情况

单位：元，%

| | 工资水平 | 增幅 | 增幅比上年增减 |
|---|---|---|---|
| 全　省 | 26230 | 11.7 | −2.8 |
| 长春市 | 30448 | 12.9 | 1.4 |
| 吉林市 | 29299 | 8.1 | −9.6 |
| 四平市 | 19968 | 9.5 | −8.2 |
| 辽源市 | 22019 | 17.2 | 8.5 |
| 通化市 | 21589 | 15.9 | 8.4 |
| 白山市 | 23958 | 17.0 | −5.0 |
| 松原市 | 28814 | 6.3 | −11.7 |
| 白城市 | 17948 | 11.2 | −4.8 |
| 延边州 | 21634 | 11.8 | −5.0 |

## 三、我省工资位次下滑的原因分析

### （一）与我省工资水平接近的省份工资增速加快

2007年我省职工工资水平居全国第25位，高于云南、河北、湖北、黑龙江、海南和江西6省，与这些省份的工资差距在1000～2000元左右。2008年河北、云南两省工资快速增长，增幅分别达到24.3%和17.3%，年平均工资分别增加4838元和3543元，增量是我省的1.6倍和1.2倍，工资水平超过我省，位次前移到22位和25位，我省由25位下滑到27位；2009年湖北和黑龙江的工资增幅分别达到19.3%和15.1%，年平均工资分别增加4389元和3480元，增量是我省的1.6倍和1.2倍，工资水平超过我省，前移至26位和28位，我省位次由27位下滑到29位。而我省2008年、2009年工资增幅仅为14.5%和11.7%，明显低于这些省份，因此职工工资在全国的位次连续两年下滑。（见表6）

### （二）我省主要产业和行业工资增速持续走低

2009年，我省第二产业4个行业中，采矿业、制造业、电力燃气及水的生产和供应业等3个行业工资增幅出现不同程度的回落，下降幅度分别是9.4%、5.5%和10.2%，制造业连续两年工资增幅回落；第三产业中交通运输仓储和邮政业、住宿和餐饮业、租赁和商务服务业等行业工资增幅出现不同程度的回落，下降幅度分别为8.1%、17.6%和4.9%，对全省职工工资增长造成很大影响。

表6　2007—2009年与我省工资水平接近省份工资增长情况

单位：元，%

| | 07年位次 | 08年增加额度 | 08年增幅 | 08年位次 | 09年增加额度 | 09年增幅 | 09年位次 |
|---|---|---|---|---|---|---|---|
| 云　南 | 26 | 3543 | 17.3 | 25 | 2956 | 12.3 | 25 |
| 河　北 | 27 | 4838 | 24.3 | 22 | 3614 | 14.6 | 19 |
| 湖　北 | 28 | 2913 | 14.7 | 29 | 4389 | 19.3 | 26 |
| 黑龙江 | 29 | 3664 | 18.9 | 28 | 3480 | 15.1 | 28 |
| 海　南 | 30 | 2516 | 13.0 | 30 | 3061 | 14.0 | 30 |
| 江　西 | 31 | 2594 | 14.1 | 31 | 3696 | 17.6 | 31 |
| **吉　林** | **25** | **2973** | **14.5** | **27** | **2748** | **11.7** | **29** |

## 四、几点建议

工资是劳动者贡献的价值体现，是居民收入的重要组成部分。我省工资水平相对较低且增长缓慢，在全国处于落后位置且位次持续下滑，对劳动者创造力发挥、企业竞争力增强和地区经济发展都将带来不利影响。加快我省职工工资增长势在必行。

（一）大力发展二、三产业，增强经济实力，进一步提高企业的整体效益和地方财政收入，为职工工资快速增长提供坚实的基础。

（二）完善企业工资指导线制度，使各类企业按照工资指导线，结合自身生产经营和经济效益等实际情况，参考当地劳动力市场工资指导价位、人工成本信息等因素，确定工资增加幅度，让普通劳动者充分享有经济增长的成果。

（三）建立以劳资双方平等协商为基础的职工工资共决机制，由工会、职代会与企业协商共同确定工资水平，提高普通职工在收入分配和工资改革等方面的“话语权”，确保广大职工特别是一些工人的基本权利。

（四）努力提高低收入群体的工资水平是提高职工工资整体水平的有效途径。低收入群体工资的提高还有利于缩小收入差距，促进社会和谐发展。

（五）适度提高机关事业单位工资，有利于完善政府社会管理和公共服务职能，促进政府提供高效优质服务。（见表7）

**表7　2009年全国31个省、市、自治区工资及增长情况**

单位：元，%

| 位次 | | 在岗职工平均工资 | 增速 | 增速位次 |
|---|---|---|---|---|
| | 全国 | 32736 | 12.0 | |
| 1 | 上　海 | 63549 | 12.3 | 16 |
| 2 | 北　京 | 58140 | 3.2 | 30 |
| 3 | 西　藏 | 48750 | 3.1 | 31 |
| 4 | 天　津 | 44992 | 7.8 | 29 |
| 5 | 浙　江 | 37395 | 9.5 | 27 |
| 6 | 广　东 | 36355 | 9.8 | 25 |
| 7 | 江　苏 | 35890 | 13.3 | 11 |
| 8 | 宁　夏 | 34082 | 10.9 | 21 |
| 9 | 青　海 | 33561 | 8.3 | 28 |
| 10 | 辽　宁 | 31104 | 12.2 | 18 |
| 11 | 重　庆 | 30965 | 14.8 | 6 |
| 12 | 内蒙古 | 30699 | 17.6 | 2 |
| 13 | 陕　西 | 30185 | 16.4 | 4 |
| 14 | 山　东 | 29688 | 12.4 | 14 |
| 15 | 安　徽 | 29658 | 12.5 | 13 |
| 16 | 福　建 | 28666 | 11.5 | 20 |
| 17 | 四　川 | 28563 | 14.1 | 9 |
| 18 | 山　西 | 28469 | 10.2 | 23 |
| 19 | 河　北 | 28383 | 14.6 | 8 |
| 20 | 广　西 | 28302 | 10.3 | 22 |
| 21 | 贵　州 | 28245 | 14.8 | 7 |
| 22 | 新　疆 | 27753 | 12.4 | 15 |
| 23 | 河　南 | 27357 | 10.2 | 24 |
| 24 | 湖　南 | 27284 | 9.7 | 26 |
| 25 | 甘　肃 | 27177 | 13.2 | 12 |
| 26 | 湖　北 | 27127 | 19.3 | 1 |
| 27 | 云　南 | 26992 | 12.3 | 17 |
| 28 | 黑龙江 | 26535 | 15.1 | 5 |
| 29 | 吉　林 | 26230 | 11.7 | 19 |
| 30 | 海　南 | 24934 | 14.0 | 10 |
| 31 | 江　西 | 24696 | 17.6 | 3 |

# 一季度全省社会消费品零售总额增速放缓

陈　刚

**编者按：《一季度全省社会消费品零售总额增速放缓》一文于2010年4月27日以《统计分析》第12期（总第572期）印发。**

一季度全省消费品市场继续保持了健康稳定发展的良好势头，实现社会消费品零售总额762.78亿元，同比增长17.9%。虽然全省消费总量保持了较快的增长速度，但是增长势头有所回落，与上年同期相比，增速下降了0.2个百分点；增幅在全国各省市区中排第22位，较上年同期下降5位。扣除物价因素我省社会消费品零售总额实际增幅仅为13.6%，比上年同期下降了5.7个百分点。在全国乃至全球经济形势回暖，零售物价回升及国家刺激消费的宏观政策明显见效的大背景下，我省消费品市场的发展出现了增速放缓的局面，使得我们不容忽视一个现实的问题，即到年末全省完成既定的社会消费品零售总额增长17%的目标面临较大的挑战。

## 一、消费品市场增速回落的主要因素

### （一）零售额统计方法制度改革对增速产生了较大影响

从2010年起，国家统计局正式实施贸易统计方法制度改革，此次改革的思路是抓大放小，将达到限额标准的大个体户纳入到全面报表统计范围内。今年以来国家统计局重点是对限额以下零售额的增幅加强了控制，要求各省区限额以下企业及个体户零售额增幅不得超过10%。我省一季度限下零售额增幅同比增长15.9%，在全国的排名已经靠前，但是仍然低于上年同期增幅6.8个百分点。限额以下零售额增幅的明显回落直接影响了我省今年零售额的增幅。

### （二）限额以上企业（单位）个数少、比重小、增幅低

限额以上企业（单位）(批发业、零售业、住宿业、餐饮业限额标准分别为主营业务收入2000万元、500万元、200万元、200万元及以上)作为消费品市场的中坚力量，直接影响着社会消费品市场的发展。而我省限额以上企业（单位）无论是从规模上还是从数量上看，都落后于全国平均水平和邻省辽宁省及黑龙江省的水平，也

落后于中部的山西、陕西省的水平，更落后于南方发达省份。（见表1）

表1　一季度我省限额以上批发零售、住宿餐饮业与全国及部分省对照表

| 地区 | 限额以上企业（单位）个数（个） | 个数占全国的比重（%） | 限额以上企业（单位）社会消费品零售总额 | | 限额以上企业（单位）社会消费品零售总额占全部零售额比重（%） |
|---|---|---|---|---|---|
| | | | 绝对值（亿元） | 增幅（%） | |
| 全　　国 | 150000 | 100 | 100 | 28.0 | 40.0 |
| 吉　　林 | 1446 | 1.0 | 1.0 | 23.9 | 26.2 |
| 辽　　宁 | 6577 | 4.4 | 4.4 | 21.0 | 32.0 |
| 黑 龙 江 | 2060 | 1.4 | 1.4 | 27.9 | 25.0 |
| 山　　西 | 2288 | 1.5 | 1.5 | 26.8 | 31.7 |
| 陕　　西 | 2300 | 1.5 | 1.5 | 29.2 | 41.6 |
| 广　　东 | 15000 | 10.0 | 10.0 | 26.6 | 35.3 |
| 浙　　江 | 12229 | 8.2 | 8.2 | 31.8 | 45.5 |

1．**我省限额以上企业（单位）数量较少**。2010年我省限额以上企业（单位）仅有1446户，而全国限额以上企业（单位）约为15万户，我省限额以上企业（单位）的个数所占全国的比重不到1%，而我省社会消费品零售总额约占全国零售总额的2.1%。在南方发达省份，限额以上企业（单位）的个数已经达到几万家，邻省辽宁限额以上企业（单位）个数达到6000多户，黑龙江也已达到2000户以上。这说明我省第三产业发展相对落后，经济发展水平较低，企业规模小，发展缓慢，企业的竞争力及扩张辐射能力弱。

2．**我省限额以上企业（单位）零售额占全社会零售额的比重较低**。一季度我省限额以上企业（单位）实现零售额199.76亿元，占全部社会消费品零售总额的26.2%，而全国限额以上企业（单位）零售额占全部社会消费品零售总额的比重已达到了40%左右，我省低于全国平均水平约14个百分点。南方发达省份限额以上企业（单位）的零售额占全部零售额的比重已经接近50%，上海的比重已经超过80%，辽宁省的比重也已经达到32.0%，我省仅略高于黑龙江省。

3．**我省限额以上企业（单位）的零售额增速较低**。一季度我省限额以上企业（单位）零售额同比增长23.9%，虽然保持了较快的增长速度，但是和全国平均

水平及兄弟省市相比仍然有较大的差距。一季度全国限上企业（单位）零售额同比增长达到28%以上，比我省的增幅高出约4个百分点。邻省黑龙江限额以上企业（单位）零售额增速也达到27.9%。

（三）收入水平低制约了我省消费品市场的发展

收入是消费的基础。近年来，虽然我省收入水平有了较大幅度的提高，但是和全国水平和其他省市相比，仍然有不小的差距。而收入水平是影响消费品市场发展的重要因素。2009年我省城镇居民人均可支配收入为14006.27元，排在全国第22位，同比增长9.2%，排在全国第11位；农民居民人均纯收入为5266元，排在全国第10位，同比增长6.8%，排在全国28位；在岗职工平均工资26230元，比全国平均水平低6506元，排在全国第29位，同比增长11.7%，排在全国第19位。一季度我省城镇居民人均可支配收入为3848.57元，同比增长9.9%；而农村居民现金收入仅为2432.46元，同比下降了0.1%；一季度我省在岗职工平均工资增幅在全国也仅为20位。较低的收入水平和较慢的增长速度制约了我省消费品市场的快速发展。（见表2）

表2　2009年各省城镇居民人均可支配收入及在岗职工平均工资比照表

| 地区 | 城镇居民可支配收入 | | | | 在岗职工平均工资 | | | |
|---|---|---|---|---|---|---|---|---|
| | 绝对值（元） | 位次 | 增幅（%） | 位次 | 绝对值（元） | 位次 | 增幅（%） | 位次 |
| 全国 | 17174.65 | — | 8.8 | — | 32736 | — | 12 | — |
| 吉林 | 14006.27 | 22 | 9.2 | 11 | 26230 | 29 | 11.7 | 19 |
| 辽宁 | 15761.38 | 10 | 9.5 | 6 | 31104 | 10 | 12.2 | 18 |
| 黑龙江 | 12565.98 | 29 | 8.5 | 23 | 26535 | 28 | 15.1 | 5 |
| 山西 | 13996.55 | 23 | 6.7 | 31 | 28469 | 18 | 10.2 | 23 |
| 陕西 | 14128.76 | 18 | 9.9 | 3 | 30185 | 13 | 16.4 | 4 |
| 浙江 | 24610.81 | 3 | 8.3 | 27 | 37395 | 5 | 9.5 | 27 |
| 广东 | 21574.72 | 4 | 9.3 | 10 | 36355 | 6 | 9.8 | 25 |

（四）农村市场增速回落，后劲不足

上年由于国家采取了一系列促进农村市场活跃的政策，如家电下乡、汽车下乡、家电以旧换新等，使得农村市场比较活跃，增幅也一度高于城镇。但是今年以来，这种趋势没有延续。一季度全省乡村实现社会消费品零售总额95.20亿元，同比增长15.4%，低于城镇2.8个百分点，也低于全省平均水平2.5个百分点。这说明，农村居民的购买力有限，加之今年冬天寒冷，生产投入加大，也一定程度上影响了农民的消费能力。

## 二、加快消费品市场发展的对策与建议

### （一）出台政策扶持我省大中型批发零售、住宿餐饮业企业加快发展

大中型批发零售、住宿餐饮业企业是我省消费品市场的中坚力量，也是拉动消费品市场快速增长的主要力量，但是我省现在大中型商贸流通企业数量少，规模小，整体实力还不够强。虽然国家采取了很多扶持商贸流通企业的相应措施，但是我省目前还没有出台比较有力的符合我省实际的政策，也无相应的投入和大块资金的扶持。建议省政府拿出一部分财政资金，对大型商贸流通企业进行扶持和奖励，鼓励这些企业做大做强，并加大金融支持力度，解决资金瓶颈问题，提高企业竞争力，扶持和促进大型商贸企业加快发展。

### （二）增加城乡居民收入，提高居民消费能力

提高城乡居民收入，是扩大内需、增加消费的最直接、最有效的办法。要通过调控措施不断增加城乡居民收入，特别是提高城乡弱势群体和农民的收入，以有效增强城乡居民的即期消费能力，保持内需对消费品市场的持续拉动力。

### （三）积极培育新型消费模式，增加居民即期消费

要积极培育新型消费模式，鼓励金融机构与商业企业合作，加大对住房、汽车及耐用消费品的信贷扶持力度，扶持一汽集团尽快建立汽车金融公司，采用政府贴息等方式鼓励信贷消费，特别是拓宽对省内制造的消费产品的销售渠道。

# 一季度吉林省经济运行情况分析

潘豫　陈雪

**编者按：《一季度吉林省经济运行情况分析》一文，于2010年4月28日以《统计分析》第13期（总第573期）印发。**

今年一季度，全省经济保持了较快的增长，各项核心经济指标显现出强劲的增长势头，为全年的发展打下了良好的基础。

## 一、全省经济运行的基本特点

### (一) 总体经济向好

**1．经济总量保持平稳快速增长**

经过初步核算并经国家统计局核定，一季度全省完成地区生产总值1443.59亿元，按可比价格计算，同比增长18.9%，增幅高于当期全国增长水平7.0个百分点。其中第一产业增加值79.25亿元，增长3.5%；第二产业增加值830.86亿元，增长27.2%，增幅高于当期全国增长水平12.7个百分点；第三产业增加值533.48亿元，增长10.6%。第二产业增加值的高速增长，带动了一季度全省经济总量的大幅提升。

**2．工业经济实现快速增长，效益水平大幅提高**

初步统计，一季度全省规模以上工业企业累计实现增加值841.96亿元，按可比价格计算，比上年同期增长29.7%。其中,三月份增加值同比增长24.2%。工业经济总体呈现快速增长的势头。

从工业经济的内部结构特征来看：一是多种经济类型企业生产保持较快增长。全省国有企业实现增加值同比增长48.2%；股份制企业增长23.6%；股份合作企业增长36.4%；外商及港澳台商投资企业增长32.7%，其他经济类型企业增长42.8%。二是重工业引领全省工业经济快速增长。一季度全省轻工企业累计实现增加值同比增长19.3%；重工企业增长34.2%，重工业增速快于轻工业14.9个百分点。三是中央企业实现快速增长，一季度中央企业累计实现增加值271.85亿元，增长39.7%，比全省规上工业增速快10个百分点；中央企业占全省规上工业增加值的比重达到32.3%，比上年同期提高2.9个百分点。

3．投资规模继续扩大

初步统计，一季度全省累计完成城镇以上固定资产投资220.69亿元，比上年同期增长25.9%。

从完成投资的构成要素来看：一是投资的主体仍在工业。一季度全省城镇以上固定资产投资中累计完成工业项目投资178.27亿元，同比增长31.0%，比全部城镇投资增速快5.1个百分点，占全省城镇以上固定资产投资总额的80.8%，其主体地位显而易见。二是地方项目依然是拉动全省投资快速增长的主导力量。一季度全省累计完成城镇以上地方项目投资180.35亿元，同比增长31.5%，高于全省投资增速5.6个百分点，所占比重由上年同期的78.2%扩大到81.7%，提升了3.5个百分点。三是民间投资的作用更加突出。一季度全省累计完成民间投资147亿元，同比增长33%，高于全省投资增速7.1个百分点，占全省投资中的比重达到66.9%，比上年同期提高了10.6个百分点。

4．消费市场繁荣活跃

初步统计，一季度在扩大内需和刺激消费重大战略的促动下，全省累计实现社会消费品零售总额762.78亿元，比上年同期增长17.9%。

从社会消费品销售的不同区域来看，一季度全省城镇累计实现社会消费品零售额667.59亿元，增长18.2%；乡村实现零售额95.20亿元，同比增长15.4%。

从构成社会消费品零售总额的不同行业来看，一季度全省批发零售贸易业实现社会消费品零售额698.43亿元，同比增长17.5%；住宿和餐饮业实现社会消费品零售额64.35亿元，增长22.1%。

从商品类别来看，一季度全省事关民生的重点商品销售额增长较快。粮油类零售额同比增长36.6%；蔬菜类零售额同比增长32.6%，服装类零售额增长48.0%；体育、娱乐用品类零售额增长56.7%；煤炭及制品类增长1.83倍；汽车类增长30.8%。

5．进出口实现快速增长

随着全国经济形势的回暖，我省对外经济形势也呈现出强劲的回升势头，进出和出口均有大幅度的增长。一季度全省累计完成进出口总值37.01亿美元，比上年同期增长69.5%，其中，累计完成进口总值28.53亿美元，同比增长78.0%; 累计完成出口总值8.48亿美元，同比增长46.3%。

一季度，全省实际利用外资7.40亿美元，同比增长11.2%；其中外商直接投资2.68亿美元，同比增长6.1%。

（二）经济质量显著提高

1．工业经济效益水平大幅提高

在全省工业经济的快速发展中，企业效益得到大幅提高。一季度，全省规模以上工业经济效益综合指数达到281.48%，同比提高65.1个百分点；亏损企业821户，户数下降11.1%；企业亏损面为13.92%，下降4.62个百分点；累计实现净利润173.86亿，增长3.6倍；实现利税总额315.35亿元，增长1.1倍。

**2．税收收入带动财政收入大幅增长**

初步统计，一季度全省累计实现地方级财政收入142.37亿元，同比增长42.0%，比上年同期增速提高31.4个百分点，增速呈现明显加快之势。其中，累计完成各项税收收入111.25亿元，同比增长52.5%；完成非税收入31.12亿元，同比增长14.1%。是税收收入的大幅增加带动了全省财政收入的大幅增长。

初步统计，一季度全省财政支出284.16亿元，同比增长5.7%。一般公共服务支出35.55亿元，同比增长28.5%。而属于民生性的支出有所回落，教育支出38.85亿元，同比下降2.7%；社会保障和就业支出41.75亿元，下降1.6%；环境保护支出3.85亿元，下降1.9%；交通运输支出6.21亿元，下降19.4%。

**3．金融运行平稳**

初步统计，一季度末全省金融机构本外币存款余额8910.59亿元，比年初增加504.97亿元；金融机构本外币贷款余额6725.76亿元，比年初增加425.34亿元。金融机构存贷比为75.5%，比年初提高0.5个百分点。

**4．就业情况向好，城镇从业人员劳动报酬稳定增长**

初步统计，一季度吉林省城镇单位从业人员为264.2万人，同比增加4.6万人，增长1.8%。从经济类型单位看，国有单位163.3万人，同比减少2.3万人，降低1.4%；城镇集体单位13.4万人，同比减少1.0万人，降低7.0%；其他经济类型单位79.5万人，同比增加7.9万人，增长10.0%。随着企业离岗人员并轨工作的不断推进，全省离岗职工人数进一步减少。一季度，离开本单位仍保留劳动关系的职工人数为27.8万人，同比减少4.0万人，降低12.6%。

一季度，全省全部城镇单位（不含私营和个体单位）累计发放从业人员劳动报酬176.5亿元，同比增加23.5亿元，增长15.4%。其中国有单位112.5亿元，同比增加10.7亿元，增长10.5%；城镇集体单位5.4亿元，同比增加0.5亿元，增长10.2%；其他经济单位58.7亿元，同比增加12.4亿元，增长26.8%。由于其他经济类型单位人数增长较快，劳动报酬总额增长较快。

**5．社会服务部门稳定运行**

一是交通运力实现大幅增长。今年一季度全省公路累计完成货物运输量6826万吨，比上年同期增加1683万吨，增长32.7%，增幅比1—2月份提高5.2个百分点；完成货物周转量136.51亿吨公里，同比增加17.26亿吨公里，增长14.5%，增幅比1—2月份提高4.2个百分点。

二是邮电通讯业务量大幅增加。一季度全省邮电业务总量达到147.87亿元，比上年同期增长24.3%，增幅同比提高13.2个百分点。一季度末，全省互联网接入用户251.0万户，同比增长26.4%，增幅同比提高45.8个百分点；其中，宽带接入用户242.5万户，增长29.2%，增幅提高14.5%；全省移动电话用户1635.5万户，增长13.4%，增幅同比提高6.3个百分点。较上年均有较大幅度增长。

三是全社会用电量保持两位数稳定增长。一季度全省累计用电量为142.81亿千瓦时，比上年同期增加17.72亿千瓦时，同比增长14.2%。其中：3月份用电48.64亿千瓦时，增长15.8%。

工业用电量增长趋势良好，用电量为97.34亿千瓦时，比上年同期增加13.80亿千瓦时，同比增长16.5%。从高耗能行业看，石油加工、炼焦及核燃料加工业用电1.54亿千瓦时，同比下降18.3%，占全社会用电量比重1.1%；化学原料及化学制品制造业用电9.07亿千瓦时，同比增长31.9%，比重为6.4%；非金属矿物制品业用电7.63亿千瓦时，同比增长8.7%，比重为5.3%；黑色金属冶炼及压延加工业用电14.23亿千瓦时，增长18.0%，比重为10%；有色金属冶炼及压延加工业用电0.71亿千瓦时，同比下降52.1%，比重为0.5%；电力、热力的生产和供应业用电29.83亿千瓦时，同比增长16.2%，比重为20.9%。

城乡居民生活用电量增长趋势回暖，用电量为243247万千瓦时，比上年同期增加15949万千瓦时，同比增长7.0%。

## 二、当前经济运行中需要注意的问题

一季度，从主要经济指标完成情况看，我省经济总体上保持了较快增长的发展态势，但是经济运行中也存在一些问题需要引起广泛关注。

### (一）民营工业贡献下降

从各种经济类型工业企业的生产情况来看，我省国有工业保持了良好的发展趋势，但是民营工业增长速度明显放缓，贡献大幅下降。一季度，我省民营工业实现增加值367亿元，同比增长27.3%，增速比上年同期回落了5.8个百分点，民营工业对全省工业的增长的贡献率由上年同期的115.8%下降为41.2%，下降了74.6个百分点。民营工业发展放缓为我省工业进一步结构调整增加了压力。

### (二）工业企业举债增多，企业经营风险有所提高

工业经济在金融危机后率先开始复苏，拉动了全省经济缓慢回暖，呈现出生产效益同步大幅提高的良好发展态势，但是企业财务报表资料显示，一季度我省工业企业负债总计4596.41亿元，同比提高17.9%，资产负债率为54.5%，同比提高了1.2

个百分点，企业资本保值增值率112.3%，同比下降了20.8个百分点，表明一季度我省工业企业的资本运营效果下降，企业的经营风险有所提高，需要在今后的生产经营过程中加以关注。

（三）消费增长速度放缓，内需拉动后劲不足

一季度，全省社会消费品零售总额762.78亿元，同比增长17.9%，增速比2月末和上年同期均回落了0.2个百分点，增幅在全国各省市区中排第22位，位次比同期后移5位；若扣除物价上涨因素，我省社会消费品零售总额实际增幅仅为13.6%，比上年同期回落了5.7个百分点。其中限额以上同比增长23.9%，限额以下及个体同比增长15.9%。一季度城镇居民人均消费性支出增幅仅为3.7%，可见居民消费愿望不强，内需不足，拉动我省经济增长的后劲仍需加强。

(四）高耗能企业生产加快，全省节能降耗目标面临压力

随着全省经济的回暖，我省高耗能行业生产也呈现出加速增长的态势，一季度，我省6大高耗能行业共完成工业增加值187.17亿元，按可比价格计算，比上年同期增长21.1%，增速高于上年同期15.4个百分点；高耗能行业生产的恢复固然对全省经济产生一定的拉动，但能源消耗量也随之大幅提高，一季度，6大高耗能行业综合能源消费量为912.04万吨，比上年同期增长18.1%，增速高于上年同期18.2个百分点，高于全省平均水平0.3个百分点。

# 当前我省经济运行中值得关注的几个问题

程淑云

**编者按：《当前我省经济运行中值得关注的几个问题》一文于2010年4月28日以《统计参考》2010年第3期（总第18期）印发。5月4日，省委书记孙政才对该文做出批示："儒林同志：建议要建立一个制度，要强化经济形势分析。省政府常务会每季研究分析全省经济形势，省委常委会每半年听取一次全省经济形势汇报。请房俐同志阅。"**

在省委、省政府的正确领导下，今年一季度，全省经济运行呈现出较快的增长态势，各项核心经济指标显现出强劲的增长势头，为实现全省经济工作会议确定的全年经济发展目标打下了良好的基础。

一季度全省完成地区生产总值1443.59亿元，按可比价格计算，同比增长18.9%，增幅高于当期全国增长水平7.0个百分点。全省规模以上工业累计实现增加值841.96亿元，按可比价格计算，同比增长29.7%，增幅高于全国增长水平10.1个百分点。全省累计完成城镇以上固定资产投资220.69亿元，同比增长25.9%。全省累计实现社会消费品零售总额762.78亿元，比上年同期增长17.9%。

但是一些重要的统计数据监测指标表明，当前我省经济发展中一些问题仍值得关注。

## 一、第三产业增加值与上年相比，位次后移增速放缓

一季度，全省实现第三产业增加值533.48亿元，增长10.6%，增幅虽比上年同期加快2.1个百分点，但是比GDP增速慢8.3个百分点，比第二产业增加值增速慢16.6个百分点；而且我省第三产业增加值居全国各省市区的位次，已经由2009年的第21位，下降到今年一季度的第24位;其增速比2009年慢2.1个百分点，增速位次也由2009年的全国第9位滑落到今年一季度的第16位。

一季度，我省第三产业增加值占GDP的比重为37.0%，同比下降4.3个百分点，比2009年下降0.9个百分点。作为单季生产的粮食大省，其一产业占GDP的比重将是逐季走高，因此二、三产业哪个增速慢，回落的份额就相对大，据此判断全年我省

第三产业比重有继续下降的可能。

从第三产业内部行业看，增加值比重占78.9%的行业增速低于第三产业平均10.6%的增速；86.2%的行业增速低于GDP及工业增加值的平均增长。

## 二、工业行业发展不够均衡，民营工业贡献下降

一季度，全省规模以上工业企业增加值比上年同期增长29.7%。工业经济的高速增长主要是交通运输设备制造业的高速增长所带动。一季度，全省交通运输设备制造业实现增加值226.74亿元，同比增长58.5%，对全省工业增长的贡献率为44.1%，拉动全省工业增长14.0个百分点。而医药制造业同比增长25.9%；冶金行业同比增长18.1%；食品行业同比增长13.9%；能源行业同比增长15.6%；石油化工行业同比增长5.0%，这些行业的增速均低于全省平均水平，表现出工业行业发展的不够均衡性。

一季度，我省国有工业保持了良好的发展趋势，全省规模以上国有控股工业企业实现增加值368.98亿元，同比增长36.1%，其中，纯国有企业实现增加值96.51亿元，同比增长48.2%。但是民营工业增长速度明显放缓，贡献大幅下降。一季度，全省民营工业实现增加值367亿元，同比增长27.3%，不但大大低于国有工业增长速度，而且低于全省工业的平均增长速度2.4个百分点，增速比上年同期回落了5.8个百分点，民营工业对全省工业的增长的贡献率由上年同期的115.8%下降为41.2%，下降了74.6个百分点。我省民营企业竞争能力未升反降的问题应该引起高度的重视。工业经济行业发展的不均衡和民营工业发展放缓的现实，为我省工业结构调整提出了严峻的课题。

## 三、社会消费品零售总额增速放缓

一季度全省实现社会消费品零售总额762.78亿元，同比增长17.9%，与上年同期相比，增速下降了0.2个百分点，居全国第22位，较上年同期下降5位；扣除物价因素我省社会消费品零售总额实际增幅仅为13.6%，比上年同期下降了5.7个百分点。

我省消费品市场增速回落的直接原因是限额以下企业零售额增幅同比下降所致。由于我省限额以下企业比重大，一季度，全省限额以下企业零售额增长15.9%，高于全国平均水平，但是由于增幅低于上年同期6.8个百分点，直接影响了全省一季度零售额的增幅。限额以上企业是消费品市场的主导力量，对社会消费品市场的发展举足轻重。我省限额以上企业个数少、比重小、增幅低的问题表现得非常突出，从中折射出我省居民整体消费水平层次不高，消费需求相对不足的问题。一季度我省限额以上企业实现零售额199.76亿元，占社会消费品零售总额的26.2%，而全国

的比重已达到40%左右，我省低于全国平均水平约14个百分点。一季度我省限额以上企业零售额同比增长23.9%，比全国平均水平低4个百分点。这种局面如果延缓下去，全省经济工作会议提出的全年社会消费品零售总额实现17%的增长目标将面临较大挑战。

## 四、农民人均现金收入出现负增长

一季度我省农民人均现金收入为2432.46元，比上年减少1.27元，增幅由上年同期的17.1%下降为－0.1%，低于全国平均水平9.3个百分点。农民人均现金收入下降的主要原因一是由于今年新粮上市价格较高，使农民对粮食价格产生较高的期望预期，惜售心理严重，很多农民目前都在观望等待，较多的存粮未能折现；二是畜牧产品价格走低的影响较重。农民人均现金收入的减少，导致一季度农民生活消费支出只增长1.3%，同比下降7.2个百分点。

# 一季度投资运行情况分析

刘燕江

**编者按：《一季度投资运行情况分析》一文于2010年4月29日以《统计分析》第14期，总第（574）期印发。5月21日，省委书记孙政才批示："儒林、延风同志：今年新开工项目增长回落及房地产开发投资增长乏力，务请高度重视。建议一要切实加大招商引资力度；二要做好银企、银地对接，尽最大努力为银行等金融机构提呈符合贷款标准和国家社会发展方向的项目；三是已开工的项目、尚未开工或进展缓慢的，可由各副省长带队，有关部门参加，深入各地促进项目开工和加快进度，确保项目落地。请酌研。"**

今年以来，吉林省上下围绕全省"投资拉动、项目带动、创新驱动"战略，采取积极有效措施，在全力推进重点项目建设的同时，加快调整投资结构，转变投资增长方式，促进了投资总量持续增长，投资结构呈现积极变化。但也存在着新开工项目增长乏力、国家近期连续出台的楼市新政将给房地产开发带来一定冲击、信贷资金趋紧等问题，将影响投资的持续快速增长。

## 一、一季度投资运行的主要特点

### （一）固定资产投资持续较快增长。

一季度，城镇固定资产投资220.69 亿元，增长25.9%，增幅比上年同期回落8.9个百分点。但比1—2月加快2.1个百分点，主要是进入三月份随着东北气温转暖，施工量大幅增加。

### （二）第二产业投资领先增长，第一产业和部分第三产业投资下降。

一季度，在城镇投资中，第二产业投资完成180.08亿元，比去年同期增长31.2%。主要是工业投资力度继续加大，技术改造投资增加较多。一季度全省工业投资完成178.27 亿元，同比增长31.0%。其中，以汽车为主的交通运输制造业投资同比增长69.5%。受去冬以来全省实施送暖工程和季节性施工影响，电力、热力的生产和供应业投资增长56.6%，都远高于同期全省城镇投资增幅。

在工业投资中，重点突出转变增长方式，技术改造投资继续快速增长，完成68.40亿元，同比增长37.5%。

第一产业投资完成1.48亿元，比去年同期下降36.8%，在城镇投资中所占比重比去年同期降低了0.3个百分点。第三产业完成39.13亿元，比去年增长9.4%。其中的交通运输、仓储和邮政业；信息传输、计算机服务和软件业；科学研究、技术服务和地质勘查业；文化、体育和娱乐业；公共管理和社会组织等行业投资分别下降19.5%，65.1%，56.2%，37.9%，29.1%和5.7%。

（三）民间投资的作用突出。

从投资主体看，1—3月全省城镇投资中，民间投资159.6亿元，同比增长29.6%，高于城镇投资增速3.7个百分点，支撑全省投资持续高速增长。国有投资由于中央扩大内需政策相对减弱影响，1—3月完成61.1亿元，同比增长24.1%，增速低于城镇投资1.8个百分点。

（四）施工项目增加较多，重点项目进度加快。

1-3月，全省施工项目794个，比上年同期增加127个，增长19%。重点项目建设进度加快。全省计划总投资超亿元以上施工项目172个，比上年同期增加36个；完成投资134.33亿元，占城镇投资的60.9%；同比增长42.7%。

（五）房地产开发投资增幅大幅回落，结构继续改善。

一季度，全省房地产开发完成投资3.21亿元，比去年同期增长0.9%，增幅比同期城镇投资低25个百分点。从趋势上看，一季度房地产开发投资呈现回落的态势，且回落幅度大。一季度房地产开发投资增幅比上年四季度回落17.1个百分点。

分结构看，一季度，全省商品住宅开发投资2.67亿元，同比增长31.1%，占全部房地产开发投资的83.2%，比重比去年同期提高20.6个百分点。其中，90平方米以下商品住宅完成投资1.19亿元，同比增长25.3%，占商品住宅投资的比重为44.6%，比去年同期提高了1.1个百分点。

## 二、一季度投资运行中的主要问题

（一）土地信贷两道闸门收紧，将制约投资的持续快速增长。

今年一季度，投资资金来源中的国内贷款只到位11.5亿元，增速下降54.9%，且与投资增长的反差明显。同样情况也反映在征用和购置土地情况，一季度，城镇固定资产投资规划用地面积2596.34万平方米，本年实际征用和购置土地面积207.48万平方米，本年实际征用和购置土地成交价款4.67亿元，分别比去年同期下降11.3%、78.8%和 19.8%。

（二）少数“两高”行业投资增长仍旧较快。

1－2月，随着全省限上制造业投资增长的不断回升，部分“两高”行业增幅回升更加明显，如石油加工、炼焦及核燃料加工业；非金属矿物制品业；黑色金属冶炼及压延加工业以及电力、热力的生产和供应业分别增长1倍、87.5%、9.7倍和56.6%。“两高”行业的大幅增长将对我省节能减排带来较大的压力，也对我省经济结构调整造成了一定的困难。高耗能行业投资中一部分是高耗能行业进行技术和产品升级、环境保护方面的投资，这些投资对于降低资源和能源的消耗、改善环境具有积极意义。

（三）新开工项目计划总投资增长乏力。

一季度本年新开工项目计划总投资为336.53亿元，同比仅增长6.4%，本年新开工项目也仅增8.9%。投资项目的储备不足可能会影响今年的投资增长，加之近期房地产市场观望气氛浓厚，商品房销售低迷，房地产开发投资增长乏力苗头初显。

# 一季度全省对外贸易形势简况

王晓辉

**编者按：《一季度全省对外贸易形势简况》一文于2010年4月30日以《统计分析》第15期（总第575期）印发。**

一季度，我省对外贸易随着世界经济整体逐步回暖，在上年同期基数较低的基础上开局良好，进出口贸易出现大幅增长。全省累计完成进出口总值37.01亿美元，同比增长69.5%。其中，出口完成8.48亿美元，增长46.3%；进口完成28.53亿美元，增长78.0%。进出口总值、出口值及进口值增幅分别高出全国25.4个、17.6个和13.4个百分点。

## 一、出口贸易特点

### （一）总量位次稳定，增幅高，位次跨越式前移

一季度，出口总值完成8.48亿美元，在全国各省区市排名中位居第24位，与上年同期的位次相同。出口总值同比增长46.3%，由上年同期的第28位，跃升到第9位。从全国排名看，出口增幅有21个省区市高于全国28.7%的水平。

### （二）出口主要集中在劳动密集型、资源性商品及农产品

一季度，在出口总值超过一千万美元的12种主要商品中有9种呈现增长，其中有6种增幅超过全省出口水平，它们是：煤出口额同比增长2.1倍；服装及衣着附件增长2.0倍；汽车零件增长85.9%；鲜、干水果及坚果增长74.6%；胶合板及类似多层板增长65.4%；纺织及纱线制品增长62.5%。

### （三）延边州、长春市出口增量的贡献率达63.1%

从各市州对出口增量的贡献率看，延边州的贡献率最高（出口增量为0.91亿美元），为34.0%，向上拉动15.7个百分点；长春市的贡献率（出口增量为0.78亿美元）为29.1%，向上拉动13.5个百分点。贡献率较低的有辽源市、松原市和白山市，分别为1.6%、2.5%和4.5%，白城市的贡献率为－1.6%。（见表1）

表1　2010年一季度各市州海关出口总值主要指标

| | 出口总值（亿美元） | 增　量（亿美元） | 比上年同期增减（%） | 贡献率（%） | 拉动百分点（个） |
|---|---|---|---|---|---|
| 全　省 | 8.48 | 2.68 | 46.3 | 100.0 | 46.3 |
| 长春市 | 3.39 | 0.78 | 29.8 | 29.1 | 13.5 |
| 吉林市 | 1.35 | 0.48 | 55.9 | 18.0 | 8.3 |
| 四平市 | 0.15 | 0.00 | 0.3 | 0.0 | 0.0 |
| 辽源市 | 0.10 | 0.04 | 71.9 | 1.6 | 0.7 |
| 通化市 | 0.56 | 0.33 | 140.0 | 12.2 | 5.6 |
| 白山市 | 0.41 | 0.12 | 42.7 | 4.5 | 2.1 |
| 松原市 | 0.23 | 0.06 | 32.7 | 2.2 | 1.0 |
| 白城市 | 0.16 | −0.04 | −20.3 | −1.6 | −0.7 |
| 延边州 | 2.13 | 0.91 | 75.2 | 34.0 | 15.7 |

（四）边境小额贸易增幅不大

一季度，边境小额贸易出口增幅不大，仅完成0.28亿美元，增长6.1%。

## 二、进口贸易特点

（一）总量位次稳定，增幅位于全国各省区市的第9位

一季度，进口总值完成28.53亿美元，在各省区市排名中，位居第12位，与上年同期的位次一致。进口同比增长78.0%，比上年同期后移1位，排到第9位。从全国排名看，高于全国64.6%增幅的有15个省区市。

（二）汽车、机车配套产品进口增幅大

今年以来，我省汽车工业生产形势明显见好，汽车旺销，拉动了汽车零件、内燃机零件等机电类产品进口大幅增长。在进口总值超过四千万美元的8种主要商品中，有7种商品同比增幅较大，其中收音设备进口额同比增长26.5倍；汽车零件增长1.3倍；汽车增长1.2倍；活塞式内燃机的零件增长88.0%；通断保护电路装置及零件增长72.8%；计量检测分析自控仪器及器具增长63.8%；钢材增长59.8%。

（三）进口主要集中在长春市

一季度，长春市进口总值26.18亿美元，占全省进口91.8%的份额。长春市的贡献率（进口增量为12.49亿美元）为99.94%，向上拉动77.96个百分点。进口值贡献率较低的有辽源市、白山市和四平市，而吉林市、通化市和延边州的贡献率为负值。

（见表2）

表2　2010年一季度各市州海关进口总值主要指标

| | 出口总值（亿美元） | 增　量（亿美元） | 比上年同期增减（%） | 贡献率（%） | 拉动百分点（个） |
|---|---|---|---|---|---|
| 全　省 | 28.53 | 12.50 | 78.0 | 100.00 | 78.00 |
| 长春市 | 26.18 | 12.49 | 91.2 | 99.94 | 77.96 |
| 吉林市 | 0.67 | −0.28 | −29.7 | −2.26 | −1.76 |
| 四平市 | 0.58 | 0.37 | 166.3 | 2.92 | 2.28 |
| 辽源市 | 0.04 | 0.01 | 31.5 | 0.07 | 0.05 |
| 通化市 | 0.46 | −0.08 | −15.4 | −0.67 | −0.52 |
| 白山市 | 0.09 | 0.05 | 118.7 | 0.41 | 0.32 |
| 松原市 | 0.01 | 0.00 | 11.7 | 0.00 | 0.00 |
| 白城市 | 0.03 | 0.00 | 4.2 | 0.01 | 0.01 |
| 延边州 | 0.46 | −0.05 | −10.4 | −0.43 | −0.34 |

## 三、影响进出口持续高增长的几点因素

一季度，我省海关进出口贸易各项指标增幅均高于全国平均水平，这是金融危机以来较难得的。但今年要继续保持这种涨势困难不少。尽管全球经济呈现回暖的势头，但国际市场需求萎缩的状况还未根本好转，仍然是我们扩大出口的最主要制约因素。

### （一）出口压力很大，对外贸易不容乐观

虽然一季度形势较好，但展望全年形势看，仍然有很多不稳定、不确定因素。今年的出口增幅极有可能出现“前高后低”的走势，完成全年出口创新高的压力不亚于去年“保增长，保份额”的压力。周边贸易伙伴政策多变、不稳定，人民币升值压力加大，国际间贸易保护主义严重，原材料与劳动力价格上涨，出口商品价格下降等问题都会影响与制约我省出口的发展。

### （二）出口商品总量小，高新技术产品比重低

一季度，我省出口总值8.48亿美元，占全国的比重还不到1%，仅为0.27%，较上年同期仅提高了0.04个百分点。我省高新技术产品出口重点分布在电子信息和光机电一体化、生物医药及医疗器械、新材料三大重点领域，这三大重点领域出口1.24亿美元，占出口总值的14.6%。

（三）各市州发展不平衡，相差悬殊

出口集中在长春市、延边州及吉林市。一季度，长春市出口总值3.39亿美元，占全省出口比重的40.0%；延边州出口总值2.13亿美元，占全省出口的25.1%；吉林市出口总值1.35亿美元，占全省出口比重15.9%。

进口集中在长春市，长春市进口总值26.18亿美元，占全省进口91.8%的份额。

综上所述，刚刚过去的一季度，外贸总体形势开局向好，指标完成情况较为理想，为完成全年任务打下了一定基础。但当前国际经济形势复苏基础不稳，大宗商品价格和主要货币汇率加剧波动的可能性较大，贸易保护明显抬头，我们面临的外部环境还依然复杂，不能盲目乐观，我们要进一步抓好外贸工作的落实，进一步扩大进出口总量。

# 企业家如何看待自主创新

## ——吉林省百位企业家自主创新问卷调查报告

董灵慧　王晓东

**编者按：《企业家如何看待自主创新》一文于2010年5月6日以《统计分析》第16期（总第576期）印发。在国家统计局社会科技司2010年度统计分析评比中荣获二等奖。省委孙政才书记批示：请晓光、福春、毛建及福平同志阅研。**

自主创新是企业生存和发展的灵魂和不竭动力。伴随经济全球化进程日新月异，自主创新在现代企业竞争中发挥着至关重要的作用。为了解和掌握目前吉林省企业自主创新的现状和存在的问题，及时反映我省企业家对自主创新的愿望和呼声，积极推进吉林省自主创新建设，省统计局研究制定了自主创新快速问卷调查方案，设计了自主创新问卷调查表，对全省100家规模以上工业企业，通过邮寄调查表的方式开展了自主创新快速问卷调查。问卷调查共涉及7个方面的问题：1.企业家的基本特征；2.自主创新对企业生存发展的作用；3.产品创新对企业的影响程度；4.工艺创新对企业的影响；5.企业家创新构思的主要来源；6.创新成功的主要因素及其影响程度；7.企业家技术发展战略。现将问卷调查结果报告如下：

### 一、调查的基本情况

这次开展的全省规模以上工业企业自主创新快速问卷调查，给全省规模以上工业企业100位企业家邮寄了调查问卷，共收回92份，回收率92%。

#### （一）企业家的基本特征

回收的92位企业家的基本状况是：

1．按性别分：男性84人，占91.3%；女性8人，占8.7%。

2．按年龄分：29岁及以下的1人，占1.1%；30～44岁的36人，占39.1%； 45～59岁的52人，占56.5%；60岁及以上的3人，占3.3%。

3．按学历分：大专以上学历74人，占80.4%。其中：博士学历4人，占4.3%；硕士学历9人，占9.8%；本科学历28人，占30.4%；大专学历33人，占35.9%。

（二）绝大多数企业家肯定自主创新对企业生存、发展的作用

在回答自主创新对企业生存、发展的作用这一问题时，69.6%的企业家认为创新对企业的生存与发展起重要作用，25%的企业家认为起了一定作用，只有5.4%的企业家认为不起作用。

问卷调查结果显示，企业家对创新重要程度的认识与学历成正比。参与回答问题的拥有博士学历的企业家中，75%的人认为起了重要作用，25%的人认为起了一定作用，没有人回答不起作用；参与回答问题的拥有硕士学历的企业家中，77.8%的人认为起了重要作用，22.2%的人认为起了一定作用，没有人认为不起作用；参与回答问题的拥有本科学历的企业家中，75%的人认为起了重要作用，21.4%的人认为起了一定作用，3.6%的人认为不起作用；参与回答问题的拥有大专学历的企业家中，63.6%的人认为起了重要作用，33.3%的人认为起了一定作用，6.1%的人认为不起作用；而文化水平相对较低的企业家中，66.6%的人认为起了重要作用，16.7%的人认为起了一定作用，5.6%的人认为不起作用。

（三）多数企业家产品创新对企业的影响程度高

在快速问卷调查中，企业开展了产品创新的企业家大部分认为加大科技投入，加快创新步伐，增强自主创新能力，提升产品层次和质量，提高综合竞争力，是企业立于不败之地的关键所在。认为产品创新对企业开拓新市场或扩大市场份额所带来的影响程度高的企业家所占比重最大。

1．**对开拓新市场或扩大市场份额**：认为影响程度高的有59名企业家，占64.1%；影响程度中的有28人，占30.4%；影响程度低的有4人，占4.3%；没有影响的1人，仅占1.1%。

2．**对增加产品品种或功能**：认为影响程度高的有53名企业家，占57.6%；影响程度中的有33人，占35.9%；影响程度低的有4人，占4.3%；没有影响的只有2人，占2.2%。

3．**对提高产品的性能或质量**：认为影响程度高的有56名企业家，占60.8%；影响程度中的有30人，占33.6%；影响程度低的有3人，占3.3%；没有影响的3人，只占3.3%。

（四）大部分企业家认为工艺创新可以提高企业的生产效率

在这次创新问卷调查中，92位企业家大部分认为工艺创新对企业带来不同程度的影响，其中认为对提高生产效率的影响程度高的企业家居多。

1．**对提高生产效率的影响**：认为影响程度高的有54名企业家，占58.7%；影响程度中的有33人，占35.9%；影响程度低的有3人，占3.3%；没有影响的2人，占2.2%。

2．**对提高生产灵活性的影响**：认为影响程度高的有38名企业家，占41.3%；影响程度中的有39人，占42.4%；影响程度低的有8人，占8.7%；没有影响的有7人，占7.6%。

3．对降低人力成本的影响：认为影响程度高的有38名企业家，占41.3%；影响程度中的有39人，占42.4%；影响程度低的有10人，占10.9%；没有影响的人，占5.4%。

4．**对节约原材料的影响**：认为影响程度高的有36名企业家，影响程度中的有39人，影响程度低的有10人，没有影响的7人，分别占39.1%、42.4%、10.9%和7.6%。

5．**对降低了能源消耗的影响**：认为影响程度高的有36名企业家，占39.1%；影响程度中的有37人，占40.2%；影响程度低的有12人，占13.1%；没有影响的7人，占7.6%。

6．**对减少了污染环境的影响**：认为影响程度高的有38名企业家，占41.3%；影响程度中的有32人，占34.8%；影响程度低的有11人，占12.0%；没有影响的11人，占12.0%。

7．**对改善了工作条件、提高了安全性的影响**：认为影响程度高的有39名企业家，占42.4%；影响程度中的有35人，占38.0%；影响程度低的有10人，占10.9%；没有影响的8人，仅占8.7%。

（五）企业家的产品(工艺)创新构思的主要来源及其影响程度

信息往往是企业家产生创新构思的灵感，也是企业技术创新的重要资源和必备条件，同时，不同的信息源对产生构思的影响程度是不一样的。这次开展的创新问卷调查中，开展了产品（工艺）创新的92名企业家对以下13种信息来源的影响程度做出如下判断：

1．**客户与消费者的需求信息**：96.7%的企业家认为有影响，影响度是最高的。其中认为影响程度高的56人，占60.9%；影响程度中的27人，占29.3%；影响程度低的6人，占6.5%；3人认为没有影响，占3.3%。

2．**企业内部信息**：91.3%的企业家认为有影响，其中认为影响程度高的29人，占31.5%；影响程度中的38人，占41.3%；影响程度低的17人，占18.5%；8人认为没有影响，占8.7%。

3．**企业集团内部信息**：68.5%的企业家认为有影响，影响度是最低的。其中认为影响程度高的14人，占15.2%；影响程度中的21人，占22.8%；影响程度低的28人，占30.4%；29人认为没有影响，占31.5%。

4．**来自设备、原材料、中间产品供应企业的信息**：88.0%的企业家认为有影响，其中认为影响程度高的17人，占18.5%；影响程度中的38人，占41.3%；影响程度低的26人，占28.3%；11人认为没有影响，占12.0%。

5．**来自本行业其他企业的信息**：91.3%的企业家认为有影响，其中认为影响程度高的27人，占29.3%；影响程度中的38人，占41.3%；影响程度低的19人，占20.7%；8人认为没有影响，占8.7%。

6．**技术市场或咨询机构的信息**：84.8%的企业家认为有影响，其中认为影响程度高的17人，占18.5%；影响程度中的32人，占34.8%；影响程度低的29人，占31.5%；14人认为没有影响，占15.2%。

7．**来自行业协会的信息**：82.6%的企业家认为有影响，其中认为影响程度高的14人，占15.2%；影响程度中的31人，占33.7%；影响程度低的31人，占33.7%；16人认为没有影响，占17.4%。

8．**来自高校的信息**：70.7%的企业家认为有影响，其中认为影响程度高的9人，占9.8%；影响程度中的32人，占34.8%；影响程度低的24人，占26.1%；27人认为没有影响，占29.3%。

9．**来自研究机构的信息**：75.0%的企业家认为有影响，其中认为影响程度高的13人，占14.1%；影响程度中的28人，占30.4%；影响程度低的28人，占30.4%；23人认为没有影响，占25.0%。

10．**从政府部门获取的信息**：90.2%的企业家认为有影响，其中认为影响程度高的25人，占27.2%；影响程度中的47人，占51.1%；影响程度低的11人，占12.0%；9人认为没有影响，占9.8%。

11．**从商品交易会、展览会获取的信息**：85.9%的企业家认为有影响，其中认为影响程度高的23人，占25.0%；影响程度中的39人，占42.4%；影响程度低的17人，占18.5%；13人认为没有影响，占14.1%。

12．**来自科技文献的信息**：80.4%的企业家认为有影响，其中认为影响程度高的12人，占13.0%；影响程度中的26人，占28.3%；影响程度低的36人，占39.1%；18人认为没有影响，占19.6%。

13．**来自互联网媒体的信息**：83.7%的企业家认为有影响，其中认为影响程度高的15人，占16.3%；影响程度中的35人，占38.0%；影响程度低的27人，占29.3%；15人认为没有影响，占16.3%。

客户与消费者的需求信息，是企业家的产品（工艺）创新构思的主要来源而且影响程度最高。

### （六）创新获得成功的主要因素及其影响程度

创新有成功，也有失败，影响创新成功的因素比较复杂。吉林省开展的百位规上工业企业自主创新快速问卷调查中，在2007—2009年间企业自主创新获得成功的92位企业家认为创新成功的主要因素及其影响程度如下：

1．**高素质的技术创新人才对创新成功最有影响**。企业家中97.8%的人认为创新人才对创新成功有影响，其中认为影响程度高的59人，占64.1%；影响程度中的27人，占29.3%；影响程度低的4人，占4.3%；只有2人认为没有影响，占2.2%。

2．**有创新精神的企业家列其次**。企业家中认为有创新精神的企业家对创新成功有影响，占97.8%，其中认为影响程度高的64人，占69.6%；影响程度中的21人，占22.8%；影响程度低的5人，占5.4%；只有2人认为没有影响，占2.2%。

3．**充足的经费支持列第三**。96.7%的企业家认为充足的经费对创新有影响，其中认为影响程度高的47人，占51.1%；影响程度中的33人，占35.9%；影响程度低的9人，占9.8%；只有3人认为没有影响，占3.3%。

4．**创新成功的第四个主要因素是企业内部的激励措施**。认为影响程度高的35人，影响程度中的33人，影响程度低的6人，18人认为没有影响，分别占38.0%、35.9%、6.5%和19.6%。

5．**第五个因素是员工对企业的认同感**。认为影响程度高的36人，影响程度中的34人，影响程度低的6人，14人认为没有影响，分别占39.1%、37.0%、6.5%和15.2%。

6．**有效的技术战略或计划是创新成功的第六个因素**。认为此因素影响程度高的有39人，影响程度中的32人，影响程度低的6人，15人认为没有影响，分别占42.4%、37.8%、6.5%和16.3%。

7．**畅通的信息渠道是创新成功的第七个因素**。认为此因素影响程度高的有32人，影响程度中的43人，影响程度低的8人，9人认为没有影响，分别占34.8%、46.7%、8.7%和9.8%。

8．**可靠的创新合作伙伴是第八个因素**。认为此因素影响程度高的有34人，影响程度中的36人，影响程度低的13人，9人认为没有影响，分别占37.0%、39.1%、14.1%和9.8%。

9．**优惠政策扶持是第九个因素**。认为此因素影响程度高的有45人，影响程度中的31人，影响程度低的10人，6人认为没有影响，分别占48.9%、33.7%、10.9%和6.5%。

（七）企业家将采取技术战略促进企业发展

这次问卷调查中，在问及本企业在今后几年中是否采取一些技术战略促进企业发展时，有94.6%的企业家作了肯定的回答。

采取最主要技术战略依次为：

1．增加研发投入，提升实力的有41人，占44.6%；

2．在企业所涉及的产品领域中保持率先创新者地位的有36人，占39.1%；

3．赶超国内同行业创新领先企业的有7人，占7.6%；

4．保持现有的技术水平和生产经营状况的有5人，占5.4%；

5．赶超国际同行业创新领先企业的有3人，占3.3%。

## 二、创新调查反映出的问题

创新调查结果显示，我省企业自主创新能力不断加强，但也反映出我省企业自主创新中存在的问题。

### （一）投入不足

资金瓶颈是制约我省自主创新发展的主要问题之一。自主创新是决定产品市场竞争力的重要内力，通过这次问卷调查，我们发现资金短缺已成为我省企业开展创新活动的主要障碍；而且，由于起点低、筹资渠道单一、筹资成本过高，部分企业出现了流动资金短缺的状况。企业创新投入的不足不仅影响到创新资源的有效整合，还阻碍了自主创新能力的提高和创新成果转化的速度，进而制约了我省创新优势转化为产业优势的步伐。

### （二）人才缺乏

创新人才的缺乏严重影响我省企业开展自主创新活动。人才是企业自主创新活动的主体，只有拥有了具备创造力的核心专门人才，企业才有开展自主创新的可能性和原动力。我省个别企业家还存在观念落后的问题，缺乏可持续发展的长远眼光和科技先导的前瞻意识，从而忽略了促进效益增长的原动力。

### （三）体制不健全

企业缺乏有效的激励机制，也是妨碍企业自主创新活动的一个重要因素。首先，技术研发与创新需要大量的资金投入，直接影响当期的企业赢利状况，许多企业家在发展创新战略时存在着保守心理。其次，由于创新激励机制的不健全，加上创新成果的不确定性，导入企业投资者在投入资金时由于不决。

### （四）政策不完善

扶持企业自主创新的政策缺失，影响了我省企业开展自主创新的积极性。围绕企业自主创新，我省被问及的企业家们认为技术开发费用计入成本的政策、鼓励企业培养和吸引人才的相关政策、技术开发费加大抵扣所得税的政策对企业自主创新影响程度相对较高，而这些方面的创新扶持政策正是我省所缺失的。

## 三、对策建议

本次接受调查的企业家在认真填答调查问卷，真实反映本企业科技创新情况的基础上，多数企业对如何成为自主创新主体，提高自主创新能力提出了许多中肯的建议和意见。认为企业自主创新不仅需要良好的社会环境和政府的政策引导，还需要有完善市场机制、通畅的信息渠道和一定的资金扶持。政府应统揽全局，设计、建设和培育服务于企业技术创新的体系、机制及政策，激发企业自主创新的动力。

### （一）加大宣传力度

要充分发挥社会宣传导向作用，加强对自主创新工作重要性的宣传，营造全社会自主创新的强烈氛围，以进一步提高企业自主创新意识。本次调查结果也显示，有相当一部分被调查的企业家对有关政策、优惠扶持措施不了解。

### （二）加强政策引导

政府应加强对企业自主创新的政策引导和鼓励。各级政府及相关职能部门应对企业自主创新活动营造宽松的环境，制定和完善激励企业自主创新的一系列政策，采取有效措施提高企业自主创新的主动性和积极性。

一是对企业而言，创新不仅意味着大量投入，更要承担巨大风险，鼓励企业自主创新就要使企业获得利益和补偿。不少企业反映，不搞创新是等死，搞创新是寻死。因此政府在资金和税收方面应制订切实可行的优惠政策，如在新开发的产品上能享受更优惠的减免税和专项低息贷款政策等。

二是政府自主创新扶持政策应该增加透明度，使企业（特别是民营企业）自主创新活动都能享有同等的政策优惠。有企业反映目前政府实行的减免税政策，只是在高新园区内的高新技术企业可以享受，这对其他企业不公平。

三是对创新成果发明人或单位有一套较规范的激励政策和保护政策，对自主创新作出贡献的企业和个人加大奖励力度，并确保其落到实处。

四是为企业科研成果的转化及生产化提供政策扶持。

五是进一步制定和完善吸引人才的政策措施。

### （三）健全创新体制机制

政府要健全创新体制，不断完善技术市场的管理体系，维护公平公正的市场秩序，为企业自主创新建立公平竞争的市场环境。

一是积极引导市场，整顿市场秩序，打击不法的市场行为，营造法规健全的技术市场环境。

二是加强对知识产权的保护，加大打击侵犯知识产权的力度，提高和保护企业科技开发和创新的积极性；加大对新技术，新工艺专利的申请力度，使整个社会形成保护知识产权的良好环境。

三是在人、财、物方面集中资源，建立企业创新平台。可以走政府与企业联办研发创新中心之路，以解决中小型企业科研力量不足的问题，为众多中小型企业提供创新服务。

四是政府在重视引进先进技术的同时更要重视高素质科技人才的培养和引进。要建立有效的人才引进、培养、激励机制，加强对企业自主创新能力咨询、培训和指导服务；建立科技型人才库，加强对各类人才引进的服务力度；加强对民营企业家的培训指导，提高企业组织管理水平。

五是加强与企业信息沟通，提高政府办事效率，增强服务意识。

（四）加大扶持力度

一个能达到高水平的研发项目需要相当的时间和精力，其人力、物力、财力的投入与企业的能力不能匹配，政府及相关部门的扶助十分重要。政府应加大财政支持力度，放宽出资政策，加大对企业自主创新的扶持力度。

一是在加大研发投入的同时对企业研发活动进行调研，使真正有能力、值得支持的企业得到扶持，并加强对企业实施有效支持时的有效监督。

二是希望政府有专门的部门来负责企业的自主创新活动，可从职能上引导行业协会，促进企业积极开展自主创新活动。并加强对企业自主创新活动的具体指导、帮助，引导企业对自主创新计划的制定与落实。

三是研究企业发展经费如何纳入企业成本，并能从产业政策上加大对研发产品的市场开拓；对企业产品创新初期向规模化发展的政策环境上加大支持力度。

四是加强对高新技术产品的信贷支持，简化减免税手续。切实有效落实政府对高新技术企业产品开发的扶持资金发放和优惠政策。有企业反映研发补助政策有关部门不认可。

五是解决民营企业筹款困难和成果转化、扩大企业规模等资金的窘境状况。

（五）搭建信息平台

政府及相关部门应该与企业间加强沟通，为企业搭建自主创新的信息交流平台，加强科技市场信息传播，为企业提供更多有效的市场科研发展信息和技术市场信息服务。

一是为企业间的互相交流提供平台，使企业加强与国内外同行间的交流联系，及时了解和掌握国内外同行业技术前端发展动态。

二是为企业与科研院所的合作建立新平台。使企业进一步加强与国内外科研机构的合作，充分发挥大专院校、科研院所的人才优势，积极推进产学研相结合工作，加快技术创新成果的市场转化，使企业获得较大的经济效益。

三是建立技术供需平台，加强与国外技术的交流与合作，为企业引进适合自身的国内外领先项目。

四是为企业科技人员的引进和培养提供平台，帮助企业引进创新人才。

五是扩大图书馆、情报资料机构的规模，增建对企业开放的公共基础实验室等。

# 2003年以来我省农林牧渔业产值和结构变动情况及发展建议

宫俭　董秀萍

**编者按：《2003年以来我省农林牧渔业产值和结构变动情况及发展建议》一文于2010年5月10日以《统计分析》第17期（总第577期）印发。省人大常务委员会副主任刘润璞来信对该文做出批示："统计局：今年第十七期统计分析，关于近七年农业经济结构分析有理有据，对调整结构转变发展方式有启发。"**

从2003年以来我省农林牧渔业产值及结构变化情况看，我省农林牧渔业总量不断壮大，其结构逐步优化，经济实力明显增强。但受资源约束、市场价格波动、自然灾害等不利因素影响，农林牧渔业生产增长缓慢及波动较大，而且农林牧渔服务业产值过低等问题仍很突出，需要引起重视并加以解决。

## 一、基本特点

### （一）农林牧渔业总产值不断壮大，各业全面发展（见表1）

表1　2003年以来吉林省农林牧渔业产值

单位：亿元

| 项目 | 2003 | | 2004 | | 2005 | |
|---|---|---|---|---|---|---|
| | 产值 | 增速 | 产值 | 增速 | 产值 | 增速 |
| 农林牧渔业总产值 | 792.14 | 6.3 | 940.67 | 7.89 | 1050.49 | 11.72 |
| 一、农业产值 | 438.34 | 4.97 | 486.23 | 8.46 | 518.13 | 6.16 |
| 二、林业产值 | 33.77 | 2.4 | 32.85 | −7.98 | 39.90 | 16.9 |
| 三、牧业产值 | 298.44 | 8.6 | 399.06 | 7.91 | 467.59 | 18.19 |
| 四、渔业产值 | 13.56 | 6.36 | 13.44 | 3.84 | 14.87 | 10.06 |
| 五、农林牧渔服务业产值 | 8.04 | −1 | 9.09 | 75.22 | 10.01 | 8.48 |

| 2006 | | 2007 | | 2008 | | 2009 | |
|---|---|---|---|---|---|---|---|
| 产值 | 增速 | 产值 | 增速 | 产值 | 增速 | 产值 | 增速 |
| 1155.50 | 7.5 | 1418.90 | 5.2 | 1614.80 | 10 | 1734.26 | 5.3 |
| 597.02 | 9.6 | 653.03 | −4.1 | 749.20 | 15.2 | 777.45 | −1.9 |
| 44.35 | −1.9 | 48.79 | −10.3 | 54.97 | −3.4 | 58.91 | 11.4 |
| 483.46 | 5.2 | 683.74 | 18 | 770.21 | 5.8 | 825.52 | 10.6 |
| 16.98 | 14 | 18.29 | 5.8 | 22.52 | 11.1 | 23.47 | 11.9 |
| 13.69 | 34.4 | 15.06 | 5.1 | 17.91 | 10.6 | 48.91 | 25.3 |

从表1看到，我省农林牧渔业总产值从2003年的792.14亿元发展到了2009年的1734.26亿元，6年间增加了943.12 亿元。其中，农业产值增加了339.11亿元，林业产值增加了25.14亿元，牧业产值增加了527.08亿元，渔业产值增加了9.91亿元，农林牧渔服务业产值增加了40.87亿元。

（二）农业和畜牧业“两足”支撑局面形成，结构明显优化。（见表2）

表2　2003年以来吉林省农林牧渔业结构

单位：100%

| 项目 | 2003 | 2004 | 2005 | 2006 | 2007 | 2008 | 2009 |
|---|---|---|---|---|---|---|---|
| 一、农业产值 | 55.34 | 51.69 | 49.32 | 51.67 | 46.02 | 46.40 | 44.83 |
| 二、林业产值 | 4.26 | 3.49 | 3.80 | 3.84 | 3.44 | 3.40 | 3.40 |
| 三、牧业产值 | 37.67 | 42.42 | 44.51 | 41.84 | 48.19 | 47.70 | 47.60 |
| 四、渔业产值 | 1.71 | 1.43 | 1.42 | 1.47 | 1.29 | 1.39 | 1.35 |
| 五、农林牧渔服务业产值 | 1.01 | 0.97 | 0.95 | 1.18 | 1.06 | 1.11 | 2.82 |

从表2看到，2003年以来，我省农林牧渔业产值结构不断优化，形成了由农业独大发展到农业和畜牧业齐头并进、林业和渔业及农林牧渔服务业稳步发展，即“两大三稳”的可喜格局。发展最突出的是畜牧业，2007年以来，我省畜牧业进入了加速发展阶段，牧业产值比重从2007年开始超过了农业比重，与农业一起成为我省农林牧渔业发展的重要支柱。

## 二、主要问题

（一）第一产业增加值增长仍显缓慢且波动较大。（见表3）

表3　2003年以来GDP增长速度

单位：100%

| 项目 | 增长速度 | | | | | | | 年均增速 |
|---|---|---|---|---|---|---|---|---|
| | 2003 | 2004 | 2005 | 2006 | 2006 | 2007 | 2008 | |
| GDP | 10.2 | 12.2 | 12.1 | 15.0 | 16.1 | 16.0 | 13.3 | 13.5 |
| 其中：第一产业 | 5.9 | 7.3 | 9.9 | 4.2 | 1.2 | 9.5 | 2.8 | 5.9 |
| 第二产业 | 14.3 | 15.0 | 11.6 | 17.0 | 21.2 | 17.2 | 16.7 | 16.1 |
| 其中：工业 | 13.2 | 17.0 | 11.3 | 17.4 | 22.4 | 18.0 | 16.3 | 16.5 |
| 第三产业 | 7.7 | 11.1 | 13.6 | 17.4 | 16.4 | 16.7 | 12.7 | 13.7 |

从产值统计指标数据看，2003年以来我省农业生产取得了较快的发展，但是从扣除中间消耗后的增加值统计指标数据看，我省第一产业增长水平相对于第二产业和第三产业发展仍显缓慢。2003年至2009年，我省GDP年均增长速度为13.5%，其中，第一产业增加值年均增长速度为5.9%，第二产业增加值年均增长速度为16.1%，其中工业增加值年均增长速度为16.5%，第三产业增加值年均增长速度为13.7%。第一产业增加值年均增长速度分别比第二产业和第三产业增加值年均增长速度低10.2个和7.8个百分点。从表3我们还可以看到这样一个特点，第二业和第三产业增长基本呈现稳定的快速发展趋势，但是第一产业增长呈现了波动性特点，2007年和2009年由自然灾害造成的粮食减产因素直接导致全省第一产业增加值增长速度下滑。

（二）农林牧渔服务业产值比重过低，发展明显不足

从前面分析，我省农林牧渔服务业产值虽然在2009年有了较大的扩张，但是总量过低的局面仍没有得到改观。从2003年到2009年，农林牧渔服务业产值只增加了40.87亿元，占总产值的比重基本维持在1%的水平上，只有2009年达到了2.8%。全国农林牧渔服务业占总产值的比重为3%，发展好的省份有的达到了5%。

（三）2010年农业和畜牧业两大支柱扩大产值增量面临压力

**1．气候条件不利给粮食增产造成了压力**

持续低温使农作物播种期和成熟期延迟。入春以来全省气温持续偏低，直接影响农村春耕整地。水稻、烤烟、甜菜等经济作物育苗期严重拖后。小麦、鲜菜等早期生产的农作物因雪灾不能按季节及时播种，影响今年种植业结构调整。春播成本增加，农作物出全苗、保全苗的压力较大，全年粮食增产困难加大。

**2．生猪生产扩大规模面临成本高和销价低双向压力**

今年以来，我省生猪出售价格一路走低，下降幅度达到25.0%左右，一直到一

季度末才止跌回升。与此同时饲料价格却呈上涨趋势，其中玉米价格一直在高位运行，豆粕和育肥猪配合饲料均呈持续增长趋势。目前，全省猪粮比为5.4：1。一度低迷的市场，严重挫伤了养猪户的养殖积极性，一定程度上造成养殖户补栏不积极，空圈率升高，对全年生猪生产产生了不利影响。

## 三、继续加快农林牧渔业发展的建议

作为农业占优的省份，在推进工业化和城镇化进程的过程中，确保我省农业发展的比较优势是促进我省经济可持续发展的一个重要前提，因此必须进一步采取有力措施，继续保持快速的农业发展速度，促进我省农业与工业和服务业的快速协调发展。

### （一）加快推进农业和畜牧业适度规模经营

加快推进农村土地流转管理和服务，进一步依法落实和保障农民的土地承包经营权益，加快推进土地承包经营权、农村集体建设用地、农户宅基地确权、登记与颁证工作，鼓励有条件的地方开展土地承包经营权质押和流转收益权抵押试点，加快发展农业适度规模经营，提高农业生产效率。大力开展畜牧业规模化养殖，提高畜牧业产业化经营程度和小农户组织化程度，降低畜产品供给周期性波动频率和震荡幅度，规避其带来的风险和损失。

### （二）建立农业建设基金，开辟农业投入渠道

针对农业建设投入渠道单一且不够稳定的实际，应积极开辟新的资金渠道，探索建立我省农业建设基金。一方面，尝试在耕地占用税、城镇土地使用税、土地出让金等收入中提取一定比例作为基金来源；另一方面，还可以通过争取在全国率先开征粮食消费税试点等措施筹集基金。

### （三）切实加快农林牧渔服务业发展

制定我省农林牧渔服务业发展规划，对农林牧渔服务业发展进行统筹布局。根据现阶段农业发展的迫切需要，把搞好农村土地流转管理、推进农机合作组织发展、农产品运销和质量保护、农业技术推广服务放在更加突出的位置，予以重点扶持。

# 全省限额以上批发零售业、住宿餐饮业企业发展情况不容乐观

陈　刚

编者按：《全省限额以上批发零售业、住宿餐饮业企业发展状况不容乐观》一文于2010年5月10日以《统计分析》第18期（总第578期）印发。此文印发后得到了省委书记孙政才同志的高度重视，给予重要批示："儒林、延风、伟根同志：这确是我省经济结构中的一个大问题。建议深化研究，从我省实际出发，制订得力政策措施促进服务业加快发展。另此期统计分析可发各市州及长白山管委会主要领导同志阅研"。6月2日，王儒林省长也对此文做出重要批示："伟根同志：对此事要高度重视，研究对策，全力抓好，力争完成年初确定的目标任务"。陈伟根副省长也给予批示："我将专题研究。"6月8日，陈伟根副省长又将这篇统计分析批转给省商务厅："请商务厅阅此件。11号我要就去年内贸资金的使用及今年内贸的重点工作情况（包括针对文中所述限额以上企业发展中所存在问题的对策），请做好准备。"6月11日，陈伟根副省长就此事召开专题会议进行研究布署。同时按照孙政才书记的批示，将此期统计分析邮寄给各市州及长白山管委会党政主要领导阅研，得到了地方领导的重视，有力推动了全省贸易统计改革的开展，提升了贸易统计的地位。

批发零售业、住宿餐饮业的限额以上企业（统计报表制度规定，以上四个行业年主营业务收入分别达到2000万元、500万元、200万元、200万元及以上的企业（单位）为限额以上企业，纳入全面统计范围），是消费品市场的主导力量，是最具有活力和影响力的销售载体，为繁荣消费品市场起到了不可替代的作用。但是目前我省限额以上企业，无论是从规模上还是从数量上看，都落后于全国平均水平，全省限额以上企业发展情况不容乐观。

## 一、限额以上企业零售额仅占全部零售额26.2%

目前我省限额以上企业（单位）呈现的特征是比重小、个数少，增长速度慢，

不仅落后于全国平均水平，也落后于辽宁、黑龙江、陕西、山西等中部省份，更落后于南方发达省份。（见表1）

表1 一季度我省限额以上批发零售、住宿餐饮业与全国及部分省对照表

| 地 区 | 限额以上企业（单位）个数（个） | 个数占全国的比重（%） | 限额以上企业（单位）社会消费品零售总额 | | 限额以上企业（单位）社会消费品零售总额占全部零售额比重（%） |
|---|---|---|---|---|---|
| | | | 绝对值（亿元） | 增幅（%） | |
| 全 国 | 150000 | 100 | 14000.00 | 28.0 | 40.0 |
| 吉 林 | 1446 | 1.0 | 199.76 | 23.9 | 26.2 |
| 辽 宁 | 6577 | 4.4 | 514.90 | 21.0 | 32.0 |
| 黑龙江 | 2060 | 1.4 | 223.70 | 27.9 | 25.0 |
| 山 西 | 2288 | 1.5 | 240.40 | 26.8 | 31.7 |
| 陕 西 | 2300 | 1.5 | 323.77 | 29.2 | 41.6 |
| 广 东 | 15000 | 10.0 | 1439.00 | 26.6 | 35.3 |
| 浙 江 | 12229 | 8.2 | 1085.1 | 31.8 | 45.5 |

（一）限额以上企业零售额占全部零售额的比重低

一季度我省限额以上企业实现零售额199.76亿元，占全部社会消费品零售总额的26.2%，而全国限额以上企业零售额占全部社会消费品零售总额的比重已达到了40%左右，我省低于全国平均水平约14个百分点。南方发达省份限额以上企业的零售额占全部零售额的比重已经接近50%，辽宁省的比重也已经达到32.0%，我省仅略高于黑龙江省。

（二）限额以上企业的个数少

2010年我省限额以上企业仅有1446户，而全国限额以上企业约为15万户，我省限额以上企业的个数所占全国的比重不到1%，而我省社会消费品零售总额约占全国零售总额的2.1%。在南方发达省份，限额以上企业的个数已经达到几万家，邻省辽宁限额以上企业个数达到6000多户，黑龙江也已达到2000户以上。这说明我省第三产业发展相对落后，经济发展水平较低，企业规模小，发展缓慢，企业的竞争力及扩张辐射能力较弱。

（三）限额以上企业的发展速度慢

一季度我省限额以上企业零售额同比增长23.9%，虽然保持了较快的增长速度，

但是和全国平均水平及兄弟省市相比仍然有较大的差距。一季度全国限上企业零售额同比增长达到28%以上，比我省的增幅高出约4个百分点。邻省黑龙江限额以上企业零售额增速也达到27.9%。

限额以上企业的比重低、个数少、速度慢的最直接原因是有效消费不足，城镇居民的消费倾向由上年同期的76.9%下降为当前的72.7%。

## 二、限额以上企业发展较慢的主要原因

### （一）招商引资过程中忽略了对第三产业的引进

2009年我省新设立外资批发零售、住宿餐饮业企业32户，占2009年全部新增外资企业个数的16.6%，而2009年全国新设立外资批发零售、住宿餐饮业企业5602户，占全部新增外资企业个数的23.9%，我省的比重比全国平均水平低7.3个百分点。2009年底外省法人在我省设立的限额以上产业活动单位也只有13个。说明我省消费品市场对外域企业缺乏吸引力，也说明近年来我省在招商引资过程中，把主要精力集中在第二产业，特别是重工业中制造业企业的引进，而忽视了对服务业，特别是商贸流通业企业的引进。

### （二）固定资产投资中资金投向批发零售业、住宿餐饮业资金少，比重低

近几年，我省加大了固定资产投资的力度，但2009年全省城镇以上固定资产投资投向批发零售业、住宿餐饮业资金289.99亿元，仅占全社会城镇以上固定资产投资额的5.6%，而批发零售业、住宿餐饮业增加值占GDP的比重达到11.6%，比投资额比重高出6.0个百分点，这说明批发零售业、住宿餐饮业的投入与产业相比，投入远远不足。

### （三）我省城乡居民收入较低，消费层次不高，消费升级缓慢

收入是消费的基础。近年来，虽然我省收入水平有了较大幅度的提高，但是和全国水平和其他省市相比，仍然有不小的差距。而收入水平是影响消费品市场发展的最重要因素。2009年我省城镇居民人均可支配收入为14006.27元，排在全国第22位，同比增长9.2%，排在全国第11位；农民居民人均纯收入为5266元，排在全国第10位，同比增长6.8%，排在全国28位；在岗职工平均工资26230元，比全国平均水平低6506元，排在全国第29位，同比增长11.7%，排在全国第19位。一季度我省城镇居民人均可支配收入为3848.57元，同比增长9.9%；而农村居民现金收入仅为2432.46元，同比下降了0.1%；一季度我省在岗职工平均工资增幅在全国也仅为20位。较低的收入水平和较慢的增长速度制约了我省消费品市场的快速发展。

### （四）我省缺乏相关产业扶持政策及资金倾斜

大中型批发零售、住宿餐饮业企业（单位）是我省消费品市场的中坚力量，

也是拉动消费品市场快速增长的主要力量，但是我省现在大中型商贸流通企业数量少，规模小，整体实力还不够强。近些年来，国家相继出台了一些促进消费和扶持商贸企业的政策，如“千村万乡工程”、“双进工程”、“双百市场工程”等一系列促进商贸企业加快发展的措施，但是我省却缺乏相应的有力度的政策扶持和资金投入，所用资金也都是国家配套的资金。

## 三、对策与建议

### （一）提高居民收入仍然是拉动消费增长、促进消费升级的最直接、最有效的措施

提高城乡居民收入，是扩大内需、增加消费的最直接、最有效的办法。要通过调控措施不断增加城乡居民收入，特别是提高城乡弱势群体和农民的收入，以有效增强城乡居民的即期消费能力，保持内需对消费品市场的持续拉动力。

### （二）争取省政府出台政策、拿出资金扶持大中型流通企业加快发展

建议省政府拿出一部分财政资金，对大型商贸流通企业进行扶持和奖励，鼓励这些企业做大做强，并加大金融支持力度，解决资金瓶颈问题，提高企业竞争力，扶持和促进大型商贸企业加快发展。

### （三）培育新型消费模式，增加居民的即期消费，特别是大件耐用消费品的消费

要积极培育新型消费模式，鼓励金融机构与商业企业合作，加大对住房、汽车及耐用消费品的信贷扶持力度，扶持一汽集团尽快建立汽车金融公司，采用政府贴息等方式鼓励信贷消费，特别是拓宽对省内制造的消费产品的销售渠道。

### （四）加快社会保障体系升级，解除居民消费的后顾之忧

完善社会保障体系，让消费者对未来有一个稳定的预期，这样才能扩大消费意愿。这其中特别应该加快建立和完善农村社会保障体系，逐步提高最低生活保障水平，重视越来越多的失地农民的基本生活保障，逐步推进农村免费义务教育、合作医疗。同时，完善城市最低生活保障动态管理机制，健全城乡社会救助体系，使城乡居民弱有所保，老有所养，病有所医，幼有所学。

### （五）加大对商贸流通业招商引资的力度

服务业和传统制造业相比，有投资少、见效快、就业多、影响大、利润高、污染小的优势，所以今后各级政府在招商引资工作中，应加大对服务业，特别是商贸流通业的力度，制定有关优惠政策，促进我省商贸流通业加快发展，带活全省消费品市场。

# 一季度我省GDP总量位居全国第24位的原因解析

张维宇

编者按：《一季度我省GDP总量位居全国第24位的原因解析》一文于2010年5月10日以《统计参考》第4期（总第19期）印发。

今年一季度，我省GDP达到1443.59亿元，位居全国第24位，按可比价格计算，同比增长18.9%，位居全国第5位。从位次情况看，其中增速较上年同期提升8位，总量较上年同期下降1位，被重庆市超过。速度上升，总量位次却下降，这种结果是由多方面因素造成的，现就其主要原因说明如下：

## 一、经普数据调整是位次后移的主要原因

第二次全国经济普查是一次重大的国情国力调查，摸清了第二产业的家底，为GDP核算提供了比较完整的资料来源，按照国际惯例，每一次大型普查后都要对所涉及年份的GDP核算进行重新修订，据此国家统计局依据国内生产总值（GDP）核算制度和二经普数据结果，对2008年全国及各省GDP初步核算数进行了修订，在年度数据得到确定后，又对2008－2009年季度数据进行了统一调整。修订后的2008年我省GDP总量为6426.10亿元，与原常规年度报表数据相比多出2.04亿元，由于依据普查数据修订结果与原初步核算数据相差不大，各季度数据也无大的差异。而与我省位次相近的重庆经济总量通过第二次经济普查资料重新核算后比原常规年度核算数据多出700亿元左右。

年度数据确定后，在对季度数据调整时，重庆市2008、2009年一季度至少分别比原报表数据增加150亿元以上。在未调整前，2009年一季度，我省GDP为1155.21亿元，位居全国第23位，重庆GDP为1032.20亿元，比我省少123.01亿元，位居全国第24位。重庆在季度数据调整后，2009年一季度GDP总量已经超过我们，今年一季度GDP增速为19.3%，高出我省0.4个百分点，因此形成了我省一季度总量位居重庆之后的状况。

## 二、产业结构差异是位次后移的内在因素

由于产业结构的差异，我省年度和季度GDP总量在全国的位次并不相同。长时期以来，我省第一产业比重一直较大，尽管近年来随着第二、三产业的快速发展，使得第一产业比重大幅度下降，但从全国的平均水平来看，我省农业比重仍然偏高。以2009年为例，我省农业增加值占GDP比重为13.6%，高出全国平均水平3.0个百分点，排在全国的第15位。受气候等条件因素影响，我省各类农产品成熟期多在秋季，在进行核算时，其增加值多数分摊到第四季度。2009年四个季度我省农业增加值分别为74.01亿元、102.77亿元、215.07亿元和588.65亿元，从中明显可以看出，我省前三季度农业增加值偏小。重庆一方面农业比重低于我省，2009年为9.3%，另一方面不存在农业的季节性因素，第一产业增加值会较为均衡的计算在各季度中，因此会出现我省年度经济总量领先于重庆，而前几个季度经济总量却落后于重庆的情况。

## 三、第三产业增速放缓是位次后移的潜在隐患

近几年来，我省第三产业一直保持快速增长，成为整体经济运行中的一个亮点，但今年一季度，服务业增速出现了放缓迹象。尽管我省一季度总量位次后退主要是由经普数据调整和产业结构差异所致，但服务业增幅的下降使得整体经济未得到全力启动，进而造成位次后退。今年一季度，我省第三产业实现增加值533.48亿元，位居全国第24位，增长10.6%，位居全国第16位。与上年同期相比，三产总量位次后退1位，与上年全年相比，三产增速下降2.1个百分点，位次后退7位，10.6%的增速也是除去年受经济危机影响外，自2006年二季度以后第三产业的最低增幅。一季度第三产业对经济增长的贡献率仅为23.6%，低于去年同期16.3个百分点。

从全年看，我省经济农业所占比重较大，而农业不可能出现较高的增长幅度，整体经济的高速运行必须依赖于第二、三产业的共同作用，如何恢复和保持第三产业的快速增长需要引起重点关注。

# 节能降耗成效初显 实现目标仍需努力
## ——吉林省"十一五"以来节能降耗进程浅析及思考

高跃珊

**编者按：《节能降耗成效初现 实现目标仍需努力》—吉林省"十一五"以来节能降耗进程浅析及思考一文于2010年5月17日以《统计分析》第19期（总第579期）印发。**

单位GDP能耗5年累计下降22%，是吉林省"十一五"规划的节能目标，是必须完成的约束性指标。"十一五"以来，在省委、省政府的正确领导下，我省坚持以科学发展观为统领，认真贯彻落实国家节能降耗的各项政策和措施，积极调整产业结构，按国家要求积极淘汰落后产能，大力推进经济发展方式转变，节能降耗工作成效较为显著，但要全面完成"十一五" 规划的节能目标任务还有相当差距，今年是决战之年，留给我们的时间极为有限，任务相当艰巨。

### 一、前4年节能降耗基本情况和主要特点

#### （一）单位GDP能耗持续下降

"十一五"以来，我省单位GDP能耗持续下降。2006年、2007年和2008年单位GDP能耗分别比上年下降3.32%、4.41%和5.02%。经初步核算，2009年我省全社会综合能源消费总量为7695.8万吨（折标准煤，下同），单位GDP能耗为1.21吨，比上年下降5.98%，单位GDP能耗继续呈现逐年走低的基本态势。2009年能源消费总量与2005年相比，增加了2380.4万吨,年均增长9.7%，每万元GDP能耗由2005年的1.47吨下降到1.21吨,累计下降17.7%，已完成"十一五"期间下降22%规划目标的77%。

从三次产业单位增加值能耗的变化情况来看：第一产业个别年度与上年相比虽有所降低，但以2009年单位增加值能耗指标与2005年相比较，仍上升了20%。第二产业单位增加值能耗下降幅度较大，2009年单位增加值能耗为1.78吨，比2005年下降了25.5%。其中，2006年、2007年、2008年和2009年规模以上工业万元增加值能耗分别比上年下降4.11%、6.15%、6.96%和8.19%，年降低幅度均高于全省平均水平，

由于工业能耗占全社会的比重较高，因此对第二产业乃至对全社会节能降耗都产生了重要影响。2009年第三产业单位增加值能耗为0.43 吨，比2005年下降了30.6%，下降幅度超过第二产业，在全省节能降耗中也作出了突出的贡献。

从目前全国各省、区、市完成节能规划的进展情况来看，已有北京、天津等少数地区已提前一年完成了“十一五”节能规划目标。由于我省节能规划目标高于全国平均20%目标2个百分点，是全国降幅要求最高的省份之一（山西、内蒙、吉林和山东省目标均为22%），4年累计完成进度在全国应属中下游水平，要全面完成“十一五”节能规划目标的任务仍然十分艰巨。

（二）全省累计节能1374万吨，工业节能成效显著

“十一五”以来，我省经济持续较快发展，单位GDP能耗逐年下降，全社会累计节约能源1374.1万吨。从三次产业看，第二产业节能976.6万吨，占71.1%。其中，工业节能成效显著，贡献突出。

近年来，我省始终把工业领域的节能降耗工作作为全社会节能降耗工作的重点和突破口，采取了着力调整工业内部产业结构、严格按国家节能政策的要求积极淘汰落后产能、加大节能技术改造资金投入力度、全力组织实施国家“十大节能工程”、组织实施我省重点节能工程等一系列积极措施，为工业节能降耗提供了保障。据统计，2009年我省规模以上工业单位增加值能耗为1.62吨，比上年下降8.19%。与2005年相比，4年累计节约能源877.8万吨，占全社会累计节能总量的63.9%，取得了较为显著的节能降耗成效。

（三）单位GDP电耗相对较低，且持续下降

据国家发改委和中国电力企业联合会发布的公报显示，“十一五”时期的前3年，我省实现每万元GDP耗电分别为990.9千瓦小时、957.2千瓦小时和885.9千瓦小时，分别比上年下降了5.15%、3.4%和7.45%。

从单位GDP电耗指标值看，我省电耗水平相对较低，比全国平均水平低30%以上，且与单位GDP能耗同步呈现逐年下降之势。2008年与2005年相比较，全国单位GDP电耗平均上升了1.2%，而我省则下降了15.2%，降低率排名靠前。

（四）八成主要单位工业产品能耗下降

近年来，我省不断加大淘汰落后产能力度，加快企业节能技术改造和技术进步，积极推广节能新技术、新工艺和新设备，取得了一定成效，单位工业产品能源消耗水平不断降低。据2009年全省重点耗能企业主要单位产品能耗统计，在53种主要产品中，单位产品能耗比上年下降的有39种，占73.6%。与2005年相比，50种可比的单位产品中，有41种单耗水平有不同程度的下降，占82.0%。2009年全省平均每千瓦时火力发电标准煤耗为319克，比2005年下降了9.2%；每千瓦时火力供电标准煤

耗为346克,比2005年下降了8.9%；每吨乙烯生产耗电为145千瓦时，比2005年下降了7.8%；生产每吨水泥综合能耗为112千克标准煤，比2005年下降了23.3%。

## 二、节能降耗面临的主要问题

节能降耗技术性、政策性都很强，是一项长期、艰巨和复杂的系统工程。“十一五”前四年，我省节能降耗工作虽取得了阶段性的成果，成效较为显著，但制约当前和今后节能降耗工作的深层次矛盾还没有发生根本性的改变，能源消耗与全国平均水平和国内先进地区水平相比较仍存在较大的差距，面临的问题和矛盾仍然较多，突出表现在：

### （一）加快经济发展与降低能源消耗的矛盾仍然突出

我省尚属于经济欠发达地区，正处在加快经济和社会发展的重要历史时期，为尽快缩小与经济发达地区的发展差距，扩大经济总量是必然的选择和当务之急。近年来，以扩大经济总量和优化经济结构为目的的招商引资活动蓬勃开展，经济规模逐年扩大。在这一过程中，对工业的投资力度的不断加大是事关当前乃至长远经济总量扩张的重点任务。而工业产出规模的不断扩大，必然以能源消耗为代价，能源消费增长的刚性较强，加之经济发展尚没有摆脱粗放特征等因素，给能源供应带来巨大压力的同时，也给节能降耗工作带来很大的难度。“十一五”以来，虽然我省单位工业增加值能耗逐年降低，节能工作取得了积极的成果，但与先进省区的差距仍然较大。2009年我省规模以上工业万元增加值综合能耗是广东、上海的2倍，高于北京、天津50%以上。特别需要看到，近两年我省能耗降低幅度相对较大，是在特殊的经济环境和背景下实现的，这种较大幅度的降低趋势很难说带有持续性的特征。2008年下半年，受国际金融危机的波及影响，我省高耗能行业生产明显放缓，能源消费增长幅度偏低，对全省工业能耗的降低率产生了重大的影响。2009年以来，在国家保增长、保民生、保稳定等一系列措施的刺激下，传统的高耗能行业逐步出现恢复性增长，工业能耗也相应增长。今年乃至未来几年，伴随着高耗能产业的复苏和扩张，能源消费必将随之大幅度增长，后金融危机时期我省工业能源供需矛盾，特别是节能的压力将会进一步加大。

### （二）产业结构调整步伐缓慢，第三产业发展相对滞后

据核算，2009年我省第三产业共消费能源1091.6万吨，占全部能源消费总量的14.2%，比第三产业增加值占GDP的比重低23.7个百分点，单位增加值能耗为0.43吨，仅相当全省单位GDP能耗的35.5%，是典型的低能耗、高产出产业。

近年来，特别是国务院印发《关于加快发展服务业的若干意见》以来，我省积极调整产业结构，相继制定并出台了一系列鼓励和扶持第三产业发展的政策措施，

实现了第三产业的较快发展，但总体发展仍相对滞后。GDP增长仍然过分依赖工业增长的拉动，其结果是工业比重持续上升，第三产业比重提升缓慢甚至止步不前。2005—2008年，我省第三产业增加值占GDP的比重分别为39%、39.5%、38.4%和38%。2009年，我省第三产业实现增加值2730.72亿元，占GDP的比重为37.9 %，与上年相比较，比重基本持平。由于第三产业增加值增量较小,对全省单位GDP能耗降低的拉动作用并不明显。

按照国务院批转的《单位GDP能耗考核体系实施方案》的要求，第三产业增加值占地区生产总值的比重应逐年有所提高。而从我省的现实情况看,在加速工业化进程中扩大经济总量,在未来较长的时期内将始终是我省经济工作的重中之重,如何优化经济结构,处理好扩大经济总量与加快第三产业发展的关系,逐步提高第三产业占GDP的比重，进而推进全省节能降耗工作的健康发展，应该成为实现吉林经济更好更快发展的一个重大而紧迫的战略课题，需要进一步加大措施，加快推进。

（三）高耗能行业投入产出率低，贡献相对较小

近年来，我省不断加大工业节能降耗工作力度，按国务院的要求淘汰了一批落后产能，但也陆续新建了一些高耗能企业，工业内部高耗能行业比重偏高的现象总体改观不大。特别是由于高耗能行业具有投入高、产出低的特点，对整个工业能耗增长的结构性影响较大，而对工业经济产出的增长贡献偏小，制约和影响工业节能降耗目标的更好完成。

**1．比重偏高**

首先，从高耗能企业的单位数看：2009年，我省石油加工、炼焦及核燃料制造，化学原料及化学制品制造，非金属矿物制品，黑色金属冶炼及压延加工，有色金属冶炼及压延加工和电力、热力的生产和供应业等6大高耗能行业共有规模以上企业1219 户，占全部规模以上工业企业单位数的22.5%，比重仅比2005年下降了0.9个百分点。

其次，从高耗能行业能耗占规模以上工业能耗比重情况看：2005年、2006年和2007年全省高耗能行业的能源消费量分别占全部规模以上工业能耗总量的比重为75.4%、74.3%和70.4%、2008年受国际金融危机的波及影响，我省高耗能企业多数生产不景气，高耗能行业能耗比重回落到22.8%。2009年，伴随着整个经济的企稳回升，高耗能行业生产也有所恢复，能耗比重又回升到了68.8%。总体上看，“十一五”期间全省高耗能行业能耗占规模以上工业总能耗的比重基本上维系在70%左右水平，能耗比重的调整和改观并不明显。

**2．对工业增长的贡献水平偏低**

从我省的现实情况看，高耗能行业单位增加值能耗水平大体相当全部规模以上

工业单位增加值能耗平均水平的3倍左右。由于具有投入高、产品附加价值低的特点，高耗能行业对全省工业经济增长的贡献始终处于偏低的状态。2005年以来，我省6大高耗能行业实现增加值占全部规模以上工业增加值的比重基本上维持在20%～25%之间的水平。从东北三省及内蒙古等4省区的对比情况看，2008年辽宁、黑龙江和内蒙古六大高耗能行业能源消费量占规模以上工业能耗总量的比重分别为78.9%、64.7%和84.8%，而其实现的增加值占规模以上工业增加值总量的比重分别为41.1%、16.3%和45.4%，除黑龙江外，辽宁和内蒙古高耗能行业对工业经济增长的贡献率水平均高于我省。

（四）高技术产业在工业中的比重偏低

就一般规律而言，高技术产业具有能耗低而产出高的特点。据统计，2009年我省高技术产业万元增加值能耗仅为0.22吨标准煤，比全部规模以上工业平均能耗水平低1.4吨。近年来，我省高技术产业虽有一定发展，但创新能力亟待提高，总体发展还相对缓慢。2005年、2006年、2007年和2008年我省高技术产业增加值占全部规模以上工业增加值的比重分别为6.6%、7.3%、7.1%和6.3%，2009年比重虽比上年回升了0.7个百分点，但也仅为7.0%，大约比全国平均水平低6个百分点，比北京、上海、广东等发达省市低10～20个百分点。加快高技术产业发展，逐步提高其在整个工业经济中的比重，对有效提升我省产业技术水平、工业综合竞争能力和降低能源消费都具有重大意义。

## 三、几点建议和思考

“十一五”规划已经执行了4年，这期间在省委、省政府的正确领导下，伴随着经济持续快速发展，我省单位GDP能耗连年下降，节能工作取得了积极的成果。然而必须看到，我们仅仅完成规划目标任务的77%，离全面完成“十一五”规划目标所规定的时间仅有不到一年，任务紧迫，时不待我。

据初步核算，今年一季度全省实现地区生产总值1443.59亿元，按可比价格计算，比上年同期增长18.9%；全社会能源消费2163.04万吨，同比增长12.1%，单位GDP能耗为1.77吨，同比下降5.7%。其中，规模以上工业单位增加值能耗下降9.18%，降幅同比扩大0.67个百分点。从一季度的指标数据看，今年我省的节能工作开局良好，但今年后三个季度的宏观经济运行走势还带有很强的不确定性，还将会直接影响到节能目标任务的能否如期完成。面对复杂多变的形势，我们切不可以掉以轻心。为确保全面完成我省“十一五”节能规划目标，为“十二五”节能降耗工作奠定坚实的基础，我们必须进一步增强紧迫感、责任感，给予节能降耗工作以更充分的关注和重视，采取强有力、见效快的措施，推进节能工作进一步开展。

（一）密切关注宏观经济走势，加大节能措施落实力度

从能源消费与经济发展的内在关系看，单位GDP能耗的升与降同产出规模紧密相关。因此，无论是当前，还是长远，我们必须始终在扩大产出规模上下功夫。2009年以来，我省采取强有力的措施，总体经济发展很快摆脱了国际金融危机的束缚和影响，全省经济正在从“企稳回升”逐渐步入“常态较快增长”。今年一季度的经济运行充分证明了这一点，但未来三个季度经济发展的走势受国际经济大环境、国家宏观调控政策和市场需求的影响都较大，基础还不够牢固，还具有很强不确定性。因此，我们要密切关注和认真研究后金融危机时期国际大环境的变化、国家宏观经济调控政策对我省经济的影响，注重结构调整，保持三次产业协调发展，特别是要关注工业经济的发展变化，协调好生产要素的配置，保持工业经济的较快增长。客观地看，一季度我省工业经济的快速增长，主要得益于国内汽车市场需求的强力拉动和石油化工等行业的复苏。我们必须加大对工业经济的监测和研究，有针对性组织好后三个季度的工业生产。后三个季度全省经济发展走势如何，对能否全面完成全年GDP增长13%左右的规划目标，进而全面完成“十一五”时期节能规划目标极为关键。

其次，要以着力优化投入结构来控制能耗增量。就一般规律而言，经济快速增长，综合能源消费也将相应较大幅度地增加。今年一季度，全省规模以上工业增加值实现了29.7%的增长率，与之相联系的综合能源消费量也增长了17.8%，均高于上年同期的增幅。我们要自觉加大各项节能措施的落实力度，并按国家要求加快淘汰落后产能的进度。要密切关注高耗能行业的运行状态，一方面要加强对现有高耗能企业的用能监测，最大限度地科学配置能源资源；另一方面又要按照国家有关产业政策，严格控制新建和扩建高耗能企业，进一步优化能源投入，控制能源消费增量的适度增长。

（二）加快发展社会服务业，不断提高其在国民经济中的比重

社会服务业（即第三产业）在国民经济发展中具有产出效率相对较高而能源消耗相对较低的显著特点。就经济发展的普遍规律而言，在扩大经济总量中，保持服务业的快速增长，有利于实现经济结构的优化升级，同时也是提高能源综合产出效能和降低单位GDP能耗的一个十分有效的途径。

从我省现实情况看，近年来社会服务业虽有长足发展，但其在国民经济发展中比重偏低的状况并没有发生根本性改变。据初步测算，按现实的产业结构，服务业增加值占GDP的比重每提升1个百分点，工业比重相应降低1个百分点，在其他条件不变的情况下，单位GDP能耗就能降低0.4个百分点。目前,我省社会服务业发展总体发展仍相对滞后,且内部结构也不尽合理,现代服务业发展不足，特别是生产性服务

业比重持续走低,这既从一个侧面反映出我省经济结构的优化程度仍处于较低水平的现实,同时也表现出振兴中的吉林工业仍然缺乏对生产性服务业加快发展的渴望和需求。结合当前，立足长远，我们必须加快发展社会服务业。要在继续发展壮大交通运输、批发零售、住宿餐饮等传统社会服务业的同时，大力发展现代物流、IT和金融保险等现代服务业，并着力提升现有企业的产出水平。

（三）优化经济结构，着力发展低能耗和高技术产业

工业是能源消费的主体，其综合能源消费量占全社会能源消费总量的70%。我省工业结构的一个显著特征是轻重工业比重不够协调，既结构偏重，且高耗能行业比重偏高，而高技术产业发展相对迟缓，比重偏低。面对这样一种现实，我们必须下定决心，花大气力加快工业经济内部的结构调整和优化。一是要紧紧抓住国家实施的振兴东北老工业基地的重大战略契机和当前促内需、保增长的推动经济加快发展政策，通过大力招商引资，加快对传统的高耗能、低产出企业的技术改造，逐步发展和壮大轻工业，进一步优化产业结构，使轻重工业比例尽快趋于协调。二是要抓住近年来消费热点，进一步发展汽车、电子信息等能耗相对较低产业和高技术产业。在发展汽车工业中要特别注重发展新能源，低排放汽车。三是要正确处理经济发展与节能降耗的关系，要按国家产业政策严格限制高耗能产业项目的投资建设。四是要继续认真按照国务院下发的节能减排工作方案的要求和部署，加快落后产能的淘汰力度，采取科学审慎的态度，坚决关、停、并、转一批高耗能、高污染企业，并积极创造条件引导这部分企业向服务业或低能耗、高技术产业转移。

（四）强占先机，加快研究和发展低碳经济

综观世界经济发展的历程，我们可以发现这样一个规律：即每一次经济危机的爆发都会孕育着以此为新起点的新的产业革命和技术革命。低碳经济有较长的产业链，产出效应明显，与节能降耗工作密不可分，是节能降耗工作的深入和延伸，发展潜力巨大。从世界经济发展的现状和趋势看，通过核心的低碳技术研发与应用，着力发展低碳经济，实现经济发展模式的调整和产业结构的转型，是目前经济发展的一个战略重点。去年在哥本哈根召开的世界气候大会，为发展低碳经济，应对全球气候变化初步开辟了国际合作，共同应对气候变化的先河。发展低碳经济将成为我国和世界各国未来经济发展的方向。可以肯定，今后国际贸易和各国政府都将为发展低碳经济制定一系列规则和政策，我国也将会出台必要的政策措施。为此，我们一定要紧紧抓住这个机遇，强占先机，加快研究和发展低碳经济。一是要加大宣传。要在全社会大力宣传发展低碳经济的重大现实意义和深远历史意义，使各级政府、企业和全体公民都逐渐认识到发展低碳经济，保护我们赖以生存环境的重要性和紧迫性，从点滴做起，倡导低碳生产、低碳消费。二是有关部门要尽快组织力量

抓紧研究制定发展我省低碳经济的规划和有关政策，并千方百计地积极争取得到国家的支持，在我省开展先行先试工作。三是大力发展循环经济和积极开发利用新能源和可再生能源，为推进低碳经济的深入发展奠定坚实基础。低碳经济的内涵既包含低碳生产也包含低碳消费。低碳生产的一个重要特征就是大力发展可再生能源产业，从而逐步降低消费领域中碳基能源（煤、油等传统能源）的消费比重，以达到改善环境和抑制气候变化的目的。

风能、水能、太阳能和核能是典型的非碳基能源，且多数具备可再生性。风能、太阳能的开发利用，核能项目的建设都应是当前发展我省新能源产业的首选。我们要充分利用国家大力发展新能源产业的有关政策，积极争取国家有关部门在投资等方面的支持，加快风电、核电等新能源项目建设，并尽快扩大规模，进而不断改善我省能源生产和消费结构，促进低碳经济的发展。

# 前4个月全省经济运行情况

陈　雪

**编者按：《前4个月全省经济运行情况》一文，于2010年5月21日以《统计分析》第20期（总第580期）印发。**

今年以来，全省上下深入贯彻落实科学观，努力抓好各项政策措施，着力增强经济发展的动力和活力，整体经济运行延续了去年下半年企稳回升的走势，继续稳步上行，呈现出“速度效益同步大幅提高”的良好发展态势。

## 一、各项经济指标持续向好

### （一）工业生产保持快速增长

1—4月份，全省规模以上工业企业累计实现增加值1139.12亿元，按可比价格计算，比上年同期增长27.9%，增速在全国的位次由上年同期的第12位前提到第7位，前移了5位。其中，交通运输设备制造业累计实现增加值359.60亿元，同比增长50.2%，对全省工业生产增长的贡献率为49.4%，对我省工业生产的快速发展起到强劲的拉动作用。

### （二）投资规模继续扩大

1—4月份，全省累计完成城镇以上固定资产投资517.29亿元，比上年同期增长了26.1%。

从三次产业结构来看，第二产业仍然是投资主体，1—4月份，全省城镇以上固定资产投资完成额中第二产业完成投资377.92亿元，占全省城镇投资总额的73.1%，第二产业投资额同比增长36.3%，增速高于全省平均水平10.2个百分点。

从隶属关系来看，地方投资比重高、增速快、拉动作用明显。1—4月份全省城镇以上地方固定资产投资完成额425.17亿元，占全省城镇投资总额的82.2%，地方投资额同比增长29.0%，增速高于全省平均增速2.9个百分点，拉动全省城镇投资增长了23.3个百分点。

从投资构成来看，全省用于设备、工器具购置的投资额为249.26亿元，占

48.2%，同比增长43.7%，增速高于全省水平17.6个百分点，对全省城镇投资的拉动最为强劲；建筑工程投资189.58亿元，同比增长23.9%；安装工程28.16亿元，同比下降0.1%；其他费用50.29亿元，同比下降9.4%。

（三）消费品市场稳中见旺

今年前4个月，全省消费品市场呈现稳中见旺的态势，全省实现社会消费品零售总额1031.66亿元，同比增长18.1%。

从商品的类别来看，热点消费持续不减，带动消费品市场繁荣活跃。受到国家政策和消费观念更新的影响，食品、汽车、石油等热点商品持续热销。其中，限额以上批零企业食品、饮料、烟酒类实现零售额32.48亿元，同比增长25.9%；限额以上批零企业汽车类实现零售额62.90亿元，同比增长30.6%；限额以上批零企业石油及制品类实现零售额65.37亿元，同比增长21.7%。

从行业结构来看，住宿餐饮业发展较快，成为消费品市场的领头羊。1—4月份我省住宿餐饮业实现零售额87.85亿元，同比增长21.4%；高出批发零售业3.6个百分点。其中，限额以上住宿餐饮业实现零售额6.89亿元，同比增长21.0%；限额以下住宿餐饮业实现零售额77.36亿元，同比增长21.8%。

从企业规模来看，限额以上企业保持较快增长速度。1—4月份全省限额以上企业保持了较快的发展速度，实现零售额285.66亿元，同比增长25.0%，高于全省平均水平6.9个百分点，也高于限额以下企业零售额同比增速9.3个百分点。

（四）对外贸易高速增长，利用外资稳步提高

今年以来，我省对外经贸形势延续了上年下半年的回升态势，呈现出强劲反弹势头。1—4月份累计实现进出口总值51.20亿美元，比上年同期增长73.0%，其中进口总值39.61亿美元，同比增长80.1%，出口总值11.59亿美元，同比增长52.5%。1—4月份，全省实际利用外资10.03亿美元，同比增长13.7%，其中外商直接投资3.66亿美元，同比增长1.6%。

（五）金融信贷平稳运行

截止4月末，全省金融机构本外币存款余额9088.33亿元，比年初增加682.71亿元，其中，人民币存款余额8998.63亿元，比年初增加680.71亿元；金融机构本外币贷款余额为6810.94亿元，比年初增加510.52亿元，其中，人民币贷款余额6749.07亿元，比年初增加514.41亿元。从信贷结构看，全省金融机构存贷款比率为75.0%，比上年同期下降了2个百分点。

（六）居民消费价格温和上涨，生产价格涨幅较大

1—4月份，居民消费价格比上年同月上涨3.4%，涨幅比上月末回落0.1个百分点，其中，食品价格同比上涨8.4%，涨幅比上月末提高0.1个百分点。工业品出厂

价格上涨7.1%,涨幅比上月末提高0.1个百分点；原材料、燃料、动力购进价格上涨9.6%，涨幅比上月末提高0.4个百分点。

## 二、经济运行质量继续提高

### (一）财政收入高速增长

1—4月份，全省地方级财政收入201.92亿元，比上年同期增长41.3%。其中，税收收入拉动作用突出，1—4月份，全省地方级税收收入完成158亿元，同比增长52.7%，税收收入对全省地方级财政收入增长的贡献率为92.3%，拉动全省地方级财政收入增长38.1个百分点。

1—4月份，全省财政支出361.91亿元，比上年同期下降2.5%，其中，一般公共服务支出47.95亿元，同比增长15.0%，农林水事务支出61.67亿元，同比增长1.5倍，而社会保障和就业支出54.94亿元，同比下降10.6%，教育支出52.76亿元，同比下降4.0%，粮油物资储备管理等事务支出30.86亿元，同比下降59.7%。

### (二）企业效益持续好转

工业经济在生产保持高速增长的同时，市场销售形势喜人，企业经济效益持续大幅提高。截止4月底，全省规模以上工业累计实现产品销售率98.5%，同比提高了1.8个百分点，实现主营业务收入3662.62亿元，同比增长57.5%，实现利润245.54亿元，同比增长2.2倍，工业综合经济效益指数达到282.78%，同比提高了59.9个百分点，工业经济发展呈现生产和效益同步大幅提高的良好态势。

## 三、社会经济保障能力运行稳定

### (一）交通运输业大幅增长

前4个月，全省公路货物运输量达9231万吨，比上年同期增长33.1%，货物周转量为185.73亿吨公里，同比增长15%；铁路货物发送量达2653万吨，同比增长24.9%，货物周转量为203.26亿吨公里，同比增长13.5；民航货物发送量达6911吨，同比增长34.1%，货物周转量为1507.8万吨公里，同比提高18.8%。

### (二）邮电通信业持续快速增长

前4个月，全省邮电业务总量201.76亿元，同比增长23.7%，增幅比上年同期提高11.4个百分点；其中，电信业务总量194.20亿元，同比增长24.0%，增幅同比提高11.8个百分点。全省互联网接入用户250.90万户，同比增长19.9%，其中宽带接入用户242.40亿元，同比增长22.2%；移动电话用户1658万户，同比增长11.4%，增幅同比提高0.9个百分点。

（三）社会用电增速逐月加快

截止4月末，我省全社会累计用电量188.25亿度，同比增长15.1%，其中4月份当月用电45.44亿度，同比增长17.9%。从各个月份的当月用电增速来看，2月、3月、4月增幅分别为9.1%、15.8%和17.9%，呈现逐月加快趋势，其中，工业用电增幅分别为15.3%、16.1%和21.6%，进一步表明我省经济复苏步伐加快。

# 剖析一季度全社会节能降耗形势
# 把握后三季度节能降耗重点工作

宋雅丽　苏艳春　刘冰

**编者按：**《剖析一季度全社会节能降耗形势　把握后三季度节能降耗重点工作》一文于2010年5月24日以《统计分析》第21期（总第581期）印发。

2010年是实施“十一五”规划的最后一年，也是全面实现“十一五”节能降耗目标的决战之年。进入2010年以来，我省始终坚持以科学发展观为统领，在加快经济发展的同时,全力推进各项节能降耗措施的贯彻落实,今年一季度，万元GDP能耗同比下降5.7%，降幅高出全年预计目标0.2个百分点，为年底全面完成“十一五”节能降耗目标任务奠定了基础。

## 一、一季度全省全社会节能降耗的基本特征

经国家统计局初步核定，今年一季度，我省全社会能源消费总量为2163.04万吨标煤（等价值，下同），同比增长12.1%，万元GDP综合能耗为1.77吨标煤，同比下降5.7%，降幅为“十一五”以来同期的最高水平，节约能源131.35万吨标煤。

从国民经济内部能源消费结构（不包括居民生活）看，三次产业均取得了节能降耗效果。第一产业能源消费量为19.81万吨标煤，同比增长2.0%，万元增加值能耗为0.34吨标煤，同比下降1.5%，节约能源3.3万吨标煤，节能贡献率为3.4%；第二产业能源消费量为1544.73万吨标煤，同比增长14.1%，万元增加值综合能耗为2.25吨标煤，同比下降10.3%，节约能源65.74万吨标煤，节能贡献率为66.8%，是全社会节能降耗的主导力量；第三产业能源消费量为329.89万吨标煤，同比增长9.2%，万元增加值能耗为0.69吨标煤，同比下降1.3%，节约能源29.45万吨标煤，节能贡献率为29.9%。

从居民生活能源消费状况来看，一季度，城乡居民生活用能为268.61万吨标煤，同比增长6.0%，增速低于上年同期6.3个百分点，低于当期全社会能耗增幅6.1个百分点，是“十一五”以来同期的最低增长水平。

## 二、节能降耗的成因

### （一）增加值的增长和用电量的下降共同作用于一产业节能降耗

一季度，在畜牧业较快增长的大力推动下，在部分农产品加快生产的影响下，一产业实现增加值79.25亿元，按可比价计算，同比增长3.5%；同时，今年由于春寒节气延长，备耕时间推迟，第一产业用电1.30亿千瓦时，同比下降1.8%，在其的直接拉制下，一产业综合能耗仅增长2.0%。由于综合能耗的增速低于增加值的增速，一产业节能降耗取得一定成效。

### （二）工业领域是节能降耗的中流砥柱

占全社会能耗总量70%的我省工业领域，一方面深挖内部节能潜力，不断提高生产技术和管理水平，实现内在动力节能；另一方面继续强化目标考核，加快淘汰落后产能，积极实施国家“十大”节能工程和各级政府的节能项目，实现外部动力节能。在内因与外因的共同作用下，我省工业领域节能降耗取得积极效果。一季度，全部工业能源消费量为1530.04万吨标煤，同比增长14.0%，万元工业增加值综合能耗为2.28吨标煤，同比下降10.5%，节约能源66.59万吨标煤，节能贡献率为67.6%，高出第二产业节能贡献率0.8个百分点，成为全社会节能降耗的中流砥柱。

从工业领域内部能源消费结构看，一是规模以上工业生产节能降耗效果显著。一季度，我省规模以上工业生产综合能耗为1348万吨标煤（当量值），同比增长17.8%，万元增加值综合能耗为1.82吨标煤（当量值），同比下降9.2%，节约能源135.85万吨标煤（当量值）；二是规模以下工业节能取得积极进展。一季度，我省规模以下工业能源消费量为169.84万吨标煤，同比下降13.5%，降幅较大的原因：一是今春较往年寒冷，相当部分小企业特别是民营企业春节放假时间延长，导致能源消耗同比下降；二是随着经济的企稳回暖，一些高耗能企业生产规模扩大，由规下工业纳入到规上工业统计，从而大量减少了规下工业能源消耗。

### （三）交通运输业能耗低速增长推动第三产业节能降耗

为促进低碳经济发展并消除油品价格上涨带来的成本上升压力，我省交通运输业在积极启用电动汽车的基础上，采取进一步加强能耗定额管理等措施，使得能源消耗呈现了低速增长态势。一季度，我省交通运输业能源消费量为150.81万吨标煤（包括仓储与邮政业），同比增长4.4%，低于第三产业能耗增速4.8个百分点，实现万元增加值综合能耗1.8吨标煤，同比下降4.7%，节约能源21.02万吨标煤，对第三产业节能贡献率为71.4%。

除交通运输、仓储和邮政业以外的其他第三产业增加值占GDP比重为32.3%，同比降低2.3个百分点，从而引发结构节能12.83万吨标煤，与直接增耗4.40万吨标煤相抵，共节约能源8.43万吨标煤，对第三产业的节能也起到了一定的促进作用。

（四）城乡居民生活用能低速增长减缓了全省能耗总量的刚性增长

近些年来，伴随着人民生活水平的不断提高，城乡居民生活用能呈现出刚性增长的基本态势。但今年一季度，我省城镇居民生活用电量为14.35亿千瓦时，同比增长5.3%，增幅低于上年同期2.4个百分点；农村居民生活用电量为9.97亿千瓦时，同比增长9.6%，增幅低于上年同期3.7个百分点，受此两者牵制，以及由于低温多雪，私家汽车、摩托车出行减少等因素的作用，城乡居民生活用能低速增长。一季度，我省城镇居民生活用能为218.06万吨标煤，同比增长5.2%，增速低于上年同期4.7个百分点；农村居民生活用能为50.55万吨标煤，同比增长9.4%，增速低于上年同期8.3个百分点。在两者的共同影响下，城乡居民生活用能仅拉动全社会能耗增长0.8个百分点，同比降低0.6个百分点。

## 三、存在的主要问题

一季度，我省节能降耗工作虽然取得了积极进展，但由于经济结构调整相对滞后，用能结构不合理和浪费能源现象依然存在，对实现全年节能降耗目标形成一定压力。

（一）第三产业增加值比重降低，不利于万元GDP能耗下降

在国民经济三次产业中，假如各产业直接节能没有明显效果，那么由于第二产业单耗水平相对较高，其快速发展会减缓万元GDP能耗降低幅度；由于第三产业单耗水平相对较低，其加快发展将增强对万元GDP能耗降低幅度的拉动，反之，会减缓万元GDP能耗降低幅度。今年一季度，我省第三产业实现增加值533.48亿元，占GDP比重为37.0%，比上年同期降低3.9个百分点，从而减缓万元GDP能耗降低率2.9个百分点。同理，全省第二产业实现增加值830.86亿元，占GDP比重为57.6%，同比上升4.9个百分点，从而减缓万元GDP能耗降低率2.3个百分点。由此可见，提高第三产业增加值在地区生产总值中的比重，对节能降耗的意义重大。

（二）六大高耗能企业生产加快，工业结构调整任重道远

随着我省经济的全面复苏，六大高耗能企业生产加快，能源消耗呈现了大幅上升态势。一季度，全省六大高耗能行业共完成工业增加值187.17亿元，按可比价计算，同比增长21.1%，增速比上年同期加快15.4个百分点，工业生产综合能源消费量912.03万吨标煤（当量值），同比增长18.1%，高出全省规模以上工业生产综合能耗增速0.3个百分点，比上年同期加快18.2个百分点，高于增加值增长率加快幅度2.8个百分点。六大高耗能行业能耗大幅上升，一是来自于两年均纳入规模以上工业统计范围，生产加速发展的717户高耗能企业能耗增长的拉动作用。一季度，717户高耗能企业生产综合能源消费量为1044.14万吨标煤（当量值），同比增长22.3%，对六

大高耗能行业生产综合能源消费量增量的贡献率为58.1%；二是来自于2009年4月以后新纳入规模以上工业统计范围的257户高耗能企业拉动。一季度，257户高耗能企业生产综合能源消费量为93.89万吨标煤（当量值），同比增长3.3倍，对六大高耗能行业生产综合能源消费量增量的贡献率为51.4%。因此，当前高耗能企业生产增速加快的趋势值得注意，要转变经济发展方式，必须坚决遏制高耗能企业生产过快发展。

（三）建筑企业用能增长过快，弱化了节能降耗成果

一季度，全省建筑企业能源消耗量为14.69万吨标煤，同比增长26.7%，增幅高出第二产业能耗增长率12.6个百分点，高出全社会能耗增长率14.6个百分点,万元增加值能耗为0.89万吨标煤，同比增长3.5%，增加能源消耗0.86万吨标煤，减缓万元GDP综合能耗降低率0.04个百分点。在建筑企业能源消费中，电力消耗1亿千瓦时，同比增长33.0%，增幅不仅远远高出其他产业，也分别高出整个建筑行业能耗与增加值增幅各6.3和10.8个百分点。

全省建筑企业用电量快速增长，固然有今春天气寒冷，取暖用电增加较多的原因，但也不排除建筑施工企业用电管理不善因素。

## 四、对今年后三季度全省节能降耗工作的建议

一季度，我省万元GDP能耗降低5.7%,虽然好于预期，但从影响节能降耗成果不利因素来分析，节能降耗工作的基础尚不牢固，因此，建议今年后三季度应着力从以下四个方面进一步抓好全省节能降耗工作，确保“十一五”节能降耗目标的如期实现。

（一）积极扩大内需，提升第三产业增加值在GDP中的比重

实现单位GDP能耗可持续下降的最有效办法就是推动经济结构的不断调整，尤其是不断提升第三产业增加值在GDP中的比重。今年一季度，我省第三产业增加值占GDP比重为37.0%，创近10年来新低，其中：批零贸易、住宿餐饮和房地产业增加值占GDP的比重分别比上年同期降低1.5、0.3和0.3个百分点。由居民消费不足带来的第三产业增加值比重下降，为今年我省节能降耗工作增加了新的难度。因此，我们必须坚定不移地推行扩大内需的方针，继续实施适度宽松的金融政策，要依据物价上涨的程度来合理调整城乡居民的收入水平，确保扩大内需政策的连续性，以扩大内需的成果来保证第三产业增加值的刚性增长，为全面完成和超额完成我省“十一五”节能降耗目标创造更为宽松的环境。

（二）强化工作措施，严控工业领域能耗存量与增量

工业始终是我省节能降耗的重点领域。从今年一季度的情况看，单位工业增加

值能耗每降低1个百分点，可拉动单位GDP能耗降低0.7个百分点。所以，在今年后三季度的工作中，要继续加大节能降耗措施的实施力度，切实控制好能耗存量尤其是增量，大力提升其对全社会节能降耗的贡献程度。

在控制能耗存量上，一是要坚决淘汰落后产能，加快产业结构调整步伐；二是确保该上马的节能技改项目按时开工，提高生产技术水平；三是强化产品，特别是对高耗能产品定额管理，不断降低单位产品能耗；四是加强对重点耗能企业，特别是对六大高耗能企业生产的跟踪监测及指导，坚决遏制其能耗过快增长；五是加强对非生产用能的监控，防止生产用能转嫁到非生产用能一方。

在控制能耗增量上，一是要严格执行高耗能行业准入标准，严控新增高耗能和低附加值企业投入生产；二是严密监控新增高耗能企业生产状况，对二季度仍达不到所在行业单位产品能耗平均水平的企业，要采取果断措施消除影响。

（三）健全制度，将建筑企业节能纳入法制化轨道

节能降耗是全过程、全方位、全社会的系统工程，必须动员全社会力量共同参与。我省建筑企业能源消耗量占全社会能源消耗总量的比重虽不足1%，但“十一五”以来一直保持着较快的增长势头，特别是用电量增速颇高。因此，要抓住当前有利时机，从强化法律制度建设入手，把建筑节能纳入法制化轨道，进一步明确职责、量化指标、强化考核，促使其在全省节能降耗工作中发挥更大的作用。

（四）加强节能监测，做好预警工作

今年后三季度，我省节能降耗工作将进入攻坚阶段，在这个阶段中，尤其要加强节能监测工作，密切关注全社会能耗变动趋势，及早发现影响节能降耗目标完成的突出问题并采取应对措施，坚决遏制能耗过快增长，确保“十一五”节能降耗目标圆满实现。

# 我省职工工资水平与全国及部分省份对比分析

张　丹

**编者按：《我省职工工资水平与全国及部分省份对比分析》一文于2010年6月1日以统计参考第5期（总第20期）印发。省政府副秘书长张大松对本文进行了批示。**

近年来，我省在岗职工工资稳步增长。但与全国平均水平的差距不断扩大，在全国一直处于落后的位置，且位次呈现下滑趋势。

## 一、我省工资水平与全国几部分省份对比

2004—2009年，我省城镇单位职工平均工资由12431元增加到26230元，增长了110.0%，翻了一番。但与全国平均水平的差距在不断扩大，由2004年的3593元增加到6560元，差距也增加了近一倍。在全国的位次由27位下滑到29位。（见表1）

表1　2004—2009年我省职工工资与全国平均水平对比

单位：元

| | 吉林省工资水平 | 与全国平均水平的差距 | 在全国的位次 |
|---|---|---|---|
| 2004年 | 12431 | −3593 | 27 |
| 2005年 | 14409 | −3996 | 28 |
| 2006年 | 16583 | −4418 | 27 |
| 2007年 | 20513 | −4419 | 25 |
| 2008年 | 23486 | −5743 | 27 |
| 2009年 | 26230 | −6560 | 29 |

与东北其他两省相比，我省的工资水平低于辽、黑两省，与他们的差距也不断扩大。2004—2009年我省工资与黑龙江省的差距由126元扩大到305元，与辽宁省的差距由2490元扩大到4910元。

我省与发达省份工资水平的差距更为悬殊。2009年我省工资比上海低58.7%，相

差37319元；比浙江低42.6%，相差11165元；比广东低38.6%，相差10125元；比江苏低36.8%，相差9660元。

## （一）分经济类型对比，仅有外商投资企业工资高于全国平均水平

按经济类型分组进行对比：2009年，我省除外商投资企业外，其他单位工资都低于全国该类型单位的平均水平。其中国有单位工资比全国平均水平低20.4%，相差7060元，在全国相同类型单位中居第28位；城镇集体单位工资比全国平均水平低30.3%，相差6272元，在全国同类型单位中居第30位，其他经济类型单位工资比全国平均水平低17.8%，相差5594元，在全国同类型单位中居第18位。我省外商投资企业职工工资高于全国平均水平182元，在全国同类型单位中居第4位。（见表2）

表2 2009年我省各种经济类型单位工资与全国平均水平对比

单位：元，%

| | 吉林省 | 与全国平均水平差距 | | 在全国的位次 |
|---|---|---|---|---|
| | | 绝对 | 相对 | |
| 全部单位 | 26230 | −6560 | −20.0 | 29 |
| 国有单位 | 27523 | −7060 | −20.4 | 28 |
| 城镇集体单位 | 14443 | −6272 | −30.3 | 30 |
| 其他经济类型单位 | 25755 | −5594 | −17.8 | 18 |
| 其中：1.股份合作 | 14714 | −10463 | −41.8 | 30 |
| 2.联营 | 13131 | −14604 | −49.5 | 30 |
| 3.有限责任公司 | 21910 | −6901 | −24.0 | 27 |
| 4.股份有限公司 | 32652 | −6227 | −16.2 | 14 |
| 港澳台投资 | 18774 | −9132 | −32.7 | 26 |
| 外商投资 | 35503 | 182 | 4.9 | 4 |

## （二）分单位类型对比，机关职工工资与全国平均水平差距最大

按企业、事业、机关进行分组对比：相对与企业和事业单位，机关职工工资与全国平均水平的差距更为显著。2009年，我省企业职工的工资水平比全国平均水平低17.2%，相差5406元，居全国第26位；事业单位职工工资比全国平均水平低22.7%，相差7700元，居全国第29位；机关职工平均工资比全国平均水平低25.0%，相差9315元，居全国第29位。（见表3）

2009年我省机关职工工资27929元，同比增长10.8%，增幅分别低于企业、事业0.3和2.4个百分点，工资水平低于国有企业943元，低3.3%。近年来我省一直没有出台有效的增资政策，机关工资增长缓慢，2009年能达到10.8%的增长幅度很大程度依靠县、市机关工资的补发、补涨。

表3　不同单位性质职工工资与全国平均水平对比

单位：元，%

| | 吉林省 | 与全国平均水平 | | 在全国的位次 |
|---|---|---|---|---|
| | | 绝对 | 相对 | |
| 全部单位 | 26230 | −6560 | −20.0 | 29 |
| 企　业 | 25995 | −5406 | −17.2 | 26 |
| 事　业 | 26151 | −7700 | −22.7 | 29 |
| 机　关 | 27929 | −9315 | −25.0 | 29 |

2009年我省机关职工工资比辽宁低21.1%，相差7312元；比黑龙江低11.6%，相差3572元；比上海低61.7%，相差43678元；比浙江低56.6%，相差35395元，比江苏低52.6%，相差30125元；比广东低45.6%，相差22846元。

（三）分行业对比，17各行业的工资列全国20位之后

按行业分组进行对比：我省国民经济19个行业门类的工资水平均低于全国各行业平均水平。有2个行业工资不足全国平均水平的60%，有7个行业工资低于全国平均水平的70%，有6个行业工资低于全国平均水平的80%，2个行业工资低于全国平均水平的90%。除制造业居全国第10位、租赁和商务服务业居全国第13位，其他17个行业的工资均列全国20位之后。（见表4）

## 二、全国31各省份的工资格局和形势分析

从2009年全国的工资格局来看，31个省（区、市）中，仅有9个省份的工资高于全国平均水平，包括京、津、沪，长三角的浙江、江苏，珠三角的广东，以及西部的西藏、宁夏和青海。居全国第10位的辽宁省工资低于全国水平1633元，与工资居全国首位的上海市相差32445元，与工资水平居末位的江西省仅相差6408元。可见在全国范围内工资分配极不均衡，存在显著的区域差异。全国31个省（市、自治区）中，平均工资超过6万元的省份有1个（上海），5～6万元的省份有1个（北京），4～5万元的省份有2个（西藏、天津）3～4万元的省份有9个，平均工资在3万元以下的省份有18个，呈现“低多高少的”格局（见表5）。

近年来，工资处于中低水平的省份增速较快，形成赶超之势。2007年我省工资增幅达到23.7%，增幅居全国第3位，在全国的位次由27位提升到25位，高于云南、河北、湖北、黑龙江、海南和江西6省，2008年河北、云南两省工资快速增长，增幅分别达到24.3%和17.3%（我省仅为14.5%），工资水平超过我省，我省由25位下滑到27位；2009年湖北和黑龙江的工资增幅分别达到19.3%和15.1%（我省仅为11.7%），工资水平超过我省，前移至26位和28位，我省位次由27位下滑到29位。

表4　2009年我省不同行业职工工资与全国平均水平对比

单位：元，%

| | 吉林省 | 与全国平均水平差距 | 占全国平均水平的百分比 | 在全国的位次 |
|---|---|---|---|---|
| 全部单位 | 26230 | −6506 | 80.1 | 29 |
| 农林牧渔业 | 13667 | −1244 | 91.7 | 27 |
| 采矿业 | 31791 | −6433 | 83.2 | 20 |
| 制造业 | 25953 | −646 | 97.6 | 10 |
| 电力燃气及水的生产和供应业 | 29605 | −13063 | 69.4 | 31 |
| 建筑业 | 19519 | −5106 | 79.3 | 28 |
| 交通运输仓储和邮政业 | 26742 | −9482 | 73.8 | 30 |
| 信息传输计算机服务和软件业 | 31453 | −28466 | 52.5 | 29 |
| 批发和零售业 | 20138 | −8893 | 69.4 | 27 |
| 住宿和餐饮业 | 14689 | −6504 | 69.3 | 30 |
| 金融业 | 38849 | −31416 | 55.3 | 29 |
| 房地产业 | 21248 | −11343 | 65.2 | 28 |
| 租赁和商务服务业 | 24498 | −9820 | 71.4 | 13 |
| 科学研究技术服务和地质勘查业 | 34290 | −16576 | 67.4 | 20 |
| 水利环境和公共设施管理业 | 17238 | −7313 | 70.2 | 30 |
| 居民服务和其他服务业 | 16257 | −9447 | 63.2 | 31 |
| 教育 | 29452 | −5590 | 84.0 | 24 |
| 卫生、社会保障和社会福利业 | 26245 | −10135 | 72.1 | 28 |
| 文化体育和娱乐业 | 25286 | −13033 | 66.0 | 26 |
| 公共管理和社会组织 | 28042 | −8266 | 77.3 | 28 |

2009年，平均工资低于3万元的18个省份的工资差距不足5000元，各省工资增长幅度将直接影响在全国的位次。我省若不及时出台有力的增资政策，促进工资快速增长，位次继续下滑毋庸置疑。

## 三、我省工资水平具有增长潜力

近年来，我省经济快速发展，经济总量、财政收入和固定资产投资总额高速增长，而职工工资增速却相对落后。工资增长存在很大潜力。

### (一) 人均GDP在全国的位次领先于职工平均工资的位次

2009年，我省人均GDP在全国31个省（区、市）中初步核算基本排在第11位，与上年持平，领先于同期职工平均工资位次18位。人均GDP居前10位的省份依次为上海、北京、天津、浙江、江苏、广东、山东、内蒙古、辽宁和福建，这些省份的工资大多排在全国前列。而我省人均GDP与职工平均工资的位次严重不协调，不仅没有体现“让发展成果惠及全体人民”的执政理念，还会影响劳动者的积极性和创造性。

表5　2009年全国31个省、市、自治区工资及增长情况

单位：元，%

| 位次 | 省份 | 在岗职工平均工资 | 增速 | 增速位次 |
|---|---|---|---|---|
| | 全　国 | 32736 | 12.0 | |
| 1 | 上　海 | 63549 | 12.3 | 16 |
| 2 | 北　京 | 58140 | 3.2 | 30 |
| 3 | 西　藏 | 48750 | 3.1 | 31 |
| 4 | 天　津 | 44992 | 7.8 | 29 |
| 5 | 浙　江 | 37395 | 9.5 | 27 |
| 6 | 广　东 | 36355 | 9.8 | 25 |
| 7 | 江　苏 | 35890 | 13.3 | 11 |
| 8 | 宁　夏 | 34082 | 10.9 | 21 |
| 9 | 青　海 | 33561 | 8.3 | 28 |
| 10 | 辽　宁 | 31104 | 12.2 | 18 |
| 11 | 重　庆 | 30965 | 14.8 | 6 |
| 12 | 内蒙古 | 30699 | 17.6 | 2 |
| 13 | 山　西 | 30185 | 16.4 | 4 |
| 14 | 山　东 | 29688 | 12.4 | 14 |
| 15 | 安　徽 | 29658 | 12.5 | 13 |
| 16 | 福　建 | 28666 | 11.5 | 20 |
| 17 | 四　川 | 28563 | 14.1 | 9 |
| 18 | 山　西 | 28469 | 10.2 | 23 |
| 19 | 河　北 | 28383 | 14.6 | 8 |
| 20 | 广　西 | 28302 | 10.3 | 22 |
| 21 | 贵　州 | 28245 | 14.8 | 7 |
| 22 | 新　疆 | 27753 | 12.4 | 15 |
| 23 | 河　南 | 27357 | 10.2 | 24 |
| 24 | 湖　南 | 27284 | 9.7 | 26 |
| 25 | 甘　肃 | 27177 | 13.2 | 12 |
| 26 | 湖　北 | 27127 | 19.3 | 1 |
| 27 | 云　南 | 26992 | 12.3 | 17 |
| 28 | 黑龙江 | 26535 | 15.1 | 5 |
| 29 | 吉　林 | 26230 | 11.7 | 19 |
| 30 | 海　南 | 24934 | 14.0 | 10 |
| 31 | 江　西 | 24696 | 17.6 | 3 |

（二）劳动报酬占GDP的比重呈下降趋势

在我省国民收入初次分配中，城镇单位从业人员劳动报酬占生产法GDP的比重由2004年的11.4%下降到2009年的9.6%，而全国该比重由2004年的11.0%上升至2009年的12.0%。

（三）地方财政收入快速增长

2004—2009年，我省地方财政收入由166.28亿元增加到487.09亿元，年均增长23.9%，同期城镇单位从业人员劳动报酬由355.5亿元增加到689.5亿元，年均增长14.2%。地方财政收入增速高于劳动报酬增速9.7个百分点。地方财政收入的快速增长为提高职工工工资提供有力支撑。

（四）固定资产投资快速增长

近年来，我省固定资产投资快速增长，成为拉动全省经济增长的重要力量。2004-2009年，我省固定资产投资总额由1171.6亿元增加到7259.5亿元，年均增长44.0%，比同期劳动报酬的增速高39.5个百分点。

综上所述，当前我省经济快速增长，工资却增长缓慢。这不仅影响职工队伍的稳定，还会造成消费不足和社会贫富差距的扩大，制约社会经济的发展，尽快实施全省“富民工程”势在必行。

## 四、建议对策

（一）建立动态的最低工资增长机制

最低工资增长机制是矫正劳动力价格被低估的重要保障措施。及时调整最低工资标准，有利于提高低收入群体的工资水平。在制定最低工资制度时应引入劳动力生产水平、通胀率指标和经济发展指标，使最低工资的增长不低于通胀水平，并适当考虑经济增长指标，保证工资增高不被通胀侵蚀。同时要加强对最低工资执行情况的检查力度，保障低工资群体的合法权益。

（二）用制度保障职工工资收入随企业经济效益稳定增长

目前，我省对企业工资增长的管理缺乏约束力，仅仅依靠不定期发布工资指导线，而工资指导线对企业的工资增长只具有“指导”作用，没有刚性的制约。2009年我省的规上工业、限上商业和资质以上建筑业均实现了盈利企业个数增多、利润额增大，因此当前企业有条件、有能力提高职工工资水平。由于劳动力供过于求等原因，一线职工工资增长缓慢。应逐步建立企业劳动报酬增长机制，可以考虑实行经营者收入与职工收入挂钩办法，引导企业促进职工增收。

（三）政府适时出台提高公务员工资的有关政策

近年来，在扩大投资的作用下，政府支出中用于投资的支出较高，而用于增加人员福利的支出相对较少。2009年我省机关职工工资仅占全国平均水平的74.5%，而地方财政收入快速增长，为出台有效地增资政策提供必要和可能。

# 2009年全省规模以上工业企业取水总量增长16.8%

苏艳春

**编者按：《2009年全省规模以上工业企业取水总量增长16.8%》一文于2010年6月2日以《统计分析》第22期（总第582期）印发。**

水是人类赖以生存和发展的基础，是经济社会可持续发展的保证。保护和节约水资源，越来越得到各级政府的高度重视。近些年来，伴随着我省经济的快速发展，工业企业的用水量也呈现逐年递增的态势。如何合理利用水资源，实现水资源可持续利用，是经济社会可持续发展中必须关注和解决的问题。

## 一、工业企业水消费的基本情况

### （一）取水总量呈上升趋势

2009年，全省规模以上工业企业共计5933户，取水总量29.51亿立方米，比上年增加4.24亿立方米，增长16.8%，其中：地表水20.75亿立方米，增长15.1%；地下水7.69亿立方米，增长15.5%；自来水0.89亿立方米，增长72.7%。全年支付水费总额8.17亿元，比上年增长16.7%。（见表1）

表1　全省规模以上工业企业水消费

| 指　标 | 数量（亿立方米） | | | 金额（亿元） | | |
|---|---|---|---|---|---|---|
| | 2009年 | 2008年 | 增长(%) | 2009年 | 2008年 | 增长(%) |
| 取水总量 | 29.51 | 25.27 | 16.8 | 8.17 | 7.00 | 16.7 |
| 1.地表水 | 20.75 | 18.02 | 15.1 | 2.54 | 1.78 | 43.0 |
| 2.地下水 | 7.69 | 6.66 | 15.5 | 2.92 | 2.58 | 13.1 |
| 3.自来水 | 0.89 | 0.52 | 72.7 | 2.67 | 2.61 | 2.1 |
| 4.其他水 | 0.17 | 0.08 | 10.5 | 0.03 | 0.02 | 57.1 |

（二）地表水是企业取水的主体

2009年，全省规模以上工业企业取水主要是直接采自河流、水库、湖泊的地表水，占取水总量的70.3%，地表水由于取水方式简便，价格成本低廉、对企业生产经营成本影响较小等特点而成为工业企业取水的主体。其次为地下水，占总量的26.1%，居第二位；自来水仅占取水总量的3.0%，居第三位。

（三）9市（州）取水总量基本反映我省工业产业布局现状

从各市（州）工业取水总量情况来看，位居全省前三位的分别是：吉林市，取水总量20.00亿立方米，占全省工业取水总量的67.8%；长春市，取水总量3.40亿立方米，占11.5%；通化市，取水总量1.50亿立方米，占5.1%。三个市工业取水总量占全省的84.4%，其中，吉林市是我省重要的重化工业城市，其工业用水量占全省工业用水总量的六成以上，耗能大户也是工业用水大户，基本反映出我省工业产业的布局现状。（见图1）

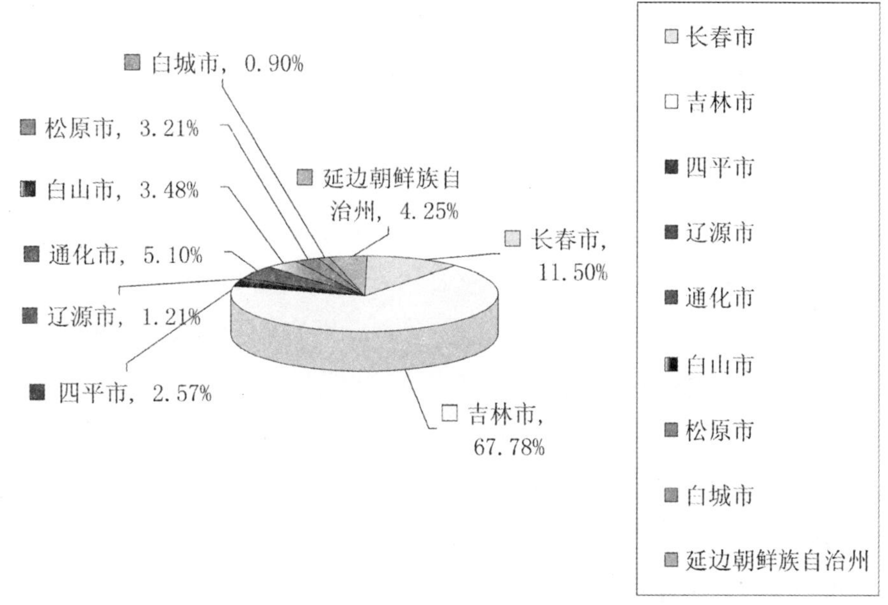


图1　2009年全省各市（州）工业取水量占全省工业取水总量的比重

（四）重工业用水量明显大于轻工业

在2009年我省规模以上工业企业水消费总量中，重工业水消费量为21.28亿立方米，占全部规模以上工业用水总量的72.1%；轻工业水消费量为8.23亿立方米，占工业用水总量的27.9%，其比重低于重工业44.2个百分点。

（五）工业用水主要集中在三大行业

2009年，我省规模以上工业企业用水主要集中在化学原料及化学制品制造业、黑色金属冶炼及压延和电力、热力的生产和供应业等3大行业。3大行业用水总量为

25.67亿立方米，占全省工业用水总量的87.5%。三大行业用水量分别为16.13亿立方米、6.76亿立方米、2.78亿立方米，分别占全省用水总量的54.7%、22.9%和9.4%，

## 二、存在的主要问题

### （一）水资源空间分布不均，瓶颈效应初步显现

**一是水资源受自然因素影响程度高。**从我省省情来看，全省多年平均河川径流量为356.57亿立方米（2006年），人均占有地表水资源量1613立方米（2006年），低于全国人均占有地表水资源量887立方米。我省98%的水资源分布在东部山区的白山、通化、延边和吉林等市（州），即集中在松花江、鸭绿江、图们江等水系。东部的地表水资源远大于西部和中部地区，工业取水多为地表水；西部地表水资源贫乏，而用水以地下水为多。从全省经济总量的构成情况看，白山、通化、延边和吉林四个水资源丰富的地区GDP比重仅占全省36.7%，而长春、松原、四平三个地区GDP占全省比重达到59.3%，则处于水资源欠丰富地区。

**二是水资源瓶颈效应初步显现。**近年来，我省工业经济发展进入快速增长时期，对包括水资源在内的能源的需求也在急剧增加。由于地表水取水成本相对较低，平均单价为每立方米0.24元，因此，工业用水中取自地表水量较多。而地下水平均单价为每立方米0.58元，自来水平均单价每立方米4.08元，水单价相对较高。受水资源总量不足的影响，在季节性出现地表水严重不足的状况下，势必造成地下水的过度开采，或造成企业因缺水而制约正常生产，水资源瓶颈效应初步显现。

### （二）规模以上工业企业重复用水普及面过低

据统计，2009年全省规模以上工业企业中重复用水的企业仅有312家，虽比上年增加78户，但仅占全部规模以上工业企业总户数的5.3%。目前，有94.7%的企业没有实施重复用水。

### （三）节水技术有待进一步突破

目前，全省工业企业技术装备水平总体落后于国内平均水平，设备老化的问题也十分突出，特别是相关制度颁布实施后，一些企业的后期监管没有同步跟上。另外，工业废水治理投资匮乏，基础设施建设相对滞后。全省近年新建的污水处理厂大多只能处理城市生活污水，企业投资建设的污水处理设施，基本上全部由企业自行经营运行，投资大、运行成本较高，设施闲置现象不同程度地存在。

## 三、几点建议

（一）着力调整工业产业结构。调整工业产业结构是保护水资源的根本出

路。

各级政府和有关部门应紧紧抓住当前宏观经济调控和产业结构调整的历史机遇，在制定和落实工业发展规划时，要充分考虑水资源的承受能力，科学调整工业产业布局和用水结构，限制高耗能、高耗水、高污染行业的发展。按照以水定供、以供定需的原则，充分考虑当地水资源承载能力，调整工业产业结构和布局。资源性缺水地区应对新上高耗水、高污染的工业项目实行严加管制，避免造成当地水资源的过度开发；水资源相对丰沛的地区，高用水行业的企业布局和生产规模也要与当地水资源、水环境相协调，并严格执行国家产业政策，禁止已淘汰的高耗水工艺和设备重新进入生产领域。

（二）充分认识水资源的重要性。

水资源是基础性的自然资源和战略性的经济资源，是生态与环境的控制性要素。地球上一切水资源，无论是天然的，还是经过人类开发利用的，均具有经济价值。我省水资源相对不足，更应树立和充分认识水资源的重要性。

（三）扩大工业企业重复用水的普及面。

工业企业重复用水，是在企业内部，对生产和生活排放的废水直接或经过处理后再回收、再利用的水量。重复用水量的增长，可以节约水资源、降低生产成本、提高经济效益。大力发展和推广工业用水重复利用技术，提高水的重复利用率是工业节水的主要途径。各级政府和有关部门要从政策上引导、经济上扶持工业企业改善生产工艺、改良生产设备，通过大力发展循环用水系统、蒸汽冷凝水回收再利用技术，外排废水回用技术和“零排放”等技术，不断提高工业企业重复用水利用率，扩大工业企业重复用水的普及面。

（四）不断推进工业用水价格市场化。

2008年到2009年，我省自来水平均单价由每立方米4.05元上升至4.08元；取用地表水成本价格由每立方米0.23元上升至0.24元；取用地下水成本价格由每立方米0.79元下降至0.58元。地表水取水成本偏低，不利于促进企业节约用水和减少污水排放量。因此，要继续完善工业节水价格机制，对高耗水行业实行取水定额管理，利用市场化、商品化机制调节水价。

（五）鼓励全省工业企业发展雨水收集和利用工程。

随着经济的快速发展，工业企业用水量逐年加大，如果在经济建设中注意发展雨水收集和利用工程，把原来被排走的雨水留下来加以利用，既节约了水资源，也有效降低了企业的生产成本，提高了企业效益。各级政府应鼓励支持全省工业企业修建储雨池、雨水输送系统等，通过雨水收集利用的广泛开展，合理利用水资源、切实保护水环境，减缓我省工业企业用水压力，同时使水环境得以改善和修复。

# 我省人均GDP与城镇居民收入反差较大的原因简析

潘　豫

**编者按：《我省人均GDP与城镇居民收入反差较大的原因简析》一文，于2010年6月11日以《统计参考》第7期（总第22期）印发。**

2009年，我省人均GDP为26319元，居全国第11位，与2008年持平。

2009年，我省城镇居民人均可支配收入为14006.27元，居全国第22位，比2008年上升了1位。

人均GDP，是国内生产总值（GDP）与当年年均常住人口相比而计算得到的，是衡量一个国家或地区经济发展水平和富裕程度的重要综合性指标。

城镇居民人均可支配收入，是指居民家庭成员得到可用于最终消费支出和其它非义务性支出以及储蓄的总和，是居民家庭可以用来自由支配的收入，其印证经济发展的水平，在某种意义上来说，也大体反映出居民个体的富裕程度。

振兴老工业基地及扩大投资战略实施以来，我省人均GDP与城镇居民人均可支配收入与全国水平及在各省市区的位置，呈现出较大的反差。

表1　2004—2009年人均GDP与城镇收入水平

单位：元

| | 人均GDP | | | 城镇居民人均可支配收入 | | |
|---|---|---|---|---|---|---|
| | 水平 | 比全国水平 | 位次 | 水平 | 比全国水平 | 位次 |
| 2004 | 10932 | −1404 | 14 | 7841 | −1581 | 19 |
| 2005 | 13348 | −705 | 13 | 8691 | −1802 | 19 |
| 2006 | 15720 | −445 | 13 | 9775 | −1984 | 19 |
| 2007 | 19383 | −141 | 12 | 11286 | −2500 | 21 |
| 2008 | 23514 | 816 | 11 | 12829 | −2952 | 23 |
| 2009 | 26319 | 1131 | 约11 | 14006 | −3168 | 22 |

注：2009年的人均GDP是初步计算数

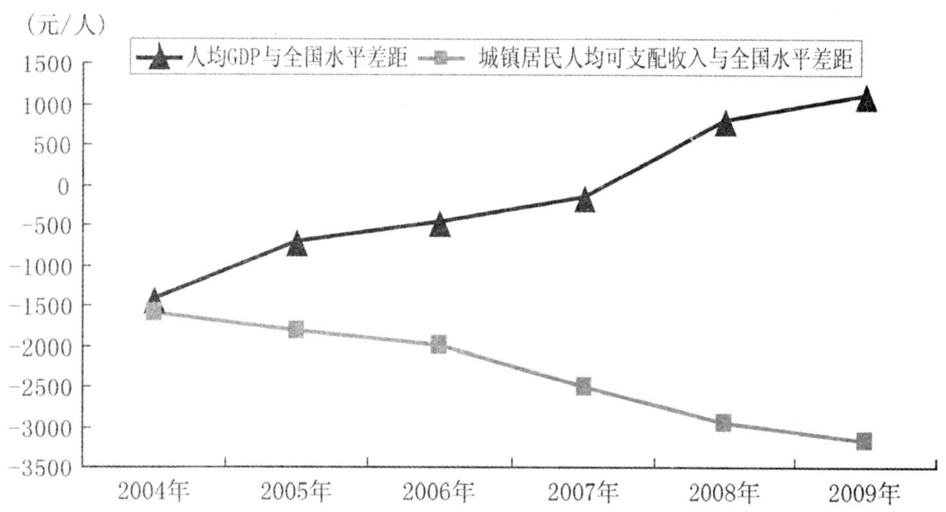


图1 2004—2009年人均GDP和城镇居民人均可支配收入两项指标与全国水平差距走势图

从以上图表中可以看出，其反差的程度呈逐年加大之势。2009年全省GDP为7203亿元，比2004年的3122亿元，增加4000多亿元，年均增长18 %以上（当年实际价格）。

而用城镇人口乘以城镇居民人均可支配收入，简单计算居民收入总的支配量，2009年为2040亿元，仅比2004年增加1000亿元，年均增长13%。

粗略对比，能够感觉到，在我省国民收入的一次分配中，用于居民的相对较少。

2004至2009年我省政府、企业、居民三者收入分配，在收入法GDP中的基本格局是：

表2 2004—2009年我省收入法GDP相关项目比较

单位：亿元、%

| | 劳动者报酬 | | 固定资产折旧 | | 营业盈余 | | 生产税净额 | |
|---|---|---|---|---|---|---|---|---|
| | 指标值 | 比重 | 指标值 | 比重 | 指标值 | 比重 | 指标值 | 比重 |
| 2004年 | 1410.96 | 45.2 | 504.53 | 16.2 | 742.55 | 23.8 | 463.97 | 14.9 |
| 2005年 | 1618.66 | 44.7 | 617.51 | 17.1 | 862.16 | 23.8 | 521.94 | 14.4 |
| 2006年 | 1849.35 | 43.3 | 766.42 | 17.9 | 1058.07 | 24.7 | 601.28 | 14.1 |
| 2007年 | 2170.28 | 41.1 | 907.38 | 17.2 | 1471.91 | 27.9 | 735.12 | 13.9 |
| 2008年 | 2601.27 | 40.5 | 1086.24 | 16.9 | 1779.16 | 27.7 | 959.43 | 14.9 |
| 2009年 | | 40.0 | | 17.0 | | 28.0 | | 15.0 |

注:2009年比重数为预测值。

分析上表不难发现，2009年与2004年比较，收入分配比重呈下降趋势的是劳动者报酬，而劳动者报酬代表着居民所得，其下降了5.2个百分点；而企业所得（营业盈余）上升了4.2个百分点；政府所得（生产税净额）上升了0.1个百分点。

可见，我省收入分配中的基本问题是：居民所得在国民收入一次分配中的比重逐年下降，且降幅较大，2008年比2004年降低了4.7个百分点。同时期辽宁由2004年的43.4%下降到2008年的40%，下降幅度在4个百分点以内；而龙江呈上升的趋势，2008年比2004年提高了1.6个百分点。

所以，居民所得在国民收入分配中的比重逐年下降，且降幅较大，这是造成了我省人均GDP与城镇居民人均可支配收入之间较大反差的主要原因。

近几年，我省收入分配中劳动者报酬比重逐年下降，影响最大的是城镇居民收入。我省城镇化水平，2009年为53.3%，高于全国水平6.7个百分点，居全国第9位。但城镇居民收入不高，很大程度上影响了城镇化质量。而且，我省农村人均纯收入高于全国水平，居全国第10位，其收入水平相当于城镇收入水平的37.6%，比全国30.0%的比例高出7.6个百分点。这进一步说明，我省居民所得占比下降，城镇居民收入水平增幅不快，或者说收入水平相对全国水平处在较低位势。

我省城镇居民收入水平相对较低，或者说收入分配中劳动者报酬比重逐年下降，其具体原因可能表现在以下几个方面：

## 一、国企比重大，国有单位工资水平相对低。

2009年，在我省工业经济中国有经济的比重占40.7%,比全国平均水平高10.9个百分点，其从业人员占比也高出 10.7个百分点。然而，2009年我省国有单位的职工工资平均水平为27523元，比全国国有单位职工工资水平低7060元，这个差距比全省全部单位职工工资水平与全国水平的差距还大500元。在我省国有经济中，作为最大的支柱产业，交通设备制造业，其汽车产业工人，国有与外企的工资水平，2009年相差了44.4%。还一个值得注意的情况是，在我省国有工业经济中，隶属中央管理的企业较多，其全年实现的产品销售收入占全部工业的14.4%，企业创造的收益大部分上缴中央财政。2009年是我省工业企业实现利润最多的一年，达到475.12亿元，比上年增长了34.7%，其中45%的利润是国有企业创造的，但是全省这部分企业职工收入水平在全国的位次不升反降，这说明，企业实现的利润一部分纳入国家的财政收入，一部分用于企业的扩大再生产，而真正用于分配给职工的份额相对较少。

## 二、经济结构层次低，中下收入群体多。

在我省工业经济中，农产品加工业作为支柱产业，创造的增加值与农产品加工大省河南相比，不足该省的40%（2008年38.9%）；是发达省份广东的41.8%。这说明我省工业利用丰富的第一产业资源，进行加工再创造的附加值较低。我省农产品加工业的销售利润率为4.6%，比河南低5.2个百分点，比广东低2.6个百分点。其工资水平分别是两省的95.9%和72.1%，该产业占本省工业全部从业人员的比重则分别比两省高出1.9和11.6个百分点。

河南省本世纪初其城镇职工工资水平居全国末位，而我省居第22位，城镇居民可支配收入河南居第28位，我省为19位，到2009年河南分别为23位和16位，我省则是第29位和22位，前后位置发生了逆转。

我省具有较为丰富的科技教育的资源优势，每万人拥有科研人员为5.0人，比辽宁的4.8人，多出0.2人，在全国的排位，我省居第五位，辽宁为第六位。按理说，我省拥有相对较多的科教资源优势，应该创造更多的社会价值。然而，辽宁是人均GDP居全国第9位，城镇居民可支配收入居第10位，城镇职工工资水平也居第10位，合情合理。这说明，辽宁科教资源优势配置效率较我省为高。

首先看投入，我省大中型工业企业每亿元资产拥有的科技人员比辽宁超出近60%，整体工业人均拥有的资产也比辽宁高6.2个百分点，而人均获得的收益比辽宁低1.3个百分点。再从科技创新成果的社会产出看，我省国内专利申请授权量仅是辽宁的31.1%；技术市场成交额占GDP的比重我省为0.36%，辽宁为0.87%，我省只为辽宁省的41.4%。前者说明我省科技成果创造的比较少，后者则说明我省科技成果由科技优势向市场转换的程度比较低。进而影响到企业产出，我省的高技术产业产值只是辽宁35.8%，其总产值占全国的比重我省仅为0.74%，不足全部工业占全国比重的一半，排在全国各省市区的17位，与拥有科技人员排在第五位相比差距很大。而且我省每亿元高技术企业的资产创造的收益为77.3%。辽宁为103.5%，投入与产出效率相差26.2个百分点。

产业结构中的科技含量低，反映在产业工人的工资结构上，必然是能够体现高工资的要素少。2009年，我省城镇职工工资水平是辽宁的84.6%。

2008年，我省第三产业的从业人员占全省从业人员的比重为36.3%，比全国水平高3.1个百分点；第三产业创造的增加值占GDP的比重则低于全国水平1.7个百分点（2009年其所占比重又有所下降）。这说明我省第三产业的劳动生产效率低，进而引申该产业人员的收入或工资水平不高，而且，在我省的第三产业中生产性服务业所占比重也较低，为30.6%，比辽宁低4.6个百分点，比天津低19.6个百分点。我省第三产业70%是传统服务业，高收入的群体偏少。

## 三、投资的扩张客观上压缩了消费空间。

这几年，我省固定资产投资始终呈现高速增长的态势，投资占位不断提升，其规模由2004年的1171.64亿元扩张到2009年的7259.50亿元，增加了6087.86亿元，其在全国的位次由第24位跃升到第11位。投资需求的强力拉动，确保了这几年GDP连年较高增长，这也是我省人均GDP逐年升位，居全国位次较为靠前的主要原因。但是，在我省的固定资产投资中，人工费的增长相对较慢，粗略计算比全国慢42.8个百分点。

不可否认，在一个地区经济总量相对不大时，加大投资是促进总量增加的有效途径。但是，由于消费是收入的函数，收入增长相对较慢，在某种程度上抑制了消费，再加之社会保障、教育、医疗的压力使人们不太敢消费。而且，我省城镇中收入差距在拉大，2009年，全省城镇中最高收入户收入是最低收入户收入的4.3倍，比2005年扩大了0.7个百分点。收入差距扩大的一个效应就是，用于消费的支出减少，因为高收入阶层的收入大部分会重新进入投资领域，比如用于购置股票、债券、保险和房产等。从居民消费倾向上看，也证明收入差距的扩大不利于消费，2009年全省平均消费倾向降低了9个百分点，平均消费倾向的降低，说明人们对增加的收入用于消费的减少。由此可见百姓收入不高，各方企盼的有效需求较难实现。

## 四、城镇化水平的不断提高，相应的就业岗位没有同步增加。

表3　2004—2009年我省城镇化水平与城镇就业水平比较

| | 城镇化率（%） | 城镇就业率（%） |
|---|---|---|
| 2004年 | 52.30 | 38.90 |
| 2005年 | 52.52 | 38.81 |
| 2006年 | 52.97 | 38.72 |
| 2007年 | 53.16 | 38.95 |
| 2008年 | 53.21 | 39.17 |
| 2009年 | 53.30 | |

上表显示，从2004年到2008年，我省城镇化水平上升了0.91个百分点，而城镇的就业率仅提高了0.27个百分点。

城镇化质量不高是收入水平增幅不大的主要内在因素

**一是就业水平比较低**。2008年我省城镇化水平为53.21%，比全国水平高7.53个百分点，而城镇就业率我省为39.17%，比全国水平低10.63个百分点。我省城镇居民平均每户的就业人口为1.44人，比上年的1.48人下降了2.7%，比全国1.48人的水平低2.7%。调查资料显示，与全国水平相比较，我省每一个城镇劳动力负担的人口为1.99人（全国为1.97人），城镇人口就业水平相对较低，说明城镇就业人口的经济负担相对沉重，说明我省相对较高的城市化水平其内在的质量水准并不是很高。

**二是城镇职工工资水平低**。2009年我省城镇职工的平均工资水平为26230元，居各省市区的第29位，比上年下降了两位，比全国水平低19.9%。与经济发达省市比较差得更多，比居第1位的上海市少37319元，比居第10位的辽宁省少4874元。

**三是低收入群体多**。2008年我省城镇居民最低生活保障人数为127.89万人，占城镇人口的比重为8.8%，高出全国水平4.9个百分点，比辽宁省高3.5个百分点、比浙江省高8.5个百分点、比广东省高8.1个百分点。

还有，我省森林覆盖率居全国前列，森工企业较多林业产业工人规模很大；同时，我省也是农业大省拥有众多的农垦工人，但是，2009年这两个行业的职工工资水平分别是全省的48.8%和47.0%。经济结构、生态环境的变化，曾经的高收入群体，降为低工资收入者。

抽样调查数据显示，我省最高收入户的收入与最低收入户的收入差距由2004年的16511.03元扩大到2008年的29183.34元，而且低收入户所负担的人口比高收入户多1.52人。这说明在新增加的城镇人口中，低收入阶层不仅是收入水平的相对或绝对减少，而且人口也在相对增加。

## 五、不断提高的劳动生产效率，并没有更多地提高从业人员的工资水平。

表3　2004—2009年我省规模以上工业劳动生产率与工资水平比较

| | 劳动生产率（元/人） | | | 工资水平（元/人） | | |
|---|---|---|---|---|---|---|
| | 生产率 | 比上年增长% | 比上年增加额 | 工资 | 比上年增长% | 比上年增加额 |
| 2004年 | 101377 | 26.3 | 21080 | 13354 | 56.5 | 4787 |
| 2005年 | 114834 | 13.3 | 13457 | 15291 | 14.5 | 1937 |
| 2006年 | 143932 | 25.3 | 29098 | 18381 | 20.2 | 3090 |
| 2007年 | 190227 | 32.2 | 46295 | 21805 | 18.6 | 3424 |
| 2008年 | 193003 | 1.5 | 2776 | 25213 | 15.6 | 3408 |
| 2009年 | 241712 | 25.2 | 48709 | 27853 | 10.5 | 2640 |

如果计算2004—2009年我省劳动生产率和工资水平的平均增长率，劳动生产率年均增长18.9%，而工资水平年均增长15.8%，二者相差3.1个百分点。从增量的角度观察，2004—2009年劳动生产率年均增加了28067元，而工资水平仅年均增加2899元，工资年均增量仅为劳动生产率年均增量的10.3%。2009年工业企业的资本收益率比2004年提高了1.1个百分点；政府部门的财政收入年平均增长也高达24.0%。也就是说，在社会整体收益中，政府、企业收入增长较快；而居民收入则相对增长较慢，或者说收入的天平没有向职工倾斜。

以上分析表明在我省的工业生产中，生产增长机制与生产者的报酬增长机制还不相适应。

表4 劳动者报酬比重和劳动生产率比较

| | 2000 年 | | 2007年 | |
|---|---|---|---|---|
| | 劳动者报酬比重(%) | 劳动生产率（元/人） | 劳动者报酬比重(%) | 劳动生产率（元/人） |
| 吉 林 省 | 57.1 | 17461 | 40.5 | 50133 |
| 辽 宁 省 | 45.0 | 27767 | 57.2 | 61239 |
| 黑龙江省 | 42.9 | 21779 | 37.7 | 44861 |

如果深入分析表中数据，可以得出这样的认识：

1．在效率优先的年代（以2000年为例），我省市场经济的竞争力不是很强，其劳动生产率仅相当辽宁的62.9%，黑龙江的80.2%；而劳动者报酬占分配法GDP的比重分别比这两个省高出12.1和14.2个百分点。当时我省的基尼系数比全国低近7个百分点，说明我省的贫富差距不大，计划经济下的“平均化”倾向依然较重。

2．在注重公平的年代（以2007年为例），我省市场竞争的能力明显增强，其劳动生产率提高的幅度，比辽宁快91个百分点；比黑龙江快94个百分点。同时初次分配中劳动者报酬所占比重的下降幅度也快于两省11.8和9.8个百分点。这种分配上的变化，在城镇职工的平均工资中也有充分的体现，2000年我省其工资水平为7924元，居全国第19位，2008年为24863元，居全国第28位。因此，近几年的扩大投资、招商引资、国企改制、发展民营经济，吉林的经济总量得到了迅速扩张，但其发展的成果在促进广大群众收入水平提高方面仍有大量工作要做。

2003年以前，我省劳动者报酬占GDP的比重多在60%以上，在全国是居前的省份，基本与西部、中部省、区、市在一个水平线上。这说明在注重效率的大背景下，我省用于二次分配的生产税净额和企业利润相对较少，平均水平比先进省、区、市低10个百分点以上，造成了一次分配的比重相对较高的状况。同时由于我省就业水平相对较低，特别是城镇居民的就业水平不是很高，能够直接获及一次分配实惠的人员相对较少，而就业的状态是衡量收入水平的重要标志。这也证明了在注重效率大氛围下，由于我省市场化水平不高，必然导致收入水平低下。近几年，注重公平又成为重要的政策导向，而我省劳动者报酬占GDP的比重又陡然下降十几个百分点，与先进省市的水平相当，同时经济总量显得较小，能够用于一次分配的“蛋糕”不大，导致我省居民收入与全国水平的差距在扩大。

# 当前我省工业生产增速放缓

刘　莉

**编者按：**《当前我省工业生产增速放缓》一文于2010年6月28日以《统计分析》第23期（总第583期）印发。

今年以来，随着国际、国内宏观经济形势渐趋明朗，逐渐向好，我省工业生产也逐步走出了金融危机的阴霾。今年前5个月，全省规模以上工业实现增加值总量不断扩大，增速保持上升态势，但放缓趋势明显。

## 一、工业增速呈逐月放缓态势

5月份全省规模以上工业实现增加值311.67亿元，同比增长19.6%，高于上年同期8.1个百分点，位居全国第19位。1-5月份累计实现增加值1452.33亿元，同比增长26.0%，高于上年同期14.9个百分点，位居全国第12位。与上年同期相比，今年前5个月，我省工业生产增速虽有明显提升，但却呈现出逐月递减的趋势，5月比2月递减近10个百分点，在全国的排名后移17位。（见表1）

表1　吉林省规模以上工业增加值及增速

单位：亿元，%

| | 2009年 | | | | 2010年 | | | |
|---|---|---|---|---|---|---|---|---|
| | 2月 | 3月 | 4月 | 5月 | 2月 | 3月 | 4月 | 5月 |
| 增加值 | 172.08 | 232.17 | 236.03 | 244.60 | 256.59 | 317.03 | 317.36 | 311.67 |
| 增　速 | 12.1 | 10.9 | 12.0 | 11.5 | 29.5 | 24.2 | 24.0 | 19.6 |

## 二、放缓趋势与全国同步

与全国及辽宁、黑龙江、天津、山东相比，今年以来，我省工业生产增速处于高位运行状态，快于全国和辽宁、黑龙江、山东三省，略低于天津。我省工业生产增速波动趋势基本与全国同步，这也符合我省工业生产“前高后低”的基本走势。

从增速放缓程度上看，在五省（市）中，我省增速回落最快，在全国排位退后最大。今年前5个月，我省工业增加值累计增长26.0%，比一季度回落3.7个百分点，在全国排位由一季度的第6位下降至第12位；辽宁工业增加值累计增长20.1%，比一季度回落2.0个百分点，在全国排位由一季度的第19位下降至第21位；黑龙江工业增加值累计增长14.5%，比一季度提高1.5个百分点，居全国第30位；天津工业增加值累计增长28.5%，比一季度回落2.0个百分点，在全国排位稳定保持在第3位；山东工业增加值累计增长20.0%，比一季度回落1.9个百分点，在全国排位由一季度的第20位下降至第22位；全国工业增加值累计增长18.5%，比一季度回落1.1个百分点。（见表2）

表2　2010年2—5月全国、东北三省、天津和山东工业增加值增速及位次

| 省份 | 2月 | | | | 3月 | | | | 4月 | | | | 5月 | | | |
|---|---|---|---|---|---|---|---|---|---|---|---|---|---|---|---|---|
| | 本月 | 位次 | 累计 | 位次 | 本月 | 位次 | 累计 | 位次 | 本月 | 位次 | 累计 | 位次 | 本月 | 位次 | 累计 | 位次 |
| 全国 | 12.8 | | 20.7 | | 18.1 | | 19.6 | | 17.8 | | 19.1 | | 16.5 | | 18.5 | |
| 吉林 | 29.5 | 2 | 30.5 | 8 | 24.2 | 13 | 29.7 | 6 | 24.0 | 15 | 27.9 | 7 | 19.6 | 19 | 26.0 | 12 |
| 辽宁 | 21.1 | 11 | 23.3 | 19 | 21.2 | 19 | 22.1 | 19 | 19.0 | 27 | 20.9 | 20 | 18.7 | 22 | 20.1 | 21 |
| 黑龙江 | 10.5 | 25 | 12.6 | 29 | 13.5 | 28 | 13.0 | 30 | 15.1 | 30 | 13.5 | 30 | 16.0 | 27 | 14.5 | 30 |
| 天津 | 27.1 | 3 | 31.6 | 5 | 25.4 | 10 | 30.5 | 3 | 25.5 | 11 | 29.6 | 3 | 22.4 | 13 | 28.5 | 3 |
| 山东 | 13.8 | 21 | 21.1 | 23 | 23.5 | 18 | 21.9 | 20 | 19.1 | 26 | 20.9 | 20 | 16.0 | 28 | 20.0 | 22 |

## 三、工业生产增长放缓的主要因素

今年前5个月我省工业生产发展相对较快，却又呈现逐月回落的趋势。这其中既有由于国际金融危机造成的同期基数较小的理论原因，又有产业复苏、价格调整等现实因素。

### （一）以汽车工业为主导的中央企业生产增速较快，但贡献率在减弱

截至5月份，我省中央企业户数为73户，仅占全省规模以上工业企业户数的1.2%，但累计实现产值1799.06亿元，占全省规模以上工业总产值的比重达35.3%，比上年同期提高1.4个百分点，其中汽车工业实现产值1243.52亿元，占中央企业的69.1%。由此可见，以汽车产业为主导的中央企业的生产情况对全省工业生产形势具有重要影响。今年前5个月，我省中央企业实现增加值447.73亿元，同比增长28.9%，高于全省增速2.9个百分点，高于去年同期中央企业增加值增速31.4个百分

点，甚至高于金融危机到来前的2008年上半年中央企业增加值增速21.0个百分点。中央企业增速虽然较快，但对全省工业生产增长的拉动作用在逐渐减弱。1—5月份中央企业对全省工业经济的拉动作用比1—2月份降低4.2个百分点，1—5月份汽车工业对全省工业经济的拉动作用比1—2月份降低4.3个百分点。（见表3、表4）

表3　我省中央企业对全省工业生产的影响

| | 2009年 | | 2010年 | | | |
|---|---|---|---|---|---|---|
| | 1–5月 | 1–12月 | 1–2月 | 1–3月 | 1–4月 | 1–5月 |
| 增加值增速（%） | −2.5 | 6.0 | 42.2 | 39.7 | 34.9 | 28.9 |
| 贡献率（%） | −8.5 | 12.6 | 42.1 | 39.3 | 36.7 | 33.2 |
| 拉动经济增长百分点（个） | −0.9 | 2.1 | 12.8 | 11.7 | 10.2 | 8.6 |

表4　我省汽车工业对全省工业生产的影响

| | 2009年 | | 2010年 | | | |
|---|---|---|---|---|---|---|
| | 1–5月 | 1–12月 | 1–2月 | 1–3月 | 1–4月 | 1–5月 |
| 增加值增速（%） | −4.4 | 14.5 | 84.5 | 60.1 | 51.2 | 44.7 |
| 贡献率（%） | −10.1 | 20.3 | 50.7 | 44.0 | 49.3 | 47.7 |
| 拉动经济增长百分点（个） | −1.1 | 3.4 | 17.5 | 13.9 | 14.8 | 13.2 |

（二）食品工业增长乏力，对经济增长的贡献明显回落

2009年国际金融危机持续时期，在我省汽车、石化等行业生产跌入低谷的情况下，食品工业成为全省工业经济增长的有力支撑。2009年，食品工业增长20.7%，对经济增长的贡献达19.2%。然而，今年以来，在国际国内宏观经济环境逐渐向好的情况下，我省食品工业却进入了缓慢增长期。5月份，我省食品工业累计实现增加值234.60亿元，同比增长11.8%，低于全省增速14.2个百分点，低于上年同期增速14.8个百分点，对全省工业增长的贡献率为9.0%，低于上年同期27.4个百分点。（见表5）

（三）油价上涨，但石油行业仍贡献微小

随着全球经济企稳回升，国际原油期货价格在逐渐上涨。5月31日，纽约商品交易所7月原油期货电子盘报74.43美元/桶，较前一交易日收盘上涨0.46美元。市场经济条件下，油价远期看涨的利好信息会刺激原油开采及其产业链条上的相关企业的

生产。受国际油价变动的影响，今年以来，我省石油化工产业涉及到的四个行业的工业品出厂价格指数（PPI）也在持续走高。5月份，石油和天然气开采业累计工业品出厂价格指数为171.38%、石油加工、炼焦及核燃料加工业累计工业品出厂价格指数为123.08%、化学原料及化学制品制造业累计工业品出厂价格指数为122.16%、橡胶制品业累计工业品出厂价格指数为101.24%，而上年同期上述四个行业累计工业品出厂价格指数分别仅为43.63%、97.35%、76.52%和99.27%。从我省石油化工产业生产情况来看，虽然产业内产品价格大幅上涨，但却没有带动生产的相应增加。5月份，我省石油化工产业累计实现增加值228.79亿元，同比增长6.0%，低于全省增速20.0个百分点，低于上年同期增速8.2个百分点，对全省工业增长的贡献率为4.2%，低于上年同期20.7个百分点。（见表6）

**表5　我省食品工业对全省工业生产的影响**

| | 2009年 | | 2010年 | | | |
|---|---|---|---|---|---|---|
| | 1—5月 | 1—12月 | 1—2月 | 1—3月 | 1—4月 | 1—5月 |
| 增加值增速（%） | 26.6 | 20.7 | 12.5 | 13.9 | 11.3 | 11.8 |
| 贡献率（%） | 36.4 | 19.2 | 10.2 | 10.1 | 8.4 | 9.0 |
| 拉动经济增长百分点（个） | 4.0 | 3.2 | 3.5 | 3.2 | 2.5 | 2.5 |

**表6　我省石油化工产业对全省工业生产的影响**

| | 2009年 | | 2010年 | | | |
|---|---|---|---|---|---|---|
| | 1—5月 | 1—12月 | 1—2月 | 1—3月 | 1—4月 | 1—5月 |
| 增加值增速（%） | 14.2 | 5.8 | 1.7 | 5.0 | 5.8 | 6.0 |
| 贡献率（%） | 24.9 | 6.6 | 2.6 | 3.3 | 4.1 | 4.2 |
| 拉动经济增长百分点（个） | 2.8 | 1.1 | 0.9 | 1.0 | 1.2 | 1.1 |

# 我省与天津市主要经济发展指标对比分析

陈雪 张维宇 刘莉

编者按：《我省与天津市主要经济发展指标对比分析》一文，于2010年6月28日以《统计参考》第9期（总第24期）印发。

2004年至2009年，在全省实施“国企改革”、“工业提速增效”、“扩大招商引资”、“民营经济腾飞”等一系列振兴东北老工业基地、提振我省经济快速发展的政策推动下，全省经济发展取得了长足的进步，国民生产总值（GDP）由2004年的3122.01亿元增加至2009年的7203.18亿元，总量翻了一番多，人均GDP由2004年的10932元/人增加至2009年的26319元/人，其在全国各省的位次由2004年的第14位前移至第11位，提前了3位。应该说近5年来我省经济保持了较高的发展速度，总体经济运行稳健。但是与经济发展更快的天津相比，我省还有一定的差距，天津的经济总量与我省相当，2004年天津实现GDP 3110.97亿元，在全国排位中紧列我省之后居第21位（我省居第20位），2005至2008年，我省与天津位次逐年交替不相上下，而2009年，天津位次提升至第20位，而我省降至第22位；从GDP增长速度来看，我省在全国的位次由2004年的第18位提升到2009年的第8位，位次提升较大，但天津从2004年至2009年期间，增长速度始终位列全国前7位，其中2004、2008、2009年均列全国第2位，2005、2006、2007年分别列全国第3位、第7位和第4位。正是由于多年来的持续高速增长，使得天津经济超越我省并呈现出与之差距扩大的趋势。

对比我省与天津经济发展主要指标的全国位次，我们发现，天津经济发展的各个领域比较协调且质量较优（见表1）。

在我省与天津主要经济指标位次上差距的背后，两地除了地理区位、产业基础、政策环境、人文历史等不可比因素外，仍有一些深层次的问题值得关注。

## 一、从供给角度来看，我省产出结构急需优化，产出效率有待提高

### （一）服务业发展相对萎缩，生产性服务业发展滞后

近年来，尽管我省经济发展取得了长足的进步，服务业也迈上了新台阶，但与其他省份对比，服务业整体总量小，比重低，结构不合理，影响了经济总量的加速

表1　2009年主要经济指标全国位次

| | 吉林 | 天津 |
|---|---|---|
| 国内生产总值（GDP） | 22 | 20 |
| 城镇固定资产投资 | 14 | 22 |
| 社会消费品零售总额 | 16 | 23 |
| 进出口总额 | 19 | 8 |
| 规上工业利润 | 18 | 15 |
| 地方级财政收入 | 24 | 15 |
| 城镇居民人均可支配收入 | 22 | 5 |
| 农民人均纯收入 | 10 | 4 |

提升。2009年，我省第三产业实现增加值2730.72亿元，比天津少528.53 亿元，位居全国第21位，比天津低5位，占GDP比重为37.9%，比天津低5.6个百分点。而从服务业中最具有活力和发展潜力的生产性服务业来看，我省发展更是缓慢，与天津相比更是存在较大差距。

生产性服务业是指直接或间接为生产过程提供中间服务的服务性产业,它涉及信息收集、处理、交换的相互传递、管理等活动,其服务对象主要是商务组织和管理机构，其范围主要包括仓储、物流、中介、广告和市场研究、信息咨询、法律、会展、税务、审计、科学研究与综合技术服务、劳动力培训、工程和产品维修及售后服务等。生产性服务业的发展与社会生产力的发展及科技进步密不可分，它不直接参与生产或者物质转化，但又是任何工业生产环节中不可缺少的活动。

根据投入产出表计算的产业部门的中间需求率，交通运输、仓储和邮政业；信息传输、计算机服务和软件业；金融业；租赁和商务服务业；科学研究和综合技术服务业属于生产性服务业。

2004—2008年，我省生产性服务业年均增长14.1%，低于GDP增速0.2个百分点，低于第三产业增速0.6个百分点，低于非生产性服务业增速1.1个百分点。2004年，我省五大生产性服务业共实现增加值403.22亿元，增长17.6%，占第三产业比重为33.0%，占GDP比重为12.9%。2008年，我省五大生产性服务业共实现增加值737.13亿元，增长12.6%，占第三产业比重为30.6%，占GDP比重为11.5%，分别比2004年下降2.4、1.4个百分点。2008年，天津生产性服务业实现增加值1158.99亿元，比我省多出421.86亿元，占第三产业比重为40.2%，占GDP比重为17.2%，分别比我省高9.6、5.7个百分点。

（二）支柱、优势和特色产业有待进一步加强

2009年，吉林省支柱、优势和特色产业完成总产值7910.74亿元，占全省规模以上工业的79.3%，而天津市航空航天、石油化工、装备制造、电子信息、生物医药、新能源新材料、轻纺工业、军工等八大优势产业完成工业总产值12119.03亿元，占全市规模以上工业的比重高达92.8%，是工业经济中的绝对主导力量。值得关注的是，在近年来的产业结构调整中，天津市积极发展符合国家产业政策的高新、高端、高质、低耗能产业，逐步培育出航天航空、石油化工、先进装备制造、新能源新材料等高端产业集群，创造了工业经济多行业共同繁荣的局面，使得天津工业在危机中获得了新的竞争优势。相比较而言，我省支柱行业相对单一，尤其是汽车制造业一业独大的现状使得我省工业经济在面临危机时遭遇了严重的考验，因此优化工业经济结构，加大对现有优势和特色行业的支持力度，培育更多经济增长点，使工业发展获得更多的支撑，确保工业经济持续健康稳定发展。

（三）工业企业创新能力弱，发展动力不足

创新能力不足是长期以来阻碍我省工业企业进一步深入发展的重要因素。2009年，我省规模以上工业新产品产值率为24.9%，比2008年国际金融危机时期还下降0.2个百分点。与天津相比，我省高技术产业对经济增长的贡献能力也存在明显差距。2008年我省规模以上工业实现产值占天津的66.9%，而我省高新技术产业实现产值只占天津高新技术产业产值的21.9%。2006年我省每万人拥有科技人员数量比天津少14人，而到2008年我省每万人拥有科技人员数量已比天津少108人。2006年我省有科技活动的大中型工业企业比天津少112户，而2008年我省有科技活动的大中型工业企业比天津少160户。天津高新技术产业的快速发展引领工业经济迅猛发展，为工业经济的发展带来强劲后劲，我省与之的差距呈逐渐扩大之势。2008年天津规模以上工业增加值增速21.0%，高于我省2.4个百分点，而2009年天津规模以上工业增加值增速达22.8%，我省与之差距已扩大到6个百分点。

（四）工业企业劳动生产率低，创造财富能力差

与天津相比，我省规模以上工业企业亏损面大，产出能力和经济效益一直处于下游水平。2009年我省规模以上工业企业实现利润达475.12亿元，比2003年增长1.97倍，天津市实现利润833.73亿元，比2003增长2.5倍。2003年我省工业企业劳动生产率为8.3万元/人，低于天津1.03万元/人，2009年我省工业企业劳动生产率为23.60万元/人，已低于天津3.38万元/人。2009年我省规模以上工业企业应缴增值税为293.20亿元，为天津的62.8%，比2003年回落了25.7个百分点。近几年，天津市工业发展进入快速上升期，工业经济效益有了较大的提升，工业生产质优量高。相比之下，我

省工业经济劳动生产率低，效益差，产出增收能力弱，发展相对缓慢。（见表2）

表2　吉林和天津部分工业经济指标对比

| 省份 | 2003年 | | | 2009年 | | |
|---|---|---|---|---|---|---|
| | 劳动生产率（元/人） | 利润总额（亿元） | 应缴增值税（亿元） | 劳动生产率（元/人） | 利润总额（亿元） | 应缴增值税（亿元） |
| 天津 | 93232 | 238 | 124 | 269771 | 753 | 467 |
| 吉林 | 80295 | 160 | 110 | 236020 | 475 | 293 |
| 差距 | －12937 | －78 | －14 | －33751 | －278 | －174 |

## 二、从需求的角度看，我省三架马车对经济发展的拉动作用不够均衡

### （一）投资效率偏低

2004年至2009年，我省全社会固定资产投资额占GDP的比重提高了63.2个百分点，比天津高出26.7个百分点，5年间我省投资规模增加了6087.5亿元，而天津增加了3760.32亿元，可见我省扩大投资的力度要大于天津，这也是我省GDP总量增加的主要源泉。但是与2004年相比，我省GDP增量仅为4081.17亿元，而天津为4389.83亿元，比我省多增308.66亿元；2009年我省投资效果系数为10.7%，比天津低12.2个百分点，这一差距比2004年扩大了8.7个百分点，可见我省投资效率较低，投资所带动的各项需求不足是我省经济增长滞后于天津的重要原因之一。

1．**投资结构不合理，导致投资效率降低。**

表3　2004年以来全国、天津和我省投资效果系数情况

单位：%

| | 全　国 | 天　津 | 吉　林 |
|---|---|---|---|
| 2004 | 27.6 | 42.8 | 39.3 |
| 2005 | 27.2 | 39.1 | 27.6 |
| 2006 | 24.6 | 35.5 | 23.4 |
| 2007 | 33.8 | 30.0 | 25.2 |
| 2008 | 25.1 | 38.5 | 20.3 |
| 2009 | 15.4 | 22.9 | 10.7 |

从上表中可以看出，2004年以来我省投资效果系数呈现先高后低走势，2009

年我省的投资效果系数为10.7%，比“十五时期”最高的2004年下降了28.6个百分点。2004年我省实施扩大投资战略以来，不断加大招商引资力度，固定资产投资额大幅度上升。但是，我省的投资有效需求不足，导致我省投资额占GDP的比重逐年上升，到2009年已超过100%，但是投资对GDP增长的边际效应却逐年减弱。例如，2009年我省高耗能产业综合能耗占工业全部综合能耗的比重接近70%，但是这几年高耗能产业的投资额却是不断增加，2009年其投资完成额为953.23亿元，比2004年的137.36亿元增加了815.87亿元，增长了5.9倍，但是高耗能产业的产出量仅增长了1.05倍。

**2．装备制造业发展缓慢，投资品自给率偏低，对经济的拉动作用较弱。**

2009年，我省5958.96亿元的城镇投资中，用于建筑安装工程的占68.1%，用于购置设备和工器具的占37.7%，分别比2004年提高了4.0和13.1个百分点，这一比例均高于天津10个百分点以上。我省近年来投资额迅速扩大，但是与之配套的装备制造业和建材行业生产能力发展步伐没有跟上，2009年，我省装备制造业产值830.18亿元，仅相当于天津的一半左右；2009年全省规模以上工业钢材生产能力为1098.39万吨，仅比2004年增加308.39万吨，水泥生产能力5319.59万吨，比2004年增加3396.49万吨，增速均低于全省投资额的增长速度。

（二）收入分配差距拉大，居民消费倾向降低

2009年，我省人均GDP为26319元，居全国第11位，比2004年提升了3位，天津的人均GDP为62403元，2004年至2009年始终位列全国第3位。

表4　2004—2009年两省相关指标比较

| | 2004年 | | | | 2009年 | | | |
|---|---|---|---|---|---|---|---|---|
| | 天津 | | 吉林 | | 天津 | | 吉林 | |
| | 数值 | 位次 | 数值 | 位次 | 数值 | 位次 | 数值 | 位次 |
| 人均GDP（元） | 31550 | 3 | 10932 | 14 | 62403 | 3 | 26319 | 11 |
| 城镇人均可支配收入（元） | 11467 | 5 | 7841 | 19 | 21402 | 5 | 14006 | 22 |
| 农村居民人均纯收入（元） | 5020 | 4 | 3000 | 12 | 8687.6 | 4 | 5265.9 | 10 |
| 城镇居民消费性支出（元） | 8765 | 3 | 5136 | 9 | 14000 | 4 | 7591 | 12 |

注：2009年城镇居民消费性支出尚未反馈，暂用2008年数据代替。

从上表可以看出，近年来我省创造出的人均GDP大幅增加，社会生产的人均贡献提高，但是在社会财富的分配环节，用于居民收入的比例却有所下降。2007年我省国民生产总值中用于资本形成的比重为69.3%，比2004年提高了24.6个百分点，这

进一步说明我省近年来不断扩大投资规模取得了显著的效果，社会资本显著扩大经济实力增强。但是用于居民消费的比例为46.2%，比2004年下降了10个百分点，因此我省各项居民收入额虽然比2004年有所增加，但增加的额度明显少于其他省份，在全国的位次下降。2008年我省城镇居民平均消费倾向比2004年降低了1.6个百分点，居民消费预期有所降低。

（三）进出口额比重低，对经济增长拉动作用有限

我省经济的外向度较低，2009年工业出口交货值占销售产值的比重仅为1.8%，比天津低12个百分点；进出口总额为117.47亿美元，仅为天津的18.4%，其中我省进口总额86.16亿美元，仅为天津的25.4%，出口总额54.84亿美元，仅为天津的18.3%。1998年以后我省在对外贸易中一直表现为净进口，2009年我省贸易逆差54.84亿美元比2008年增加16.87亿美元，而天津仅在2009年受金融危机影响，出口萎缩，才出现贸易逆差39.74亿美元，可见天津经济对外贸易比我省繁荣活跃，对国民经济增长的贡献较大。

由此可见，在近5年的经济发展进程中，天津依托地域优势、充分利用国家各项扶持政策，注重转变经济发展方式，既实现了国民经济的大跨越，更兼顾了人民生活质量的提升，不但赶超了我省，而且大有将我省落在后面的发展后劲。我省必须认清形势、找出差距，以科学发展观统领经济社会发展全局，加快调整步伐，在保证投资拉动的同时注重提高投资效率；在大力发展传统支柱产业同时注重发展战略新兴产业，将布局新兴产业作为结构调整的手段；大力推动服务业产业升级；着力提高企业自主创新能力，增强企业竞争力；增加居民收入，提高消费对经济增长的贡献率。争取在较短的时间内缩小差距，实现我省经济的跨越式发展。

# 从“十一五”发展基础看<br>“十二五”吉林经济发展走势

综合处

**编者按：《从“十一五”发展基础看“十二五”吉林经济发展走势》一文，于2010年6月17日以《统计参考》第8期（总第23期）印发。**

“十一五”时期，在党中央、国务院和省委、省政府的正确领导下，面对极为复杂的经济形势，我省紧紧把握国家实施振兴东北地区等老工业基地战略的契机，从解决经济社会发展中面临的主要矛盾入手，突出抓好扩大投资、招商引资、推动民营经济发展、节能降耗等项重点工作，取得了显著成效，较好地克服了长期以来制约吉林经济发展的深层次矛盾，经济活力和竞争力得到较快提升，民生得到较大改善，全省经济初步走上了又好又快发展的轨道。但经济社会发展中仍然面临着一些亟待解决的矛盾和问题。“十二五”时期，从经济发展所面临的内、外部环境来分析判断，仍将是我省经济持续快速发展的重要历史时期。本文依据 “十一五”时期我省经济发展的预期水平，结合我省经济发展面临的主要任务，运用长期趋势预测模型的分析方法，对 “十二五”末期我省主要经济指标的预期实现程度进行了测算，并提出了实现全省经济又好又快发展的建设性意见。

## 一、“十一五”时期吉林省经济发展的主要特点

### （一）主要经济指标实现快速增长

**1．经济规模迅速扩张，总量四年翻番**

“十五”末期的2005年，全省GDP总量为3620.27亿元，到2009年，全省经济在克服国际金融危机的强力冲击和影响中,实现GDP总量7203.18亿元，总量规模比2005年扩大了一倍。预计2010年全省GDP总量将达到或者超过8300亿元，超额完成“十一五”规划目标至少1900亿元。“十一五”时期，全省GDP年均增量将达到936亿元，是“十五”时期年均增量的2.8倍。

**2．经济增长率始终高于全国平均水平，且呈现相对稳定状态**

进入“十一五”以来，我省经济增长率延续着两位数的较高增长水平，且增

长幅度始终高于全国平均水平。经济增长率在各省、自治区、直辖市中的位次由“十五”末期2005年的第16位跃升到2006年、2007年的第2位，2008年的第3位，2009年则后移到第8位。“十一五”时期我省经济年均增长率将达到14.7%，高于“十一五”年均增长12.0%的规划目标2.7个百分点，比“十五”时期年均增长率加快4.7个百分点。（见表1）

表1 “十一五”时期吉林省与全国经济增长率对比

| 年度 | 经济增长率（%） | | 吉林高于全国百分点 | 吉林居全国位次 |
|---|---|---|---|---|
| | 全国 | 吉林 | | |
| 2006年 | 11.1 | 15.0 | 3.9 | 2 |
| 2007年 | 13.0 | 16.1 | 3.1 | 2 |
| 2008年 | 9.0 | 16.0 | 7.0 | 3 |
| 2009年 | 8.7 | 13.3 | 4.6 | 8 |

“十一五”时期，我省不仅保持了较高的经济增长水平，而且呈现出了较强的稳定特征，前四年经济增长的波动幅度小于0.25。就一个时期来看，GDP增长率(注3)波动幅度过大，表明经济增长的稳定性差。“十一五”前四年，我省 GDP年增长率最高为16.1%，最低为13.3%，级差为2.8%。通过对逐年GDP增长波动率的计算，其指标值都在0.25以内，表明我省经济增长仍属于相对稳定型的增长。

### 3．持续扩大投资为全省经济更好更快发展奠定了雄厚的物质基础

投资需求作为社会需求中影响经济增长最活跃、最重要的因素之一，不仅对现实经济增长具有明显的带动作用，而且也会为经济的持续快速发展奠定坚实的物质基础。“十一五”时期，我省坚持实施扩大投资战略已经取得明显成效。2009年，全省完成全社会固定资产投资7259.50亿元，比2005年增加了5457.09亿元，四年间翻了两番多，为全省经济持续较快增长积蓄了发展能量。到“十一五”末期的2010年，全省全社会固定资产投资将达到9000亿元，“十一五”时期全省全社会固定资产投资总额累计将达到29675亿元，超过“十一五”规划目标13175亿元。年均增长率将达到38.0%，超过“十一五”规划确定的年均增长率20.0%的目标18.0个百分点。

“十一五”时期，由于坚定不移地实施投资带动战略，我省投资环境得到进一步改善，全省招商引资工作取得了丰硕成果。2009年，全省实际利用外资达到35.67亿美元，比2005年增长2.1倍；实现利用外省资金1656.01亿元，比2005年增长5.8倍。“十一五”时期，全省实际利用外资累计预计将达到145.98亿美元，超额完成

“十一五”规划目标45.98亿美元；年均增长率将达到29%，高于“十一五”规划目标9个百分点。

“十一五”时期，扩大投资拉动全省经济增长的效果已经得到充分显现。体现在基础设施建设方面，截止2009年末，全省高速公路通车里程已由2005年的543公里增加到1035公里，延长了近1倍;农业机械总动力由1471万千瓦提高到2001万千瓦，增长36.0%；工业发电设备装机容量由2005年的1055.52万千瓦提高到1535.18万千瓦，增长45.4%。工业经济竞争能力显著提高。规模以上工业资产总额已由2005年末的4506.88亿元增加到2009年末的8416.09亿元，增长86.7%；工业产品的市场占有率由2005年的1.5%提高到2009年的1.7%，提高0.2个百分点；工业经济对全省经济的贡献率由2005年的34.7%提高到55.9%，提高了21.2个百分点。

**4．消费需求助推了经济增长**

城乡居民收入的不断增加，有效地带动了生活性消费水平的稳步提高和全省消费品市场的繁荣活跃。抽样调查资料显示，2009年全省城镇居民人均生活性消费支出达到10914.44元，比2005年增加4119.73元，年均增长12.6%，高于“十五”时期年均增长水平1.5个百分点；农村居民人均生活消费支出达到3902.90元，比2005年增加1596.92元，年均增长14.1%，高于“十五”时期年均增长水平5.9个百分点。在全省城乡居民消费增长的促动下，2009年全省实现社会消费品零售总额2957.33亿元，比2005年增加1496.52亿元，增长1倍,到“十一五”末期的2010年,全省社会消费品零售总额将达到3460亿元，5年间年均增长18.8%，高于“十五”时期年均增长率6.9个百分点，消费需求的快速增长有力地助推了全省经济的加快发展。

（二）经济运行质量全面向好

**1．工业增加值、利润和财政收入实现大幅增长**

“十一五”时期，吉林省以实现新型工业化为目标，始终把大力发展工业经济放在推动全省整体经济加快发展的突出战略地位，积极应对市场变化，强化生产的组织协调，促进了工业生产的快速发展和经济效益的明显改善。

2009年，全省规模以上工业企业实现增加值2926.65亿元，比2005年增加1757.26亿元，规模扩大了1.5倍，“十一五”时期，全省规模以上工业企业累计实现增加值将达到12520.08亿元，比“十五”时期累计实现增加值增加8283.18亿元, 规模扩大2倍。“十一五”时期全省规模以上工业实现增加值年均增长率将达到18.9%，高于“十五”时期年均增长率2.7个百分点。工业生产的持续快速增长，带动了全省工业经济效益水平的迅速提升，2009年全省规模以上工业企业实现利润总额475.12亿元，比2005年增加334.12亿元，增长2.4倍，年均增长35.5%；“十一五”末期，全省规模以上工业利润总额将达到546亿元，年均增长率将达到31.1%，超过“十五”

时期年均增长水平20.6个百分点。2009年，全省规模以上工业经济效益综合指数达260.4%，比2005年提升了100.4个百分点。

企业利润的大幅提升直接带动了地方财政收入的快速增长。2009年全省实现地方级财政收入487.08亿元，比2005年增加279.98亿元，增长1.4倍。

### 2．经济增长质量和结构明显改善

伴随着企业经济效益的提高，全省经济增长质量得到明显改善。社会全员劳动生产率由2005年的29221元/人提高到2009年的55524元/人，其中规模以上工业企业全员劳动生产率由2005年的114834元/人提高到2009年的235926 元/人，增长了1.1倍。经济规模的扩大和经济增长质量的改善，直接带动了就业的增加和职工劳动报酬的增长。全省从业人员由2005年的1238.9万人增加到2009年的1297.3万人，增长4.7%；全省在岗职工年平均工资由2005年的14409元提高到2009年的26230元，年均增长16.2%。

经济结构调整取得重大进展，民营经济比重大幅度提高，民营经济三年腾飞目标全面实现。2009年，全省民营经济增加值占GDP的比重由2005年的28.3%提高到48.4%，提高了20.1个百分点。截止2009年末，全省规模以上民营工业企业达到4394户，比2005年末净增加2889户；全省实现民营工业增加值1344.40亿元，比2005年增加1095.26亿元，规模扩大了4.4倍；民营工业增速达32.8%，比2005年提高了11.3个百分点；民营工业增速由2005年高于全省规模以上工业平均增长水平10.5个百分点提高到16.0个百分点。

### 3．节能降耗取得较好成效

在能源供应日趋趋紧的大背景下，“十一五”时期我省节能降耗工作取得了明显成效，2009年实现每万元地区生产总值的综合能源消费量（按等价值计算）已由2005年的1.47吨标准煤减少到1.21吨标准煤，四年间累计降低了17.5%，为全面完成“十一五”节能规划目标创造了有利的条件。

### 4．民生得到较大改善

经济持续较快发展带动了城乡居民收入的显著提高。抽样调查资料显示，2009年全省城镇居民人均可支配收入达到14006.27元，比2005年增加5315.65元，增长61.2%，到“十一五”末期的2010年，全省城镇居民人均可支配收入预计将达到15410元，超过“十一五”规划目标410元，五年间年均增长率将达到12.2%，超过“十一五”规划年均增长率目标0.7个百分点。2009年，全省农村居民人均纯收入已达到5266元，比2005年增加2002.01元，增长61.3%，到“十一五”末期的2010年，全省农村居民人均纯收入预计将达到5690元，超过“十一五”规划目标1340元，五年间年均增长率将达到11.8%，超过“十一五”年均增长率规划目标5.8个百分点。

2009年全省城乡居民收入之比为2.66:1（以农村居民人均纯收入为1），小于全国3.33:1的平均水平。

“十一五”时期，人省城乡居民住房条件得到明显改善。抽样调查资料显示，2009年全省城镇居民人均居住面积为27.68平方米,比2005年的19.07平方米增加了8.61平方米,年均增长率为7.7%;农村居民人均住房面积为22.79平方米,比2005年的20.10平方米增加了2.69平方米,年均增长率为2.5%。

城乡居民生活质量继续明显提高，恩格尔系数逐年下降。据国家统计局吉林调查总队提供的资料显示，2009年全省城镇恩格尔系数为33.3%，比2005年水平下降了1.4个百分点；全省农村恩格尔系数为35.1%,比2005年水平下降了8.4个百分点。

**5．城镇化水平逐年提高**

“十一五”时期，在国民经济持续快速发展中，全省城镇化水平逐年得到提高。2009年，全省城镇人口已达到1460.73万人，城镇化率为53.3%，比2005年提高了0.8个百分点，比当期全国46.6%的城镇化率高6.7个百分点。“十一五”时期，我省的城镇化水平虽一直高于全国平均水平，但差异水平已由2005年的9.5个百分点缩小到2009年的6.7个百分点。（见表2）

表2　吉林省城镇化率与全国比较

单位：%

| 年度 | 吉林 | 全国 | 吉林高于全国百分点 |
|---|---|---|---|
| 2005年 | 52.52 | 42.99 | 9.53 |
| 2006年 | 52.97 | 43.90 | 9.07 |
| 2007年 | 53.16 | 44.94 | 8.22 |
| 2008年 | 53.21 | 45.68 | 7.53 |
| 2009年 | 53.32 | 46.59 | 6.73 |

## 二、“十一五”时期吉林省经济发展存在的主要问题

### （一）连年扩大的固定资产投资对经济加快发展的推动作用有待进一步提高

**1．扩大投资对经济增长的拉动作用呈现减弱趋势**

进入“十一五”以来，在推动吉林经济加快发展的过程中，我省坚定不移地贯彻实施了投资拉动的战略。持续走高的投资率，在促进全省经济实现又好又快发展中发挥了极为重要的作用。然而，从近两年的现实情况来看，不断扩大的投资总量对经济增长的拉动作用却出现了逐年削弱的趋势。（见表3）

表3　2005—2009年全省投资率与投资贡献率比较

| 年度 | 投　资　率　(%) | 投资贡献率　(%) |
|---|---|---|
| 2005 | 49.8 | 69.9 |
| 2006 | 57.9 | 83.3 |
| 2007 | 69.3 | 158.1 |
| 2008 | 79.8 | 129.9 |
| 2009 | 79.6 | 71.6 |

表中数据显示，“十一五”时期，我省投资率（即支出法生产总值构成中资本形成总额占生产总值的比重）总体呈现持续走高的态势，彰显出我省投资拉动型经济增长的基本特征，而与其相对应的投资贡献率（即年度资本形成总额增量占生产总值增量的份额），自2008年以来则呈现出连年走低的趋势，已从2007年158.1%的最高水平回落到了2009年71.6%的较低水平，深刻反映出持续扩大的投资总量对我省经济增长的拉动作用正在连年削弱。

**2．投资效率开始走低（见表4）**

在日常统计工作中，考察固定资产投资的效果，通常使用的是投资效果系数指标。所谓投资效果系数，就是指一定时期内（通常为一年）单位固定资产投资所增加的国内生产总值（GDP）。它集中反映了一定时期内国民收入增加额与同时期社会投资额之间的比例关系，表示单位投资额所带来的国民收入增量。用公式表示为：

$$\text{本年投资效果系数}=\frac{\text{本年GDP}-\text{上年GDP}}{\text{本年全社会固定资产投资}}$$

表4　2000年以来我省与全国投资效果系数比较

| 年度 | 吉林省 | 全国 | 吉林省高于（+）、低于（-）全国点数 |
|---|---|---|---|
| 2000 | 0.459 | 0.289 | +0.170 |
| 2001 | 0.248 | 0.271 | -0.023 |
| 2002 | 0.282 | 0.254 | +0.028 |
| 2003 | 0.324 | 0.289 | +0.035 |
| 2004 | 0.393 | 0.346 | +0.047 |
| 2005 | 0.276 | 0.276 | 0 |
| 2006 | 0.234 | 0.264 | -0.030 |
| 2007 | 0.252 | 0.336 | -0.084 |
| 2008 | 0.203 | 0.252 | -0.049 |
| 2009 | 0.107 | 0.145 | -0.038 |

表中数据显示，2004年之前，我省年度固定资产投资虽然规模相对较小，但投资的效果系数总体连年高于全国平均水平。自实施投资拉动战略以来，除2005年全省投资效果系数与全国水平相当外，以后年份均低于全国平均水平。特别应该看到，自2005年以来，我省投资效果系数连年走低，深刻表现出我省固定资产投资粗放、效益不甚理想的现实。

**3．投资的结构性矛盾依然突出**

从近年来我省固定资产投资的内部构成要素来看，其结构性矛盾依然显得突出。一是投资的外延性扩张特征明显。2009年全省城镇以上固定资产投资中，用于技术改造方面的投资比重仅有23.9%，而新建扩建项目投资比重则高达56.7%。二是投资的整体技术水平不高。2009年全省全社会固定资产投资中，能够体现技术进步意义的设备工器具购置投资比重只占31.0%，而用于建安工程方面的投资比重则高达55.6%。三是具有高技术、高附加值意义的工业项目投资增长仍显乏力，产业结构水平仍然偏低，影响到高端产业的后续发展，致使整体经济仍难以尽快摆脱高投入、低产出的粗放经营格局。四是缺少对全省未来经济发展极具带动作用的大型投资项目支撑。2009年，在全省城镇以上固定资产投资项目中，投资额在50亿元以上的大型项目只有10个，其中制造业投资项目仅有3个，而且全部都是前两年已经开工的续建项目。

（二）经济增长结构存在失衡现象，消费渐成“短板”

**1．消费率逐年走低（见表5）**

表5　2000年以来我省消费率变化情况

单位：%

| 年度 | 消费率 | 年度 | 消费率 |
|---|---|---|---|
| 2000 | 62.7 | 2005 | 51.1 |
| 2001 | 62.6 | 2006 | 43.1 |
| 2002 | 61.2 | 2007 | 46.2 |
| 2003 | 59.9 | 2008 | 45.0 |
| 2004 | 56.2 | 2009 | 44.3 |

表中数据显示，2000年以来我省消费率水平虽有起伏波动，但总体呈现走低趋势，已由2000年62.7%的较高水平逐年回落到了2009年44.3%的较低水平。

客观地分析我省消费率降低的主要原因，一是固定资产投资连年高速增长所带来的投资率急剧扩张，客观上对消费率形成挤压效应。通常情况下，投资与消费是此消彼涨的关系。随着近年来我省持续扩大招商引资规模，加大固定资产投资力度，2009年完成全社会固定资产投资7259.50亿元，已达到2004年投资水平的6.2倍，在投资率的逐年上升中，消费率连年下降。

二是相对较低的收入水平制约消费，成为消费率降低的直接动因。我省居民收入，特别是在岗职工工资水平和城镇居民收入长期处于偏低的状态，成为制约消费增长的重要原因。统计资料显示，2009年我省在岗职工平均工资为26230元，其低于全国平均水平的差距，已由2000年的1447元扩大到6506元，其在全国各省、区、市中的位次，已由2000年的第19位后移到了第29位；2009年我省城镇居民人均可支配收入14006.27元，其低于全国平均水平的差距，也由2000年的1469.98元扩大到了3168.38元。劳动者收入增长的相对迟缓，对居民消费产生了直接的负面影响，2008年，我省居民消费支出占GDP的比重为30.6%，低于全国平均水平4.7个百分点。2009年我省城镇居民人均消费支出10914元，低于当年全国平均水平1351元。

**2．社会服务业比重连年下降**

进入“十一五”以来，我省始终把加快社会服务业发展作为实现吉林振兴的重要载体，大力实施社会服务业跃升计划，有力地推动了全省服务业的加快发展。统计数据资料显示，“十一五”时期的前四年，全省社会服务业实现增加值已由2005年的1413.83亿元增加到2009年的2730.72亿元，规模扩大了近一倍，年均增长率达到15.3%，增幅高于当期地区生产总值增速0.2个百分点。然而必须看到，实施老工业基地振兴战略以来，特别是进入“十一五”以后，伴随着以工业经济为主体的第二产业的快速发展和其在地区生产总值中比重的迅速提升，社会服务业增加值的比重出现了连年下降的趋势。（见表6）

表6　2000年以来我省三次产业比重变化情况

单位:亿元

| 年度 | 地区生产总值 | 其中:第一产业 | | 第二产业 | | 第三产业 | |
|---|---|---|---|---|---|---|---|
| | | 绝对值 | 比重(%) | 绝对值 | 比重(%) | 绝对值 | 比重(%) |
| 2000 | 1951.51 | 398.73 | 20.4 | 768.89 | 39.4 | 783.89 | 40.2 |
| 2001 | 2120.35 | 409.10 | 19.3 | 852.51 | 40.2 | 858.74 | 40.5 |
| 2002 | 2348.54 | 446.17 | 19.0 | 943.49 | 40.2 | 958.88 | 40.8 |
| 2003 | 2662.08 | 488.15 | 18.3 | 1098.44 | 41.3 | 1075.49 | 40.4 |
| 2004 | 3122.01 | 568.69 | 18.2 | 1329.68 | 42.6 | 1223.64 | 39.2 |
| 2005 | 3620.27 | 625.61 | 17.3 | 1580.83 | 43.7 | 1413.83 | 39.0 |
| 2006 | 4275.12 | 672.76 | 15.7 | 1915.29 | 44.8 | 1687.07 | 39.5 |
| 2007 | 5284.69 | 783.80 | 14.8 | 2475.45 | 46.9 | 2025.44 | 38.3 |
| 2008 | 6424.06 | 916.70 | 14.3 | 3064.63 | 47.7 | 2442.73 | 38.0 |
| 2009 | 7203.18 | 980.50 | 13.6 | 3491.96 | 48.5 | 2730.72 | 37.9 |

表中数据显示，2009年全省社会服务业增加值比重为37.9%，比“十五”末期2005年的比重回落了1.1个百分点，分别比2006、2007和2008年 回落了1.6、0.4和0.1个百分点。社会服务业增加值比重的连年回落，深刻反映出我省经济结构不尽合理的现实，同时也为我省进一步调整经济结构指明了方向。

（三）居民收入增长与经济发展水平不甚协调

进入“十一五”以来，在经济的持续快速发展中，我省人均GDP水平得到了显著的提升，但居民收入增长与经济发展水平不甚协调的问题也反映得十分明显。

从人均GDP的增长情况来看，2009年，全省人均GDP达到26595元，比2005年增加13247元，按可比价格计算，四年间的年均增长率达到了14.9%，增长率在全国各省、区、市中的位次，由2005年的第13位前移到了2009年的第11位。

从城乡居民人均收入的增长情况来看，2009年，全省城镇居民人均可支配收入为14006.27元，比2005年增加5315.67元，四年间年均增长12.7%，其年均增长率水平低于人均GDP年均增幅2.2个百分点，城镇居民人均可支配收入在全国的位次，已由2005年的第19位后移到2009年的第22位；2009年，全省农村居民人均纯收入为5266元，比2005年增加2002元，四年间的年均增长率同为12.7%，其年均增长水平也低于人均GDP年均增幅2.2个百分点，农村居民人均纯收入在全国的位次，由2005年的第11位前移到了2009年的第10位。

城乡居民人均收入增长落后于人均GDP的增长，特别是人均GDP位次前移与城镇居民人均可支配收入位次后移并存的状况，如果长期得不到扭转，势比会对扩大我省消费需求产生消极影响，进而不利于我省经济的长期可持续发展。

（四）经济结构性矛盾依然突出

**1．土地产出效率亟待提高**

我省作为全国农业大省，拥有十分丰富的农业资源，但农业的产出效率却明显偏低。2009年，我省耕地面积（6199.3千公顷）和人均耕地面积（0.23公顷）两项指标分别居全国的第9位和第5位，然而其所创造的第一产业增加值（980.50亿元）却仅居全国的第17位，单位耕地面积创造的第一产业增加值（15816元/公顷）只居全国的第25位，仅相当于当年全国平均水平的59%，反映出我省耕地的单位生产效益相对较低。我省作为粮食生产大省，粮食的商品率多年居全国的第1位，2009年全省粮食产量（2460万吨）占全国的比重为5.0%，高于第一产业增加值占全国比重2.2个百分点，表明我省粮食生产产量高而收益低，第一产业地位重要，但产业竞争力却相对较弱。

**2．工业经济内部行业集中度过高，经济运行风险较大**

在吉林工业经济长期发展的过程中，已经形成了以汽车制造业为主体的交通运输设备制造业、石油化工业和以食品工业为主体的农产品加工制造业三大支柱产业，成为引领全省工业经济发展的主导力量。统计数据资料显示，2009年，全省三大支柱产业累计实现工业增加值1638.42亿元，占全部规模以上工业增加值的比重为56.0%，虽比“十五”末期的2005年回落了7.0个百分点，但仍占据着全省工业经济的半壁江山，其占地区生产总值的比重也高达22.7%，深刻反映出我省工业经济内部行业集中度偏高的基本特征。可以肯定地说，这种高集中度的行业结构，有利于提高经济发展的核心竞争力，但同时也增加了经济运行的风险，一旦支柱产业受到外部环境的强力冲击和影响，就不可避免地会对整体经济带来较大震动。特别应该看到，“十一五”以来，我省三大工业支柱行业中的交通运输设备制造业和石油化工业都出现了市场占有份额下降的趋势，其中交通运输设备制造业的市场占有率已由2005年的7.9%回落到2009年的7.2%，石油化工业的市场占有率也已由2005年的2.3%回落到2009年的2.0%。在大力做强支柱产业的同时，加快培育和形成新的支柱产业集群，尽快构建多足鼎立的支撑产业结构，应该成为未来时期加快我省经济发展的突出任务。

## 三、对“十二五”时期吉林省经济发展趋势的基本判断

无论是从当前我省经济发展所处的历史阶段，还是从当前我省经济发展所面临的内、外部环境来分析判断，“十二五”都将是吉林省经济持续快速发展的重要历史时期。之所以做出这样的判断，主要是基于对如下因素的考虑：

**一是我省经济正处在持续快速发展的重要历史时期。**国际经济发展的一般规律表明，一个国家或者地区，当其人均GDP超过3000美元时，经济就进入了相对快速发展的阶段。从我省的实际情况来看，2008年人均GDP达到23514元，首次超过3000美元，达到3387美元，2009年已达到26319元，按现行汇率计算，人均GDP已超过4000美元，达到4080美元，标志着我省经济已经步入了快速发展的新时期。可以毫无疑义地认为，未来5年这一快速发展趋势将得以延续，我省经济在“十二五”时期将继续呈现出旺盛的增长态势。

**二是连续几年加大招商引资力度和扩大固定资产投资规模的成果，为未来时期我省经济持续快速发展奠定了坚实基础。**我省从2005年开始加大招商引资力度和实施“投资拉动”战略。在这一系列重大战略的促动下，2005—2009年的五年间，全省实际利用外资总额116.47亿美元（其中外商直接投资达到44.40亿美元），实际利用外省资金总额4353.68亿元，已累计完成全社会固定资产投资21477.60亿元，是1949—2004年56年间投资总额的2.7倍。在连续几年的加大招商引资力度和扩大固定资产投资规模中，伴随着一批重点工程项目，特别是一批重大基

础设施项目的引进和项目建设的不断推进，一大批产业扩能和技术改造项目相继建成投产并达产达效，为未来时期吉林经济的持续快速发展提供了强有力的物质基础和产业保障。

**三是国家继续实施老工业基地振兴战略，为我省经济加快发展提供了难得的历史机遇**。国家高度重视东北地区等老工业基地的发展，在充分总结几年来实施振兴战略经验的基础上，2009年又出台了进一步实施振兴东北战略的意见，确定了支持东北加快振兴的一系列政策措施。特别是从推动东北加快振兴和实现区域经济协调发展的目标出发，已正式批复《中国图们江区域合作开发纲要——以长吉图为开发开放先导区》，标志着长吉图开发开放先导区建设已上升到国家战略层面。按照国务院的批复，我省长春市和吉林市的部分区域和延边朝鲜族自治州将成为中国图们江区域的核心地区，加快长吉图开发开放先导区建设，将使这一地区迅速发展成为我国沿边开发开放的重要区域，成为我国面向东北亚开放的重要门户和东北亚经济技术合作的重要平台，成为东北地区经济社会发展新的增长极和辐射、带动东北亚区域加快发展的重要引擎。进一步振兴东北战略意见的实施，特别是长吉图开发开放先导区建设战略的实施，为我省“十二五”乃至更长时期加快经济社会发展提供了重大利好的外部客观环境。

**四是工业化、城镇化和农业现代化建设的相互支撑、相互融合和互动发展，必将对加快吉林经济发展产生重要的推动作用**。我省正处在统筹城乡发展，推动工业化、城镇化和农业现代化相互支撑、相互融合、互动发展的关键节点上。通过加快经济发展方式的转变，实现工业化、城镇化和农业现代化深度融合和互动发展，必须走用工业化推动城镇化，用城镇化带动农业现代化，以农业现代化促动工业化和城镇化发展的具有吉林特色的统筹发展之路。工业化、城镇化和农业现代化的相互融合和互动发展，加之坚定不移地实施扩大内需、改善民生等重大战略，这就为我省“十二五”乃至更长时期加快经济社会发展开辟了更为广阔的空间，必将对吉林经济的持续、稳定、健康、快速发展产生巨大的推力作用。

**五是良好的投资环境为吉林承接经济发达国家、地区的产业转移做好了充分的准备**。在经济全球化和区域经济一体化加快推进的大背景下，伴随着发达国家和我国东部地区经济的快速发展，其产业结构的调整、优化和升级已经成为进一步加快发展的必然选择。特别是近年来，发达国家和我国东部地区在经济发展的过程中都普遍面临着土地、劳动力等生产要素供给趋紧、企业商务成本不断增加、资源环境约束矛盾日益突出和产业结构调整升级的压力明显增大等一系列问题，成为制约发展的重要因素，发达国家和我国东部地区制造业，特别是劳动密集型加工业向中西部欠发达地区转移的趋势日益明显。吉林作为经济欠发达的省份，在推动经济加快发展的过程中，已经深刻地感受到积极主动地承接发达国家和地区的产业转移是实现自身转变经济发展方式和实现跨越式发展的重要助推器，必须准确把握国际国内产业转移的总体趋势与内在规律，以更加积极的姿态、更加有效的措施，主动参与区域合作，有效承接产业转移，在争夺产业转移项目落地权中抢占先机，实现经济的更好更快发展。几年来，吉林紧紧围绕改善投资环境做了大量工作，取得了明显的变化，已经为进一步承接经济发达国家、地区的产业转移做好了充分的准备。未来5年全省实际利用外资和实际利用外省资金快速增长的势头将会得到延续，吉林经济在有效承接国际国内产业转移和发展方式转变中定将实现持续、稳定、健康、快速增长。

## 四、对“十二五”末期吉林省主要经济指标实现程度的预测

依据“十一五”末期我省经济发展的预期水平，结合未来5年全省经济发展面临的主要任务，遵循“既保持快速增长，又适度留有余地”的原则，以1990—2009年20年时间序列数据为基础，运用长期趋势预测模型的分析方法，对吉林省“十二五”末期各项主要经济指标的实现程度及其年均增长水平进行了预测，其结果是:

### （一）地区生产总值的预测

#### 1．第一产业增加值的测算

在第一产业增加值测算的过程中，充分考虑到农业生产受气象条件的影响而起伏波动较大的特点，我们具体采用了建立长期趋势预测模型中逻辑曲线模型的方法，其基本关系是：

Logistic（逻辑）曲线模型 $\hat{Y}=1/(1/u+b_0\times b_1^x)$

模型中$\hat{Y}$为预测年度第一产业增减值的预计值;

u为第一产业增加值在预测期内可能达到的最大值，预测中确定u＝4000；

$$b_0=\frac{1}{n}(\sum\ln Y-b_1\sum x)$$

$$b_1=\frac{n\sum x\ln Y-\sum x\sum\ln Y}{n\sum x^2-(\sum x)^2}$$

n为使用数据涉及年度的个数；

x为年份数；

y为某年度第一产业增加值的实际数值。

经数据推导过程，具体模型演变为：

$\hat{Y}=1/(1/4000+0.008\times0.892^{x})$

据此计算结果，到2015年，全省第一产业预计可以实现增加值1550亿元，比2010年预计水平增加500亿元，按可比价格计算，五年间的年均增长率为6.5%，其增幅将明显高于全省“十一五”时期预计年均增长4.6%的发展水平。

**2．第二产业增加值的测算**

在第二产业增加值测算的过程中，充分考虑到工业和建筑业增长稳定性较强的特征，我们具体采用了建立增长曲线模型的方法，其基本关系是：

增长曲线模型 $\hat{Y}=e^{b_0+b_1X}$

模型中$\hat{Y}$为预测年度第二产业增加值的预计值;

e为自然对数的底，即e＝2.718282

$$b_0=\frac{1}{n}(\sum\ln Y-b_1\sum x)$$

$$b_1=\frac{n\sum x\ln Y-\sum x\sum\ln Y}{n\sum x^2-(\sum x)^2}$$

n为使用数据涉及年度的个数；

x为年份数；

y为某年度第二产业增加值的实际数值。

经数据推导过程，具体模型演变为：

$\hat{Y}=e^{-281.67+0.144X}$

计算结果显示，到2015年，全省第二产业预计可以实现增加值8500亿元，比2010年预计水平增加4350亿元，规模扩大近1.1倍，按可比价格计算，五年间年均增长率为13.5%，其增幅将会低于“十一五”时期预计年均增长水平。

**3．工业增加值的测算**

在工业增加值测算的过程中，我们仍然采用了建立增长曲线模型的方法。经数据推导过程，具体模型演变为：

$\hat{Y}=e^{-277.98+0.142X}$

其结果表明，到2015年，全省工业实现增加值将会达到7500亿元，比2010年预计水平增加3950亿元，规模扩大1.1倍，按可比价格计算，五年间的年均增长率为14.5%，增幅将会低于“十一五”时期年均增长速度。

**4．第三产业增加值的测算**

在第三产业增加值的测算中，我们仍然使用了建立增长曲线模型的方法，经数据推导，具体模型演变为：

$\hat{Y}=e^{-312.15+0.159X}$

推导结果表明，到2015年，全第三产业增加值预计可以实现7250亿元，比2010年的预计水平增加4150亿元，规模扩大1.3倍，按可比价格计算，五年间的年均增长率达到16.5%，将会高于“十一五”时期预计年均增长率水平2.0个百分点。

5．地区生产总值及其三次产业结构比例的测算

依据上述对未来5年三次产业发展程度的测算结果，到“十二五”末期的2015年，全省实现地区生产总值将达到17300亿元，比2010年的预计水平增加9000亿元，规模扩大近1.1倍。按可比价格计算，“十二五”期间全省实现地区生产总值的年均增长率将维系在14.0%的较高水平，但会略低于“十一五”时期年均增长14.7%的预期增长速度。届时，全省三次产业的结构比例将由2010年的12.7:50.0:37.3调整到9.0:49.1:41.9，其中第一、第二产业所占比重将分别回落3.7和0.9个百分点，而第三产业比重则将相应提升4.6个百分点，全省经济结构将得到进一步优化。

（二）全社会固定资产投资的预测

在对未来5年全社会固定资产投资实现程度进行测算的过程中，我们仍然以1990—2009年20年间全省全社会固定资产投资实际数据为基础，继续采用建立增长曲线模型的方法。即建立增长曲线模型 $\hat{Y}=e^{b_0+b_1X}$

模型中：$\hat{Y}$为预测年度全省全社会固定资产投资的预测值;

e为自然对数的底，即e＝2.718282；

$$b_0=\frac{1}{n}(\sum\ln Y-b_1\sum x)$$

$$b_1=\frac{n\sum x\ln Y-\sum x\sum\ln Y}{n\sum x^2-(\sum x)^2}$$

n为使用数据涉及年度的个数；

x为年份数；

y为某年度全省全社会固定资产投资的实际数值。

经数据推导过程，具体模型演变为：

$\hat{Y}=e^{-402.27+0.204X}$

计算结果显示，在“十一五”时期持续保持高位增长的基础上，全社会固定资产投资仍将是未来5年带动全省经济实现跨越式发展的重要动力源泉。但伴随着经济结构调整步伐的进一步加快、经济增长方式的根本转变、消费在国民经济发展中作用的日益突出和投资基数的不断加大，未来5年全省全社会固定资产投资的增速将会明显有所减缓。预计到2015年，全省全社会固定资产投资的总体规模将扩大到16740

亿元，比2010年增加7740亿元，五年间的年均增长率为13.2%，明显低于“十一五”时期38.0%的年均增长水平。

（三）社会消费品零售总额的预测

在对未来时期社会消费品零售总额实现程度的测算中，我们依然以1990—2009年20年间全省社会消费品零售总额实际数据为基础，采用建立增长曲线模型的方法。即建立增长曲线模型 $\hat{Y}=e^{b_0+b_1X}$

模型中：$\hat{Y}$为预测年度全省社会消费品零售总额的预测值；

e为自然对数的底，即e＝2.718282；

$$b_0=\frac{1}{n}(\sum\ln Y-b_1\sum x)$$

$$b_1=\frac{n\sum x\ln Y-\sum x\sum\ln Y}{n\sum x^2-(\sum x)^2}$$

n为使用数据涉及年度的个数；

x为年份数；

y为某年度全省社会消费品零售总额的实际数值。

经数据推导过程，具体模型演变为：

$$\hat{Y}=e^{-255.78+0.131X}$$

计算结果显示，伴随着经济的持续快速发展、城乡居民收入水平的不断提高和各项社会保障事业的进一步健全与完善，未来的5年仍将是我省持续保持旺盛消费增长的重要历史时期。预计到2015年，全省社会消费品零售总额将达到7600亿元，比2010年预期水平增加4200亿元，规模扩大1.2倍，五年间的年均增长率将维系在17.5%的较高水平上。（见表7）

注：1.本文2009年地区生产总值及规模以上工业相关数据为年快报数据；

2.人均GDP增长速度位次根据各省2009年统计公报数据排序；

3.经济增长波动率＝（本年经济增长率－上年经济增长率）÷上年经济增长率。

表7 吉林省“十一五”时期主要经济指标完成情况及“十二五”末期发展水平预计

| | “十一五”时期 | | | | | | | | | | | | “十二五”时期 | |
|---|---|---|---|---|---|---|---|---|---|---|---|---|---|---|
| | 2006年实际 | | 2007年实际 | | 2008年实际 | | 2009年实际 | | 2010年预计 | | “十一五”合计 | | 2015年预计 | |
| | 指标值（亿元） | 同比增长（%） | 指标值（亿元） | 同比增长（%） | 指标值（亿元） | 同比增长（%） | 指标值（亿元） | 同比增长（%） | 指标值（亿元） | 同比增长（%） | 指标值（亿元） | 年均增长（%） | 指标值（亿元） | 年均增长（%） |
| 地区生产总值 | 4275.12 | 15.0 | 5284.69 | 16.1 | 6426.10 | 16.0 | 7203.18 | 13.3 | 8300.00 | 13.0 | 31489.09 | 14.7 | 17300 | 14.0 |
| 其中：第一产业增加值 | 672.76 | 4.2 | 783.80 | 1.2 | 916.72 | 9.5 | 980.50 | 2.8 | 1050.00 | 5.5 | 4403.78 | 4.6 | 1550 | 6.5 |
| 第二产业增加值 | 1915.29 | 17.0 | 2475.45 | 21.2 | 3097.12 | 18.4 | 3491.96 | 16.7 | 4150.00 | 16.5 | 15129.82 | 17.9 | 8500 | 13.5 |
| 其中:工业增加值 | 1659.29 | 17.4 | 2170.74 | 22.4 | 2688.37 | 18.1 | 3004.64 | 16.3 | 3550.00 | 16.0 | 13073.04 | 18.0 | 7500 | 14.5 |
| 第三产业增加值 | 1687.07 | 17.4 | 2025.44 | 16.4 | 2412.26 | 15.3 | 2730.72 | 12.7 | 3100.00 | 11.0 | 11955.49 | 14.5 | 7250 | 16.5 |
| 全社会固定资产投资 | 2804.30 | 55.6 | 4003.18 | 42.8 | 5608.15 | 40.1 | 7259.50 | 29.5 | 9000.00 | 24.0 | 28675.13 | 38.0 | 16740 | 13.2 |
| 社会消费品零售总额 | 1675.84 | 14.7 | 1999.20 | 19.3 | 2484.26 | 24.3 | 2957.33 | 19.0 | 3460.00 | 17.0 | 12576.63 | 18.8 | 7600 | 17.5 |

# 吉林省《妇女儿童发展规划》年度监测报告
## （2009年度）

李臣波

**编者按：吉林省《妇女儿童发展规划》年度监测报告一文于2010年7月13日以《统计分析》第24期（总第584期）印发。在国家统计局社会科技司2010年度统计分析评比中荣获一等奖。省政府马俊清副省长批示："此报告提供的数据很有价值，请德伟并省妇儿工委办诸同志阅研、借鉴。"**

妇女儿童发展作为经济社会发展的重要组成部分，受到国际社会的普遍重视。2001年5月，由吉林省人民政府颁布实施的《吉林省妇女发展规划（2001—2010年）》和《吉林省儿童发展规划（2001—2010年）》（以下简称妇女儿童发展规划），提出21世纪前十年吉林省妇女儿童发展目标以及实现目标的策略和措施。从2009年我省《妇女儿童发展规划》实施进程的监测结果看：妇幼保健服务水平进一步提高；素质教育全面推进，儿童受教育水平不断提高，义务教育中的性别差异基本消除，各级学历教育的在校女学生比例稳步上升；妇女就业比例相对稳定，参政比例相对稳定；未成年人和妇女的合法权益受到有效保护，妇女儿童生存环境质量不断改善。但也存在农村教育、卫生事业发展相对滞后，有关妇女儿童健康的某些指标出现下滑，艾滋病的预防控制刻不容缓，流动人口中的妇女儿童权益保障亟待加强等问题，必须在实施《规划》的进程中采取有力措施予以解决。

### 一、实施《妇女儿童发展规划》的外部环境

2009年，吉林省经济持续快速健康发展，在省委、省政府的正确领导下，坚持以科学发展观为统领，以"保增长、保民生、保稳定"为主线，全面贯彻落实中央和国务院关于应对国际金融危机的一揽子计划，奋力攻坚克难，在克服金融危机的强力冲击和影响中，实现了经济的较快发展和社会的全面进步，为吉林省妇女儿童事业的发展创造了良好的外部环境。

#### （一）国民经济快速健康发展，居民生活水平稳步提高

2009年全省实现地区生产总值7203.18亿元，按可比价格计算，增长13.3%。其

中，第一产业实现增加值980.50亿元，增长2.8%；第二产业实现增加值3491.96亿元，增长16.7%；第三产业实现增加值2730.72亿元，增长12.7%。按常住人口计算，当年全省人均GDP达到26319元/人，增长13.1%。三次产业比例为13.6：48.5：37.9，对经济增长的贡献率分别为2.7%、59.4%、37.9%。

（二）社会事业全面发展

1．**文化事业**

2009年末，全省有文化事业活动单位1206个（不包括文化市场统计数据）；群众文化机构795个（其中：文化馆63个，群众艺术馆13个，文化站719个）；艺术表演团体65个。有公共图书馆65个，藏书1334万册。有博物馆72个，文物藏品24万件，全年参观人数达555万人次。全年共出版各种图书1.04万种；期刊238种，总印量4.23亿印张；出版发行报纸80种，印刷总量26.48亿印张。

2009年，全省广播人口覆盖率达到98.26%；全省电视人口覆盖率达到98.48%，全省有线广播电视用户数为294万户，其中数字电视用户数达到165万户。

2．**卫生事业**

截至2009年末，全省有卫生技术人员16.49万人，其中执业医师和执业助理医师5.88万人，注册护士4.23万人。全省医院和卫生院拥有医疗床位10.09万张。全省有乡镇卫生院789个，床位1.64万张，卫生技术人员2.56万人。全省已建成社区卫生服务中心2228家。全省所有县（市、区、开发区）均实行了新型农村合作医疗，覆盖率达100%。有1251.50万农民参加了新型农村合作医疗，参合率达95.5%。全年共筹集资金12.60亿元；已有691.68万参合农民从中受益，支付补偿资金11.73亿元，占筹资资金总额的93.2%。全省报告甲、乙类传染病发病人数7.07万例，报告死亡129人；报告传染病发病率258.58例/10万人，死亡率0.47人/10万人。全省孕产妇死亡率为27.12人/10万人；婴儿死亡率为6.83‰；全省农村卫生厕所普及率达到66.7%。

3．**各级各类教育稳步发展**

2009年，全省有幼儿园2576所，在园幼儿（包括学前班）32.60万人。有特殊教育学校45所，招收残疾学生925人，在校生0.68万人。有独立设置少数民族普通高中24所，在校生2.07万人；有少数民族普通初中41所，在校生1.16万人；有少数民族小学85所，在校生2.55万人；有少数民族幼儿园46所，在园儿童0.52万人。全省拥有小学6184所，在校生146.11万人。学龄儿童入学率为99.78%。普通初中1226所，在校生86.90万人，减少3.67万人。全省高中阶段教育在校学生为79.15万人（不含技工学校），比上年增加4.13万人。其中有普通高中学校262所，在校生46.86万人；有中等职业教育学校（机构）384所，在校生32.29万人。获得职业技术证书的人数为4.06万人，增加0.84万人。另有职工技术培训学校（机构）2691所，注册学生63.91万人。高等教育毛入学率达到32.3%。全省共有研究生培养单位19个，招收研究生1.68万人，在学研究生4.68万人。全省普通高校45所，其中普通本科院校26所；普通专科（高职）院校19所；另有普通高校举办的独立学院10所。全年招收普通本科、专科（高职）学生15.80万人，比上年增加0.31万人；在校生53.10万人，比上年增加2.69万人。普通高等学校校均规模由0.99万人增加到1.05万人。全省有成人高校16所，在校生达15.92万人。

**4．体育事业再创佳绩**

2009年，全省新建1个国家级全民健身户外营地；2个市（州）级全民健身中心；4个县（市、区）级全民健身中心；6个（市、区）级健身广场；125个街道（社区）健身路径；204个乡镇健身路径；610个行政村配建了体育器材。全年培训审批一级社会体育指导员54人；二级社会体育指导员690人；三级社会体育指导员1389人。全年新建全民健身活动站点793个；国家级青少年体育俱乐部7个，参与健身活动人数达1140万人次。全年在国际、国内重大体育比赛中共获得金牌53.5枚、银牌39枚、铜牌37枚。

**5．环境保护工作取得新进展**

主要污染物总量减排任务提前完成。2009年，全省化学需氧量(COD)排放量36.08万吨，比上年下降3.62%；二氧化硫(SO2) 排放量36.3万吨，比上年下降3.83%，COD、SO2两项指标均超额完成2009年度削减任务。全省列入松花江流域“十一五”水污染防治规划的86个项目已完成66个，在建20个，其中，47个重点工业企业污染治理项目基本完成。列入辽河流域“十一五”水污染防治规划的26个项目已完成14个。全省15条江河的65个国省控监测断面，好于Ⅲ类水质的占44.6%，有16个断面水质好于上年。松花江流域水质不断改善，出省界断面稳定保持国家规定的Ⅲ类水质。支流牡丹江水质有所改善，饮马河、辉发河水质保持稳定。17个主要城镇饮用水源水质均符合国家标准。全省各类自然保护区达到36个，其中，国家级自然保护区13个，省级自然保护区23个，总面积229.83万公顷，占省域国土面积的12.26%。全省共有国家级生态示范区11个、国家级环境优美乡镇14个和国家级生态村1个。

## 二、妇女儿童规划主要监测指标进展情况

根据2009年全省妇女儿童状况综合统计年报数据，对照我省《妇女儿童发展规划》中提出的主要定量目标中，吉林省已经有成人妇女识字率、青壮年妇女识字率、妇女参加实用技术培训、小学五年巩固率、初中毛入学率等指标提前达到2010年终期目标的要求；农村消毒接生率、城市绿化覆盖率等指标离《妇女儿童发展规划》提出的目标有一定差距，但预计能如期达标；省政府领导班子中女干部配备率、城市垃圾无害化处理率等几项指标达标难度较大。（见表1）

### 表1 《吉林省妇女发展规划2001—2010年》指标进展情况对照表

| 领域 | 序号 | 规划量化指标 | 省规划指标任务 | 国家纲要指标任务 | 中期达标情况 | 08年达标情况 | 09年达标情况 |
|---|---|---|---|---|---|---|---|
| 妇女参与决策管理 | 1 | 省委领导班子女干部配备 | 2010年配备1名以上 | 2010年配备1名以上 | 100% | 100% | 100% |
| | 2 | 省人大领导班子女干部配备 | 2010年配备1名以上 | | 100% | 100% | 100% |
| | 3 | 省政府领导班子女干部配备 | 2010年配备1名以上 | 2010年配备1名以上 | 100% | 0 | 0 |
| | 4 | 省政协领导班子女干部配备 | 2010年配备1名以上 | | 100% | 100% | 100% |
| | 5 | 市州党委领导班子女干部配备 | 2010年配备1名以上 | | 77.80% | 100% | 100% |
| | 6 | 市州人大领导班子女干部配备 | 2010年配备1名以上 | | 77.80% | 100% | 100% |
| | 7 | 市州政府领导班子女干部配备 | 2010年配备1名以上 | 2010年配备1名以上 | 88.90% | 100% | 77.80% |
| | 8 | 市州政协领导班子女干部配备 | 2010年配备1名以上 | | 77.80% | 77.78% | 77.78% |
| | 9 | 县级党委领导班子女干部配备 | 2010年配备1名以上 | | 76.77% | 71.67% | 73.33% |
| | 10 | 县级政府领导班子女干部配备 | 2010年配备1名以上 | 2010年配备1名以上 | 76.67% | 73.33% | 73.33% |
| | 11 | 省直工作部门领导班子女干部配备 | 2010年达到50%以上 | 2010年达到50%以上 | 43.70% | | 61.50% |
| | 12 | 市级党委部门领导班子女干部配备 | 2010年达到50%以上 | | 40.70% | 34.78% | 40.70% |
| | 13 | 市级政府部门领导班子女干部配备 | 2010年达到50%以上 | 2010年达到50%以上 | | 41.19% | |
| | 14 | 县级党委部门领导班子女干部配备 | 2010年达到50%以上 | | 40.30% | 41.15% | 42.83% |
| | 15 | 县级政府部门领导班子女干部配备 | 2010年达到50%以上 | | | | 40.23% |
| | 16 | 省级党政领导班子女后备干部比例 | 2010年不少于10% | | 12.80% | 18.58% | 23.50% |
| | 17 | 市级党政领导班子女后备干部比例 | 2010年不少于15% | | 19.48% | 21.13% | 21.10% |
| | 18 | 县级党政领导班子女后备干部比例 | 2010年不少于20% | | — | 25.70% | 27.20% |
| | 19 | 小学适龄女童的净入学率 | 2010年达到99%以上 | 2010年达到99%左右 | 99.34% | 99.76% | 99.78% |
| 妇女与教育 | 20 | 小学5年巩固率 | 2010年达到95%以上 | 2010年达到95%左右 | 100.48% | 102.33% | 105.35% |
| | 21 | 初中阶段女童毛入学率 | 2010年达到95%以上 | 2010年达到95%左右 | 98.99% | 99.48% | 99.58% |
| | 22 | 高等教育女生毛入学率 | 2010年达到20%左右 | 2010年达到15%左右 | — | — | 32.30% |
| | 23 | 成人妇女识字率 | 2010年达到90%以上 | 2010年达到85%以上 | 93.80% | 92.99% | 已达标 |
| | 24 | 青壮年妇女识字率 | 2010年达到98%左右 | 2010年达到95%左右 | 98.30% | 89.67% | 已达标 |
| | 25 | 妇女参加实用技术培训 | 每年100万人次 | | — | — | 已达标 |
| | 26 | 妇女参加新技术培训 | 每年20万人次 | | 89.98万人 | | 已达标 |
| 妇女与健康 | 27 | 达到省内规定标准的乡镇卫生院产科 | 2005年达到95% | | 100% | 100% | 100% |
| | 28 | 农村孕产妇住院分娩率 | 2010年达到75%以上 | 2010年达到65% | 92.49% | 99.15% | 99.81% |
| | 29 | 高危孕产妇住院分娩率 | 2010年达到95%以上 | 2010年达到90%以上 | 97.18% | 99.61% | 99.98% |
| | 30 | 农村消毒接生率（非住院分娩新法接生率） | 2010年达到99%以上 | 2010年达到95%以上 | 96.27% | | 94.21% |
| | 31 | 孕产妇死亡率 | 2010年下降到29/10万以下 | 在2000年基础上下降1/4 | 34.62/10万 | 28.68/10万 | 27.12/10万 |
| | 32 | 节育手术并发症发生率 | 2010年控制在0.1‰以下 | 2010年控制在0.1‰以下 | 0.01‰ | | 已达标 |
| | 33 | 艾滋病病毒感染人数（女性） | 2010年控制在3万人以内 | | 257人 | | 505人 |
| 妇女与环境 | 34 | 城市污水处理率 | 2010年达到60%以上 | | 27.61% | 52.78% | 64.26% |
| | 35 | 垃圾无害化处理率 | 2010年达到80%以上 | | 44.18% | 32.61% | 45.05% |
| | 36 | 农村卫生厕所普及率 | 2005年达到60% | | 60.43% | 65.54% | 66.70% |
| | 37 | 农村自来水普及率 | 2005年达到45% | | 48.81% | 59.59% | 65.82% |
| | 38 | 农村改水受益率 | 2010年达到98%以上 | | 98.35% | 96.54% | 98.13% |

续表 《吉林省妇女发展规划2001—2010年》指标进展情况对照表

| 领域 | 序号 | 规划量化指标 | 省规划指标任务 | 国家纲要指标任务 | 中期达标情况 | 08年达标情况 | 09年达标情况 |
|---|---|---|---|---|---|---|---|
| 儿童与健康 | 1 | 城市婚前医学检查覆盖率 | 2005年达到75% | 2010年达到80% | 1.25% | 1.17% | 1.29% |
| | 2 | 农村婚前医学检查覆盖率 | 2005年达到65% | 2010年达到50% | 1.31% | 3.61% | 4.97% |
| | 4 | 孕产妇死亡率 | 2010年降低到29/10万以下 | 以2000年为基数下降1/4 | 34.62/10万 | 28.68/10万 | 27.12/10万 |
| | 5 | 农村孕产妇住院分娩率 | 2010年达到75%以上 | 2010年达到65% | 92.49% | 99.15% | 99.81% |
| | 6 | 农村高危孕产妇住院分娩率 | 2010年达到95%以上 | 2010年达到90%以上 | 97.18% | 99.61% | 99.98% |
| | 7 | 农村消毒接生率 | 2005年达到99%以上 | 2010年达到95%以上 | 96.27% | | 94.21% |
| | 8 | 城市孕产妇系统管理率 | 2010年达到95% | 2010年达到90% | 76.71% | 74.81% | 76.66% |
| | 9 | 农村孕产妇系统管理率 | 2010年达到70%以上 | 2010年达到60%以上 | 76.34% | 65.59% | 72.25% |
| | 10 | 婴儿死亡率 | 2010年降低到12‰以下 | 以2000年为基数下降1/5 | 8.62‰ | 7.3‰ | 6.83‰ |
| | 11 | 5岁以下儿童死亡率 | 2010年降低到13‰以下 | 以2000年为基数下降1/5 | 9.42‰ | 8.54‰ | 8.31‰ |
| | 12 | 5岁以下儿童中重度营养不良患病率 | 2010年控制在1.6%以下 | 以2000年为基数下降1/4 | 0.74% | 0.57% | 0.52% |
| | 13 | 新生儿破伤风发病率 | 2005年以县为单位低于0.5‰ | 2010年以县为单位降低到1‰ | 0 | | 已达标 |
| | 14 | 常规疫苗接种率 | 2010年以乡为单位达到98%以上 | 2010年以乡为单位达到98%以上 | 98.96% | | 已达标 |
| | 15 | 低出生体重发生率 | 2010年控制在3%以下 | 2010年控制在5%以下 | 1.25% | | 已达标 |
| | 16 | 婴幼儿家长科学喂养知识普及率 | 2010年达到85%以上 | 2010年达到85%以上 | 100% | | 已达标 |
| | 17 | 母乳喂养率 | 2010年达到85%以上 | 2010年达到85%以上 | 89.67% | | 已达标 |
| | 18 | 碘盐批质量合格率以上 | 2010年达到99% | 2010年达到90% | 99.49% | | 已达标 |
| 儿童与教育 | 22 | 农村卫生院产科建设 | 2010年95% | | 100% | 100% | 100% |
| | 23 | 县以下妇幼保健人员培训、考核 | 每年至少参加1次 | | 至少1次 | 至少1次 | 至少1次 |
| | 24 | 小学适龄儿童净入学率 | 2010年达到99%以上 | 2010年达到99%以上 | 99.36% | 99.75% | 99.78% |
| 儿童与环境 | 25 | 小学5年巩固率 | 2010年提高到95%以上 | 2010年提高到95%以上 | 101.48% | 101.96% | 105.03% |
| | 26 | 初中毛入学率 | 2010年达到95%以上 | 2010年达到95%以上 | 99% | 99.47% | 99.42% |
| | 31 | 高中阶段毛入学率 | 2010年达到80%以上 | 2010年达到80%以上 | 50% | 79.40% | 91.90% |
| | 32 | 农村改水受益率 | 2010年达到98% | | 98.35% | 96.54% | 98.13% |
| | 33 | 城市绿化覆盖率 | 2010年达到40% | | 32% | 31.50% | 32.91% |
| | 36 | 农村自来水普及率 | 2005年达到45%左右 | | 48.81% | 59.59% | 65.82% |
| | 37 | 农村卫生厕所普及率 | 2005年达到60% | | 60.43% | 65.54% | 66.70% |
| | 38 | 城市垃圾无害化处理率 | 2010年达到80% | | 44.18% | 32.61% | 45.05% |
| | 39 | 城市污水集中处理率 | 2010年达到60% | | 27.61% | 52.78% | 64.26% |
| | 40 | 儿童校外活动场所 | 2010年100%市、县建立1所 | 2010年90%县至少有1处 | 100% | 100% | 100% |
| | 41 | 儿童福利院 | 2010年市、州都要建立1所 | 2010年地级市建立1所 | 9所 | 9所 | 9所 |

## 三、妇女儿童发展规划目标具体执行情况

### （一）妇女与经济

我省妇女劳动参与率较为稳定，从业人员持续增加，就业结构有所改善；妇女

社会保险水平有新的提高，参保人数增加；女职工劳动保护工作得到加强。

近几年来，吉林省抓住经济社会较快发展的有利机遇，大力加强对妇女的职业技能培训，强化就业服务，打击劳动力市场中的性别歧视行为，积极为妇女就业弱势群体提供就业援助，有力地推动了妇女就业工作的发展。2009年吉林省女性就业人员为541.1万人，比上年增加6.7万人，约占全部就业人员的41.71%，所占比重与上年相比略有提高；城镇单位女性就业人员为98.7万人，比上年增加1.2万人，占城镇单位就业人员的37.20%，所占比重与上年基本持平。

我省根据产业结构调整状况加强对妇女的职业指导和信息服务，帮助妇女结合自身的特点和能力选择职业，妇女就业结构继续得到优化。2009年我省城镇单位女性从业人员主要分布在农林牧渔业、制造业、教育业、卫生社会保障和社会福利业、公共管理和社会组织业五个行业，其人数分别占女性从业人员总数的5.01%、20.48%、21.67%、9.32%、8.94%。（见图1）

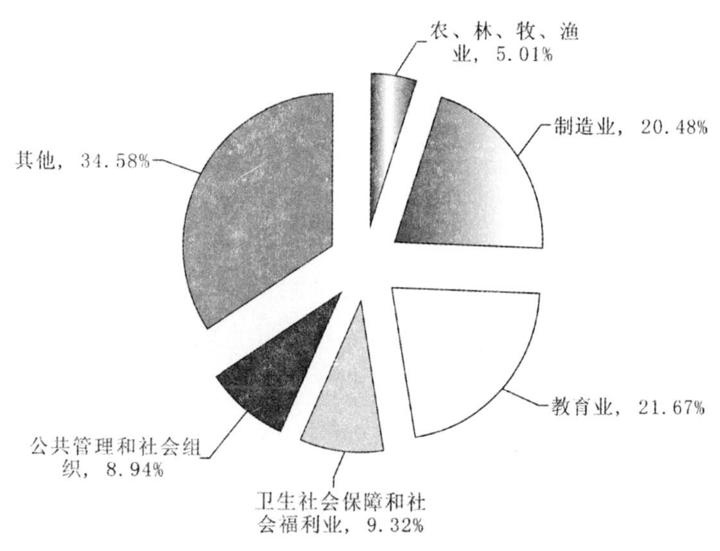


图1　2009年吉林省城镇单位女性从业人员行业分布情况

城镇登记失业人员中的女性比重下降。近年来，我省不断加强对女性失业人员的就业服务工作，积极鼓励国有企业下岗失业妇女自谋职业、自主创业和多渠道灵活就业，并提供小额担保贷款等扶持优惠政策。2009年底全省城镇登记失业人员为23.5万人，其中女性为11.4万人，占48.51%。

女职工劳动保护权益基本得到保障。吉林省在完善劳动力市场工资指导价位制度、进一步推动男女同工同酬目标实现的同时，各级政府继续加大劳动监察工作力度，突出抓好对非公有制企业的女职工劳动权益和特殊劳动保护情况的监督检查，督促用人单位认真执行有关法律法规，及时发现和纠正了侵犯女职工劳动权益的行为。

（二）妇女参与决策及管理

吉林省妇女的参政比例和水平有了新的提高，妇女在社会政治生活中的作用得到较为充分的发挥。

妇女代表参政议政比例、各级党政领导班子女干部配备比例略有提高。2009年吉林省（区、市）人大代表数为517人，其中女代表93人，女性比重为17.99%；省（区、市）政协委员数为588人，女委员为123人，比上年增加一人，女性比重为20.92%。2009年吉林省委领导班子中女干部配备率为100%；9个地级以上市、州党委、政府领导班子中女干部配备率都为88.89%；60个县（区）党委领导班子中女干部配备率为73.33%，比上年提高1.66个百分点；60个县（区）政府领导班子中女干部配备率为73.33%，与上年持平。

各级党政工作部门领导班子中女干部配备率也有较大提高。2009年在全省公务员人数比上年减少的情况下，女公务员人数不减反增。2009年公务员人数为14.61万人，比上年减少0.13万人，女性公务员为3.28万人，比上年增加0.05万人；全省县处级干部公务员人数为15261人，其中女性为3153人，比上年增加79人，女性比重20.66%，比上年提高0.41个百分点。

（三）妇女儿童与教育

我省大力实施科教兴省战略的同时，儿童受教育水平继续提升，流动儿童和残疾儿童受教育问题受到重视，素质教育全面推进，教育质量和效益有所提高，家庭教育工作受到关注和支持，女性接受各级学历和职业教育的比例不断提高。

**1．儿童早期教育**

学前教育规模有所回升，普及程度有所提高。2009年，全省共有幼儿园2576所，比上年增加173所；在园幼儿325966人，比上年增加6888人；全省幼儿园共有13525个班，其中学前班5329个，2009学年度入园人数为225084人，其中学前班110378人；2009学年度全省幼儿园共有教职工23100人，其中园长2738人，专任教师14862人，保健员2133人。

**2．九年义务教育**

义务教育稳步发展，各项指标如期实现。2009年全省共有小学6184所，在校生146.11万人，比上年增加3.96万人，小学学龄儿童净入学率达到99.78%，比上年提高0.03个百分点；小学五年巩固率达到105.03%，比上年提高3.07个百分点，其中女生小学五年巩固率为105.35%，比上年提高3.02个百分点。共有普通初中1226所，在校生86.90万人，初中毛入学率为99.42%，其中女学生为99.58%，比上年提高了0.1个百分点；初中三年巩固率为99.04%，比上年提高1.18个百分点，普通初中在校生辍学率为0.98%，比上年下降0.33个百分点，其中女学生辍学率为1.03%，比上年下降

0.07个百分点。

流动人口的绝大部分能接受义务教育学习。据教育部门统计，截至2009年底在吉林省接受义务教育的适龄儿童约有234万人,其中小学阶段的儿童有146万人，初中阶段的儿童有88万人。其中入读公立学校的适龄儿童为224万人，占95.73%，入读民办和其他部门办学校的适龄儿童为10万人，占4.27%。

近几年，我省教育部门加大解决流动人口子女读书问题的工作力度，组织了专题调研，保证流动人口子女接受义务教育，鼓励社会力量多种形式发展民办教育，包括创办专门的流动人口子女学校，并加强民办学校管理，从而让更多外来员工的子女都能接受义务教育。

**3．高中阶段教育**

高中阶段教育稳步发展。2009年我省高中阶段在校生总数达到79万人，比上年增加4万人；其中女生39万人，比上年增加1.5万人。高中阶段毛入学率为91.9%，比上年提高12.5个百分点。

**4．残疾儿童特殊教育**

至2009年底，吉林省共有特殊教育学校45所，其中听力残疾学校14所，视力残疾学校10所，智力残疾学校21所，437个班，其中特殊教育学校435个、小学附设特教班2个，共招收残疾儿童925人，其中女学生364人；在校生6797人，其中女学生2695人。

**5．女性接受教育**

九年义务教育已经普及，性别差异基本消除。2009年，吉林省小学学龄女童入学率达到99.78%，比上年提高0.02个百分点；小学女生五年巩固率为105.35%，比上年提高3.02个百分点，与男生入学率和巩固率基本相同。2009年女儿童初中阶段毛入学率达到99.58%，比上年提高0.1个百分点，普通初中在校女学生的辍学率为1.03%，比上年下降0.07个百分点；初中女生三年巩固率达到97.17%，比上年提高0.17个百分点。

（四）妇女儿童与健康

各级政府十分重视妇幼保健工作，不断加大对卫生事业投入，切实保障妇女儿童享有各项医疗保健服务和生殖健康权利，妇女和儿童的生命质量得到进一步提高。

2009年，全省各级政府加大对卫生事业的投入，全年医疗卫生经费达107.34亿元，比上年增加47.82亿元；其中妇幼保健经费2.58亿元，比上年增加1.01亿元。医疗卫生服务体系不断发展完善。全省共有卫生机构9565个，妇幼保健院（所、站）70个，已建立城市社区卫生服务中心（站）2228个。全省卫生机构共有床位10.83万张，各类卫生技术人员13.10万人，其中职业（助理）医师5.87万人。

宣传和提供生殖健康工作取得新成效。近年来，各级卫生、人口计生部门在贯彻实施规划中既落实妇女实行计划生育的权利，又保障妇女应有的利益不受侵犯，不断加大对人口与计划生育和避孕方法知情选择宣传教育，育龄妇女的生殖健康水平不断提高。

2009年，我省已婚育龄妇女综合避孕率达到90.71%，与上年基本持平；孕产妇死亡率为27.12/10万，农村孕产妇死亡率为24.97/10万，与上年比均有不同程度的下降。

各地卫生部门逐步改善孕期医疗保健状况，产前检查、高危孕产妇管理、住院分娩、产后访视等围产保健工作全面推开，孕产妇医疗保健服务水平有了明显改善。全省妇幼卫生工作持续以提高农村住院分娩和提高产科质量为重点，每年安生要求进行逐级的检查督导，截至2009年底，全省住院分娩率达到99.91%，农村孕产妇住院分娩率为99.81%，农村高危孕产妇住院分娩率99.98%，分别比上年提高0.48、0.66、0.37个百分点。非住院分娩中新法接生率达到94.21%，比上年提高22.9个百分点；产前检查率达到84.00%，比上年提高3.03个百分点；孕产妇系统管理率达到75.07%，比上年提高3.54个百分点，其中城市76.66%，农村72.25%；婚前医学检查率为2.45%，比上年提高0.46个百分点，其中城市1.29%，农村4.97%。

婴儿死亡率与5岁以下儿童死亡率两项指标提前实现我省《规划》提出的目标，且均好于辽宁和内蒙两个临省。我省婴儿死亡率由2008年的7.30‰，下降到2009年的6.83‰，5岁以下儿童死亡率由2008年的8.54‰，下降到2009年的8.31，降幅分别为6.44%和2.69%，均提前实现达标。（见图2、图3）

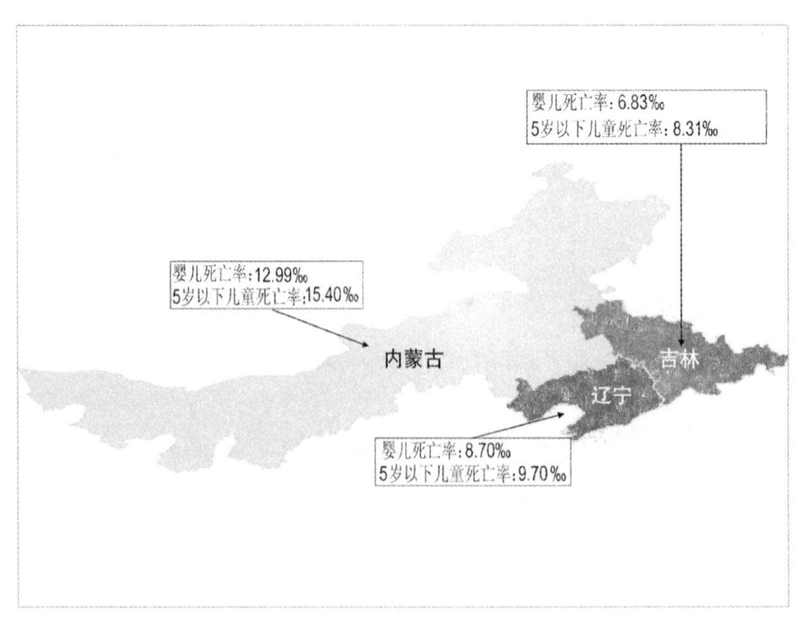


图2　婴儿死亡率、5岁以下儿童死亡率与邻省对比情况

单位：‰

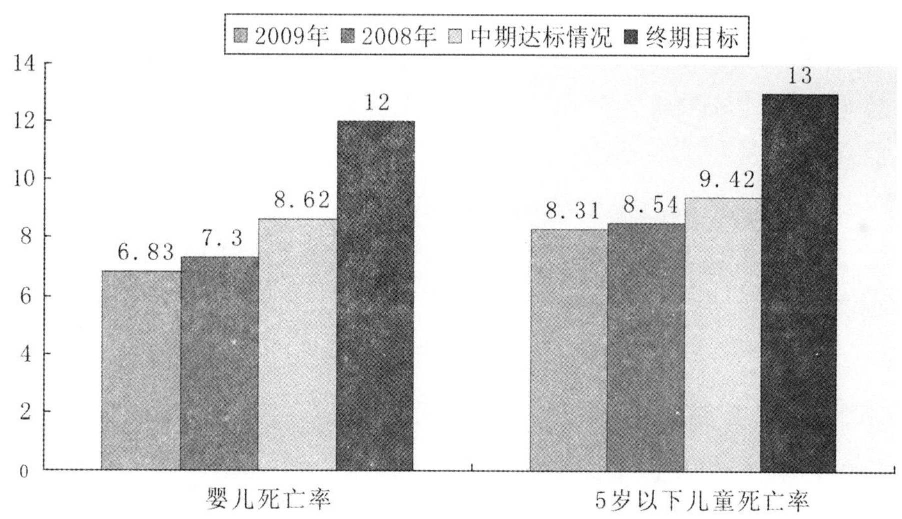


图3 吉林省婴儿死亡率与五岁以下儿童死亡率情况

儿童计划免疫普及程度高，计划免疫四苗（卡介苗、百白破三联制剂、脊髓灰质炎疫苗、麻疹疫苗）接种率均在90%以上。

全省5岁以下儿童中重度营养不良患病率继续保持下降趋势。2009年的患病率为0.52%，比上年下降0.02个百分点。这主要得益于吉林经济的持续发展和人民生活水平的提高。

（五）妇女儿童与法律保护

规划实施以来，有关妇女儿童的法律保护工作得到进一步建立和健全。严厉打击侵害妇女和儿童人身权利的犯罪行为，始终把妇女合法权益的暴力犯罪作为打击重点，依法维护妇女和儿童合法权益。

2009年，全省破获强奸案件700起，破获拐卖妇女案件59起，破获拐卖儿童案件2起，破获组织、强迫、引诱、容留介绍妇女卖淫案件378起。

（六）妇女儿童与环境

规划实施以来，吉林省与妇女和儿童生存密切相关的社会和生活环境得到有效治理。

农村改水、改厕工作又有新的进展。改水工作以解决农民饮水难和提高自来水普及率为重点。到2009年底，全省农村改水受益率达98.13%，比上年提高1.59个百分点，农村自来水普及率达65.82%，比上年提高6.23个百分点。另一方面，我省卫生部门进一步推进农村改厕工作，到2009年底，全省农村卫生厕所普及率为66.69%，比上年提高1.15个百分点；农村无害化卫生厕所普及率为6.76%，比上年提高1.2个百分点。

城市卫生面貌得到改善。到2009年底，我省城市建成区绿化覆盖率为32.91%，比上年提高1.41个百分点；城市污水处理率为64.26%，比上年提高11.48个百分点；城市生活垃圾无害化处理率为45.05%，比上年提高12.44个百分点。

社区服务建设进一步得到加强。这些年来，吉林省社区服务建设在不断满足社区居民的社会需求，提高居民生活质量和文明程度等方面发挥了十分重要的作用。到2009年底，城镇社区服务设施数达到3205个，城镇便民利民网点由去年的15142个，增加到2009年的18953个。

## 四、存在的主要问题

### （一）女性参政基础工作仍需进一步加强

从2009年吉林省妇女儿童状况综合统计报表中可见，近两年我省省级政府领导班子中尚未配备女干部，尚未达到《规划》确定的各级党委、政府领导班子中一般要有1名以上女干部的要求。2009年，我省地级党委、政府领导班子中女干部配备率均为88.89%，均比上年下降11.11个百分点。突出问题是现有的女领导干部中副职多、正职少，女干部的认知范围和层次有待进一步拓展和提高。

### （二）妇幼卫生保健事业发展不平衡

特别是经济欠发达地区的农村，卫生事业投入明显不足，乡、村两级卫生保健网点不够健全，妇保人员少、技术水平低、医疗设施落后，贫困边远山区妇女的卫生保健状况更差，无并不检查，有病得不到及时治疗的现象依然存在。

### （三）妇女儿童生存环境有待进一步优化

环境污染和性病、艾滋病、传染性疾病的蔓延，对妇女健康构成新的威胁，面对公共卫生领域出现的新情况、新问题，还缺乏有效的对策措施。

一是大部分农村的卫生状况仍然较差。农村卫生厕所基础设施建设还较薄弱，农村粪便无害化处理率比较低，农村饮用水的安全和质量还未得到进一步改善。二是我省城市卫生状况有突出问题。2009年我省城市垃圾无害化处理率为45.05%，距离我省的中期目标60%还有一定的差距，给妇女儿童生活环境带来不利影响。三是维护妇女儿童权益工作还有待加强。全省侵害妇女儿童权益的违法犯罪行为还时有发生。四是对弱势妇女儿童的社会救助体系还有待进一步完善。五是儿童成长的社会环境整治力度还不够强。如一些非法经营的网吧、电子游戏室、影视厅、赌博室等依然存在，不利于儿童健康成长。

### （四）基层妇女参与民主政治建设上问题比较突出

选举权和被选举权是公民政治权益的重要内容，妇女权益保障法中规定妇女在政治上享有与男子平等的权利。但在近年来的换届选举中，一些农村地区出现了歧视和排斥妇女的现象，使妇女参与民主选举、民主管理的权利受到很大影响，突出表现在女性进村委会的比例严重偏低。截至2009年底，全省村民委员会成员中女性比重仅为25.02% 。分析原因：一是“男尊女卑”封建传统观念的影响；二是农村妇女参与经济的层次、地位还不够高，自身参政意识、竞争意识还不够强；三是农村妇女参政还缺乏良好的社会氛围和有力的政策保障。

（五）女性就业压力大、就业层次仍低

随着我省的产业结构调整的不断加快，各种服务行业岗位的大量增加为广大女性就业提供了广阔的就业空间。但是，受到现阶段就业总量供求矛盾、结构性矛盾等影响，女性就业压力还会在一定时期内长期存在，女大学生就业难现象仍时有发生。另外，受性别因素、传统观念、女性自身竞争力低于男性以及市场经济条件下自由竞争等方面的影响，女性就业层次总体上低于男性，势必会对改善妇女生活质量、提高妇女地位产生不利影响。

（六）女职工劳动保护不容乐观

近年来，我省民营经济发展较快，一些企业，特别是个体私营企业劳动条件差、安全设施落后，对女职工的身心健康造成极大威胁；一些企业女工超时加班加点现象较为普遍，且加班工资不按有关规定执行。尤其是有些企业人员流动快，一待女工进入婚孕期就不再与其续订劳动合同，女职工“四期”保护形同虚设。

## 五、对策建议

（一）促进经济社会协调发展，努力缩小地区发展水平的差距

大力实施区域协调发展战略，加大对欠发达地区妇女儿童事业的扶持力度，进一步完善和提高对欠发达地区的财政转移支付，在人力、财力、物力等方面实施倾斜，逐渐缩小地区差异和城乡差别，夯实妇女儿童事业发展的物质基础

（二）强化实施《规划》的政府作用，进一步加强目标管理

《妇女儿童规划》提出了吉林省妇女和儿童事业发展的目标和方向，各级政府应进一步加强领导，加大投入，强化部门职能，推进妇女和儿童事业与经济建设的协调发展。要把实施《妇女儿童规划》纳入各级政府和职能部门的目标责任，加强目标分解和责任制管理，将实施《妇女儿童规划》情况作为政府分管领导的政绩考核内容，进行督促检查。

（三）对《规划》实施中的重点难点问题，实行分类指导，重点监测

一方面，要对薄弱地区和薄弱领域给于政策支持；另一方面，要针对不同情况，进行分类指导，有的放矢地采取多种措施切实解决存在问题，尤其是要把工作

重点放在农村山区和重点人群，如流动人口中的妇女儿童等，进一步提高《规划》实施的效果。

（四）加强监测统计工作，更准、更快、更好地服务于妇女儿童发展规划

各级政府应加大对《妇女儿童规划》监测评估的投入，及时总结规划监测评估工作经验，建立规划的常规性监测评估制度，逐步把监测统计工作普及到县（区）级和乡镇级，切实维护“吉林省妇女儿童发展规划监测统计系统”，使之成为开展我省监测统计的工作平台。另一方面，进一步加强和改进型别统计工作，确保数据的准确性，同时注意收集整理、分析影响妇女儿童生存与发展的主要问题和制约因素，提出合理的对策建议，努力为领导决策提供科学的依据。

# 上半年全省工业经济下行压力加大<br>全年高开低走已成定势

林 梅

**编者按：《上半年全省工业经济下行压力加大 全年高开低走已成定势》一文于2010年7月13日以《统计分析》第25期总第（585）期印发。**

今年上半年，全省规模以上工业（以下简称全省工业）仍处于高位运行的正常区间，但受上年基数及内需压力的影响，全省工业生产增速逐月回落。

## 一、上半年全省工业生产运行的主要特点

### （一）工业生产继续增长，增幅走低(见图1)

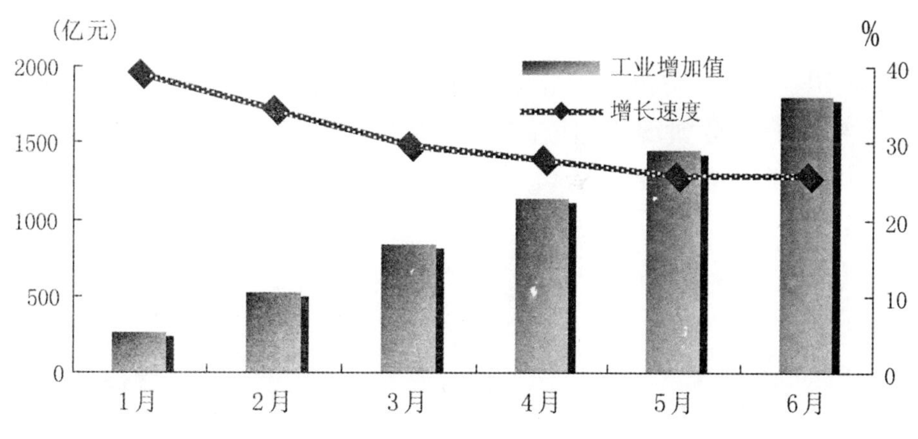


图1 2009年上半年全省工业增加值及增速

今年上半年，全省工业企业累计完成工业总产值6363.53亿元，比上年同期增长38.7%，高于上年同期32.4个百分点。上半年全省工业企业累计实现工业增加值1809.13亿元，按可比价格计算，同比增长25.8%，比上年同期提高12.7个百分点。其中，重工业实现增加值1309.98亿元，同比增长27.2%，比上年同期提高16.9个百分点，较轻工业快4.9个百分点。工业产品销售率达到98.3%，同比增长1.4%，比上年同期提高1.3个百分点；新产品产值率为23.9%，同比增长1.9%，比上年同期提高1.9

个百分点。

在去年工业增速持续走高的基础上，基数压力逐步显现。自今年年初起，当月增加值增速逐月走低，分别为39.1%、30.2%、24.2%、24.0%、26.0%和20.1%。上半年各月全省工业增加值累计增速分别为39.1%、34.5%、29.7%、27.9%、26.0%和25.8%，均呈现出逐月回落的发展态势。上半年增幅比一季度回落3.9个百分点。

（二）结构调整取得一定进展

在生产、销售较快增长的同时，工业结构调整的步伐继续加快。一方面以加工组装为重心的装备制造业发展较快。上半年，全省装备制造业增加值147.30亿元，同比增长32.4%，增幅比规模以上工业高6.6个百分点，拉动全省工业经济增长2.6个百分点，对工业增长的贡献率达到10%，发展势头看好。另一方面，高耗能行业生产增速放缓，工业结构整体有所优化。上半年，全省纺织、造纸、石油加工、化学原料、化纤、非金属矿、黑色金属冶炼和电力等八个高耗能行业增加值350.75亿元，增长6.0%，增速比全省工业低19.8个百分点。高耗能行业生产增速放缓，对推动工业结构性节能发挥了较好的作用。

（三）交通运输设备制造业迅猛增长，支柱优势行业对全省工业增长贡献突出

上半年，我省交通运输设备制造业在一汽、长客等大型企业的引领带动下，累计实现增加值531.55亿元，同比增长39.3%，比上年同期提高40.3个百分点，占全省工业增加值的30.8%，拉动全省工业经济增长达到11.6个点，对工业增长的贡献率为44.9%。其中汽车产业实现增加值522.05，同比增长39.8%，比上年同期提高40.5个百分点，对工业增长的贡献率达44.5%，拉动全省工业经济增长11.5个点。（见图2）

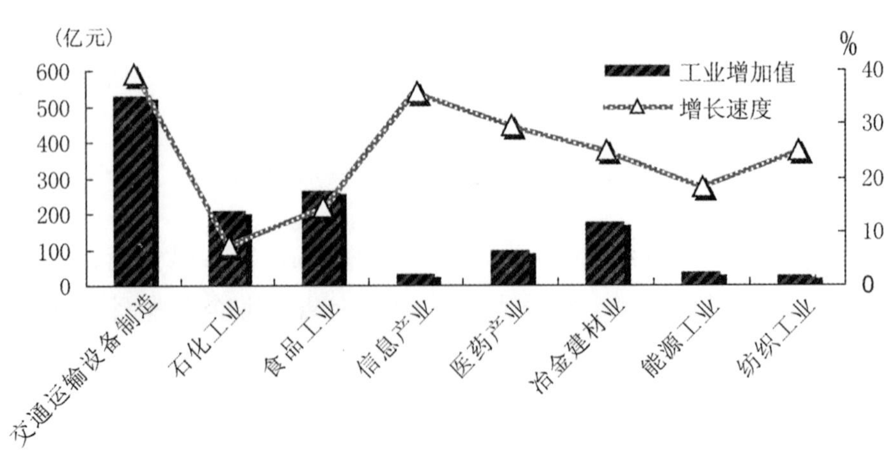


图2　2009年上半年全省重要产业工业增加值及增速

其他支柱优势行业中，食品行业实现增加值263.69亿元，同比增长14.6%，对工业增长的贡献率为10.1%，拉动全省工业经济增长2.6个点。石化行业实现增加值207.43亿元，同比增长7.3%，对工业增长的贡献率为4.2%，拉动全省工业经济增长4.2个点。冶金建材产业实现增加值176.82亿元，同比增长25.1%，对工业增长的贡献率为10.7%，拉动全省工业经济增长2.7个点。医药、信息、能源和纺织产业同比分别增长29.9%和36.1%、18.3%和25.1%。

（四）多种经济类型企业发展较快

上半年，全省股份制工业企业实现增加值达到1013.57亿元，同比增长23.9%，占全省工业比重达到56.0%，居于首位；国有工业企业实现增加值771.31亿元，同比增长25.9%；外商及港澳台投资工业企业实现增加值457.83亿元，同比增长25.4%，成为推动工业增长的主要力量。（见图3）

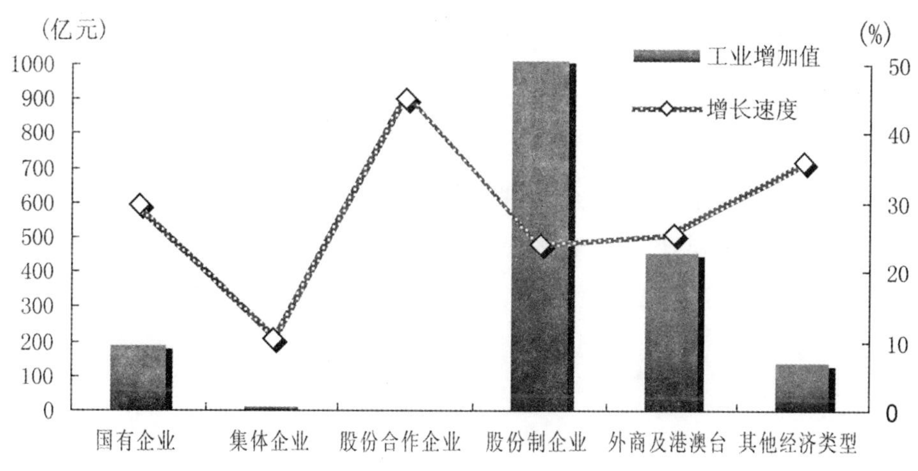


图3 2009年全省各经济类型企业工业增加值及增速

大中型工业企业生产增速加快，生产能力大幅提升。上半年，全省大中型工业企业累计完成工业总产值3877.14亿元，同比增长34.7%，比上年同期提高35.1个百分点。其中，一汽—大众汽车有限公司增长45.4%；一汽集团公司增长56.2%；中国石油吉化分公司增长43.6%；长春大成实业集团有限公司增长18.1%；吉林省电力有限公司增长27.5%。产品产量迅增，如汽车79.23万辆，增长53.1%，其中轿车52.8万辆，增长46.6%，客车和载货汽车，增长67.9%；原煤2302.36万吨，增长21.5%；水泥1899.79万吨，增长7.1%；化肥15.1万吨，增长31.7%；天然气6.8亿立方米，增长39.2%；中成药16.72万吨，增长3.2倍；发电量291.03亿千瓦小时，增长16.5%。

（五）工业出口交货值实现正增长

工业出口交货值是反映工业经济发展中外向度的主要指标。今年以来，在经济温和复苏的带动下，全省工业企业累计完成出口交货值108.76亿元，同比增长47.1%，实现正增长，显现出我省工业企业适应国际市场需求结构变化、加快转型发展的方向。分行业来看，交通运输设备制造业实现出口交货值29.92亿元，同比增长1.9倍，其中汽车制造业实现14.01亿元，增长71.8%；木材加工制品业实现出口交货值26.65亿元，同比增长31.2%。

## 二、下半年全省工业运行值得关注的几个问题

今年以来，随着国内宏观经济的恢复性增长，我省在投资、出口和消费均保持了较快的发展势头，工业经济仍处于发展的上升期，预计今年下半年全省工业经济仍将平稳增长。工业增速在上年同比基数渐次抬高的基础上，将承接上半年的走势继续放缓，全年呈现“前高后低”的运行格局。运行中需要对以下几个问题加以关注。

### （一）全年工业增速下滑的趋势需理性对待

一是下半年工业增长的基数压力继续加大，去年低开高走的基数基础势必影响今年工业全年的增长速度。

二是工业增长的内需压力不容忽视。今年下半年，我省国民经济增速仍将处于高位，虽然汽车行业的利好政策依然延续，但其带动效应已明显减弱，使得我省工业经济持续高位增长的支撑相对乏力。（见图4）

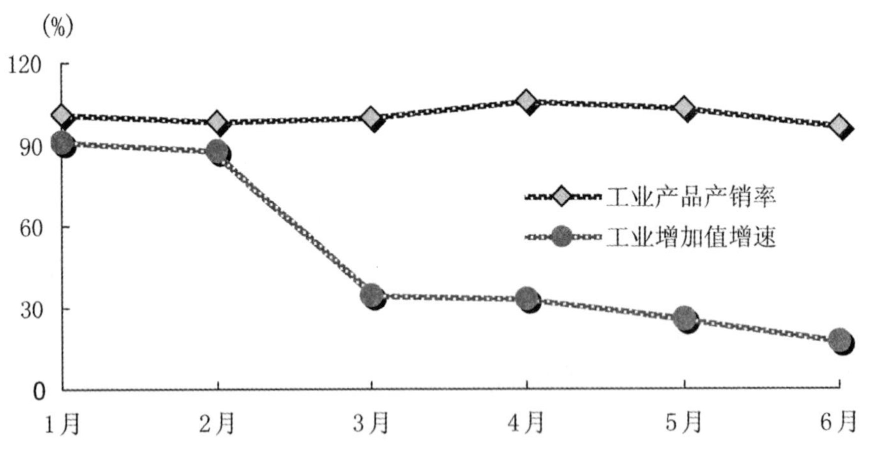


图4　2009年上半年全省汽车工业当月增加值增速及产销率

去年国家出台一系列汽车利好政策与增长惯性的持续效应，使汽车市场的增长在今年初得以延续，1月份单月汽车产量达到14.09万辆，当月汽车行业增加值增速已达到91%，产销率达到101.4%。之后受汽车市场终端销量下滑影响，汽车行业

景气程度下降，产量逐月递减，并且同比增幅逐步趋缓。6月份当月汽车产量完成13.97万辆，增加值增速下降到17.6%；产销率下降到96.6%，是继5月后第二个产销率环比下降的月份，汽车行业整体景气程度已在下滑通道中。汽车行业的产销风险在积蓄，汽车企业应适时调整生产节奏和全年的产销目标。

（二）关注工业用电量与经济发展相匹配的问题

按照一般规律，在工业生产较快增长时期，用电增速高于生产增速，用电弹性系数（工业用电量增速与工业增加值增速之比）一般在1.0～1.3之间；而在工业生产增速较低时期，用电增速低于生产增速，用电弹性系数一般在0.6～1.0之间。目前，我省工业生产增速仍然处于高位，但上半年我省工业环节实现用电量206.82亿千瓦小时，同比增长20.4%，增速比全省工业增加值增速低 5.4个百分点，用电弹性系数仅为0.53。生产结构变化应是导致我省用电量与经济增长数据不一致的重要原因。随着我省高耗能产业的调整，电力需求明显减少，目前我省经济增长更多地依靠耗能较低的行业支持，这就出现了经济增长水平相对较高，而电量增长水平则相对较低，电量增长低于经济增长的现象。

用电是工业发展的重要保障。作为经济运行的风向标，工业用电量的连续增长，与经济发展的高速度具有高度的关联性。我省目前工业用电量与经济发展的相背离，是经济复杂走向的一个关键信号。这一现象应引起有关部门重视和关注。

# 上半年全省国内旅游精彩纷呈

朱　杰

**编者按：《上半年全省国内旅游精彩纷呈》一文于2010年7月13日以《统计分析》第26期（总第586期）印发**

上半年，吉林省积极开发和整合旅游资源，打造旅游品牌，努力提升旅游产业竞争力，克服上海世博会分流了国内游客的不利因素，国内旅游稳步增长。据抽样调查统计数据显示，全省上半年共实现国内旅游收入348.76亿元，同比增长28.7%；接待国内旅游人数3181.15万人次，同比增长19.7%。

## 一、上半年我省国内旅游市场运行的主要特点

### （一）旅游项目开发建设速度加快

上半年，根据省政府加快培育旅游业成为支柱产业的精神，加快了推进重点旅游项目的开发建设速度，有力地促进了旅游业快速发展。如：松原市今年计划有龙华风景区、查干湖蒙古族文化博物馆、查干湖渔情天地、哈达山旅游基础设施、瓮泉山旅游基础设施等20个新建或续建的旅游重点项目开工建设。年内投资超6亿元，截止6月末绝大多数新建项目已完成方案设计、选址及开工前准备工作，其中查干湖蒙古族文化博物馆、查干湖渔情天地、太平洋大酒店等续建项目已经开工建设；四平市旅游局对全市重点旅游项目实行目标责任制考核。加强领导，落实责任，实行月调度、季汇报。目前，全市在建项目12个，总投资18亿元。涉及叶赫转山湖景区、大架山生态农业观光、东北亚休闲山庄、馨苑城旅游山庄、北山生态旅游观光园等项目。续建项目7个，头道沟生态旅游度假区、家园绿色生态园、霍家店太极度假村、伊通牧情谷萨满文化博物馆、大孤山景区综合开发、双辽蒙古族风情园、公主岭红房子生态园等正在建设中。

### （二）旅游宣传促销工作进一步加强

今年上半年，各市、州旅游宣传、促销活动抓得早，力度大，定位准，有针对性地采取行之有效形式加强宣传，使我省旅游知名度有明显提高。如：白城市坚持品牌战略、创新战略和区域联合战略，改变传统宣传促销模式，实现宣传促销

的聚合效应、整体效应和放大效应。积极参加北方旅游交易会、中国国内旅游交易会等大型展会，大力宣传推介以向海为代表的白城湿地生态旅游。积极组织筹划白城湿地旅游节等大型节庆活动，吸引八方游客，进一步提升白城生态旅游知名度。通化集安市专门在辽宁电视台做了旅游宣传广告，吸引邻近省份游客。四平市组织参加了“重庆国内旅游交易会”、筹备参加“北京国际旅游博览会暨北方旅游交易会”。另外，四平市还与辽宁丹东、鞍山、本溪、抚顺开展了两次互动合作宣传促销活动。积极开展 “旅游服务质量提升年”活动，对品质旅游进社区进行了大力宣传，发放宣传资料千余份。有力的宣传、促销活动效果显著，使我省今年主打的旅游产品“休闲度假、健康养生”品牌知名度大大提高，促进旅游升温明显。

（三）短线休闲游迅速升温

随着我国经济回升趋势加强，居民收入持续增加，国内旅游基本面向好，我省本地居民假日旅游呈迅速增长的态势。上半年，全省共接待一日游旅游者人数1020.37万人次，占全省接待旅游总人数的32.1%，同比增长17.6%。主要是我国上半年假期较多，有春节“黄金周”假日；五一、清明节、端午节小长假；周末、周日双休日。短线游成为越来越多本地居民假日和休息日的主要选择。居民纷纷走出了家门，到市内各旅游景区（点）休闲、度假游玩。特别是随着春、夏季的到来，天气转暖，非常适宜人们出游，短线游更加火爆。短线游有力的促进了城市周边的农家乐、乡村旅游的发展，也促使城市周边近程游市场规模的逐渐扩大。上半年假日期间省内各个景区（点）游客均较多，本地居民短线游已成为我省国内旅游的主流，预计今后还有很大的潜力。

（四）旅游形式多样，休假方式多元化

我省上半年的旅游市场继续呈现出旅游形式多样、休假方式多元化的特点。在接待国内旅游总人数中，家庭或亲友结伴旅游占我省接待旅游总人数比重的26%，个人旅行比重占19%；旅行社组织比重占5%；单位组织比重占25%；其他比重占26%。

休假方式呈现多元化。城郊休闲、乡村民俗、生态度假，使旅游市场十分活跃。今年生态园旅游异军突起，赏花踏青倍受欢迎，是春季游的主打产品。集休闲、餐饮、娱乐为一体的城市生态园，已经日益成为休闲避暑旅游产品的主力。各地城郊的国家森林公园是城市居民热捧的旅游休闲新去处。

（五）节庆旅游活动丰富多彩

上半年，各市、州节庆活动策划早，内容丰富，举办一系列大型旅游活动，活跃了旅游市场，吸引了众多省内外游客。如：由长春市人民政府、吉林省旅游局、瑞典诺迪维国际发展公司共同主办的第四届中国长春消夏节暨净月潭利丁国际森林徒步节，于2010年6月26日，在净月潭国家森林公园拉开帷幕，历时99天。消夏节以“休闲消夏、美丽长春”为主题，包含学术交流、文化时尚、体育健身、休闲生态、商贸会展等82项特色活动；延边州节庆举办了“金达莱节”、“梨花节”等活动高潮迭起；四平市2月27日举办了“2010年新春文化庙会”，期间有摄影展、灯谜有奖竞猜、秧歌汇演、二人转大舞台、社区文艺节目汇演和土特产品及特色小吃展销等；4月30日至5月31日举办了“中国•叶赫转山湖开河鱼美食节”。美食节期间，安排了一系列主题活动，“中国•叶赫转山湖开河鱼美食节”宣传月、摄影采风、开幕式、祭湖、捕捞开河鱼、民俗乡村大舞台、登山踏青观景品鱼和垂钓大赛八项活动，着力打造“叶赫转山湖开河鱼美食节”品牌；松原市成功主办了“2010年中国•松原第三届伯都讷端午文化旅游节”。活动充满人文气息，极具松原地域特色。龙华寺庙会、万人长跑、歌手大赛、书法摄影比赛、江滨广场演出、市民游园、龙舟赛、万人踏青、祭祀松花江、放河灯（焰火晚会）、项目推介和招商引资等活动都富有创意和文化内涵。节庆活动场面热烈，内容丰富，精彩纷呈，产生了强大的轰动效应，有力的刺激了消费，促进了旅游业的快速发展。

（六）游客逗留时间延长

各市、州着力推进旅游产品上水平，上档次，提高旅游品质，开发新项目，延伸旅游线路，拓展旅游市场，延长游客在我省的旅游时间。各市、州根据本地民俗文化，推出各具独特的旅游品牌。如：延边州旅游产品不断出新，推出了“四季延边”、“延边一日游”等新产品。

白城市根据本地民俗文化，推出突出“草原风光、湿地风貌、民族风情、风电景观”四大特色，打造湿地游、民俗游、风电游、江河游、冰雪游、考古游六项系列旅游精品。构筑吉林西部以白城为节点的“三点一线”（长白山→长春→查干湖→白城——大安嫩江湾、镇赉莫莫格、通榆向海→阿尔山）的发展大格局，提高区域一体化和集成化发展水平，构建独具特色的旅游特色品牌。

通化市辉南三角龙湾新增了漂流互动旅游项目，在炎热的夏季极大的吸引了游客的积极参与；集安游增加了财源溶洞游，有效的延伸旅游线路，推动了旅游业健康发展。过去游客到三角龙湾、集安旅游多数为一日游，随着漂流游、民俗村、采摘园和五女峰宾馆建成入住等，两日、三日游的客人越来越多。由于旅游品质提升，项目增多，游客逗留时间也相应的延长，带动了旅游及相关产业的快速发展，上半年全省旅游人均停留2.89天，比上年同期增长1.0%。

（七）旅游业综合经济效益有所提高

受益于旅游市场的丰富多彩和品质提高，部分景点、酒店提价和规范旅游市场管理，优化了旅游经济结构，旅游综合经济效益有较大的提高。全省上半年涉外饭店、宾馆旅游收入达140.03亿元；非涉外旅馆、招待所旅游收入达116.19亿元，分别比上年同期增加30.71亿元和26.65亿元，同比增长28.1%和29.8%。住宿设施的出租率明显上升，上半年，全省国内旅游者人均消费1095.90元，比上年同期增加153元，增长7.5%。节庆活动火爆是旅游收入的增长点。

## 二、加快我省旅游业发展应关注的问题和建议

我省旅游业快速发展的进程中还面临一些问题，旅游产品的知名度还不够高，对境外和外省的旅游者吸引力不强。此外，受季节限制，旅游活动内容仍以观光为主，参与性强的旅游产品较少；旅游商品欠缺，效益不佳；这些因素制约我省旅游产业的快速发展，虽然我省旅游产业近年来有较大的发展，但是对全省国民经济贡献份额依然较小，达到国民经济支柱产业还有一定的距离。今后加快我省旅游业发展应关注并加以解决以下问题。

（一）吸引更多的旅游者来我省，取决于我省旅游品牌的知名度。因此，宣传力度还要加大。另一方面，我省应抓住国家扶持东北旅游发展的有利时机，充分利用经济转好的有利条件，依托我省优越的地理优势，积极拓展旅游市场，切实把我省的旅游产品打造成名牌。

（二）随着我省旅游业的快速发展，要扶持引导各地进一步完善旅游基础设施，加强保护旅游景区（点）环境建设的步伐，使旅游发展有后劲。

（三）产业的集约度较差，有待提高。应积极努力开发一些参与性强的旅游产品有待提高。打造系列精品，提高区域一体化和集成化发展水平。

（四）旅游商品的销售收入依然偏低，要进一步拓宽旅游商品市场，切实加大旅游纪念商品的开发与经营力度，确保旅游总体效益提高，为旅游业成为我省的支柱产业打下坚实的基础。

# 上半年我省万元工业增加值综合能耗下降8.63%

刘 冰

**编者按：《上半年我省万元工业增加值综合能耗下降8.63%》一文于2010年7月13日以《统计分析》第27期（总第587期）印发。**

今年以来，在省委、省政府的正确领导下，全省各级地方政府认真贯彻落实国家节能降耗的各项政策和措施，积极调整产业结构，大力推进经济发展方式转变，节能降耗工作取得积极成效。据对全省规模以上工业企业统计，上半年，累计完成增加值1809.13亿元，按可比价格计算，比上年同期增长25.8%；综合能源消费量为2660.57万吨（折标准煤，下同），比上年同期增耗346.01万吨，增长15.0%，万元工业增加值综合能耗1.63吨，同比降低8.63%。

## 一、主要特点

### （一）9个市（州）万元工业增加值综合能耗均有不同程度下降

从全省9个市（州）上半年工业生产中的能源消耗情况来看，万元工业增加值综合能源消耗同比均有不同程度下降。（见表1）

### （二）69%的大类行业万元工业增加值综合能耗有所下降

在全省规模以上工业所涉及的39个行业大类中，上半年有27个行业万元工业增加值综合能耗同比有所下降，占涉及行业大类数的69%，其余12个行业万元工业增加值综合能耗同比有所上升，占行业大类总数的31%。（见表2）

### （三）六大高能耗行业万元工业增加值综合能耗降幅比一季度有所缩小

上半年，我省石油加工、炼焦及核燃料制造，化学原料及化学制品制造，非金属矿物制品，黑色金属冶炼及压延加工，有色金属冶炼及压延加工与电力、热力生产和供应六大高耗能行业共完成工业增加值389.82亿元，按可比价格计算，比上年同期增长17.5%；综合能源消费量为1806.54万吨，同比增耗224.40万吨，增长14.2%；万元工业增加值综合能耗为5.30吨，同比下降2.8%，较一季度4.0%的降低率降幅缩小了1.2个百分点。其中，电力、热力生产供应业万元增加值综合能耗9.54吨，同比下降1.8%；化学原料及化学制品制造业万元增加值综合能耗4.75吨，同比下降3.6%；非金属矿物制品业万元增加值综合能耗3.85吨，同比下降15.9%；黑色金属冶炼及压延业万元增加值综合能耗7.28吨，同比下降2.2%；石油加工炼焦及核燃料加工业万元增加值综合能耗1.15吨，同比上升25.5%；有色金属冶炼及压延业万元增加值综合能耗1.19吨，同比上升16.2%。（见表3）

今年上半年，虽然六大高耗能行业增加值增速低于全省工业平均增长水平8.3个百分点，但与一季度相比较，万元工业增加值综合能耗降幅有所减小，需要引起相关部门的高度重视。

（四）重点耗能企业节能效果明显

上半年，纳入全省重点耗能企业定期统计范围的324户年综合能耗在1万吨标准煤及以上的工业企业，综合能源消费量为2367.74万吨，同比增长13.6%，低于全省工业14.9%的平均增长水平，其万元工业总产值综合能源消费量为0.97吨，同比下降14.7%，节能效果比较明显。

（五）工业用电量增势明显

上半年，全省工业累计用电量为190.60亿千瓦时，比上年同期增耗25.04亿千瓦时，增长15.1%。其中，占全省工业电力消费比重前五位的分别是吉林、长春、通化、四平和松原市，5市（州）工业电力消费量占全省工业电力消费总量的78.3%。

表1　上半年全省各市（州）万元工业增加值综合能耗情况

| | 综合能源消费量(万吨标煤) | | 综合能源消费量增长率(%) | 万元工业增加值综合能耗降低率(%) |
|---|---|---|---|---|
| | 2010年上半年 | 2009年上半年 | | |
| 全省 | 2660.57 | 2314.56 | 14.95 | 8.63 |
| 长春 | 591.61 | 479.69 | 23.33 | 4.76 |
| 吉林 | 666.87 | 629.23 | 5.98 | 9.34 |
| 四平 | 274.17 | 247.55 | 10.75 | 15.58 |
| 辽源 | 124.80 | 110.32 | 13.12 | 8.99 |
| 通化 | 347.82 | 298.58 | 16.49 | 10.18 |
| 白山 | 320.05 | 268.63 | 19.14 | 8.91 |
| 松原 | 219.32 | 206.43 | 6.24 | 9.43 |
| 白城 | 33.15 | 28.85 | 14.91 | 11.95 |
| 延边 | 138.75 | 113.46 | 22.29 | 1.77 |

**表2　上半年全省分行业万元工业增加值综合能耗情况**

| 指　标 | 综合能源消费量（万吨标准煤） | | 综合能源消费量增长率（%） | 万元工业增加值能耗降低率（%） |
|---|---|---|---|---|
| | 2010年上半年 | 2009年上半年 | | |
| 全部工业企业 | 2660.57 | 2314.56 | 14.95 | 8.63 |
| 06.煤炭开采和洗选业 | 178.84 | 151.42 | 18.11 | 8.80 |
| 07.石油和天然气开采业 | 80.22 | 84.85 | −5.46 | 6.21 |
| 08.黑色金属矿采选业 | 20.39 | 10.37 | 96.66 | −66.66 |
| 09.有色金属矿采选业 | 6.41 | 6.01 | 6.62 | 25.23 |
| 10.非金属矿采选业 | 7.75 | 7.34 | 5.51 | 10.81 |
| 11.其他采矿业 | 0.02 | 0.02 | 14.60 | 9.98 |
| 13.农副食品加工业 | 159.33 | 138.42 | 15.10 | 1.03 |
| 14.食品制造业 | 14.15 | 19.09 | −25.89 | 36.98 |
| 15.饮料制造业 | 92.11 | 85.72 | 7.46 | 0.04 |
| 16.烟草制品业 | 0.87 | 0.99 | −12.24 | 22.95 |
| 17.纺织业 | 5.52 | 4.41 | 25.03 | −1.90 |
| 18.纺织服装、鞋、帽制造业 | 2.89 | 2.72 | 6.32 | 15.88 |
| 19.皮革、毛皮、羽毛(绒)等 | 0.43 | 0.44 | −1.44 | 52.43 |
| 20.木材加工及木、竹、藤等 | 44.38 | 36.36 | 22.06 | 10.58 |
| 21.家具制造业 | 1.32 | 1.39 | −4.87 | 35.02 |
| 22.造纸及纸制品业 | 31.38 | 20.83 | 50.66 | −13.11 |
| 23.印刷业和记录媒介的复制 | 0.97 | 1.05 | −8.12 | 20.65 |
| 24.文教体育用品制造业 | 0.34 | 0.32 | 8.17 | 36.67 |
| 25.石油加工炼焦及核燃料 | 45.18 | 36.36 | 24.28 | −25.53 |
| 26.化学原料及化学制品制造 | 436.05 | 386.11 | 12.93 | 3.56 |
| 27.医药制造业 | 32.75 | 29.01 | 12.90 | 12.95 |
| 28.化学纤维制造业 | 34.68 | 23.88 | 45.24 | −29.80 |
| 29.橡胶制品业 | 0.60 | 0.82 | −27.14 | 45.83 |
| 30.塑料制品业 | 4.06 | 2.94 | 38.19 | −4.45 |
| 31.非金属矿物制品业 | 305.21 | 268.31 | 13.75 | 15.86 |
| 32.黑色金属冶炼及压延 | 315.53 | 278.48 | 13.30 | 2.16 |
| 33.有色金属冶炼及压延 | 18.08 | 14.68 | 23.19 | −16.21 |
| 34.金属制品业 | 5.33 | 3.94 | 35.45 | −3.40 |
| 35.通用设备制造业 | 10.29 | 8.43 | 22.14 | 8.30 |
| 36.专用设备制造业 | 9.33 | 7.94 | 17.50 | 11.72 |
| 37.交通运输设备制造业 | 81.44 | 64.06 | 27.12 | 8.74 |
| 39.电气机械及器材制造业 | 5.20 | 3.25 | 59.95 | −3.26 |
| 40.通信设备、计算机及其他 | 4.66 | 2.52 | 84.63 | −53.60 |
| 41.仪器仪表及文化、办公用 | 1.08 | 0.51 | 109.82 | −87.84 |
| 42.工艺品及其他制造业 | 1.92 | 1.84 | 4.09 | 7.23 |
| 43.废弃资源和废旧材料回收 | 0.36 | 0.50 | −28.31 | 30.40 |
| 44.电力、热力的生产和供应 | 686.49 | 598.20 | 14.76 | 1.83 |
| 45.燃气生产和供应业 | 11.46 | 7.66 | 49.62 | −23.04 |
| 46.水的生产和供应业 | 3.59 | 3.38 | 6.15 | 9.50 |

表3 上半年六大高耗能行业工业增加值能耗降低情况

| | 2010年2季度 | | | 2010年2季度 | | | 工业增加值能耗降低率（%） |
|---|---|---|---|---|---|---|---|
| | 综合能源消费量(吨标准煤) | 工业增加值可比价(万元) | 工业增加值能耗(吨标准煤/万元) | 综合能源消费量(吨标准煤) | 工业增加值现价(万元) | 工业增加值能耗(吨标准煤/万元) | |
| 六大高耗能行业合计 | 18065375 | 3408529 | 5.30 | 15821377 | 2900127 | 5.46 | 2.8 |
| 电力、热力生产供应业 | 6864861 | 719905 | 9.54 | 5981971 | 615670 | 9.72 | 1.8 |
| 石油加工炼焦及核燃料加工业 | 451833 | 391519 | 1.15 | 363563 | 395489 | 0.92 | －25.5 |
| 化学原料及化学制品制造业 | 4360489 | 918787 | 4.75 | 3861107 | 784835 | 4.92 | 3.6 |
| 非金属矿物制品业 | 3052114 | 793034 | 3.85 | 2683121 | 586691 | 4.57 | 15.9 |
| 黑色金属冶炼及压延业 | 3155263 | 433165 | 7.28 | 2784834 | 373945 | 7.45 | 2.2 |
| 有色金属冶炼及压延业 | 180815 | 152119 | 1.19 | 146781 | 143497 | 1.02 | －16.2 |

从市（州）工业用电情况看，吉林市工业电力消费量为52.28亿千瓦时，同比增长18.4%，占全省工业电力消费总量的27.4%；长春市工业电力消费量为42.17亿千瓦时，增长35.3%，占全省工业电力消费总量的22.1%。通化、四平、松原、白山、辽源、白城6个市与延边州工业电力消费比重相对较低，分别占全省工业电力消费总量的11.4%、9.9%、7.5%、5.9%、4.5%、2.2%和5.7%。其对应工业用电增速分别为0.4%、15.3%、9.1%、27.4%、25.6%、10.7%和19.6%。详见表四：

表4 上半年全省分市（州）工业用电量情况

| 地区名称 | 工业用电量(万千瓦时) | | | | 本月增长（%） | 累计增长（%） | 所占比重（%） |
|---|---|---|---|---|---|---|---|
| | 本月 | 上年同月 | 累计 | 上年累计 | | | |
| 全省 | 311482 | 290289 | 1905992 | 1655606 | 7.3 | 15.1 | 100.0 |
| 长春 | 67535 | 52934 | 421749 | 311793 | 27.6 | 35.3 | 22.1 |
| 吉林 | 81451 | 71596 | 522764 | 441701 | 13.8 | 18.4 | 27.4 |
| 四平 | 35411 | 29774 | 188453 | 163402 | 18.9 | 15.3 | 9.9 |
| 辽源 | 15044 | 12064 | 85039 | 67713 | 24.7 | 25.6 | 4.5 |
| 通化 | 35440 | 38464 | 216883 | 216035 | －7.9 | 0.4 | 11.4 |
| 白山 | 18856 | 16527 | 112133 | 88005 | 14.1 | 27.4 | 5.9 |
| 松原 | 14572 | 12155 | 142678 | 130747 | 19.9 | 9.1 | 7.5 |
| 白城 | 6472 | 4109 | 42099 | 38018 | 57.5 | 10.7 | 2.2 |
| 延边 | 17820 | 16062 | 109346 | 91420 | 11.0 | 19.6 | 5.7 |

## 二、降耗的主要原因

### （一）工业经济的持续快速发展和企业结构变化的影响作用

今年以来，我省工业经济持续快速发展，上半年，规模以上工业增加值增速达到25.8%，特别是工业经济内部的交通运输设备制造业等低能耗行业的高速增长，对全省能源消费所带来的结构性影响较大，其对全省工业增加值的增长贡献率为34.1%，是今年以来规模以上工业单位增加值能耗持续下降的主要拉动力量。

另一方面，今年二季度纳入全省规模以上工业定期统计范围的新增企业有810户，这些新增企业多隶属于能源消耗水平相对较低的行业，对工业产出贡献较大，而能源消耗相对较低，对全省万元工业增加值综合能耗水平的持续降低产生了重要的影响。

### （二）多项节能措施的进一步显现

“十一五”以来，我省严格贯彻落实国家的各项节能政策，并积极出台了一系列地方节能配套政策和措施，淘汰了一批落后产能，新上了一批符合国家产业政策的节能新项目，经济结构得到进一步优化。另一方面，由于近年来节能工作的不断深入和落实，使企业节能意识得到显著加强，能源利用效率明显得到提高，也在很大程度上推动了工业节能的深入发展。

## 三、值得关注的两个问题

### （一）单位工业增加值能耗下降的幅度有所减小

受去年下半年全省工业逐步企稳回暖，基数不断扩大等因素的影响，我省工业增加值增速将会明显回落，必然在很大程度上影响到单位工业增加值综合能耗的下降幅度。今年上半年，我省规模以上工业万元增加值综合能耗同比下降8.63%，与一季度9.18%相比较，下降幅度已经缩小了0.55个百分点。

我省工业能耗占全社会能耗的70%左右，工业能耗的持续降低对完成全省单位GDP综合能耗下降的目标极为关键。据初步测算，要保持全省单位GDP能耗下降5.6%的水平，工业能耗下降幅度必须保持在8.5%以上。因此，下半年工业能耗下降幅度减缓的趋势，应引起我们的高度重视。

### （二）部分类别加工转换效率有所下降

提高能源加工转换效率，可以有效避免能源加工转换过程中的损失浪费，间接达到节能降耗的目的。上半年，全省能源加工转换投入量2726.45万吨，产出量1872.26万吨，能源加工转换效率为68.67%，同比下降了1.8个百分点。从加工转换类别看，炼焦、炼油、制气、加工型煤和炼焦与制气类的能源转换效率同比均有所下降，分别降低3.3、2.4、8.6、0.3和4.2个百分点，也应引起我们的注意。

## 四、两点建议

### （一）大力强化工作措施，保增长、促降耗

工业产出的较快增长，特别是我省汽车工业等能耗相对较低行业的高速增长对全省工业能耗的持续下降影响较大。我们必须正确处理经济增长与节能降耗的关系，进一步优化增长的结构，在保证全省工业快速增长的同时，密切关注高耗能企业的生产走势，特别是对新增的高耗能项目，要及时跟踪和监测，避免年内试投产和试运行。

### （二）进一步加大对工业节能的督导力度

今年是关系到“十一五”节能规划目标能否如期完成的决战之年。各级政府和节能主管部门必须高度重视今年的节能工作，特别是工业节能工作是重中之重。

各级政府和节能主管部门要认真贯彻落实国务院和省政府节能工作电视电话会议精神，密切关注本地区能耗走势，加强监测分析研究，加大节能措施的落实力度，进一步加强对节能工作督导力度，建立和完善各地区节能工作应急方案，并适时采取果断措施，确保完成全年节能目标任务。

# 上半年吉林省消费品市场稳定增长

刘　鑫

**编者按：《上半年吉林省消费品市场稳定增长》一文于2010年7月16日以《统计分析》第28期（总第588期）印发。**

今年以来，我省认真贯彻落实中央和省政府关于扩大内需、促进消费的政策，采取了一系列有利于开拓城乡市场、扩大消费需求的新举措，使得居民消费需求不断增强，消费结构不断改善，消费层次逐步提升，促进了全省经济社会的又好又快发展。上半年，全省实现社会消费品零售总额1598.24亿元，同比增长18.5%，增速排在全国第15位。扣除物价因素，上半年全省社会消费品零售总额同比增长14.1%。

## 一、消费品市场运行特点

### （一）消费品市场增势平稳

今年以来，我省继续实施了一系列促进消费的政策，特别是"汽车、家电下乡"、"家电以旧换新"以及增加城镇低收入群体的收入等刺激消费措施的深入开展，确保了我省上半年消费品市场的良好运行，保持了平稳的增长态势。上半年全省各月的社会消费品零售额增幅均保持在16.6%～19.2%之间（见图1）。

### （二）限额以上企业及个体户支撑作用明显增强

今年以来，限额以上企业及个体户的快速增长是拉动全省消费品市场增长的主要力量。上半年，全省批发、零售、住宿、餐饮业限额以上企业及个体户实现社会消费品零售额452.40亿元，同比增长28.7%，占全省社会消费品零售总额的比重为28.3%，同比提高了2.3个百分点，拉动全省消费品零售总额增长10.2个百分点。其中，批发零售业限额以上企业及个体户实现零售额433.44亿元，同比增长28.9%；住宿餐饮业限额以上企业及个体户实现零售额18.96亿元，同比增长24.6%。

### （三）批发零售业稳步增长，住宿餐饮业快速发展

1—6月，全省批发零售业实现零售额1452.48亿元，同比增长18.3%；住宿餐饮业在旅游旺季的到来及各种会展经济的拉动下，实现零售额145.76亿元，同比增长

20.8%，快于批发零售业2.5个百分点，快于全省平均水平2.3个百分点。

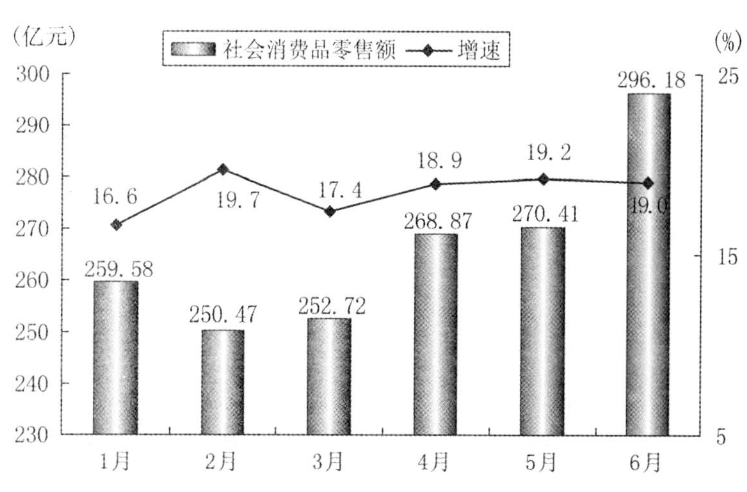


图1　我省上半年各月社会消费品零售总额及增速

（四）传统消费持续增长，新兴热点消费较快增长

以吃穿用类商品为代表的传统消费持续增长。1—6月份批发零售业限额以上企业销售类值中，吃类、穿类、用类商品销售同比分别增长25.2%、35.4%和28.5%。其中，粮油食品类、饮料类和烟酒类商品销售同比分别增长22.0%、28.5%和37.0%；服装类增长45.9%；化妆品类增长25.8%。在传统消费稳定增长的同时，新兴消费热点较快增长，如金银珠宝类商品销售同比增长27.5%；汽车类商品销售增长34.7%；石油及制品类销售增长29.1%，对全省社会消费品零售总额增长起到了重要的拉动作用。

## 二、消费品市场存在的问题

（一）限额以上企业及个体户零售额比重偏低、数量偏少

限额以上企业及个体户是反映一个地区经济繁荣程度的窗口，更是拉动消费品市场繁荣活跃的中坚力量。但我省商贸业的限额以上企业及个体户普遍存在零售额比重偏低、企业数量偏少的问题。1—6月全省限额以上企业及个体户实现零售额452.40亿元，占全部社会消费品零售总额的28.3%，而全国限额以上企业及个体户的零售额占全部社会消费品零售总额的比重已达到了40%左右，我省低于全国平均水平约12.0个百分点。再看看和我省毗邻而居的辽、黑两省，辽宁省今年上半年限额以上企业及个体户的零售额为1064.92亿元，占全部的比重已达33.3%，黑龙江省限额以上企业零售额为633亿元，占全部的比重为34.9%。我省分别比辽宁和黑龙江低了5.0个和6.6个百分点。另一方面我省限额以上企业及个体户的个数为2400户，而全国的限额以上企业及个体户的户数为150000户，我省仅占全国的0.02%。

（二）农村消费品市场有待进一步挖掘

我省是个农业大省，农业人口众多，农村消费品市场蕴含着巨大的发展空间。但由于我省经济相对不发达以及部分地区政策落实不到位等原因，使得农村居民在消费方面存在很大的顾虑，不敢花钱。1—6月份全省乡村实现社会消费品零售总额187.28亿元，而全省城镇实现社会消费品零售总额达1410.96亿元，相差足有7倍之多。这说明，农村居民的消费水平较低，同时也说明农村市场蕴含的消费空间巨大。

（三）制约消费品市场较快增长的根本性问题没有得到解决

第一，居民收入水平较低、收入差距加大。上半年我省城镇居民人均可支配收入为7605.91元，同比增长9.6%；农村居民人均现金收入为4993元，同比增长10.6%，绝对额相差达2612.9元，这说明一方面我省城乡居民收入水平不高，增幅较低，另一方面城乡居民收入差距较大。消费和收入是一个函数关系，即居民的收入差距决定了其在消费上的差距。这种较大收入差距的存在以及较低的收入水平严重制约了我省消费品市场的快速发展；第二，今年以来全省楼市持续升温，房价不断上涨，医疗、教育等费用也是节节攀升，对居民的消费购买力及消费心理预期产生了严重的影响；第三，社会保障体系依然没有得到健全。如医疗、就业、养老等方面存在很多需要解决的问题。

## 三、加快我省消费品市场发展的建议

（一）努力提高城乡居民的收入水平，扩大消费基础

收入是消费的基础。提高城乡居民的收入是加快我省消费品市场发展最有效、最直接的方法之一。尤其是要千方百计增加农村居民收入，提高农民的消费能力，努力将我省农村消费品市场的潜力真正有效释放。

（二）政府应给予更多的政策支持和资金投入

大中型批发零售、住宿餐饮业企业（单位）是消费品市场繁荣发展的最有力拉动者。但是目前我省这些大中型企业的现状是不仅数量少，而且很多还存在“资金瓶颈”问题，所以建议政府加大对大中型企业的政策支持和资金投入，帮助它们做大做强，提高企业竞争力，从而真正有效地拉动我省消费品市场进一步繁荣。

（三）努力培养新的消费热点，适应消费升级转型

在现在这样一个快速发展的社会背景下，如何进一步拓宽消费领域，培养新的消费热点成为今后消费品市场发展的关键。当前，在继续关注住房、汽车、旅游、通讯等新的消费热点发展趋势的同时，要重点针对不同的消费群体，分层次加快居民消费结构的升级，使消费升级呈现一个分层次、有步骤的稳步推进过程。对于中

高收入者，以消费信贷等方式，引导其首先购房购车；对于中等收入者，增加其文化娱乐消费；对于中等偏下收入者，增加其耐用消费品的消费与换代。

# 上半年全省经济运行情况分析

综合处

**编者按：《上半年全省经济运行情况分析》一文于2010年7月19日以（统计分析）第29期（总第589期）印发。**

今年上半年，全省经济进一步摆脱国际金融危机影响的阴影，承续了去年下半年以来企稳回暖的良好态势，继续在平稳、协调、健康、快速的发展轨迹上运行，呈现出总量扩大、增速加快、效益提升、活力增强的发展局面，为全面完成全年经济发展目标创造了有利的条件。

## 一、上半年经济运行的主要特点

### （一）经济恢复性增长势头强劲

经初步核算，并经国家统计局审核认定，上半年全省累计实现地区生产总值3201.63亿元，比上年同期增加629.31亿元，按可比价格计算，增长17.2%，比今年第一季度增速回落1.7个百分点，但比上年同期增幅高出5.5个百分点，表现出我省经济在逐步摆脱国际金融危机的强力冲击和影响之后所迸发出来的强劲的恢复性增长势头。

在上半年全省实现地区生产总值中，实现第一产业增加值187.20亿元，同比增加10.42亿元，增长3.3%；实现第二产业增加值1921.01亿元，同比增加502.96亿元，增长23.7%（其中实现工业增加值1777.64亿元，同比增加466.74亿元，增长24.0%）；实现第三产业增加值1093.42亿元，同比增加115.93亿元，增长9.8%。上半年三次产业增加值的同比增速分别比一季度回落了0.2、3.5和0.8个百分点。

### （二）经济发展势头全面向好

**1．工业生产展现旺盛增长活力**

上半年规模以上工业累计实现增加值1809.13亿元，按可比价格计算，同比增长25.8%，增速比上年同期高12.7个百分点。

上半年吉林省工业经济发展，呈现出四个基本特征：

**一是工业生产显露出强劲的增长势头。**年初以来，各月份规模以上工业增加值的同比增速均保持了快速的增长势头，1—6月份各月当月的增速分别为39.1%、29.5%、24.2%、24.0%、19.6%和19.8%。虽然增速逐渐回稳，但是到6月份仍然保持着近20%的较高增速。上半年全省规模以上工业增加值的累计同比增速高达25.8%，为近五年来历史同期的最高水平。上半年全省工业经济的高增长，既有上年同期在国际金融危机的影响下基数较低的原因，也有重点行业保持强劲拉动的因素。

**二是支柱行业贡献突出**。上半年，全省汽车工业累计实现增加值547.16亿元，同比增速高达39.8%，比去年同期提高了40.5个百分点，对全省工业经济增长的贡献率达到44.5%，拉动全省工业经济增长11.5个百分点。上半年汽车行业实现增加值占全省工业增加值总量的比重达到30.2%，比上年同期提高了6.3个百分点。上半年汽车行业的良好发展势头对全省工业经济的持续快速增长发挥了重要的支撑作用。食品和石化行业在全省工业经济快速增长中也发挥了积极作用。上半年全省食品工业累计实现增加值290.99亿元，同比增长14.6%，对全省工业经济增长的贡献率达到10.1%，拉动全省工业经济增长2.6个百分点；石化工业累计实现增加值280.19亿元，同比增长7.3%，对全省工业经济增长的贡献率达到4.2%，拉动全省工业经济增长1.1个百分点。

**三是工业产销衔接水平有所提高**。上半年，全省规模以上工业企业产品销售率达到98.3%，比去年同期提高1.3个百分点。特别是进入二季度以来，全省工业产品的销售率保持了较高的水平，4、5、6月份的销售率分别达到99.9%、99.7%和96.2%，有力地促进了全省工业经济的快速发展。

**四是工业经济效益水平大幅度提高**。上半年，全省规模以上工业企业盈亏相抵累计实现净利润400.18亿元，同比增加226.35亿元，增长1.3倍；工业经济效益综合指数达到290.42%，同比提高了44.14个百分点。

**2．固定资产投资保持强劲增长势头**

上半年，全省累计完成城镇固定资产投资2711.66亿元，比上年同期增长25.9%，增幅虽比上年同期有所回落，但在持续扩大的基数上仍能保持25%以上的增速，实为不易。

具体来看，当前全省固定资产投资主要表现出如下特点：

从产业看，工业投资仍是增长主力。上半年，全省城镇投资中累计完成工业项目投资1617.90亿元，同比增长28.9%，高出全部城镇投资增幅3.0个百分点，占全部城镇投资完成额的59.7%，同比提高了1.4个百分点。

从建设性质看，新建、扩建、改建和技术改造投资均保持了较大的增幅。上半年，全省累计完成新建项目投资836.40亿元，增长21.6%；完成扩建投资619.06亿元，增长28.0%；完成改建和技术改造投资717.05亿元，增长25.2%。

从项目情况看，上半年投资施工项目个数达到7231个，同比增长13.9%。其中本年新开工项目5591个，增长8.8%；亿元以上施工项目680个，完成投资687.90亿元，同比增长45.1%，增速高于全部城镇投资增幅。

3．城乡居民消费持续平稳增长

上半年，全省累计实现社会消费品零售总额1598.24亿元，同比增长18.5%，增幅比上年同期提高了0.1个百分点。其中，城镇实现社会消费品零售额1410.96亿元，同比增长18.5%；农村实现社会消费品零售额187.28亿元，同比增长18.6%。

从上半年全省城乡消费品市场特点来看，主要表现为：

**一是热点消费热度不减。**据对全省限额以上批发零售贸易企业统计，上半年汽车类零售额同比增长34.7%；文化办公用品类零售额同比增长63.3%；家用电器和音像器材类零售额增长30.5%；中西医药类零售额增长25.5%；化妆品类增长25.8%；金银珠宝类增长27.5%；书报杂志类增长37.0%。

**二是住宿业和餐饮业继续领跑消费品市场。**上半年，全省住宿业和餐饮业实现零售额同比分别增长25.0%和20.4%，均高于社会消费品零售总额增幅。特别是自年初以来，两个行业各个月份实现零售额的同比增幅始终保持20%以上的较高水平，均高于全省社会消费品零售总额增幅2～3个百分点，在消费品市场上始终处于领跑的地位。

4．外贸经济强劲反弹，利用外资稳定增长

据长春海关提供的数据资料显示，上半年全省累计完成外贸进出口总值78.50亿美元，比上年同期增长62.5%，增幅比上年同期扩大89.8个百分点。其中，累计完成进口总值60.40亿美元，同比增长69.0%，增幅比上年同期扩大89.4个百分点；累计完成出口总值18.09亿美元，同比增长44.0%，增幅比上年同期扩大85.6个百分点。伴随着金融危机影响的逐渐消除，我省外贸经济呈现出了反弹式的高速增长态势。

据省商务厅提供的数据资料显示，上半年，全省实际利用外资20.06亿美元，同比增长15.7%，其中外商直接投资6.17亿美元，增长13.8%。上半年各个月份实际利用外资的同比增长率分别为15.6%、8.8%、11.1%、21.1%、21.0%和15.6%，实现了波动中的稳定增长。在实际利用外资实现较快增长的同时，我省实际利用外省资金规模也显著扩大，上半年全省实际利用外省资金996.10亿元，同比增长30.7%。

5．交通运输生产保持快速增长态势

据省交通运输厅提供的数据资料显示，上半年全省公路运输累计完成旅客发送量29947万人，同比增长17.9%；完成旅客周转量136.04亿人公里，同比增长26.0%；累计完成货物发送量14520万吨，同比增长31.8%；完成货物周转量291.66亿吨公里，同比增长17.0%。另据沈阳铁路局反馈的数据资料显示，上半年全省铁路运输累计完成旅客发送量2895万人，同比增长4.5%；完成旅客周转量98.20亿人公里，同比增长4.0%；累计完成货物发送量4027万吨，同比增长21.6%；完成货物周转量304.64亿吨公里，同比增长12.8%。

6．财政收支实现大幅度增长

据省财政厅提供的数据资料显示，上半年全省累计实现一般预算全口径财政收入626.6亿元，比上年同期增加147.6亿元，增长30.8%，其中，累计实现地方级财政收入295.2亿元，同比增加63.8亿元，增长27.6%，增幅同比扩大了15.1个百分点。上半年，全省地方财政累计支出668.2亿元，同比增支117.3亿元，增长率为21.3%。

7．金融信贷规模进一步扩大

据中国人民银行长春中心支行提供的数据资料显示，截至6月末，全省金融结构本外币存款余额为9445.27亿元，比年初净增加1039.65亿元。其中，城乡居民储蓄存款余额为5069.19亿元，比年初净增加390.45亿元。至6月末，全省金融结构本外币贷款余额为6930.12亿元，比年初净增加629.70亿元，本外币存贷比为73.4%，同比回落了2.9个百分点。

8．城镇单位从业人员微量增加

据初步统计，截至6月末，全省城镇单位从业人员为263.8万人，比上年同一时点净增加2.4万人，增长0.9%。其中，制造业单位从业人员净增加1.2万人，增长2.2%；建筑业净增加0.4万人，增长3.3%；金融业净增加0.4万人，增长4.5%；租赁和商务服务业净增加0.4万人，增长10.4%。

9．城乡居民收入水平稳定提高

据国家统计局吉林调查总队提供的抽样调查数据显示，今年上半年全省城镇居民人均可支配收入为7605.91元，同比增加664.14元，增长9.6%；农村居民人均现金收入为4993.07元，同比增加478.30元，增长10.6%，虽都低于地区生产总值增幅，但仍呈现稳步增长的积极势头。上半年，全省城镇单位（不含私营单位）从业人员劳动报酬总额357.6亿元，同比增加52.8亿元，增长17.3%，增速比一季度加快了1.9个百分点。

10．居民消费价格仍处在温和上涨区间

据国家统计局吉林调查总队调查，上半年，全省居民消费价格同比增长3.2%，比全国平均增幅高出0.6个百分点。从八大类别的消费价格变动情况来看，食品类价格上涨8.0%；烟酒及用品类上涨1.1%；衣着类上涨1.1%；医疗保健和个人用品类上涨1.3%；娱乐教育文化用品及服务类上涨0.5%；居住类上涨2.1%；家庭设备及维修服务类下降0.9%；交通和通讯类下降1.0%。

上半年，全省原材料燃料动力购进价格上涨9.8%，低于当期全国平均上涨水平1

个百分点；工业品出厂价格上涨7.1%，高于当期全国平均上涨水平1.1个百分点。

（三）常规性增长转接平稳

纵观今年上半年各个月份全省主要经济指标的发展变化，清晰地展现出了吉林经济从摆脱国际金融危机羁绊后的冲动型增长向理性的常规型增长回归平稳转接的基本特征。以工业经济为例，今年前6个月全省规模以上工业实现增加值的同比增速分别为39.1%、29.5%、24.2%、24.0%、19.6%和19.8%，前5个月的持续回落和后一个月的相对稳定，标志着我省经济发展正在向着更加理智的常规增长型平稳回归。

（四）经济结构性矛盾有所缓解

2009年上半年全省三大需求的基本状况是：城镇以上固定资产投资增长42.2%；社会消费品零售总额增长18.4%；外贸进出口总值下降27.3%，且出口总值和进口总值分别下降41.6%和20.4%。2009年上半年由于加工贸易出口下降25.6%，发展势头衰减，直接导致我省相关产业对全省经济增长的拉动作用大为削弱，经济发展主要是依靠投资和消费两大需求，净出口需求成为短板，经济增长的"三驾马车"两强一弱，需求结构矛盾突出，国民经济表现出不平衡发展现象。

而今年上半年的情况则有所不同，城镇以上固定资产投资增长25.9%；社会消费品零售总额增长18.5%；海关进出口总值增长62.5%，且出口总值和进口总值分别增长44.0%和69.0%，在扭转了上年下降趋势，强力反弹的过程中，增速分别比上年同期提高了89.8、85.6和89.4个百分点，使我省"三驾马车"并驾齐驱，需求性结构矛盾有效缓解，国民经济表现出平衡发展的基本态势。

## 二、当前经济运行中面临的主要问题

（一）创新驱动，动力尚显不足

从社会创新的角度来看，专利申请数量下降。今年前5个月，全省专利申请量为2802件，同比下降8.5%，其中个人专利申请量1322件，占47.2%，同比下降21.9%。这说明当前我省创新的社会氛围尚不浓厚，鼓励创新和激励创新还有挖掘的潜力。

从投资的角度来看，高技术投资额的比重下降。在我省实施扩大投资的前几年，高技术产业投资额占当年投资总额的比重达到5%以上，而近几年下降到4%左右。这说明我省产业优化升级的步伐还相对比较迟缓。

从产业发展为经济增长做出的贡献来看，传统产业仍占据主导地位。即在扩大的增加值中传统产业贡献了绝大部分，比如我省工业经济中的三大支柱产业，上半年对全省工业增加值增长的贡献率达到59.2%，仍然发挥着工业增长的主导作用。

（二）结构优化，服务业发展仍显滞后

初步核算，上半年全省第三产业增加值增长9.8%，比一季度水平回落了0.8个百分点，比上年同期增速回落0.7个百分点，比当期地区生产总值总体增长水平低出7.4个百分点。从上半年的实际情况看，生产性服务业和现代服务业都有一定幅度的增长，但基本上是处于恢复性增长状态，受上年金融危机的影响，这些产业发展势头还比较弱。特别应该注意到，今年以来，全省第三产业投资的增幅一直低于第二产业，上半年低出8.6个百分点。

（三）民营工业，竞争力提高相对缓慢

目前，我省竞争力强的成长型小企业并不多，具体表现在其成本费用的增加快于大企业。年初我省小企业的成本费用与大企业之比为65.7%，上半年为78.2%，提高12.5个百分点，其成本费用利润率，大企业同比提高了5.44个百分点,达到了9.8%的较高水平，而小企业同比仅提高了0.83个百分点，成本费用利润率不到5%，仅相当于大企业的48.4%。

（四）区域经济，发展差距依然明显

一看工业产品的产销衔接水平，产品销售率最高的地区比最低的地区高出5.1个百分点。二看经济发展后劲，亿元以上项目投资额占总体投资额的比重，最高的地区达到60%以上，而最低的地区仅为20%左右，相差40个百分点左右。三看经济吸引力，今年以来外商直接投资增长最高的地区，增长率达到1.18倍，比增长最慢的地区高出近200个百分点。四看创新氛围，专利申请量最多的地区比最少的地区超出近30倍。五看节能降耗，万元工业增加值综合能源消耗降低率，降幅最大的地区降低率达到15.58%，而降幅最小的地区降低率只有1.77%。

## 三、对全年经济运行趋势的基本判断

上半年全省经济运行数据，验证了我们年初的判断，今年全省经济的发展速度将会呈现出前高后低、高位回调的基本走势，伴随着下半年同比基数的逐月扩大，经济增长的速度将会进一步有所回落，但经济又好又快发展的总趋势并不会发生改变。同时，我们也必须看到，当前在我省经济发展的过程中仍然存在着诸多的不确定因素，国际上的主权债务危机，国内的房地产政策调整，等等，都会对我省经济发展带来一定的影响，从这个认识出发，还需对我省全年经济走势持谨慎乐观的态度。

# 上半年我省农业经济形势分析

高艳春

**编者按：《上半年我省农业经济形势分析》一文于2010年7月26日以《统计分析》第30期（总第590期）印发。**

今年上半年，我省农业和农村工作在省委、省政府的领导下，坚持以科学发展观统领全局，认真贯彻落实中央一号文件和省、市农村工作会议精神，锐意进取，扎实工作，实现了农业生产和农村经济稳定增长。上半年，全省完成农林牧渔业总产值316.26亿元，同比增长3.4%，实现农林牧渔业增加值187.25亿元，同比增长3.3%。

## 一、上半年农业生产和农村经济运行的基本状况

### （一）今年全省农作物播种面积、粮食种植面积再创历史新高

全面调查资料显示，2010年我省农作物总播种面积预计为8214.10万亩，比上年增加371.73万亩，增长4.7%。粮食作物播种面积为7194.96万亩，比上年增加267.11万亩，增长3.9%。其中水稻播种面积为1073.6万亩，比上年增长1.8%；玉米播种面积为4963.42万亩，比上年增长6.5%；豆类作物播种面积为806万亩，比上年下降7.5%。其中大豆面积为565.15万亩，比去年下降13.9%。

### （二）备耕生产是多年来最好的一年

主要表现是农民购买生产资料动手早、进度快。到3月末全省备耕全部结束，共筹措生产资金129亿元，比上年增加8.4亿元；化肥入户478.7万标吨，占底肥投入的119%；玉米种子全部到户，农机具检修全部完成，科技备耕扎实有效。为保证粮食生产奠定了坚实的基础。

### （三）春播前期低温多雨给粮食生产带来的不利影响得到有效缓解

今年我省备春耕期间遭遇了严重的持续低温多雨天气，导致回暖慢、土壤化冻迟，春整地、大田开犁和水稻育苗明显延后。持续低温多雨致使春耕整地和大田播种比常年推迟10天，水稻育苗推迟7天。春播后期情况开始好转，5—6月我省温度明显回升，而且平均温度高于常年。使前期严重的不利因素得到了逐步缓解。

目前，全省玉米进入拔节普遍期，中西部地区的部分地块进入抽雄期，发育进程比常年早5天左右，长势普遍好于常年。水稻处于拔节孕穗期，大豆处于开花盛期，从长势看均好于常年。综合全省作物长势，如后期没有大的自然灾害，今年将是平丰年景，粮食产量有望达到历史最好水平。

（四）畜牧业生产继续保持较好增长势头

据省畜牧局提供资料显示，2010年上半年，全省生猪出栏比上年同期增长6.6%，牛出栏比上年同期增长3.6%，羊出栏比上年同期增长5.6%，禽出栏比上年同期增长6.0%。上半年，全省实现畜牧业增加值占农林牧渔业增加值的比重达到74.1%。

（五）农业和农村经济呈全面发展态势

国家统计局反馈资料显示：上半年全省完成农林牧渔业总产值316.26亿元，同比增长3.4%。其中，农业产值增长2.9%；林业产值增长6.8%；牧业产值增长3.1%；渔业产值增长5.1%；服务业产值增长5.7%。实现农林牧渔业增加值187.25亿元，同比增长3.3%。其中，农业增加值增长2.7%；林业增加值增长6.6%；牧业增加值增长3.0%；渔业增加值增长4.1%；服务业增加值增长5.7%。农、林、牧、渔各业呈全面增长态势。

（六）蔬菜生产形势较好，价格水平大幅提高

上半年，全省蔬菜完成产值38.59亿元，实现增加值22.69 亿元，比上年同期分别增长3.2%和3.1 %，增幅分别提高0.3和0.4个百分点。据抽样调查统计，上半年全省蔬菜平均价格为2.59元/公斤，比上年同期增长16.1%。由于价格拉动，使上半年全省蔬菜产值占农业产值比重提高3.5个百分点。

（七）农民收入稳步增长

据1—6月份抽样调查资料显示，我省农民人均现金收入4993元，比上年同期增加478元，增幅为10.6%。其中工资性增加110元；家庭经营现金收入增加342元；财产性和转移性收入增加26元。

## 二、当前农业生产和农村经济存在的主要问题

（一）旱灾造成的损失不容忽视

进入6月以来，全省持续高温，同时没有有效降水，中西部地区旱情快速发展。旱情较重区域分布在西部的白城市、松原市和中部的四平市、辽源市、长春市大部。截止6月末，全省农业受旱面积达到2509万亩，其中重旱面积524万亩。

（二）农村居民收入增长慢于经济增长

上半年，据国家统计局吉林调查总队调查统计，我省农民人均现金收入将比上

年同期增长10.6 %，比同期GDP增长速度低6.6 个百分点。

（三）生猪出售价格持续低迷，经济效益下降

2010年以来，我省生猪出售价格一路走低，下降幅度达到25.0%左右，中间几乎没有反弹。据抽样调查统计，上半年全省生猪价格指数为92.88，其中第二季度价格指数只有86.52。另一方面，玉米价格却持续上涨，二者出现明显的背离走势。玉米作为饲料中的主要原材料，它的上涨，促使饲料价格上涨，使养猪成本提高，经济效益下滑。以上两点，严重挫伤了养猪户的养殖积极性，一定程度上造成养殖户补栏不积极，空圈率升高。

（四）农村劳动力素质不高，转移和就业面临新的困难

一方面部分农民工没有接受系统的岗前培训，技能单一致使转入、转出变动比较频繁，就业困难，就业的稳定性差；另一方面，转移就业中进入较高层次的新兴服务行业或高技能行业的较少，只是从事传统的建筑业、制造业、交通运输业、商业及低层次的服务行业中做杂工或粗活的较多，劳动报酬收入普遍不高。农村劳动者文化素质低，劳动技能少，择业、创业面临新的困难。

## 三、当前农业发展与农村经济运行的建议

从全省农业农村经济走势看，经济运行中存在着一些问题，但只要把握好宏观调控政策，保护好、引导好、发挥好经济增长的合理因素，就能够继续保持稳中趋快的发展势头。

（一）促进农业农村工作上新台阶

大力发展农村经济，进一步优化农业结构，发展生态型、安全型、效益型农业，提高农业经济综合效益。加强农村基础设施建设。完善农村道路、饮水等基础设施，加快农村信息网络建设，改善农民生产生活条件。

（二）正视灾情，做好群众教育引导和安抚工作

今年，我省灾情较重，先有春寒，后有旱灾，目前部分地区又受到大到暴雨的袭击，甚至有可能引起洪灾，部门农田受损严重。因此在做好抗灾救灾工作的同时，必须认真排查群众生产、生活中存在的重点、热点和难点问题，及时化解因灾引发的矛盾纠纷。

（三）加强生猪市场调控，引导农民积极应对市场

密切关注生猪价格走势，加强市场监测和调控，采取有效措施，防止价格大幅波动，稳定养殖户的积极性。适时引导农民改造圈舍，购养优良猪种，调整猪群结构，加强饲养管理，降低生产成本，提高养殖效益。

### (四)继续加大力度发展农村劳务经济,提高劳动者素质

继续抓好务工人员的技术培训，组织定向劳务技术培训，定向输出，使学有所向、学有所需，特别是要加大农民工回流的培训和再就业指导，针对有一技之长、有启动资金、有志于发展农业或自主创业的，在贷款发放、税费减免、工商登记、信息咨询等方面给予支持，充分发挥自主创业能人示范带动作用。积极教育和引导农民转变观念，克服安于现状，树立富而思进的观念，促进劳务经济更大的发展，促使农民工资性收入有一个更大的提高。

# 楼市调控政策对我省房地产企业影响情况的问卷调查报告

王淑香

**编者按：**2010年针对部分城市商品房价格过快上涨态势，国家各项宏观政策陆续出台。为了及时了解各项宏观调控政策对房地产市场的影响以及房地产开发企业对宏观调控政策的反映，特别是上半年及全年商品房开发投资、供给情况，房价走势以及资金情况，国家统计局在6月16日前对全国重点房地产开发联网直报企业开展楼市调控政策对房地产企业影响情况问卷调查。通过此调查，馔写本调查报告，刊登在统计参考2010年第11期总第（26）期。

为及时了解各项宏观调控政策对房地产市场的影响以及房地产企业对宏观调控政策的反映，近日对我省73家全国重点联网房地产企业开展一次楼市调控政策对房地产企业影响情况问卷调查。本次调查的内容包括：企业对本轮调控政策的基本看法；调控政策出台以来对企业的影响；三季度及全年情况预测;企业对宏观调控政策的建议。调查结果如下：

## 一、企业对本轮调控政策的基本看法

(一）对于本轮调控政策的效果显现时间，近八成企业认为会在三季度甚至更长时间完全显现出来。

调查显示：有28家企业认为会在三季度完全显现出来，占全部调查企业的38.4%；还有28家企业认为一年甚至更长，占38.4%；15家企业认为“说不好”，占20.5%。有2家企业认为本轮调控政策的效果会在上半年完全显现出来，占全部调查企业的2.7%；

(二）对当前房地产市场调控力度的看法有较大分歧。

有28家企业认为政策很到位，占全部调查企业的38.4%；27家企业认为政策很不到位，占37.0%；18家企业认为“说不好”，占24.6%。

(三）本轮调控中影响最大的政策及措施，近70%企业认为是金融信贷政策。

有43家企业认为金融信贷政策在本轮调控政策重要程度居第1位的，占全部调查企业的58.9%；22家企业认为居第2位的，占30.1%；4家企业认为居第3位，还有4家企业认为居第4位。

在土地政策上，有31家企业认为土地政策居第2位的，占全部调查企业的42.5%；17家企业认为居第1位，占23.3%；22家企业认为居第3位，占30.1%；还有3家企业认为居第4位。

在财政税收政策上，有38家企业认为财政税收政策在本轮调控政策重要程度居第3位，占全部调查企业的52.1%；8家企业认为居第1位，占11.0%；15家企业认为居第2位，占20.5%；12家企业认为居第4位，占16.4%。

在市场监管措施上，有53家企业认为市场监管措施在本轮调控政策重要程度居第4位，占全部调查企业的72.6%；5家企业认为居第1位，占6.8%；4家企业认为居第2位，占5.5%；8家企业认为居第3位，占11.0%；3家企业认为居第5位。

在其他政策上，有71家企业认为其他政策在本轮调控政策重要程度为第5位，占全部调查企业的97.3%；1家企业认为居第2位；有1家企业认为居第4位。

(四）新政对房地产市场预期影响，五成多企业认为影响最大的是房价。

有40家企业认为当前调控政策对房价影响较大，占全部调查企业的54.8%;有20家企业认为对商品房有效供给影响较大，占27.3%；25家企业认为对企业资金影响较大，占34.2%；36家企业认为对企业未来投资计划影响较大，占49.3%；34家企业认为对企业土地购置意愿影响较大，占46.6%；5家企业认为作用不大。

(五）当前调控政策对房价的预期影响，近七成企业认为将会有效遏制房价过快上涨。

有50家企业认为当前调控政策将会有效遏制房价过快上涨，使房价维持现状，占全部调查企业的68.5%；12家企业认为房价会回落，占16.4%。4家企业认为作用不大，占5.5%；6家企业认为房价还会继续上涨，占8.2%。

认为房价回落的12家企业对房价回落程度的看法是：8家企业认为房价回落幅度较小，在10.0%以下；2家企业认为房家回落幅度明显，在10.0%～20.0%；2家企业认为房价回落幅度较大，在20%～30%。

## 二、调控政策对企业的影响

(一）新政对开发投资影响，五成多企业认为对全年开发投资影响不大。

有40家企业认为影响不大，开发投资与上年持平，占全部调查企业的54.8%；30家企业认为减少，占41.1%；3家企业认为增加，占4.1%。

在认为开发投资减少的原因调查中，有5家企业认为销售下降，开发意愿下降，是开发投资减少主要原因；13家企业认为资金紧张，7家企业认为土地紧张，17家企业认为市场前景不明，观望是开发投资减少的主要原因。

（二）新政对市场销售影响，近六成企业认为商品房销售量与上年持平。

有42家企业认为持平，占全部调查企业的57.5%；27家企业认为减少，占23.3%。仅有4家企业认为销售量增加，占全部调查企业的5.5%；

认为商品房销售量减少的主要原因，有20家企业认为是市场期待房价下降，购房者观望造成的；11家企业认为是政策不明朗，购房者处于观望造成的；1家企业认为是可供销售面积减少，销售下降造成的；2家企业认为是房价太高造成的；1家企业认为是其他原因造成的。

（三）新政实施前后对商品房销售价格变化的预测，近八成企业认为与政策实施前基本持平。

有57家企业认为房价不会有大的变化，基本持平，占全部调查企业的78.1%；9家企业认为房价持续上涨，占12.3%；7家企业认为房价会下降，占9.6%。

（四）新政对企业开发资金影响，六成多企业认为开发资金来源与政策出台前持平。

有47家企业认为持平，占全部调查企业的64.4%；22家企业认为减少，占30.1%。有4家企业认为开发资金增加，占5.5%。

认为企业资金来源减少的原因，有10家企业认为销售下降，资金回笼慢；17家企业认为银行开发贷款困难；11家企业认为企业自有资金较少。

（五）新政实施后企业目前资金能够维持开发的时间，四成多企业能够维持半年到一年。

有31家企业维持半年到一年，占全部调查企业的42.4%；14家企业维持为一年到一年半，占19.2%；10家企业维持为一年半到两年，占13.7%；8家企业维持时间为两年以上，占11.0%。

（六）对于面对各项调控政策，企业是否准备或已经采取相应措施，八成多企业没有采取相应措施。

有62家企业面对各项调控政策没有采取相应措施，占全部调查企业的84.9%。11家企业采取了措施，占全部调查企业的15.1%。准备或已经采取的相应措施是：有计划的开发；完善现有项目，谨慎投资；产品调整，面向刚性需求；满足改善性购房客户的真实需求；同各银行沟通，降低个人住房贷款成本；通过适当的优惠政策拉动销售；暂缓开盘销售日期等。

## 三、新政下三季度及全年情况预测

### （一）预计三季度及全年开发投资与去年同期相比持平的企业占五成多。

有38家企业认为是持平，占全部调查企业的52.1%；21家企业认为是下降，占28.7%。有14家企业认为开发投资同比是增长，占全部调查企业的19.2%；

### （二）预计三季度及全年商品房屋销售面积与去年同期相比是持平的企业占五成。

有37家企业认为是持平，占全部调查企业的50.7%；8家企业认为持续增长，占11.0%；28家企业认为是下降，占38.3%。

### （三）预计三季度及全年商品房销售价格与去年同期相比持平的企业占近七成。

有50家企业认为房价同比持平，占全部调查企业的68.5%；有13家企业认为持续增长，占17.8%，10家企业认为是下降，占13.7%。

### （四）预计三季度及全年商品房新开工面积与去年同期相比下降的企业占近五成。

有35家企业认为是下降，占全部调查企业的48.0%。12家企业认为会持续增长，占16.4%；26家企业认为是持平，占35.6%。

### （五）对三季度及全年商品房可销售面积（不包括政策性住房）的看法有分歧。

有16家企业认为商品房可销售面积持续增长，占全部调查企业的21.9%；34家企业认为是持平，占46.6%；23家企业认为是下降，占31.5%。

## 四、企业对宏观调控政策的建议

关于对本轮宏观调控政策有那些地方需要改进的问题。有42家企业没回答，占全部调查企业的57.5%。31家企业对本轮宏观政策调控需要改进提出了建议，占全部调查企业的42.5%。企业提出的建议主要有以下方面：

### （一）为确保调控政策的有效实施，亟待配套政策的完善和加强监管力度。

### （二）房地产行业是拉动我国经济增长的一个重要行业，应制定一个长期的相对稳定发展政策。

政策要有一个连续性，不要忽紧忽松，以减少对房地产企业发展的冲击。要为企业创造一个良好的成长环境，这是房地产市场平稳健康发展的基础。

### （三）房地产市场宏观调控政策有滞后性，政策力度不应一步到位，要及

时根据房地产市场的变化来调整政策的调控力度，这样才有利于市场稳步、健康地发展。

（四）调控政策要明确界定改善性住房，不要对二套房贷有硬性规定，这将影响真正改善性购房意愿。

（五）要加强和完善房地产市场监管机制，对经济适用房及棚户区改造政策取得的开发项目，在销售环节、税收的监管上还需要加强。要完善开发企业审批机制，三级以下开发企业应兼并或撤消，防止市场无序竞争。

（六）应放宽金融信贷政策。

# 重点工业企业运行良好
# 为实现全面跃升奠定坚实基础
## ——上半年吉林省工业产业跃升计划监测报告

刘　莉

**编者按：《重点工业企业运行良好 为实现全面跃升奠定坚实基础——上半年吉林省工业产业跃升计划检测报告》一文于2010年7月28日以《统计分析》第31期（总第591期）印发。**

《吉林省工业产业跃升计划》是2009年我省抓住国家实施十大产业调整和振兴规划的有利时机，经过科学谋划制定的适合我省工业产业跃升发展的重要政策。在这一政策的激励推动下，2010年上半年，规划涉及的汽车产业、石油化工产业、食品产业、信息产业、医药产业、冶金建材产业和装备制造业（简称：重点产业）工业经济总量有所扩大，效益明显提高，产业跃升实现良好开局。

### 一、重点产业运行情况

#### （一）　汽车产业

建筑业企业我省汽车产业总量大，实力强，在国家汽车产业振兴规划政策的持续影响下，今年我省汽车产业实现产销两旺，企业创新能力有所提高。今年上半年，汽车工业规模以上企业达468户，比上年同期增加52户，拥有资产2055.33亿元，同比增长32.4%亿元；实现产值1984.18亿元，同比增长46.1%；实现增加值547.16亿元，同比增长39.8%，对全省规模以上工业经济的贡献率高达44.5%，拉动全省规模以上工业经济增长11.5个百分点；实现利润193.8亿元，同比增长135.1%。汽车产业在注重总量快速发展的同时，也注重质的提升。今年上半年，汽车产业实现新产品产值达1138.34亿元，同比增长47.9%，其中一汽大众实现新产品产值同比增长45.4%。

上半年，我省汽车产量达79.23万辆，同比增长53.1%，产销率达100.89%，汽车产品生产供不应求。其中轿车52.80万辆，同比增长46.6%，客车5.06万辆，同比增长101.5%，载货汽车21.37万辆，同比增长61.5%。同时，汽车品种结构也在逐渐改善，在轿、客和载货汽车发展的同时，小排量轿车产量明显增加。上半年我省生产排量在1.0升-1.6升的汽车产量为22.89万辆，同比增长42.7%。

（二）石油化工产业

今年上半年我省石油化工产业经济总量和产品产量增长缓慢，增速明显低于全省规模以上平均水平。上半年，我省石油化工产业企业为560户，比上年同期增长69户，拥有资产1491.57亿元，同比增长11.4%；累计实现总产值792.49亿元，同比增长37.6%；实现增加值280.19亿元，同比增长7.3%，低于全省规模以上工业18.5个百分点，与年均增长12%的目标存在一定差距；实现利润61.92亿元，同比增长2.2倍。其中石油和天然气开采业实现总产值182.48亿元，同比增长36.7%，实现增加值118.94亿元，同比增长0.8%，实现利润48.57亿元，同比增长3.6倍；石油加工、炼焦及核燃料加工业实现总产值66.08亿元，同比增长30.3%，实现增加值48.12亿元，同比下降1.0%，实现利润0.89亿元，同比增长36.0倍；化学原料及化学制品制造业实现总产值536.38亿元，同比增长38.6%，实现增加值110.84亿元，同比增长17.1%，实现利润12.20亿元，同比增长38.9%；橡胶制品业实现总产值7.55亿元，同比增长52.3%，实现增加值2.28亿元，同比增长34.5%，实现利润0.26亿元，同比增长77.9%。

石油化工产业主要产品除化肥产量有较大提升外，其余产品产量与同期基本持平，甚至萎缩。上半年，我省原油加工量达403.05万吨，同比下降5.8%，乙烯达42.09万吨，同比增长5.1%，天然原油349.88万吨，同比增长2.2%，化肥15.10万吨，同比增长31.7%。

（三）食品产业

目前我省食品产业拥有大成、皓月、天景、吉林森工等一批龙头型企业。从总量上看，上半年，我省共有规模以上食品工业企业1284户，行业资产合计1028.04亿元，从业人员1.65万人。实现总产值1086.77亿元，增长29.2%；实现增加值290.99亿元，占全省规模以上工业的16.1%，同比增长14.6%，食品产业已成为支撑我省工业经济发展的第二大支柱产业。但是，与石油化工产业相比，食品工业盈利能力较差，上半年食品产业实现利润36.03亿元，仅相当于石油化工产业利润总额的58.2%。

上半年，食品产业主要产品产量有较大提升，销售状况良好，产销率为97.7%。其中包装饮用水产量达156.51万吨，增长67.9%；鲜、冷藏肉85.32万吨，增长24.1%；大米320.67万吨，增长28.6%，葡萄酒12.24万吨，增长53.9%。产品产销两旺，带动企业销售收入增多。上半年主营业务收入超百亿元企业1户、十亿元以上企业6户、亿元以上企业160户。

### （四）信息产业

信息产业在重点产业中规模小、基数低，发展速度相对较快，但自主创新能力弱制约了产业跃升和跨越发展。上半年，我省信息产业实现主营业务收入106.01亿元，增长38.5%，实现增加值35.49亿元，同比增长36.1%，比全省规模以上工业快10.3个百分点，但增加值仅占全省规模以上工业的2.0%，对全省工业增长的贡献率仅为2.6%。信息产业本应与高技术产业存在高度关联性，在创新、研发和技术人才方面具有独特优势，但我省信息产业新产品产值率仅为16.4%，低于全省规模以上工业7.5个百分点。从行业代表产品看，半导体分立器件和电子元件产量大幅提升，其中半导体分立器件产量达11.8亿只，同比增长56.1%，电子元件产量达5542万只，同比增长38.9%。

### （五）医药产业

医药产业是我省工业经济的重要组成部分，今年保持了良好的发展态势。上半年医药产业实现产值287.97亿元，增长36.5%；实现增加值101.80亿元，同比增长29.9%，对全省规模以上工业增长的贡献率达6.7%，比一季度提高1个百分点；实现利润22.90亿元，同比增长41.8%；主营业务收入215.83亿元，同比增长40.3%。

从行业细分看，中成药制造业仍是带动医药行业增长的主力军。上半年，中成药制造业企业数为150户，占医药行业的43.1%；占全省医药行业的产值的64.0%、增加值的49.6%、利润的66.1%，中成药产量达16.72万吨，同比增长3.2倍。

### （六）冶金建材产业

今年我省投资和城镇化建设的加快为冶金建材产业提供了巨大的市场和发展空间，在经历了2009年价格下跌、需求减少、利润下滑的重创后，今年冶金建材行业生产情况好转，实现扭亏为盈。上半年冶金建材行业实现产值795.72亿元，同比增长40.1%，实现增加值202.66亿元，同比增长25.1%，主营业务收入达711.79亿元，同比增长32.5%，实现利润34.65亿元，同比增长3.1倍；其中冶金行业实现产值423.00亿元，同比增长38.9%，实现增加值109.69亿元，同比增长18.0%，主营业务收入达378.31亿元，同比增长38.3%，利润19.74亿元，实现扭亏为盈；建材行业实现产值372.72亿元，同比增长41.6%，实现增加值92.97亿元，同比增长33.6%，主营业务收入达333.47亿元，同比增长26.6%，实现利润14.91亿元，同比增长18.1%。

从主要产品产量看，钢材水泥类产品增长小。上半年生产粗钢405.71万吨，增长8.1%，钢材432.52万吨，增长7.3%，生铁357.07万吨，增长22.5%，水泥1899.78万吨，增长7.1%，水泥熟料1632.59万吨，增长2.8%，平板玻璃206.96万重量箱，增长15.3%，砖28.42亿块，增长43.3%。

（七）装备制造业

上半年装备制造业完成总产值519.48亿元，同比增长41.8%,实现增加值147.30亿元，同比增长32.4%，实现主营业务收入457.55亿元，同比增长43.6%，实现利润26.08亿元，同比增长86.3%。在重点产业中，装备制造业出口形势最好。上半年，装备制造业实现出口交货值24.23亿元，占全省规模以上工业的25.0%，同比增长1.7倍。近年来，我省装备业发展迅速，目前企业数达1030户，比上年同期增加158户，资产总额达826.50亿元，同比增长36.4%。随着行业规模的扩大，装备制造业对全省工业经济增长的贡献和影响也在逐渐加大，上半年装备制造业对全省规模以上工业的贡献率为10.0%，高于一季度0.4个百分点，拉动规模以上工业增长2.6个百分点。

从行业细分看，由于受到产业政策的影响，装备制造业包含的9个中类行业发展并不均衡，其中电器机械及器材制造业发展最快，上半年增加值达20.57亿元，同比增长54.9%，仪器仪表及文化、办公机械制造业发展最慢，上半年增加值为3.34亿元，同比增长11.7%，二者相差43.2个百分点。

## 二、存在的问题

总体来看，上半年我省重点产业生产运行态势良好，效益大幅提升，但除汽车产业外，其余六个产业运行质量有待提升。主要表现在：

（一）创新能力不足

石油化工产业、食品产业、信息产业、医药产业、冶金建材产业和装备制造业的新产品产值率分别为：3.6%、12.4%、16.4%、14.6%、7.7%和15.2%，分别低于全省20.3、11.5、7.5、9.3、16.2和8.7个百分点。

（二）资金使用效率低、灵活性差

总资产贡献率和流动资金周转率可以反映行业全部资产的获利能力和使用效率，是衡量行业经营和发展水平的重要指标。我省石油化工、食品、信息、医药、冶金建材、装备制造产业的总资产贡献率分别为35.1%、32.3%、27.7%、29.9%、18.9%和22.0%，流动资金周转率分别为0.9%、2.1%、1.3%、1.6%、2.0%和2.1%。通过与全省规模以上工业平均水平相比较不难看出，除石油化工产业总资产贡献率高于全省2.4个百分点外，其余产业依次分别低于全省0.4、5.0、2.8、13.8和10.7个百分点。同时，石油化工、食品、信息、医药、冶金建材、装备制造产业的流动资金周转速度均慢于全省，分别比全省低1.4、0.2、1.0、0.7、0.3和0.2个百分点。

# 吉林省工业竞争力评价与提升对策研究

林　梅

**编者按：《吉林省工业竞争力评价与提升对策研究》一文于2010年7月28日以《统计分析》第32期总第（592）期印发。**

强化工业的主导地位，加速推进工业化进程，扩大工业经济总量，提高工业竞争力，是吉林省“十一五”期间产业结构调整与优化的基本思路之一。当前从吉林经济发展来看，其中心问题就是工业的发展和升级，直接表现就是吉林工业竞争力的提升。如何重新科学审视和准确估计吉林的工业竞争力，已成为市场竞争环境下吉林工业能否生存与发展的关键。本文通过设立工业竞争力评价指标体系对吉林省工业现状进行综合评价分析，并提出提升吉林工业竞争力的对策建议。

## 一、吉林省工业发展现状分析

工业竞争力是一个地区竞争力的最集中表现。改革开放特别是“十五”以来，吉林工业持续、快速、健康发展，在竞争力上已有良好的表现。

**一是工业经济实力较强，产业结构合理。**2009年末，全省共有规模以上工业企业5424家。规模以上工业增加值达到2926.65亿元，按可比价格计算，同比增长16.8%，增速位居全国第10位。其中，重工业完成2117.26亿元，增长14.7%；轻工业完成809.39亿元，增长22.9%。（见图1）

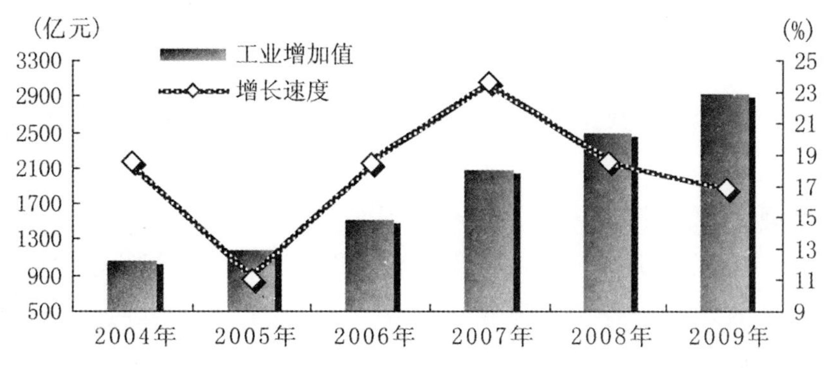


图1 2004—2009年吉林省工业增加值及增速

**二是工业经济效益和外向度逐步提高**。2009年，全省规模以上工业企业盈亏相抵累计实现净利润475.12亿元，比上年增加122.34亿元，增长34.7%。其中交通运输设备制造、石化、食品和医药制造行业累计实现利润363.1亿元，占全省规模以上工业实现利润总额的76.4%。全年规模以上工业经济效益综合指数为260.4%，比上年提高18.8个百分点。全省工业产品销售率为97.9%，与上年基本持平，高于全国平均水平0.2个百分点．其中，大中型企业产销率达98.4%，同比提高0.1个百分点。外商及港澳台投资企业为98.5%，同比提高1个百分点。工业产品出口和利用外资规模迅速扩大。2009年，全省规模以上企业完成出口交货值178.26亿元，占工业销售产值的1.84%，外向型经济的发展，为提高工业竞争力创造了较好的国际经济条件。

**三是工业支柱和特色行业优势较强**。在全省规模以上工业中，九大支柱、优势和特色行业共实现增加值2267.99亿元，按可比价格计算，增长14.3%，对全省工业生产增长的贡献率为68.4%。其中，交通运输设备制造业实现增加值734.57亿元，增长13.6%。汽车工业实现增加值709.48亿元，增长14.5%；食品工业实现增加值498.20亿元，增长20.7%；石化工业实现增加值405.64亿元，增长5.8%；医药制造业实现增加值175.05亿元，增长25.4%；建材工业实现增加值 174.15亿元，增长25.8%；冶金工业实现增加值150.24亿元，增长11.8%。（见图2）

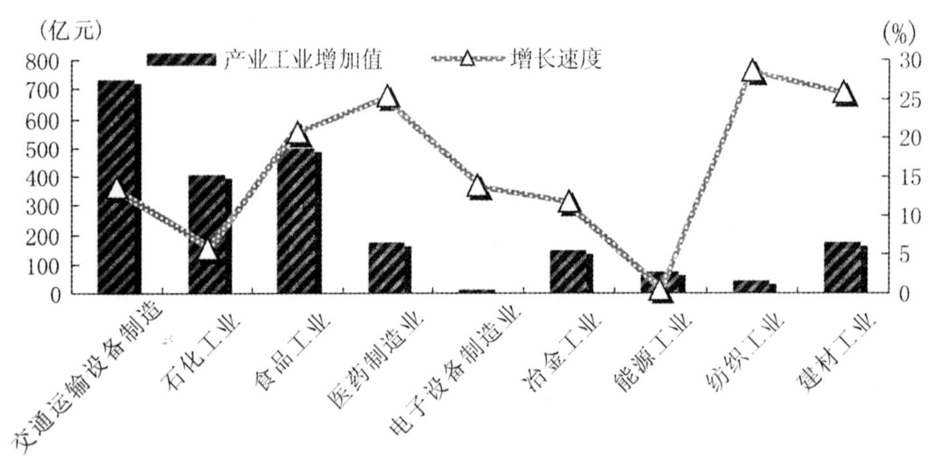


图2 2009年吉林省规模以上支柱、优势及特色产业工业增加值

**四是各类型企业共同发展**。2009年，我省各种类型企业增加值和增长率均有所上升，其中股份制企业增加值1633.07亿元，居于首位；国有及控股企业1191.63亿元，位居第2；外商及港澳台投资企业750.48亿元，排在第三。股份合作企业增速达61.2%，增长速度最快。2009年中，30个工业行业大类中，有21个行业增加值比上年增长，其中14个行业增幅在15%以上。（见图3）

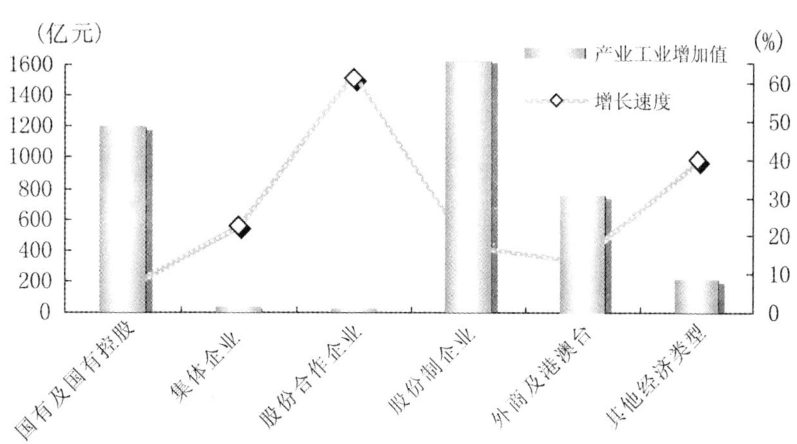


图3 2009年吉林省各类型企业工业增加值及增速

截至2009年末，全省规模以上民营工业企业有4394户，比上年末净增加1054户，实现工业增加值1344.40亿元，增长32.8%，增幅高于全省规模以上工业平均增长水平16.0个百分点；实现利润178.32亿元，增长31.4%。

**五是产业集群具有比较明显的优势**。近年来，伴随着工业化进程的发展，我省不断发展起来的区域性块状特色经济具有明显的产业集群特征。一批紧密围绕主导产业、相互关联企业和各类支撑体系共存互促的产业集群雏形初步形成，在一定地域内快速发展，形成了具有特色优势的产业群体，从产业规模、产业结构、集聚空间等方面显现出参与未来市场竞争的基本优势，成为区域经济持续快速增长的动力源。目前全省已有59个产业集群，完成工业总产值占全省工业的近20%，是提高我省工业竞争力的重要产业基础。（见表1）

## 二、与其他省份数据上的差距

我省工业企业主要工业经济效益指标无论与其他省份，还是与全国平均水平相比，均有一定差距。（见表2）

表1的数据显示，2009年我省工业的总资产贡献率为14.82%，在11省市中位列第三，但工业盈利水平较低，2009年工业成本费用利润率为5.99%，位居11省市的倒数第4位，与全国平均水平6.91%相比还低近1个百分点，位居全国倒数第9位。尤其是产品销售率为96.82%，在11省市中排名最后，比全国平均水平(97.78%)低了近1个百分点。在东北三省中，从市场占有率和盈利水平两个指标上相比较，2009年我省工业品市场占有率仅为1.79%，居全国第18位,远远低于辽宁省的5.14%，略高于黑龙江的1.42 %。盈利水平也远低于黑龙江13.14%的水平，略高于辽宁的5.37%。这些主要工业经济效益指标的相对落后制约了我省工业竞争力的提升。

表1　2009年吉林省主要工业产品产量及其增速

| 产品名称 | 单位 | 产量 | 比上年增长（%） |
|---|---|---|---|
| 纱 | 万吨 | 5.67 | 21.7 |
| 布 | 亿米 | 0.44 | 2.5 |
| 服装 | 万件 | 16460.12 | 19.5 |
| 化学纤维 | 万吨 | 29.05 | 15.9 |
| 配混合饲料 | 万吨 | 470.84 | 17.0 |
| 精致食用植物油 | 万吨 | 36.94 | 47.0 |
| 软饮料 | 万吨 | 351.84 | 9.7 |
| 卷　烟 | 亿支 | 359.00 | 7.0 |
| 汽车仪器仪表 | 万台 | 139.46 | -2.3 |
| 原煤 | 万吨 | 4401.46 | 15.2 |
| 焦炭 | 万吨 | 423.78 | 12.7 |
| 天然原油 | 万吨 | 639.90 | -6.8 |
| 原油加工量 | 万吨 | 824.81 | -1.2 |
| 发电量 | 亿千瓦小时 | 538.15 | 7.7 |
| 粗钢 | 万吨 | 792.56 | 23.4 |
| 钢材 | 万吨 | 855.97 | 19.4 |
| 生铁 | 万吨 | 648.31 | 10.5 |
| 铁合金 | 万吨 | 53.10 | -9.9 |
| 黄金 | 千克 | 10257.82 | 21.9 |
| 十种有色金属 | 万吨 | 0.32 | 103.3 |
| 水泥 | 万吨 | 4165.80 | 28.9 |
| 硫酸（折100%） | 万吨 | 29.15 | 35.3 |
| 合成氨 | 万吨 | 57.98 | 13.8 |
| 合成橡胶 | 万吨 | 18.11 | 7.7 |
| 乙烯 | 万吨 | 83.85 | 5.6 |
| 农用化学肥料（氮、磷、钾类折纯） | 万吨 | 20.49 | 1.6 |
| 化学药品原药 | 万吨 | 0.64 | 12.1 |
| 中成药 | 万吨 | 10.31 | 39.7 |
| 汽车 | 万辆 | 123.22 | 37.6 |
| 　轿车 | 万辆 | 86.20 | 36.1 |

表2　2009年全国11省市工业企业主要经济效益指标对比

| | 总资产贡献率(%) | 成本费用利润率(%) | 产品销售率(%) | 市场占有率(%) | 利润率(%) |
|---|---|---|---|---|---|
| 全　国 | 13.44 | 6.91 | 97.78 | -- | 8.04 |
| 北　京 | 6.96 | 6.43 | 98.78 | 2.24 | 6.60 |
| 天　津 | 12.15 | 6.73 | 98.18 | 2.44 | 8.51 |
| 辽　宁 | 11.66 | 5.37 | 97.84 | 5.14 | 6.46 |
| 吉　林 | 14.82 | 5.99 | 96.82 | 1.79 | 7.54 |
| 黑龙江 | 17.32 | 13.14 | 97.88 | 1.42 | 14.94 |
| 上　海 | 10.90 | 5.98 | 98.99 | 4.69 | 6.31 |
| 江　苏 | 13.72 | 6.12 | 98.32 | 13.22 | 7.21 |
| 浙　江 | 10.58 | 5.62 | 97.40 | 7.35 | 5.81 |
| 福　建 | 14.33 | 7.28 | 97.34 | 3.01 | 8.63 |
| 山　东 | 17.56 | 6.96 | 98.51 | 13.05 | 7.72 |
| 广　东 | 14.18 | 6.88 | 97.09 | 12.19 | 7.84 |

## 三、吉林省工业竞争力评价分析

由于工业竞争力是资源禀赋结构和市场环境的反应和调整能力，它表现在诸多方面，既包括现实的竞争力，如市场占有率、资源配置效率等，也包括潜在的竞争力，如创新能力，增长力等。另外，生态环境对工业发展的制约作用，很难将它们排除于产业竞争力比较研究的视野之外。因此，为了全面地评价吉林省工业整体竞争力水平，本评价指标体系的基本框架包括三方面内容：现实竞争力、潜在竞争力和环境竞争力。其中前两者属于产业内部竞争力，后者属于产业外部竞争力。因为工业竞争力是指在市场上较竞争对手更有效率地利用资源并获取利益的能力，因此本文在全国范围内选取数据进行量化比较。

### （一）评价指标体系的构建

#### 1．现实竞争力指标

工业现实竞争力表现的是工业产业在市场经济当前激励竞争中所处的地位及影响力状况。我们选取以下几组指标来衡量：

(1)企业规模影响力：选取工业企业生产总值，工业增加值、总资产、主营业务收入、固定资产原值、利润总额、工业企业从业人数及全部工业企业数等指标来反映工业企业的整体状况。

(2)工业市场影响力。本文鉴于数据搜集限制主要用全部国有及规模以上非国有工业企业产品的市场占有率[①]来分析全部工业企业产品的市场占有率。

(3)规模以上工业企业经营状况。从企业生产和销售两方面选取了全员劳动生产率[②]、总资产贡献率[③]和产品销售率[④]三个指标衡量。

2．**潜在竞争力指标**

影响工业产业潜在竞争力的因素很多，本文从工业创新力、工业增长力、工业企业融资能力三个方面来选取。

(1)工业创新能力。创新是竞争的关键。我们选取专利申请量、专利授权量、工业技术成交量、规模以上企业的新产品产值率[⑤]、工程技术人员占专业技术人员比重来体现工业技术创新能力的指标。

(2)地区工业企业的融资能力。选取全部国有及规模以上非国有工业企业的固定资产年平均余额、流动资产年平均余额及长期负债总额三个指标来衡量。

(3)工业增长能力。采用全部国有及规模以上非国有工业企业增加值的增长率来反映工业增长能力。

3．**环境竞争力指标**

从经济发展水平、基础投资状况、对外开放状况和生态环境状况四个方面来反映我省环境竞争力情况。

⑴经济发展水平：用地区生产总值（GDP）衡量我省工业运行的大环境。

⑵基础投资状况：选取财政科技三费支出作为衡量地区工业进一步技术创新的财力支持环境；工业财政支出反映政府对工业的重视和影响能力，一定程度上可以说明工业发展的制度环境如何。

⑶对外开放状况：选取外商直接投资额、出口交货值来反映地区对外联系程度，在国外的影响力如何。

⑷生态环境状况：选取能源消耗强度[⑥]这个指标来反映生态环境。一般能耗与竞争力成负向关系，故我们用单位工业增加值能耗的倒数表示地区工业产业发展中的能源利用水平。

工业竞争力三方面指标汇总。（见表3)

---

注：① 市场占有率=工业产品销售收入／全国工业产品销售收入

②全员劳动生产率=工业增加值／工业从业人数

③ 总资产贡献率=(利润总额+税金总额+利息支出)／平均资金余额。其中，税金为产品销售税金及附加和应交增值税之和。

④ 产品销售率=工业产品销售率=工业产品销售收入／工业总产值

⑤ 新产品产值率=新产品产值／工业总产值

⑥能源消耗强度用以工业增加值计算的每万元消耗能源(折合成标准煤)的吨数表示

表3　工业竞争力指标体系

| | | |
|---|---|---|
| 工业竞争实力 | 企业规模影响力 | 工业总产值<br>工业增加值<br>总资产<br>主营业务收入<br>固定资产值原值<br>利润总额<br>工业企业从业人数<br>全部工业企业数 |
| | 企业市场竞争力 | 市场占有率 |
| | 企业经营绩效 | 全员劳动生产率<br>总资产贡献率<br>工业企业产品销售率 |
| | 工业创新能力 | 专利申请量<br>专利授权量<br>工业技术成交量<br>新产品产值<br>新产品产值比重<br>新产品产值率<br>工程技术人员数 |
| | 企业融资能力 | 固定资产年平均余额<br>流动资产年平均余额<br>长期负债总额 |
| | 工业增长力 | 工业增加值增长率 |
| | 经济发展水平 | 地区生产总值<br>财政科技三费支出<br>教育经费支出<br>治理污染投资额<br>工业财政支出额 |
| | 人力资源 | 大专以上人数<br>专业技术人员数 |
| | 对外外放状况 | 外商直接投资<br>出口交货值 |
| | 生态环境状况 | 能源利用状况 |

（二）采用主因子法的评价分析过程

1．主因子分析法操作的具体步骤

(1)对原始数据进行无量纲化处理。SPSS软件在处理数据时会自动将原始数据进行无量纲化处理。

(2)计算相关系数矩阵R、R的特征值及每个特征值对应的特征向量。由特征向量构成的矩阵A=(aij)，称为因子载荷矩阵。

(3)建立因子模型。设x1，X2，…，Xn为原观测变量，通过因子分析，找到影响这些变量的公共因子F1，F2，…，Fm(m<p)，这样原P个变量可以表达为：

$X_1 = \sum a_j F_i + e_i$　Fi=1,2,3,…,p 其中 ei为第i个变量的特殊因子

(4)确定因子贡献率和累计贡献率。第i个因子的贡献率= $\lambda i / \sum \lambda i$ ，用以衡量每个公因子所占原始数据信息量的大小，贡献率越大，该因子就相对重要。一般情况下，我们以累计贡献率不小于80%作为因子个数选择的依据。

(5)对因子载荷矩阵做正交旋转。由特征向量矩阵得到的初始因子载荷矩阵，很可能因子载荷的大小相关性不大，使得我们对因子的解释有困难。因此，为了使主因子有明确的含义，需要对初始载荷矩阵做正交旋转，使得每个原始变量在主因子上载荷向0和1分化，以便对每个主因子的实际含义做出明确的解释。

(6)计算因子得分。因子是原始变量某类性质的抽象表示，其数值无法直接观测，但在具体的分析中，我们需要有一个具体的数值来描述因子作为一个综合指标在个体上的差异。

(7)计算综合得分。 $s = \sum d_j f_j$ 式中：S是评价对象的综合得分；dj为第j个公因子的贡献率；fj即第j个公因子得分；m就是选定的公因子个数。综合得分越高，说明工业竞争力越强，反之越弱。

2．吉林省工业竞争力的主因子分析

**第一步：先对反映工业竞争实力的12个指标数据使用SPSS统计分析软件进行主因子分析**

⑴运用KMO和球形Bartlett检验确定因子分析的适用性

KMO是用来检验变量间的偏相关是否较小，Bartlett球形检验是用来判断相关阵是否是单位阵。（见表4）

由上表可知，KMO统计量为0．778>0．7，说明解释力度非常好，再由Bartlett球形检验，可知各变量的独立性假设不成立，故因子分析的适用性检验通过。

⑵由样本方差得到因子的累计贡献率以确定公共因子个数（见表5）

由相关系数矩阵R计算得到特征值、方差贡献率和累计贡献率如表4所示，可知第一因子的特征值为8．614，约占总方差的72．152%，基于过程内定取特征值大于

表4 KMO 和 Bartlett 的检验

| 取样足够度的 Kaiser-Meyer-Olkin 度量。 | | .778 |
| --- | --- | --- |
| Bartlett 的球形度检验 | 近似卡方 | .778 |
| | df | 886.485 |
| | Sig. | 66 |

1的规则，分析中提取了两个因子，累计贡献率为86．111%>80%，说明它们已经提供了原始数据的充分信息，因此提取这两个因子作为主因子。

由于结果中初始因子载荷矩阵各因子在原始变量上的载荷值都相差不大，不太好解释它们的含义，因此继续选用凯塞的方差最大旋转法进行了因子旋转得到了表5。（见表5）

表5 解释的总方差

| 成份 | 初始特征值 | | | 提取平方和载入 | | | 旋转平方和载入 | | |
| --- | --- | --- | --- | --- | --- | --- | --- | --- | --- |
| | 合计 | 方差的 % | 累积 % | 合计 | 方差的 % | 累积 % | 合计 | 方差的 % | 累积 % |
| 1 | 83658 | 72.152 | 72.152 | 8.658 | 72.152 | 72.152 | 8.614 | 71.787 | 71.787 |
| 2 | 1.675 | 13.959 | 86.111 | 1.675 | 13.959 | 86.111 | 1.719 | 14.324 | 86.111 |
| 3 | .940 | 7.833 | 93.944 | | | | | | |
| 4 | .485 | 4.044 | 97.988 | | | | | | |
| 5 | .116 | .971 | 98.958 | | | | | | |
| 6 | 5.580E−02 | .465 | 99.423 | | | | | | |
| 7 | 3.493E−02 | .291 | 99.714 | | | | | | |
| 8 | 1.891E−02 | .158 | 99.872 | | | | | | |
| 9 | 1.291E−02 | .108 | 99.980 | | | | | | |
| 10 | 2.381E−03 | 1.98E-02 | 99.999 | | | | | | |
| 11 | 7.680E−05 | 6.40E-04 | 100.000 | | | | | | |
| 12 | −2.4E−16 | -2.0E-15 | 100.000 | | | | | | |

提取方法：主因子分析

⑶旋转因子载荷矩阵（见表6）

这个是旋转后的因子载荷矩阵，第1个因子F1中系数值大的有各地区全部工业企业的工业总产值、主营业务收入、市场占有率、工业增加值、固定资产原值、工业企业从业人员数、总资产、工业企业数8个指标，这些指标主要衡量地区工业现实的市场规模影响力。第二个因子中劳动生产率、资产贡献率和产品销售率，分别反映国有及规模以上工业企业生产效率、财务运作水平和产品营销能力，可以用以衡量地区全部国有及其规模以上工业企业的经营业绩资源组织管理和配置能力．所以我们把主因子F2可命名为企业生产绩效因子。两个公因子的权重分别为：0.83351、0.16649。

其计算公式：竞争实力总分=主因子F1得分×0.83351+主因子F2得分×0.16649（见表7）

表6　旋转因子载荷矩阵

| | 因子 | |
|---|---|---|
| | F1 | F2 |
| 工业总产值 | .996 | .163 |
| 主营业务收入 | .995 | .016 |
| 市场占有率 | .987 | .263 |
| 工业增加值 | .984 | -.072 |
| 固定资产原值 | .980 | .977 |
| 工业企业人员数 | .977 | .028 |
| 资产总计 | .946 | .686 |
| 工业企业数 | .941 | .561 |
| 利润总额 | | .258 |
| 劳动生产率 | | .876 |
| 资产贡献率 | | .837 |
| 产品销售率 | | .395 |

提取方法 :主因子分析。

旋转法 :具有 Kaiser 最大方差旋转法。

表7　全国各省份竞争实力因子得分和总分排名

| 地区 | F11 | 排名 | F12 | 排名 | ZF1 | 排名 |
|---|---|---|---|---|---|---|
| 北京 | −0.11759 | 10 | 0.30922 | 8 | −0.04659 | 10 |
| 天津 | −0.30814 | 14 | 1.06881 | 5 | −0.07909 | 12 |
| 河北 | 0.35440 | 7 | 0.26522 | 11 | 0.33957 | 6 |
| 山西 | −0.24522 | 13 | −0.64730 | 24 | −0.31210 | 17 |
| 内蒙古 | −0.61555 | 23 | −0.14784 | 13 | −0.53775 | 22 |
| 辽宁 | 0.31313 | 8 | −0.46743 | 17 | 0.18329 | 8 |
| 吉林 | −0.52488 | 19 | 0.33496 | 7 | −0.38185 | 20 |
| 黑龙江 | −0.37458 | 17 | 2.60423 | 1 | 0.12092 | 9 |
| 上海 | 0.74292 | 5 | 1.52166 | 4 | 0.87246 | 5 |
| 江苏 | 2.49493 | 2 | −0.07935 | 12 | 2.06672 | 2 |
| 浙江 | 1.78702 | 4 | −0.46870 | 18 | 1.41180 | 4 |
| 安徽 | −0.33506 | 15 | −0.36292 | 16 | −0.33969 | 18 |
| 福建 | 0.02183 | 9 | −0.54532 | 20 | −0.07251 | 11 |
| 江西 | −0.55068 | 20 | −0.63701 | 22 | −0.56504 | 23 |
| 山东 | 2.06009 | 3 | 0.70732 | 6 | 1.83507 | 3 |
| 河南 | 0.37277 | 6 | −0.26845 | 15 | 0.26611 | 7 |
| 湖北 | −0.13911 | 12 | −0.64085 | 23 | −0.22257 | 13 |
| 湖南 | −0.35202 | 16 | 0.28596 | 10 | −0.24590 | 16 |
| 广东 | 2.73466 | 1 | −0.49604 | 19 | 2.19973 | 1 |
| 广西 | −0.60595 | 22 | −0.82282 | 27 | −0.64202 | 25 |
| 海南 | −0.96066 | 30 | 0.29713 | 9 | −0.75144 | 27 |
| 重庆 | −0.59329 | 21 | −0.64788 | 25 | −0.60237 | 24 |
| 四川 | −0.13208 | 11 | −0.72265 | 26 | −0.23032 | 15 |
| 贵州 | −0.67277 | 25 | −1.24822 | 29 | −0.76849 | 28 |
| 云南 | −0.71594 | 26 | 2.19009 | 2 | −0.23254 | 14 |
| 陕西 | −0.41740 | 18 | −0.57789 | 21 | −0.44410 | 21 |
| 甘肃 | −0.67013 | 24 | −1.01251 | 28 | −0.72708 | 26 |
| 青海 | −0.90926 | 29 | −0.22274 | 14 | −0.79506 | 29 |
| 宁夏 | −0.83300 | 28 | −1.50005 | 30 | −0.94396 | 30 |
| 新疆 | −0.80842 | 27 | 1.93136 | 3 | −0.35268 | 19 |

在反映工业企业规模影响力的主因子上，吉林省工业市场规模影响力得分(-0.52488)，处于全国中等偏下水平。与东部地区相比，其工业总体规模远远低于广东(2．73466)、江苏(2．49493)、山东(2．06009)、浙江(1.78702)，稍高于江西(-0.55068)、广西(-0.60595)等地。在东北三省中排在最后，低于辽宁（0.31313）、黑龙江（-0.37458）。吉林工业市场规模影响力得分较低，是因为反映市场影响力的工业产品市场占有率指标，反映工业产业规模的工业生产总值、增加值、总资产、产品销售收入、工业企业数和从业人数等指标值都比较低。

在反映规模以上企业生产绩效的主因子上，吉林（0.33496）位居第7位，仅次于黑龙江（2.60423）、云南（2.19009）、新疆（1.93136）、上海（1.52166）、天津（1.06881）和山东（0.70732）之后。吉林在第二个主因子上得分较高，主要是因为在代表企业生产绩效的劳动生产率、资产贡献率指标上陕西的表现较好。

**第二步：对工业潜在竞争力的11个指标数据使用SPSS统计分析软件进行主因子分析**

①KMO和球形Bartlett检验表

表8　KMO 和 Bartlett 的检验

| 取样足够度的 Kaiser-Meyer-Olkin 度量。 | | .721 |
|---|---|---|
| Bartlett 的球形度检验 | 近似卡方 | 482.060 |
| | df | 55 |
| | Sig. | .000 |

由表6可知，因子分析法适用性检验通过。

②解释方差总合（见表9）

由相关系数矩阵R计算得到特征值，方差贡献率和累计贡献率，如表7所示，可知第一因子的特征值为5．534，约占去总方差的50．305%，基于取特征值大于1的规则，分析中提取了3个因子，它们的累计贡献率在83．475%＞80%，说明3个因子已经提供了原始数据的足够信息，因此在此提取前3个因子作为主因子。

③旋转因子载荷矩阵

同理，选用凯塞的方差最大旋转法进行了因子旋转，结果如下：（见表10）

表9 解释的总方差

| 成份 | 初始特征值 | | | 提取平方和载入 | | | 提取平方和载入 | | |
|---|---|---|---|---|---|---|---|---|---|
| | 合计 | 方差的 % | 累积 % | 合计 | 方差的 % | 累积 % | 合计 | 方差的 % | 累积 % |
| 1 | 5.858 | 53.256 | 53.256 | 5.858 | 53.256 | 53.256 | 5.534 | 50.305 | 50.385 |
| 2 | 2.159 | 19.953 | 73.209 | 2.195 | 19.953 | 73.209 | 2.510 | 22.814 | 73.119 |
| 3 | 1.129 | 10.266 | 83.475 | 1.129 | 10.256 | 83.475 | 1.139 | 10.355 | 83.475 |
| 4 | .754 | 6.853 | 90.327 | | | | | | |
| 5 | .436 | 3.964 | 94.291 | | | | | | |
| 6 | .364 | 3.307 | 97.598 | | | | | | |
| 7 | .184 | 1.674 | 99.273 | | | | | | |
| 8 | 5E−02 | .439 | 99.711 | | | | | | |
| 9 | 3E−02 | .234 | 99.945 | | | | | | |
| 10 | 4E−03 | 4.0E−02 | 99.985 | | | | | | |
| 11 | 2E−03 | 1.5E−02 | 100.000 | | | | | | |

提取方法：主因子分析

表10 旋转因子载荷矩阵

| | 因子 | | |
|---|---|---|---|
| | F1 | F2 | F3 |
| 流动资产余额 | .988 | | |
| 负债总额 | .976 | | |
| 固定资产余额 | .952 | | |
| 专利申请量 | .947 | .176 | |
| 专业授权量 | .933 | .103 | |
| 新产品产值 | .913 | .323 | |
| 新产品比重 | .132 | .823 | .259 |
| 人力质量 | | .749 | .353 |
| 技术成交额 | .278 | .748 | .313 |
| 新产品产值率 | | .746 | .212 |
| 工业增加值增长率 | | | .889 |

提取方法:主因子分析。

旋转法:具有 Kaiser 最大方差旋转法。

表11　全国各省份竞争潜力因子得分和总分排名

| 地区 | F12 | 排名 | F22 | 排名 | F23 | 排名 | ZF2 |
|---|---|---|---|---|---|---|---|
| 北京 | −0.05102 | 11 | 3.13640 | 1 | −1.81067 | 29 | 0.60183 |
| 天津 | −0.34571 | 16 | 1.90036 | 3 | 0.89286 | 5 | 0.42180 |
| 河北 | 0.11307 | 7 | −0.87593 | 28 | −0.11161 | 19 | −0.18510 |
| 山西 | −0.34015 | 15 | −0.39021 | 19 | −0.66176 | 24 | −0.39372 |
| 内蒙古 | −0.59850 | 22 | −0.37257 | 17 | 2.68242 | 1 | −0.12975 |
| 辽宁 | 0.49341 | 6 | 0.44660 | 6 | 0.21556 | 15 | 0.44614 |
| 吉林 | −0.59329 | 21 | 0.41384 | 7 | −0.37521 | 22 | −0.29098 |
| 黑龙江 | −0.26105 | 13 | −0.60581 | 22 | −1.75134 | 28 | −0.54014 |
| 上海 | 0.99088 | 5 | 2.36963 | 2 | −0.93752 | 25 | 1.12847 |
| 江苏 | 2.13439 | 2 | −0.15226 | 13 | 0.44225 | 10 | 1.29951 |
| 浙江 | 1.56206 | 3 | −0.33477 | 16 | −0.30844 | 21 | 0.81160 |
| 安徽 | −0.39824 | 18 | −0.26108 | 14 | 0.66451 | 7 | −0.22892 |
| 福建 | −0.07271 | 12 | −0.07119 | 12 | 0.49309 | 9 | −0.00211 |
| 江西 | −0.65889 | 26 | −0.06952 | 11 | 0.95119 | 3 | −0.29808 |
| 山东 | 1.54643 | 4 | 0.20678 | 9 | 0.92699 | 4 | 1.10344 |
| 河南 | 0.10079 | 8 | −0.75633 | 23 | 0.37333 | 13 | −0.09966 |
| 湖北 | 0.09835 | 9 | −0.38863 | 18 | 0.25783 | 14 | −0.01496 |
| 湖南 | −0.31587 | 14 | 0.02683 | 10 | 0.44112 | 11 | −0.12830 |
| 广东 | 3.41518 | 1 | −0.85175 | 26 | −0.13370 | 20 | 1.80874 |
| 广西 | −0.71155 | 27 | 0.39841 | 8 | 0.41500 | 12 | −0.26844 |
| 海南 | −0.10605 | 30 | 0.79181 | 5 | 0.61122 | 8 | −0.34841 |
| 重庆 | −0.62231 | 24 | 1.06197 | 4 | 0.97690 | 3 | 0.03640 |
| 四川 | −0.00013 | 10 | −0.40575 | 20 | 0.78514 | 6 | −0.01358 |
| 贵州 | −0.64467 | 25 | −0.77473 | 24 | −0.46725 | 23 | −0.65820 |
| 云南 | −0.51851 | 19 | −0.85060 | 25 | −1.42048 | 26 | −0.72115 |
| 陕西 | −0.38728 | 17 | −0.40645 | 21 | −0.03068 | 18 | −0.34828 |
| 甘肃 | −0.62115 | 23 | −0.85841 | 27 | −1.52031 | 27 | −0.79753 |
| 青海 | −0.78881 | 28 | −0.90909 | 29 | 0.04544 | 17 | −0.71819 |
| 宁夏 | −0.87778 | 29 | −0.32145 | 15 | 0.16847 | 16 | −0.59594 |
| 新疆 | −0.58390 | 20 | −1.09608 | 30 | −1.81436 | 30 | −0.87651 |

第1个因子中系数值大的有国有及规模以上非国有工业企业的流动资产年平均余额、长期负债总额、固定资产净值年平均余额、国家三项专利申请量、授权量和工业新产品产值6个指标。这些指标中前三个主要反映企业的资金融通能力，后三个主要是反映工业新成果量，新成果主要是大量研发资金支持下的结果，也可以看作是融资能力的效果。所以，第一个主因子F1我们可称它为企业融资效果因子。

第二个因子F2包括新产品产值比重、新产品产值率和地区技术成交量三个指标，它们主要反映国有及规模以上工业企业自主创新能力及地区新技术产业化能力。所以我们把主因子F2命名为规模以上企业创新及成果转化因子。

第三个主因子F3中只有工业增加值增长率的载荷值最大，我们可称它为工业增长力因子。

同样，可根据各因子得分及权重，计算出各地区工业潜力总得分：（见表11）

吉林在反映工业企业技术创新及新技术成果转化因子上的得分较高为0.41384，仅次于与北京(3.1364)、上海(2.36963)、天津(1.90036)、重庆(1.06197)、海南（0.79181）和辽宁（0.44660）之后位列第7位。

在企业融资能力因子上，吉林得分为－0.59329，与广东(3.41518)、江苏(2.13439)、浙江(1.56206)山东(1.54643)相差深远，排位中等偏下。

在反映工业增长能力因子上，吉林的表现也不佳（－0.37521），远低于内蒙古、江西、山东、天津、重庆、四川、安徽、江苏。

从表9来看，陕西的工业潜在竞争力较弱，得分仅为－0.29098，排在第19位。与广东(1.808739)、江苏(1.299508)、上海(1.128469)、山东(1．10344)差距很大；在东北三省中位列第二，低于辽宁（0.44614），高于黑龙江(－0.54014)。

**第三步：对工业产业环境竞争力的10个指标数据使用SPSS统计分析软件进行主因子分析**

(1)KMO和球形Bartlett检验表（见表12）

表12　KMO 和 Bartlett 的检验

| 取样足够度的 Kaiser-Meyer-Olkin 度量。 | | .766 |
|---|---|---|
| Bartlett 的球形度检验 | 近似卡方 | 309.678 |
| | df | 45 |
| | Sig. | .000 |

从上表可以看出，因子分析适用性检验通过

（2）解释方差总和（见表13）

表13　解释的总方差

| 成份 | 初始特征值 | | | 提取平方和载入 | | | 提取平方和载入 | | |
|---|---|---|---|---|---|---|---|---|---|
| | 合计 | 方差的% | 累积% | 合计 | 方差的% | 累积% | 合计 | 方差的% | 累积% |
| 1 | 7.108 | 71.083 | 71.083 | 7.108 | 71.083 | 71.083 | 4.450 | 44.502 | 44.502 |
| 2 | 1.450 | 14.499 | 85.582 | 1.450 | 14.499 | 85.582 | 4.108 | 41.080 | 85.582 |
| 3 | .456 | 4.562 | 90.144 | | | | | | |
| 4 | .381 | 3.806 | 93.950 | | | | | | |
| 5 | .208 | 2.077 | 96.027 | | | | | | |
| 6 | .182 | 1.825 | 97.852 | | | | | | |
| 7 | 1E－01 | .958 | 98.809 | | | | | | |
| 8 | 6E－02 | .607 | 99.416 | | | | | | |
| 9 | 4E－02 | .386 | 99.802 | | | | | | |
| 10 | 2E－02 | .198 | 100.000 | | | | | | |

提取方法：主因子分析

由相关系数矩阵R计算得到特征值、方差贡献率和累计贡献率如上表所示，可知第一因子的特征值为7.108，约占去总方差的71.083%，基于特征值大于1的规则，分析中提取了2个因子，它们的累计贡献率在85.582%>80%，说明2个因子已经提供了原始数据的充足信息，所以提取前2个因子为主因子。在分析环境竞争力时，初始因子载荷矩阵的最后结果解释起来比较好，所以在此选用初始结果，（见表14）：

表14　初始因子载荷矩阵[a]

| | 成份 | |
|---|---|---|
| | F1 | F2 |
| 地区生产总值（GDP） | .973 | －.110 |
| 教育经费支出 | .957 | |
| 财政科技三项费用支出 | .887 | .157 |
| 外商直接投资额 | .877 | .297 |
| 财政工业支出 | .872 | －.169 |
| 进出口额 | .819 | .476 |
| 大专以上人数的人力资本 | .818 | －.379 |
| 污染治理投资额 | .771 | －.349 |
| 技术人员数 | .743 | －.622 |
| 能源利用 | | .741 |

提取方法：主因子分析

这个是未经旋转的因子载荷矩阵，第一个因子中地区国内生产总值(GDP)、投资教育的各项费用、财政科技三项费用支出、外商直接投资、财政工业支出、外商直接投资额、进出口额、大专以上人数的人力资本、治理污染的投资额、技术人员数和能源利用状况指标载荷值都比较大，而第二个因子中只有能源利用效率指标的载荷最大。能源利用效率用单位能耗强度的倒数来表示，用以说明地区单位能耗上的产出，即一单位资源(如水资源、煤炭、石油、电等)消耗的产出量。如果某地区单位能耗少而产出量大，则说明该地区发展工业的生态环境代价较小。所以我们把第二个主因子F2命名为生态环境因子，这样第一个因子F1就可以被称作非生态环境因子。

同样，可根据SPSS上的各因子得分及因子权重，计算出各地区工业环境因子得分和总分排名如下表所示。（见表15）

在生态环境竞争力因子上，吉林得分为－0.05560，排在第15位，高于自身的非生态环境竞争力。说明吉林在生态环境支持工业可持续发展这一点上表现良好。

**第四步：对前三步结果进行加总，计算地区工业竞争力综合得分**

地区工业竞争力主要是由工业现实竞争力、潜在竞争力、环境竞争力三个方面的因素决定。但这三方面之间的影响力，以及分别对工业整体竞争力的贡献，即权重，还很难权衡。一般情况下，当几个因素之间的权重很难衡量时，采用最简单的算术平均法计算。因此，本文将影响工业竞争力的三因素得分用算术平均法汇总得出全国各地区的工业竞争力综合得分，结果如下表所示：（见表16）

表15　全国各省份竞争环境因子得分和总分排

| 地区 | F31 | 排名 | F32 | 排名 | ZF3 | 排名 |
|---|---|---|---|---|---|---|
| 北　京 | 0.20450 | 11 | 1.06240 | 4 | 0.34984 | 7 |
| 天　津 | −0.40785 | 18 | 1.57294 | 3 | −0.07227 | 12 |
| 河　北 | 0.37632 | 8 | −1.52324 | 28 | 0.05450 | 10 |
| 山　西 | −0.39081 | 17 | −0.85725 | 25 | −0.46983 | 22 |
| 内蒙古 | −0.74908 | 24 | −0.16450 | 17 | −0.65004 | 25 |
| 辽　宁 | 0.63379 | 5 | −0.68884 | 23 | 0.40972 | 6 |
| 吉　林 | −0.54927 | 22 | −0.05560 | 15 | −0.46563 | 21 |
| 黑龙江 | −0.19431 | 14 | 0.05622 | 13 | −0.15187 | 15 |
| 上　海 | 0.50583 | 6 | 2.10163 | 1 | 0.77618 | 5 |
| 江　苏 | 2.03628 | 2 | 0.60671 | 9 | 1.79409 | 2 |
| 浙　江 | 1.44519 | 4 | 0.69295 | 8 | 1.31775 | 3 |
| 安　徽 | −0.31803 | 16 | −0.44665 | 22 | −0.33982 | 17 |
| 福　建 | 0.23268 | 10 | 0.72145 | 7 | 0.31549 | 8 |
| 江　西 | −0.41726 | 19 | −0.09236 | 16 | −0.36222 | 18 |
| 山　东 | 1.83088 | 3 | −1.88355 | 30 | 1.20596 | 4 |
| 河　南 | 0.44949 | 7 | −1.85887 | 29 | 0.05842 | 9 |
| 湖　北 | 0.07957 | 13 | −0.81801 | 24 | −0.07249 | 14 |
| 湖　南 | 0.13861 | 12 | −0.86622 | 26 | −0.03162 | 12 |
| 广　东 | 3.00332 | 1 | 1.69850 | 2 | 2.78226 | 1 |
| 广　西 | −0.48284 | 20 | −0.31474 | 21 | −0.45436 | 19 |
| 海　南 | −1.22654 | 28 | 0.93185 | 6 | −0.86087 | 28 |
| 重　庆 | −0.79972 | 26 | 0.60072 | 10 | −0.56246 | 24 |
| 四　川 | 0.24710 | 9 | −1.38159 | 27 | −0.02883 | 11 |
| 贵　州 | −0.77451 | 25 | −0.21703 | 19 | −0.68006 | 26 |
| 云　南 | −0.50593 | 21 | −0.23228 | 20 | −0.45957 | 20 |
| 陕　西 | −0.28208 | 15 | −0.21668 | 18 | −0.27100 | 16 |
| 甘　肃 | −0.85629 | 27 | −0.03305 | 14 | −0.71682 | 26 |
| 青　海 | −1.25738 | 30 | 0.96372 | 5 | −0.88109 | 29 |
| 宁　夏 | −1.25395 | 29 | 0.39947 | 11 | −0.97383 | 30 |
| 新　疆 | −0.71772 | 23 | 0.24191 | 12 | −0.55514 | 23 |

表16　全国各省份工业竞争力总排名

| 地区 | 工业竞争力 | 排名 | 实力 | 排名 | 潜力 | 排名 | 环境力 | 排名 |
|---|---|---|---|---|---|---|---|---|
| 北　京 | 0.30169 | 7 | −0.04659 | 10 | 0.60183 | 6 | 0.34984 | 7 |
| 天　津 | 0.09015 | 8 | −0.07909 | 11 | 0.42180 | 8 | −0.07227 | 12 |
| 河　北 | 0.06966 | 11 | 0.33957 | 6 | −0.18510 | 16 | 0.05450 | 10 |
| 山　西 | −0.39188 | 20 | −0.31210 | 17 | −0.39372 | 23 | −0.46983 | 22 |
| 内蒙古 | −0.43918 | 22 | −0.53775 | 22 | −0.12975 | 15 | −0.65004 | 25 |
| 辽　宁 | 0.34638 | 6 | 0.18329 | 8 | 0.44614 | 7 | 0.40972 | 6 |
| 吉　林 | −0.37949 | 19 | −0.38185 | 20 | −0.29098 | 19 | −0.46563 | 21 |
| 黑龙江 | −0.19036 | 15 | 0.12092 | 9 | −0.54014 | 24 | −0.15187 | 15 |
| 上　海 | 0.92570 | 5 | 0.87246 | 5 | 1.12847 | 3 | 0.77618 | 5 |
| 江　苏 | 1.72010 | 2 | 2.06672 | 2 | 1.29951 | 2 | 1.79409 | 2 |
| 浙　江 | 1.18038 | 4 | 1.41180 | 4 | 0.81160 | 5 | 1.31775 | 3 |
| 安　徽 | −0.30281 | 16 | −0.33969 | 18 | −0.22892 | 17 | −0.33982 | 17 |
| 福　建 | 0.08029 | 9 | −0.07251 | 12 | −0.00211 | 10 | 0.31549 | 8 |
| 江　西 | −0.40845 | 21 | −0.56504 | 23 | −0.29808 | 20 | −0.36222 | 18 |
| 山　东 | 1.38003 | 3 | 1.83507 | 3 | 1.10344 | 4 | 1.20160 | 4 |
| 河　南 | 0.07496 | 10 | 0.26611 | 7 | −0.09966 | 13 | 0.05842 | 9 |
| 湖　北 | −0.10334 | 13 | −0.22257 | 13 | −0.01496 | 12 | −0.07249 | 14 |
| 湖　南 | −0.13527 | 14 | −0.24590 | 16 | −0.12830 | 14 | −0.03162 | 12 |
| 广　东 | 2.26275 | 1 | 2.19726 | 1 | 1.80874 | 1 | 2.78226 | 1 |
| 广　西 | −0.45494 | 23 | −0.64202 | 25 | −0.26844 | 18 | −0.45436 | 19 |
| 海　南 | −0.65357 | 26 | −0.75144 | 27 | −0.34841 | 22 | −0.86087 | 28 |
| 重　庆 | −0.37614 | 18 | −0.60237 | 24 | 0.03640 | 9 | −0.56246 | 24 |
| 四　川 | −0.09091 | 12 | −0.23032 | 15 | −0.01358 | 11 | −0.02883 | 11 |
| 贵　州 | −0.70225 | 27 | −0.76849 | 28 | −0.65820 | 26 | −0.68006 | 26 |
| 云　南 | −0.47109 | 24 | −0.23254 | 14 | −0.72115 | 28 | −0.45957 | 20 |
| 陕　西 | −0.35446 | 17 | −0.44410 | 21 | −0.34828 | 21 | −0.27100 | 16 |
| 甘　肃 | −0.74714 | 28 | −0.72708 | 26 | −0.79753 | 29 | −0.71682 | 26 |
| 青　海 | −0.79811 | 29 | −0.79506 | 29 | −0.71819 | 27 | −0.88109 | 29 |
| 宁　夏 | −0.83791 | 30 | −0.94396 | 30 | −0.59594 | 25 | −0.97383 | 30 |
| 新　疆 | −0.59478 | 25 | −0.35268 | 19 | −0.87651 | 30 | −0.55514 | 23 |

从上表工业综合竞争力排名结果可知：由于影响吉林工业竞争力的三方面因素得分都比较低，在全国30个省区同行业中捧在第19位，工业竞争力处于中下游水平。吉林得分(-0.37949)远远低于广东(2.26275)、江苏(1.72010)、山东（1.38003）、浙江(1.18038)、上海(0.92570)等东部沿海省份；在东北三省里也位列末位，低于辽宁(0.34638)和黑龙江（-0.19036）。

## 四、吉林省工业竞争力综合评价

运用主因子分析法对吉林及其地区的工业竞争力进行量化对比分析，得出吉林工业整体竞争力在全国处于中下游水平，吉林工业竞争力优势不强，主要有如下三个方面的原因：

首先是代表吉林工业竞争实力的工业规模影响力较低，集约化程度大幅度下降。主要反映在反映工业竞争实力的工业产业总产值、工业增加值，还有工业企业的生产效率、经营效益都比较低。这是因为：产业本来就是由许多企业组成的企业群，组成这个产业的企业实力是影响产业竞争力的最直接因素。资产结构技术集约化程度大幅度下降，进而必然造成工业产品竞争力提升缓慢。

其次是反映工业竞争潜力的地区工业企业设备投资比重偏低。设备投资是决定生产能力和经济发展潜力的关键因素。近年来我省设备投资的比重不断降低。我省设备投资的比重偏低，甚至可以说太低，而由此造成的结果是，企业资本占用量大量增加，资本利润率下降。另一方面，技术改造投资和研究与发展投人比重过低，制约了我省传统产业装备水平、技术水平和产品水平的提高，进而将影响产业结构优化升级的步伐。技术创新是工业竞争力的核心。我省近年来产业技术进步能力差，工业技术创新投入不足，创新还停留在政府投资拉动的阶段，即使有了新成果也不可能有很好的市场，不可能很好的转化成生产力。加大技术改造投资和研究与开发(R&D)投人是提高产业技术水平的主要因素。

最后是即使是在环境竞争力上总得分稍高些，吉林工业环境竞争力还有待提高。工业能源消耗对生态环境影响还是有一定影响，反映生态环境竞争力的能源利用效率指标值与生态环境建设还不是很和谐。吉林在环境竞争力上表现还不错，这也只是政府工业财政支出指标对整体拉动的结果。现实表明：吉林省委省政府的确重视工业发展，但对一些重点企业支持力度不够，自然、人力、资金及政策等资源配置不是很合理，导致代表软环境的制度吸引力也不是很强，外商投资较少。以上诸多原因造成了吉林工业产业竞争力落后于先进的省市地区。

## 五、提升吉林省工业竞争力的建议对策

### （一）坚持工业强省思路，突出工业主导地位，做大工业经济规模

重点支持支柱产业发展，构筑新的产业竞争优势，加快建设石化、造船及装备制造、电子信息等工业基地。积极发展优势产业，培育新经济增长点。采用先进适用技术和高新技术，提高服装、机械、轻工、造纸、钢铁、石化等行业的装备和工艺水平，增加产品技术含量，提高产品档次。突出重点，加快发展电子信息、新材料、光机电一体化、生物医药等高新技术产业，建成全国重要的电子信息和新材料产业基地。加快发展配套产业，构建配套体系，形成产业集群效应。积极发展高新技术产业，带动产业结构优化、经济快速发展。

### （二）依托资源优势，壮大支柱产业，加快发展优势产业

汽车工业应进一步提高在全国的竞争优势，走集群化发展道路，建成集整车制造、零配件生产、科研开发、服务贸易、人才培养于一体的全国最大的汽车产业基地。在石油开采上等原材料、能源保障上坚持“油气并举”的原则，加大油气勘探开发力度，保持合理的储采比；加强老油田改造和新区产能建设，保持原油产量稳定增长；加大天然气勘探开发力度，加快高产天然气田开发。在国家商品粮和畜牧业上应大力发展农产品加工业。按规模化、集约化、科技化、生态化和品牌化的要求培育和发展龙头企业，并围绕龙头企业延长产业链条和促进集群化发展，努力提高农产品加工业的市场竞争力，使吉林省成为全国重要的农产品加工业基地。

在加快发展优势产方面，一是要积极发展医药产业。依托长白山药用资源，发挥现代中药和生物制药技术、人才及产业比较优势。二是要积极发展光电子信息产业。依托光电子信息、软件、汽车电子等领域产业基础，抓住国家扶持光电子产业基地建设的机遇，发挥科技研发和人才优势，促进光电子信息产业的集聚，成为全国著名的光电子信息产业基地。三是要积极发展新材料产业。立足新材料产业发展的基础，按照轻量化、功能化、复合化方向，坚持自主研发与引进消化吸收相结合，实现重点领域和关键技术的突破。

### （三） 加快工业结构升级优化步伐，以促进工业增长质量提高

在工业保持适度增长的条件下，应加快装备工业的发展，推进技术进步，带动工业结构升级；推进国有经济的产业布局调整，加强市场机制对工业结构升级的调节作用；促进集体工业和个体工业，提高规模经济水平，加快技术进步和结构升级；推动企业组织结构调整，提高产业集中度。在电子及通信设备制造业、办公设备制造业、医疗设备及仪器仪表制造业、现代生物技术、新能源、新医药和高效节能、环境保护等领域，尽快形成一批具有知识产权、技术起点高、产品有竞争力的高新技术企业集团和企业集群．以科技发展带动产业竞争力的提高。充分发挥高

新技术产业在工业经济发展中的先导作用。重点发展软件及智能信息服务业、生物工程、新材料、节能环保产业，不断提高高新技术产业产值占全省工业总产值的比重。以信息化带动工业化，广泛引进国外先进技术，加强产业技术开发和科研成果应用，不断增强市场竞争力。促进吉林省工业由机械化向智能化、集成化、信息化转变。

（四）政府要加大扶持力度，加强产业政策引导

加强宏观调控，强化政策干预力度．为工业的发展创造良好的发展环境，充分发挥政策的综合效应。一是调整产业政策实施机制，探索引导企业发展的新方式。更多地采用放宽市场准入、加强人力资源开发、强化规划指导和信息服务等非专向性政策措施，促进工业竞争力的快速提高。二是要制定相应的优惠政策，从资金、技术、政策和服务等多方面重点扶持：同时．要加大政府对工业发展的政策支持力度，包括特殊的税收政策、财政投入政策、科技支持政策、出口优惠政策等等，利用经济、法规、行政等调控手段．不断提升吉林工业产业竞争力。

（五）大力发展优势产业集群，培育强势企业群

一是要抓住发展具有竞争优势的特色产业这一中心环节，从推进专业化分工、整合中小企业群和培育龙头企业、完善服务体系、创新市场组织等方面着力，发展产业集群，做大做强区域特色经济。二是要加大工业产业园区的招商引资力度，吸引大企业、大项目落户。对各类工业小区进行整合，切实解决布局不合理、规模偏小、单纯圈地没有发展产业等园区建设问题。三要努力营造发展优势产业集群的良好环境。从完善企业竞争与合作制度、培育创业文化、实施产业集群为导向的公共政策等方面着力，优化区域软环境。大力培育具有较强市场竞争能力的强势企业群体。要引导企业突出专业，做精主业，确立有利于增强核心能力的战略规划；推进技术创新、管理创新、组织创新和企业文化创新，构建核心能力的形成机制；实行企业重组和市场重组，实现核心能力再造；焕发企业家精神，组建专业人才团队，不断识别、开发、更新核心能力。（见表17）

### 表17　2009年各省市工业企业主要经济指标

| | 工业总产值（亿元） | 工业销售产值（亿元） | 出口交货值（亿元） | 主营业务收入（亿元） | 营业利润（亿元） | 利润总额（亿元） | 全部从业人员年平均人数(万人) |
|---|---|---|---|---|---|---|---|
| 全　国 | 548311.42 | 536134.06 | 72051.75 | 542522.43 | 36788.85 | 34542.22 | 8831.22 |
| 北　京 | 11039.13 | 10904.37 | 1520.91 | 12173.06 | 686.60 | 742.92 | 120.41 |
| 天　津 | 13083.63 | 12845.13 | 1774.88 | 13243.33 | 975.29 | 831.68 | 136.82 |
| 河　北 | 24062.76 | 23434.08 | 774.02 | 24119.47 | 1770.55 | 1440.28 | 319.94 |
| 山　西 | 9249.98 | 9016.77 | 198.54 | 9139.67 | 505.10 | 461.82 | 211.11 |
| 内蒙古 | 10699.44 | 10387.17 | 118.09 | 10410.15 | 1341.82 | 988.17 | 110.40 |
| 辽　宁 | 28152.73 | 27543.97 | 2387.98 | 27870.09 | 1535.73 | 1381.95 | 386.62 |
| 吉　林 | 10026.55 | 9707.39 | 178.26 | 9690.67 | 613.46 | 540.03 | 137.05 |
| 黑龙江 | 7301.60 | 7146.78 | 152.64 | 7729.74 | 890.48 | 872.62 | 144.48 |
| 上　海 | 24091.26 | 23847.88 | 6697.80 | 25421.08 | 1359.22 | 1431.97 | 284.12 |
| 江　苏 | 73200.03 | 71970.22 | 14833.26 | 71724.90 | 4499.79 | 4099.58 | 1026.16 |
| 浙　江 | 41035.29 | 39969.91 | 8499.58 | 39873.57 | 1995.55 | 2115.65 | 787.64 |
| 安　徽 | 13312.59 | 12929.06 | 573.02 | 12787.17 | 927.62 | 819.04 | 232.06 |
| 福　建 | 16762.82 | 16316.29 | 3743.60 | 16338.61 | 1198.51 | 1104.05 | 379.47 |
| 江　西 | 9783.96 | 9667.31 | 802.60 | 9921.50 | 561.25 | 537.07 | 174.94 |
| 山　东 | 71209.42 | 70148.15 | 5591.61 | 70826.13 | 4672.95 | 4512.66 | 926.60 |
| 河　南 | 27708.15 | 27282.22 | 449.64 | 28246.65 | 2481.06 | 2444.18 | 449.14 |
| 湖　北 | 15567.02 | 15164.52 | 653.47 | 15331.62 | 1072.60 | 1092.47 | 272.39 |
| 湖　南 | 13507.64 | 13318.89 | 323.76 | 13077.27 | 1095.30 | 758.48 | 241.01 |
| 广　东 | 68275.77 | 66292.14 | 21087.52 | 66117.81 | 4375.86 | 4204.40 | 1436.02 |
| 广　西 | 6880.04 | 6542.47 | 254.89 | 6554.72 | 335.91 | 321.27 | 122.88 |
| 海　南 | 1057.45 | 1052.92 | 88.40 | 1009.34 | 103.00 | 106.66 | 12.00 |
| 重　庆 | 6772.90 | 6657.73 | 268.31 | 6626.55 | 378.77 | 356.20 | 137.29 |
| 四　川 | 18071.68 | 17700.55 | 570.88 | 17479.21 | 1169.01 | 1123.70 | 311.76 |
| 贵　州 | 3426.69 | 3248.35 | 73.42 | 3234.59 | 182.58 | 191.73 | 74.97 |
| 云　南 | 5197.45 | 4982.23 | 99.14 | 4987.32 | 401.83 | 365.23 | 84.20 |
| 西　藏 | 51.60 | 50.16 | 0.08 | 48.88 | 6.21 | 6.82 | 1.69 |
| 陕　西 | 8470.40 | 8125.14 | 227.30 | 8188.52 | 883.12 | 854.11 | 137.69 |
| 甘　肃 | 3770.38 | 3647.72 | 30.74 | 3866.99 | 156.89 | 169.10 | 69.03 |
| 青　海 | 1080.35 | 1037.31 | 2.45 | 1092.31 | 89.23 | 100.02 | 17.80 |
| 宁　夏 | 1461.58 | 1373.22 | 35.44 | 1390.09 | 70.27 | 83.76 | 27.28 |
| 新　疆 | 4001.12 | 3824.00 | 39.51 | 4001.38 | 453.30 | 484.58 | 58.25 |

# 上半年我省招商引资情况分析

王　辉

**编者按：《上半年我省招商引资情况分析》一文于2010年7月28日以《统计分析》第33期，总第（593）期印发。**

年初以来，在省委、省政府的正确领导下，全省以科学发展观为统领，全面贯彻落实全省经济工作会议精神，紧紧围绕长吉图开发开放先导区建设，大力加强国内外经济技术交流与合作，坚持“走出去”和“请进来”相结合，不断调整引资方式、方法，狠抓项目的推介洽谈、跟踪服务，努力提高项目的履约率和资金到位率，招商引资工作又实现了新突破，实际利用外省资金持续高速增长，质量不断提高，在促进我省固定资产投资持续快速增长和促进经济发展中发挥了重要作用。但同时也存在引资项目技术含量不高，签约项目资金到位率低等问题，应引起重视。

## 一、引资总量再创历史同期新高，引入资金重点用于固定资产投资

1—6月，全省招商引资签约合同项目1393个，合同引资额 3386.7 亿元，同比增长35.2%。在增加签约项目的同时，采取强有力措施做好重大项目的落地和资金到位工作，实际到位资金大幅增加。上半年，全省引进外省资金 966.05亿元，签约项目资金到位率为 29%；比上年同期增加 226.9亿元，增长30.7%，比同期城镇固定资产投资增幅高4.8个百分点，仍是全省投资增长的主要支撑。在到位的外省资金中，金融机构贷款 7.96 亿元，占 0.8%，同比增长13 %。从外省投资者对我省投资的渠道来看，用于固定资产投资最多，上半年达到676.67亿元，同比增长36.6%，占全部引资额近七成；投入流动资金127.89亿元，占13.2%；用于注册资本金的89.88`亿元，占9.3%。引资总额的近七成都用于固定资产投资，在全省扩大内需、保持投资的持续高速增长中发挥了重要作用。

## 二、围绕重点项目招商引资，传统支柱产业项目依旧是引资龙头

从外省资金的行业投向看，上半年第一、第二、第三产业到位外省资金分别为21.33亿元、757.04亿元和187.68亿元，同比分别增长-10.4%、42.5%和1.8%。在第二

产业引入外省资金中，工业项目投资达到746.37亿元，同比增长46.6%，占全部外省实际到位资金的75.9%，对全省招商引资增长贡献率高达104.4%。重点依托我省的产业、资源优势开展招商引资，传统的支柱产业在招商引资工作中依据其特点一直保持了优势。1—6月，食品工业引入外省资金75.78亿元，同比增长19.21%；交通运输设备制造业引入外省资金49.26亿元，同比增长53.17%；电力行业引入外省资金165.27亿元，同比增长89%。

## 三、引资质量有所提高，项目单体规模呈扩大之势

全省各级、各部门致力于打造一流的引资环境，使我省对大项目、大财团越来越具有投资吸引力，各地在招商引资工作中开始有选择地引进上档次、素质高的大项目，重点引进战略投资者，引资项目的单体规模呈现扩大之势。上半年我省招商签约项目的单体规模平均达到2.43亿元，与上年同期的1.76亿元相比，提高38.1个百分点。其中，合同签约资金在亿元以上的项目208个，占签约项目的60.6%；实际到位外省资金603.3亿元，占全省引进资金总额的62.5%。

## 四、引资重点领域在东部，中、西部地区增长较快

今年以来，我省招商引资工作全面延伸，在我省投资的省、区、市已经扩大到27个。从各省的具体投入资金情况看，东部地区10省市（即辽宁、北京、天津、河北、上海、江苏、浙江、福建、山东、广东）对我省的投资达到819.5亿元，同比增长27.6%，占全部外省投资的86.9%；中部地区对我省投资96.59亿元，同比增长54.5%；西部地区对我省投资49.96亿元，同比增长89.2%。其中，北京在我省投资最多，达到303.03亿元，比重为31.4%;其次为辽宁省，在我省投资230.37亿元，比重达到23.8%。

## 五、民营企业仍是引资主体，有限责任公司投入近半

上半年全省民营企业共与外省投资者签订引资合同1171项，占签约合同总数的83.8%；外省实际到位资金712.98亿元，同比增长23.1%，占全部外省到位资金的73.8%。民营企业到位资金中，占第一位的是有限责任公司，到位资金466.4亿元，占总引资额的48.3%；第二位的是私营企业，到位资金150.17亿元，占15.5%。

## 六、各地区招商热情普遍高涨，任务完成较好

从引资总量上看，长春、吉林、四平和松原、通化居多，分别引入资金166.27亿元、164.25亿元、163.58亿元和131.19亿元、114.82亿元，总量全部超过100亿元大

关；从引资增幅上看，延边、白城两个地区因总量少、基数小，增幅最高，分别增长31.73%、31.72%。(见表1)

总体上看，上半年我省招商引资成效显著，但也存在一些值得注意的问题，主要是引资到位率不高，上半年签约项目资金到位率比上年同期降0.4个百分点；引进项目质量仍需进一步提高，引资环境仍需进一步改善等。因此，下半年应抓好签约项目的跟踪落实工作，提高资金到位率；要严把项目质量关，注意引进高附加值、高新技术含量项目和引资中的资源环境保护；要进一步优化引资环境，打造招商引资的新优势。

表1　2009年全国11省市工业企业主要经济效益指标对比

| 地区 | 招商引资额（亿元） | 去年同期 | 增长% |
|---|---|---|---|
| 吉林省 | 966.05 | 739.14 | 30.7 |
| 长春市 | 166.27 | 127.95 | 29.95 |
| 吉林市 | 164.25 | 126.32 | 30.03 |
| 四平市 | 163.59 | 124.78 | 31.10 |
| 辽源市 | 78.70 | 59.89 | 31.42 |
| 通化市 | 114.82 | 87.86 | 30.68 |
| 白山市 | 78.56 | 60.17 | 30.56 |
| 松原市 | 131.19 | 100.03 | 31.15 |
| 白城市 | 40.15 | 30.48 | 31.72 |
| 延边朝鲜族自治州 | 28.54 | 21.66 | 31.73 |

# 上半年全省对外贸易形势分析

王晓辉

**编者按：《上半年全省对外贸易形势分析》一文于2010年7月30日以《统计分析》第34期（总第594期）印发。**

上半年，我省对外贸易随着世界经济整体逐步回暖，呈现出恢复性大幅增长的态势。全省累计完成进出口总值78.50亿美元，同比增长62.5%。其中，出口完成18.09亿美元，增长44.0%；进口完成60.40亿美元，增长69.0%。进出口总值、出口值及进口值增幅分别高出全国平均水平19.4、8.8和16.3个百分点。

## 一、上半年进出口贸易特点

### （一）总量位次稳定，增幅位次前移

上半年，全省出口总值完成18.09亿美元，在全国各省区市中位居第24位，与上年同期的位次后移1位。出口总值同比增长44.0%，在全国的排位中由上年同期的第27位前移到第19位。从全国排位看，出口增幅有23个省区市高于全国35.2%的水平。上半年，进口总值完成60.40亿美元，在全国排位中居第12位，与上年同期的位次一致。进口同比增长69.0%，在全国排位中居第8位，比上年同期前移4位。从全国排位看，高于全国增长52.7%的有12个省区市。

### （二）出口主要集中在劳动密集型、资源性商品

上半年，我省在出口总值超过一千万美元的20种主要商品中有17种增长，其中有7种增幅超过全省出口平均水平，它们是：钢材同比增长5.1倍；煤增长2.1倍；铁合金增长1.4倍；医药品增长90.6%；汽车零件增长72.6%；胶合板及类似多层板增长63.6%；纺织纱线、织物及制品增长51.0%。

### （三） 长春市、延边州出口增量的贡献率近65%

从各市州对出口增量的贡献率看，长春市的贡献率最高（出口增量为2.44亿美元）为44.2%，向上拉动增幅19.5个百分点；延边州的贡献率（出口增量为1.14亿美元）为20.5%，向上拉动9.0个百分点；吉林市的贡献率为17.4%，向上拉动7.6个百

分点。贡献率较低的有辽源市、松原市和白山市，分别为0.6%、0.7%和4.7%。贡献率为负值的有：四平市为-0.6%，白城市为－1.7%。（见表1）

表1　2010年上半年各市州海关出口总值主要指标

| | 出口总值（亿美元） | 增　量（亿美元） | 比上年同期增减（%） | 贡献率（%） | 拉动增幅百分点（个） |
|---|---|---|---|---|---|
| 全　省 | 18.09 | 5.53 | 44.0 | 100.00 | 4.40 |
| 长春市 | 7.69 | 2.44 | 46.6 | 44.2 | 19.5 |
| 吉林市 | 2.84 | 0.96 | 51.3 | 17.4 | 7.6 |
| 四平市 | 0.28 | －0.03 | －10.3 | －0.6 | －0.3 |
| 辽源市 | 0.17 | 0.03 | 22.3 | 0.6 | 0.2 |
| 通化市 | 1.30 | 0.78 | 150.5 | 14.1 | 6.2 |
| 白山市 | 0.86 | 0.26 | 43.0 | 4.7 | 2.1 |
| 松原市 | 0.44 | 0.04 | 10.1 | 0.7 | 0.3 |
| 白城市 | 0.30 | －0.09 | －23.7 | －1.7 | －0.7 |
| 延边州 | 4.22 | 1.14 | 36.8 | 20.5 | 9.0 |

（四）汽车、机电产品进口增幅较大，汽车进口份额提高

去年以来持续的汽车产销两旺局面和我国汽车产量超过美国的背景下，有效地拉动了我省的进口增长。上半年，在进口总值超过四千万美元的12种商品中，有6种商品同比增幅超过全省进口的增幅，如收音设备进口额同比增长15.2倍；汽车增长2.1倍；钢铁制标准坚固件增长1.0倍；通断保护电路装置和零件增长93.4%；汽车零件增长92.5%；集成电路增长88.7%。国产化率的提高，带动了汽车零部件的进口，汽车产能的增加，也扩大了汽车零件的进口。上半年，汽车零件、汽车进口总值为28.09亿美元，占全省进口的46.5%，较上年同期提高了11.9个百分点。

（五）长春市进口占全省进口的九成多

上半年，长春市进口总值55.49亿美元，占全省进口91.9%的份额。长春市的贡献率（进口增量为25.39亿美元）为103.0%，向上拉动71.0个百分点。除吉林市和通化市贡献率为负值外，其余市、州的贡献率都在1%以下。（见表2）

表2　2010年上半年各市州海关进口总值主要指标

| | 出口总值（亿美元） | 增　量（亿美元） | 比上年同期增减（%） | 贡献率（%） | 拉动增幅百分点（个） |
|---|---|---|---|---|---|
| 全　省 | 60.40 | 24.66 | 69.0 | 100.0 | 69.0 |
| 长春市 | 55.49 | 25.39 | 84.3 | 103.0 | 71.0 |
| 吉林市 | 1.44 | －0.54 | －27.4 | －2.2 | －1.5 |
| 四平市 | 0.91 | 0.15 | 18.9 | 0.6 | 0.4 |
| 辽源市 | 0.11 | 0.06 | 108.9 | 0.2 | 0.2 |
| 通化市 | 1.12 | －0.56 | －33.4 | －2.3 | －1.6 |
| 白山市 | 0.19 | 0.08 | 71.5 | 0.3 | 0.2 |
| 松原市 | 0.01 | — | 93.2 | — | — |
| 白城市 | 0.09 | 0.02 | 27.9 | 0.1 | 0.1 |
| 延边州 | 1.04 | 0.07 | 7.0 | 0.3 | 0.2 |

### （六）边境小额贸易总量不大

上半年，我省边境小额贸易进出口完成0.99亿美元，增长25.2%。边境小额贸易出口增幅不大，仅完成0.62亿美元，增长17.7%；进口仅完成0.37亿美元，增长40.4%。

## 二、影响我省进出口贸易的主要因素

### （一）“欧债危机”及欧元贬值的影响

目前，受欧洲一些国家债务危机影响，全球经济二次探底的风险并没有完全解除，欧洲各国在大规模缩减本国的财政开支，一旦欧洲进入紧缩时代，需求就会减少。需求的减少，也将对我省出口带来较大的影响。

人民币对欧元大幅升值，将严重削弱我省出口产品在欧洲市场的竞争力。我省出口欧盟的商品主要是木制品、服装及松子仁等农副产品，经过数次出口退税率调整，企业出口利润本来就十分有限，如此大的升值幅度，如果不考虑其它因素，我省对欧洲市场出口将严重萎缩甚至停滞。同时，考虑到今年人民币升值预期强烈，部分制造商与出口商可能在人民币升值预期前提高出口量。因此，在未来几个月，“欧债危机”对我省出口的负面效应将逐步显现，预计在未来几个月我省出口将减缓。由于欧元大幅贬值，同样的欧元只能兑换较少的美元（我国外贸统计均以美元结算），在统计上将表现为出口额与进口额的减少。

（二）我省进入跨境贸易人民币结算试点

跨境贸易人民币结算，是指在贸易的合同签订、清关及款项结算等环节中完全使用人民币作为计价单位的跨境贸易结算方式。跨境贸易人民币结算试点可有效减少货币错配，实现当地货币收入和支出项目的自然对冲，通过人民币结算，节省了汇兑成本，同时也节省了企业外币衍生品交易费用，将进一步促进贸易和投资便利化。

6月22日，人民银行、财政部、商务部、海关总署、税务总局和银监会联合发布了《关于扩大跨境贸易人民币结算试点有关问题的通知》，跨境贸易人民币结算试点范围由上海市和广东省的4个城市扩大到北京、天津等20个省市区，我省被列入试点结算的范围之内。包括我省在内的8个边境省（自治区）具有进出口经营资格的企业，可以在指定口岸与毗邻国家的一般贸易和边境小额贸易出口货物按照《试点管理办法》可以使用人民币进行进口货物贸易、跨境服务贸易和其它经常项目结算。

今后，我省的贸易企业可直接用人民币和境外的客户交易了。在人民币升值的前提下，出口企业产品价格必然上涨，从而导致在国际市场竞争力下降，外贸出口的压力将进一步加大。

（三）外贸结构不合理，出口产品附加值低，竞争力不强

在出口产品中，在劳动密集型、资源性商品及农产品比重大，竞争力不强，而且这些行业容易遭受贸易保护，对外贸走势影响较大，同时也制约我省进出口快速发展。高新技术产品竞争力虽强，但比重偏低。上半年，我省高新技术产品出口只有1.13亿美元，虽然同比增长72.3%，但仅占全省出口的6.2%。

## 三、发展对外贸易的建议

今年是“十一五”规划的收官之年，我省对外贸易在上半年实现了较大幅度的增长，为了确保如期实现全年进出口目标，我们建议：

（一）要抓外贸出口增量

要继续防止流向外地的出口货源，加快引进新的出口增长源，不断发展新的贸易方式，大力培育、挖掘新的增长点。

（二）要稳定进口贸易

目前，要及时关注欧元贬值对我省的影响，加强对进口大企业的调度，指导他们采取有效措施扩大进口，对确保完成全年进出口任务非常重要。

### （三）积极促进汽车出口，使我省汽车走向世界

从国际汽车产业发展形势来看，发达国家的产业转移也将进一步推动我省汽车产业发展。在全球经济一体化的大背景下，发达国家汽车产业向国外转移的过程远没有结束，由于综合生产成本较低，我国在近几年仍然是吸纳发达国家汽车产业转移的主要对象。这次世界金融危机会加速发达国家汽车产业向外转移速度，这给我省汽车产业的发展又提供了机会。同时，我省汽车产业要实施走出去战略，积极寻求扩大汽车和汽车零部件的出口，在新兴的国际市场培育一些发展潜力大的出口基地。

# 上半年我省民营工业占据近半壁江山

林 梅

**编者按：《上半年我省民营工业占据近半壁江山》一文于2010年8月2日以《统计分析》第35期总第（595）期印发。**

今年上半年全省工业总产值6363.63亿元，同比增长了38.7%。但由于去年同期基数较高、近期对高耗能行业的限制及汽车行业向下拉动等原因，我省工业经济下行趋势已经确立，全省工业增加值月度增速持续下滑。可喜的是，由于省委、省政府对民营工业（规模以上，下同）发展的重视，一系列扶持民营工业企业政策、措施相继显现成效。今年上半年民营工业企业活力显著增强，民营工业呈现逆势加速发展的运行态势，增速在全省各工业经济类型中遥遥领先，对全省经济增长的贡献率达27.0%，比去年同期提高3.3个百分点。

## 一、上半年全省民营工业运行亮点频闪

### （一）工业增加值占全省比重达到历史最高水平

今年上半年，全省民营工业经济快速增长，累计实现工业增加值864.75亿元，占全省工业增加值比重近半，达到47.8%，比上年同期提高0.8个百分点，达到历史最高水平。上半年民营工业累计实现工业总产值2713.31亿元，同比增长42.0%，高于全省规模以上工业平均增速3.3个百分点。民营工业已成为全省工业经济增长重要的支柱力量之一。

### （二）数量和规模不断扩大

今年上半年，全省民营工业企业数量明显增多，规模提升较快。在全省5950户规模以上工业企业中，民营企业已达4905户，比上年同期增加774户，比重达到82.4%；拥有资产2768.47亿元，比上年同期增加598.09亿元，占全省规模以上工业企业的为29.6%。目前，全省产值超过50亿元以上的民营工业企业有2户；40亿元以上的有1户；10亿元以上的有7户；5亿元以上的有29户。随着企业的不断发展壮大，上半年全省民营工业企业从业人员已达到58.97万人，比上年同期增加8万人，占规模以上工业从业人员的47.2%，民营企业在吸纳劳动力就业方面发挥了越来越重要的作

用。

（三）收入和效益大幅提高

今年上半年，全省民营工业企业累计实现主营业务收入2378.73亿元，同比增长43.8%，占全省规模以上工业企业的41.8%。其中，全省主营业务收入超过10亿元的企业有9家（见表1）。

表1　主营业务收入超10亿元的企业情况

| 单位名称 | 上半年累计（亿元） | 比上年同期增速（%） |
|---|---|---|
| 修正药业集团股份有限公司 | 62.54 | 55.7 |
| 长春皓月清真肉业股份有限公司 | 45.78 | 45.1 |
| 四平现代钢铁 | 43.65 | 21.9 |
| 吉林建龙钢铁有限责任公司 | 18.47 | 27.6 |
| 梅河口市阜康酒精有限责任公司 | 12.79 | 113.9 |
| 伊通莫里青石油引资服务公司 | 12.52 | 62.5 |
| 吉安生化乾安酒精有限责任公司 | 12.51 | −5.6 |
| 公主岭市万禄水泥制造有限公司 | 11.39 | 392.7 |
| 吉林省昊宇石化电力设备制造有限公司 | 10.25 | 51.6 |

上半年，全省民营工业企业累计实现利润101.09亿元，同比增长82.4%，占全省规模以上工业企业利润总额的25.3%，户均实现利润206.09万元。

（四）对财政贡献进一步加大

上半年，全省民营工业企业累计上交税金56.88亿元，比上年同期增长37.1%，占全省地方级财政收入的19.3%，比重高于上年同期1.4个百分点。全省户均上交税金115.97万元，比上年同期增加15.61万元。其中，修正药业集团股份有限公司上交税金9160.4万元，伊通莫里青石油引资服务公司上交5173万元，吉林建龙钢铁有限责任公司上交4180.8万元，梅河口市阜康酒精有限责任公司上交3632.1万元，辽源渭津金刚水泥有限公司上交2785.7万元，四平现代钢铁上交2674.8万元。

（五）集群和龙头企业拉动彰显

目前，全省民营工业企业实现产值超100亿元的行业主要集中在农副食品加工业、医药制造业、化学制品制造业、非金属矿物制品业、木材加工业、汽车零部件及配件制造等行业。特别是在这些行业中出现了一批运营情况好、发展势头强、具有明显增长后势的优质民营工业企业。比如，辽源市打破广东和浙江绝对的袜业优势，形成了集团公司和个体私营小厂结合的袜业集群，成为长江以北最大的袜业生产基地。东宝、修正、万通等通化医药民营企业，采取参股、控股、并购等方式，迅速做强，民营龙头企业成为支撑我省民营工业较快增长的重要原因。其中，全省产值超10亿元的企业已有10家（见表2）。

表2　产值超10亿元的企业情况

| 单位名称 | 上半年累计（亿元） | 比上年同期增速（%） |
|---|---|---|
| 修正药业集团股份有限公司 | 76.00 | 55.9 |
| 四平现代钢铁 | 65.99 | 27.7 |
| 长春皓月清真肉业股份有限公司 | 45.78 | 45.1 |
| 吉林建龙钢铁有限责任公司 | 18.69 | 31.1 |
| 吉安生化乾安酒精有限责任公司 | 14.01 | -14.9 |
| 梅河口市阜康酒精有限责任公司 | 13.40 | 106.4 |
| 伊通莫里青石油引资服务公司 | 12.52 | 62.5 |
| 公主岭市万禄水泥制造有限公司 | 11.39 | 353.1 |
| 吉林省昊宇石化电力设备制造有限公司 | 10.46 | 44.3 |
| 四平市红嘴农业高新技术开发有限公司 | 10.37 | -26.6 |

（六）参与国际市场循环和创新能力不断增强

今年以来，我省民营工业企业外贸出口增长迟缓的局面得以根本扭转。上半年，全省民营工业企业累计实现出口交货值25.17亿元，占全省规模以上工业企业实现出口交货值的23.1%，比上年同期增长16.5%，增幅提高18.9个百分点。上半年累计实现出口交货值超千万元的行业有16个。其中，超亿元的有5个行业：木材加工业实现9.45亿元、农副食品加工业实现6.66亿元、纺织服装制造业实现1.18亿元、医药制造业实现1.15亿元、家具制造业实现1.14亿元，这5大行业占全部民营工业出口额的77.8%。伴随着民营企业自身的快速发展，在对外出口方面，民营企业大有作为。

民营工业企业的创新能力也明显提高。上半年，全省民营工业企业实现新产品产值206.53亿元，同比增长82.2%，比上年同期提高74.8个百分点，占全省规模以上工业新产品产值的比重达13.6%，增幅较上年提高 2.3个百分点。

## 二、下半年全省民营工业运行面临挑战

今年上半年，全省民营工业企业总体发展态势良好，但面临的问题依然不少，主要表现为“三个不足”。

### （一）创业不足

当前，全省民营工业企业户数仅占全省规模以上工业企业户数的82.4%。一般说来，民营企业多为中小企业，在一个经济体系中，众多的中小企业聚集在少数的大企业周围，与国际及国内发达经济体比较，其中小企业的比例大都在95%以上。我省民营企业规模相对较小，户均资产规模仅是国有企业的5.5%，而我省国有企业的户均资产也仅为10.23亿元，超1000亿元的企业很少。所以，“大企业不大，小企业不多”是我省整体工业经济实力不强的现实表现，我省的民营工业企业更显不多，与发达省份差距显著，比如，我省每万人拥有私营企业1.1户，比江苏的5.7户少4.6户，比近邻辽宁的3.2户少2.1户。如果按每户拥有从业人员120人计算，能够达到辽宁私营企业的拥有水平，将增加近70万人就业。

### （二）创新不足

今年上半年，全省民营工业新投产大项目较往年偏少，仍然以传统的加工业为主，主要分布在塑料制品、造纸、小五金加工、烟草制品业等领域，这类企业的比重达到全部民营工业企业的65.1%，而其总产值仅占38.6%。而且受资金、人才、规模、装备等因素影响，绝大部分民营企业研发投入较低，企业的技术创新档次较低，很少涉足技术密集型和资本密集型的战略性新兴产业。上半年，全省民营工业企业完成新产品产值仅占全部规模以上工业企业的13.6%，产品自主创新能力较差。下半年要抢抓国家大力培育发展战略性新兴产业的契机，一手抓现有民营工业经济的产业优化升级，加快现有产业的整合，一手抓引进、建设新项目，开发新产品，充分启动民营经济。

### （三）创优不足

今年上半年，全省的民营工业企业总资产贡献率为6.3%，比全省规模以上工业企业平均水平低1.5个百分点；产品销售率为95.6%，比全省规模以上工业企业平均水平低0.6个百分点。但我省民营工业的投入产出比（收入/资产）高达177.6%，比全部规模以上工业高50多个百分点，其收入占全部工业的比重是41.8%，比利润和税收所占比重高16.5和16.6个百分点。上述这些数据说明，我省民营工业企业市场竞争力相对较弱，其运行的质量也相对较低，其效益水平显得不高。

# 引进境外智力 为吉林经济发展服务

王志君

**编者按：《引进境外智力，为吉林经济发展服务》一文于2010年8月2日以《统计分析》第36期（总第596期）印发。**

从2000年至2009年，根据国家统计局的统一部署，我们以资料整理、抽样调查和重点调查的方式，对来吉林省的境外专家情况进行了6次10个年度的调查。根据调查资料显示：10年来，我省在引进境外智力方面的工作成果显著，在我省工作的境外专家累计达3.9万人次，为我省经济建设和教育文化事业的发展做出了重要贡献。本文就10年来在我省境外专家情况作个简要的分析。

## 一、我省聘用境外专家基本情况及特点

### （一）境外专家来吉林省的人数呈增加趋势

10年来，我省聘用的境外专家人数由2000年的4252人增加到2009年的4617人，境外专家人数年均增长8.5%。平均每年聘用的专家为3908人次。聘用境外专家人数最多的年份是2007年，为4738人。境外专家人数比较少的年份是2001年2219人、2002年3437人、2003年3132人。其他年份的专家人数均超过4000人。各年份境外专家情况（见图1）。

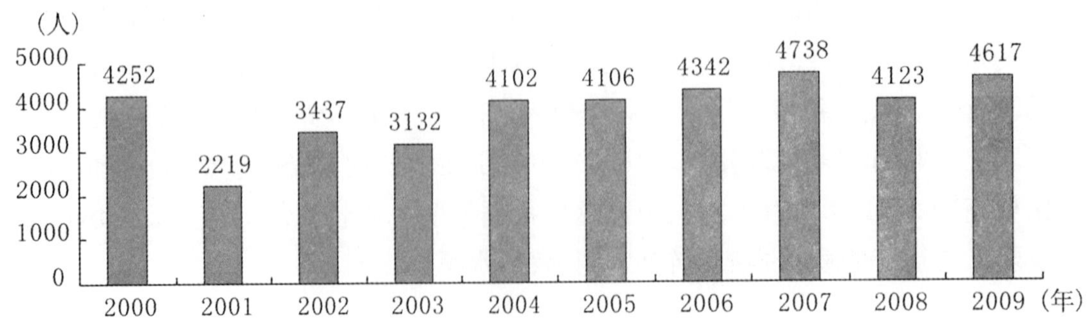


图1　2000—2009年境外专家来吉林省人数

（二）聘用的境外专家中，以韩、日、德、美国家的人数最多

10年来，我省聘用韩国专家的人次最多，达到9868人，约占全部专家人次的四分之一。聘用美国、加拿大专家人数呈上升趋势：如美国专家占全部专家人数的比重由2000年的5.67%上升到2009年的23.52%，加拿大专家所占比重也由3.01%上升到8.77%；聘用专家人数比重呈下降趋势的有日本和德国。日本专家人数所占的比重由2000年的35.42%下降到2009年的11.37%；德国专家人数的比重由17.83%下降到3.92%。值得一提的是，港澳台地区的专家有所增加，专家人数的比重已由2000年的1.06%上升到2009年的3.57%。

（三）企事业单位聘用的境外专家最多

按照各种类型法人单位聘用的专家来看，企事业单位聘用的境外专家最多，占总专家人数的80%以上。其中，内资企事业单位聘用的境外专家最多，占总数的70%以上，其中学校占80%以上，外资企事业单位也占10%以上。

（四）文教类境外专家所占比重较大

在聘用的境外专家中，文教类专家占的比重较大，而且呈上升趋势。统计资料显示，2001年文教类专家占专家总数的比重为52.8%，到2009年文教类专家所占比重上升到85.8%。从总量上看，10年来我省累计聘用文教类境外专家为21214人（不包括2000年人数），占全部专家人数的比重为60.9%。（见图2）

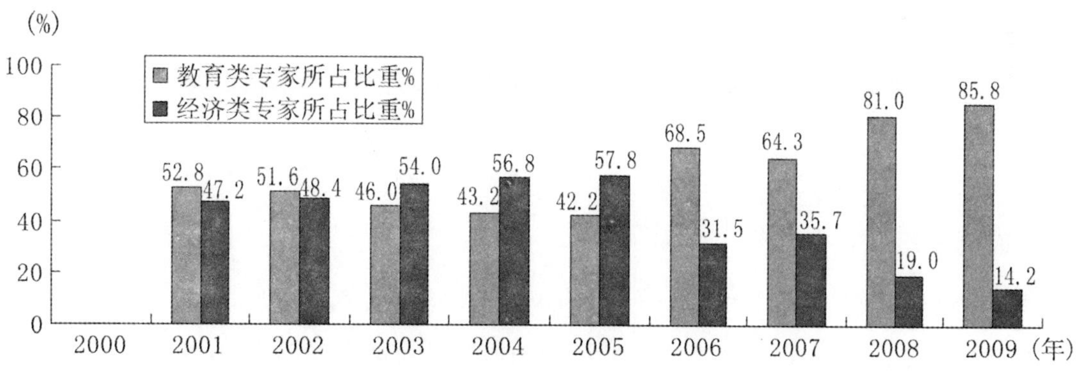


图2　2000—2009年经济类和文教类境外专家占全部境外专家的比重

（五）合同聘用和其他聘用已逐渐成为主要聘用方式

2000年我省合同聘用境外专家仅占各种聘用方式的5.6%，其他聘用方式也只占3.1%，2005年后这种聘用方式呈波浪型上升，逐渐成为主要的聘用方式，到2009年合同聘用和其他聘用分别占总聘用方式的42.3%和55.4%，项目技术服务方式由最初的91.3%下降到2.1%。

（六）聘用境外专家的行业分布比较集中

我省聘用的境外专家按行业分类比较集中，经济技术类境外专家多以制造业为主，制造业的境外专家平均占经济类专家的79.2%；文教类专家以教育行业为主，教育专家平均占专家总数的90.6%。两个行业聘用的境外专家占全部境外专家的86.1%。服务于其他17个门类的境外专家仅占13.9%。尤其是电、燃气及水的生产和供应业、建筑业、信息传输、计算机服务和软件业等行业多年来没有引进过境外专家。

## 二、引进境外智力存在的问题

虽然，我省在引进境外智力方面做了很多工作，取得很大成绩，但也存在许多问题，值得我们关注。现仅列出几个比较突出的问题进行分析。

（一）经济类专家人数呈逐年减少趋势

根据统计调查资料，2001年，来我省的经济类境外专家为1047人，以后几年逐年增加，到2005年经济类境外专家人数达到2374人，占全部境外专家人数的57.8%。2006年以后，来我省经济类境外专家人数开始减少， 2009年来我省的经济类专家人数已减少到656人，占全部专家的比重降到14.2%。而同期文教类专家在2001年为1172人， 2005年为1732人，到2006年增加到2975人，占全部专家人数的68.5%，2009年文教类境外专家达到3961人，占全部专家人数的85.8%。（见表1）

表1　2000—2009年吉林省经济类和文教类境外专家情况表

| 年份 | 2001 | 2002 | 2003 | 2004 | 2005 | 2006 | 2007 | 2008 | 2009 |
|---|---|---|---|---|---|---|---|---|---|
| 经济类境外专家（人） | 1047 | 1664 | 1692 | 2328 | 2374 | 1367 | 1690 | 784 | 656 |
| 占全部境外专家（%） | 47.2 | 48.4 | 54.0 | 56.8 | 57.8 | 31.5 | 35.7 | 19.0 | 14.2 |
| 文教类境外专家（人） | 1172 | 1773 | 1440 | 1774 | 1732 | 2975 | 3048 | 3339 | 3961 |
| 占全部境外专家（%） | 52.8 | 51.6 | 46.0 | 43.2 | 42.2 | 68.5 | 64.3 | 81.0 | 85.8 |

从上表可以看出，近几年，我省引进境外专家结构呈现：经济类专家减少，文教类专家增加趋势。伴随着我省经济发展水平的提高，以及改革开放以来吸收引进技术能力的增强，经济类专家逐渐减少，文教类专家增多，是发展的大趋势。但是我省当前经济类专家逐年减少的趋势与发达省市的趋势相悖，以及我省仍处在加快发展、加大开放引进的赶超过程中，这种趋势来的早一些。

（二）总体规模偏小

10年来，我省聘用境外专家人数年平均为3908人，拥有境外专家人数最多的年份也只有4738人，占全国的比重还不到1%，与经济发达的省份相比差得很远，仅抵辽宁省境外专家人数的五分之一，说明我省引进境外智力工作还很落后。

（三）长期专家的比重过低

虽然，我省的长期专家在绝对数量上呈现上升趋势，但所占得比重却不高，最高的年份是2008年为50.7%，2009年降到43.8%，特别是经济类长期专家减少得更多，2009年经济类长期专家人数仅有371人，占全部专家的比重为8.0%，是自2000年以来比重最低的一年。

（四）聘用的高级人才的比重不高

从聘用的长期专家的学历来看，大学学历的均占长期专家半数以上，硕士和博士学历专家的比重并不高。从10年统计资料看，大学以上学历的专家平均只有28.9%。虽然，近几年我省注重引进高级人才，大学以上学历专家的比重有所上升，但效果不明显，特别是经济类的高级人才尤其更少。

（五）经济类中高级技术和管理人才少

10年间引进的高级技术和管理型人才仅为4392人，占全部长期专家人数的29.1%。2009年我省聘用的高级技术型和管理型人才为461人，占22.8%。我省在引进境外智力方面，没有注重技术型和管理型专家的引进，这方面的专家尤其缺乏。

## 三、如何利用好境外智力，为我省经济建设服务的对策建议

吉林省是内陆省，经济欠发达，发展还很不平衡。近年来，在省委省政府一系列富民强省的政策和措施鼓舞下，全省各地加快经济发展步伐，上了一大批重点建设项目，固定资产投资的增长速度明显高于全国平均水平，成为经济发展速度比较快的省份之一。但我省在引进境外智力方面还存在许多问题，有很多引进境外智力工作需要改进，我们仅从统计的角度来谈一下如何利用好境外智力，为吉林省经济建设服务。

（一）加大经济领域引进境外专家的力度

近几年，我省聘用境外专家以文教领域偏多，经济建设领域聘用境外专家的比例却是大幅度减少，2009年全省聘用经济类的境外专家仅有656人，只占全部专家人数的14.2%，这个比重与全国各省比较也是最低的省份之一。我省新建的工程项目较多，急需要大量的专业技术人才，一方面是我省经济建设蓬勃发展，另一方面我省经济领域聘用的境外专家却是大幅度减少，这与我省经济发展状况很不协调。今后，我省应注重加大引进境外经济类人才的力度，有关部门高度重视技术人才的引

进，使境外人才真正为我所用，促进吉林省经济又好又快发展。

（二）精选人才，提高境外智力引进效果

现在，我省正在如火如荼地掀起大规模经济建设的高潮，需要高质量的技术型和管理型人才。因此应多从发达国家引进技术型和管理型人才，特别是注意从引进人才的结构上加以改进，有意向地到国外去引进高级人才，改变“等人上门”的做法，坚持“把需要培养的人才送出去、把对我有利的高级人才请进来”的做法，变被动为主动，使境外人才在我省真正发挥作用。

（三）拓宽渠道，为中小企业聘用境外专家创造机会，促进中小企业发展

目前，我省聘用境外专家中，教育专家就占绝大多数，2006年至2009年教育专家就占内资企事业单位聘用专家数量的90%以上，而内资企业聘用的境外专家不到10%，而这10%内资企业绝大多数是国有大型企业聘用的境外专家居多。因此，除了国有大型企业、外资和港澳台投资企业外，内资中小企业聘用的境外专家数量可谓是凤毛麟角。因此，有关部门要积极创造企业平等机会，多为中小企业引进境外智力服务。

（四）进一步做好引进境外智力服务工作，规范的管理和完善的服务是做好引进境外智力工作的前提

我省应进一步加大引智工作力度，放开人才市场管理，积极创造平等、和谐、宽松的引智环境和市场氛围，为企业和重点项目工程引进境外智力创造条件，对有一定技术专长的境外专家，只要是诚心诚意为我省的经济建设服务，我们都要积极引进并妥善安排。对一些项目可以采取向国内外公开招标的方式，大量吸引境外资金、技术、人员，为我省经济建设服务。

# 我省四个层次城镇化进程状况分析

程淑云 陈雪 潘豫 张维宇 刘莉

**编者按：《我省四个层次城镇化进程状况分析》一文，于2010年8月2日以《统计参考》第12期（总第27期）印发。**

按照省委、省政府有关推进全省城镇化的战略部署，为了反映我省在科学构建城镇化体系，特别是在特大型城市、市州政府所在地区中心和重点节点城市、县城、小城镇四个层面的基本情况，我们根据现有的统计资料，对我省四个层面的城镇化发展状况进行了初步分析，供参考。

## 一、长春、吉林城市化发展现状

长春市是我省政治、经济和文化中心，吉林市是我省第二大城市，通过计算两市的一些数据资料，2009年长吉两市经济总量占全省的39.6%，因此在全省城镇化发展方面两市具有独特优势，加快长吉一体化必将成为我省推进城镇化建设的核心和排头兵。

### （一）城市化速度

2003年国家提出振兴东北老工业基地的举措，此后，在一系列振兴政策的激励推动下，长吉两市经济实现快速发展。2005—2009年，长春市人均生产总值按现价计算（下同）年均增长12.3%，吉林市人均生产总值年均增长22.8%。而同时期，长春市城市人口年均增长1.8%，吉林市城市人口年均仅增长0.7%。城市人口的年均增长率不仅明显低于经济发展的速度，也与一些发展中国家在经济快速成长期都能达到的城市人口增长率（5%～6%）存在明显差距。城镇化是城市经济转型的一个主要特点，长春、吉林两市城市人口增长率偏低说明近年来两市城镇化进程过于缓慢、落后，甚至制约了经济的转型和进一步发展。同时也意味着通过进一步的城镇化，使农业人口从劳动生产率低的农业部门转移到较高生产率的城市部门就业，长吉两市经济还有巨大的增长潜力。（见表1）

### （二）城市化质量

2009年，长春市就业人口占人口总数的比重比2005年下降0.4个百分点，吉林市下降1.6个百分点。就业水平不高说明就业人口承担的压力负担大，生活质量将受影响。从收入水平看，2009年长春市人均可支配收入占工资的比例比2005年下降3.1个百分点，吉林市下降6.6个百分点。可支配支出占工资的比例降低将导致人们消费实力下降，居民除承担基本生活消费外，很难支付起高水平的生活和精神消费。从消费占GDP的比重同样可以说明。2009年长春市社会消费品零售总额占GDP的比重比2005年仅提高1.6个百分点，吉林市下降6.6个百分点，这说明此间经济的高速增长并没有带来城镇居民生活水平的显著提高，较低的就业、收入和消费水平是城镇化质量不高的直接体现。（见表2）

表1　城市人口年均增长率

| | 长春市 | 吉林市 | 中国 | 巴西 | 韩国 |
|---|---|---|---|---|---|
| 经济快速发展的时期 | 2005—2009年 | 2005—2009年 | 1990—2004年 | 1950—1970年 | 1960—1970年 |
| 城市人口年均增长率（%） | 1.8 | 0.7 | 3.6 | 5.2 | 6.1 |
| 人均GDP年均增长率（%） | 12.3 | 22.8 | 9.1 | 6.3 | 6.7 |

表2　城镇化质量主要指标

单位：%

| | 长春 | | 吉林 | |
|---|---|---|---|---|
| | 2005年 | 2009年 | 2005年 | 2009年 |
| 消费占GDP的比重 | 40.1 | 41.7 | 54.3 | 47.7 |
| 就业人数占人口总数的比重 | 20.3 | 19.9 | 12.0 | 10.6 |
| 可支配收入占工资的比例 | 51.8 | 48.7 | 51.5 | 44.9 |

（三）产业结构

通过分析三次产业比重和工业在经济总量中所占份额可以发现，2005—2009年，长春市第一产业和第三产业比重下降，第二产业不仅所占比重最大，而且还在上升，其中工业比重上升3.7个百分点，因此，长春市是以第二产业（尤以工业）为重心的典型工业化城市。同时期，吉林市第一产业和第二产业比重下降，第三产业比重略微提升，这说明虽然吉林市仍是以第二产业为主体的工业化城市，但是在产业结构调整和升级的过程中，我们看到其第三产业在逐步发展的趋势。

根据配第-克拉克定理，在经济发展中，产业结构的重心将沿着第一产业、第二产业、第三产业的顺序逐步转移。而产业结构的调整和升级需要依托城市这一空间载体，对于大城市而言，最根本的经济基础是商业服务和金融业，而不是第二产业。因此，城镇化是产业结构调整和升级过程中的重要内容。目前，长春市和吉林市处于以第二产业为重心的中间发展阶段，城镇化水平最大程度也只可能达到中等水平。按照经济规律，两市必将进行去工业化和服务业集中化的产业结构调整和升级，也必将推动两市的城镇化发展。（见表3）

表3　长春、吉林三次产业比重

单位：%

| | 长春 | | 吉林 | |
|---|---|---|---|---|
| | 2005年 | 2009年 | 2005年 | 2009年 |
| 第一产业比重 | 2.1 | 1.2 | 5.2 | 3.9 |
| 第二产业比重 | 53.9 | 57.5 | 53.2 | 52.3 |
| 其中：工业比重 | 45.4 | 49.1 | 47.4 | 45.8 |
| 第三产业比重 | 44.0 | 41.3 | 41.6 | 43.8 |

（四）城市公共服务和人居环境

应用于公共服务和城市基础设施建设的财政支出以保障居民基本生活、改善人居环境、提高社会福利水平为最终目的。因此，科学、教育、医疗卫生和社会保障等方面的财政支出的高低是衡量城市居民生活质量的重要标志。2009年，长春市财政支出比2005年增长1.4倍，用于科学、教育、医疗卫生和社会保障支出占财政支出的比重合计比2005年提高9.1个百分点，其中教育支出占比提高幅度最大，为3.7个百分点；2009年，吉林市财政支出比2005年增长1.6倍，用于科学、教育、医疗卫生和社会保障支出占财政支出的比重合计比2005年提高16.7个百分点，其中社会保障支出占比提高幅度最大，为7.7个百分点，建成区绿化覆盖率提高4.7个百分点。

值得关注的是，从近些年长春市和吉林市的城镇化进程可以看出，两市采取了大多数城市采用的将周边郊区直接划归市区的办法。这种办法的优点在于可以提高城镇化速度，但相对于原市区来说，新划入的地区基础设施更差，社会保障更为薄弱，人员岗位技能欠缺。因此，为保持长春、吉林两市经济的持续增长和高质量的城镇化水平，提高就业和消费水平，使新划入地区尽快融入城市生活，享受城镇化的生活质量，有必要加大对两市新划入地区环境、科学、教育、医疗卫生和社会保障等方面的财政投入。（见表4）

## 二、七个中心城市发展现状

从国际经验看，城市群是城市化发展的一条重要途径。城市群可以通过现代交通网络，把大城市和小城镇联结起来，促进不同规模的城市和小城镇共同发展。因而除了重点打造长吉一体化建立较大规模的核心城市之外，加快发展我省其他七个市州政府所在地的中心城市，使之迅速形成具有一定规模的城市群和联结大中小城市的重要节点。

表4　公共服务和人居环境主要指标

单位：%

| | 长春 | | 吉林 | |
|---|---|---|---|---|
| | 2005年 | 2009年 | 2005年 | 2009年 |
| 建成区绿化覆盖率 | 41.5 | 36.1 | 40.9 | 45.6 |
| 科学支出占财政支出的比重 | 0.2 | 1.3 | 0.2 | 3.0 |
| 教育支出占财政支出的比重 | 9.8 | 13.5 | 18.5 | 18.8 |
| 医疗卫生支出占财政支出的比重 | 4.0 | 7.1 | 4.3 | 10.3 |
| 社会保障支出占财政支出的比重 | 12.2 | 13.5 | 13.0 | 20.7 |

近几年来，我省四平、辽源、通化、白山、松原、白城、延吉等7个中心城市的城镇化进程有所提高，但是城镇化的发展速度仍然较慢，并且由于地理区域和资源禀赋的不同，各城市发展差距较大，发展水平极不均衡。

（一）中心城市规模增长缓慢，城镇化水平相对较低

城市人口的增加是城市规模扩大的重要标志之一，也是体现城镇化水平的重要指标。2009年末，我省7个中心城市总人口369.53万人，比2005年增加11.72万人，年均增长率为0.8%，比长吉两市慢0.6个百分点。在7个中心城市中，四平市城市规模最大，延吉市人口增长速度最快。（见表5）

表5　中心城市人口变化情况

单位：万人

| | 年末总人口 | | | |
|---|---|---|---|---|
| | 2005年 | 2009年 | 增加量 | 年均增长（%） |
| 七个中心城市合计 | 357.81 | 369.53 | 11.72 | 0.8 |
| 四平市 | 60.03 | 60.95 | 0.92 | 0.4 |
| 辽源市 | 47.86 | 47.79 | −0.07 | 0.0 |
| 通化市 | 45.62 | 44.93 | −0.69 | −0.4 |
| 白山市 | 59.45 | 59.33 | −0.12 | −0.1 |
| 松原市 | 51.89 | 55.26 | 3.37 | 1.6 |
| 白城市 | 50.92 | 50.89 | −0.03 | 0.0 |
| 延吉市 | 42.04 | 50.38 | 8.34 | 4.6 |

从表中可以看出，一是我省中心城市人口规模差距不大，人口最少的通化市比人口最多的四平市少16.02万人，每个城市平均人口在52.79万人左右，其中由于江源县改区，使得白山市人口跃居7城市的第2位。二是除延吉、松原和四平外，其他城市人口增长停滞甚至减少，若扣除延吉市，其他6个城市人口年均增长率仅为0.3%。这表明我省中心城市城镇化水平发展缓慢，对外来人口，特别是农民工转移吸引力不强，不仅与国内大中城市有较大差距，跟长吉两市相比发展也相对滞后。三是延吉市受地域优势和政策优势的双重作用，城镇化水平明显提高。按近几年来的人口增长速度推算，到2015年，全省除长春、吉林外再有达到百万人口的城市比较困难。

（二）工业化进程加快，产业结构有所优化

近年来，在持续扩大投资的有力拉动下，我省工业化进程明显加快，2009年7个中心城市三次产业比重为3.7:58.3:38.0，其中一产比重比2005年下降1.4个百分点，二三产业比重分别比2005年提高了1.4个和0.1个百分点。（见表6）

表6　三次产业比重变化情况

单位：%

| | 三次产业比重 | | | | | | | |
|---|---|---|---|---|---|---|---|---|
| | 2005年 | | | | 2009年 | | | |
| | 一产 | 二产 | 其中：工业 | 三产 | 一产 | 二产 | 其中：工业 | 三产 |
| 七城市合计 | 5.1 | 56.9 | 49.8 | 37.9 | 3.7 | 58.3 | 51.0 | 38.0 |
| 四平市 | 2.4 | 47.4 | 39.8 | 50.2 | 3.0 | 55.5 | 50.2 | 41.5 |
| 辽源市 | 2.0 | 55.4 | 41.7 | 42.6 | 1.1 | 59.4 | 46.9 | 39.5 |
| 通化市 | 2.9 | 65.3 | 61.7 | 31.8 | 1.3 | 68.3 | 65.4 | 30.3 |
| 白山市 | 9.3 | 54.5 | 48.2 | 36.2 | 6.6 | 58.0 | 51.9 | 35.4 |
| 松原市 | 4.6 | 77.0 | 72.9 | 18.4 | 3.4 | 67.7 | 58.3 | 28.9 |
| 白城市 | 18.3 | 33.5 | 21.7 | 48.2 | 13.6 | 34.0 | 24.2 | 52.4 |
| 延吉市 | 2.4 | 41.4 | 34.6 | 56.3 | 2.1 | 43.5 | 39.4 | 54.5 |

总体上看，虽然7个中心城市产业结构趋于优化，但是城市间差异较大，白城市一产比重达到13.6%，对于城市来说显得较高，同时工业比重仅为24.2%，工业化程度低，不利于城镇化水平的提高。

（三）居民收入水平偏低

城镇化蕴含着巨大的内需空间，城镇化水平的提高可以有效扩大城市消费群体，由于城镇居民消费水平高于农民，从而提高社会总体消费水平。但是从收入水平来看，7个中心城市居民的平均收入水平明显低于长吉两市，城镇居民人均可支配收入占工资总额的比重比2005年下降了0.6个百分点。（见表7）

表7　工资、收入、消费情况

单位：元

| | 在岗职工平均工资 | | 城镇居民人均可支配收入 | | 城镇居民人均消费支出 | |
|---|---|---|---|---|---|---|
| | 2005年 | 2009年 | 2005年 | 2009年 | 2005年 | 2009年 |
| 长春市 | 19447 | 32999 | 10065 | 16072 | 8310 | 13409 |
| 吉林市 | 17917 | 34641 | 9230 | 15541 | 7744 | 12266 |
| 四平市 | 12253 | 22473 | 8641 | 15100 | 6545 | 10594 |
| 辽源市 | 13366 | 22450 | 8663 | 15248 | 6757 | 10943 |
| 通化市 | 14998 | 24226 | 8807 | 15253 | 5726 | 10868 |
| 白山市 | 11806 | 23417 | 8672 | 15035 | 5550 | 11323 |
| 松原市 | 23206 | 35900 | 8925 | 15277 | 6517 | 11983 |
| 白城市 | 10025 | 18482 | 8447 | 15006 | 5888 | 11763 |
| 延吉市 | 17060 | 24597 | 10001 | 16148 | 7792 | 13616 |

较低的收入水平直接导致了居民消费能力下降和内需不足，2009年，7个中心城市社会消费品零售总额占GDP的比重比2005年下降了0.4个百分点。

（四）社会保障水平有所改善

随着城镇化进程的推进，大量农村人口成为城镇居民，随之而来的劳动力相对过剩、工人失业和贫困，出现了疾病、伤残、事故、养老、失业等社会保障问题，要求必须建立起健全的社会保障机制。近年来，财政扶持力度不断加大，2005—2009年7个中心城市的地方财政用于社会保障的支出年均增长了36.3%，使得城市的整体社会保障水平逐渐提高，但是与长吉两市相比，基本养老、医疗、失业保险参保人数占总人口的比重仍有一定差距，并且由于7个中心城市的贫困人口比重较大，因此享受最低生活保障的人数比例也高于长吉两市。（见表8）

（五）城市公共交通承载能力提高

近年来，7个中心城市加强城市公共交通建设和城市路桥建设，提高城市运输能力，城市公交客运总量明显提高，年均增长12.7%，高出长吉两市9.3个百分点。每万人拥有公共汽（电）车营运车辆数比2005年提高了0.6个百分点。（见表9）

（六）市政公用设施支撑能力不足

城镇化进程的推进将对城市公共产品产生很大需求，我省城镇化水平每提高1个百分点，相当于约有27万人口从农村转移到城镇，城镇的基础设施压力增大，近年来7个中心城市的市政公用服务水平得到了一定的发展，但发展速度缓慢，难以满足城市发展的需要。2005—2009年，7个中心城市维护建设资金支出逐年增加，年均增长率为14.8%，但是市政基础设施水平增长幅度较低，年末实有城市道路面积年均增长6.0%，低于长吉两市28.8个百分点，排水管道长度年均增长7.3%，低于长吉两市28.3个百分点，供水综合能力年均增长1.2%，低于长吉两市1.3个百分点，供应人工煤气和天然气总量年均增长25.3%，低于长吉两市28.9个百分点，而供应液化气总量更是呈现下降趋势，这表明7个中心城市公用事业欠账较多，与长吉两市差距正在拉大，需要进一步加大投入。

表8　社会保障情况表

单位：%

| | 城镇基本养老保险参保人数占总人口比重 | | 基本医疗保险参保人数占总人口比重 | | 失业保险参保人数占总人口比重 | | 城镇居民最低生活保障人数占总人口比重 | |
|---|---|---|---|---|---|---|---|---|
| | 2005年 | 2009年 | 2005年 | 2009年 | 2005年 | 2009年 | 2005年 | 2009年 |
| 长春市 | 0.27 | 0.33 | 0.19 | 0.77 | 0.15 | 0.15 | 0.04 | 0.03 |
| 吉林市 | 0.31 | 0.37 | 0.18 | 0.32 | 0.11 | 0.13 | 0.05 | 0.05 |
| 七城市合计 | 0.16 | 0.23 | 0.17 | 0.49 | 0.13 | 0.13 | 0.08 | 0.08 |
| 四平市 | 0.22 | 0.25 | 0.18 | 0.69 | 0.15 | 0.15 | 0.06 | 0.07 |
| 辽源市 | 0.17 | 0.20 | 0.19 | 0.30 | 0.09 | 0.10 | 0.14 | 0.14 |
| 通化市 | 0.24 | 0.29 | 0.27 | 0.86 | 0.22 | 0.17 | 0.07 | 0.07 |
| 白山市 | 0.07 | 0.15 | 0.01 | 0.74 | 0.07 | 0.08 | 0.09 | 0.14 |
| 松原市 | 0.19 | 0.28 | 0.24 | 0.33 | 0.14 | 0.15 | 0.07 | 0.03 |
| 白城市 | 0.11 | 0.21 | 0.15 | 0.18 | 0.08 | 0.10 | 0.04 | 0.07 |
| 延吉市 | 0.17 | 0.25 | 0.21 | 0.31 | 0.20 | 0.14 | 0.06 | 0.06 |

## 三、县域经济发展现状

县域经济是指以县级行政区划为地理空间，以县级政权为调控主体，以城镇为中心，以农村为基础，由各种经济成分有机构成，具有地域特色和功能完备的区域经济。县域经济既是城镇经济与农村经济的结合部，又是工业经济与农业经济的融合体，也是宏观经济与微观经济的衔接处，推进全省城镇化进程必然离不开县域经济的大力发展。

### （一）县域综合实力

我省共有县（市）39个（不包括延吉市），其中20个县，19个县级市。全省县域土地面积为17.56万平方公里，占全省总面积的93.9%。人口1804.0万人，占全省总人口的65.9%。2005年，10万人以上县城为10个，20万人以上县城为1个，2009年，

10万人以上县城达到15个，20万人以上县城达到2个，但10万人以上县城个数与2015年的既定目标相差13个，20万人以上县城个数与2020年目标相差11个。2009年，我省县域城镇化率在40%以上的共有抚松、长白、安图、靖宇、辉南5个县，其中抚松县城镇化率高居榜首，达到70.3%，但县域总体城镇化率仅为17.6%，仍处于较低水平。

表9　城市交通运载能力

| | 年末实有公共汽(电)车营运车辆数(辆) | | | 全年公共汽(电)车客运总量(万人次) | | |
|---|---|---|---|---|---|---|
| | 2005年 | 2009年 | 年均增长(%) | 2005年 | 2009年 | 年均增长(%) |
| 七个中心城市合计 | 2239 | 2563 | 3.4 | 19943 | 32214 | 12.7 |
| 四平市 | 293 | 303 | 0.8 | 2356 | 3425 | 9.8 |
| 辽源市 | 298 | 362 | 5.0 | 308 | 684.25 | 22.1 |
| 通化市 | 256 | 277 | 2.0 | 5015 | 6658.67 | 7.3 |
| 白山市 | 190 | 317 | 13.7 | 1130 | 3069.9 | 28.4 |
| 松原市 | 510 | 500 | −0.5 | 5420 | 5937 | 2.3 |
| 白城市 | 216 | 224 | 0.9 | 900 | 2300 | 26.4 |
| 延吉市 | 476 | 580 | 5.1 | 4814 | 10139 | 20.5 |

县域是我省经济的主体。改革开放以来，县域经济发展迅速，综合实力不断增强。尤其近几年来，随着我省“县域突破”发展战略的实施，县域经济进入快速发展的新阶段。2009年，我省县域共实现生产总值4051.18亿元，是2005年的2.4倍，占全省生产总值的51.1%，比2005年提高5.8个百分点，占据全省经济主体地位。2009年，我省县域平均经济规模达到103.88亿元，其中，生产总值超200亿元的县（市）有7个，超100亿元的县（市）有17个，比2005年增加11个。但县域间经济实力差距较大，2009年经济总量在前10的县（市）共实现GDP2076.54亿元，占整个县域的51.3%；我省县域中经济规模最大的是前郭县，2009年GDP为266.08亿元，而经济规模最小的长白县仅为17.40亿元，不足前者的7%。另外我省各地县域经济发展水平差异较大，区域发展极不平衡。吉长两市下辖有9个县（市），占全部县域个数的23.1%，但GDP占整个县域的36.6%。

2009年，39个县（市）完成地方财政一般预算收入125.25亿元，占全省地方财政一般预算收入的25.7%，是2005年的3.0倍。2005年，我省县（市）地方财政一般预算收入在1亿元以上的有14个，2009年，我省全部县（市）地方财政一般预算收入都在1亿元以上，超2亿元的县（市）有28个，超5亿元的县（市）有7个。近几年，随着县域财政收入的增长，县域财政可用财力明显增强，财政支出规模不断扩大。2009年全省县域地方财政一般预算支出达到559.65亿元，是2005年的2.7倍。一些财政强县，纷纷加大了对经济发展的支持力度，加大了对义务教育、公共卫生、合作医疗、社会保障等方面的支持力度。2009年全省县域科学技术支出、医疗卫生支出、教育支出占财政支出比重分别为0.5%、9.0%和19.2%，与2005年相比，分别提高了0.4、8.6和1.3个百分点。但我省县域财政整体实力仍然不强，县域地方财政收入平均规模仅为3.21亿元。

近年来，随着我省扩大投资战略的实施，县域城镇固定资产投资迅猛增长，各县（市）的基础设施条件明显改善，一些重点项目纷纷落户，经济发展后劲不断增强。2009年，全省县域完成城镇固定资产投资2329.07亿元，是2005年的5.0倍，占全省的39.1%。投资规模在100亿元以上的县（市）有6个，投资规模最大的公主岭市达到138.01亿元，是2005年的14.7倍，为县域经济增长提供了更为有力的外需支撑。但县域城镇固定资产投资的平均规模偏小，仅为59.7亿元。同时，我省县域招商引进的资金、项目大多落在交通、资源等条件较优越的地区，偏远山区、资源贫乏的地区招商引资明显滞后。

着力推进城镇化建设，应以提高县域综合承载力、集聚力和辐射力为核心，以加快产业、人口和生产要素集聚为基础，加快推进以县城为主体的县域城镇建设，扩大其管理权限，优化发展空间，打造一批县域中等城市，不断发展和完善县域城镇体系。

（二）农业发展状况

农业、农村和农民问题是关系国民经济和社会发展全局的重大问题，县域是解决“三农”问题的主战场。我省近半数的人口生活在农村。可以说，县域决定着绝大多数人口尤其农村人口的就业、收入和生活状况，没有县域经济的发展，农村人口的脱贫致富是难以想象的。同样，农业增效、农民增收、农村繁荣也是发展县域经济的关键，对推进城镇化建设起到重要保障作用。

1978年改革开放后，我省切实转变农业工作指导思想，从片面追求粮食生产向积极发展多种经营转变，适时调整和不断优化农业结构，农业经济结构调整不断向纵深推进。2009年，我省县域农业实现增加值868.40亿元，是2005年的1.5倍，其中公主岭、榆树、农安、梨树、前郭5个县（市）增加值超过50亿元，第一产业增加值合计达到295.81亿元，占全部县域的34.1%。种植业、畜牧业分别实现增加值466.44

亿元和332.88亿元，在农业增加值中所占比重分别为53.7%和38.3%，与2005年相比，种植业比重下降3.2个百分点，畜牧业比重上升1.5个百分点。目前，畜牧业已经成为我省农民收入的重要来源。

县域是维系国计民生的主要根基。农业是国民经济的基础，多年以来，县域提供了绝对大多数的粮、肉、蔬菜、水产等农产品。2009年，我省县域粮食总产量达到2562.2万吨，其中产量超过100万吨的县（市）有8个，合计产量达1444.2万吨，约占全省县域粮食总产量的一半以上；县域肉类总产量达到384.3万吨；县域蔬菜总产量达到727.25万吨，占全省的75.1%；县域水产品总产量达到14.7万吨，占全省的89.1%。县域农业有效满足了全省2700多万人口的需求，有力促进了工业的发展，为外省发达地区提供了越来越多的优质农产品，是人民衣食无忧、安居乐业、社会长治久安的基本保证。

县域农业取得进步的同时，仍存在有不足之处。一是产业结构矛盾仍然突出。长期以来，我省县域第一产业比重偏高，2009年县域第一产业占县域整体经济比重为21.4%，比全省高出7.9个百分点。二是农业现代化程度偏低。我省虽然是农业大省，但农业基础还比较薄弱，耕地产出率（种植业增加值/年末实有耕地面积）和有效灌溉面积占耕地面积的比重都较低，且发展较慢。2009年，我省县域的耕地产出率为每公顷0.97万元，比2005年仅提高0.18万元；有效灌溉面积占耕地面积的比重为30.2%，比2005年下降3.4个百分点。

（三）工业化进程状况

县域是工业资源的主要基地，县域资源是国家资源的基本构成部分，土地、矿藏、森林、水源等自然资源大都集中在县域。没有县域资源的合理配置，就没有国民经济的快速发展。以农副产品为原料的食品业和轻工业，以矿物质为原料的重工业和新兴产业等，大都依赖于县域资源的支撑。

我省正处在工业化加速推进的战略时期，对县域经济而言，因地制宜，培育比较优势，营造优越的投资环境，实施工业强县战略，是实现跨越式发展的重要途径。2009年，全省县域实现增加值1363.94亿元，是2005年的3.2倍，占GDP比重为33.7%，比2005年提高8.2个百分点。其中前郭、磐石工业增加值超过100亿元，超过50亿元的县（市）有10个，比2005年多9个。工业比重超过50%的县（市）有珲春、乾安和大安，工业化率分别达到62.7%、60.6%和51%。在总量不断扩张的同时，我省县域工业也实现了从速度型、资源型向效益型的转变。2009年，县域工业应交增值税达到67.17亿元，比2005年多44.20亿元；县域工业实现利润总额达到248.63亿元，占全省的52.3%，比2005年多214.46亿元。同时，招商引资成果显著，2009年，县域工业中港、澳、台商投资企业和外商投资企业共实现产值286.48亿元，是2005

年的3倍，占县域全部工业产值的9.5%。其中比重超过20%的县（市）有6个，德惠最高，达到43.2%。

但县域工业化水平偏低，强弱县差距明显。2009年，县域工业化率为33.7%，比全省低8.3个百分点，县域中只有13个县（市）高于全省；有16个县低于30%，其中5个县低于20%，分别是农安（19.8%）、舒兰（19.3%）、通榆（16.9%）、榆树（14.9%）和伊通（12.4%）。工业化率最高的珲春比最低的伊通高50.3个百分点。另外，县域规模工业中传统产业比重较大，而高新技术产业比重偏低，高能耗、高污染、资源型的企业主要集中于县域，节能减排形势严峻。县域工业的弊端制约了城镇化发展的步伐。

壮大规模以下工业，对县域经济的快速增长有着不可替代的现实意义。规模以下工业是县域经济未来发展的重要增长点，是解决农村富余劳动力就业和转移的重要手段，是促进农村居民收入增长的重要途径。应大力培育和发展规模以下工业，充分利用规模以下工业投资额度小、技术门槛不高、见效周期短、具有较强活力和成长性的优势，充分发挥规模以下工业吸纳农村剩余劳力，增加农民工资性收入和农业附加值及延伸产业链等方面的作用，充分加强规模以下工业以点带面的刺激功能，实现农业人口与非农人口的转变，进一步推进全省城镇化发展。

## 四、小城镇发展现状

2009年我省共有城关镇和一般镇426个，总人口达到1330.99万人，占全省总人口的近一半，其中镇区总人口361.74万人，以此推算我省镇的城市化率为27.2%，比全省53.3%的平均水平低了26.1个百分点。2009年和2005年相比，我省小城镇的镇区总人口增加了6.15万人，但城市化率并没有变化。2009年全省人口超过5万人的镇有68个，比2005年多出4个，但城市化水平超过50%的镇，2009年仅有46个，比2005年还少了4个。尽管近几年我省各地区的城市化发展都取得了长足的进步，但从小城镇目前的发展状况来看仍处于比较落后的水平。

### （一）产业布局落后，一产占绝对比重

从从业人员布局看：2009年，全省各镇从业人员数达到620.93万人，占全省从业人数的近一半；三次产业从业人员的结构为59.6：16.5：23.9，第一产业从业人员比重占了近六成，比全省平均水平高15.8个百分点；第二产业从业人员，仅有16.5%，比全省平均水平低3.7个百分点，特别是工业企业从业人员比重仅有6.1%，大大低于全省的平均水平。第三产业从业人员比重为23.9%，不但低于全省平均水平12.1个百分点，而且比镇2005年的水平还回落了0.6个百分点。

从从业人员数据中可以看出，我省小城镇的产业布局依旧是以农业为主，工业

发展滞后，第三产业以生活服务为主的传统状态，这与以工业和现代服务业为主的城市化发展要求还有很大差距。

（二）财政实力弱，各镇之间差距大

2009年全省各镇的财政总收入为57.29亿元，比2005年增长70.9%，比同期全省平均增幅低64.3个百分点，占全省地方级财政收入的比重仅为11.8%。工业经济不发达，是镇财政收入增长不快的重要原因，2009年各镇的企业实缴税金为34.18亿元，仅比2005年增长38.2%，占全省企业实缴税金总额的比重不足15%。

2009年各镇财政支出合计39.28亿元，占全省的比重仅为2.7%；和2005年比较，财政支出增长60.3%，比同期全省平均水平低74.1个百分点。而且，财政支出中，科学技术支出仅有0.22亿元，比2005年少了0.12亿元，下降了36%；教育支出仅有2.68亿元，比2005年少了1.32亿元，下降了33%。

各镇之间比较，财政收支差距非常大，一些离中心城市比较近的镇，财政实力比较强，而绝大多数财政实力比较弱。财政收入在亿元以上的镇有9个；在5000万元以上的镇有19个，财政收入合计19.21亿元，比重达到1/3；财政收入在1000万元以下的镇有285个，财政收入合计仅有13.18亿元，比重不足1/4。2009年，全省没有财政支出在亿元以上的镇，财政支出在5000万元以上的镇也只有5个。而财政支出在1000万元以下的镇多达305个，在500万元以下的镇也有125个，而且这125个镇，共有人口401.34万人，财政支出总计只有5.61亿元，人均财政支出仅有140元。

财政实力弱，缺乏对基础设施建设的资金支持，缺少对各项社会事业的投入，阻碍了城市化发展的各项硬件环境条件建设的提升。

（三）缺乏引资能力，固定资产投资增长慢

2009年全省各镇共计实现固定资产投资344.15亿元，占全省全社会固定资产投资的比重仅有4.7%。和2005年比较，增加84.59亿元，仅增长32.6%，远远低于同期全省4.03倍的平均增幅。从各镇的情况看，前郭尔罗斯蒙古族自治县长山镇一枝独秀，固定资产投资达到26.21亿元；全省其他投资额达到10亿元以上的镇还有7个；全省有投资额但投资额在亿元以下的镇多达219个，没有投资额的镇也多达134个。

虽然我省从2004年就开始实施扩大投资战略，固定资产投资快速增长，但我省的小城镇财政实力弱，基础设施不健全，缺少政策支持和引导，同时又缺乏良好的引资条件和引资氛围，基本只能依据本镇区的资源禀赋优势进行招商，投资的项目规模小，项目延续性差。缺乏大项目的带动，直接影响小城镇城市化推进的动力。

（四）各项社会事业发展滞后

2009年全省426个镇仅有公园50个、影院49个、体育场馆43个，平均每8个镇、每26万人口才有1个公园、1个影院和一个体育场馆。人均绿地面积仅有4.17平方米，仅相当于全省人均水平的30%。

2009年有学校4656所，教师总数129901人，分别比2005年减少888所和4407人。近年来，适龄入学儿童减少，镇区有条件的居民也更愿意子女到大城市去就读，导致了生源的减少；同时全省开展教育机构改革，很多小城镇的学校因缺乏资质条件而被撤销。学校和教师数的减少，说明我省小城镇的教育水平和师资力量还很低。

2009年有医院、卫生院716所，医生22607人，分别比2005年减少615所和2828人。很多镇的医院和卫生院医疗条件有限，不被患者认可，同时又难以达到规定的资质条件而被淘汰。医院和医生数的减少，说明我省小城镇的医疗卫生条件还比较落后。

社会事业发展的滞后，表明我省的小城镇离现代化城市发展的要求还有很大差距。

（五）居民收入水平有所增长，但速度明显滞后

人均储蓄能从侧面说明居民的收入水平，2009年我省426个镇的人均储蓄存款余额2875元，比2005年增加813元，增长39.4%，储蓄的增加说明人民收入水平的提高。但是和全省16844元的平均水平比较，镇的居民收入水平明显很低。从各镇之间的情况看，只有延吉市小营镇、抚松县北岗镇、通化县果松镇、前郭尔罗斯蒙古族自治县前郭尔罗斯镇4个镇的人均储蓄高于全省平均水平，其他各镇都低于全省平均水平，而且人均储蓄低的城镇居多，低于10000元镇的有423个，低于5000元的镇有350个，低于1000元的镇也多达108个。居民收入水平低，闲余资金少，投资和消费需求低，直接制约了地区经济的发展和城市化水平的提高。

（六）横向比较，镇的实力在全国排名下降

随着市场经济的快速发展，东南部发达省份很多小城镇迅速崛起，往往一两个行业就能带动一个镇实现高速发展，短期内就因其特色而成为全国知名的小城镇。而我省非常缺少这样具有特色的小城镇，2003年长春市西新镇进入全国“千强镇”，2005年西新镇和辽源市东丰县东丰镇进入全国“千强镇”，2009年我省没有进入全国千强的镇，在全国小城镇实力对比中，我省小城镇的排位明显下滑。

我省426个镇的人口占了全省总人口的近一半，但各项经济社会指标占全省的比重只有一成左右，有的甚至不到5%。说明我省小城镇的发展潜力还没有被激发，还没有与现代化的城镇发展要求相接轨。依据资源优势，根据环境特点，发展特色产业，打造小城镇的特点，是推动我省小城镇城市化发展提升经济实力的重要途径。

注：1.特大型城市是指长春市和吉林市，包含市辖区和郊区，不包含所属各县和县级市，2009年所辖人口547.39万人，占全省2739.55万人的20.0%。

2.七个中心城市是指四平、辽源、通化、白山、松原、白城和延吉市等7个市州政

府所在地的城市，包含市辖区和郊区，不包含所属各县和县级市，2009年所辖人口369.53万人，占全省2739.55万人的13.5%。

3.县域是指按行政区划划分的县和县级市，包括下属城镇和乡村。本文中的县域共39个县（市），不包含延吉市。

4.城镇是指城关镇和一般城镇，不包含乡。

# 找准我省服务业发展中存在的问题 坚定加快发展的目标及思路

王宏阳　兰乔　马艳松

编者按：《找准我省服务业发展中存在的问题坚定加快发展的目标及思路》一文于2010年8月6日以《统计分析》第37期（总第597期）印发。8月13日，省长王儒林批示："请延风、伟根同志阅研。"8月20日，副省长竺延风批示："宝田，福春阅，结合伟根省长的一个文，尽快准备召开一个服务业的三产专题会。"8月23日，省政府副秘书长张宝田批示："请省发改委尽快拿出一个办法，相关部门积极配合，近期开专题会议讨论。"

服务业是国民经济的重要组成部分，其发展水平是衡量一个国家或地区经济发展水平高低和现代化程度的重要标志。近年来，我省服务业发展态势平稳，为支撑国民经济发展和提高人民生活水平、促进经济社会协调发展做出了重要贡献。但就整体而言，各种制约服务业发展因素仍然存在，服务业发展滞后于整个国民经济的发展是不争的事实。面对新一轮的经济发展周期，坚持科学的发展观，按照以人为本统筹经济与社会和谐发展的思路，有效化解各种制约因素，进一步加快服务业发展的步伐，对于我省经济持续健康又好又快发展有着极为重要的意义。本文重点对我省服务业发展存在的问题进行探寻，并由此提出相关建议。

## 一、我省服务业发展存在的主要问题

近年来，虽然我省服务业有了较快发展，服务业层次也有了明显提升，但由于众多因素的制约，服务业仍是国民经济与社会发展的薄弱环节，与社会经济发展的需求相比还存在许多问题，与粤沪京等经济发达省市相比还存在相当大的差距。主要表现在：

### （一）服务业总量逐年扩张，规模优势不明显

纵向比较，服务业总量逐年扩张。2009年我省服务业实现增加值2756.26亿元，比上年增长13.0 %，增加313.53亿元。2000—2009年服务业增加值年均增长12.6%。经济总量正逐年扩张，但总量规模优势却不明显。服务业经济总量的增速自2006年出现拐点，开始呈现下滑势头。（见表1）

横向比较，规模优势不明显。2009年在全国31个省（市、自治区）服务业总量的排位中，我省处于第21位。与发达省市相比，2009年我省服务业的经济总量为广东的15.3%，上海的30.9%，北京的30.0%；与GDP总量接近的四省市相比，比天

表1　吉林省2000—2009年服务业发展情况

| 年份 | GDP（亿元） | 增速（%） | 服务业增加值（亿元） | 增速（%） | 服务业增加值同比增量（亿元） |
|---|---|---|---|---|---|
| 2000 | 1951.51 | 9.2 | 783.89 | 11.7 | 179.82 |
| 2001 | 2120.35 | 9.3 | 858.74 | 9.9 | 74.85 |
| 2002 | 2348.54 | 9.5 | 958.88 | 10.1 | 100.14 |
| 2003 | 2662.08 | 10.2 | 1075.49 | 8.3 | 116.61 |
| 2004 | 3122.01 | 12.2 | 1229.93 | 11.0 | 154.44 |
| 2005 | 3620.27 | 12.1 | 1413.83 | 13.6 | 190.19 |
| 2006 | 4275.12 | 15.0 | 1687.07 | 17.4 | 273.24 |
| 2007 | 5284.69 | 16.1 | 2025.44 | 16.4 | 338.37 |
| 2008 | 6426.10 | 16.0 | 2412.26 | 15.3 | 386.82 |
| 2009 | 7278.75 | 13.6 | 2756.26 | 13.0 | 344.00 |

表2　2009年8省市GDP与服务业增加值情况

| | GDP（亿元） | GDP排位 | 服务业增加值（亿元） | 服务业增加值排位 |
|---|---|---|---|---|
| 广东 | 39482.56 | 1 | 18052.59 | 1 |
| 上海 | 15046.45 | 8 | 8930.85 | 6 |
| 北京 | 12153.03 | 13 | 9179.19 | 5 |
| 天津 | 7521.85 | 20 | 3405.16 | 16 |
| 山西 | 7358.31 | 21 | 2886.92 | 20 |
| 吉林 | 7278.75 | 22 | 2756.26 | 21 |
| 重庆 | 6530.01 | 23 | 2474.44 | 24 |
| 云南 | 6169.75 | 24 | 2519.62 | 23 |

津少648.90亿元，比山西少130.66亿元；重庆和云南GDP总量分别少于我省748.74亿元、1109.00亿元，但我省服务业的经济总量仅比重庆多281.82亿元，比云南多236.64亿元。我省的服务业总量在逐年扩大，但规模优势却一直不明显。（见表2）

（二）服务业比重持续“走低”，拉动作用减弱

自2006年起，全国及发达地区服务业增加值的比重开始拉高走强，而我省的服务业则呈现了与其相反的发展趋势。我省服务业在整个国民经济综合实力显著增强时出现比重下滑，由2000年的40.2%下降至2009年37.9%，与全国的平均水平相比较，低于全国平均水平4.7个百分点，与服务业发达省份相比较，分别低于广东、上海和北京7.8、21.5和37.6个百分点。服务业比重下降，这期间固然有我省特殊的老工业基地的区位、特殊的发展路径及当前工业化进程加快的原因，但根本上还是服务业原有基础太差，揭示了在当前的经济发展阶段、市场体制环境、经济增长方式、国际资本流动以及全球制造产业分工的背景下，我省服务业发展尚未进入以知识型、效益型、生产配套型为核心，以产业化、规模化、城市化为依托的服务业内生扩张期。（见表3）

**表3　吉林省服务业增加值占GDP比重与全国平均水平及服务业发达省份的比较**

单位：%

| 年份 | 吉林 | 全国 | 广东 | 上海 | 北京 |
|---|---|---|---|---|---|
| 2000 | 40.2 | 39.0 | 44.3 | 52.1 | 64.9 |
| 2001 | 40.5 | 40.5 | 46.1 | 52.4 | 67.1 |
| 2002 | 40.8 | 41.5 | 47.0 | 52.9 | 69.2 |
| 2003 | 40.4 | 41.2 | 45.3 | 50.9 | 68.7 |
| 2004 | 39.4 | 40.4 | 44.3 | 50.8 | 67.8 |
| 2005 | 39.1 | 40.0 | 42.9 | 50.4 | 69.1 |
| 2006 | 39.5 | 40.0 | 42.7 | 50.6 | 70.9 |
| 2007 | 38.3 | 40.4 | 43.3 | 52.6 | 72.1 |
| 2008 | 37.5 | 41.8 | 44.3 | 56.0 | 73.2 |
| 2009 | 37.9 | 42.6 | 45.7 | 59.4 | 75.5 |

（三）现代服务业发展滞后，成为服务业发展的“短板”

现代服务业的发展水平体现一个区域的社会经济现代化程度。现代服务业是新时期的朝阳产业，也是衡量一个地方经济发展水平的重要标准。从传统服务业与现代服务业对比来看，2009年，我省现代服务业实现增加值1148.7亿元，占服务业增加值的41.7%，传统服务业比重达到58.3%。服务业产业升级问题依然严峻，传统服务业中的交通运输、仓储和邮政业；批发和零售及住宿和餐饮业增加值合计1172.6亿元，占全省GDP的42.5%。随着人民生活水平的提高，对精神产品以及卫生、社会保障等非营利性服务业的需求会不断加大。2009年，教育；卫生、社会保障和社会福利业；文化、体育和娱乐业三个行业增加值为438.6亿元，占服务业的比重仅为15.9%。服务业内部结构演进并未发生根本性的转变。

（四）服务业市场化程度低，管理体制尚待健全

服务业市场化程度低，禁锢了服务业的发展。首先垄断经营项目多，市场准入限制多。服务业中除居民服务业、批发和零售业、房地产、租赁和商务服务业市场化程度相对比较高以外，银行、保险、电信、铁路、教育、卫生、新闻出版、广播电视等行业，至今仍保留着十分严格的市场准入限制。其次是服务业投资依然过度依赖国有投资。目前，服务业固定资产投资中，国有投资仍占45.5%，其中银行、电信、邮电、铁路运输、航空运输等行业高达90%以上。三是服务行业的经营主体单一，扩张实力有限，多种经济成分共同发展的格局远未形成。

服务业管理体制不健全，制约了服务业的进一步发展，难以形成对整个经济增长拉动的新增长点。一是服务业缺乏统一、有效的管理体制，政府调控存在“越位”和“缺位”现象，压抑了产业的发展。二是市场建设缺乏合理规划和调控，导致服务业市场混乱，企业自生自灭，难以迅速实现规模扩张和效益增长；服务业领域存在的行业垄断行为抑制了服务业发展的积极性。三是缺乏良好的投资机制，没有形成市场化、社会化的投资渠道，金融支撑不足，企业信用体系建设滞后，难以实现投资发展的良性循环。

（五）城乡居民收入水平不高，制约服务业的消费需求

收入是消费的基础，一切服务消费的需求，均取决于消费者的收入水平。现阶段，居民收入水平不高，社会保障能力不强，影响了消费者的预期消费。2009年我省城镇居民人均可支配收入为14006.27元，与全国平均水平相差3168.38元，居31个省（市、自治区）第22 位；农民人均纯收入5265.90元，仅比全国平均水平高出112.70元。2009年我省城镇居民恩格尔系数（既居民家庭食品支出占家庭消费支出的比重）为33.3%，农村居民恩格尔系数为35.1%，城乡家庭开销以食品消费为主。占总人口46.7%的农村居民由于生活方式和收入水平的限制，对服务业的需求很小。

只有聚集较高的消费群体，才能形成规模化的市场，同时居民预期支出过高，如：教育、住房、医疗消费等，在一定程度上抑制了居民的即期消费，明显影响到全省消费品市场的增长。社会保障机制的不健全，使得人们只有尽可能地通过增加存款来获取“安全感”，因而造成人们消费心理趋于保守，消费行为更加谨慎，严重制约了服务业的消费需求。（见表4）

表4　2009年8省市城乡居民人均收入比较

| 地区 | 城镇居民人均可支配收入 | | 农民人均纯收入 | |
|---|---|---|---|---|
| | 元 | 位次 | 元 | 位次 |
| 全国 | 17174.65 | | 5153.2 | |
| 广东 | 21574.72 | 4 | 6906.9 | 6 |
| 上海 | 28837.78 | 1 | 12482.9 | 1 |
| 北京 | 26738.48 | 2 | 11668.6 | 2 |
| 天津 | 21402.01 | 5 | 8687.6 | 4 |
| 山西 | 13996.55 | 23 | 4244.1 | 22 |
| 吉林 | 14006.27 | 22 | 5265.9 | 10 |
| 重庆 | 15748.67 | 11 | 4478.4 | 20 |
| 云南 | 14423.93 | 15 | 3369.3 | 28 |

## （六）较高的城市化水平与较低的城市化质量制约服务业发展

城市化是服务业加速发展的前提。服务业要求人口必须集中到一定规模，服务业才能盈利，才能作为产业来经营，也才能有供给，城市化水平的高低对服务业的发展有直接的影响。而且，服务业内部一些高附加值、为生产生活服务的新兴行业，其发展也往往是和较大城市规模联系在一起的。城市化建设还必然带动基础设施、市政设施建设，带来工业、商业、建筑业、金融、信息等行业的发展，这样在解决大批人口就业的同时，也带来了人们收入的提高，从而奠定了服务业发展的物质基础。2009年，我省城市化率为53.3%，比全国46.6 %的比重高6.72个百分点，但从我省就业人口水平、城镇人均可支配收入和职工平均工资均低于全国平均水平的不争事实看，我省的城市化质量还比较低，同时也表明我省城镇居民的生活及生存质量与较高的城市化水平不相匹配。消费支出水平较低，是就业水平与收入水平低的最终表现，表明我省的城镇居民还没有能力或实力享受更高质量的服务消费，或者说没有分享到与城市化水平相当的生活消费。

（七）服务业固定资产投资集中度过高，民间投资热情不旺

有效投入是服务业发展的基础和前提条件，投入不足必然影响服务业发展。2009年我省服务业固定资产投资虽然高速增长，但投资集中度过高，主要集中在房地产业；交通运输、仓储和邮政业；水利、环境和公共设施管理业投资上，在服务业城镇固定资产投资中，房地产业903.12亿元，同比增长17.7%，交通运输、仓储和邮政业393.91亿元，同比增长51.4%，水利、环境和公共设施管理业499.58亿元，同比增长26.6%，三者合计占全部服务业城镇固定资产的比重达到72.0%。服务业投资结构有待于进一步改善。

2009年我省服务业民间投资1280.62亿元，占全部服务业投资的51.3%，若扣除房地产民间投资，则服务业投资中的民间投资只有531.2亿元，占全部服务业的投资比重只有21.3%。

（八）长、吉两市服务业独大，地区发展不平衡

服务业是一个区域经济发达程度的标志，我省服务业发展受地区经济发展水平及自然环境的影响，地域差距明显。全省除长春、吉林两市以外，其它7个市、州服务业发展水平相对偏低。2009年长春和吉林两市服务业增加值占全省的比重达58.3%，长春独占38.9%。这与当地经济发展总体水平及各市、州内部产业结构有一定的相关性。地区发展不平衡，不利于提升我省服务业的整体水平。（见表5）

## 二、我省服务业加快发展的目标及思路

目前，我省已进入经济结构战略性调整的重要时期，经济增长方式转变、经济结构的调整和综合实力的增强越来越依赖服务业的发展。从我省经济的发展空间看，经济发展受到环境资源和能源制约，特别是土地、电力等的制约，而振兴和膨胀传统服务业，做强做大新兴服务业，加快发展现代服务业，切实提高服务业的质量和层次则有很大的发展空间。服务业是我省经济发展的潜力所在，大力发展服务业已成为我省经济社会快速发展和全面建设和谐社会的当务之急。 为尽快改变我省服务业发展滞后状况，根据经济和社会发展要求，我省提出了“到2015年，服务业增加值占GDP比重达到40%.，增加值达到6000亿元以上，发展速度超过全国平均水平”的发展目标。根据我省目前的实际情况，要实现这一发展目标，将面临着前所未有的压力，那么如何在后经济危机时期抓住机遇，转变增长方式，赢得服务业跨越发展的新胜利，顺利实现我省制定的发展目标，应从以下六个方面入手：

（一）准确定位，突出服务业发展重点行业

产业结构优化的目标是资源配置最优化和经济效益最大化。服务业涉及行业

表5　2009年各市、州服务业发展情况

| 地区 | 地区生产总值（亿元） | 服务业增加值（亿元） | 服务业增加值占全省比重（%） |
|---|---|---|---|
| 全省 | 7278.75 | 2756.26 | 100.0 |
| 长春 | 2848.56 | 1181.84 | 38.9 |
| 吉林 | 1500.48 | 590.09 | 19.4 |
| 四平 | 658.59 | 217.01 | 7.2 |
| 辽源 | 336.18 | 111.58 | 3.7 |
| 通化 | 518.00 | 193.50 | 6.4 |
| 白山 | 356.63 | 116.52 | 3.8 |
| 松原 | 900.83 | 292.11 | 9.6 |
| 白城 | 353.36 | 134.99 | 4.5 |
| 延边 | 450.34 | 198.62 | 6.5 |

多，不可能齐头并进地发展，在一定时期内要有侧重，选准发展的突破口。根据我省服务业发展的比较优势和资源禀赋，准确定位，积极发展能够成为我省经济发展增长点的重点领域和带动其他产业发展的行业：一是大力发展现代物流业。创新物流业发展的体制机制，推动重点领域物流发展，建设与长吉图对接的物流基础设施，大力发展第三方物流，引进培养知名物流品牌，提高物流的专业化、社会化和组织化水平。二是积极发展现代金融业。紧紧抓住国家实施适度宽松货币政策的有利机遇，加强地方金融体系建设，大力拓宽融资渠道，扩大有效信贷投放，切实改善对中小企业的金融服务。三是加快发展文化和旅游业。继续深化文化体制改革，强化文化产业单位的市场主体意识，推动文化和经济的融合，应用现代科技改造、提升文化产品，形成一批具有竞争力的知名文化品牌，把文化产业发展成为新兴的支柱产业。四是加快发展商务服务业。按照产业化、市场化和国际化的方向，从管理体制、法律环境、人才战略、市场机制等方面加快改革进程，为商务服务业的发展创造一个良好的制度环境。五是扶持发展科技服务业。依托高新技术园区，大力扶持科技创新型企业，积极承接国家重大科技项目，强化国家重大科学工程和重点

企业工程技术研究开发中心的对外开放和服务功能，促进科技成果交流和实用技术的推广应用，增强自主创新能力。六是提升商贸流通服务业。继续加快发展新兴流通业态，积极支持连锁企业进入农村市场，促进传统流通产业的改造和流通产业竞争力的提升，推动居民消费结构的升级。

（二）破除束缚，拓宽融资渠道，加速市场化进程

近年来，服务领域的市场化改革进展较快，但部分行业仍存在进入门槛过高的问题。目前非公有经济只是在批发和零售业、餐饮业和房地产业及社会服务业中占优势，在其他行业中，非公有经济的比重都很低，国有资本过度垄断，缺乏竞争，经营效率差，制约了服务业中一些行业的产业化发展。因此，应减少市场进入壁垒，逐步使国有资本退出一般性竞争行业，创造更为宽松的环境，积极吸引民间资本和外来资本进入服务业领域；同时在管理和服务上给予国民待遇，理顺市场秩序，真正形成各种经济类型充分竞争的局面。认真清理服务业的市场准入规定，尽快修订有关法律法规，加大服务业市场准入制度改革与开放力度，营造公平、规范、快捷、有序的市场准入环境，切实消除体制性障碍，加快建立优化资源配置的竞争机制。

服务业的快速发展在很大程度上取决于资金支撑，在有效激活民间资本的同时，积极争取金融机构的支持。大力提高直接融资比例，促进投资渠道多元化，加强东北亚博览会等平台建设，吸引更多的大企业、大集团和战略投资者。加大服务业招商引资力度，着力提高招商引资的针对性和实效性。建立健全优化服务业结构的投资调控体系，强化政府对投资流向的信息服务作用，以确保资金效益的最大化。凡法律未限制民资进入的产业，应全面降低门槛对民资开放；凡部门规章对民资设限的行业，应尽快修订，加快民资的有序进入。加大政策支持力度，完善引导资金使用方式。针对我省服务业国家投资为主、公有经济比重高于一、二产业的现状，放宽政策鼓励和加快对民资、外资开放服务业市场，积极承接服务业的国际转移，引导民资、外资投向服务业行业。消除行业的体制性、政策性、管理性障碍，真正放开、放手、放活，引导民间资本的进入；同时要促使现有的国有服务企业建立起新的企业法人治理结构，在制度变革中提高生产率，增强竞争力。

（三）抓住重点，优化服务业内部结构

当前和今后一个时期，我省服务业发展应以扩大总量、优化结构、提高效率、促进产业升级为重点。大力发展现代服务业与改造和提升传统服务业，积极拓宽生产性服务业与完善消费性服务业、发展提升城市服务业与积极发展农村服务业并举，深化改革开放，承接服务外包，推进结构调整，优化发展环境，提升服务业整体发展水平和竞争力，推动全省经济又好又快发展和社会全面进步。重点抓好生产

性服务业，我省生产性服务业的各个门类都较为薄弱，由此决定了我省服务业整体竞争力的低下和结构的非优化，形成了我省经济增长主要依靠工业带动和数量扩张的非良性循环。加快发展生产性服务业，提升其现代化水平，可以从供给和需求两方面促进经济结构调整和产业结构的优化升级：一是推动服务业供给总量的增加和结构的优化，并逐步将经济增长纳入三次产业协调带动的轨道；二是有利于推动需求结构的改善，生产性服务业投入效率的提高将有利于减少经济增长对高投资和高资本积累的依赖，增加人力资本积累，从而有益于改变投资率畸高、消费率偏低的局面，促进经济增长由主要依靠投资拉动向消费需求为主导方向转变。

（四）分类指导，促进城市化与服务业联动发展

世界经济发展的实践表明：现代服务业的发展，是与城市化进程相辅相成、相伴而生的。只有人口相对集中，才能形成规模化的交易和运输。只有聚集较高的消费群体，才能形成规模化的市场。从地域看，长春、吉林两市应成为发展服务业的重点区域，其产业互补性强，空间布局合理，交通设施完备，一体化条件比较成熟。推进长吉一体化，对于全省城市空间布局、产业布局、长吉图大开发都具有极其重要的意义。应付之以发展服务业的优惠政策，鼓励建设核心服务业区。从行业上看，投入少、见效快、就业容量大、层次多、适合各类人员就业的劳动密集型行业如旅游业、社区服务业应成为我省服务业发展的重点行业。按照世界旅游组织“旅游业每直接增加一个从业人员，就能为社会提供五个就业机会”来推算，我省间接从业人员就有30万人左右。因此，如果能使我省旅游业再上新台阶，就能提供更多就业机会。同时还必须采取切实有效的举措，促使我省的科教力量、文化底蕴、信息技术等“软实力”转化为经济发展水平的“硬实力”，这将使发展服务业与促进城市化相得益彰，形成互动互进的良性动力机制。

（五）提高收入，健全社会保障体系

长期以来，我省城镇居民收入水平一直偏低。2009年我省城镇居民人均可支配收入14006.27元，较全国平均水平低3168.38元，差距比2008年又拉大了217元。要实现经济增长由投资拉动型向消费拉动型转变，必须要以扩大内需、提高居民消费水平为基础，消费水平的提高最终要依靠居民的消费能力和消费意愿的提升，而这两者直接取决于居民收入水平的高低。应在可能情况下，使经济成果分配向居民收入倾斜，特别是向城镇中低收入者和农民倾斜。应建立合理有效的工资增长机制，使职工工资随着经济发展水平不断提高，研究并建立确保最低工资标准与本地经济发展同步增长的长效机制。提高社会保障的整体水平。妥善协调和处理好各方面的利益关系。切实解决好人民群众最关心、最直接、最现实、最迫切需要解决的利益问题。如果社会事业、民生改善不能与经济发展相协调，那么经济发展社会和谐将是

一句空话。

（六）培养人才，为发展服务业提供智力支撑

人力资本是现代经济增长和现代服务业发展的主要动力和决定因素。现代服务业多是知识密集型的服务业，服务业的国际竞争大都集中在知识密集型行业。服务贸易涉及140多个品种，而最受关注的是那些知识密集型产品。毫无疑问，服务业竞争的成败决定于拥有人才的多寡和人才使用机制的优劣。在我省乃至全国，缺乏人才特别是缺乏熟悉现代服务业经营理念和经营方式的人才，已成为制约服务业加快发展的重要因素。因此，要加大服务业专业人才的培养力度，提高从业人员的素质。要广开渠道，招揽各方面人才，尤其要积极创造条件，吸引和聘用海外的优秀人才，为服务业的发展提供智力资源。同时，要立足自身力量，加强企业岗位职业培训和大专院校的专业培养，逐步建设高素质的人才队伍，为服务业的发展和服务水平的提高不断注入新的活力。

# 从投入产出角度看三大支柱产业对我省经济的影响

谭　英

**编者按：《从投入产出角度看三大支柱产业对我省经济的影响》一文于2010年8月19日以《统计分析》第38期（总第598期）印发。**

交通运输设备制造、石油化工和以农副产品为主要原料的食品工业是我省的三大支柱产业，其在我省经济发展中发挥着重要的牵引和支撑作用。2009年，吉林省工业增加值的56%、GDP的23.5% 是由三大支柱产业创造的。因此，定量分析三大支柱产业与各产品部门之间的经济技术联系，揭示其在全省经济发展中的作用及其发展变化对全省经济的影响，对相关部门制定科学、有效的支柱产业扶持政策和发展规划，促进全省经济持续健康发展都具有重要的现实意义。

## 一、三大支柱产业在我省经济中的地位

### （一）三大支柱产业已成为我省经济发展的重要支撑

“十一五”以来，三大支柱产业规模不断扩大，对全省经济发展的支撑作用日益突出。2009年，三大支柱产业实现全口径增加值（含规模以上工业和规模以下工业，下同）1710.05亿元，比2005年增加977.46亿元，规模扩大了1.3倍，占全省全口径工业增加值的56%，比2005年提高了2.3个百分点；占全省GDP的比重为23.5%，比2005年提高了3.3个百分点。

“十一五”以来，我省食品工业得到了突飞猛进的发展。其增加值已由2005年的64.57亿元增加到2009年的519.98亿元，四年间规模扩大了7.1倍，占全省全口径工业增加值的比重由2005年的4.7%，迅速提高到2009年的17.0%，提高了12.3个百分点；占全省GDP的比重也由2005年的1.8%扩大到2009年的7.2%，提高了5.4个百分点，成为我省经济发展中的一支新的生力军。（见表1）

### （二）三大支柱产业已成为我省经济发展的助推器

三大支柱产业在实现自身规模不断扩大的同时，也推动了全省经济的快速增

表1　三大支柱产业在我省经济中的份额

| | 增加值（亿元） | | 占工业增加值比重(%) | | 占GDP比重(%) | |
|---|---|---|---|---|---|---|
| | 2009年 | 2005年 | 2009年 | 2005年 | 2009年 | 2005年 |
| 三大支柱产业增加值合计 | 1710.05 | 56.0 | 56.0 | 53.7 | 23.5 | 20.2 |
| 交通运输设备制造业 | 766.69 | 25.1 | 25.1 | 27.2 | 10.5 | 10.3 |
| 石油化学工业 | 423.38 | 13.9 | 13.9 | 21.7 | 5.8 | 8.2 |
| 食品工业 | 519.98 | 17.0 | 17.0 | 4.7 | 7.2 | 1.8 |

长。“十一五”以来，全省规模以上三大支柱产业增加值年均增长17.3%，增速高于同期GDP年均增长率2.1个百分点，对同期经济增长的贡献率为25.0%，拉动GDP年均增长3.8个百分点。

三大支柱产业对我省经济的牵引作用主要得益于食品工业和交通运输设备制造业的快速发展。“十一五”以来的四年间，我省规模以上食品工业增加值年均增长26.7%，高于同期GDP年均增长率11.5个百分点；规模以上交通运输设备制造业年均增长19.5%，高于同期GDP年均增长率4.3个百分点。四年间规模以上石油化学工业增加值年均增速仅为8.0%，低于同期GDP增速7.2个百分点，发展相对迟缓。

（三）三大支柱产业是我省税收收入的主要来源

2009年，我省三大支柱产业实现各种税收收入408.48亿元，占全省全部税收收入的46.5%。其中，实现国税收入378.10亿元，占其全部税收收入的比重为92.6%，占全省全部国税收入的62.2%；实现地税收入30.37亿元，仅占其税收收入的7.4%，占全省全部地税收入的比重为11.2%。

交通运输设备制造业实现国税收入居三大支柱产业之首，为218.25亿元，占全省全部国税收入的35.9%；石油化学工业和食品工业分别实现国税收入104.20和55.65亿元，占全省国税收入的比重分别为17.2%和9.2%。石油化学工业实现地税收入居三大支柱产业之首，为13.41亿元，占全省全部地税收入的5.0%；交通运输设备制造业和食品工业分别实现地税收入10.76和6.20亿元，占全省全部地税收入的比重分别为4.0%和2.3%。

（四）三大支柱产业的对外辐射能力明显强于其他行业

根据投入产出调查数据，2007年我省三大支柱产业销往省外或国外的总额的产品总值，即流出总额为2029.58亿元,比2002年增加了1005.16亿元，占全省工业品流出总额的66.5%。其比重超过50%，说明我省三大支柱产业的对外辐射能力明显地强于工业中的其他行业。

食品工业和石油化学工业的对外辐射能力显著增强。2007年，全省食品工业流出额为682.71亿元,占全部工业品流出总额的22.4%，比2002年增长了12.3倍，比重扩大了17.6个百分点；石油化学工业流出额为613.97亿元,占全部工业品流出总额的20.1%，比2002年增长了4.8倍，比重扩大了10.1个百分点；交通运输设备制造业流出额为732.49亿元,占全省工业品流出总额的24.0%，比2002年增加了32.71亿元。

## 二、三大支柱产业的产业关联分析

### （一）从投入角度看三大支柱产业的产业关联

三大支柱产业的发展，需要各相关行业为其提供原材料、燃料、动力及相关的各种服务，因而其发展必然受到上下游相关行业的影响。2007年吉林省投入产出表显示，全省三大支柱产业对第二产业的依赖性最强，其中间投入的85.8%来自于第二产业。其中，交通运输设备制造业和石油化学工业的中间投入主要来源于第二产业，食品工业的中间投入则主要来源于第一产业。（见表2）

表2　2007年我省三大支柱产业中间投入的产业构成情况

单位：%

| | 合计 | 第一产业 | 第二产业 | 第三产业 |
|---|---|---|---|---|
| 三大支柱产业合计 | 100 | 9.14 | 85.83 | 5.02 |
| 交通运输设备制造业 | 100 | 0.00 | 96.89 | 3.10 |
| 食品工业 | 100 | 54.70 | 38.46 | 6.84 |
| 石油化学工业 | 100 | 3.29 | 88.04 | 8.67 |

利用投入系数可以反映三大支柱产业对其它部门产品和服务的依赖程度。投入系数，也称直接消耗系数，它是指在生产过程中第j产品（或产业）部门的单位总产出直接消耗的第i产品部门货物或服务的价值量。2007年我省三大支柱产业投入系数的测算结果显示，三大支柱产业每万元产出,需要直接使用或消耗三大支柱产业本身及之间的产品和服务3693.1元，占其全部中间投入的54.8%；需要直接使用或消耗其他部门的产品和服务主要有：金属冶炼及压延加工业470.4元；电力热力的生产和供应业325元；通用专用设备制造业316元；塑料制品业200.6元；电气机械及器材制造业172.9元；金属制品业的产品和服务134.6元。上述6个行业合计为1619.5元,占三大支柱产业全部中间投入的24%，也就是说，三大支柱产业的发展，对本部门的拉动

作用最大，对上述6个行业的拉动作用也很大。根据2007年吉林省投入产出资料计算，上述6个行业的产品大部分需要从省外或国外购进。这些行业省外产品在我省市场上的占有率分别为：76.7%、64.1%、90.5%、95.6%、87.4%和70.0%，因此，我省三大支柱产业在促进我省经济发展的同时，一定程度上也带动了外省经济的发展。

（二）从产出角度看三大支柱产业的产业关联

三大支柱产业的产出，作为要素供给提供给其它部门，提供的份额越大，说明三大支柱产业的发展对其推动作用也就越大。

根据2007年吉林省投入产出资料测算得出，交通运输设备制造业的中间使用中有95.1%的产品为本部门所使用，说明交通运输设备制造业的产出对其他部门的中间提供较少，绝大部分是部门内的中间使用；而几乎所有的生产部门都使用了石油化学工业的中间产品，其中间使用中有43.9%的产品为本部门所使用，有10.8%、10.3%、6.0%和4.9%的产品分别被第三产业中的交通运输及仓储业、第一产业、第三产业中的居民服务和其他服务业以及交通运输设备制造业所使用，说明这些部门对石油化学工业的需求量较大，依赖性较强；食品工业的中间使用中有27.6%的产品为本部门所使用，有42.4% 的产品为第一产业所使用,有28.3%的产品为第三产业中的住宿和餐饮业所使用，除此以外，食品工业对其他部门的中间提供很少，均不足0.3%。

## 三、三大支柱产业对我省经济的影响和贡献

（一）三大支柱产业对我省经济的影响

一般而言，在产业结构这一系统中，某产业在生产过程中的任一变化，都将通过产业间的关联关系而对其他产业发生波及作用。通常，把一产业受其他产业的波及作用叫感应度，而把它影响其他产业的波及作用称为影响力。感应度系数是反映国民经济各部门均增加一个单位最终使用时，某一部门由此而受到的需求感应程度，感应度系数的平均水平为1，其数值越大，受国民经济其他部门的影响程度也越大。影响力系数是反映国民经济某一部门增加一个单位最终使用时，对国民经济各部门所产生的生产需求波及程度，影响力系数的平均水平为1，其数值越大，对国民经济其他部门的拉动程度也就越大。（见表3）

由上表可以看出：⑴ 2007年、2002年我省交通运输设备制造业的影响力系数均大于1，说明该行业的发展对其他行业所产生的波及影响程度超过社会平均水平，能产生较强的辐射力,对经济的拉动作用较强。2007年该行业的感应度系数较2002年有所提高，但仍小于1，说明该行业受其他行业的感应程度较小，抗风险能力较强。因此，在经济低谷时期通过适度发展该行业可以有效带动全省经济的发展。⑵ 2007

表3　三大支柱产业影响力系数和感应度系数表

| | 影响力系数 | | 感应度系数 | |
|---|---|---|---|---|
| | 2007年 | 2002年 | 2007年 | 2002年 |
| 交通运输设备制造业 | 1.14740 | 1.18952 | 0.94660 | 0.73946 |
| 食品工业 | 0.93153 | 1.18944 | 0.64072 | 0.68864 |
| 石油化学工业 | 0.86047 | 0.96789 | 2.54265 | 3.51531 |

年、2002年食品工业的感应度系数均较低，2007年该行业的影响力系数比2002年有所下降，但仍接近于1，说明该行业受其它行业的制约程度较小，同时又具备一定的推动其它行业发展的能力。⑶ 石油化学工业的感应度系数很高，但影响力系数较低，说明该行业属于经济发展不可或缺的基础产业，各部门对它的依赖性较高，对全省经济的发展起着制约作用。近年来，我省石油化学工业的发展速度减慢、经济效益下降，其在全省经济中的地位在降低。这说明该行业技术创新升级优化的步伐放慢，被外省（域）产品替代增多，影响力下降。

（二）三大支柱产业对我省经济的贡献

三大支柱产业对我省经济增长的贡献效应明显。某产业对经济的贡献主要表现在两个方面：一是该产业作为经济活动的组成部分，其自身的发展壮大，直接促进经济的增长。二是该产业对经济的间接影响，主要表现为该产业与其它行业之间存在着较强的关联性。

利用完全消耗系数，可以反映三大支柱产业对其他部门货物或服务的直接消耗和间接消耗。2007年吉林省投入产出表的完全消耗系数表明，在保持其它行业最终使用不变的条件下，如果我省交通运输设备制造业最终使用增加10000元，第一产业、石油化学工业、食品工业、交通运输设备制造业、其它工业、建筑业和第三产业需要分别增加总产出722.2 元、1396.4元、135.4 元、7774元、10184 元、20.4元和1302.6元，全社会合计增加总产出21534.9元；如果食品工业最终使用增加10000元，第一产业、石油化学工业、食品工业、交通运输设备制造业、其它工业、建筑业和第三产业需要分别增加总产出6513.4元、 1407.9元、2271.6元、112.3元、4550.3元、20.99元和1220元，全社会合计增加总产出16096.4元；如果石油化学工业最终使用增加10000 元，第一产业、石油化学工业、食品工业、交通运输设备制造业、其它工业、建筑业、第三产业需要分别增加总产出836.5元、5334.9元、148.9元、166.1

元、6151.2元、31.9元和1349元，全社会合计增加总产出14018.4元。

## 四、结论与建议

当前我省经济正处于企稳回升阶段，但回升的基础尚不牢固，经济发展面临的困难和挑战仍然很多，在这种形势下，合理的资金投向是保证我省今后一段时间经济稳定增长的重要因素。通过上述分析，可以得出如下结论：将有限的资金投向产业关联度较强的三大支柱产业，将会对国民经济产生不可低估的连锁波及效应。但发展三大支柱产业不能搞一刀切，必须根据三大支柱产业各自的特点，清晰定位。

### （一）加快交通运输设备制造业产品的升级换代步伐，努力增强产业规模集聚效应

交通运输设备制造业是一个波及范围广、影响能力强、具有强烈的规模集聚效应、有着远大发展前景的产业。该行业最终使用增加1元，全社会总产出将增加2.15元，按2009年该行业最终使用为1800亿元计算，将诱发全社会总产出3870亿元，是当年我省全社会总产出的20.3%。所以，面对着日益激烈的国内市场竞争，我省交通运输设备制造业必须看清市场发展趋势，加快产品的升级换代步伐，加大对一些高科技产品和进口替代产品的投入，特别是要提高关键设备研发设计、核心元器件配套、加工制造和系统集成的整体水平，努力减少企业生产中间环节，降低产业发展成本，增强产业规模效益，并积极开拓国际市场。

### （二）加大石油化学工业技改力度，缓解“瓶颈”效应

石油化学工业是我省产业链中的上游产业，几乎对各行业都有影响和制约作用，其在全省经济中的影响不可低估。近年来，该行业出现萎缩现象，其对全省经济的影响力在三大支柱产业中最弱，特别是与我省第一大支柱产业产业关联度低，中间使用中只有4.9%的产品供其使用，这说明我省的石油化学工业现代化程度低，难以适应现代交通运输设备制造业的技术要求，今后应当加大该行业的技改力度，淘汰落后工艺技术和设备，提高科技贡献率，依靠技术进步促进产业结构优化升级，重点发展那些市场需求量大的高档产品或新产品，努力解决产品短缺问题。

### （三）大力提高食品工业的产出效率，注重技术改造和品牌效应

近年来，我省食品工业发展迅速，资源优势不断转变为产出优势。我省农业资源丰富，为食品工业大力发展创造了有利条件，但是该行业的推动产出能力比交通运输设备制造业低25.3%，其产品大部分仍处于初加工和粗加工阶段，产出效率仍然较低。今后政府应在投资和政策方面对该行业予以扶持，鼓励企业运用现代经营方式和信息技术改造提升产业层次，推进产品高加工度化和技术集约化，牢固树立品牌意识，努力将企业做大做强。

### （四）加快生产性服务业的发展步伐

加快生产性服务业的发展步伐，尤其是要加大与产品制造相关的研究开发、金融服务、市场销售服务、信息服务等行业的投入和扶持力度，以此推动三大支柱产业与现代服务业的有机融合、互动发展。

# 从对人均GDP的贡献分析我省<br>工业化、城镇化、农业现代化发展的协调性

宫俭　刘莉　陈刚

**编者按：**《从对人均GDP的贡献分析我省工业化、城镇化、农业现代化发展的协调性》一文于2010年8月25日以《统计分析》第40期（总第600期）印发。

## 一、问题的提出

为深入贯彻落实科学发展观，切实转变经济发展方式，促进吉林经济全面、协调和可持续发展，今年我省确立了“三化”（工业化、城镇化和农业现代化）统筹的经济发展战略。以工业化带动城镇化，以农业现代化保障城镇化，以城镇化促进工业化和农业现代化发展，走工业化、城镇化与农业现代化相互支撑、相互融合、互动发展的路子。

实施“三化”统筹战略，首先需要分析清楚四个问题。一是，目前我省“三化”的发展水平；二是“三化”对我省经济发展的贡献水平；三是“三化”之间的协调程度；四是现阶段实施“三化”战略的关键环节。

本文以回答这四个问题为目标，以计量统计模型为分析手段。首先，运用以全国31个省份为计量对象的普遍性分析方法，探究“三化”与经济发展水平关系的演进规律，为我省现阶段“三化”发展的方向提供参考依据。其次，运用以吉林省为计量对象的特殊性分析方法，从“三化”对人均GDP的贡献水平角度，对我省“三化”发展的协调性进行了基本分析和判断，为我省谋划和实施“三化”统筹战略提供参考依据。

## 二、“三化”进程与经济发展水平的模型和相关性分析

### (一) 变量的选取和指标数据说明

我们以人均GDP作为被解释变量$Y$，以工业化率（$X_1$）、城镇化率($X_2$)和农业现代化率（$X_3$）作为解释变量。选取1998年、2003年和2008年作为观测年份收集数据。

由于北京、天津、上海三市农业份额小，海南和西藏两省工业份额小，因此在

建立回归模型时，将这五省（市）视为异常值予以剔除。（见表1）

表1　各省人均GDP工业化率、城镇化率、农业现代化率数据

表1

| 年份 | 地区 | 人均GDP（元） | 工业化率（%） | 城镇化率（%） | 农业现代化率（%） |
|---|---|---|---|---|---|
| 1998年 | 河　北 | 6501 | 42.8 | 18.6 | 67.3 |
| 1998年 | 山　西 | 5104 | 46.6 | 25.9 | 29.3 |
| 1998年 | 内蒙古 | 5406 | 33.5 | 33.8 | 37.7 |
| 1998年 | 辽　宁 | 9415 | 42.9 | 45.6 | 39.4 |
| 1998年 | 吉　林 | 5983 | 32.4 | 43.1 | 31.6 |
| 1998年 | 黑龙江 | 7375 | 47.0 | 45.2 | 20.2 |
| 1998年 | 江　苏 | 10049 | 43.9 | 26.9 | 86.7 |
| 1998年 | 浙　江 | 11394 | 49.0 | 20.4 | 85.7 |
| 1998年 | 安　徽 | 4235 | 39.7 | 18.7 | 72.2 |
| 1998年 | 福　建 | 9603 | 36.3 | 19.8 | 77.5 |
| 1998年 | 江　西 | 4124 | 32.9 | 21.8 | 82.2 |
| 1998年 | 山　东 | 7968 | 42.6 | 25.9 | 71.4 |
| 1998年 | 河　南 | 4643 | 40.0 | 17.5 | 66.3 |
| 1998年 | 湖　北 | 5287 | 42.6 | 27.5 | 64.4 |
| 1998年 | 湖　南 | 4667 | 34.8 | 19.2 | 82.3 |
| 1998年 | 广　东 | 10819 | 43.7 | 31.2 | 64.8 |
| 1998年 | 广　西 | 4346 | 29.9 | 17.4 | 56.2 |
| 1998年 | 重　庆 | 5016 | 33.6 | 20.1 | 19.3 |
| 1998年 | 四　川 | 4294 | 35.5 | 17.6 | 38.6 |
| 1998年 | 贵　州 | 2364 | 32.4 | 14.3 | 34.7 |
| 1998年 | 云　南 | 4446 | 39.0 | 14.6 | 47.0 |
| 1998年 | 陕　西 | 4070 | 32.2 | 21.8 | 38.4 |
| 1998年 | 甘　肃 | 3541 | 35.8 | 18.7 | 27.7 |
| 1998年 | 青　海 | 4426 | 28.8 | 28.4 | 31.8 |
| 1998年 | 宁　夏 | 4607 | 33.4 | 28.4 | 48.0 |
| 1998年 | 新　疆 | 6174 | 26.9 | 35.3 | 95.4 |
| 2003年 | 河　北 | 10251 | 45.3 | 26.7 | 64.0 |
| 2003年 | 山　西 | 8641 | 48.6 | 29.1 | 23.9 |
| 2003年 | 内蒙古 | 10039 | 33.6 | 36.9 | 31.3 |
| 2003年 | 辽　宁 | 14270 | 42.6 | 47.2 | 36.2 |
| 2003年 | 吉　林 | 9854 | 36.8 | 45.0 | 27.7 |
| 2003年 | 黑龙江 | 10638 | 50.8 | 47.0 | 17.9 |
| 2003年 | 江　苏 | 16830 | 48.2 | 39.4 | 75.9 |
| 2003年 | 浙　江 | 20444 | 46.6 | 25.4 | 66.1 |
| 2003年 | 安　徽 | 6375 | 36.4 | 20.6 | 55.0 |
| 2003年 | 福　建 | 14333 | 41.0 | 29.7 | 65.5 |
| 2003年 | 江　西 | 6624 | 30.0 | 24.9 | 62.6 |

续表

| 年份 | 地区 | 人均GDP（元） | 工业化率（%） | 城镇化率（%） | 农业现代化率（%） |
|---|---|---|---|---|---|
| 2003年 | 山　东 | 13268 | 47.1 | 31.1 | 61.9 |
| 2003年 | 河　南 | 7376 | 43.0 | 20.0 | 59.1 |
| 2003年 | 湖　北 | 9011 | 41.7 | 29.4 | 41.3 |
| 2003年 | 湖　南 | 7589 | 31.3 | 21.3 | 67.7 |
| 2003年 | 广　东 | 17798 | 47.9 | 47.7 | 40.2 |
| 2003年 | 广　西 | 6169 | 29.8 | 18.3 | 34.4 |
| 2003年 | 重　庆 | 8091 | 34.1 | 24.1 | 19.3 |
| 2003年 | 四　川 | 6623 | 32.5 | 21.0 | 27.3 |
| 2003年 | 贵　州 | 3701 | 33.7 | 15.6 | 13.9 |
| 2003年 | 云　南 | 5871 | 35.4 | 16.3 | 22.7 |
| 2003年 | 陕　西 | 7028 | 34.8 | 24.5 | 24.7 |
| 2003年 | 甘　肃 | 5429 | 34.5 | 22.2 | 19.8 |
| 2003年 | 青　海 | 7346 | 31.0 | 29.2 | 26.4 |
| 2003年 | 宁　夏 | 7734 | 37.2 | 34.2 | 32.6 |
| 2003年 | 新　疆 | 9828 | 30.4 | 36.6 | 76.5 |
| 2008年 | 河　北 | 23239 | 49.2 | 41.9 | 72.2 |
| 2008年 | 山　西 | 20398 | 56.5 | 45.1 | 30.9 |
| 2008年 | 内蒙古 | 32214 | 48.9 | 51.7 | 40.2 |
| 2008年 | 辽　宁 | 31259 | 50.0 | 60.1 | 36.5 |
| 2008年 | 吉　林 | 23514 | 41.8 | 53.2 | 29.9 |
| 2008年 | 黑龙江 | 21727 | 47.3 | 55.4 | 26.4 |
| 2008年 | 江　苏 | 39622 | 49.7 | 54.3 | 80.1 |
| 2008年 | 浙　江 | 42214 | 48.2 | 57.6 | 74.8 |
| 2008年 | 安　徽 | 14485 | 39.3 | 40.5 | 60.3 |
| 2008年 | 福　建 | 30123 | 43.9 | 49.9 | 71.8 |
| 2008年 | 江　西 | 14781 | 42.7 | 41.4 | 65.1 |
| 2008年 | 山　东 | 33083 | 51.8 | 47.6 | 64.6 |
| 2008年 | 河　南 | 19593 | 51.9 | 36.0 | 62.9 |
| 2008年 | 湖　北 | 19860 | 38.2 | 45.2 | 50.0 |
| 2008年 | 湖　南 | 17521 | 38.4 | 42.2 | 71.5 |
| 2008年 | 广　东 | 37589 | 48.3 | 63.4 | 65.8 |
| 2008年 | 广　西 | 14966 | 36.6 | 38.2 | 36.1 |
| 2008年 | 重　庆 | 18025 | 40.0 | 50.0 | 29.5 |
| 2008年 | 四　川 | 15378 | 39.4 | 37.4 | 42.1 |
| 2008年 | 贵　州 | 8824 | 37.3 | 29.1 | 20.5 |
| 2008年 | 云　南 | 12587 | 36.1 | 33.0 | 25.3 |
| 2008年 | 陕　西 | 18246 | 48.1 | 42.1 | 32.1 |
| 2008年 | 甘　肃 | 12110 | 38.5 | 32.2 | 26.9 |
| 2008年 | 青　海 | 17389 | 46.1 | 40.9 | 46.4 |
| 2008年 | 宁　夏 | 17892 | 44.6 | 45.0 | 40.8 |
| 2008年 | 新　疆 | 19893 | 42.6 | 39.6 | 86.6 |

（二）横截面数据的线性回归模型

1．1998年各省份人均GDP对工业化率、城镇化率和灌溉面积占耕地面积的比重的回归模型写为：

$\hat{Y}=-6909.65+200.82X_1+113.13X_2+45.63X_3$

t −3.17 3.82 3.17 3.24

$R^2=0.64$ $\bar{R}^2=0.59$ $F=12.84$

2．2003年各省份人均GDP对工业化率、城镇化率和灌溉面积占耕地面积的比重的回归模型写为：

$\hat{Y}=-8505.2+261.13X_1+162.95X_2+78.29X_3$

t −2.98 3.16 2.88 3.22

$R^2=0.70$ $\bar{R}^2=0.66$ $F=17.19$

3．2008年各省份人均GDP对工业化率、城镇化率和灌溉面积占耕地面积的比重的回归模型写为：

$\hat{Y}=-29889.08+336.95X_1+674.32X_2+134.57X_3$

t −4.74 2.07 6.52 3.32

$R^2=0.83$ $\bar{R}^2=0.81$ $F=36.82$

（三）模型结果分析

1．**人均GDP与工业化、城镇化和农业现代化高度正相关**。3个年度的拟合优度分别为0.64、0.7和0.83，说明人均GDP与工业化、城镇化和农业现代化之间的相关关系越来越显著。

2．**在经济发展进程中工业化长期居于主导地位**。从1998年、2003年和2008年三个横截面数据及模型看，长期以来，我国经济发展水平的提高主要得益于工业化的贡献，工业化对人均GDP的贡献份额是城镇化的将近2倍，是农业现代化的4倍。

3．**城镇化进程明显加快，打破了其长期以来滞后于工业化的局面**。3个年度的横截面数据和模型显示，城镇化反超工业化进程的拐点出现在2008年。2008年城镇化对人均GDP的贡献份额是工业化的2倍，是2003年城镇化贡献份额的4倍。结果表明，在2003年到2008年的5年中，我国城镇化发展进入了加速期。从世界城镇化进程来看，城镇化率从36%提高到60%属于加速期。表 1表明，我国大多数省份在2003年以后城镇化进入了加快发展阶段，尤其在2008年快速发展势头最为明显。

4．**农业现代化水平相对不足**。在工业化和城镇化快速推进的过程中，农业现代化进程相对缓慢。农业现代化对人均GDP的贡献份额只有工业化的四分之一和城镇化的二分之一。从表1看，工业化水平高的省份其农业现代化水平也高，说明工业反哺作用显著。但也有个别省份，工业化率不高，但农业现代化水平很高，如新疆等，这说明国家扶持农业的政策发挥了重要作用。

## 三、我省“三化”对人均GDP的贡献水平模型及三者之间的协调性分析

### （一）变量的选取和指标数据说明

基于数据实际情况和可获得性，我们选择以1993—2008年吉林省人均GDP为被解释变量（$Y$），以1993—2008年的工业化率($X_1$)、城镇化率($X_2$)、和农业劳动生产率($X_3$)为解释变量，尝试建立多元线性回归模型。农业劳动生产率与农业现代化高度相关，因此以农业劳动生产率来反映农业现代化程度。本文用吉林省各年度农业增加值除以相应年度的乡村劳动力计算农业劳动生产率。（见表2）

表2 1993—2008年吉林省人均GDP及工业化率

| 年份 | 人均GDP（元） | 工业化率（%） | 城镇化率（%） | 农业现代化率（元/人） |
|---|---|---|---|---|
| 1993年 | 2826 | 42.9 | 40.9 | 3818.76 |
| 1994年 | 3657 | 37.8 | 41.8 | 6300.58 |
| 1995年 | 4402 | 36.4 | 42.3 | 7566.17 |
| 1996年 | 5178 | 35.0 | 42.4 | 9236.79 |
| 1997年 | 5591 | 33.8 | 42.9 | 9178.31 |
| 1998年 | 5983 | 32.0 | 43.1 | 10814.56 |
| 1999年 | 6382 | 32.8 | 43.3 | 10763.81 |
| 2000年 | 7351 | 33.6 | 49.7 | 9507.00 |
| 2001年 | 7893 | 34.2 | 49.8 | 10809.34 |
| 2002年 | 8714 | 34.3 | 50.9 | 11192.23 |
| 2003年 | 9854 | 35.0 | 51.8 | 11840.30 |
| 2004年 | 11537 | 36.6 | 52.3 | 14020.18 |
| 2005年 | 13348 | 37.7 | 52.5 | 15332.04 |
| 2006年 | 15720 | 38.8 | 53.0 | 16700.39 |
| 2007年 | 19383 | 41.1 | 53.2 | 20245.13 |
| 2008年 | 23514 | 41.8 | 53.2 | 22695.71 |

### （二）多元线性回归模型

$$\hat{Y}=-21822.21+336.81X_1+158.50X_2+0.963X_3$$

t −8.93 7.59 3.40 19.81

$R^2=0.9935$ $\bar{R}^2=0.9919$ $F=613.56$ $DW=2.088$

### （三）模型结果分析

我省“三化”水平不断提高。从表1和表2看出，我省“三化”呈稳步上升势头，特别是从1998年到2008年，增长的稳定性增强。但是与发达省份相比，我省“三化”尚处于较低发展水平，工业化和城镇化居全国中游水平，农业现代化居中游偏下水平，与我省是农业大省的地位不相匹配。

工业化、城镇化和农业现代化与人均地区生产总值正相关。但是，在共同推进经济增长的过程中，工业化、城镇化和农业现代化三者之间的协调性明显不强。这里，我们并不是说同等贡献就是协调，而是要指出，较大差异化的贡献水平，意味着工业化、城镇化和农业现代化在带动人均GDP增长的过程中，尚没有形成一体化格局。“三化”之间的不协调主要表现在以下两个方面。

1．**农业现代化明显滞后于工业化和城镇化**。模型结果表明，在城镇化率和农村劳动生产率不变的情况下，工业化率每提高1个百分点，人均GDP将增加336.81元；在工业化率和农村劳动生产率保持不变的情况下，城镇化率每提高1个百分点，人均GDP将增加158.8元；在工业化率和城镇化率保持不变的条件下，农村劳动生产率每提高1元/人，人均GDP将增加0.963元。这说明，吉林省“三化”发展并不协调，农业现代化发展水平明显滞后。

农业现代化水平滞后，反映出我省经济发展中存在三个突出问题，一是农村剩余劳动力的产业转移和空间转移缓慢，与我省快速推进工业化和城镇化进程的要求不相适应。二是工业发展水平不足，对农业的反哺能力尚未成熟，以工促农的作用没有充分发挥出来。三是城镇化发展水平不足，以城带乡功能不强，城乡协调发展的条件没有真正建立起来。

2．**城镇化效用滞后于工业化效用**。模型结果显示，提高工业化率对提高我省人均GDP效用最为明显，城镇化对人均GDP的贡献份额不到工业化的一半。这与现阶段全国城镇化率对经济发展水平效用最突出的大趋势相悖。按照国际经验，人均GDP达到1000美元时，相应的城镇化率应达到60%。现在我省人均GDP已经达到3000美元，城镇化率却只有50%，我省城镇化严重滞后于经济增长水平。这反映出我省城镇化发展水平明显不足，长期以来经济发展依靠工业化“单腿”走路。城镇化与工业化没有形成经济增长的合力，这也是我省经济发展水平相对不高的重要原因。

城镇化滞后于工业化，说明过去我省在推进工业化进程中，缺乏统筹化思维，没有实现工业化和城镇化同步发展。作为新中国的老工业基地，长期重视重工业发展，轻工业发展不足；长期重视国有大企业发展，中小企业发展不足，导致吸纳农村剩余劳动力的能力较低。另外，对农村投资明显不足，农村基础设施建设水平不高，农业产业化发展水平不高，非农就业水平不高，从而制约了城镇化的快速发展。

## 四、结论和建议

“三化”有力地促进了我省经济的快速发展，其快速发展的势头标志着我省经济发展已经进入了“黄金发展期”。但是，其发展水平不高以及协调性明显不足的问题也必将成为“矛盾凸显期”的主要矛盾，如果不及时得以矫正和化解，将严重制约我省经济的全面、协调和可持续发展。统筹推进工业化、城镇化和农业现代化，是一项具有全局性、战略性和根本性的工作。必须从战略上高度重视，政策上加强引导，工作上加大力度，推进三者深度融合，互动发展。

### （一）统筹推进“三化”要以工业化为基石

我省处于工业化中期向后期过渡阶段，工业化发展水平仍然不足，必须进一步加快发展。只有工业发展起来了，城镇化才能具备物质基础和产业支撑、农业现代化才能真正得以实现。夯实工业化基础，进一步发挥工业化效用，必须突出有效投资拉动和高精尖项目带动，优化产业布局，培育优势产业集群，依靠集约化和规模化推进工业化进程。

### （二）统筹推进“三化”要以城镇化为龙头

要顺应城镇化先于工业化发展的经济发展规律和全国城镇化快速推进的大趋势，加快推进我省城镇化进程，把快速推进城镇化作为统筹“三化”的关键环节。要着眼区域和全省发展总体布局谋划城镇化发展，支持特大城市做大做强，支持大中城市加快发展。抓住国家“赋权、放开、搞活”县域经济的战略机遇，抓好县城建设和县域经济发展，充分发挥县域在推进城镇化进程中的关键作用。

### （三）统筹推进“三化”要以农业现代化为根本

我省是农业大省，但还不是农业强省，要促进农业更好更快地发展，必须走农业现代化之路。要推进农业发展方式转变，积极发展农业产业化经营，大幅提高农业综合生产能力，大幅降低农业生产经营成本，大幅完善现代农业产业体系，大幅增强农业可持续发展能力，全面提高农业现代化水平，扎实推进社会主义新农村建设。

# 调整社会结构是加强社会建设的核心任务

董灵慧　李臣波

**编者按：《调整社会结构是加强社会建设的核心任务》一文于2010年8月26日以《统计分析》第41期（总第601期）印发。在国家统计局社会科技司2010年度统计分析评比中荣获一等奖。**

改革开放以来，吉林省经济社会全面发展，正步入工业化中期阶段，现代社会结构已经初步形成。但经济社会发展的不协调，特别是社会结构调整滞后于经济结构调整，致使社会结构尚处于工业化初期阶段，由此引发了诸多社会矛盾和问题，要求我们必须用新的视角去认识、分析和解决问题。

## 一、加强社会建设是我省的当务之急

实践证明，一个国家或地区在发展的不同阶段，其发展任务、发展模式呈现阶段性特征。在发展初期阶段，生产力水平低，劳动产品少，解决温饱问题和满足人们基本物质生活的需求成为社会发展的主要任务。因此，这一阶段以经济发展为主导，经济发展优先于社会发展，经济社会发展不协调在这一发展阶段有其一定的必然性、合理性。在进入发展中期阶段，生产力落后状况得到显著改善，温饱问题和基本物质生活需求得到初步解决和满足，人们对物质生活以外的精神文化和人的全面发展的需求越来越迫切。如果不调整阶段性的战略目标来满足人们的阶段性需求，经济社会发展不协调的矛盾就会变得更加突出。

### （一）突出的经济发展成就与尖锐的社会矛盾问题并存

一方面，经济发展成就突出。改革开放30多年来，全国乃至我省国内生产总值以世界经济发展史上罕见的年均增长率快速增长，综合实力迈上了新台阶。按1978年可比价格计算，2009年吉林省城镇居民人均可支配收入比1978年增加了48.3倍；农村居民人均纯收入比1978年增加了29.0倍，人民生活总体达到了小康水平。外汇储备率的快速增长，这是30多年前还处于短缺经济状况下的吉林人都没有想到的，也大大超越了改革开放之初设计者们的蓝图。吉林省发生的变化用“翻天覆地”来形容一点也不为过。另一方面，社会矛盾和问题尖锐而突出。在经济建设成就之大超乎预想的同时，社会问题和矛盾之多也出乎意料。1978年改革开放发轫之初，社会普遍的认识是：当时我省面临诸多矛盾与困难的主要原因是贫穷与经济发展落后，搞好了经济建设，这些问题就会迎刃而解。但如今，在我省经济建设取得辉煌成就的同时，社会领域中的矛盾和问题不是少了，反而多了。如住房、教育、医疗、养老等民生问题日益突出，贫富差距、城乡差距、区域差距持续扩大，劳资关系等社会利益群体矛盾日益显化，土地征用、房屋拆迁、企业改制、涉法涉诉等容易引发不稳定事件的问题凸显；个别地方杀人、绑架等严重暴力犯罪发生，抢劫、抢夺、盗窃等侵财犯罪上升，社会治安出现不少新情况。

2009年以来，吉林通化事件等为代表的群体性事件的呈现，社会稳定问题日益突出。经济建设成就之大超乎预想，社会矛盾问题之多出乎意料，这“两个想不到”是在我省进入发展的关键时期，即工业化中期阶段之后开始集中显化出来的，这是当前我省乃至全国经济社会发展的新的阶段性特征。

（二）吉林省进入社会建设为重点的新阶段

国内外社会建设经验为吉林省提供了有益的启示。当前吉林省发展所处的阶段特征，在其他现代化国家的发展历程中也曾出现过。19世纪末20世纪初是美国具有关键意义的转折时期，在经济迅速发展的同时，也出现了贫富差距悬殊、秩序紊乱等社会危机，但美国在这个阶段及时进行了社会体制改革，加强社会建设，较好地化解了社会危机，使社会发展适应了工业化进程。第二次世界大战后日本经济快速增长，特别是1960年之后经济增长更为迅速，超过了预期，但同时也出现了突出的社会问题，经济结构与社会结构失衡导致民众生活处于不正常状态。例如70年代末期就有学者评论日本：“以当时日本的经济发展与社会发展的均衡情形来说，生产为第一流，国民所得与消费为第二流，住宅等生活环境则属第三流。”为了解决失衡的问题，日本进行了相当规模的社会建设，但由于种种原因，社会建设并没有得到有效落实，日本为经济大国的成功付出了相当大的代价，例如生活环境等方面的问题至今仍未得到完全解决。“拉美发展道路”同样显示了社会建设的重要性。20世纪90年代后期，拉美地区经济状况严重恶化，失业率持续攀升，贫富悬殊，两极分化，社会动荡，各种社会矛盾凸显和激化，形成被人们认为是难以跳出的“拉美陷阱”，而其根源则是拉美国家对社会建设认识不足，社会体制改革力度不够，没有形成与经济结构相适应的社会结构。

不论是美国成功的经验，日本“成功的代价”，还是拉美国家的前车之鉴，都呈现了社会建设在发展进程中不可忽视和不可替代的作用。要从社会建设的高度来认识当今吉林省社会发展阶段。党的十六大以来，中国对社会建设的重要性有了更高的认识，并将社会建设任务写入执政党的党章等重要文献。2004年，中共十六届四中全会第一次提出“构建社会主义和谐社会”和“社会建设”的战略任务。2005年，建设中国特色社会主义事业的总体格局由社会主义经济建设、政治建设、文化建设三位一体发展为经济建设、政治建设、文化建设、社会建设四位一体。社会建设成为总体发展的重要一环。进入21世纪，政府在坚持以经济建设为中心的同时，反复强调要将社会建设摆在更加突出的位置，始终注重社会建设的实践，这标志着进入新世纪以来中国包括吉林省在内正在经历第二次转型，迈入了以社会建设为重点的新阶段。

（三）社会建设的核心任务是调整社会结构

党的十七大报告指出：“社会建设与人民幸福安康息息相关，必须在经济发展的基础上，更加注重社会建设，着力保障与改善民生，推进社会体制改革，扩大公共服务，完善社会管理，促进社会公平，努力使人民学有所教、劳有所得、病有所医、老有所养、住有所居，推动建设和谐社会。” 从社会学的角度分析，社会建设的这些内容，可以归结为调整社会结构。抓住了社会结构的调整，就抓住了社会建设的核心。在当前，通过各项工作，构建一个与经济结构相适应的现代社会结构，推进经济社会协调发展，是我省面临并要着力解决好的关键性任务。

所谓社会结构，概括地说，是指一个国家或地区占有一定资源、机会的社会成员的组成方式及其关系格局。①社会结构具有复杂性、整体性、层次性、相对稳定性等重要特点，一个理想的现代社会结构，应具有公正性、合理性、开放性的重要特征。具体而言，社会结构包含着各种重要的子结构，除了作为基础要素的人口结构外，还有体现社会整合方式的家庭结构、社会组织结构，体现空间分布形式的城乡结构、区域结构，体现生存活动方式的就业结构、收入分配结构、消费结构，体现社会地位格局的社会阶层结构等。（关于社会结构，不少社会学教科书定义为：一个国家或地区内部诸要素间的构成方式与状况。我们认为这一概括没有充分反映出构成社会结构的要素与机制，而这正是认识社会结构何以不可缺少的分析维度。所以，我们认为社会结构是社会资源在社会成员中的配置，以及社会成员获得社会资源的机会（即公平性） 的结果，这对于了解社会结构状况以及对其进行调整更具有重要的理论与实践意义）在这些子结构中，社会阶层结构是核心，直接或间接体现社会子结构各方面的状况，各子结构间的变化存在互动关系，某一子结构的变化会影响其他子结构的变化。而调整社会结构也就意味调整它的多项子结构尤其是阶层结构，使它们与经济社会发展的进程相契合。

## 二、吉林省社会结构深刻变动

改革开放以来，吉林省社会结构已经发生了深刻变动，可以说是“几千年来未有之变局”。经济体制和社会体制改革大大加快了由农业社会向工业社会、农村社会向城市社会、传统社会向现代社会的转型，吉林省社会结构发生了深刻变动，主要表现在五大方面。

（一）基础结构：人口结构发生巨大变化

人口结构是社会结构的基础结构。1978—2009年，吉林省人口出生率从20.0‰下降到6.69‰，人口死亡率保持在4.74‰这一较低水平上下，人口自然增长率则相应地从1978年的13.87‰下降到2009年的1.95‰。在此基础上，吉林省人口的年龄结构、素质结构和空间分布结构发生了很大变动，突出表现在：人口平均预期寿命延长、人口年龄结构进入老龄化阶段、人口文化素质显著提高，人口空间分布由农村向城市、由落后地区向经济较发达地区大量迁移、集聚。人口结构的基础性变动影响着家庭结构、就业结构、阶层结构等社会结构的深刻变化。

（二）社会整合结构：家庭结构、组织结构不断变动

家庭是社会的细胞。随着人口结构变化，吉林省家庭结构、结构模式及其社会整合功能也发生了重大变化。一是家庭规模小型化。户均人口规模下降趋势明显，由1982年的4人左右下降到2009年的 3 人左右。二是家庭类型多样化。随着婚恋价值观念日益多元化和城乡人口流动，家庭类型呈现多样化的趋势，在城市出现了丁克家庭、空巢家庭和单身家庭，在农村隔代家庭比例上升，漂泊家庭和分离的核心家庭增加。三是家庭结构模式变化。在城镇突出表现为“四二一”模式；在农村基本形成以“四二二”模式为主体的格局。四是家庭关系平等化。主要表现在夫妻之间和家庭成员之间关系趋向平等化。组织结构及其整合功能发生变化。改革开放以来，随着计划体制的解体和市场体制的建立，组织结构的最大变化是，伴随着组织结构的分离和成长，资源与机会的配置发生重大变化，组织功能也不断再造。首先，政府组织对于经济社会的管控方式和职能在转变，正由“全能型”回归到公共服务职能。其次，伴随着企业组织的成长并成为市场的主体，国有企业的生产功能被强化，非生产功能被剥离，非公有制企业组织和个体工商户大规模成长。再次，社会组织开始发育，并发挥着国家与市场之外的社会整合功能，如2009年全省登记注册的社会组织达到达8384个，其中社会团体5240个，民办非企业单位3120个，基金会24个，吸纳社会各类人员就业94345人，它们已经成为吉林省构建社会主义和谐社会的重要整合力量。

（三）生存活动结构：就业、收入分配与消费三大结构市场化变动

人们的生存活动结构主要包括就业结构、收入分配结构与消费结构，体现资源、机会的分配与配置过程。就业结构表现为劳动力在产业、行业、岗位等方面的配置。当代我省劳动力配置已经从新中国成立前的自然经济、改革开放前的计划经

济状态转变到当前的社会主义市场经济方式，从农业就业人口占绝大多数转变为非农产业就业人口超过农业就业人口，同时第三产业就业人口超过了第二产业就业人口。收入分配问题不仅事关民生，而且关系到社会公平公正，更关系到国家的长治久安。改革开放以来，吉林省收入分配制度改革不断深化，收入分配体制和再分配框架发生根本变化，收入分配结构的巨大变动打破了平均主义、“大锅饭” 局面，形成了按劳分配为主体、多种分配方式并存的分配制度，极大地激发了社会成员以及众多行业部门的活力，调动了积极性，有力地促进了全省经济社会发展。当前，我省收入分配方面的问题，主要是城乡、区域、阶层之间收入差距过大，贫富发生分化，已对社会和谐稳定产生了不利的影响。消费不仅从一个方向推动社会分化，同时也是重要的社会整合机制。改革开放30多年来，全省居民消费结构已从生存型、温饱型走向小康型、富裕型。城镇居民家庭的恩格尔系数已由1978年的59.3%下降到2009年的33.3%，达到了富裕水平；农村居民家庭的恩格尔系数由1979年的67.5%%下降到2009年的35.1%，进入小康。这虽然与发达国家30%以下的水平仍有距离，但意义重大，消费结构中科教文卫等消费支出比例正在不断提高，越来越呈现现代社会消费结构的趋高级化重要特征。另外，推动全省居民消费结构变迁的主导力量发生了重要变化，消费功能更加多样化，尤其重要的是消费的社会标识功能正在逐渐增强。

（四）空间结构：城乡、区域间的资源与机会配置不断调整

城乡结构和区域结构是社会资源和机会在空间配置而形成的结构状态。全省城乡结构变动首先表现为城市化，即伴随着工业化的进程，大量农村人口转变为城市人口，传统农村社会逐步向城市社会转变。其次，表现为城乡二元体制转型，即市场经济的发展打破了城乡资源和机会配置的行政垄断，使计划经济时期形成的城乡二元社会结构松动。21世纪以来，国家先后提出统筹城乡发展战略，相继出台一系列惠农举措，使农村、农民得到相当多的实惠。但是，我省的城乡差距仍然存在。

社会成员之间的生活水平和发展机会落差逐步拉大。协调区域发展是当前调整我省社会结构的重要方面。

（五）地位结构：现代社会阶层结构初步形成

随着历史进程的沿革，制度、结构等社会因素的变迁，资源配置和机会获取方式的变动，对于阶层结构产生了深刻变化过程，成为当代中国社会结构核心变动的表征。1949—1978年，中国社会的阶级阶层结构变迁是一个结构简化的过程，通过社会主义公有制和计划经济体制的建立，最终形成了由工人、农民和知识分子组成的“两个阶级一个阶层” 的社会阶级阶层结构。1978年以来，随着经济体制的深刻变革，资源和机会的配置方式发生了重大变化，原来单一的中央集权配置方式转

变为国家、市场、社会共同配置的方式，推动了社会阶层结构的深刻变动，催生了诸如私营企业主、农民工等一些新的社会阶层和群体，使社会分化为“十大阶层”的社会阶层结构。在机会获取方面，总体而言，1978年以来，特别是在改革开放初期，国家制度政策的安排，对人们社会地位的获得和变化，发挥着重要乃至决定性的作用，“先赋因素”作用明显。但越到后来，整个社会变得越是开放，“后致努力”逐步成为获得向上流动机会的主要规则。

新中国成立以来，特别是改革开放30多年来，中国社会结构深刻变动，推动着一个现代社会阶层结构的初步形成。资源和机会在社会阶层的分配，构成了阶层位置的客观基础，阶层成员获取资源和机会的能力成为改变其阶层位置的重要因素。改革开放之前的“两阶级一阶层” 结构逐渐解体，新的社会阶层逐渐形成，社会阶层结构由简单化到多元化，由封闭转向开放，现代社会阶层结构已基本形成。此外，在这种新的社会阶层结构中，中产阶层的规模比例不断扩大，是当代中国社会阶层结构的突出表现。当然，我们也应看到，社会阶层结构的现代化转型远未完成，社会中下阶层比重仍然很大，中层比重偏小，整个结构总体上呈现洋葱头形状，与现代社会应有的橄榄形状态还有一定距离。

## 三、社会结构变动对全省经济发展的贡献

社会结构的变动对于全省经济发展有着重大的贡献。在现代社会中，除了国家干预与市场调节之外，社会结构转型是影响资源配置与经济发展的另一只“看不见的手”，它既是经济增长的结果，也是社会变革的推动力量。

### （一）家庭经济功能的恢复推动经济发展

1949年以后，随着社会主义改造的完成，农村土地收归集体所有，农村家庭的生产功能严重受损。1978年以后，随着家庭联产承包责任制的实施，以家庭为单位，农民获得了土地生产经营使用权，农民家庭的生产功能得到恢复，极大地释放了农民的生产积极性，全省农业发展进入快速增长的新阶段。1956年以后，一方面，随着个体经济被改造，以家庭为单位的个体经济失去了存在空间；另一方面，随着计划经济体制的建立，以及经济建设中“高积累、低消费” 的政策安排，城镇家庭的消费功能被抑制在国家严格的制度安排之中，失去自主消费空间。改革开放政策重点由农村转向城市以后，个体经济的发展首先得到政策允许，城镇家庭重新获得了对生产资料的拥有与支配，私营企业、个体经营户雨后春笋般出现，揭开了城市改革的序幕；同时，商品经济的发展、市场的繁荣，家庭的消费功能自主回归，极大促进了全省商品经济的发展。

（二）就业结构调整使劳动力配置合理化

在改革开放之前，我省也和全国一样用工制度由国家高度统一配置，就业结构相当刚性，劳动力流动受阻。改革开放之后，随着经济体制改革，大量的农业劳动者从第一产业向二、三产业的快速转移，农民获得了非农就业的权利与机会，不仅满足了二、三产业对大量廉价劳动力的需要，使农业劳动者收入更加多元化，而且使中国成为“世界工厂”，在全球化的趋势下产品更具竞争优势。从另外一个意义上讲，大量的农村劳动力进入城市，不仅加快了城市化步伐，改变了城乡结构，而且实现了人力资源的城乡优化配置，这对于促进全省经济的整体发展具有重要意义。

（三）社会组织功能的自主性回归，促进了经济体制改革

改革开放以前，国家对整个社会进行总体性控制，形成一种总体性的组织结构。1978年以后，在中国组织结构的变化中，国家、经济与社会三大组织的功能开始朝着自主性方向回归。一是国家的总体性控制不断收缩，并且朝着规范化、法律化的方向演进，从而逐步改变了以往国家包揽一切的状况。二是企业组织的生产功能得到强化，企业的社会性功能，正被逐步分离出去，这对于市场经济的发展意义重大。三是社会生活领域的自主性不断增强，相对独立的社会组织开始发育成长。社会组织是在国家不断从社会领域退出、作为市场主体的经济组织不断剥离其社会职能同时又未能承担其应当承担的社会责任的过程中发展起来的，因而它们具有以组织化的形式填补国家和企业组织退出以后在社会生活领域留下的空白的职能。从这些变化来看，各类不同组织功能的自主性回归，强化了专业分化下资源配置机制的多样化，换言之，资源和机会的配置由国家完全掌控，转变为由国家、市场、社会共同配置，从而大大提高了配置的效率，对我省经济增长和社会发展做出了重要的贡献。

（四）城乡结构调整使得资源、机会的空间聚集效应得以展现

城市是降低资源配置成本的地区性结构安排，城市规模越大，资源配置成本越低。改革开放以来的城乡结构变化，实质是资源、机会在城乡间的重新配置。虽然今天城市化滞后于工业化，城乡结构依然不合理，但是，改革开放30多年间，吉林省城市化加快，使得城乡间的资源与机会配置的效率提高，有力促进着经济的发展。一是促进了职业生产的聚集效应；二是促进了产业结构的调整；三是促进了消费主体的成长，消费的扩大又推动了经济的增长。

（五）新社会阶层的兴起和发展使得社会主义市场经济的活力倍增

在改革开放以来不断发展的新的社会阶层结构中，掌握和运作经济资源的阶层不断兴起和壮大，他们主要包括私营企业主阶层、经理人员阶层、科技人员阶层、

个体工商户阶层。改革开放以来中国经济的持续快速增长，与这些掌握和运作经济资源的阶层的壮大是密切相关的。可以说，没有市场经济中这些新的社会阶层的发展壮大，我省经济的增长不可能取得今天这么大的成就。此外，新社会阶层结构中的农民工阶层的出现，为国家创造了巨大财富，农民工阶层的伟大功绩，在中国工业化、现代化、城市化建设的历史上应当占有很重要、很光辉的地位。

## 四、当前诸多社会矛盾问题的症结在于社会结构变动滞后

在经济增长过程中，资源与机会配置的效率优先，并非总能导致公平的实现。也就是说，经济结构的变化并不总会推动社会结构的合理变动。一旦社会结构滞后于经济结构变动，而且社会结构本身内部存在不协调性，社会矛盾和问题就会层出不穷。改革开放以来，吉林省社会结构虽然发生深刻的变化，并产生积极的经济意义，但在相当长的时期里，由于追求经济增长速度，社会建设受到某种程度的忽视，资源配置明显不足，社会结构调整因此而明显滞后。与此同时，计划经济体制时期形成的一些已经不合时宜的体制（如户籍制度） 没有从根本上得到改变，而且改革开放以来制定的一些政策（如分配调节政策） 也没有随着形势发展而及时调整，这些问题不同程度造成或加剧了全省社会资源配置和机会获得不公平。这样，在社会系统中，一方面是资源配置机制不合理导致社会结构变动与经济结构演变脱节，社会成员的发展差距扩大；另一方面是相当部分社会成员获得发展的资源和机会的难度加大，导致社会结构调整滞后，而且这种滞后已经超出了合理的限度。

### （一）吉林省社会结构变动滞后经济结构发展

现实发展中的若干重要指标已表明，当前我省的经济结构已进入工业化中期阶段，甚至有些指标已经进入了工业化后期阶段。从产业结构的变化情况看，产业结构已经从工业化初期阶段的“一二三” 模式转变为工业化中期阶段的“二三一”模式；从人均收入水平看，人均GDP或GNP表明工业化水平总体上处于工业化中期阶段。但是，社会结构指标还没有随着经济结构的转变而实现整体性转型，多数社会结构指标仍然处在工业化初期阶段。如果在近期不进行相应的社会体制改革，不加大对社会建设的力度，那么，按目前的格局发展，我省社会结构的演变要滞后十几年才能进入工业化中期阶段。

### （二）社会结构内部的各类社会结构之间也存在偏差

根据现代化过程的一般国际经验，社会结构现代化的转变要按次序经历三个转换点：首先是产值结构的转换点，即非农业产值占国内生产总值的比重上升；其次是城乡结构的转换点，即城市人口占总人口的比重上升；再次是就业结构的转换点，即非农业从业人员上升。又如，根据工业化国家的发展经验，平均每100人就有

一个社会组织。现代社会组织是工业化、城市化社会中一支重要的整合力量，在社会管理中发挥着非常重要的作用。根据有关部门的统计，截至2009年底，我省相当于每3千多人才有一个社会组织，与工业化国家相差30多倍。总的来说，我省社会结构变动滞后于经济结构发展，以及社会结构内部存在种种偏差和不协调，正是导致社会出现结构性紧张，诸多社会矛盾和问题不断显现的主要根源所在。

## 五、吉林省社会结构调整的政策取向

社会结构的实质是资源与机会在社会成员中的配置。当资源、机会配置得当时，社会结构也就合理，反之社会结构便会出现不协调问题。因此，社会结构调整的基本原则就是如何最大化地实现资源、机会的公正合理配置。加快社会结构的调整，改变社会结构滞后于经济结构的局面，协调经济社会发展，这是当前吉林省社会结构调整的目标。

我省必须加快城市化步伐，调整城乡结构。完善收入分配制度，调整收入分配结构。规范劳动力市场，治理劳资关系，调整就业结构。促进中产阶层的发育，推进现代社会阶层结构形成。

第一，加快推进我省社会建设，调整全省公共资源配置格局，提高公共产品供给的普惠水平。吉林省在社会建设的新阶段，应该下决心调整公共资源配置格局，从以往较多地倾斜于经济建设相关领域转向倾斜于社会建设相关领域，增加对教育、医疗、科技、文化等社会事业投入，加快社会事业的发展，实现资源的合理配置。这样才能改变我省经济发展与社会发展不平衡、不协调的困境。

第二，推进全省社会管理体制的改革。以往重视经济管理体制的改革，重视经济结构的调整，是必然的时代要求。但现在我省则需要更加重视社会管理体制改革，促进社会的自我发展和成长。当前的重点是要加快户口、就业、社会保障、社区建设等方面的体制改革，这是解决吉林省诸多经济社会矛盾、构建社会主义和谐社会的重要环节。

第三，不断加大全省利益整合机制建设，确保社会安定有序。由于社会结构转型是在政策体制变动、经济体制转轨、利益格局调整的背景下展开的，不同利益群体的分化随之而出现。从总体上看，当前的利益整合机制调整滞后于经济社会发展的需要，种种利益关系状况走向突出表现为城乡之间、区域之间、社会阶层之间的利益矛盾冲突多发。与此同时，社会结构定型化、系统化甚至固定化的趋势也已开始出现。这些都使得我省加大社会利益整合机制建设、确保社会安定有序显得更加重要和迫切。

第四，积极推进全省各级政府职能转变。长期以来，各级政府一直是“经济建设型政府”。在计划经济体制下，政府直接是经济建设的主力。改革开放以来，即使在社会主义市场经济体制已经确立起来以后，由于计划经济时期思维惯性的影响，政府过多干预微观经济的问题仍然没有得到彻底解决，公共服务被忽视和边缘化在所难免。而这些问题不是单纯靠发展经济，靠政府直接从事经济活动所能解决的。因此，中共十七大报告明确提出了建设“服务型政府” 的目标，这就要进一步理顺各级政府与市场的关系，政府要真正转向“以社会建设为中心”，将发展经济、提高效率等事务更多地交给市场。

第五，进一步发展壮大全省各级社会组织。首先，要尽快改革社会组织登记注册管理制度、双重管理制度、分级管理制度，逐步摒弃非竞争性原则，消解社会组织发展的“注册困境”。一切不违反国家宪法和相关法律的社会组织，一切旨在促进社会公益和合法成员共同利益的社会组织，应该直接准予注册登记。要解决好现行挂靠制度造成被挂靠机构不愿承担管理责任的困境，让社会组织成为独立社团法人，独立承担必要的法律和政治责任。其次，要深化我省社会管理体制改革，切实地实行政社分开，同时改革与社会组织发展息息相关的公共资源和社会资源的分配制度，消解社会组织发展的“融资困境”。

# 上半年单位GDP能耗降幅收窄 下半年节能降耗压力增大

## ——上半年全省节能降耗形势分析及下半年趋势判断

宋雅丽 苏艳春 刘冰

**编者按：《上半年单位GDP能耗降幅收窄 下半年节能降耗压力增大》一文于2010年8月26日以《统计分析》第42期（总第602期）印发。**

今年上半年，在省委、省政府的高度重视和正确领导下，全省各项节能降耗措施得到进一步强化和落实，能源利用效率持续改善和提高，万元GDP综合能耗同比降低5.55%，降幅居全国之首，但从环比动态来看，降幅比一季度缩小了0.17个百分点，并且这种下行的趋势极有可能进一步加剧。因此，我们必须保持清醒的认识，下半年要全面完成全年和"十一五"节能降耗目标任务压力很大。

### 一、上半年节能降耗的基本特征和主要成因

经国家统计局审核认定，上半年，我省全社会综合能源消费总量为4164.99万吨标准煤（等价值，下同），同比增耗388.09万吨标准煤，增长10.28%；万元GDP综合能耗1.50吨标准煤，同比减耗0.09吨标准煤，下降5.55%，共节约能源244.80万吨标准煤。

#### （一）基本特征

从构成地区生产总值的内部能源消费结构上看，三次产业均取得积极的节能成果。上半年，第一产业能源消费量为52.72万吨标准煤，同比减耗3.33万吨标准煤，降低5.93%；万元增加值能耗为0.36吨标准煤，同比减耗0.04吨标准煤，降低8.95%；节约能源12.74万吨标准煤，节能贡献率为5.20%。第二产业能源消费量为3023.73万吨标准煤，同比增耗304.70万吨标准煤，增长11.21%；万元增加值能耗为1.84吨标准煤，同比减耗0.19吨标准煤，下降9.48%；节约能源150.92万吨标准煤，

节能贡献率为61.65%，依然是全社会节能降耗的主导力量。第三产业能源消费量为565.45万吨标准煤，同比增耗48.21万吨标准煤，增长9.32%；万元增加值能耗为0.58吨标准煤，同比略有减少，下降0.40%；节约能源38.49万吨标准煤，节能贡献率为15.72%。

从居民生活能源消费状况来看，上半年，全省城乡居民生活用能为523.09万吨标准煤，同比增耗38.51万吨标准煤，增长7.95%，低于当期全社会能耗增幅2.33个百分点。（见表1）

表1　2010年上半年全省全社会节能降耗情况

| 指标 | 能源消费量（万吨标准煤） | | | 万元GDP（增加值）能耗（吨标准煤） | | | 节能量（万吨标准煤） | |
|---|---|---|---|---|---|---|---|---|
| | 绝对量 | 同比增耗 | 增长% | 指标值 | 同比减耗 | 降低率% | 绝对量 | 贡献率% |
| 全社会合计 | 4164.99 | 388.09 | 10.28 | 1.5 | 0.09 | 5.55 | 244.8 | 100 |
| 其中：三次产业合计 | 3641.9 | 349.58 | 10.62 | 1.32 | 0.07 | 5.26 | 202.15 | 82.58 |
| 第一产业 | 52.72 | −3.33 | −5.94 | 0.36 | 0.04 | 8.95 | 12.74 | 5.21 |
| 第二产业 | 3023.73 | 304.7 | 11.21 | 1.84 | 0.19 | 9.48 | 150.92 | 61.65 |
| 第三产业 | 565.45 | 48.21 | 9.32 | 0.58 | 略减 | 0.4 | 38.49 | 15.72 |
| 居民生活 | 523.09 | 38.51 | 7.95 | – | – | – | – | – |

（二）主要成因

一产业节能降耗工作所取得的成效，是增加值增长和用电量大幅下降双重因素共同作用的结果。上半年，一产业增加值同比增长3.3%，而用电量则因今春我省雪雨充沛，土壤含水量高，农田灌溉用电量同比下降25.80%的拉动，同比下降9.73%，并成为能耗下降的主导力量，也对一产业万元增加值能耗稳步降低发挥了至关重要的作用。在这两种因素的共同作用下，一产业节能降耗取得了积极成效。

工业领域不仅是全社会节能降耗的重点，更是二产业节能降耗的核心。上半年，全部工业综合能源消费量为2989.28万吨标准煤，同比增长11.17%；万元工业增加值综合能耗为1.97吨标准煤，同比下降9.62%；节约能源150.37万吨标准煤，占全社会节能量的61.43%，占第二产业节能量99.64%。工业节能降耗的主要因素有：一是六大高耗能行业节能贡献大。上半年，由于我省六大高耗能行业万元增加值综合能耗同比降低2.88%，增加值比重同比缩减1.46个百分点，致使节能贡献率高达73.03%，是上半年全口径工业万元增加值综合能耗持续下降的主要拉动力量。二是重点耗能企业能耗增幅低。定期监测的324户重点耗能企业（年综合能耗在1万吨标准煤及以上），上半年，工业生产综合能源消费量同比增长13.64%，增幅低于全省规模以上工业生产综合能耗平均增速1.31个百分点。

建筑业也为全省节能降耗做出了一定贡献。上半年，建筑业增加值同比增长21.1%，能耗仅增长14.82%，万元增加值综合能耗同比降低5.19%，节约能源0.55万吨标准煤。

交通运输业能耗低速增长，推动第三产业节能降耗。交通运输业通过应用新能源汽车和加强用能管理等措施，上半年，在增加值同比增长10.2%的前提下，能耗仅增长4.71%，万元增加值综合能耗同比降低4.82%，节约能源26.86万吨标准煤，对第三产业的节能贡献率达69.78%。

农村居民生活用能增速偏低，抑制了全省城乡居民生活用能的刚性增长。今年上半年，我省多雪多雨、气温偏低，农村居民私家汽车、拖拉机、摩托车等出行明显减少，使得生活用能同比仅增长6.72%，低于全省城乡居民生活用能增幅1.23个百分点，起到了抑制城乡居民生活用能刚性增长的作用。

## 二、上半年节能降耗工作中存在的问题

上半年，我省节能形势虽然较好，但从环比动态来看，万元GDP综合能耗降低率已由一季度的5.72%回落到5.55%，降幅收窄0.17个百分点，减少节能量7.36万吨标准煤，进而加大了完成全年节能降耗目标任务的难度。

### （一）第二产业对进一步扩大万元GDP综合能耗降低幅度具有较强的抑制作用

上半年，第二产业万元增加值能耗降低率由一季度的10.32%回落到9.48%，降幅收窄了0.84个百分点，减少节能量27.98万吨标准煤。其中，全口径万元工业增加值综合能耗降低率由一季度的10.50%回落到9.62%，降幅收窄了0.88个百分点，减少节能量29.05万吨标准煤，是全社会减少节能量的3.95倍。造成这种情况的原因，主要是部分支柱、优势和特色产业对全省万元工业增加值综合能耗的降低拉动作用有所减弱所致。据统计，在39个工业大类行业中，上半年共有22个行业万元工业增加值综合能耗降低率比一季度有所缩小，占行业总数的56.41%。特别是一些支柱、优势和特色产业对全省工业增长的带动作用有所弱化，而能耗增速回落幅度较小甚至上升，对全省万元工业增加值综合能耗降低率产生了消极的滞缓作用。（见表2）

表二数据显示，上半年，由于农副食品加工、纺织、服装鞋帽制造、黑色金属冶炼及压延加工和交通运输设备制造五个行业的工业增加值增速比一季度有所回落，而其综合能耗增速都比一季度有所上升，致使这五个行业比一季度减缓拉动万元工业增加值综合能耗降低率分别为0.73、0.03、0.02、0.58和0.51个百分点；同

时，由于化学原料及化学制品制造和电力、热力的生产与供应二个行业的工业增加值增速回落幅度远远高于综合能耗增速回落幅度，致使这二个行业比一季度减缓拉动万元工业增加值综合能耗降低率分别为0.22和1.55个百分点。上述七个行业共计比一季度减缓拉动万元工业增加值综合能耗降低率3.64个百分点，是全省规模以上工业万元增加值综合能耗降低率回落幅度的13倍，严重地抑制了全省万元工业增加值综合能耗降低幅度。

表2　上半年部分支柱、优势和特色产业增加值增长率、能耗增长率与1季度对比情况

| 指标 | 工业增加值增长率(%) | | | 综合能源消费量增长率(%) | | | 拉动万元工业增加值能耗降低率（个百分点） | | |
|---|---|---|---|---|---|---|---|---|---|
| | 上半年 | 一季度 | 差(百分点) | 上半年 | 一季度 | 差(百分点) | 上半年 | 一季度 | 差(百分点) |
| 全省规模以上工业 | 23.8 | 29.7 | −5.90 | 13.64 | 18.70 | −5.06 | 8.20 | 8.48 | −0.28 |
| 农副食品加工业 | 14.5 | 16.5 | −2.00 | 18.09 | 11.99 | 6.10 | 0.31 | 1.05 | −0.73 |
| 纺织业 | 20.8 | 32.5 | −11.71 | 18.67 | 9.91 | 8.76 | 0.01 | 0.04 | −0.03 |
| 纺织服装鞋帽制造业 | 24.5 | 36.1 | −11.60 | 11.67 | 0.00 | 11.67 | 0.02 | 0.03 | −0.02 |
| 化学原料及化学制品制造业 | 15.2 | 22.7 | −7.46 | 14.69 | 18.76 | −4.07 | 1.38 | 1.60 | −0.22 |
| 黑色金属冶炼及压延加工业 | 14.0 | 15.1 | −1.06 | 13.09 | 11.86 | 1.23 | 1.22 | 1.80 | −0.58 |
| 交通运输设备制造业 | 37.1 | 58.5 | −21.39 | 39.91 | 31.31 | 8.61 | −0.57 | −0.07 | −0.51 |
| 电力、热力的生产与供应业 | 15.1 | 23.6 | −8.50 | −4.48 | −1.96 | −2.52 | 2.68 | 4.23 | −1.55 |
| 合　计 | | | | | | | 5.04 | 8.68 | −3.64 |

（二）非交通运输服务业对万元GDP综合能耗降低率的拉动作用呈弱化趋势

上半年，我省非交通运输服务业的节能量为11.63万吨标准煤，拉动万元GDP综合能耗降低0.26个百分点，比一季度缩小0.11个百分点。究其原因，一是其万元增加值能耗增速呈现上升态势；二是其节能贡献率呈现降低态势。据统计，上半年全省非交通运输服务业的万元增加值能耗增速为2.79%，比一季度提升0.29个百分点，而其节能贡献率为4.75%（因增加值比重同比降低引发了结构节能），比一季度降低1.67个百分点，在这两个因素的共同作用下，非交通运输服务业对全省万元GDP综合能耗降低率的拉动作用呈现出明显弱化趋势。

（三）居民生活用能量的加速上升增大了全社会综合能耗总量

上半年，全省居民生活用能同比增长7.95%，幅度比一季度提升了1.96个百分

点，增加全社会综合能源消耗量9.48万吨标准煤，致使全社会综合能源消耗量增速加快0.25个百分点。其主要原因在于全省城镇居民生活用电量增速大幅上升。据统计，上半年全省城镇居民生活用电量同比增长10.99%，增速比一季度加快5.71个百分点，从而带动城镇居民生活用能增速比一季度提升3.02个百分点，高出全省居民生活用能增速提升幅度1.06个百分点。

## 三、下半年节能降耗形势预测

由上述分析可知，上半年我省节能降耗形势基础工作并不稳固，万元GDP综合能耗降低率已呈回落状态。下半年如不采取更加有力的节能降耗措施或手段，这种回落的态势将得以延续，全年万元GDP能耗降低率很可能达不到预期目标。这是因为，一方面下半年伴随着地区生产总值同比基数的不断扩大，GDP增长速度仍将有较大幅度的回落；另一方面下半年由于我省国民经济仍将有较快的增长，加之城乡居民生活和服务业用能的刚性增长，以及灾后重建、暖房子工程的实施等项工作，都将大量增加能源消耗量，促使全社会能耗较快增长。但是，下半年如果我省能够严格按照《吉林省能耗预警调控方案》来执行，推迟7台火力发电机组的试运行时间（推迟到明年），就完全有可能完成或超额完成全年和“十一五”节能降耗目标任务。

## 四、对下半年全省节能降耗工作的几点建议

### （一）动员社会一切力量，大力倡导节约用电

“用电量”作为国民经济的先行指标，既反映了国民经济运行的基本态势，又代表了能耗的发展方向，尤其是在服务业和居民生活领域中，用电量起着主导作用。因此，降低电耗及其增速成为当前节能降耗工作的重点之一，应动员社会一切力量节约用电。一要大力开展节电宣传活动，积极营造节约光荣、浪费可耻的良好舆论氛围；二要充分发挥各行业主管部门的职能作用，加大用电监管力度；三是电力主管部门应适时根据市场需求，调控好电力供给及调峰的节奏。

### （二）加大各项节能措施的落实和实施力度，坚决抑制能耗过快增长

上半年，由于我省对节能降耗工作高度重视，措施较为得力，万元GDP综合能耗降低率位居全国前列，但必须清醒地认识到，万元GDP综合能耗降低幅度收窄的趋势在加剧，形势较为严峻，全面完成“十一五”节能规划目标任务仍然十分艰巨。下半年，不但要推迟即将开工的高耗能项目，又要在现有节能措施的基础上，不断运筹新的节能措施，进一步加大各项节能措施的落实和实施力度。不断扩大调度监测对象的范围，从以重工业为主的调度监测对象逐步向轻工业扩展；不断扩大

节能审计和督导范围，坚决抑制能耗过快增长。

（三）重视发展服务业，不断提升其增加值在国民经济中的比重

根据上半年节能数据计算，服务业增加值在全省GDP中的比重每提升1个百分点，可拉动万元GDP综合能耗降低0.92 个百分点，所以，不断加快服务业的发展是实现万元GDP综合能耗可持续下降的最有效办法。但上半年，服务业增加值在GDP中的比重非但没有上升，反而比一季度降低了1.89个百分点。因此，我们必须坚定不移地推行扩大内需的方针，继续实施适度宽松的金融政策，优先发展科技，扩大社会服务领域，进一步活跃房地产市场，促进社会团体和城乡居民消费，以扩内需的成果来保证服务业健康发展，不断提升其增加值在国民经济中的比重，为全面完成我省“十一五”节能降耗目标创造更为有利的条件。

（四）及时预警，适时启动预警调控预案

下半年，我省节能降耗工作将全面进入攻坚阶段。在这个阶段中，一方面要密切关注全省及各产业用电量、能耗和增加值变动趋势，及时预警预报；另一方面还要充分做好启动《吉林省能耗预警调控方案》的准备工作，根据预警报告适时启动预案，确保“十一五”节能降耗目标圆满实现或超额完成。

# 上半年我省规模以上工业企业用水情况简析

苏艳春

**编者按：《上半年我省规模以上工业企业用水情况简析》一文于2010年9月16日以《统计分析》第43期（总第603期）印发。**

水是保障经济社会发展的重要物质基础，在经济社会发展中起着重要的作用。伴随着我省工业化进程的推进和经济总量的不断扩大，工业企业用水量呈逐年递增态势。如何科学合理地利用水资源，提高企业的节水意识，是实现经济社会可持续发展不容回避的问题。

## 一、上半年工业企业用水基本情况

### （一）取水总量同比大幅上升

今年上半年，纳入全省统计的规模以上工业企业共计5950户，取水总量7.57亿立方米，比上年同期增取2.16亿立方米，增长39.8%。其中：地表水6.08亿立方米，增长47.4%；地下水1.06亿立方米，增长20.3%；自来水0.39亿立方米，增长4.9%。单位增加值耗水0.46亿立方米，比上年增长11.3%。（见表1）

### （二）地表水仍然是工业企业取水的主要来源

上半年，全省规模以上工业企业取水主要是直接采自河流、水库、湖泊的地表水，占取水总量的80.3%，使用地表水由于具有取水方式简便、价格成本低廉、对企业生产经营利润影响较小等特点而成为工业企业取水的主体。其次为地下水，占取水总量的14.0%，居第二位；自来水仅占取水总量的5.2%，居第三位。

### （三）六大高耗能行业取水量小幅下降

上半年，在全省规模以上工业企业的涉及的39个行业大类中，有24个行业取水量比上年同期有不同程度增长，占行业总数的73.2%；有15个行业取水量同比下降，占26.8%。其中，石油加工、炼焦及核燃料制造，化学原料及化学制品制造，非金属矿物制品、黑色金属冶炼及压延加工业，有色金属冶炼及压延加工，电力、热力的

生产和供应等六大高耗能行业总取水量为2.4亿立方米，占规模以上工业取水总量的31.8%，同比下降5.9%。（见表2）

表1　上半年全省规模以上工业企业水消费情况

| 指　标 | 数量（亿立方米） | | | 金额（亿元） | | |
|---|---|---|---|---|---|---|
| | 2010上半年 | 2009上半年 | 增长（%） | 2010上半年 | 2009上半年 | 增长（%） |
| 取水总量 | 7.57 | 5.41 | 39.8 | 4.7 | 3.35 | 40.2 |
| 1.地表水 | 6.08 | 4.13 | 47.4 | 2.29 | 1.81 | 26.3 |
| 2.地下水 | 1.06 | 0.09 | 20.3 | 1.02 | 1.04 | −1.8 |
| 3.自来水 | 0.39 | 0.38 | 4.9 | 1.39 | 1.5 | −7.2 |
| 4.其他水 | 0.04 | 0.03 | 9.7 | 0.001 | 0.002 | −33.9 |

表2　全省六大高耗能行业取水总量情况表

| | 2010年上半年（亿立方米） | 2009年上半年（亿立方米） | 同比增长（%） |
|---|---|---|---|
| 全　　省 | 7.57 | 5.41 | 39.8 |
| 六大高耗能行业合计 | 2.39 | 2.54 | −5.9 |
| 电力、热力的生产和供应 | 1.37 | 1.53 | −10.6 |
| 化学原料及化学制品制造 | 0.54 | 0.57 | −6.4 |
| 黑色金属冶炼及压延 | 0.34 | 0.33 | 3.2 |
| 非金属矿物制品业 | 0.13 | 0.10 | 25.4 |
| 石油加工炼焦及核燃料 | 0.01 | 0.01 | 71.2 |
| 有色金属冶炼及压延 | 0.02 | 0.01 | 65.0 |

（四）9个市（州）工业取水量“七增二降”

从上半年全省9个市（州）工业取水总量情况来看，位居前三位的分别是：长春市，取水量2.58亿立方米，占全省工业取水总量的34.1%；吉林市，取水量2.17亿立方米，占28.7%；通化市，取水量0.80亿立方米，占10.5%。三个市工业取水量占全省总量的73.3%。白山市取水总量0.39亿立方米，同比下降41.8%，主要原因是吉林电力股份有限公司浑江发电公司对生产和生活用水加大了循环利用，再回收、再利用的水量大幅上升，水利用效率明显提高，从而拉动全市工业用水量明显下降。（见表3）

表3　上半年全省各市（州）工业取水量占全省工业取水总量的比重

| 名称 | 2010年上半年取水总量（亿立方米） | 比上年同期增长（%） | 占全省比重（%） |
|---|---|---|---|
| 全省 | 7.57 | 39.8 | 100．0 |
| 长春市 | 2.58 | 43.3 | 34.1 |
| 吉林市 | 2.17 | 6.3 | 28.7 |
| 四平市 | 0.40 | 14.6 | 5.3 |
| 辽源市 | 0.08 | 16.2 | 1.0 |
| 通化市 | 0.80 | 5.3 | 10.5 |
| 白山市 | 0.39 | −41.8 | 5.1 |
| 松原市 | 0.39 | 2.4 | 5.1 |
| 白城市 | 0.15 | −1.6 | 2.1 |
| 延边州 | 0.61 | 19.8 | 8.1 |

## 二、存在的主要问题

### （一）水消费价格偏低

2010年上半年我省规模以上工业企业利用付费水总量为6.96亿立方米，水费合计为4.70亿元；平均单价为0.67元/立方米，其中，地表水、地下水平均单价分别为0.41元/立方米和1.05元/立方米，远远低于自来水3.75元/立方米的单价水平。这虽然有助于降低工业企业的生产成本，但同时也不利于水资源的节约利用。应该看到，当前仍有部分企业在地表水的采取过程中，缺乏严格计量制度，有的企业甚至从不交纳相关费用，在使用中挥霍浪费严重。特别是一些乡镇企业，用水都是从自备水井中抽取，不管取水量多少，每年只是象征性地缴纳部分水资源费，有的甚至一分钱也不缴，损失浪费水资源的现象还带有一定的普遍性。

### （二）工业企业水利用率有待提高

2010年上半年，我省工业用水重复利用率超过50%的行业仅有石油加工、炼焦及核燃料制造等8个行业，而非金属矿采选业等23个行业重复用水利用率低于10%，提高工业企业水利用效率仍是当前我省能源管理中亟待加强的工作。（见表4）

### （三）节水基础工作仍显薄弱，认识有待提高

当前，我省仍有企业没有设立节水管理机构，没有配备节水管理人员，用水计量器具不健全，节水制度不完备，企业输水管道和用水设备“跑冒滴漏”现象仍有发生。

表4 规模以上工业企业分行业重复用水利用率情况

| | 指标名称 | 取水量（亿立方米） | 重复用水量（亿立方米） | 利用率（%） |
|---|---|---|---|---|
| 重复用水利用率50%以上的 | 全部工业企业 | 7.57 | 29.79 | 79.7 |
| | 33.有色金属冶炼及压延 | 0.02 | 0.60 | 97.1 |
| | 26.化学原料及化学制品制造 | 0.54 | 8.86 | 94.3 |
| | 32.黑色金属冶炼及压延 | 0.34 | 5.37 | 94.0 |
| | 25.石油加工炼焦及核燃料 | 0.01 | 0.13 | 91.8 |
| | 44.电力、热力的生产和供应 | 1.37 | 13.52 | 90.8 |
| | 15.饮料制造业 | 0.15 | 0.59 | 80.0 |
| | 07.石油和天然气开采业 | 0.19 | 0.32 | 63.1 |
| | 31.非金属矿物制品业 | 0.13 | 0.14 | 52.9 |
| 重复水利用率10%～50% | 09.有色金属矿采选业 | 0.02 | 0.02 | 47.3 |
| | 08.黑色金属矿采选业 | 0.08 | 0.05 | 36.3 |
| | 28.化学纤维制造业 | 0.16 | 0.07 | 31.6 |
| | 35.通用设备制造业 | 0.01 | 0.00 | 27.2 |
| | 06.煤炭开采和洗选业 | 0.05 | 0.02 | 26.5 |
| | 22.造纸及纸制品业 | 0.18 | 0.06 | 25.8 |
| | 27.医药制造业 | 0.07 | 0.02 | 22.3 |
| | 11.其他采矿业 | 0.00 | 0.00 | 16.7 |
| 重复水利用率10%以下 | 20.木材加工及木、竹、藤等 | 0.03 | 0.00 | 7.4 |
| | 10.非金属矿采选业 | 0.00 | 0.00 | 3.3 |
| | 17.纺织业 | 0.01 | 0.00 | 2.9 |
| | 13.农副食品加工业 | 0.08 | 0.00 | 2.3 |
| | 19.皮革、毛皮、羽毛(绒)等 | 0.00 | 0.00 | 1.9 |
| | 30.塑料制品业 | 0.00 | 0.00 | 1.9 |
| | 37.交通运输设备制造业 | 0.14 | 0.00 | 1.8 |
| | 36.专用设备制造业 | 0.01 | 0.00 | 0.4 |
| | 39.电气机械及器材制造业 | 0.00 | 0.00 | 0.3 |
| | 14.食品制造业 | 0.02 | 0.00 | 0.2 |
| | 34.金属制品业 | 0.00 | 0.00 | 0.1 |
| | 21.家具制造业 | 0.00 | 0.00 | 0.0 |
| | 29.橡胶制品业 | 0.00 | 0.00 | 0.0 |
| | 23.印刷业和记录媒介的复制 | 0.00 | 0.00 | 0.0 |
| | 18.纺织服装、鞋、帽制造业 | 0.00 | 0.00 | 0.0 |
| | 42.工艺品及其他制造业 | 0.00 | 0.00 | 0.0 |
| | 16.烟草制品业 | 0.00 | 0.00 | 0.0 |
| | 24.文教体育用品制造业 | 0.00 | 0.00 | 0.0 |
| | 40.通信设备、计算机及其他 | 0.01 | 0.00 | 0.0 |
| | 41.仪器仪表及文化、办公用 | 0.00 | 0.00 | 0.0 |
| | 43.废弃资源和废旧材料回收 | 0.00 | 0.00 | 0.0 |
| | 45.燃气生产和供应业 | 0.00 | 0.00 | 0.0 |
| | 46.水的生产和供应业 | 3.94 | 0.00 | 0.0 |

## 三、几点建议

### （一）着力调整工业产业结构

调整工业产业结构是保护水资源的根本出路。各级政府和有关部门应紧紧抓住当前宏观调控、结构调整的机遇，在制订和落实工业发展规划时要充分考虑水资源的承受能力，科学调整工业布局和用水结构，坚决遏制高耗能、高耗水、高污染行业的盲目发展。

### （二）发挥价格调节杠杆作用，加强工业企业取水管理

水价是水资源管理中的主要经济杠杆，对水资源的优化配置和管理起着重要的导向作用，制定合理的水价是提高规模以上工业企业水资源利用水平的调控体。我省地表水、地下水价格大大低于自来水价格，建议适当提高水资源费征收标准，逐步提高水价，鼓励企业开展节水设备、工艺和技术的科技创新，实现水资源的永续利用，从而带动全社会各行业科学合理用水、节约用水。另外，要坚决遏制当前存在的过度使用地下水资源现象，杜绝一些企业使用地下水不交钱或少交钱情况的发生，对浪费地下水资源的一定要进行严肃查处，保证我省地下水资源合理有效利用，从而缓解经济增长与水资源短缺的矛盾，促进经济与环境的和谐发展。

### （三）积极推进我省污水处理产业化进程，鼓励企业使用中水

污水处理和回收利用是节约水资源的有效途径。政府有关部门要尽快出台相关政策，通过财政支持、税收补贴等方式，加快污水管网等基础设施的建设，加快污水处理产业化进程，对于使用中水的企业给予一定的补贴，引导和鼓励企业更多地使用中水，真正实现水资源的循环利用。

### （四）提高工业企业重复用水利用率

大力发展和推广工业用水重复利用技术，广泛推广工业重复用水，尽量采用水循环技术，提高水的重复利用率是工业节水的首要途径。应从政策上引导，经济上扶持工业企业改善生产工艺，改良生产装备，通过大力发展循环用水系统、蒸汽冷凝水回收再利用技术、外排废水回用技术和“零排放”技术，不断提高工业企业重复用水利用率。

# 县域经济发展是全省经济提速的着力点

李刚　张李梅

**编者按：**《县域经济发展是全省经济提速的着力点》一文于2010年9月29日以《统计分析》第44期（总第604期）印发。

壮大县域经济实力是推动全省科学发展、晋位赶超、绿色崛起的重要突破口，是全省经济提速的重要着力点。2009年，在省委、省政府的正确领导下，全省各级政府、各部门认真贯彻落实全省县域经济工作会议精神，狠抓县域经济工作。紧紧围绕保增长、保民生、保稳定大局，采取各种有效措施，积极应对国际金融危机给经济社会带来的不利影响，以增加城乡居民收入为核心，以工业强县为抓手，强力推进县域工业化、农业产业化和城镇化进程，县域经济综合实力明显增强，各项社会事业取得重大成就，城乡居民收入显著提高，人民群众生活得到较大改善。

## 一、2009年度县域经济综合评价结果

2009年，我省县域经济保持了快速发展的强劲势头。经对全省42个县（市、区）的经济发展、经济结构、社会发展和生态环境等25项指标进行综合测算和排位，评价出2009年度全部县域的综合发展指数和综合增长指数。

### (一) 综合发展考评结果

全省42个县（市、区）2009年度县域经济综合实力排序，名列前10位的依次是：延吉市、磐石市、九台市、桦甸市、梅河口市、前郭县、公主岭市、抚松县、敦化市、通化县，其中，九台市和桦甸市并列第三名，梅河口市和前郭县并列第五名，2009年度“吉林省县域经济综合发展十强县”得分情况。(见表1)

表1　2009年县域综合发展指数及位次

| 县(市) | 得分 | 位次 | 县(市) | 得分 | 位次 |
|---|---|---|---|---|---|
| 延吉市 | 87.5 | 1 | 双辽市 | 53.3 | 22 |
| 磐石市 | 71.0 | 2 | 舒兰市 | 52.6 | 23 |
| 九台市 | 67.9 | 3 | 辉南县 | 52.1 | 24 |
| 桦甸市 | 67.9 | 3 | 永吉县 | 51.8 | 25 |
| 梅河口市 | 66.9 | 5 | 图们市 | 50.4 | 26 |
| 前郭县 | 66.9 | 5 | 东辽县 | 50.2 | 27 |
| 公主岭市 | 66.3 | 7 | 乾安县 | 50.1 | 28 |
| 抚松县 | 63.7 | 8 | 靖宇县 | 50.1 | 28 |
| 敦化市 | 62.8 | 9 | 东丰县 | 49.7 | 30 |
| 通化县 | 62.6 | 10 | 汪清县 | 49.7 | 30 |
| 双阳区 | 61.4 | 11 | 扶余县 | 49.6 | 32 |
| 珲春市 | 60.2 | 12 | 长岭县 | 49.0 | 33 |
| 德惠市 | 59.7 | 13 | 安图县 | 48.4 | 34 |
| 农安县 | 58.9 | 14 | 柳河县 | 48.2 | 35 |
| 集安市 | 57.6 | 15 | 和龙市 | 48.2 | 35 |
| 榆树市 | 57.1 | 16 | 大安市 | 47.3 | 37 |
| 江源区 | 56.6 | 17 | 洮南市 | 46.8 | 38 |
| 梨树县 | 55.8 | 18 | 伊通县 | 46.5 | 39 |
| 蛟河市 | 55.6 | 19 | 镇赉县 | 45.7 | 40 |
| 长白县 | 55.1 | 20 | 龙井市 | 44.4 | 41 |
| 临江市 | 54.8 | 21 | 通榆县 | 42.5 | 42 |

表2 2009年综合发展位次与2008年位次变化

| 县(市) | 2009年位次 | 两年位次差 | 县(市) | 2009年位次 | 两年位次差 |
|---|---|---|---|---|---|
| 东辽县 | 27 | 9 | 龙井市 | 41 | 1 |
| 汪清县 | 30 | 7 | 延吉市 | 1 | 0 |
| 长白县 | 20 | 6 | 公主岭市 | 7 | 0 |
| 靖宇县 | 28 | 6 | 榆树市 | 16 | 0 |
| 通化县 | 10 | 4 | 和龙市 | 35 | 0 |
| 双阳区 | 11 | 4 | 梅河口市 | 5 | −1 |
| 江源区 | 17 | 4 | 敦化市 | 9 | −1 |
| 九台市 | 3 | 3 | 舒兰市 | 23 | −1 |
| 集安市 | 15 | 3 | 长岭县 | 33 | −1 |
| 临江市 | 21 | 3 | 安图县 | 34 | −1 |
| 柳河县 | 35 | 3 | 蛟河市 | 19 | −2 |
| 抚松县 | 8 | 2 | 永吉县 | 25 | −2 |
| 梨树县 | 18 | 2 | 前郭县 | 5 | −3 |
| 洮南市 | 38 | 2 | 农安县 | 14 | −3 |
| 伊通县 | 39 | 2 | 双辽市 | 22 | −3 |
| 磐石市 | 2 | 1 | 扶余县 | 32 | −3 |
| 桦甸市 | 3 | 1 | 通榆县 | 42 | −3 |
| 珲春市 | 12 | 1 | 德惠市 | 13 | −4 |
| 辉南县 | 24 | 1 | 大安市 | 37 | −9 |
| 图们市 | 26 | 1 | 镇赉县 | 40 | −10 |
| 东丰县 | 30 | 1 | 乾安县 | 28 | −16 |

与2008年比较，综合发展位次前10位的县（市）除一个县外都保持了前10位，

但有的县（市）的位次差也有一些变化，具体变化.。(见表2)

（二）综合增长考评结果

表3　2009年综合增长指数及位次

| 县(市) | 得分 | 位次 | 县(市) | 得分 | 位次 |
|---|---|---|---|---|---|
| 公主岭市 | 45.0 | 1 | 江源区 | 24.7 | 22 |
| 桦甸市 | 41.8 | 2 | 长白自治县 | 24.5 | 23 |
| 九台市 | 38.9 | 3 | 延吉市 | 23.4 | 24 |
| 抚松县 | 38.8 | 4 | 柳河县 | 21.2 | 25 |
| 临江市 | 36.4 | 5 | 舒兰市 | 21.1 | 26 |
| 双阳区 | 35.3 | 6 | 磐石市 | 19.5 | 27 |
| 汪清县 | 34.2 | 7 | 扶余县 | 19.4 | 28 |
| 梅河口市 | 33.7 | 8 | 农安县 | 18.6 | 29 |
| 梨树县 | 33.7 | 8 | 安图县 | 18.3 | 30 |
| 通化县 | 32.7 | 10 | 双辽市 | 18.1 | 31 |
| 龙井市 | 32.3 | 11 | 图们市 | 16.8 | 32 |
| 蛟河市 | 29.8 | 12 | 珲春市 | 15.8 | 33 |
| 敦化市 | 29.8 | 12 | 和龙市 | 13.7 | 34 |
| 靖宇县 | 29.5 | 14 | 通榆县 | 13.1 | 35 |
| 洮南市 | 29.4 | 15 | 辉南县 | 12.1 | 36 |
| 东辽县 | 28.9 | 16 | 长岭县 | 10.7 | 37 |
| 永吉县 | 28.4 | 17 | 东丰县 | 10.1 | 38 |
| 德惠市 | 28.4 | 17 | 镇赉县 | 7.1 | 39 |
| 集安市 | 28.0 | 19 | 前郭自治县 | 5.9 | 40 |
| 伊通自治县 | 27.5 | 20 | 大安市 | 3.5 | 41 |
| 榆树市 | 26.0 | 21 | 乾安县 | -19.4 | 42 |

全省42个县2009年与前三年平均综合实力相比较，综合发展速度名列前10位的

表4　2009年综合增长位次与2008年位次变化

| 县(市) | 2009年位次 | 两年位次差 | 县(市) | 2009年位次 | 两年位次差 |
|---|---|---|---|---|---|
| 龙井市 | 11 | 31 | 德惠市 | 17 | −2 |
| 洮南市 | 15 | 26 | 扶余县 | 28 | −2 |
| 双阳区 | 6 | 24 | 和龙市 | 34 | −2 |
| 汪清县 | 7 | 22 | 大安市 | 41 | −3 |
| 公主岭市 | 1 | 20 | 江源区 | 22 | −4 |
| 伊通自治县 | 20 | 20 | 通榆县 | 35 | −4 |
| 榆树市 | 21 | 15 | 蛟河市 | 12 | −5 |
| 长白自治县 | 23 | 14 | 梅河口市 | 8 | −7 |
| 敦化市 | 12 | 12 | 磐石市 | 27 | −8 |
| 东辽县 | 16 | 12 | 舒兰市 | 26 | −10 |
| 靖宇县 | 14 | 8 | 珲春市 | 33 | −10 |
| 抚松县 | 4 | 7 | 柳河县 | 25 | −12 |
| 临江市 | 5 | 7 | 农安县 | 29 | −12 |
| 九台市 | 3 | 5 | 东丰县 | 38 | −13 |
| 安图县 | 30 | 5 | 集安市 | 19 | −14 |
| 通化县 | 10 | 4 | 永吉县 | 17 | −15 |
| 双辽市 | 31 | 3 | 乾安县 | 42 | −15 |
| 桦甸市 | 2 | 2 | 辉南县 | 36 | −16 |
| 梨树县 | 8 | 1 | 延吉市 | 24 | −21 |
| 图们市 | 32 | 1 | 长岭县 | 37 | −27 |
| 镇赉县 | 39 | 0 | 前郭自治县 | 40 | −34 |

依次是：公主岭市、桦甸市、九台市、抚松县、临江市、双阳区、汪清县、梅河口市、梨树县、通化县，即2009年度“吉林省县域经济综合增长前十位”。(见表3)

与2008年比较综合增长位次变化情况。（见表4）

各县（市）在经济和社会发展中都下了很大功夫，特别是各县（市）所处环境和产业定位不同，经济实力相差较大，加大了进位难度，2009年度综合发展位次和综合增长位次并列的县（市）较多。

## 二、县域经济强县

按照县域经济综合发展指数测算表的综合发展指数指标，把全省42个县域单位划分为三个层次，第一层次是经济强县，为综合发展指数在前10位的县（市）；第二层次是经济中等县，为综合发展指数在第11位～32位之间；第三层次是经济弱县，为综合发展指数在后10位的县（市）。

### （一）县域经济强县总量规模

县域经济强县的总量规模是：人口为551.54万人，占全部县域总人口的28.9%；地区生产总值约为1642.5亿元，占全部县域国内生产总值的37.26%；一般预算全口径财政收入为116.42亿元，占全部县域一般预算财政收入的46.14%，地方级财政收入为63.22亿元，占全部县域地方财政收入的43.87%，固定资产投资为1055.45亿元，占全部县域固定资产投资的38.7%，工业增加值为631.64亿元，占全部县域工业增加值的41.75%。(见图1)

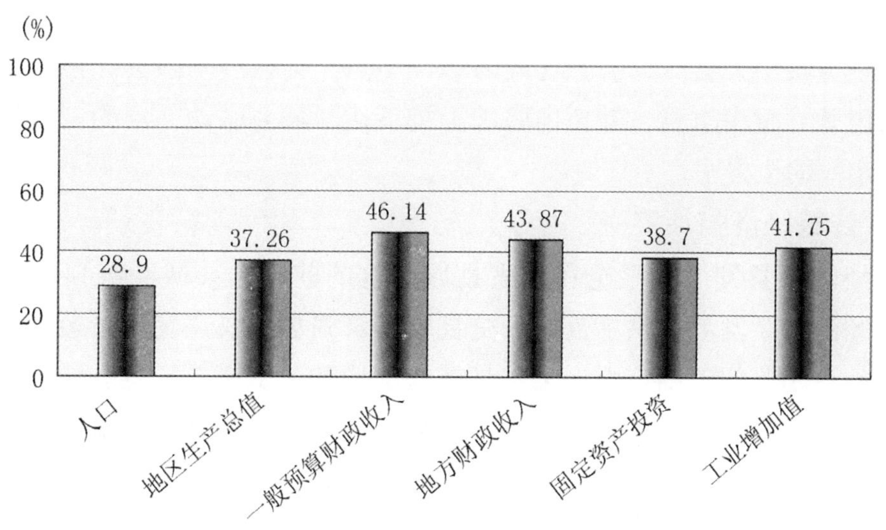


图1　县域经济强县占全部县域总量的比重

（二）县域经济强县发展水平

县域经济强县发展水平是：人均地区生产总值达到29992.29元，农民人均纯收入为5646.26元，分别是全省平均水平的112.77%、107.22%。(见图2)

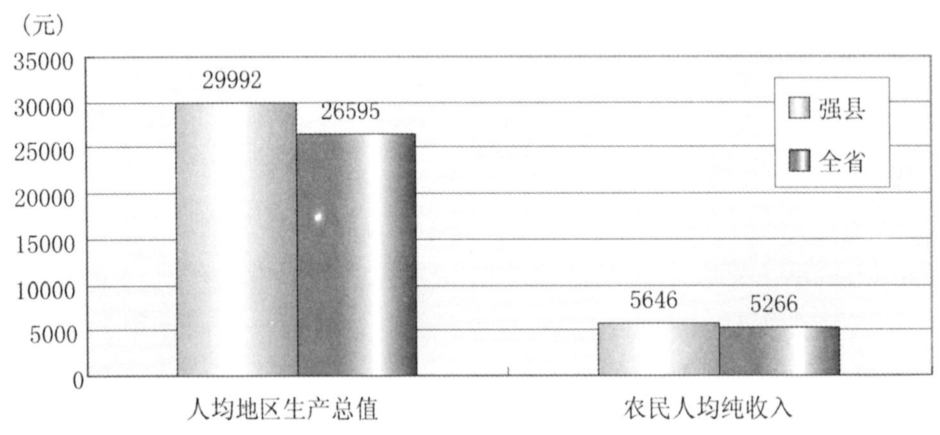


图2　县域经济强县在全省的水平

县域经济强县是县域经济工业化、城镇化的先行者，其地位高、作用大。县域是城乡融合区域，也是“三农”的集中区域。县域经济是城市经济和农村经济的集合。发展县域经济是解决“三农问题”的新思维和新切入点。把“三农”问题放在一个县域上来考虑，增加了解决“三农问题”的“非农”和“区域”两个手段。可以说“县域问题”是一个“大三农问题”。

（三）县域经济强县成为保增长的生力军

在金融危机中，县域经济强县成为一大亮点。县域经济强县扎根国土，体现国情，运系国脉，危中求机，外拓内联，上接下达，城乡联动，成为“保增长、保民生、保稳定”的生力军。

（四）县域经济强县效应

县域经济强县发展水平走在全省县域经济的前列，县域经济强县发展道路为全省县域经济科学发展提供示范。一是县域经济强县的快速发展营造了全省县域经济“比学赶帮超”的氛围，引导全省县域经济的加速发展；二是县域经济强县的一举一动引人关注，形成了“只能做好”的无形压力；三是县域经济强县对体制改革的突围，为全省县域经济科学发展探索空间。“强县扩权”、“省直管县”体制改革，为县域经济发展释放活力。

表5　2009年按综合发展指数划分县市区分布情况

| 层 次 | 综合指数位次 | 县域名称 |
|---|---|---|
| 强县 | 前10位 | 延吉市(1)　磐石市(3)　九台市(6)　桦甸市(4)　梅河口市(4)　前郭县(2)　公主岭市(7)　抚松县(10)　敦化市(8)　通化县(14) |
| 中等发展县 | 第11～32位 | 双阳区(15)　珲春市(13)　德惠市(9)　农安县(11)　集安市(18)　榆树市(16)　江源区(21)　梨树县(20)　蛟河市(17)　长白县(26)　临江市(24)　双辽市(19)　舒兰市(22)　辉南县(25)　永吉县(23)　图们市(27)　东辽县(36)　乾安县(12)　靖宇县(34)　东丰县(31)　汪清县(37)　扶余县(29) |
| 弱县 | 后10位 | 长岭县(32)　安图县(33)　柳河县(38)　和龙市(35)　大安市(28)　洮南市(40)　伊通县(41)　镇赉县(30)　龙井市(42)　通榆县(39) |

注：括号内为上年位次。

## 三、县域经济在全省的分布

按照县域综合发展指数从高到低排序，前10位为经济强县，后10位为经济弱县，中间22位为中等发展县。(见表5)

三个层次的划分体现了我省各县（市）综合实力的差异，各层次在地区的分布及主要经济指标占全部县域总量的比重。(见表6)

## 四、我省县域经济发展的主要特点

### (一) 县域经济总量不断扩大，发展速度显著加快

从经济总量看，2005年我省没有经济总量达到200亿元的县（市），到2009年，在全省42个县（市）中，经济总量达到或超过200亿元的县（市）有7个，100亿元与200亿元之间的有12个，2005年超过100亿元的只有6个县（市）。从各县（市）GDP发展速度上看，增速超过20%的有27个县（市），占全部县域的64.3%，比2005年

增加17个。

（二）财政收入大幅增加，经济实力增强

2009年，针对金融危机的不利影响，我省采取多项促进经济增长、增加财政收入的政策措施，保证了财政收入的快速增长。42个县（市、区）实现一般预算全口径财政总收入252.32亿元，比2005年增长1.4倍，32个县（市、区）收入超过3亿元，

表6　强弱县在地区分布及主要指标占全部县域的比重

| | 强县 | 中等发展县 | 弱县 |
|---|---|---|---|
| 县市个数 | 10 | 22 | 10 |
| 长春市 | 1 | 4 | |
| 吉林市 | 2 | 3 | |
| 四平市 | 1 | 2 | 1 |
| 辽源市 | | 2 | |
| 通化市 | 2 | 2 | 1 |
| 白山市 | 1 | 4 | |
| 松原市 | 1 | 2 | 1 |
| 白城市 | | | 4 |
| 延边州 | 2 | 3 | 3 |
| 人口比重（%） | 28.90 | 52.16 | 18.94 |
| 地区生产总值比重（%） | 37.26 | 48.59 | 14.15 |
| 人均生产总值（元） | 29992.29 | 21552.32 | 17137.71 |
| 一般预算全口径财政收入比重（%） | 46.14 | 41.02 | 12.84 |
| 地方财政收入比重（%） | 43.87 | 42.65 | 13.48 |
| 财政收入占地区生产总值的比重（%） | 3.85 | 2.87 | 3.11 |
| 工业增加值比重（%） | 41.75 | 45.73 | 12.52 |
| 非农产业比重（%） | 83.96 | 77.76 | 75.70 |
| 固定资产投资比重（%） | 38.70 | 48.03 | 13.27 |
| 农民人均纯收入（元） | 5646.26 | 5419.53 | 4085.82 |

其中，延吉市超过30亿元，5个县（市、区）超过10亿元，2005年没有超过10亿元的县（市、区）。14个县（市、区）在5亿元与10亿元之间，2005年超过5亿元的只有4个。

2009年42个县（市、区）实现地方财政总收入144.09亿元，比2005年增长1.6倍，全部县域地方财政收入超过10亿元的只有延吉市，5亿元与10亿元之间有7个县（市），2005年超过5亿元的只有1个。34个县（市）财政收入增长速度超过全省15.2%的水平。

（三）工业化进程继续加快，产业结构日趋优化

县域经济不断优化资源配置，加快结构调整步伐，对全省经济推动力增强，经济发展呈现良好局面。2009年，全省42个县（市）实现工业增加值1512.92亿元，比2005年增长2.1倍。有11个县（市）工业增加值超过50亿元，2005年超过50亿元的只有1个县（市）。县域非农产业增加值比重为79.8%，比2005年提高11.5个百分点，县域经济三次产业结构由2005年31.7:32.3:36调整为20.2:41.9:37.9，一产比重下降11.5个百分点，二产比重提高9.6个百分点，三产比重提高1.9个百分点，有22个县（市）非农产业比重超过80%，比2005年增加14个。

（四）固定资产投资快速增长，基础设施不断完善

2009年县域固定资产投资完成额达2726.97亿元，占全省城镇固定资产投资的45.8%，比重较2005年提高11.6个百分点，县域城镇固定资产投资占全省GDP的比重为37.5%，比2005年提高22.0个百分点。

（五）惠民政策成效显著，城乡收入再创新高

2009年，全省农民人均纯收入为5266元，在42个县（市）中，有27个超过全省水平，28个县高于全国5153元的水平，2005年没有超过5000元，超过4000元的也只有延吉市。2009年延吉市农民人均纯收入突破7000元大关，达到7220元，分别高出全省和全国平均水平1954元和2067元。

2009年，全省城镇居民人均可支配收入为14006元，延吉市达到16148元，高出全省平均水平2142元，但比全国17175元的水平低1027元。

县域主要经济指标(见表7)。

## 五、我省县域经济发展值得关注的问题

全省县域经济综合实力明显增强，发展速度逐年加快，质量效益日益提升。全省县域经济整体上正处在由夯实基础、蓄积后劲向发展提速、结构升级转换的历史拐点，正处于大发展、大突破、大跨越的关键时期。同时我们也要清醒地看到，我省县域经济发展存在一些值得关注的问题。

## 表7　2009年县域主要经济指标数据

| 县(市) | 地区生产总值(万元) | 人均地区生产总值(元) | 一般预算财政收入(万元) | 地方财政收入(万元) | 人均地方财政收入(元) | 农民人均纯收入(元) | 固定资产投资完成额(万元) |
|---|---|---|---|---|---|---|---|
| 双阳区 | 1030280 | 26401 | 55978 | 32451 | 832 | 5476.68 | 1022313 |
| 农安县 | 2067051 | 17725 | 111872 | 48305 | 441 | 5377.62 | 905395 |
| 九台市 | 1914572 | 22760 | 92250 | 64666 | 911 | 5445.63 | 1218728 |
| 榆树市 | 2066521 | 17830 | 54671 | 40050 | 310 | 5706.43 | 900610 |
| 德惠市 | 2077775 | 22104 | 65240 | 41078 | 495 | 5756.83 | 1157678 |
| 永吉县 | 735388 | 18741 | 47189 | 32279 | 823 | 5349.86 | 524170 |
| 蛟河市 | 1079519 | 23820 | 53248 | 36469 | 804 | 5548.99 | 585742 |
| 桦甸市 | 1474651 | 32310 | 85212 | 54221 | 1188 | 5687.47 | 1107000 |
| 舒兰市 | 1051831 | 15889 | 40177 | 27135 | 410 | 5432.41 | 1099981 |
| 磐石市 | 2346972 | 46604 | 101585 | 63922 | 1180 | 5676.16 | 1078683 |
| 梨树县 | 2001024 | 25394 | 48493 | 25700 | 356 | 5451.81 | 374779 |
| 伊通县 | 1018646 | 21160 | 29659 | 17548 | 365 | 5216.78 | 236780 |
| 公主岭市 | 2300900 | 21156 | 85034 | 58438 | 540 | 5525.63 | 1380090 |
| 双辽市 | 1000092 | 25493 | 48815 | 28189 | 677 | 5318.39 | 529185 |
| 东丰县 | 730850 | 18086 | 32111 | 20655 | 511 | 5383.81 | 507316 |
| 东辽县 | 605180 | 17105 | 30222 | 20032 | 566 | 5365.18 | 640020 |
| 通化县 | 703223 | 28645 | 61006 | 37589 | 1530 | 5315.35 | 807533 |
| 辉南县 | 637852 | 17892 | 38017 | 23158 | 650 | 5711.31 | 681267 |
| 柳河县 | 600165 | 16103 | 38000 | 20964 | 563 | 4894.23 | 281141 |
| 梅河口市 | 1589063 | 25676 | 100079 | 66100 | 1068 | 5776.9 | 1316801 |
| 集安市 | 665994 | 29573 | 40118 | 26938 | 1196 | 5393.5 | 660931 |
| 江源区 | 795248 | 31721 | 62080 | 31362 | 1251 | 5561.32 | 574960 |
| 抚松县 | 800858 | 26598 | 57298 | 43214 | 1570 | 6039.02 | 712780 |
| 靖宇县 | 276176 | 19727 | 23400 | 15579 | 1070 | 2988.52 | 227621 |
| 长白县 | 173967 | 20686 | 18285 | 11900 | 1422 | 4948.12 | 281505 |
| 临江市 | 480579 | 27876 | 31139 | 22822 | 1319 | 5514.36 | 351299 |
| 前郭县 | 2660835 | 45252 | 116900 | 70515 | 1198 | 5604.9 | 795505 |
| 长岭县 | 1268384 | 20009 | 23766 | 16014 | 253 | 4721.36 | 794632 |
| 乾安县 | 1011782 | 32979 | 75632 | 34206 | 1112 | 4732.01 | 273065 |
| 扶余县 | 1740642 | 22033 | 29958 | 21526 | 273 | 5356.81 | 503344 |
| 镇赉县 | 677765 | 22936 | 39793 | 25116 | 850 | 2769.98 | 216608 |
| 通榆县 | 472530 | 12830 | 20972 | 15056 | 409 | 2717.17 | 292537 |
| 洮南市 | 673200 | 15391 | 25770 | 14641 | 335 | 4577.96 | 505416 |
| 大安市 | 731114 | 17407 | 56708 | 29238 | 695 | 2786.87 | 328580 |
| 延吉市 | 1749121 | 35020 | 374823 | 113827 | 2404 | 7220.55 | 1376278 |
| 图们市 | 217265 | 16661 | 20317 | 14079 | 1080 | 4864.13 | 209156 |
| 敦化市 | 884783 | 18284 | 90041 | 59658 | 1233 | 6004.29 | 761106 |
| 珲春市 | 659853 | 29670 | 81698 | 43972 | 1978 | 5375.34 | 535207 |
| 龙井市 | 193286 | 10454 | 21505 | 14820 | 703 | 3125.74 | 156560 |
| 和龙市 | 272659 | 13451 | 35812 | 19933 | 983 | 3250.12 | 395810 |
| 汪清县 | 318839 | 13159 | 26280 | 16700 | 689 | 3217.48 | 551594 |
| 安图县 | 330036 | 15279 | 32082 | 20848 | 962 | 3434.99 | 410019 |

### （一）经济发展整体水平较低，竞争力不强

我省县域经济发展的整体水平还不高、综合实力还不强，不仅与发达地区存在较大差距，多数地区还处在较弱位置，除少量县（市）外，总体处于国内县域经济发展一般水平，与全国百强县（市）平均水平差距明显。

### （二）经济发展不均衡的问题日益凸显，发展差距不断拉大

强者恒强、弱者常弱，各自为战，未形成类似江苏江阴、山东即墨等为代表的强县组团，体现出明显的集聚放大效应。用辩证的眼光看，差距是压力也是潜力，落后蕴含危机也蕴含希望。我们要清醒认识面临的形势，增强危机感、紧迫感，全力加快我省县域经济发展。

从经济总量看，2005年全部县域GDP总量最大的是榆树市111.48亿元，最小的是长白县8.61亿元，两者相差102.87亿元。2009年全部县域GDP总量最大的是前郭县为266.08亿元，最小的仍是长白县为17.4亿元，两者相差248.68亿元。2009年GDP高低差距比2005年的差距拉大了145.81亿元。

从人均GDP看，2005年全部县域人均GDP最多的是磐石市21908元，最少的是龙井市5645元，两者相差16263元。2009年全部县域人均GDP最多的仍是磐石市为46604元，最少的仍是龙井市为10454元，两者相差36150元。差距由16263元扩大到36150元，扩大了19887元。

从农民人均纯收入看，2005年全部县域农民人均纯收入最高的是延吉市为4149元，最低的是汪清县为1739元，高低差距2410元。2009年全部县域农民人均纯收入最高的是延吉市7220元，最低的是通榆县2717元，高低相差4503元。差距由2410元扩大到4503元，扩大了2093元。

### （三）环境保护和资源优化配置意识不强，软硬环境建设亟待总体提升

县域经济科学发展的综合环境因素是新时期县域经济发展的约束条件，要求县域经济不仅要发展，还要科学发展，发展软环境需进一步优化，一些部门的服务意识和依法行政观念应进一步强化，办事效率不高，“看人办事”的现象比较突出。

### （四）经济结构优化和产业结构调整依然滞后，产业现代化水平低

产业集群特色不鲜明，缺乏龙头企业的带动和规模化经营，没有发挥出自身优势，对整个产业的支持和推动力度不够。

## 六、提升县域经济快速发展的着力点

县域经济是壮大区域经济实力、提升区域竞争力的重要基础和支撑，县域经济活则全省活，县域经济强则全省强。同时，县域处于“城尾乡头”的位子，我们要打破城乡二元结构，坚持城乡统筹发展，必须不断改善农村面貌，实现城镇化与新

农村建设的双轮驱动、良性互动。主战场不在大中城市而在包括县城在内的县域；县域经济资源性、初级化特征明显，我们要摆脱传统发展模式，提升全省产业发展层次和水平，基础在县域，难点也在县域，县域经济既包括县城中的工业和农村中的乡镇企业，也包括农村中的农业。县域经济直接与农民相联系。缩小区域之间的差距，必须通过县域经济的发展，特别是欠发达地区县域经济的发展来实现。

（一）要大力发展资源特色产业

当今世界，产业追着资源走，资本围着资源转，各种生产要素向资源的源头配置，已经成为产业发展的大趋势和基本运作规律。要充分发挥资源、劳动力、生态等突出优势，大力发展资源特色产业。我省自然资源丰富，开发潜力巨大，粮牧林特矿等多种资源在全国占有诸多第一。长白山素有立体生物资源宝库之称，野生植物达2000多种；吉林人参产量占全国的85%、世界的70%；鹿茸产量占全国的70%、世界的30%；中药材、林蛙、食用菌、矿泉水等特色资源拥有量都居全国前列；吉林还是全国六大林区之一，活力木畜积量8.9亿立方米；硅藻土、油母页岩储量分别占全国的51%和56%，均为全国之最。我省资源优势突出，但开发利用明显不足。既要看到差距和压力，也要看到优势和潜力，千方百计做好资源精深开发这篇大文章。紧紧围绕农产品加工、矿产开发等优势产业谋划项目，加大招商引资和市场融资力度，加强自主创新和引进先进技术，推动精深加工，提高产品附加值，培育特色品牌，切实把资源优势转化为产业和产品优势。

（二）要稳步推进城镇化

城镇化水平是经济社会发展水平的重要标志。坚持大中小城市和小城镇相结合，将大中城市郊区发展纳入城市发展整体规划，推进郊区向城区、农民向市民转变，引导农村人口向小城镇有序流动，鼓励富裕农民、个体私营业主到城镇建房落户和从事第二、三产业，引导农业产业化龙头企业和乡镇企业向小城镇集中。突出抓好县城和中心镇规划，加强基础设施建设，提高县城和中心镇承载能力，使其成为产业与人口集聚的平台，形成产业发展与城镇化良性互动。依法赋予经济发展快、人口吸纳能力强的小城镇相应行政管理权限，发挥其承接城市产业转移、带动乡村繁荣发展的桥梁纽带作用。改革城乡居民户口管理制度，以消除农民进入小城镇的障碍，切实加强进城务工人员权益保护，逐步实现农民工劳动报酬、子女就学、公共卫生、住房租购等与城镇居民享有同等待遇，为农民工及家属进城就业安居创造良好条件。广泛开展各种类型的职业技能培训，继续实施农民工转移培训“阳光工程”，增强农民进城就业能力。

（三）要继续支持县域工业园区基础设施建设，提高园区承载能力

安排县域产业发展项目贴息资金，支持县域产业项目发展。各县（市）区要围

绕本地区最有优势、最有特点的主导产业或产品，切实加大招商引资和产业培育力度，加强工业产业集群建设，争取每个县（市）区都形成一个有聚集力、影响力的工业产业集群。

（四）要以龙头企业为核心，大力发展现代农业

推进农业产业化经营，不断优化农业产业结构，加快一县一业建设。农业大县，农业生产是当前农民增收致富的主要途径。加快经济发展方式转变，必须不断推进农业现代化建设。一是进一步提高农业综合生产能力。要加强农业基础设施建设，重点抓好国家小型农田水利重点县工程，努力提高粮食综合生产能力；要强化农业科技和人才支撑，大力发展社会化服务；要促进农业机械化发展，推进农业生产标准化，加快全程农机化示范区建设。二是加快推进畜牧业发展。坚持以市场为导向、以产业化经营为突破口，加快畜牧业向现代产业、外向型经济转变。通过实施牧业加快发展攻坚计划，大力推进牧业小区建设，进一步调整优化畜禽产品结构，推动传统畜牧业向精品畜牧业转变。三是大力发展园艺特产业。依托区域优势，探索具有本地特色的现代特产业发展道路。充分发挥“中国野山参之乡”的品牌优势，大力发展野山参为重点的林下中草药材种植，推进中药材种植基地建设；不断壮大瓜果、蔬菜、食用菌等特产业规模，积极发展棚膜经济。

（五）要以更加创新的思维、更加务实的作风，全力推动全省县域经济发展新突破

各级党委和政府要切实加强组织领导，加强基层党组织和干部队伍建设，加速环境建设步伐，提高环境建设水平。在完善公共基础设施、产业配套设施的同时，加速公共信息服务平台的建设，提升政府行政审批服务的水平和加快办事效率，着力改善农村民生，帮助各县（市）解决县域经济发展中遇到的困难和问题，不断优化发展环境，为县域经济的发展提供优良的配套设施环境和优质的公共、行政服务，为县域经济发展提供坚强保证。

加快经济发展方式转变，最终目的是要让群众受益。统筹解决好群众普遍关注的就业、社保、教育、医疗、住房等热点问题，重点改善低收入群体和困难群众生活。加快发展各项社会事业，不断加强精神文明建设，全力维护社会和谐稳定，努力开创县域经济社会发展的新局面。

# 对近年来吉林省环境状况的分析

张　蕾

**编者按：《对近年来吉林省环境状况的分析》一文于2010年10月11日以《统计分析》第45期（总第605期）印发。在国家统计局社会科技司2010年度统计分析评比中荣获二等奖。省政府王儒林省长批示：“请俊清、国才同志阅研”。**

环境是人类生存和发展的基本前提，为我们的生产生活提供了必需的资源和条件。随着经济社会的发展，环境问题已作为一个不可回避的重要问题提上了政府的议事日程。保护环境，减轻环境污染，遏制生态恶化趋势，对于促进我省经济、社会及人的全面发展意义重大。

近年来，各级领导高度关注我省环境发展情况，积极为环保事业发展排除障碍，努力减轻经济发展对我省资源环境的负面影响，很大程度上推动了我省环境事业的进步。但社会环保意识淡漠、污染处理技术水平低下、环境污染治理投资缺乏等积弊仍严重制约着我省环境事业的进一步发展。

本文旨在通过对“十一五”计划前四年我省环境各领域的发展情况分析及全国排位对比找出我省环境事业的优劣势，以期为环保事业的发展及环保政策的制定提供有价值的参考建议。

## 一、环境现状分析

### （一）生活污水成为废水的主要来源

近几年，我省水环境主要呈现如下特点——生活污水排放量增长较快，已成为废水排放总量的主要部分；水体主要污染物排放量下降，污染物主要来源依旧为生活污水。

2009年全省废水排放总量109714.74万吨，同比增长1.79%；其中生活污水排放量72151.26万吨，同比增长3.92%，占到废水排放总量的65.76%。化学需氧量排放量360800.1吨，同比下降3.61%；其中，生活污水中化学需氧量排放量213632.6吨，占化学需氧量排放总量的59.2%。氨氮排放量28613.4吨，同比下降5.41%；其中生活污水中氨氮排放量25993吨，占氨氮排放总量的90.84%。

“十一五”计划前四年（即2006—2009年），全省水环境领域主要指标数值如下(见表1)

表1　2006—2009年全省水环境领域主要指标情况

| 产品名称 | 单位 | 2006 | 2007 | 2008 | 2009 |
|---|---|---|---|---|---|
| 降水量 | 毫米 | 572.3 | 548.5 | 592.1 | 554.3 |
| 水资源总量 | 亿立方米 | 353.63 | 346.04 | 328.80 | 298.04 |
| 人均水资源量 | 立方米/人 | 1300.35 | 1308.50 | 1202.54 | 1088.9 |
| 用水总量 | 亿立方米 | 102.9 | 100.78 | 104.08 | 111.09 |
| 其中：农业用水 | 亿立方米 | 70.35 | 64.58 | 65.96 | 71.15 |
| 工业用水 | 亿立方米 | 19.12 | 19.52 | 19.27 | 23.62 |
| 生活用水 | 亿立方米 | 11.49 | 14.69 | 8.47 | 14.05 |
| 生态用水 | 亿立方米 | 1.94 | 1.99 | 2.23 | 2.27 |
| 废水排放总量 | 万吨 | 97166.25 | 97857.82 | 107781.35 | 109714.74 |
| 其中：工业废水排放量 | 万吨 | 39321.47 | 39666.33 | 38353.16 | 37563.48 |
| 生活污水排放量 | 万吨 | 57844.78 | 58191.49 | 69428.19 | 72151.26 |
| 化学需氧量(COD)排放量 | 吨 | 416851.53 | 400004.3 | 374300.7 | 360800.1 |
| 其中：工业废水中COD排放量 | 吨 | 167988.88 | 165454.9 | 152111.1 | 147167.5 |
| 生活污水中COD排放量 | 吨 | 248862.65 | 234549.4 | 222189.5 | 213632.6 |
| 氨氮排放量 | 吨 | 36076.69 | 30502.3 | 30251.5 | 28613.4 |
| 其中：工业废水中氨氮排放量 | 吨 | 6850.37 | 3384.0 | 3398.1 | 2620.4 |
| 生活污水中氨氮排放量 | 吨 | 29226.32 | 27118.3 | 26853.4 | 25993.0 |
| 工业废水排放达标量 | 万吨 | 32009.58 | 34740.48 | 33443.27 | 30620.62 |
| 工业废水排放达标率 | % | 81.4 | 87.58 | 87.20 | 81.52 |

2006—2009年，全省用水总量整体呈上升趋势，年均增幅在2.65%左右，农业、工业、生活、生态四部分用水比例基本稳定。

2006—2009年，全省工业废水排放量总体呈下降趋势，而生活污水排放量却在不断上升，两者之间的相对差距越来越大，工业废水排放量与生活污水排放量之比已由2006年的0.68下降到2009年的0.52。水体中主要污染物（化学需氧量及氨氮）排放量进一步下降，污染物来源主要为生活污水，其中生活污水中氨氮排放量已占到

单位：万吨

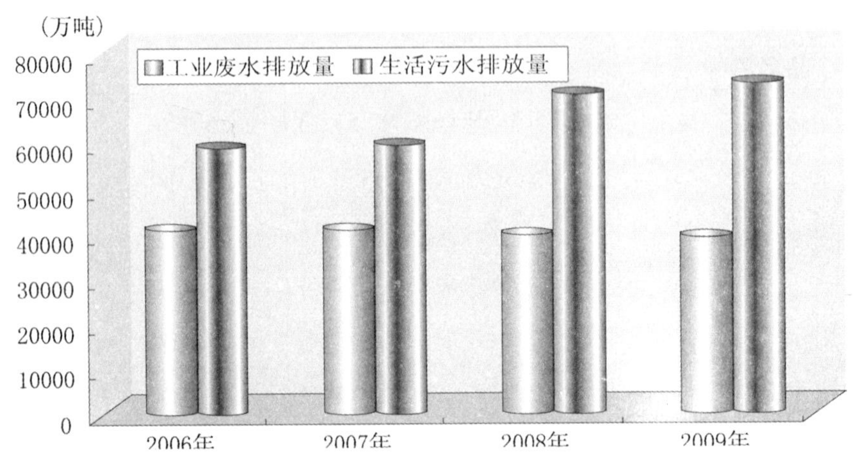


图1　2004—2009年全省废水排放情况

单位：吨

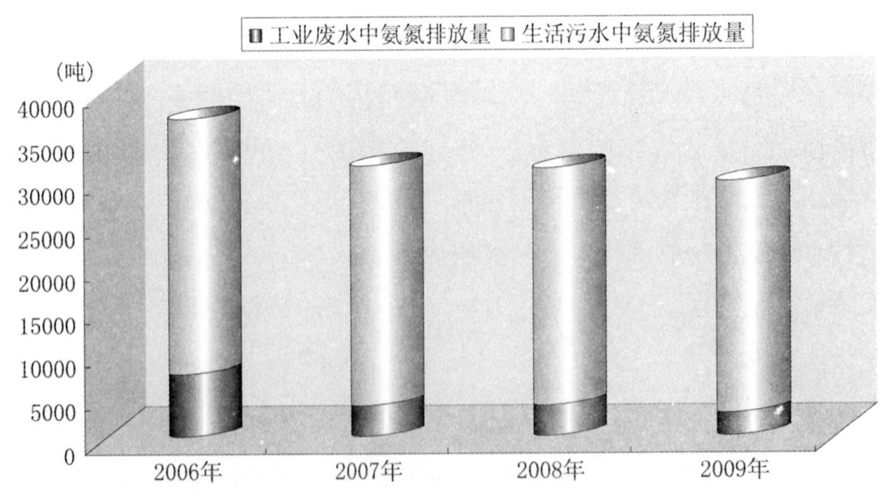


图2　2006—2009年大气中主要污染物排放量

氨氮排放总量的90.8%。提倡生活节水，提高生活污水处理能力迫在眉睫。

（二）大气主要污染物含量下降

2009年全省环境总体良好，主要污染物排放量呈现两降一升态势。其中二氧化硫排放量为363005.2吨，同比下降3.84%；粉尘排放量6.57万吨，同比下降4.2%；烟尘排放量384289.8吨，同比上升2.81%。

“十一五”前四年，我省大气主要污染物含量均总体呈现出下降趋势，全省大

表2　2006—2009年我省大气领域主要指标值

| 指标名称 | 单位 | 2006 | 2007 | 2008 | 2009 |
|---|---|---|---|---|---|
| 二氧化硫(SO2)排放量 | 吨 | 408987 | 398977.4 | 377513 | 363005.2 |
| 烟尘排放量 | 吨 | 417578 | 384742.9 | 373800.52 | 384289.8 |
| 工业粉尘排放量 | 吨 | 127317 | 107722.4 | 68526.94 | 65682.83 |
| 工业$SO_2$排放达标量 | 吨 | 238015 | 201665.4 | 254402.17 | 267069.14 |
| 工业$SO_2$排放达标率 | % | 70.88 | 59.92 | 81.23 | 89.00 |
| 工业烟尘排放达标量 | 吨 | 276924 | 243999.9 | 233246.4 | 234994.4 |
| 工业烟尘排放达标率 | % | 84.05 | 83.85 | 91.20 | 84.70 |
| 工业粉尘排放达标量 | 吨 | 71217 | 65588.6 | 49123.9 | 46621.3 |
| 工业粉尘排放达标率 | % | 55.94 | 60.89 | 71.69 | 71.00 |

单位：吨

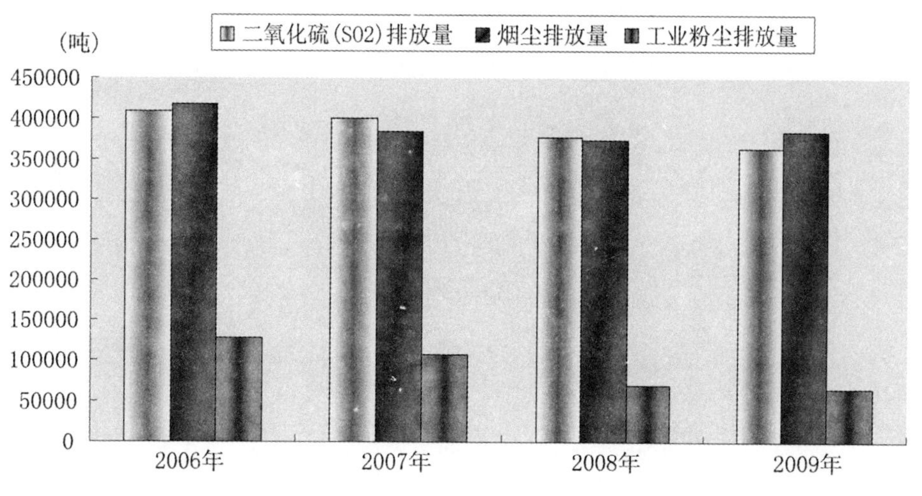


图3　2006—2009年大气中主要污染物排放情况

气环境正不断改善。（见表2、见图3）

但我们也看到，工业粉尘排放达标率、工业烟尘排放达标率等指标值并不高，且无明显上升趋势，在有些年份甚至出现下降现象，这说明我省废气处理水平较低，废气处理能力有待进一步提高。

（三）固体废物利用水平进一步提高

固体废物利用有利于减少资源浪费，降低环境压力，是发展循环经济的必要手段。2009年我省固体废物利用能力进一步增强，全年利用工业固体废物2538.82万吨，固体废物综合利用率64.3%，“三废”综合利用产品产值达到30.87亿元，对节约资源及减少环境污染起到重要作用。全年工业固体废物排放量继续为0。

表3　固体废物领域主要指标

| 指标名称 | 单位 | 2008年值 | 2009年值 | 增量 | 增速 |
|---|---|---|---|---|---|
| 工业固体废物产生量 | 万吨 | 3414.98 | 3940.52 | 525.54 | 15.39% |
| 工业固体废物排放量 | 吨 | 0 | 0 | 0 | – |
| 工业固体废物综合利用量 | 万吨 | 2052.53 | 2538.82 | 486.29 | 23.69% |
| 工业固体废物综合利用率 | % | 59.70 | 64.30 | 4.6 | 7.71% |
| “三废”综合利用产品产值 | 万元 | 298590.9 | 308741.1 | 10150.2 | 3.40% |

2006—2009年，我省固体废物综合利用量总体呈上升趋势，但固体废物综合利

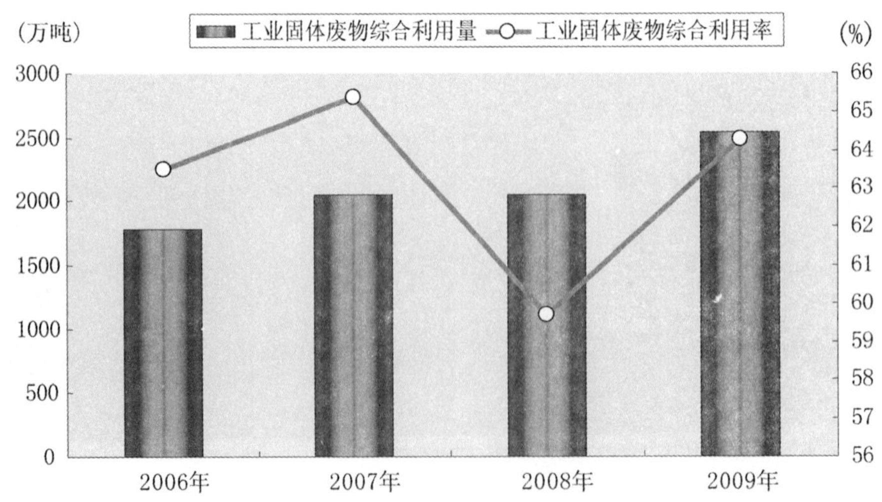


图4　2006—2009年全省固体废物综合利用情况

用率不是十分稳定，在2008年曾降到60%以下。

## （四）生态环境基本稳定

森林在生态环境保护中有着不可或缺的地位，其对于涵养水源、调节气温、净化空气都具有重要作用。2009年全省森林面积为736.6万公顷，同比减少83.59万公顷；森林覆盖率38.9%，较上年提高0.1个百分点；人均森林面积0.269公顷，基本与上年持平；活立木蓄积量88244万立方米，同比下降3.44%；当年造林面积30228公顷，同比增长15.75%。全省自然保护区36个，较上年增加2个；其中国家级自然保护区13个。自然保护区面积为229.80万公顷同比增长6.08万公顷。

表4　2006—2009年全省生态环境领域主要指标值

| 指标名称 | 单位 | 2006 | 2007 | 2008 | 2009 |
|---|---|---|---|---|---|
| 累计水土流失治理面积 | 千公顷 | 3405.18 | 3446.01 | 3497.61 | 3545.76 |
| 森林面积 | 万公顷 | 818.39 | 820.19 | 820.19 | 736.6 |
| 森林覆盖率 | % | 43.5 | 43.4 | 43.4 | 38.9 |
| 人均森林面积 | 公顷 | 0.3 | 0.3 | 0.3 | 0.269 |
| 活立木蓄积量 | 万立方米 | 88729 | 89396.5 | 91387.2 | 88244 |
| 森林蓄积量 | 万立方米 | 86878 | 87437.9 | 88725.9 | 84412 |
| 当年营造林面积 | 公顷 | 50393 | 19031 | 26114 | 30228 |
| 湿地面积 | 千公顷 | 1203.4 | 1203.4 | 1203.4 | 1203.4 |

## （五）自然灾害以旱灾为主

2009年全省受灾面积由2008年的96.5万公顷激增至267.1万公顷，增幅达176.8%，其中以旱灾为主。2009年全省旱灾受灾面积244万公顷，为上年的6.9倍；雪灾低温冷冻受灾面积0.53万公顷，同比增长1.94倍；洪涝灾受灾面积3.7万公顷，降幅92.2%；风雹灾受灾面积18.8万公顷，同比增长39.25%。受灾人次1125.6万人次，较上年增长810.3万人次；直接造成经济损失167.15亿元，同比增长2.67倍。（见图5）

## （六）环境污染治理投资有所回落

2009年，我省环境污染治理投资总额有所回落，由2008年的87.82亿元下降到66.06亿元，下降24.78%；其中城市环境基础设施投资424319万元，同比下降21.85%；工业污染源治理投资79255万元，同比下降65.88%；“三同时”项目环保投资157044万元，同比增长52.45%。环境污染治理投资占GDP的比重由2008年的

单位：公顷

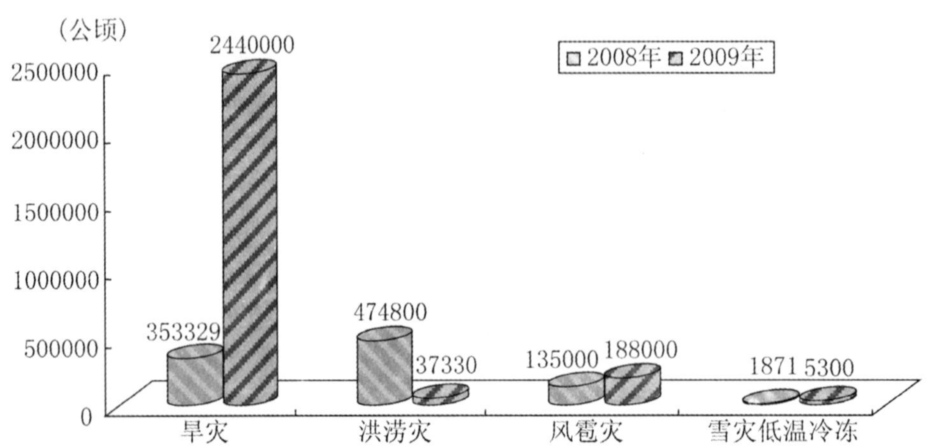


图5　2008、2009年主要自然灾害受灾面积对比

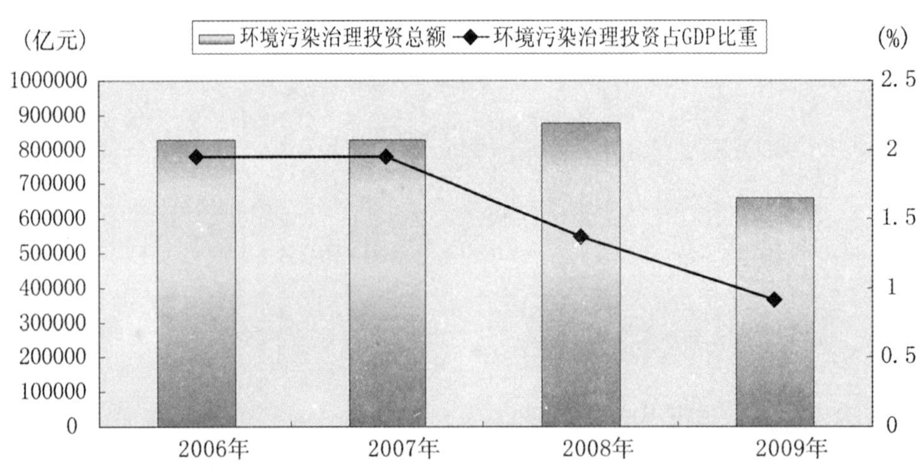


图6　2006—2009年我省环境污染治理投资及其占GDP比重变化情况

1.37%下降到0.91%，下降0.46个百分点。（见图6）

## （七）城市环境有所改善，但一些指标仍有待提高

2009年我省城区面积7322.4平方公里，其中建成区面积1179.59平方公里，城市建设用地面积1144.4平方公里。城区人口985.6万人，同比增长2.68%；城区暂住人口36.3万人，同比增长21.1%。

城市用水普及率88.8%，同比增长0.17个百分点；污水厂集中处理率62.7%，同比增长1.99%；生活垃圾无害化处理率38.4%，比上年提高5.78个百分点；燃气普及率85.5%；城市集中供热面积28571万平方米；人均公园绿地面积9.82平方米；平均每万人拥有公共交通车9.56辆。

2006—2009年，城市用水普及率、城市污水处理厂集中处理率、城市燃气普及率均呈现较明显的上升趋势，城市生活垃圾无害化处理率在2007年出现高值，此后两年增长较慢。（见图7）

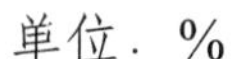


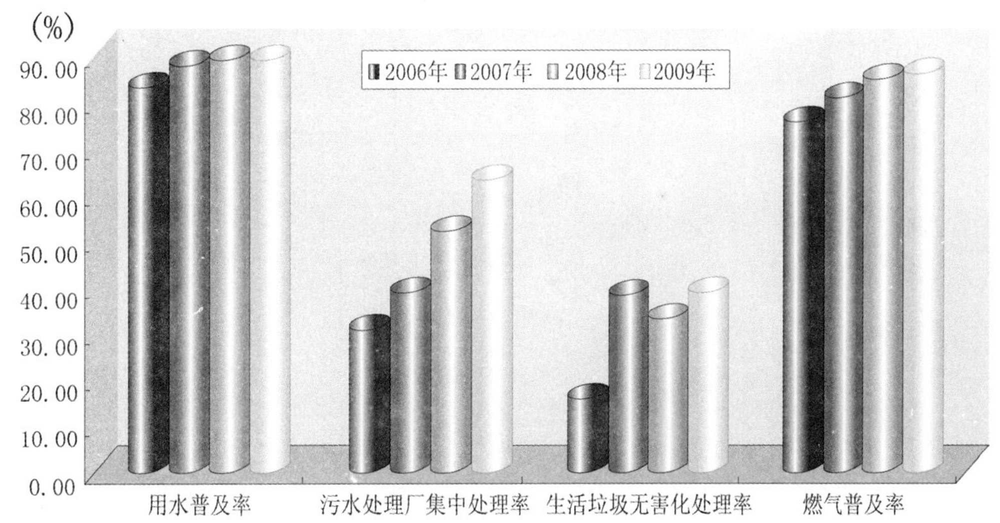


图7　2006—2009年城市环境领域部分指标变化情况

## （八）农民生活进一步改善，农业生产更加科学

近几年，我省农村环境不断优化，农民生活质量不断提高。2009年全省改水受益率为98.1%，同比上升1.56个百分点；卫生厕所普及率66.69%，比上年增长1.15个百分点；全省农村沼气池产沼气总量为2866.2万立方米，比上年增加637.31万立方米，同比增长28.59%；太阳能热水器散热面积为30.59万平方米，同比增长43.2%。

农业生产方面，2009年农药使用量为42374吨，同比增长4.56%。农用塑料薄膜使用量51980吨，同比增长3.74%；其中地膜使用量为18530吨，同比减少0.27%。有效灌溉面积1683.8千公顷，同比增长0.28%。

# 二、从环境状况的因子分析看我省环境状况在全国的排位

为量化我省环境实力，准确定位我省环境保护各领域在全国的排位，本文选取环境八个领域共67项指标形成指标体系，利用2009年全国31个省（市）的相应数据对这八个领域分别进行因子分析，计算因子得分。通过因子得分确定我省各领域排名，及我省环境领域总排名，并借助因子分析对我省环境各领域排名情况进行解释

（指标体系构成和因子分析过程见附件）。

借助因子分析得到的排名结果。（见表5）

表5　环境各领域各省排名情况

| 地区 | 排名 | | | | | | | | 综合排名 |
|---|---|---|---|---|---|---|---|---|---|
| | 水环境 | 大气环境 | 固体废物 | 生态环境 | 自然灾害 | 环境污染治理 | 城市环境 | 农村环境 | |
| 广　西 | 6 | 7 | 14 | 7 | 15 | 1 | 17 | 16 | 1 |
| 内蒙古 | 26 | 8 | 6 | 2 | 1 | 6 | 23 | 27 | 2 |
| 山　西 | 18 | 1 | 3 | 26 | 16 | 2 | 20 | 19 | 3 |
| 河　北 | 21 | 2 | 2 | 19 | 4 | 8 | 9 | 4 | 4 |
| 山　东 | 14 | 4 | 8 | 22 | 3 | 3 | 3 | 1 | 5 |
| 四　川 | 10 | 11 | 10 | 5 | 8 | 11 | 11 | 9 | 6 |
| 辽　宁 | 28 | 6 | 1 | 14 | 10 | 13 | 5 | 13 | 7 |
| 河　南 | 13 | 3 | 5 | 20 | 7 | 24 | 10 | 2 | 8 |
| 黑龙江 | 16 | 17 | 20 | 3 | 2 | 12 | 12 | 11 | 9 |
| 陕　西 | 2 | 14 | 16 | 10 | 18 | 14 | 22 | 25 | 10 |
| 湖　南 | 17 | 5 | 19 | 11 | 6 | 19 | 15 | 7 | 11 |
| 湖　北 | 3 | 15 | 15 | 15 | 13 | 17 | 8 | 5 | 12 |
| 云　南 | 22 | 22 | 9 | 4 | 11 | 16 | 25 | 14 | 13 |
| 江　苏 | 23 | 9 | 17 | 27 | 19 | 4 | 2 | 3 | 14 |
| 广　东 | 4 | 12 | 21 | 12 | 21 | 25 | 1 | 10 | 15 |
| 江　西 | 19 | 16 | 7 | 8 | 14 | 26 | 21 | 12 | 16 |
| 安　徽 | 31 | 10 | 11 | 24 | 5 | 15 | 14 | 6 | 17 |
| 浙　江 | 5 | 13 | 22 | 13 | 17 | 22 | 4 | 8 | 18 |
| 重　庆 | 9 | 21 | 28 | 25 | 22 | 7 | 19 | 26 | 19 |
| **吉　林** | **7** | **19** | **24** | **6** | **9** | **23** | **16** | **18** | **20** |
| 新　疆 | 12 | 23 | 25 | 16 | 23 | 10 | 24 | 17 | 21 |
| 北　京 | 24 | 28 | 4 | 28 | 29 | 5 | 7 | 24 | 22 |
| 甘　肃 | 27 | 24 | 12 | 18 | 12 | 18 | 28 | 20 | 23 |
| 西　藏 | 1 | 31 | 31 | 1 | 28 | 31 | 31 | 31 | 24 |
| 贵　州 | 20 | 18 | 13 | 17 | 20 | 30 | 29 | 28 | 25 |
| 宁　夏 | 30 | 26 | 23 | 29 | 25 | 9 | 26 | 29 | 26 |
| 天　津 | 11 | 27 | 30 | 31 | 30 | 20 | 18 | 23 | 27 |
| 福　建 | 29 | 20 | 18 | 9 | 24 | 29 | 13 | 15 | 28 |
| 青　海 | 8 | 30 | 29 | 21 | 26 | 28 | 27 | 30 | 29 |
| 上　海 | 25 | 25 | 26 | 30 | 31 | 21 | 6 | 22 | 30 |
| 海　南 | 15 | 29 | 27 | 23 | 27 | 27 | 30 | 21 | 31 |

由综合排名情况看，我省排在全国第20位，属于中等偏下水平。环境优势集中在水资源、生态环境及自然灾害损失程度三个领域；劣势在大气、环境污染治理投资及固体废物处理领域；城市环境及农村环境在全国处于中游水平。

分领域看，我省水环境领域排名全国第7位，处于较靠前位置，这说明尽管近几年生活污水排放问题令人担忧，但我省水环境整体情况较好。通过对水环境的因子分析，我们发现，我省水体污染程度较轻，但水资源情况处在全国中下游水平（排名第17位）。提倡生活节水、提高水资源利用效率成为提升我省水环境综合实力的必然选择。

大气领域我省排名全国第19位，属于中下游水平。从因子分析结果看，大气污染程度较严重（排名全国第20位），废气处理能力相对落后（排名全国第26位）成为直接导致我省大气领域排名靠后的原因，尽快改善大气环境，提升大气污染处理水平已成为摆在我省环境工作者面前的突出问题。

固体废物处理领域，我省排名全国第24位，已处于下游水平。这说明虽然近年来我省固体废物处理规模及处理水平均在提高，但从全国范围看，仍有很大的进步空间。进一步提升固体废物利用意识，加大科学技术在固体废物处理领域的应用，提高固体废物处理水平是改善我省固体废物处理排名的有效途径。

生态环境好是我省得天独厚的优势，这不仅为我省居民提供了良好的生存及居住环境，更为我省经济发展提供了不可估量的潜力。由排名结果看，我省生态环境排名全国第6位，处于全国领先地位。由因子分析结果看，我省生态环境优势主要在于资源，相对劣势在于改善能力（主要指水土流失治理能力和森里覆盖率）。2009年，森林覆盖率最高的是福建省（63.1%），此外，江西（58.3%）、浙江（57.4%）、广西（52.7%）森林覆盖率水平也较高，我省的森林覆盖率为38.9%，已处于全国上游水平，但与先进省份相比仍有一定的进步空间。

由于涉及指标数量偏少，自然灾害领域只有一个因子。从因子得分及排名状况看，我省自然灾害领域在全国处于上游水平（全国第9名）。2009年，自然灾害对我省人员、财产及农业生产造成的损失在全国范围看相对较小。

我省环境污染治理投资排名全国第23位，在全国范围处于相对落后地位。2009年我省环境污染治理投资总额为66.06亿元，与综合排名前三的广西、山西、山东分别相差66.2亿元、91.75亿元和393.43亿元；环境污染治理投资占GDP的比重为0.91%，不足一个百分点，在全国排名靠后；营林投资额44.56亿元，与广西、山西分别相差223.5亿元、17.52亿元，环境污染治理投资尚需加强。

从城市环境领域各省的分级排名情况看，我省城市环境排名全国第16位，处于中游水平。由因子分析结果看，我省城市环境排名靠后主要由城市污染物处理水平较低和城市环境发展惠及百姓程度（代表性指标有城市用水普及率、城市燃气普及率、每万人拥有公共交通车辆等）较差造成。进一步提高城市环境污染处理水平，关注成环境发展为百姓带来的实惠势在必行。

我省农村环境排名第18位，在全国处于中游水平。由因子分析结果看，基础设施建设（主要体现为农村改水受益率、农村自来水普及率及农村卫生厕所普及率）排名靠前（第10位），技术水平能力（表现为农药使用量、农村化肥施用量、农用塑料薄膜使用量及有效灌溉面积）排名靠后（第20位）。大力普及农业生产知识、提高农民科学生产意识成为有效优化我省农村综合环境的关键。

## 三、对策建议

### （一）控制生活污水排放，提高生活污水处理能力

近几年，生活污水已成为我省水体污染物的主要来源，其排放量在我省废水排放总量中也占据着越来越大的比重，减少生活污水排放、提高生活污水处理能力成为改善我省水环境质量的关键所在。

### （二）深化废气处理意识，提高工业废气处理水平

我省废气主要来源于工业生产。2009年，工业二氧化硫排放量占到全省二氧化硫排放总量的82.7%，工业烟尘排放量占全省烟尘排放总量的72.2%，而工业二氧化硫、工业烟尘的排放达标率却只有89%和84.7%，这与废气处理水平领先的天津（工业二氧化硫排放达标率99.7%、工业烟尘排放达标率100%）、北京（工业二氧化硫排放达标率98.9%、工业烟尘排放达标率98.9%）相去甚远，与邻近的辽宁(90.4%、89.2%)、黑龙(95.1%、90.2%)也有一定差距。深化工业企业废气处理意识，提高工业废气处理水平是我省大气领域发展急需解决的问题。

### （三）进一步加大我省环境污染治理投资

环境污染治理投资作为社会对环保事业的投入，一定程度上反映了一个地区政府、企业及其他社会组织对环保事业的关注及支持程度，影响着该地区环保事业的发展速度。2009年，我省环境污染治理投资为66.06亿元，占GDP的比重为0.91，不足百分之一。无论是投入的相对数还是绝对数，在全国范围看都属于中下游水平，进一步增加我省环境污染治理投资总额，提高环境污染治理投资在GDP中的比重，对于加快我省环保事业发展具有重要意义。

### （四）进一步发挥科学技术在环境保护工作方面的作用

在社会发展日新月异的今天，科学技术正发挥着越来越重要的作用。从各领域因子分析结果看，我省环境领域资源丰富，污染较轻，但污染治理价差是影响环境各领域综合排名的因素，污水处理厂集中处理率、垃圾无害化处理率、工业固体废

物综合利用率、“三废”产品综合利用产值等体现科技水平的指标值在全国都处于中下游水平。进一步提高环境领域科技含量，发挥科技进步在环保事业上的作用，成为我省环境事业全面进步的不二之选。

总之，提高我省环境保护事业水平应从减少资源环境的污染、浪费及加大污染治理投入、提高污染治理水平两方面着手。在减少不必要的污染、浪费的同时，利用科学技术将对环境的污染程度及损失降到最低水平。只有如此，我省的环境资源才能得到可持续利用，环境事业水平才能得到全面提高。

附件1：总体指标体系

附件2：因子分析结果

表6 总体指标体系

| | |
|---|---|
| 水环境 | 降水量<br>水资源总量<br>人均水资源量<br>用水总量<br>废水排放总量<br>化学需氧量(COD)排放量<br>氨氮排放量<br>工业废水排放达标量<br>工业废水排放达标率 |
| 大气环境 | 二氧化硫(SO2)排放量<br>烟尘排放量<br>工业粉尘排放量<br>工业SO2排放达标量<br>工业SO2排放达标率<br>工业烟尘排放达标量<br>工业烟尘排放达标率<br>工业粉尘排放达标量<br>工业粉尘排放达标率 |
| 固体环境 | 工业固体废物产生量<br>工业固体废物排放量<br>工业固体废物综合利用量<br>综合利用往年贮存量<br>工业固体废物综合利用率<br>工业固体废物处置量<br>处置往年贮存量<br>工业固体废物处置率 |

| | |
|---|---|
| 固体环境 | “三废”综合利用产品产值 |
| 生态环境 | 累计水土流失治理面积<br>森林面积<br>森林覆盖率<br>人均森林面积<br>活立木蓄积量<br>森林蓄积量<br>当年营造林面积<br>湿地面积 |
| 自然灾害 | 受灾面积<br>受灾人次<br>直接经济损失 |
| 环境污染治理投资 | 环境污染治理投资总额<br>环境污染治理投资占GDP比重<br>本年完成营林投资额 |
| 城市环境 | 城区面积<br>城市建设用地面积<br>城区人口<br>城区暂住人口<br>城市供水总量<br>城市用水普及率<br>城市污水排放量<br>城市污水处理量<br>城市污水处理厂集中处理率<br>城市生活垃圾清运量<br>城市生活垃圾无害化处理量<br>城市生活垃圾无害化处理率<br>城市燃气普及率<br>城市集中供热面积<br>每万人拥有公共交通车辆<br>人均公园绿地面积<br>建成区绿化覆盖率 |
| 农村环境 | 农村改水受益率<br>农村自来水普及率<br>农村卫生厕所普及率<br>农村沼气池产气总量<br>农村太阳能热水器面积<br>农村化肥施用量<br>农药使用量<br>农用塑料薄膜使用量<br>有效灌溉面积 |

注：本文中数据来自《2010中国环境统计年鉴》

# 因子分析过程

附件2

下面以水环境领域为例，说明具体分析过程。

首先在SPSS 13.0中定义降水量、水资源总量等9个变量，输入2009年全国31个省（市）以上指标数值，建立因子模型，并利用SPSS对模型参数进行估计，得到如下结果：（见表7）

表7 KMO and Bartlett's Test（KMO和Bartlett检验）

| | | |
|---|---|---|
| Kaiser-Meyer-Olkin Measure of Sampling Adequacy.（KMO统计量值） | | .672 |
| Bartlett's Test of Sphericity（球形Bartlett's检验） | Approx. Chi-Square（卡方统计量） | 248.392 |
| | Df（自由度） | 36 |
| | Sig.（标准差） | .000 |

KMO统计量为0.672，解释力度较好；再由Bartlett球形检验，可知各变量的独立性假设不成立，因子分析的适用性检验通（见表8）

根据特征值大于1原则，选取前两个因子，并进行正交旋转，得如下结果：（见表9）

因子1在废水排放总量、化学需氧量排放量、氨氮排放量等污染性指标上载荷较

表8 Total Variance Explained（总体方差解释）

表8

| Component（因子） | Initial Eigenvalues（初始特征值） | | | Extraction Sums of Squared Loadings（累计贡献率） | | | Rotation Sums of Squared Loadings（旋转后累计贡献率） | | |
|---|---|---|---|---|---|---|---|---|---|
| | Total（特征值） | % of Variance（贡献率） | Cumulative %（累计贡献率） | Total（特征值） | % of Variance（贡献率） | Cumulative %（累计贡献率） | Total（特征值） | % of Variance（贡献率） | Cumulative %（累计贡献率） |
| 1 | 4.656 | 51.733 | 51.733 | 4.656 | 51.733 | 51.733 | 4.391 | 48.788 | 48.788 |
| 2 | 2.169 | 24.102 | 75.835 | 2.169 | 24.102 | 75.835 | 2.434 | 27.047 | 75.835 |
| 3 | .990 | 11.002 | 86.836 | | | | | | |
| 4 | .433 | 4.810 | 91.646 | | | | | | |
| 5 | .329 | 3.650 | 95.296 | | | | | | |
| 6 | .199 | 2.208 | 97.504 | | | | | | |
| 7 | .117 | 1.301 | 98.805 | | | | | | |
| 8 | .078 | .872 | 99.677 | | | | | | |
| 9 | .029 | .323 | 100.000 | | | | | | |

表9 Rotated Component Matrix(a)（因子旋转矩阵）

| | Component（因子） | |
|---|---|---|
| | 1 | 2 |
| 降水量 | .462 | −.056 |
| 水资源总量 | .210 | .905 |
| 人均水资源量 | −.195 | .929 |
| 用水总量 | .782 | .005 |
| 废水排放总量 | .936 | −.125 |
| 化学需氧量（COD）排放量 | .935 | −.094 |
| 氨氮排放量 | .889 | −.133 |
| 工业废水排放达标量 | .891 | −.123 |
| 工业废水排放达标率 | .387 | −.831 |

Extraction Method: Principal Component Analysis.（提取方法：主成分分析方法）

Rotation Method: Varimax with Kaiser Normalization.（旋转方法：具有Kaiser 最大方差旋转法）

a Rotation converged in 3 iterations

大，在降水量、水资源总量、人均水资源量等资源性指标上载荷较小，故将其取名为污染因子，同理将因子2取名为资源性因子。根据污染性因子和资源性因子的特征值，将其权重分别设定为0.682和0.318，通过计算可得水环境领域全国各省（市）排名情况。（见表10）

表10　水环境领域各省得分及排名情况

| 地区 | 污染性因子得分 | 资源性因子得分 | 按污染性因子得分排名 | 按资源性因子得分排名 | 综合得分 | 综合得分排名 |
|---|---|---|---|---|---|---|
| 北　京 | −0.481 | −0.829 | 19 | 30 | −0.591 | 24 |
| 天　津 | 0.916 | −0.870 | 6 | 31 | 0.348 | 11 |
| 河　北 | −0.460 | −0.594 | 18 | 27 | −0.503 | 21 |
| 山　西 | −0.294 | −0.411 | 16 | 22 | −0.331 | 18 |
| 内蒙古 | −0.928 | −0.271 | 26 | 18 | −0.719 | 26 |
| 辽　宁 | −1.169 | −0.350 | 29 | 20 | −0.908 | 28 |
| **吉　林** | **0.911** | **−0.254** | **7** | **17** | **0.541** | **7** |
| 黑龙江 | −0.338 | 0.008 | 17 | 11 | −0.228 | 16 |
| 上　海 | −0.544 | −0.728 | 20 | 29 | −0.603 | 25 |
| 江　苏 | −0.664 | −0.196 | 22 | 14 | −0.515 | 23 |
| 浙　江 | 0.965 | −0.070 | 5 | 12 | 0.636 | 5 |
| 安　徽 | −1.337 | −0.219 | 31 | 15 | −0.981 | 31 |
| 福　建 | −1.273 | −0.247 | 30 | 16 | −0.947 | 29 |
| 江　西 | −0.686 | 0.041 | 23 | 10 | −0.455 | 19 |
| 山　东 | 0.089 | −0.467 | 14 | 25 | −0.088 | 14 |
| 河　南 | 0.132 | −0.401 | 13 | 21 | −0.037 | 13 |
| 湖　北 | 2.036 | −0.134 | 2 | 13 | 1.346 | 3 |
| 湖　南 | −0.631 | 0.315 | 21 | 6 | −0.330 | 17 |
| 广　东 | 1.210 | 0.546 | 4 | 4 | 0.999 | 4 |
| 广　西 | 0.667 | 0.309 | 9 | 7 | 0.553 | 6 |
| 海　南 | 0.016 | −0.448 | 15 | 24 | −0.132 | 15 |
| 重　庆 | 0.831 | −0.438 | 8 | 23 | 0.427 | 9 |
| 四　川 | 0.279 | 0.634 | 11 | 3 | 0.392 | 10 |
| 贵　州 | −0.839 | 0.260 | 25 | 8 | −0.490 | 20 |
| 云　南 | −0.836 | 0.195 | 24 | 9 | −0.508 | 22 |
| 西　藏 | 1.302 | 4.881 | 3 | 1 | 2.440 | 1 |
| 陕　西 | 2.663 | −0.519 | 1 | 26 | 1.651 | 2 |
| 甘　肃 | −1.009 | −0.329 | 27 | 19 | −0.793 | 27 |
| 青　海 | 0.344 | 0.714 | 10 | 2 | 0.461 | 8 |
| 宁　夏 | −1.129 | −0.603 | 28 | 28 | −0.961 | 30 |
| 新　疆 | 0.258 | 0.475 | 12 | 5 | 0.327 | 12 |

表11　大气领域各省得分及排名情况

表11

| 地区 | 污染水平因子得分 | 改善能力因子得分 | 污染水平因子排名 | 改善能力因子排名 | 综合得分 | 综合排名 |
|---|---|---|---|---|---|---|
| 北　京 | −1.601 | 0.952 | 30 | 2 | −0.856 | 28 |
| 天　津 | −1.416 | 0.958 | 29 | 1 | −0.723 | 27 |
| 河　北 | 1.644 | 0.318 | 3 | 15 | 1.257 | 2 |
| 山　西 | 1.928 | −0.029 | 1 | 21 | 1.356 | 1 |
| 内蒙古 | 1.003 | −0.114 | 7 | 24 | 0.677 | 8 |
| 辽　宁 | 1.143 | −0.076 | 6 | 22 | 0.787 | 6 |
| **吉　林** | **−0.311** | **−0.236** | **20** | **26** | **−0.289** | **19** |
| 黑龙江 | −0.020 | 0.135 | 15 | 19 | 0.025 | 17 |
| 上　海 | −1.298 | 0.854 | 28 | 3 | −0.670 | 25 |
| 江　苏 | 0.563 | 0.521 | 9 | 8 | 0.551 | 9 |
| 浙　江 | −0.147 | 0.606 | 16 | 6 | 0.073 | 13 |
| 安　徽 | 0.173 | 0.481 | 13 | 9 | 0.263 | 10 |
| 福　建 | −0.723 | 0.691 | 24 | 5 | −0.310 | 20 |
| 江　西 | −0.151 | 0.462 | 18 | 11 | 0.028 | 16 |
| 山　东 | 1.265 | 0.443 | 4 | 12 | 1.025 | 4 |
| 河　南 | 1.674 | 0.135 | 2 | 18 | 1.225 | 3 |
| 湖　北 | −0.180 | 0.548 | 19 | 7 | 0.033 | 15 |
| 湖　南 | 1.244 | −0.113 | 5 | 23 | 0.848 | 5 |
| 广　东 | 0.269 | 0.080 | 10 | 20 | 0.214 | 12 |
| 广　西 | 0.994 | 0.191 | 8 | 17 | 0.760 | 7 |
| 海　南 | −1.704 | 0.694 | 31 | 4 | −1.003 | 29 |
| 重　庆 | −0.385 | −0.143 | 21 | 25 | −0.314 | 21 |
| 四　川 | 0.199 | 0.365 | 12 | 14 | 0.247 | 11 |
| 贵　州 | 0.217 | −1.277 | 11 | 28 | −0.219 | 18 |
| 云　南 | −0.616 | 0.307 | 22 | 16 | −0.347 | 22 |
| 西　藏 | −0.844 | −4.153 | 25 | 31 | −1.810 | 31 |
| 陕　西 | −0.149 | 0.477 | 17 | 10 | 0.034 | 14 |
| 甘　肃 | −0.703 | −0.255 | 23 | 27 | −0.572 | 24 |
| 青　海 | −0.980 | −1.579 | 26 | 29 | −1.155 | 30 |
| 宁　夏 | −1.119 | 0.367 | 27 | 13 | −0.685 | 26 |
| 新　疆 | 0.031 | −1.611 | 14 | 30 | −0.448 | 23 |

表12 固体废物领域各省得分及排名情况

| 地区 | 综合因子得分 | 改善能力因子得分 | 成效因子得分 | 综合因子排名 | 改善能力因子排名 | 成效因子排名 | 综合得分 | 综合排名 |
|---|---|---|---|---|---|---|---|---|
| 北　京 | −0.761 | 1.104 | 4.246 | 26 | 5 | 1 | 0.780 | 4 |
| 天　津 | −0.738 | −1.086 | 0.076 | 25 | 28 | 13 | −0.728 | 30 |
| 河　北 | 2.396 | 0.628 | −0.599 | 2 | 9 | 26 | 1.233 | 2 |
| 山　西 | 1.148 | 1.546 | −1.600 | 4 | 3 | 30 | 0.828 | 3 |
| 内蒙古 | 0.368 | 1.319 | −0.109 | 9 | 4 | 22 | 0.639 | 6 |
| 辽　宁 | 1.693 | 1.718 | −0.028 | 3 | 1 | 18 | 1.409 | 1 |
| **吉　林** | **-0.677** | **-0.585** | **-0.219** | **22** | **22** | **24** | **-0.565** | **24** |
| 黑龙江 | −0.346 | −0.428 | −0.077 | 18 | 20 | 19 | −0.331 | 20 |
| 上　海 | −0.642 | −0.974 | 0.070 | 21 | 27 | 14 | −0.644 | 26 |
| 江　苏 | 0.989 | −1.817 | 0.223 | 5 | 31 | 8 | −0.179 | 17 |
| 浙　江 | 0.380 | −1.786 | 0.403 | 8 | 30 | 4 | −0.418 | 22 |
| 安　徽 | 0.758 | −0.716 | 0.126 | 7 | 24 | 12 | 0.105 | 11 |
| 福　建 | −0.045 | −0.536 | 0.040 | 15 | 21 | 17 | −0.212 | 18 |
| 江　西 | 0.062 | 1.597 | 0.058 | 12 | 2 | 15 | 0.629 | 7 |
| 山　东 | 2.615 | −1.735 | 0.310 | 1 | 29 | 6 | 0.614 | 8 |
| 河　南 | 0.924 | 0.199 | 1.057 | 6 | 13 | 2 | 0.678 | 5 |
| 湖　北 | 0.027 | −0.304 | 0.164 | 14 | 19 | 9 | −0.072 | 15 |
| 湖　南 | 0.064 | −0.777 | −0.107 | 11 | 25 | 21 | −0.276 | 19 |
| 广　东 | −0.158 | −0.874 | −0.089 | 16 | 26 | 20 | −0.411 | 21 |
| 广　西 | −0.193 | 0.161 | 0.323 | 17 | 15 | 5 | 0.026 | 14 |
| 海　南 | −1.051 | −0.609 | 0.133 | 29 | 23 | 11 | −0.686 | 27 |
| 重　庆 | −0.698 | −0.261 | −1.669 | 23 | 18 | 31 | −0.701 | 28 |
| 四　川 | 0.151 | 0.627 | 0.052 | 10 | 10 | 16 | 0.310 | 10 |
| 贵　州 | −0.378 | 1.055 | −1.099 | 19 | 6 | 28 | 0.030 | 13 |
| 云　南 | 0.040 | 1.025 | 0.630 | 13 | 7 | 3 | 0.505 | 9 |
| 西　藏 | −1.587 | 0.334 | −0.726 | 31 | 12 | 27 | −0.730 | 31 |
| 陕　西 | −0.489 | 0.465 | −0.116 | 20 | 11 | 23 | −0.073 | 16 |
| 甘　肃 | −0.701 | 0.925 | 0.281 | 24 | 8 | 7 | 0.068 | 12 |
| 青　海 | −1.227 | −0.179 | −0.439 | 30 | 16 | 25 | −0.705 | 29 |
| 宁　夏 | −0.947 | −0.195 | 0.144 | 27 | 17 | 10 | −0.483 | 23 |
| 新　疆 | −0.976 | 0.162 | −1.461 | 28 | 14 | 29 | −0.637 | 25 |

表13　生态环境领域各省得分及排名情况

| 地区 | 资源性因子得分 | 改善能力因子得分 | 水平因子得分 | 资源性因子得分排名 | 改善能力因子得分排名 | 水平因子得分排名 | 综合得分 | 综合排名 |
|---|---|---|---|---|---|---|---|---|
| 北　京 | −0.667 | −0.981 | 0.157 | 29 | 28 | 15 | −0.605 | 28 |
| 天　津 | −0.632 | −0.937 | −0.863 | 26 | 27 | 23 | −0.747 | 31 |
| 河　北 | −0.644 | 0.787 | −0.638 | 27 | 6 | 19 | −0.285 | 19 |
| 山　西 | −0.753 | 0.645 | −0.913 | 31 | 8 | 25 | −0.431 | 26 |
| 内蒙古 | 1.338 | 3.005 | −0.830 | 3 | 1 | 21 | 1.386 | 2 |
| 辽　宁 | −0.440 | 0.322 | 0.051 | 18 | 10 | 16 | −0.166 | 14 |
| **吉　林** | **0.354** | **−0.377** | **0.695** | **6** | **18** | **11** | **0.229** | **6** |
| 黑龙江 | 1.781 | 0.362 | 0.729 | 2 | 9 | 10 | 1.247 | 3 |
| 上　海 | −0.603 | −0.986 | −0.835 | 24 | 29 | 22 | −0.738 | 30 |
| 江　苏 | −0.369 | −0.638 | −1.108 | 15 | 22 | 27 | −0.562 | 27 |
| 浙　江 | −0.332 | −0.686 | 1.262 | 14 | 24 | 5 | −0.149 | 13 |
| 安　徽 | −0.438 | −0.499 | −0.123 | 17 | 21 | 18 | −0.400 | 24 |
| 福　建 | −0.010 | −0.844 | 1.794 | 11 | 26 | 1 | 0.088 | 9 |
| 江　西 | −0.110 | 0.168 | 1.307 | 13 | 12 | 4 | 0.201 | 8 |
| 山　东 | −0.474 | 0.203 | −0.964 | 21 | 11 | 26 | −0.388 | 22 |
| 河　南 | −0.653 | 0.730 | −0.641 | 28 | 7 | 20 | −0.305 | 20 |
| 湖　北 | −0.394 | 0.102 | 0.016 | 16 | 13 | 17 | −0.200 | 15 |
| 湖　南 | −0.044 | −0.236 | 0.771 | 12 | 16 | 9 | 0.046 | 11 |
| 广　东 | −0.001 | −0.775 | 0.992 | 10 | 25 | 7 | −0.026 | 12 |
| 广　西 | 0.107 | −0.368 | 1.388 | 8 | 17 | 3 | 0.206 | 7 |
| 海　南 | −0.465 | −1.198 | 1.004 | 20 | 30 | 6 | −0.399 | 23 |
| 重　庆 | −0.592 | −0.474 | 0.314 | 23 | 20 | 12 | −0.408 | 25 |
| 四　川 | 0.920 | 1.378 | 0.889 | 4 | 4 | 8 | 1.029 | 5 |
| 贵　州 | −0.462 | 0.044 | 0.208 | 19 | 14 | 14 | −0.221 | 17 |
| 云　南 | 0.855 | 1.670 | 1.503 | 5 | 2 | 2 | 1.169 | 4 |
| 西　藏 | 4.207 | −1.768 | −1.213 | 1 | 31 | 30 | 1.792 | 1 |
| 陕　西 | −0.617 | 1.604 | 0.209 | 25 | 3 | 13 | 0.079 | 10 |
| 甘　肃 | −0.503 | 0.904 | −1.115 | 22 | 5 | 28 | −0.256 | 18 |
| 青　海 | 0.318 | −0.654 | −1.940 | 7 | 23 | 31 | −0.309 | 21 |
| 宁　夏 | −0.687 | −0.451 | −0.908 | 30 | 19 | 24 | −0.665 | 29 |
| 新　疆 | 0.010 | −0.052 | −1.199 | 9 | 15 | 29 | −0.211 | 16 |

表14　自然灾害领域各省得分及排名情况

| 地区 | 综合得分 | 综合排名 |
|---|---|---|
| 北　京 | −1.359 | 29 |
| 天　津 | −1.375 | 30 |
| 河　北 | 1.173 | 4 |
| 山　西 | 0.008 | 16 |
| 内蒙古 | 1.825 | 1 |
| 辽　宁 | 0.707 | 10 |
| **吉　林** | **0.751** | **9** |
| 黑龙江 | 1.671 | 2 |
| 上　海 | −1.377 | 31 |
| 江　苏 | −0.412 | 19 |
| 浙　江 | −0.135 | 17 |
| 安　徽 | 1.066 | 5 |
| 福　建 | −0.995 | 24 |
| 江　西 | 0.169 | 14 |
| 山　东 | 1.497 | 3 |
| 河　南 | 1.033 | 7 |
| 湖　北 | 0.326 | 13 |
| 湖　南 | 1.040 | 6 |
| 广　东 | −0.573 | 21 |
| 广　西 | 0.040 | 15 |
| 海　南 | −1.204 | 27 |
| 重　庆 | −0.587 | 22 |
| 四　川 | 1.030 | 8 |
| 贵　州 | −0.485 | 20 |
| 云　南 | 0.437 | 11 |
| 西　藏 | −1.327 | 28 |
| 陕　西 | −0.147 | 18 |
| 甘　肃 | 0.385 | 12 |
| 青　海 | −1.170 | 26 |
| 宁　夏 | −1.122 | 25 |
| 新　疆 | −0.893 | 23 |

表15　环境污染投资领域各省得分及排名情况

| 地区 | 综合得分 | 综合排名 |
|---|---|---|
| 北　京 | 0.869 | 5 |
| 天　津 | −0.338 | 20 |
| 河　北 | 0.623 | 8 |
| 山　西 | 1.558 | 2 |
| 内蒙古 | 0.845 | 6 |
| 辽　宁 | 0.331 | 13 |
| **吉　林** | **−0.694** | **23** |
| 黑龙江 | 0.368 | 12 |
| 上　海 | −0.530 | 21 |
| 江　苏 | 1.010 | 4 |
| 浙　江 | −0.681 | 22 |
| 安　徽 | −0.095 | 15 |
| 福　建 | −1.323 | 29 |
| 江　西 | −0.891 | 26 |
| 山　东 | 1.197 | 3 |
| 河　南 | −0.752 | 24 |
| 湖　北 | −0.198 | 17 |
| 湖　南 | −0.235 | 19 |
| 广　东 | −0.835 | 25 |
| 广　西 | 3.044 | 1 |
| 海　南 | −0.928 | 27 |
| 重　庆 | 0.682 | 7 |
| 四　川 | 0.436 | 11 |
| 贵　州 | −1.503 | 30 |
| 云　南 | −0.191 | 16 |
| 西　藏 | −1.804 | 31 |
| 陕　西 | 0.229 | 14 |
| 甘　肃 | −0.198 | 18 |
| 青　海 | −0.942 | 28 |
| 宁　夏 | 0.488 | 9 |
| 新　疆 | 0.459 | 10 |

表16 城市环境领域各省得分及排名情况

| 地区 | 综合因子得分 | 人均水平因子得分 | 改善能力水平因子得分 | 绿化因子得分 | 供热因子得分 | 按综合因子得分排名 | 按人均水平因子得分排名 | 按改善能力因子得分排名 | 按绿化因子得分排名 | 按供热因子得分排名 | 综合得分 | 综合排名 |
|---|---|---|---|---|---|---|---|---|---|---|---|---|
| 北京 | −0.277 | 2.372 | 0.442 | 0.997 | 1.771 | 16 | 1 | 13 | 4 | 3 | 0.464 | 7 |
| 天津 | −0.843 | 1.421 | 0.838 | −0.684 | 0.186 | 28 | 3 | 6 | 27 | 10 | −0.231 | 18 |
| 河北 | 0.047 | 0.264 | 0.490 | 0.414 | 0.924 | 12 | 12 | 12 | 10 | 6 | 0.221 | 9 |
| 山西 | −0.433 | −0.597 | 0.281 | −0.217 | 0.530 | 20 | 22 | 15 | 23 | 8 | −0.297 | 20 |
| 内蒙古 | −0.386 | −1.766 | 0.829 | 0.282 | 0.824 | 18 | 30 | 7 | 12 | 7 | −0.330 | 23 |
| 辽宁 | 0.772 | 0.140 | −0.538 | −0.136 | 2.561 | 6 | 17 | 24 | 20 | 1 | 0.594 | 5 |
| **吉林** | **−0.142** | **−0.940** | **−0.513** | **−0.285** | **1.441** | **14** | **25** | **23** | **24** | **5** | **−0.200** | **16** |
| 黑龙江 | 0.345 | −0.947 | −1.903 | −0.120 | 1.482 | 9 | 27 | 30 | 19 | 4 | −0.043 | 12 |
| 上海 | 0.858 | 1.253 | 1.132 | −4.043 | 0.121 | 5 | 4 | 2 | 31 | 11 | 0.482 | 6 |
| 江苏 | 1.487 | 0.937 | 0.202 | 0.778 | −0.533 | 2 | 5 | 16 | 5 | 20 | 1.062 | 2 |
| 浙江 | 0.882 | 0.824 | 0.711 | 0.344 | −0.897 | 4 | 6 | 8 | 11 | 29 | 0.680 | 4 |
| 安徽 | 0.015 | −0.336 | −0.044 | 0.248 | −0.430 | 13 | 20 | 19 | 13 | 19 | −0.058 | 14 |
| 福建 | −0.332 | 0.778 | 0.540 | 0.625 | −1.131 | 17 | 7 | 10 | 8 | 30 | −0.048 | 13 |
| 江西 | −0.726 | 0.149 | 0.634 | 1.170 | −0.872 | 26 | 16 | 9 | 3 | 27 | −0.301 | 21 |
| 山东 | 1.108 | 0.248 | 1.077 | 1.315 | 2.042 | 3 | 13 | 3 | 2 | 2 | 1.057 | 3 |
| 河南 | 0.541 | −1.959 | 0.909 | −0.329 | −0.076 | 7 | 31 | 4 | 25 | 13 | 0.073 | 10 |
| 湖北 | 0.473 | 0.216 | −0.298 | −0.066 | −0.293 | 8 | 14 | 21 | 17 | 14 | 0.252 | 8 |
| 湖南 | 0.128 | −0.051 | −0.700 | −0.172 | −0.706 | 11 | 18 | 26 | 21 | 25 | −0.071 | 15 |
| 广东 | 3.994 | −0.199 | −0.933 | 0.496 | −1.552 | 1 | 19 | 28 | 9 | 31 | 2.138 | 1 |
| 广西 | −0.270 | 0.214 | −0.313 | 0.078 | −0.876 | 15 | 15 | 22 | 15 | 28 | −0.214 | 17 |
| 海南 | −0.994 | −0.946 | −0.027 | 0.762 | −0.623 | 29 | 26 | 18 | 6 | 22 | −0.712 | 30 |
| 重庆 | −0.629 | −0.529 | 1.668 | 0.678 | −0.603 | 23 | 21 | 1 | 7 | 21 | −0.265 | 19 |
| 四川 | 0.191 | −0.715 | 0.341 | −0.088 | −0.305 | 10 | 24 | 14 | 18 | 15 | 0.006 | 11 |
| 贵州 | −0.586 | −1.311 | 0.514 | −1.190 | −0.672 | 21 | 28 | 11 | 30 | 24 | −0.642 | 29 |
| 云南 | −0.611 | −0.616 | 0.879 | 0.003 | −0.854 | 22 | 23 | 5 | 16 | 26 | −0.425 | 25 |
| 西藏 | −0.735 | 0.325 | −3.327 | −0.657 | −0.417 | 27 | 11 | 31 | 26 | 18 | −0.808 | 31 |
| 陕西 | −0.640 | 0.675 | −0.211 | 0.144 | −0.320 | 24 | 8 | 20 | 14 | 16 | −0.303 | 22 |
| 甘肃 | −0.430 | −1.344 | −0.682 | −1.013 | 0.253 | 19 | 29 | 25 | 29 | 9 | −0.597 | 28 |
| 青海 | −1.114 | 1.618 | −0.708 | −0.739 | −0.655 | 31 | 2 | 27 | 28 | 23 | −0.583 | 27 |
| 宁夏 | −1.000 | 0.371 | −1.357 | 1.608 | −0.350 | 30 | 10 | 29 | 1 | 17 | −0.558 | 26 |
| 新疆 | −0.692 | 0.450 | 0.064 | −0.202 | 0.030 | 25 | 9 | 17 | 22 | 12 | −0.343 | 24 |

表17　农村环境领域各省得分及排名情况

| 地区 | 技术因子得分 | 基础设施因子得分 | 按技术因子得分排名 | 按基础设施因子得分排名 | 综合得分 | 综合排名 |
|---|---|---|---|---|---|---|
| 北　京 | −1.330 | 1.317 | 30 | 2 | −0.380 | 24 |
| 天　津 | −1.305 | 1.292 | 29 | 3 | −0.373 | 23 |
| 河　北 | 1.407 | 0.130 | 3 | 14 | 0.948 | 4 |
| 山　西 | −0.356 | 0.179 | 19 | 12 | −0.164 | 19 |
| 内蒙古 | −0.121 | −1.056 | 16 | 30 | −0.457 | 27 |
| 辽　宁 | −0.066 | 0.048 | 15 | 17 | −0.025 | 13 |
| **吉　林** | **−0.395** | **0.259** | **20** | **10** | **−0.160** | **18** |
| 黑龙江 | 0.111 | 0.097 | 12 | 15 | 0.106 | 11 |
| 上　海 | −1.372 | 1.510 | 31 | 1 | −0.337 | 22 |
| 江　苏 | 0.920 | 1.112 | 5 | 5 | 0.989 | 3 |
| 浙　江 | −0.245 | 1.238 | 17 | 4 | 0.287 | 8 |
| 安　徽 | 0.952 | −0.315 | 4 | 23 | 0.497 | 6 |
| 福　建 | −0.497 | 0.704 | 23 | 8 | −0.066 | 15 |
| 江　西 | 0.042 | 0.088 | 13 | 16 | 0.059 | 12 |
| 山　东 | 2.835 | 0.957 | 1 | 6 | 2.161 | 1 |
| 河　南 | 2.237 | −0.304 | 2 | 22 | 1.325 | 2 |
| 湖　北 | 0.900 | 0.200 | 6 | 11 | 0.649 | 5 |
| 湖　南 | 0.635 | −0.153 | 8 | 19 | 0.352 | 7 |
| 广　东 | −0.048 | 0.794 | 14 | 7 | 0.254 | 10 |
| 广　西 | 0.175 | −0.540 | 11 | 25 | −0.082 | 16 |
| 海　南 | −0.572 | 0.272 | 24 | 9 | −0.269 | 21 |
| 重　庆 | −0.771 | 0.154 | 25 | 13 | −0.439 | 26 |
| 四　川 | 0.877 | −0.851 | 7 | 28 | 0.257 | 9 |
| 贵　州 | −0.443 | −0.982 | 22 | 29 | −0.636 | 28 |
| 云　南 | 0.245 | −0.554 | 9 | 26 | −0.042 | 14 |
| 西　藏 | −0.944 | −3.824 | 26 | 31 | −1.978 | 31 |
| 陕　西 | −0.397 | −0.478 | 21 | 24 | −0.427 | 25 |
| 甘　肃 | −0.310 | −0.158 | 18 | 20 | −0.255 | 20 |
| 青　海 | −1.283 | −0.106 | 28 | 18 | −0.861 | 30 |
| 宁　夏 | −1.103 | −0.200 | 27 | 21 | −0.779 | 29 |
| 新　疆 | 0.222 | -0.829 | 10 | 27 | −0.155 | 17 |

表18 环境各领域各省得分情况

| 地区 | 得分 | | | | | | | | 总得分 |
|---|---|---|---|---|---|---|---|---|---|
| | 水环境（15%） | 大气环境（15%） | 固体废物（15%） | 生态环境（15%） | 自然灾害（5%） | 环境污染治理投资（10%） | 城市环境（15%） | 农村环境（10%） | |
| 广　西 | 0.553 | 0.76 | 0.026 | 0.206 | 0.04 | 3.044 | 0.695 | 2.201 | 0.863 |
| 内蒙古 | −0.719 | 0.677 | 0.639 | 1.386 | 1.825 | 0.845 | 0.853 | 0.848 | 0.686 |
| 山　西 | −0.331 | 1.356 | 0.828 | −0.431 | 0.008 | 1.558 | 0.992 | 1.355 | 0.654 |
| 河　北 | −0.503 | 1.257 | 1.233 | −0.285 | 1.173 | 0.623 | 1.041 | 0.773 | 0.61 |
| 山　东 | −0.088 | 1.025 | 0.614 | −0.388 | 1.497 | 1.197 | 0.868 | 1.079 | 0.607 |
| 四　川 | 0.392 | 0.247 | 0.31 | 1.029 | 1.03 | 0.436 | 0.417 | 0.429 | 0.497 |
| 辽　宁 | −0.908 | 0.787 | 1.409 | −0.166 | 0.707 | 0.331 | 0.745 | 0.48 | 0.396 |
| 河　南 | −0.037 | 1.225 | 0.678 | −0.305 | 1.033 | −0.752 | 0.822 | −0.187 | 0.315 |
| 黑龙江 | −0.228 | 0.025 | −0.331 | 1.247 | 1.671 | 0.368 | 0.259 | 0.329 | 0.299 |
| 陕　西 | 1.651 | 0.034 | −0.073 | 0.079 | −0.147 | 0.229 | 0.021 | 0.154 | 0.288 |
| 湖　南 | −0.33 | 0.848 | −0.276 | 0.046 | 1.04 | −0.235 | 0.528 | 0.039 | 0.155 |
| 湖　北 | 1.346 | 0.033 | −0.072 | −0.2 | 0.326 | −0.198 | 0 | −0.127 | 0.15 |
| 云　南 | −0.508 | −0.347 | 0.505 | 1.169 | 0.437 | −0.191 | 0.019 | −0.116 | 0.117 |
| 江　苏 | −0.515 | 0.551 | −0.179 | −0.562 | −0.412 | 1.01 | 0.276 | 0.746 | 0.09 |
| 广　东 | 0.999 | 0.214 | −0.411 | −0.026 | −0.573 | −0.835 | −0.05 | −0.553 | −0.059 |
| 江　西 | −0.455 | 0.028 | 0.629 | 0.201 | 0.169 | −0.891 | 0.084 | −0.541 | −0.062 |
| 安　徽 | −0.981 | 0.263 | 0.105 | −0.4 | 1.066 | −0.095 | 0.212 | 0.015 | −0.075 |
| 浙　江 | 0.636 | 0.073 | −0.418 | −0.149 | −0.135 | −0.681 | −0.099 | −0.472 | −0.116 |
| 重　庆 | 0.427 | −0.314 | −0.701 | −0.408 | −0.587 | 0.682 | −0.334 | 0.317 | −0.129 |
| **吉　林** | **0.541** | **−0.289** | **−0.565** | **0.229** | **0.751** | **−0.694** | **−0.221** | **−0.524** | **−0.13** |
| 新　疆 | 0.327 | −0.448 | −0.637 | −0.211 | −0.893 | 0.459 | −0.424 | 0.142 | −0.194 |
| 北　京 | −0.591 | −0.856 | 0.78 | −0.605 | −1.359 | 0.869 | −0.493 | 0.38 | −0.208 |
| 甘　肃 | −0.793 | −0.572 | 0.068 | −0.256 | 0.385 | −0.198 | −0.333 | −0.246 | −0.308 |
| 西　藏 | 2.44 | −1.81 | −0.73 | 1.792 | −1.327 | −1.804 | −1.231 | −1.598 | −0.337 |
| 贵　州 | −0.49 | −0.219 | 0.03 | −0.221 | −0.485 | −1.503 | −0.297 | −1.07 | −0.461 |
| 宁　夏 | −0.961 | −0.685 | −0.483 | −0.665 | −1.122 | 0.488 | −0.603 | 0.096 | −0.507 |
| 天　津 | 0.348 | −0.723 | −0.728 | −0.747 | −1.375 | −0.338 | −0.753 | −0.487 | −0.542 |
| 福　建 | −0.947 | −0.31 | −0.212 | 0.088 | −0.995 | −1.323 | −0.385 | −0.987 | −0.546 |
| 青　海 | 0.461 | −1.155 | −0.705 | −0.309 | −1.17 | −0.942 | −0.984 | −0.957 | −0.652 |
| 上　海 | −0.603 | −0.67 | −0.644 | −0.738 | −1.377 | −0.53 | −0.722 | −0.599 | −0.688 |
| 海　南 | −0.132 | −1.003 | −0.686 | −0.399 | −1.204 | −0.928 | −0.903 | −0.919 | −0.713 |

表19 环境各领域各省排名情况

| 地区 | 排名 | | | | | | | | 综合排名 |
|---|---|---|---|---|---|---|---|---|---|
| | 水环境 | 大气环境 | 固体废物 | 生态环境 | 自然灾害 | 环境污染治理 | 城市环境 | 农村环境 | |
| 广　西 | 6 | 7 | 14 | 7 | 15 | 1 | 17 | 16 | 1 |
| 内蒙古 | 26 | 8 | 6 | 2 | 1 | 6 | 23 | 27 | 2 |
| 山　西 | 18 | 1 | 3 | 26 | 16 | 2 | 20 | 19 | 3 |
| 河　北 | 21 | 2 | 2 | 19 | 4 | 8 | 9 | 4 | 4 |
| 山　东 | 14 | 4 | 8 | 22 | 3 | 3 | 3 | 1 | 5 |
| 四　川 | 10 | 11 | 10 | 5 | 8 | 11 | 11 | 9 | 6 |
| 辽　宁 | 28 | 6 | 1 | 14 | 10 | 13 | 5 | 13 | 7 |
| 河　南 | 13 | 3 | 5 | 20 | 7 | 24 | 10 | 2 | 8 |
| 黑龙江 | 16 | 17 | 20 | 3 | 2 | 12 | 12 | 11 | 9 |
| 陕　西 | 2 | 14 | 16 | 10 | 18 | 14 | 22 | 25 | 10 |
| 湖　南 | 17 | 5 | 19 | 11 | 6 | 19 | 15 | 7 | 11 |
| 湖　北 | 3 | 15 | 15 | 15 | 13 | 17 | 8 | 5 | 12 |
| 云　南 | 22 | 22 | 9 | 4 | 11 | 16 | 25 | 14 | 13 |
| 江　苏 | 23 | 9 | 17 | 27 | 19 | 4 | 2 | 3 | 14 |
| 广　东 | 4 | 12 | 21 | 12 | 21 | 25 | 1 | 10 | 15 |
| 江　西 | 19 | 16 | 7 | 8 | 14 | 26 | 21 | 12 | 16 |
| 安　徽 | 31 | 10 | 11 | 24 | 5 | 15 | 14 | 6 | 17 |
| 浙　江 | 5 | 13 | 22 | 13 | 17 | 22 | 4 | 8 | 18 |
| 重　庆 | 9 | 21 | 28 | 25 | 22 | 7 | 19 | 26 | 19 |
| **吉　林** | **7** | **19** | **24** | **6** | **9** | **23** | **16** | **18** | **20** |
| 新　疆 | 12 | 23 | 25 | 16 | 23 | 10 | 24 | 17 | 21 |
| 北　京 | 24 | 28 | 4 | 28 | 29 | 5 | 7 | 24 | 22 |
| 甘　肃 | 27 | 24 | 12 | 18 | 12 | 18 | 28 | 20 | 23 |
| 西　藏 | 1 | 31 | 31 | 1 | 28 | 31 | 31 | 31 | 24 |
| 贵　州 | 20 | 18 | 13 | 17 | 20 | 30 | 29 | 28 | 25 |
| 宁　夏 | 30 | 26 | 23 | 29 | 25 | 9 | 26 | 29 | 26 |
| 天　津 | 11 | 27 | 30 | 31 | 30 | 20 | 18 | 23 | 27 |
| 福　建 | 29 | 20 | 18 | 9 | 24 | 29 | 13 | 15 | 28 |
| 青　海 | 8 | 30 | 29 | 21 | 26 | 28 | 27 | 30 | 29 |
| 上　海 | 25 | 25 | 26 | 30 | 31 | 21 | 6 | 22 | 30 |
| 海　南 | 15 | 29 | 27 | 23 | 27 | 27 | 30 | 21 | 31 |

# 2010年前三季度全省经济形势分析

综合处

**编者按：《2010年前三季度全省经济形势分析》一文，于2010年10月22日以《统计分析》第46期（总第606期）印发。**

今年前三季度，省委省政府认真贯彻中央及全省经济工作会议精神，努力克服国际金融危机和洪涝灾害对全省经济的影响，承续了去年下半年以来全省经济企稳回暖的良好态势，大力调整优化结构,加快转变发展方式,积极保障民生改善,全省经济呈现出总量扩大、结构趋优、效益提升的发展局面。

## 一、当前全省经济运行的基本特点

### （一）宏观经济增长速度高于同期，但呈逐季回落趋势

今年前三季度，我省经济总量达到5281.59亿元，比上年同期增长14.7%，高于上年同期2.6个百分点，高于全国平均增速4.1个百分点。但经济增长速度呈现逐季回落的趋势，比一季度和上半年分别回落了4.2和2.5个百分点，表明国家刺激政策边际效应递减和洪涝灾害对全省经济的影响已经显现。分产业看，第一产业增加值达到442.36亿元，增长2.6%，同比下降2.4个百分点,比全国平均增速低1.4个百分点；第二产业增加值达到3031.45亿元，增长15.3%，同比提高4.9个百分点,高于全国平均增速2.7个百分点；第三产业增加值达到1825.87亿元，增长9.2%，同比下降0.1个百分点，比全国平均增速低0.1个百分点。

根据当前的经济形势和全省经济发展态势，对比上年第四季度的经济增长情况，今年第四季度当季完成地区生产总值将超过上年同期2931元的总量水平，实现全年8000亿元的总量目标已无悬念，经济增长率也将超过13%的发展目标。

### （二）供给情况

**1．洪灾对第一产业产生一定影响**

由于今年我省遭受严重的洪涝灾害，对农业生产造成一定影响，致使第一产业增加值形成逐季下降并且降幅逐渐扩大的走势。一季度，全省实现第一产业增加值79.25亿元，增长3.5%，增幅同比下降0.2个百分点；上半年全省实现第一产业增加值

187.20亿元，增长3.3%，增幅同比下降1.9个百分点；前三季度，全省实现第一产业增加值442.36亿元，增长2.6%，增幅同比下降2.4个百分点。数据的变化说明洪涝灾害对我省第一产业的影响作用已经凸显。

2．工业经济对全省经济支撑作用突出

今年以来，我省规上工业经济高开稳走，工业生产呈现出前高后稳、逐月回调的走势，工业经济总体上保持了稳定健康发展的良好态势。

⑴工业增速回调幅度有所放缓

1—9月份，我省工业实现增加值2750.37亿元，按可比价格计算（下同），比上年同期增长20.8%，增速比上1—8月累计回落0.4个百分点，而1—7月累计和1—8月累计增速比前期的累计回落的幅度分别为2.8和1.8个百分点，我省工业经济回调的步伐正在逐步放缓。

⑵产业结构进一步优化

一是民营工业贡献提高。今年以来我省民营工业保持了持续高速增长，增长幅度波动不大，对全省工业增长的贡献率稳步提高。前9个月，我省民营工业实现增加值949.96亿元，同比增长24.6%，增长速度比全省工业快3.8个百分点，对全省工业增长的贡献率为55.1%，比一季度和上半年分别提高了13.9和5.7个百分点。民营工业实现利润162.33亿元，同比增长55.6%，实现主营业务收入3686.09亿元，同比增长39.1%。

二是高耗能行业比重降低。今年以来，我省高耗能行业低速运行，发展速度持续放缓，产出规模所占比重降低。截止9月末，全省六大高耗能行业增长14.6%，低于全省工业增速6.2个百分点，增速又比上半年回落6.2个百分点；实现增加值593.19亿元，占全省工业比重为21.6%，比上年下降1.6个百分点，我省行业结构得到进一步改善。

三是高技术产业发展势头良好。1—9月份全省工业中，高技术产业实现增加值182.44亿元，占6.6%，同比增长26.0%，增速比全省工业快5.2个百分点。其中医药制造业实现增加值150.23亿元，同比增长28.0%。

四是装备制造业贡献水平提高。1—9月份，我省装备制造业实现增加值250.82亿元，同比增长27.6%，增幅高于全省平均水平6.8个百分点，对工业增长的贡献率为11.7%，比上半年提升了1.7个百分点。

⑶汽车产业领涨，其他行业紧追其后

今年以来，全国汽车市场尤其是乘用车市场需求旺盛，以一汽大众为龙头的我省交通运输设备制造业产销两旺，带动了全省工业经济持续高速增长。1—9月份，交通运输设备制造业累计实现工业增加值839.96亿元，比上年同期增长28.2%，对全省工业增长的贡献率为41.2%。除汽车产业外，我省其他行业的发展也并不逊色，据测算，若扣除交通运输设备制造业，我省前三季度工业生产增速为17.5%，增长幅度与汽车产业相比波动不大，基本稳定在17%～23%之间。（见图1）

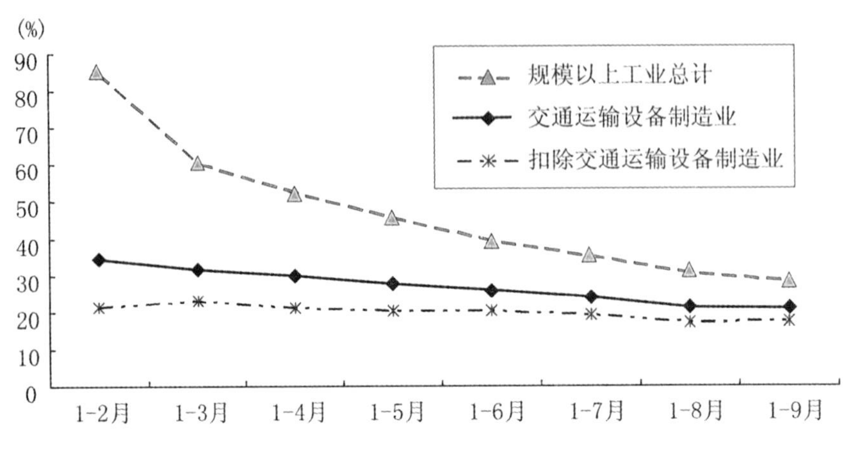


图1 2010年增加值累计增速

⑷企业创新不足，发展后劲有限

截止9月末，我省工业产值中新产品产值所占的比重为23.9%，比上年同期降低了0.4个百分点。在行业构成中，交通设备制造业的新产品产值率最高，为58.6%，同比提高了0.4个百分点。其他行业新产品产值率仅为7.8%，同比下降1.1个百分点。从专利申请情况可以看出企业科技研发的能力，前9个月，我省申请各种专利4353件，同比提高5.1%；其中农产品加工业申请专利79项，同比提高49.1%，在各个行业中高居榜首；石化行业申请专利385项，同比增长2.1%；而汽车工业、医药行业和光电子信息产业的专利申请数量分别比上年同期下降了19.4%、16.5%和14.1%，反映出企业创新发展的后劲不足，产业升级的前景不容乐观。

⑸全年预测

前9个月我省工业生产取得了骄人的成绩，为实现全年目标打下了良好的基础，但是以下不利因素对工业经济的不确定影响将制约我省工业后3个月的整体走势。

一是国家加大节能减排工作力度，主动调整高耗能行业生产。近期国家采取了控制高耗能行业新上项目、加大淘汰落后产能、实行差别电价和取消部分高载能产品出口退税率等一系列措施，再加上房地产市场降温政策，这将从内外需求两个方面迫使高耗能行业落后产能退出生产。二是汽车利好政策的效应递减。三是上年同期基数抬高对今年后3个月的影响较大。

综上所述，后3个月我省工业若能努力减轻不利因素的影响，将有望实现全年工业增长15%的目标。

（三）需求情况

1．投资仍保持高速增长态势

从前三季度的情况看，今年的投资项目建设明显好于去年，特别是进入9月份以来，随着雨季的结束，全省上下抢抓有效施工期，加快项目建设进度，特别是随着灾后重建工作量的增加，全省投资总量增长加快，结构进一步优化。

⑴投资总量增长加快，各类投资均保持了快速增长

前三季度，全省城镇固定资产投资完成5974.41亿元，同比增长30.3%，增速比上半年提高4.4个百分点，比全国平均水平高5.8个百分点。在全国居15位左右，比上半年上升2位。

从各产业投资情况看，第一、二、三产业完成投资分别为111.3亿元、3485.8亿元和2377.3亿元，分别比去年同期增长28.1%、33.5%和26%，

工业完成投资3417.87亿元，比去年同期增长34.0%，增幅比上月加快10.6个百分点，比城镇投资增长速度高3.7个百分点。基础设施完成投资1285.98亿元，同比增长36.5%。民间投资完成3963.83亿元，同比增长28.5%，占全部城镇投资的66.3%，稳居占主体地位。

⑵重点项目建设扎实推进，项目拉动作用明显

从项目建设情况看，前三季度，全省施工项目11466个，同比增加202个，增长16.6%。其中，续建项目2184个，同比增长2.5%。新开工项目9282个，同比增长10.7%；完成投资3855.31亿元，占城镇投资的64.5%，同比增长40.4%，比城镇投资增幅高10.1个百分点。重点项目建设扎实推进，亿元项目带动力增强，前三季度，全省计划总投资1亿元以上施工项目916个，完成投资2165.60亿元，增长52.9%，对全部投资增长的贡献率为53.9%，是带动全部投资增长的主要力量。一批重大项目建设取得重要进展，全省在建总规模均超过20亿元的项目68个，完成投资710.82亿元，其中。中国第一汽车集团公司AUDI产品换型改造和CC/PQ46/GOLF A6整车项目完成投资79.7亿元，抚松长白山旅游建设开发有限公司全国冬季运动会分赛场南区一期滑雪中心项目完成投资23.1亿元，伊通县莫里青石油引资服务有限公司石油开发项目完成投资20亿元，松原华东油田石油天然气综合开发项目完成投资24.6亿元，国电吉林龙华长春热电一厂供热改造及扩建工程完成投资8.1亿元，吉林电力股份有限公司四平第一热电公司二期扩建工程完成投资14亿元，长春市政府投资建设项目管理中心长春亚泰大街改造工程完成投资3.98亿元，长春西部新城开发区管理委员会建西站综合交通换乘中心完成投资6.9亿元，吉林鑫达铸造有限公司年产200万吨高速线材项目完成投资18.4亿元。从交通运输项目看，哈大高铁完成投资192亿元，吉长城铁完成投资70亿元，靖松铁路完成投资7.5亿元，一部分重点项目年内可

望峻工。

提前实现了全省5300个3000万元以上项目的年度计划目标截止9月末，全省3000万元以上在建项目达到5500个，其中新开工项目3650个，续建项目1850个，均已提前完成年度计划目标。

⑶对全年投资完成情况的预计

总体上看，前三季度我省投资运行情况较好，但仍面临着很多不确定因素，如受水灾影响的项目灾后重建面临资金、施工条件等制约；以金融调控为主的资金收缩，房地产市场的观望情绪等等，都制约我省投资的持续快速增长；多年高增长基数过大影响投资增长速度；目前完成的全社会投资（初步测算）占全年目标的80%，而年内有效施工时间仅余1个月多，完成全年9500亿元目标任务仍很艰巨。

**2．消费需求小幅回落，有效需求尚显不足**

前三季度，全省实现社会消费品零售总额2497.8亿元，同比增长18.2%，增幅比上年同期回落0.5个百分点，比全国平均增长速度低0.1个百分点。其中，批发零售业实现零售额2256.7亿元，同比增长18.0%，增幅比上年同期回落0.2个百分点；住宿餐饮业实现零售额241.1亿元，同比增长20.1%，增幅比上年同期回落2.4个百分点。数据表明，我省有效需求不足的状况没有得到有效改善。收入是消费的基础和前提，我省消费水平较上年同期有所下降的主要原因是收入水平影响所致。今年以来，我省城镇居民人均可支配收入增速呈下降走势，一季度全省城镇居民人均可支配收入为3848.57元，增幅为9.9%，与上年同期持平；二季度为7605.91元，增幅为9.6%，比上年同期下降0.7个百分点；三季度为11493.14元，增幅为9.6%，比上年同期下降0.1个百分点，比全国平均增长速度低0.9个百分点。受洪涝灾害的影响，农民人均现金收入增幅与上年同期相比出现了较大的降幅，一季度全省农民人均现金收入为2432.46元,出现负增长，同比下降下降0.1%；二季度为4993.07元，增长10.6%，同比下降2.4个百分点；三季度为6308.78元，增长8.2%，同比下降4.6个百分点，比全国平均增长速度低4.9个百分点。收入水平的缓慢增长，影响了城乡居民的生活消费。1—9月份，城镇居民人均消费性支出为8447.26元,同比增长6.3%，比上年同期下降6.3个百分点；农民人均生活消费支出为2868.36元，同比增长6.9%%，比上年同期下降6.7个百分点。

前三季度的消费增长情况，给第四季度完成全年目标任务留下了较大的压力。第四季度需要实现962亿元的增量才能达到全年社会消费品零售总额3460亿元的总量目标，就意味着第四季度的每个月平均增量要达到320亿元以上。从今年各月的增量情况看，社会消费品零售总额尚没有当月达到320亿元水平的月份，只有8、9两个月份超过了300亿元，因此，完成全年目标第四季度任务很重，面临较大的挑战。

**3．对外贸易已经恢复到金融危机前的规模水平**

前三季度，我省实现外贸进出口总值122.0亿美元，同比增长52.7%,比全国平均增长速度高14.8个百分点。其中，进口总值92.3亿美元，同比增长55.8%，比全国平均增长速度高13.4个百分点;出口总值29.7亿美元，同比增长44.0%，比全国平均增长速度高10.0个百分点，全省的进出口规模基本恢复到金融危机之前的水平。从目前全省对外贸易发展形势看，到年底全省外贸进出口总值将较多超额完成年初确定的总量136.3亿美元及增速16%目标。

前三季度，全省实际利用外资26.4亿美元，同比增长14.7%，增幅比上年同期提高1.7个百分点。与年初确定的总量达到41亿美元及增速达到15%的年度目标还有一定的差距，第四季度应加大工作力度，确保全年目标如期实现。

应该看到，我省的外贸依存度还很低，2009年仅为11.0%，这一现象短期内不会有较大的改变，所以外需对全省经济总量的影响有限，因此在积极争取扩大外需的同时，应把扩大内需作为我省经济发展的基本立足点和长期的战略方针，不断提高消费对经济增长的拉动作用是当务之急。

（四）经济增长质量不断提高

**1．企业经济效益良好，财政收入大幅增长**

前三季度，在工业生产保持高速增长的同时，我省工业企业的经济效益明显改善。1—9月份，全省工业综合经济效益指数达289.67%，同比增长37.8个百分点，实现利润591.01亿元，同比增长75.4%，亏损企业亏损额49.88亿元，同比下降25.5%，主营业务收入8672.51亿元，同比增长34.2%。

企业利润的大幅提高直接带动财政收入的增长，前三季度，全省实现地方财政收入443.38亿元，比上年增长27.3%，增幅比上年同期提高14.1个百分点。今年以来地方财政收入始终保持较高增长水平，最低增幅都已达到26.9%，但增速表现出前高后降的特点和趋势。税收收入更是在企业利润提升的拉动下稳步提高，前三季度，全省税收收入达到341.05亿元，同比增长31.2%，其中，营业税达到107.84亿元，同比增长34.5%，企业所得税达到48.71亿元，增长57.3%，实现了较高增长。

**2．经济发展的保障性稳定**

金融信贷稳步增加。截止9月末，全省金融机构本外币存款余额9657.8亿元，比年初增加1252.2亿元；其中，人民币存款余额9563.8亿元，比年初增加1245.8亿元；金融机构本外币贷款余额为7025.5亿元，比年初增加725.0亿元，其中，人民币贷款余额6954.2亿元，比年初增加719.6亿元，表明金融机构对我省经济增长充满信心，对大项目建设的金融支持增加。

交通运输业稳步增长。前9个月，全省公路货物运输量达2.4亿吨，比上年同期增长27.5%；货物周转量为473.2亿吨公里，同比增长23.8%；铁路货物发送量达5903.0万吨，同比增长13.3%；货物周转量为448.8亿吨公里，同比增长7.9%；民航货物发送量达1.6万吨，同比增长29.0%，货物周转量为3597.9万吨公里，同比增长22.1%。

邮电通信业持续增长。前9个月，全省邮电业务总量776.1亿元，同比增长20.4%；其中，电信业务总量758.5亿元，同比增长20.5%。全省互联网接入用户569.4万户，同比增长26.4%，其中宽带接入用户276.4亿元，同比增长28.3%；移动电话用户1774.9万户，同比增长13.8%。

### 3．节能降耗效果明显，能源利用效率提高

近几年我省工业整体布局不断优化，节能技改项目陆续达产见效，能源利用效率不断提高，使低耗能产业对工业经济贡献增大。前三季度，全省六大高耗能行业万元工业增加值综合能耗为4.96吨标准煤,同比下降4.5个百分点。年初，确认全年单位GDP能耗下降5.5%,单位工业增加值能耗下降7.0%。前三季度，单位GDP能耗下降了5.4%,预计工业增加值能耗下降8.2%，要完成全年节能降耗目标，四季度单位GDP能耗要确保下降5.3%,工业增加值能耗降低率要达到8.2 %以上。

### 4．居民消费价格环比下降，工业生产价格小幅回落

前三季度，居民消费价格同比上涨3.4%。分类别看，八大类商品六涨二降，食品上涨8.4%，烟酒及用品上涨0.7%，医疗保健和个人用品上涨1.3%，娱乐教育文化用品及服务上涨0.5%，居住上涨2.2%；衣着上涨0.9%，家庭设备用品及维修服务下降0.6%，交通和通信下降0.3%。但9月份当月，居民消费价格同比上涨3.7%，环比下降0.5%。

1—9月份，工业品出厂价格上涨5.7%,涨幅比上月末回落0.4个百分点；原材料、燃料、动力购进价格上涨9.1%，涨幅比上月末回落0.2个百分点。

## 二、在促进经济发展方式转变中当前应着力解决的主要问题

### （一）遏制第三产业比重不断下滑的局面

实施老工业基地振兴战略以来，工业经济的持续快速发展，以工业经济为主体的第二产业在地区生产总值中比重迅速提升，三次产业的比重由2003年的18.3:41.3:40.4转变为2009年的13.5:48.6:37.9。显示出实施振兴战略以来，工业经济发展取得了显著效果。

但是，在这个阶段的结构变化中，第三产业的比重由2003年的40.4%下降到2009年的37.9%，今年前三季度进一步下降到34.6%，比上年同期下降了2.9个百分点。第三产业增长速度远远慢于第二产业，这是第三产业比重出现下滑的直接原因。前三

季度，第二产业增速达到20.2%，而第三产增速仅为9.2%，增速比第二产业低11.0个百分点。就经济发展的一般规律而言，第三产业比重的持续下滑，深刻反映出我省经济结构不尽合理的现实，同时也表明加快服务业发展的迫切性。结合当前全省实际情况，在未来时期的结构调整中，加快第三产业发展，是我省切实加快经济发展方式转变的现实要求。

（二）刺激消费需求，使“短板”变成“长板”

近年来，随着投资的持续高速增长，在拉动我省经济的“三驾马车”中，投资已远远超过消费成为拉动经济增长的第一主动力。2003年，全省投资率为41.4%，2009年上升到79.6%，提高了38.2个百分点。在投资率持续攀升的同时，消费率逐年下降，由2003年的59.9%下降到2009年的44.3%，回落了15.6个百分点，对经济增长的拉动作用明显减弱，已经成为三大需求中的短板。

正确认识投资与消费的关系,实现消费需求与投资需求的良性互动，是实现经济社会持续健康发展的关键。鉴于投资目前仍是我省经济增长的主要动力，应努力保持投资增幅不出现大的波动，同时更需注重投资的效能。与此同时,要不断扩大居民消费，首先要增加居民收入。应在尽最大可能的情况下，使经济成果分配向居民收入倾斜。应建立合理有效的工资增长机制，使职工工资随着经济发展水平不断提高，研究并建立确保最低工资标准与本地经济发展同时增长的长效机制。消除居民后顾之忧，改善消费环境，进一步提高医疗保险、养老、救济等方面保障制度的覆盖面，加大教育、卫生、文化、体育健身等公共领域投入，提供优异的公共设施和公共服务，增强居民消费信心，使消费由“短板”逐渐变成“长板”,与投资并驾齐驱，保障我省整体经济在又好又快的发展轨道上前行。

（三）强化节能技术改造，重点解决高耗能骨干企业能耗过高的矛盾

近年来,我省不断加大节能降耗的工作力度,工业节能降耗工作取得了一定成效。但工业内部高耗能行业能耗高，对工业贡献小的矛盾仍较为突出。前三季度，我省石油加工炼焦及核燃料加工业、化学原料及化学制品制造业、非金属矿物制品业、黑色金属冶炼及压延加工业、有色金属冶炼及压延加工业和电力热力的生产和供应业等6大高耗能行业综合能源消费2588.71万吨标准煤,占规模以上工业综合能耗的68.4%，实现增加值521.72亿元，占规模以上工业增加值的21.1%，单位工业增加值能耗为4.96吨标煤，是规模以上工业能耗的3.2倍。因此，要进一步加强节能降耗工作力度，对于高耗能企业，特别是高耗能骨干企业，要强化包括节能技术改造在内的技术升级和改造，注重开发适应市场需求的高附加值产品，提高产品的竞争力，逐步化解企业能耗过高的矛盾，使其为全省工业经济增长做出更大的贡献。

# 1—3季度我省引进外省资金1735亿元

刘燕江

**编者按：《1—3季度我省引进外省资金1735亿元》一文于2010年10月25日以《统计分析》第46期，总第（606）期印发。**

年初以来，在省委、省政府的正确领导下，全省以科学发展观为统领，全面贯彻落实全省经济工作会议精神，紧紧围绕长吉图开发开放先导区建设，大力加强国内外经济技术交流与合作，坚持“走出去”和“请进来”相结合，不断调整引资方式、方法，狠抓项目的推介洽谈、跟踪服务，努力提高项目的履约率和资金到位率，招商引资工作又实现了新突破，实际利用外省资金持续高速增长，质量不断提高，在促进我省投资持续快速增长和经济发展中发挥了重要作用。但同时也存在引资项目技术含量不高，签约项目来源相对分散等问题，应引起重视。

## 一、引资总量再创历史同期新高，支撑全省投资高速增长

1—9月，全省招商引资签约合同项目2282个，合同引资额 4455.98 亿元，同比增长8.2%。在增加签约项目的同时，采取强有力措施做好重大项目的落地和资金到位工作，实际到位资金大幅增加。截止三季度末，全省签约项目资金到位率为42.4%，引进外省资金 1735.88亿元，比上半年增加 769.83亿元，增长32.1%，比同期城镇固定资产投资增幅高1.8个百分点，仍是全省投资增长的主要支撑。在到位的外省资金中，金融机构贷款 25.05 亿元，占 1.4%，同比增长1.2倍。从外省投资者对我省投资的渠道来看，用于固定资产投资最多，截止三季度末达到1313.33亿元，同比增长32.6%，占全部引资额75.7%；投入流动资金241.42亿元，占13.9%；用于注册资本金156.41亿元，占9.0%。引资总额七成多都用于固定资产投资，在全省扩大内需、保持投资的持续高速增长中发挥了重要作用。

## 二、围绕重点项目招商引资，传统支柱产业项目依旧是引资龙头

从外省资金的行业投向看，1—3季度，第一、第二、第三产业到位外省资金分

别为55.30亿元、1299.59亿元和187.68亿元，同比分别增长－10.4%、42.5%和1.8%。在第二产业引入外省资金中，工业项目投资达到1282.50亿元，同比增长45.2%，占全部外省实际到位资金的73.9%，对全省招商引资增长贡献率高达94.8%。重点依托我省的产业、资源优势开展招商引资，传统的支柱产业在招商引资工作中依据其特点一直保持了优势。1—3季度，交通运输设备制造业引入外省资金138.63亿元，同比增长40.0%；电力行业引入外省资金290.60亿元，同比增长1.1倍。

## 三、引资质量有所提高，项目单体平均规模达1.91亿元

全省各级、各部门致力于打造一流的引资环境，使我省对大项目、大财团越来越具有投资吸引力；各地在招商引资工作中开始有选择地引进上档次、技术含量高的大项目，重点引进战略投资者，引资项目的单体规模呈现扩大之势。1—3季度我省招商签约项目的单体规模平均达到1.91亿元。其中，合同签约资金在亿元以上的项目336个，占签约项目的14.7%；实际到位外省资金1183.18亿元，占全省引进外省资金总额的68.2%。

## 四、引资重点领域在东部，中、西部地区增长较快

今年以来，我省招商引资工作全面延伸，在我省投资的省（区、市）已经扩大到30个。从各省的具体投入资金情况看，东部地区10省市（即辽宁、北京、天津、河北、上海、江苏、浙江、福建、山东、广东）对我省的投资达到1519.47亿元，同比增长32.2%，占全部外省投资的87.5%；中部地区对我省投资190.13亿元，同比增长59.2%；西部地区对我省投资86.62亿元，同比增长1.1倍。其中，北京在我省投资最多，达到553.88亿元，比重为31.9%;其次为辽宁省，在我省投资429.73亿元，比重达到24.8%。

## 五、民营企业仍是引资主体，有限责任公司投入占50.4%

1—3季度，全省民营企业共与外省投资者签订引资合同1958项，占签约合同总数的84.3%；外省实际到位资金1329.93亿元，同比增长45.0%，占全部外省到位资金的76.6%。民营企业到位资金中，占第一位的是有限责任公司，到位资金857.13亿元，占总引资额的50.4%；第二位的是私营企业，到位资金294.33亿元，占17.0%。

## 六、各地区招商热情普遍高涨，任务完成较好

从引资总量上看，长春、吉林、四平和松原、通化居多，分别引入资金266.84

亿元、262.98亿元、261.69亿元、261.94亿元和210.03亿元，总量全部超过200亿元大关；从引资增幅上看，延边、白山、白城三个地区因总量少、基数小，增幅最高，分别增长40.8%、35.8%和34.4%。（见表1）

表1

| 地　区 | 招商引资额（万元） | 去年同期 | 增长% |
|---|---|---|---|
| 吉林省 | 17358822 | 13137670 | 32.1 |
| 长春市 | 2668383 | 2055961 | 29.8 |
| 吉林市 | 2629773 | 2022883 | 30.0 |
| 四平市 | 2616863 | 2007282 | 30.4 |
| 辽源市 | 1439489 | 1072430 | 34.2 |
| 通化市 | 2100285 | 1575608 | 33.3 |
| 白山市 | 1354552 | 997231 | 35.8 |
| 松原市 | 2619400 | 1997447 | 31.1 |
| 白城市 | 1131610 | 841674 | 34.4 |
| 延边朝鲜族自治州 | 798467 | 567154 | 40.8 |

总体上看，上半年我省招商引资成效显著，但也存在一些值得注意的问题，主要是资本转移的发达地区如广东珠三角、长三角地区还没成为热点；引进项目质量和资金到位率仍需进一步提高，引资环境仍需进一步改善等。因此，四季度应抓好重点地区签约项目的跟踪落实工作，提高资金到位率；要严把项目质量关，注意引进高附加值、高新技术含量项目和引资中的资源环境保护；要进一步优化引资环境，打造招商引资的新优势。

# 三季度我省万元工业增加值能耗下降8.2%

苏艳春

**编者按：《三季度我省万元工业增加值能耗下降8.2%》一文于2010年10月26日以《统计分析》第47期（总第607期）印发。**

今年以来，全省在促进经济稳步增长的同时，坚定不移地推进各项节能降耗措施的落实，能源利用效率持续得到改善和提高。据全省规模以上工业企业统计，前三个季度累计完成增加值2470.48亿元，按可比价格计算，比上年同期增长20.8%；综合能源消费量为3785.68万吨（折标准煤，下同），比上年同期增耗372万吨，增长10.9%；万元工业增加值综合能耗为1.53吨，同比减少0.14吨，下降8.2%。

## 一、主要特点

### （一）9个市（州）万元工业增加值能耗均有不同程度下降

从全省9个市（州）的具体情况来看，万元工业增加值综合能耗均有不同程度下降。其中，吉林、四平、通化和白城四个市万元工业增加值综合能耗下降幅度较大，分别达到11.4%、14.8%、14.0%和12.1%。

### （二）近七成的大类行业万元工业增加值综合能耗有所下降

在纳入规模以上工业统计的39个业大类中，前三个季度有13个行业万元增加值能耗同比有所上升，有26个行业万元增加值能耗同比有所下降，占行业大类总数的66.7%。（见表1）

### （三）高能耗行业万元增加值能耗同比“二升四降”

前三个季度，我省石油加工、炼焦及核燃料制造，化学原料及化学制品制造，非金属矿物制品，黑色金属冶炼及压延加工，有色金属冶炼及压延加工与电力、热力的生产和供应等6大工业高耗能行业共完成增加值521.72亿元，按可比价格计算，比上年同期增长14.6%；综合能源消费量为2588.71万吨，比上年同期增耗224万吨，增长9.5%，万元工业增加值综合能源消费量为4.96吨，比上年同期下降4.5%。其中，化学原料及化学制品制造业万元增加值综合能耗16.36吨，同比下降11.9%；非金属

表1 全省分行业万元工业增加值能耗情况

| 指　　标 | 综合能源消费量(万吨标准煤) | | 综合能源消费量增长率(%) | 万元工业增加值能耗降低率(%) |
|---|---|---|---|---|
| | 2009年三季度 | 2010年三季度 | | |
| 全部工业企业 | 3414 | 3786 | 10.9 | 8.2 |
| 06.煤炭开采和洗选业 | 242 | 280 | 16.0 | 23.5 |
| 07.石油和天然气开采业 | 117 | 115 | −1.6 | −0.3 |
| 08.黑色金属矿采选业 | 17 | 28 | 66.7 | 6.2 |
| 09.有色金属矿采选业 | 9 | 9 | −1.3 | 26.2 |
| 10.非金属矿采选业 | 12 | 12 | 1.2 | 25.0 |
| 11.其他采矿业 | 0 | 0 | 41.9 | 34.8 |
| 13.农副食品加工业 | 179 | 208 | 16.0 | 16.5 |
| 14.食品制造业 | 23 | 22 | −5.4 | 15.7 |
| 15.饮料制造业 | 107 | 109 | −4.3 | 9.9 |
| 16.烟草制品业 | 1 | 1 | −20.9 | 14.2 |
| 17.纺织业 | 6 | 8 | 29.9 | 16.9 |
| 18.纺织服装、鞋、帽制造业 | 4 | 4 | 14.4 | 24.1 |
| 19.皮革、毛皮、羽毛(绒)等 | 1 | 1 | 16.0 | 128.6 |
| 20.木材加工及木、竹、藤等 | 57 | 66 | 16.2 | 28.9 |
| 21.家具制造业 | 2 | 2 | 2.3 | 47.6 |
| 22.造纸及纸制品业 | 34 | 43 | 27.9 | 26.3 |
| 23.印刷业和记录媒介的复制 | 1 | 1 | −2.4 | 16.9 |
| 24.文教体育用品制造业 | 0 | 1 | 30.9 | 86.2 |
| 25.石油加工炼焦及核燃料 | 61 | 65 | 5.8 | 2.1 |
| 26.化学原料及化学制品制造 | 567 | 623 | 9.8 | 13.1 |
| 27.医药制造业 | 41 | 45 | 10.3 | 28.0 |
| 28.化学纤维制造业 | 46 | 49 | 5.9 | 5.5 |
| 29.橡胶制品业 | 1 | 1 | −17.0 | 35.1 |
| 30.塑料制品业 | 4 | 6 | 40.0 | 25.7 |
| 31.非金属矿物制品业 | 418 | 461 | 10.3 | 29.5 |
| 32.黑色金属冶炼及压延 | 442 | 497 | 12.6 | 11.6 |
| 33.有色金属冶炼及压延 | 21 | 25 | 18.8 | 1.0 |
| 34.金属制品业 | 7 | 8 | 17.0 | 24.5 |
| 35.通用设备制造业 | 13 | 17 | 32.0 | 29.8 |
| 36.专用设备制造业 | 11 | 13 | 15.4 | 28.3 |
| 37.交通运输设备制造业 | 84 | 108 | 29.7 | 28.2 |
| 39.电气机械及器材制造业 | 6 | 7 | 26.8 | 37.1 |
| 40.通信设备、计算机及其他 | 5 | 6 | 15.3 | 17.4 |
| 41.仪器仪表及文化、办公用 | 1 | 1 | 71.3 | 21.9 |
| 42.工艺品及其他制造业 | 2 | 3 | 21.5 | 25.8 |
| 43.废弃资源和废旧材料回收 | 1 | 1 | −14.2 | 12.6 |
| 44.电力、热力的生产和供应 | 855 | 918 | 7.3 | 13.9 |
| 45.燃气生产和供应业 | 11 | 17 | 53.9 | 14.0 |
| 46.水的生产和供应业 | 5 | 5 | 2.5 | 11.9 |

矿物制品业万元增加值综合能耗13.24吨，同比下降24%；黑色金属冶炼及压延加工业万元增加值综合能耗19.18吨，下降3.9%；电力、热力的生产和供应业万元增加值综合能耗19.75吨，下降14.5%；石油加工、炼焦及核燃料制造业万元增加值综合能耗5.03吨，同比上升16.1%；有色金属冶炼及压延加工业万元增加值综合能耗3.12吨，上升6.3%。

（四）主要能源品种增耗明显

前三个季度，伴随着工业经济的较快发展，我省规模以上工业企业主要能源品种的消费量皆呈明显的增长趋势。其中，原煤消费5979.00万吨，同比增长37.6%；焦炭消费397.32万吨，同比增长57.9%；热力消费7382.47亿万千焦，同比增长27.3%；电力消费311.74亿千瓦时，同比增长45.6%；洗精煤消费505.90万吨，同比增长47.7%。

（五）重点耗能企业节能效果显著

统计数据显示，前三个季度纳入全省重点耗能企业定期统计范围的324户规模以上工业企业累计实现工业总产值3641.09亿元，同比增长25.6%；综合能源消费量3357.03万吨，同比增长9.0%，其实现万元工业总产值的综合能源消费量为0.9吨，同比下降13.1%，节能效果较为明显。

（六）能源加工转换效率有所提高

前三个季度，全省能源加工转换投入量3851.06万吨，产出量2660.25万吨，能源加工转换效率为69.1%，比上半年提高了0.4个百分点。分类别看，火力发电和供热等类别的转换效率较上半年分别下降了0.04，0.22个百分点，有待进一步提高。（见表2）

## 二、值得关注的两个问题

（一）新增高耗能企业对节能降耗工作影响较大

今年前三个季度，全省新增规模以上高耗能企业136家，增加能耗130.94万吨，占全省能耗总量的3.4%，比重比上年同期扩大1.5个百分点。其中，某一户新增的高耗能企业综合能源消费量占新增高耗能企业综合能耗总量高达78.4%，占本地区综合能耗总量的比重达到13%。高耗能企业数量的增加，为我省节能工作增加了难度。

（二）技术节能难度进一步增大

工业是能源消费的主体。近几年，我省工业企业自觉加大技术节能工作力度，大力采用先进生产技术和工艺，主要高耗能产品单位能耗水平明显下降。工业节能核心是技术节能，但随着节能工作的深入推进，技术节能空间将逐步缩小，单位产品能耗的降幅越来越窄。今年前三个季度，在全省重点耗能行业生产的53种主要工业产品中，单位产品综合能源消费量同比下降的有27种，占50.9%，单位产品能耗降

幅水平较同期收窄了26.5个百分点，技术节能降耗的难度将会越来越大。（见表2）

表2　三季度全省能源加工转换效率类别表

| 指标 | 能源转换效率（%） | | 提高百分点 |
|---|---|---|---|
| | 三季度 | 二季度 | |
| 能源转换效率 | 68.67 | 69.08 | 0.41 |
| 火力发电 | 37.29 | 37.25 | −0.04 |
| 供热 | 79.15 | 78.92 | −0.22 |
| 原煤入洗 | 66.99 | 68.11 | 1.13 |
| 炼焦 | 89.08 | 89.09 | 0.01 |
| 炼油 | 96.45 | 96.72 | 0.28 |
| 制气 | 86.54 | 88.47 | 1.93 |
| 天然气液化 | 0 | 0 | 0 |
| 加工型煤 | 92.08 | 90.93 | −1.15 |
| 热电联产 | 53.05 | 50.99 | −2.06 |
| 炼焦与制气 | 88.67 | 89 | 0.33 |

## 三、两点建议

### （一）优化产业结构，切实遏制高耗能企业过快增长

产业结构优化是实现节能目标的重要保证。目前，我省产业结构仍以重工业为主，能源消耗相对较高。应坚持节能优先的原则，优化能源配置，构建节约型的产业结构和消费结构，以大幅度提高能源利用效率为核心，以产业结构的调整来优化经济结构布局。前三个季度，我省个别地区过度地依赖高耗能企业推动经济发展，加大了对能源消费的需求，从而带动了能源消费量的进一步增加，对全省节能工作带来较大影响，大力调整和优化产业结构，限制高能耗企业和高耗能产品过快发展迫在眉睫，“转方式、调结构”需要进一步落到实处。

### （二）建立完善应急预警机制，做好各地区节能工作

今年是完成“十一五”节能降耗目标任务的收官之年。在保持经济快速发展的同时，我们更需要毫不松懈地抓好节能降耗工作。必须进一步加强对全省节能进度的监控工作，建立完善的应急预警机制，以科学的管理和监测确保“十一五”节能目标的全面完成。同时要做好各地区节能工作，严格控制新投产运行的高耗能项目的数量和质量，避免年内因高耗能项目的增加，给全省节能降耗工作带来新的压力。

目前，我省尚未脱离能耗调控的“风险区”，与全年节能降耗任务相比，我省节能降耗工作形势依然严峻，全面完成“十一五”节能规划目标，需要付出更多努力。

# 今年第四季度
# 我省节能降耗形势更加严峻

宋雅丽

**编　者　按：《今年第四季度我省节能降耗形势更加严峻》一文于2010年10月26日以《统计参考》第14期（总第29期）印发。11月2日，省委书记孙政才对该文做出批示："儒林、延风同志：要从我省的具体实际出发，抓住节能减排中存在的实质问题，强化调度和预测，采取得力措施，综合施策，确保完成任务指标。"**

经国家统计局初步核定，今年1—3季度，我省全社会能源消费总量为6045.03万吨标煤，同比增长8.6%；万元GDP能耗为1.33吨标煤，同比下降5.3%，降幅分别比1季度和上半年回落0.42、0.25个百分点，仅高于全年节能规划目标0.04个百分点，第四季度全省节能降耗形势更加严峻。

影响我省今年前三个季度节能降耗工作效果的主要因素有：

## 一、经济增速回落幅度较大

今年以来，我省GDP增速呈现出逐季回落态势，已由1季度的18.9%回落到上半年的17.2%，再回落到1—3季度的14.7%，1—3季度增速共比1季度回落了4.2个百分点。能源消耗总量增速由1季度的12.1%回落到上半年的10.3%，再回落到1—3季度的8.6%，共回落了3.5个百分点。由于能耗增速回落幅度小于GDP增速回落幅度，致使万元GDP能耗降低率逐季走低。

## 二、能耗结构矛盾表现突出

高耗能产业的集中度越高，越不利于全社会节能降耗。从今年1—3季度全省三次产业结构来看，第二产业增加值（现价）比重为57.1%，同比提高3.2个百分点，由于具有高耗能特征的第二产业增加值比重上升，使本期万元GDP能耗同比降幅缩小了1.04个百分点。

## 三、全社会用电量增长相对较快

今年1—3季度，我省全社会用电量增速达到12.4%，高出全社会能耗增速3.8个百分点，致使万元GDP电耗降低率（为1.98%）低于万元GDP能耗降低率3.32个百分点。而我省要全面完成“十一五”节能规划目标任务，今年万元GDP电耗降低率至少要达到2.26%，四季度节电任务十分艰巨。

## 四、火力发电煤耗同比上升

电折标煤的等价值能耗应等于用电量与火力发电煤耗相乘积。据省电力部门统计，今年1—3季度全省6000千瓦以上火电企业生产每度火电的煤耗为309克标煤，同比增长0.7%，由于火力发电煤耗的同比上升，使得本期全社会能耗总量比上年同期增加了151.25万吨标煤，占当期能耗总增量的31.5%。

影响我省第四季度节能降耗工作的不利因素有：

一是全年GDP和工业增加值增速仍存在着继续下行的可能性，能源消耗中固定性能源消耗的不可避免性，必然会对单位GDP能耗和单位工业增加值能耗及其降低水平产生较大的负面影响。

二是四季度开始进入采暖期，随着今年暖房子工程实施中供热面积的扩大，能源消耗量将会有所增加。

三是从历年的统计数据来看，大部分新投产火电机组试运行期间具有耗能多、产出低的特点，而我省今年第四季度仍可能有6台火电机组投入生产，这将会拉动全省火力发电煤耗的进一步上升，进而加大全社会能源消耗总量。

四是用电量的刚性需求，将使全省全年的用电量增速仍处于相对较高水平。所以，今年第四季度降低单位GDP电耗的任务非常艰巨，压力很大。

几点建议：

第一，把“保增长”、“滞回落”作为第四季度我省经济工作的一项重点任务。

第二，果断地启动《能耗预警调控预案》。

第三，坚决地将6台火电机组的投产时间推迟到明年。

第四，加大我省节能降耗工作的宣传力度，特别要重视在中央电视台新闻联播节目中的宣传，扩大我省节能工作影响。

# 前三季度我省农林牧渔业亮点纷呈

董秀萍

**编者按：《前三季度我省农林牧渔业亮点纷呈》一文于2010年10月27日以《统计分析》第48期（总第608期）印发。**

在省委、省政府的正确领导下，今年前三季度全省紧紧围绕“三农”问题，全面贯彻落实各项强农惠农政策，积极推进农村产业结构升级，大力发展设施农业，引导农业生产向规模化、标准化和现代化转变，促进农业增效、农民增收，全省农业和农村经济呈现出平稳、协调、健康发展的态势。

## 一、农业经济总量稳中有升

前三季度，全省农业经济总量保持平稳发展势头，实现农林牧渔业增加值442.45亿元，按可比价格计算，比上年增长2.6%。其中：种植业增加值111.92亿元，增长8.6%；林业增加值22.19亿元，增长7.3%；牧业增加值294.35亿元，增长0.4%；渔业增加值8.42亿元，下降2.4%；农林牧渔服务业增加值5.6亿元，增长11.8%。

## 二、农林牧渔业生产呈现健康发展势头

### （一）种植业生产形势良好

粮食作物播种面积有所增加。据全面统计报表数据显示，2010年全省粮食作物播种面积为7195.0万亩，比上年增加267.1万亩，增长3.9%。其中，玉米播种面积4963.4万亩，比上年增加305.1万亩，增长6.5%；水稻播种面积1073.6万亩，比上年增加19.2万亩，增长1.8%；大豆播种面积565.2万亩，比上年减少91.0万亩，降低13.9%。主要粮食作物播种面积的增加，为我省全年粮食增产奠定了坚实的基础。

气候状况为全省发展粮食生产提供了有利条件。一是去冬今春雪雨丰沛，特别是今年春耕期间的频繁降雨，有效地增加了全省耕地的含水量，为全省发展粮食生产提供了较好的墒情条件。二是6月份以来的持续高温少雨，有利于旱田作物的蹲苗和水稻的返青与分蘖，为全年粮食增产奠定了基础。三是总体雨量充沛，没有发生

大面积的旱灾。今年以来，特别是进入七月份以来，虽然部分地方出现了不同程度的旱情，但从整体上看，是局部的、短暂的，且发生旱情的地方都属于非主要产粮区，尚不足以对全省农业生产产生深刻影响，也不至于对全年粮食产量构成大的威胁。总体上看，今年的气候条件对发展全省农业生产是利大于弊。

良种的推广普及与农作物的合理密植为全年粮食增产创造了有利条件。在今年全省农业生产中，各地普遍把大力推广普及使用具有早熟、高产、抗旱、密植性好的优良品种和促进合理密植作为推动今年粮食增产的重要举措。从农业部门统计的情况看，我省使用高产品种玉米的播种面积达到85%以上，高产超级稻的播种面积达到90%以上。在大力推广普及使用良种的同时，各地还普遍适度加大了农作物的种植密度，每公顷玉米的苗株数大都比历年平均水平增加了1—1.5万株，大体上比往年增加10%。良种的推广普及与农作物的合理密植为今年全省粮食增产创造了极为有利的条件。

（二）林业生产继续保持稳健发展态势

今年以来，全省有关部门加大工作力度，提高投入强度，扩大造林规模，提升建设标准，创新管理机制，讲求工作效果，使全省林业生产平稳推进。全省共完成造林绿化270.5万亩，其中三北工程造林65.5万亩、退耕还林工程造林60万亩、农防林枯死树更新改造5万亩、采育林冠下造林60万亩、更新造林80万亩。

（三）畜牧业生产总体保持向好发展势头

前三季度全省对畜牧业生产加强政策引导、发展现代畜牧业，不断开拓畜牧业产品市场，克服生猪价格长期低迷、寒潮冰雪灾害异常严重、口蹄疫疫情影响较为严峻的不利形势，生产运行总体保持平衡。

生猪生产趋稳，三季度后行情看好。据国家统计局吉林调查总队畜禽监测数据显示，前三季度全省生猪出栏1018.2万头，比上年同期增长3.4%；猪肉产量89.18万吨，增长3.0%。生猪生产呈现三个显著特点：一是生猪价格止跌趋涨。年初以来，生猪价格持续走低，根据生猪市场价格的周期性波动规律和市场分析判断，目前生猪价格已开始步入止跌趋涨阶段，从6月初的15元/千克逐渐上涨到目前的20元/千克，上涨幅度为33.3%。二是饲料原料价格持续走高。今年以来，饲料原料价格呈上涨趋势。受南方粮食产区旱情影响，玉米等饲料原料价格持续走高，玉米的价格由年初的1.27元/公斤上涨到日前的1.72元/公斤,上涨幅度为35.4%；三是国家采取的四次冻猪肉收储工作，对市场预期形成了一定的利好影响。

肉牛生产增速较快，短期内生产下降的可能性不大。肉牛供求仍呈紧平衡状态，肉牛价格和效益继续保持合理水平，养殖户养殖积极性较高。前三季度全省生牛出栏214.8万头，比上年同期增长5.56%，牛肉产量26.81万吨，增长5.36%。预计受市场消费能力不断上涨拉动，牛肉价格仍将保持上涨态势，特别是高端牛肉价格上涨空间较大。

（四）采取有效措施，渔业损失降到了最低

今年我吉林、延边等地遭遇了罕见的洪涝灾害，渔业捕捞、渔业养殖受到一定的影响，但受灾地区纷纷采取有效措施，加大养殖量，提前出鱼，将损失降到最低。况且由于我省是内陆地区，渔业增加值在我省的农林牧渔业中所占的份额不足2%,渔业产量的减少对我省农业经济增长的趋势并不构成大的影响。

## 三、对进一步加快农业经济发展的几项对策建议

（一）加大资金投入，加强农业基础设施建设，增强农业抵御自然灾害能力

尽管多年来国家和地方各级政府不断加大对农村基础设施建设的投资力度，但从现实情况看，我省农田机井少，灌溉能力低；农机数量少，利用效率低；耕地质量严重退化；极端天气影响增多，自然灾害频发，农业整体抗灾能力不强，靠天吃饭的局面尚没有发生根本改变。特别是今年发生的严重水患，致使大量农业基础设施受到损坏，进一步削弱了我省农业抵御自然灾害的能力。针对这一现状，我省应进一步加大投入力度，切实强化农业基础设施建设。在积极争取国家财力支持的同时，通过项目引进、招商引资、地方财政增加投入、群众集资等综合性手段，把农业基础设施建设放在更加突出的战略位置，科学规划，严密实施，扎扎实实地推进以农田基本建设和水利建设为重点的农业基础设施建设，为农业发展奠定更加坚实的物质基础。当前，特别要切实加大投入，迅速修复水毁农业基础设施，使其尽快恢复到灾前水平，为明年农业生产发展提供必需的保证。

（二）加强监测预警和生产指导，促进农村产业稳定发展

农业生产关系民生，意义重大。农作物市场价格波动，极大地影响着农民的生产意向。稳定农副产品价格，特别是稳定关系民生的粮食、菜篮子以及肉蛋奶价格，成为切实保护农民利益，提高农民收入的重要工作内容。为此，有关部门要积极为农业生产服务，及时提供市场信息，正确引导农民种植意向，既满足市场需求，又能促进农民增产增收，在产存销等各个环节，切实维护和保护农民的权益，维护正常的生产秩序和市场秩序。

（三）大力提高农副产品加工能力

根据各地区农副产品特点，有针对性地发展农副产品加工业，就地取材，就地加工，做到产品有销路，加工有货源。

根据农副产品生产水平，配套农副产品加工规模，形成产业链条，提高农副产品精深加工水平，打造地区品牌和名牌，开拓市场，使农产品加工业成为拉动当地经济发展的稳定增长极。

# 吉林省与韩国贸易发展面临的问题和对策

聂 爽

**编者按：《吉林省与韩国贸易发展面临的问题和对策》一文于2010年11月3日以《统计分析》第49期（总第609期）印发。**

韩国是我省重要的贸易伙伴。近年来，韩国与我省的双边贸易受诸多因素的影响有所下降，但从双方需求和发展潜力来看，长期向好的趋势没有改变。研究解决对韩贸易中存在的问题，进一步扩大与韩国的贸易合作，对促进我省外贸和经济发展有重要意义。

## 一、吉林省与韩国双边贸易的基本情况和主要特点

### （一）基本概况

吉林省与韩国的经贸交往始于1990年。当年吉林省对韩出口额2200万美元。自1992年中韩建交以来，吉林省与韩国的双边贸易持续发展，总体呈上升趋势。从1992—1997年一直持续增长，1998—1999受亚洲金融危机影响，双边贸易额有所下降。2000年以后，双边贸易额有所回升并逐年增加，由2000年的4.3亿美元上升到2003年的7.98亿美元。在吉林省对外贸易出口位次中首次超过日本上升为第一位，但2004年双边贸易额又降到4.74亿美元，下降41%，之后又逐年上升，2005年、2006年和2007年分别达到6.59亿美元、5.67亿美元和7.15亿美元，分别比2004年增长39.1%、19.6%和50.8%，2008年和2009年，我省对韩双边贸易额为6.74亿美元和5.52亿美元，分别比2007年下降了5.7%和22.8%。目前在我省对外贸易中，俄罗斯、韩国、日本、德国一直是我省传统的主要贸易合作伙伴，德国在我省对外贸易份额中占28%左右，日本占20%，韩国占7%，俄罗斯占6%，韩国是吉林省第三大贸易伙伴、第二大出口国、第六大进口国。

### （二）主要特点

**1. 出口大于进口，且差额较大**

从1992年至1997年，我省对外贸易中出口一直大于进口，从1998年至2009年，我省对外贸易则进口大于出口。差额由1998年的1.55亿美元增大到2009年的54.84亿美元（见表1）,而我省与韩国双边贸易与这一趋势明显相反，从2000年至今连续9年始终出口大于进口（见表2），2003年是差额最大的一年，我省从韩国进口额1.08亿美元，出口额6.9亿美元，差额5.82亿美元，出口额是进口额的5.4倍。对外贸易中这种状况表明吉林省输出的资源大于引进的资源，其结果的好坏取决于资源的性质而定。如果出口主要是消费品或高附加值产品，则对我省有利，如果出口产品中初级产品或者资源性产品比重较大，则对韩国更为有利。

表1　吉林省对外贸易情况

单位：亿美元

| 年份 | 全省外贸总值 | 其中 | |
|---|---|---|---|
| | | 出口总值 | 进口总值 |
| 1997 | 18.54 | 9.33 | 9.21 |
| 1998 | 16.53 | 7.49 | 9.04 |
| 1999 | 22.17 | 10.19 | 11.97 |
| 2000 | 25.54 | 12.42 | 13.12 |
| 2001 | 31.33 | 14.63 | 16.70 |
| 2002 | 37.07 | 17.68 | 19.39 |
| 2003 | 61.72 | 21.62 | 40.10 |
| 2004 | 67.93 | 17.15 | 50.78 |
| 2005 | 65.28 | 24.67 | 40.61 |
| 2006 | 79.14 | 29.97 | 49.17 |
| 2007 | 102.99 | 38.58 | 64.41 |
| 2008 | 133.41 | 47.70 | 85.69 |
| 2009 | 117.47 | 31.32 | 86.16 |

**2. 产业间贸易仍占主导地位**

产业间贸易是指一个国家或地区，在一段时间内，同一产业部门产品只出口或只进口的现象。

吉林省与韩国贸易主要以产业间贸易为主，产业内贸易明显小于产业间贸易。2003—2005年，产业间贸易占对韩贸易总额的80%以上，近几年产业内贸易比重虽有所上升，但仍相对较小，比重最高的2006年也仅达到29.2%，并且这种产业间贸易占绝对比重的状况，短时期内仍难以改变。

表2　吉林省历年对韩贸易情况

单位：亿美元

| 年份 | 全省外贸总值 | 其中 | |
|---|---|---|---|
| | | 出口总值 | 进口总值 |
| 2000 | 4.30 | 3.60 | 0.70 |
| 2001 | 5.09 | 4.15 | 0.94 |
| 2002 | 6.75 | 5.83 | 0.93 |
| 2003 | 7.98 | 6.90 | 1.08 |
| 2004 | 4.74 | 3.49 | 1.25 |
| 2005 | 6.59 | 5.39 | 1.20 |
| 2006 | 5.67 | 4.33 | 1.33 |
| 2007 | 7.15 | 5.28 | 1.86 |
| 2008 | 6.34 | 4.99 | 1.75 |
| 2009 | 5.52 | 3.74 | 1.78 |

3. **对韩出口以资源型产品为主**

由于吉林省与韩国经济发展及自然资源禀赋的差异性，形成了产业结构的不同优势，从而使贸易结构存在互补性。从总体看，吉林省对韩国出口的商品大多属于初级产品和低附加值产品，主要是谷物及制品、服装及衣着附件、纺织纱线及制品、铁合金、电线电缆及水海产品等。而从韩国进口的商品大多属于高科技、高附加值产品，自韩国进口的商品主要包括：无线电通讯设备、化学纤维长丝、钢材、金属加工机床、纺织用合金纤维、计量监测分析自控仪、塑料制品等。

## 二、吉林省与韩国贸易存在的主要问题

### （一）总体规模较小

中国与韩国的贸易自建交以来发展迅速，中韩贸易额达到1000亿美元仅用了13年时间，2008年中韩贸易额达到1800亿美元，2009年受国际金融危机影响，双边贸易额1409.5亿美元，比上年有所下降，但中国仍是韩国第一大贸易伙伴、第一大出口国和第一大进口来源地。建交18年来，两国的贸易额年均增长达到20%以上，预计到2012年，中韩贸易额有望达到2000亿美元，2015年达到3000亿美元。目前吉林省约占中国对韩贸易总额的0.4%左右，东北三省中，辽宁对韩贸易总额已达50亿美元以上，占全国对韩贸易总额的3%，占东三省对韩贸易总额的82%，吉林省强于黑龙江，占东三省对韩贸易总额的13%，黑龙江占5%，吉林省与辽宁相比，差距相当

大，与山东省相比，差距就更大。2009年山东省对韩贸易已达到288亿美元，山东省借助对韩国开放的投资和贸易优势，实现了跨越式发展。随着韩国对华贸易和投资有向南转移的趋向，如果吉林和韩国贸易规模继续保持目前状态，将导致吉林省对韩国贸易地位的不断下降。

（二）贸易发展速度缓慢，起伏波动较大

从2000年以来吉林省和韩国的双边贸易发展进程来看，吉林省与韩国的贸易总额由2000年的4.3亿美元增加到2009年的5.52亿美元，年均递增仅2.8%，增速缓慢，虽然2009年由于国际金融危机的影响，我省与韩国的贸易总额回落较大，但从2000年到2005年我省与韩国贸易发展较快的时期来看，年平均递增也仅达到8.9%，2005年到2009年，我省与韩国的贸易总额由6.59亿美元下降到5.52亿美元，年均下降4.3%，九年间有五年增长，四年回落，表现出明显的增速缓慢，起伏波动较大的特点。吉林省与辽宁、山东对韩贸易及中韩贸易两位数的增长速度相比，还有相当大的差距。

（三）产品结构不合理，缺少长线贸易产品

目前吉林省对韩国主要出口资源型产品和半成品，产品结构比较单一，出口产品的附加值较低。韩国向吉林出口主要是高科技产品、机电产品和制成品，由于我省对韩出口以农副产品等资源性产品为主，而缺少具有创新优势的高科技高附加值产品，容易造成贸易发展后劲不足，在对韩贸易中处于不利地位。

目前吉林省对韩贸易大多属于短线产品，贸易上还缺乏长线产品合作，吉林省的产品还没有在韩国占有固定的市场份额，在韩国企业中还缺乏信任度，所以经常出现由于韩国企业在一次贸易中选择了吉林产品，使当年吉林对韩贸易额增加，而下次贸易是否选择吉林产品还存在不确定性，加之部分产品缺乏竞争力，对韩贸易规模小，使得贸易合作受外界因素影响大，具有不稳定性，这在一定程度上导致了吉林省对韩贸易额经常出现较大波动。

## 三、对策建议

吉林与韩国的经贸合作在地域、人文、资源方面具有较大的优势。近年来，我省加快了经济发展软硬环境建设，随着长吉图开发开放先导区战略的实施，以珲春为开放窗口，延图为开放前沿，长春、吉林为直接腹地，实施新型工业、跨境自由贸易区等十大工程，使吉林作为东北亚区域地理中心，具有辐射东北亚市场的区位优势开始显现，与韩国经贸合作潜力巨大。

（一）借鉴其它省市对韩贸易的成功经验，制定符合实际的对韩贸易发展战略要从长远利益着眼，全面考虑对韩贸易发展中的各种因素，制定符合新形势发展的对韩贸易发展长期战略，不断提升贸易合作的层次和水平，解决贸易合作中不平衡问题，确保双方贸易能够均衡可持续发展。要借鉴其它省市对韩经贸合作的成功经验，尽快缩小与辽宁、山东等省对韩贸易的差距，力争尽快使吉林与韩国经贸合作在发展速度、发展水平上实现跨越式发展，重新确立吉林省与韩国在中韩贸易格局中的地位和作用。

（二）优化吉林对韩贸易格局，努力开展多层次多领域的经贸合作

要使对韩贸易实现新突破，就必须突破禀赋状况决定的传统的贸易分工格局，目前吉林省向韩国出口的附加值低、加工程度浅的初级产品、高劳动密集型的材料与金属制品，在全球经济放缓、外需急剧萎缩的情况下，控风险能力弱，在国际市场上缺乏竞争力。因此要促进出口企业升级换代，加速转变外贸增长方式。要努力开展多层次，多领域的经贸合作，要不断扩展产业内贸易。同时，在贸易方式上改变货物贸易较发达，技术贸易、服务贸易发展相对滞后的局面，要加快开展多领域、多层次的贸易合作，使不同的贸易形式能够相互促进、相互拉动，实现货物贸易、技术贸易、服务贸易均衡协调发展。

（三）充分发挥优势不断扩大经贸规模

我省在劳动力、自然资源和基础设施建设方面具有较大优势，在汽车零部件、机械制造、农副产品加工、光电子信息、生物与制药、商业与物流、影视制作、旅游观光等领域也具有一定的优势，而韩国拥有资金、技术上的优势，吉林省与韩国的经贸发展具有很强的互补性，能够进一步扩大经贸规模也正在于此。韩企与吉企在汽车零部件领域有进一步发展的潜力，在机械制造，IT产业也有进一步合作的可能，生物制药、光电子信息等其他领域都是韩国资本技术可发挥作用、扩大经贸合作的重要领域，尤其要抓住韩国需求绿色农产品的机遇，充分挖掘对韩国绿色农产品出口和农副产品加工的巨大潜力，积极开展与韩国的农业合作，加快引进韩国的高新技术，努力实现互利双赢。

（四）把握韩国市场需求，重视以质取胜

保证产品质量不仅能提高企业的信誉度，而且可以增加出口商品的附加价值，优化贸易条件。目前吉林的出口还是在量和价上占优势，依靠“薄利多销”，这就使出口长期处于低端水平上，使我省处于不利地位。在对韩国的贸易中，吉林应更加注重产品质量，打造优势品牌，在韩国市场上树立良好的形象，争取长期稳定的合作客源，以质取胜。

（五）拓展交流渠道，加大宣传吉林的力度

近几年，我省通过举办吉林省—韩国友好周，东北亚投资贸易博览会的平台及

建立友好城市、地方领导人互访等机会，使吉林省与韩国的经济、文化交流更加密切，促进了经贸方面的合作。随着韩国经济对中国的依赖度的增加和我省经济发展软硬环境的改善，韩国与我省经贸合作的机会大大增强，今后应进一步加大宣传吉林的力度，让更多的韩国企业了解吉林，认识吉林，增加双方的信任，促进双方贸易合作的进一步开展。

# 我省服务业比重偏低的原因分析

王洪奕

**编者按：**《我省服务业比重偏低的原因分析》一文于2010年11月4日以《统计参考》第15期（总第30期）印发。11月9日，省委书记孙政才对该文作出批示："请福春同志阅。"

近年来，吉林省将大力发展服务业作为推进经济持续增长和结构优化的主要着力方向，采取多种举措促进服务业发展水平和层次的提升，不断改造传统服务业，大力发展现代服务业。总体上看，吉林省服务业发展态势良好，发展领域不断扩展、新兴服务业不断涌现，发展水平有了长足的进步。但就目前而言，服务业发展仍是我省国民经济与社会发展的薄弱环节。

## 一、服务业发展慢

### （一）服务业占GDP比重连年走低（见图1）

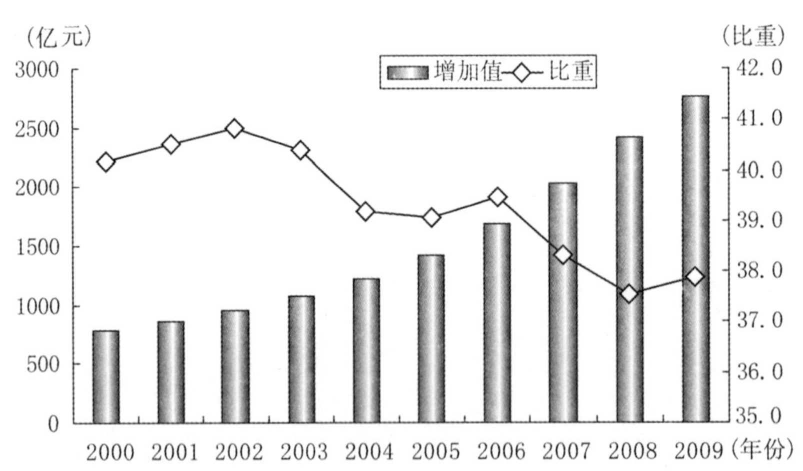


图1　2000—2009年吉林省服务业情况图

2009年吉林省服务业实现增加值2756.26亿元，增长13.0%，对GDP贡献率达37.9%，拉动GDP增长5.1个百分点。2004—2009年，吉林省服务业增速分别为

11.0%、13.6%、17.4%、16.4%、15.3%和13.0%，连续六年以两位数增速向前发展，但服务业所占比重却在近几年里连续下降，从2000年的40.2%下降到2009年的37.9%，降低了2.3个百分点。

（二）服务业发展与工业振兴不同步

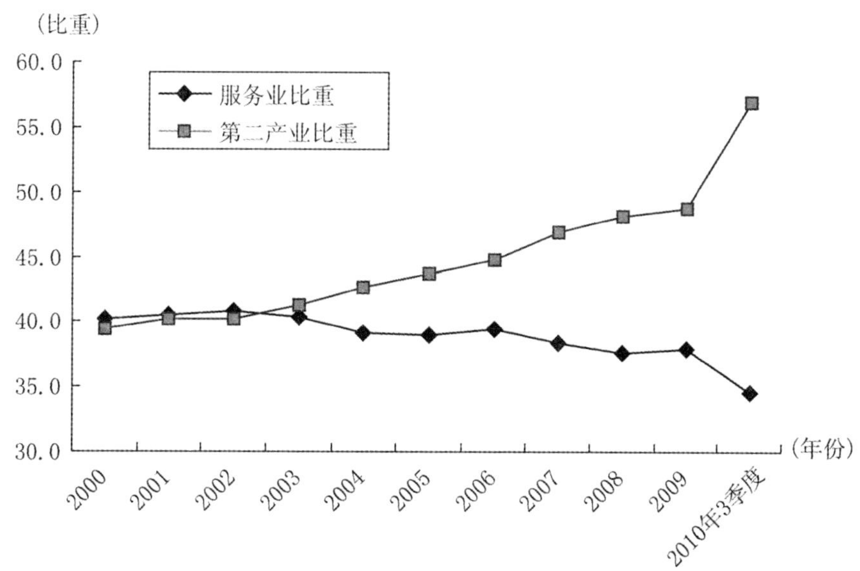


图2　近年服务业与第二产业比重情况图

如图所示，近年来吉林省服务业占GDP比重连年走低，由于在实施振兴战略的带动下，以工业经济为主体的第二产业在地区生产总值中的比重持续走高，工业的快速增长，相对抑制了服务业比重的提高。三次产业的比重由2000年的20.4:39.4:40.2转变为2009年的13.5:48.6:37.9，十年间吉林省第二产业比重提高了9.2个百分点，从2000年吉林省第二产业增加值占GDP比重比服务业所占比重少0.8个百分点，到2009年第二产业比重已经比服务业比重高了10.7个百分点。而2010年前三季度两者差距大幅扩大，第二产业比重达到57.0%，与服务业比重差距扩大到了22.4个百分点。

（三）服务业增速较低（见表1）

近年来，随着吉林省工业化进程加快，第二产业增速持续走高，2000—2009年间，第二产业的年均增速达到了16.6%，服务业的年均增速仅为12.6%,服务业年均增速比第二产业低了4.0个百分点，比工业低了2.5个百分点。2010年前三季度的情况更为明显，服务业增速仅为9.2%，第二产业增速达到20.2%，增速低于第二产业多达11.0个百分点。

表1　近年三次产业增长速度情况表

单位：%

| | 地区生产总值 | 第一产业 | 第二产业 | 其中：工业 | 服务业 |
|---|---|---|---|---|---|
| 2000年 | 9.2 | −3.0 | 13.4 | 12.8 | 11.7 |
| 2001年 | 9.3 | 4.6 | 11.1 | 12.1 | 9.9 |
| 2002年 | 9.5 | 6.3 | 10.5 | 10.3 | 10.1 |
| 2003年 | 10.2 | 5.9 | 14.1 | 13.2 | 8.3 |
| 2004年 | 12.2 | 8.0 | 15.2 | 17.0 | 11.0 |
| 2005年 | 12.1 | 9.9 | 11.6 | 11.3 | 13.6 |
| 2006年 | 15.0 | 4.2 | 17.0 | 17.4 | 17.4 |
| 2007年 | 16.1 | 1.2 | 21.2 | 22.4 | 16.4 |
| 2008年 | 16.0 | 9.5 | 17.2 | 18.0 | 16.7 |
| 2009年 | 13.6 | 2.8 | 17.1 | 16.7 | 13.0 |
| 2010年1−3季度 | 14.7 | 2.6 | 20.2 | 20.2 | 9.2 |

## 二、服务业发展慢的原因

### （一）生产性服务业带动作用减弱（见表2）

表2　2009年吉林省生产性服务业中各行业情况

单位：%

| 指　　标 | 增加值（亿元） | 增速（%） | 占服务业增加值比重（%） |
|---|---|---|---|
| 服务业 | 2756.26 | 13.0 | — |
| 其中：生产性服务业 | 851.75 | 12.4 | 30.9 |
| 交通运输、仓储和邮政业 | 341.76 | 7.0 | 12.4 |
| 信息传输、计算机和软件业 | 172.88 | 13.9 | 6.3 |
| 金融业 | 180.83 | 21.5 | 6.5 |
| 租赁和商务服务业 | 96.01 | 12.5 | 3.5 |
| 科学研究、技术服务和地质勘查业 | 60.27 | 14.7 | 2.2 |

2009年，吉林省服务业中的生产性服务业实现增加值851.75亿元，增长速度12.4%，比GDP增速低1.2个百分点，比服务业增速低0.6个百分点，吉林省生产性服务业在全部服务业中的比重，已由2003年的31.1%回落到2009年的30.9%，降低了0.2个百分点。生产性服务业具有附加值相对较高、增长潜力大的特点，但由于吉林省生产性服务业发展的缓慢，导致了全部服务业发展的相对滞后。

### （二）制造业对服务业拉动作用不明显

服务业与第二产业之间存在相当大的关联，制造业企业将其内部的非核心的服务性经济活动外包给专业的服务商来做，不仅使企业提升自己的核心竞争力，同时

也能够拉动服务业的发展，二者之间高度关联，相互支撑。（见表3）

表3　2009年吉林省服务业和制造业比重与其他省市比较表

单位：%

| 指　　标 | GDP增加值（亿元） | 服务业占GDP比重（%） | 制造业占GDP比重（%） |
|---|---|---|---|
| 辽　宁 | 15212.49 | 38.7 | 38.9 |
| 天　津 | 7521.85 | 45.3 | 34.1 |
| 吉　林 | 7278.75 | 37.9 | 33.4 |

吉林省服务业和制造业比重与其他两个省市对比，吉林省所占比重明显偏小。2009年吉林省服务业比重比辽宁省少了0.8个百分点，比天津市少了7.4个百分点，而制造业比重比辽宁、天津分别低了5.5和0.7个百分点。我省制造业增加值2009年为2432.88亿元，与天津市相差129.5亿元，而服务业增加值却相差648.9亿元，说明我省制造业对服务业发展的带动效应尚未有大的显现。

当今形势下，服务外包业已经成为现代高端服务业的重要组成部分,具有信息技术承载度高、附加值大、资源消耗低、环境污染少、吸纳就业能力强等特点,在新一轮产业结构调整中已成为经济发展新的增长点。而吉林省制造业相对落后，服务业发展水平较低,使得在承接服务外包、发展服务外包产业方面没有优势。

（三）金融、房地产业实力不强

我省金融业实力不强，对经济发展的支撑力度不够。2009年，金融业增加值180.83亿元，占服务业比重仅为6.6%，2010年前三季度金融业增加值134.8亿元，增速1.6%，比上年同期下降30.7个百分点，金融机构人民币存贷款余额现价速度为16.0%，比上年同期下降17.5个百分点。

吉林省房地产业起步晚，总量不足、比重低、供给结构不优，企业实力不强、缺乏竞争力。2009年吉林省房地产业增加值为200.14亿元，增速10.0%，比服务业增速低了3.0个百分点。而2010年前三季度房地产业受国家相关调控政策影响，增幅大幅回落，出现负增长，增速为－1.2%，前三季度商品房(含期房、现房)销售面积增长速度为13.1%，比去年同期下降了7.6个百分点，比2010年上半年大幅下降了28.1个百分点。这些说明吉林省房地产业受国家新一轮宏观经济调控影响，已进入新一轮调整期。

（四）服务业整体竞争力弱

整体来看，吉林省服务业缺乏在全国有影响力的企业集团，服务业发展整体亮点不多，著名品牌少，在竞争性服务行业，吉林省企业规模普遍偏小，市场集中度低。从地区生产总值四项构成来看，整体服务业盈利能力不高，增长较慢，2009年吉林省服务业营业盈余占服务业增加值比重为30.4%，比2005年的30.2%仅增加了0.2个百分点；服务业生产税净额占服务业增加值比重为14.0%，也仅比2005年增加了2.0个百分点。同时，吉林省出口市场过于单一，主要集中在日、韩市场；产品缺乏国际竞争力，缺乏核心技术、精英人才，以及具有自主品牌和自主知识产权的产品，制约了服务业的发展。

以旅游业为例，吉林省旅游资源丰富，景点多，有遐尔闻名的长白山，但突出亮点少，除长白山外能创造巨大收益的特色景区还不多，缺乏过硬的旅游产品，市场开发深度不够，没有成规模的旅游链。根据2010年上半年国家统一核算反馈数据来看，吉林省住宿业增加值6.93亿元，位居全国倒数第4位；餐饮业增加值51.43亿元，位居全国第24位。目前我省高质量、高品味的旅游景区和新的旅游项目开发缓慢，制约了旅游业的快速发展。

近年来，服务业比重下降现象是吉林省工业化进程中的正常现象，处在经济发展的不同时期不同阶段来说，各产业间阶段性的此消彼长，是符合经济发展的规律的，从长远来看，吉林省服务业发展空间很大，服务业比重上升将是必然趋势。

# 加快工资增长
# 促进社会经济和谐发展

张　丹

**编者按：《加快工资增长 促进社会经济和谐发展》一文于2010年11月4日已统计分析第50期（总第610期）印发。省委书记孙政才批示：德春同志，请研究该报告，结合贯彻富民工程意见，根据需要与可能，综合分析提出建议。**

在以人为本、倡导“和谐”的执政理念下，党和政府高度重视民生、关注民生。职工工资是我省居民收入的重要组成部分，是深受社会各界广泛关注的民生指标。近年来，我省职工工资水平有了较大的提高，但在全国的位次却呈现下降趋势，工资增长与经济增长不协调，工资分配不均衡等问题对全省社会经济的健康发展都将带来不利影响。本文对我省职工工资现状、存在的问题及产生原因进行深入分析，并对促进我省职工工资快速增长、工资收入公平分配提出合理化建议。

## 一、我省职工工资基本状况

随着我省经济的快速发展，职工工资稳步增长。特别是进入新世纪以来，工资增长速度加快。2000年我省职工平均工资为7924元，2009年增加到26230元，增长了2.3倍。其中企业职工平均工资由2000年的7799元增加到2009年的25995元，增长了2.3倍；事业单位职工平均工资由2000年的7997元增加到26151元，增长了2.3倍；机关职工平均工资由2000年的8904元增加到2009年的27929元，增长了2.1倍。（见图1）

虽然10年来我省职工工资水平有了很大提高，但与全国平均水平相比，差距显著且不断扩大。2000年我省职工平均工资低于全国平均水平1447元，2009年该差距扩大到6560元。工资水平在全国的位次呈下滑趋势，由2000年的19位下滑至2009年的29位。（见表1）

上表显示，2000年以来，我省职工工资水平绝对提高，却相对落后。2003年以前，我省职工工资在全国的位次排在23位之前，2004年以后的位次大多列27位之后，2009年下滑到29位，工资水平仅高于海南、江西两省。海南、江西两省的工资增速也在加快，2009年海南工资增幅为14.0%，江西工资增幅为17.6%，分别高于我省2.3和5.9个百分点，形成赶超之势。

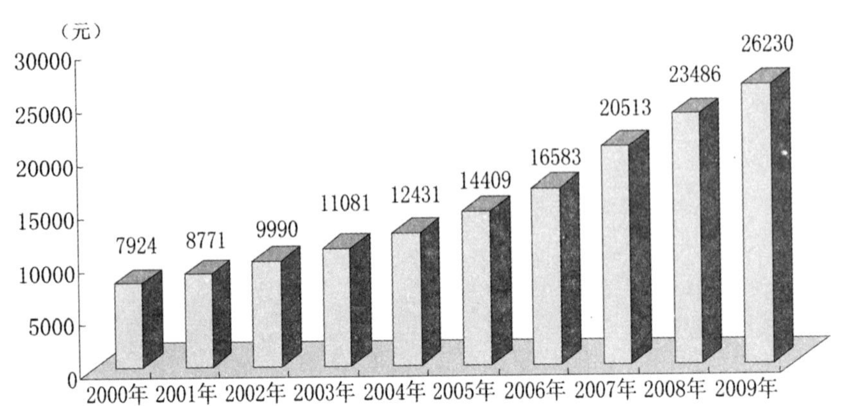


图1　2000—2009年吉林省职工平均工资

表1　我省工资与全国平均水平的差距及位次

单位：元

| | 我省职工平均工资 | 与全国平均水平的差距 | 位次 |
|---|---|---|---|
| 2000年 | 7924 | −1447 | 19 |
| 2001年 | 8771 | −2099 | 23 |
| 2002年 | 9990 | −2432 | 22 |
| 2003年 | 11081 | −2959 | 23 |
| 2004年 | 12431 | −3593 | 27 |
| 2005年 | 14409 | −3996 | 28 |
| 2006年 | 16583 | −4418 | 27 |
| 2007年 | 20513 | −4419 | 25 |
| 2008年 | 23486 | −5743 | 27 |
| 2009年 | 26230 | −6560 | 29 |

我省与发达省份工资水平差距更为悬殊。2009年我省在岗职工平均工资低于上海37319元，低于浙江11165元，低于广东10125元，低于江苏9660元。

（一）我省工资水平低具有普遍性

2009年，我省国民经济19个行业门类的工资水平均低于全国各行业平均水平。有2个行业工资不足全国平均水平的60%，有7个行业工资低于全国平均水平的70%，有6个行业工资低于全国平均水平的80%，2个行业工资低于全国平均水平的90%。除制造业居全国第10位、租赁和商务服务业居全国第13位，其他17个行业的工资均列全国20位之后，这17个行业的职工人数占全部职工人数的76.0%，其工资总额占全部职工工资总额的76.4%。（见表2）

表2　2009年我省不同行业职工工资与全国平均水平对比

单位：元，%

| | 吉林省 | 与全国平均水平差距 | 占全国平均水平的百分比 | 在全国的位次 |
|---|---|---|---|---|
| 全部单位 | 26230 | −6506 | 80.1 | 29 |
| 农林牧渔业 | 13667 | −1244 | 91.7 | 27 |
| 采矿业 | 31791 | −6433 | 83.2 | 20 |
| 制造业 | 25953 | −646 | 97.6 | 10 |
| 电力燃气及水的生产和供应业 | 29605 | −13063 | 69.4 | 31 |
| 建筑业 | 19519 | −5106 | 79.3 | 28 |
| 交通运输仓储和邮政业 | 26742 | −9482 | 73.8 | 30 |
| 信息传输计算机服务和软件业 | 31453 | −28466 | 52.5 | 29 |
| 批发和零售业 | 20138 | −8893 | 69.4 | 27 |
| 住宿和餐饮业 | 14689 | −6504 | 69.3 | 30 |
| 金融业 | 38849 | −31416 | 55.3 | 29 |
| 房地产业 | 21248 | −11343 | 65.2 | 28 |
| 租赁和商务服务业 | 24498 | −9820 | 71.4 | 13 |
| 科学研究技术服务和地质勘查业 | 34290 | −16576 | 67.4 | 20 |
| 水利环境和公共设施管理业 | 17238 | −7313 | 70.2 | 30 |
| 居民服务和其他服务业 | 16257 | −9447 | 63.2 | 31 |
| 教育 | 29452 | −5590 | 84.0 | 24 |
| 卫生社会保障和社会福利业 | 26245 | −10135 | 72.1 | 28 |
| 文化体育和娱乐业 | 25286 | −13033 | 66.0 | 26 |
| 公共管理和社会组织 | 28042 | −8266 | 77.3 | 28 |

2009年，我省企业、事业和机关职工的工资均低于全国平均水平。其中企业低于全国平均水平 5406元，居全国第26位；事业、机关职工工资均居全国29位，分别低于全国平均水平7700元和9315元。事业、机关的职工人数占全部职工的40.4%，其工资总额占全部职工工资总额的40.8%。

2009年，我省各种经济类型单位中仅外商投资企业的工资高于全国相同类型单位的平均水平。其中国有单位在全国相同类型单位中列第28位，低于全国平均水平7060元；城镇集体、股份合作和联营单位列第30位，分别低于全国平均水平6272元、10463元和14604元；有限责任公司列第27位，低于全国平均水平6901元；股份有限公司列第14位，低于全国平均水平6227元；港澳台投资列第26位，低于全国平均水平9132元。外商投资企业职工工资高于全国平均水平182元，在全国同类型单位中居第4位，而外商投资企业职工人数仅占全省职工人数的2.9%，其工资总额仅占全部职工工资总额的3.9%。

（二）工资增长与经济增长不协调

**1．职工平均工资在全国的位次与人均GDP的位次严重不协调**

2009年，我省人均GDP在全国31个省（区、市）中列第11位，与上年持平，领先于同期职工平均工资位次18位。人均GDP居前10位的省份依次为上海、北京、天津、浙江、江苏、广东、山东、内蒙古、辽宁和福建，这些省份的工资在全国的位次大多排在全国前列。（见表3）

表3　人均GDP居全国前列省份职工工资情况

| | 人均GDP（元） | 位次 | 职工平均工资（元） | 位次 |
|---|---|---|---|---|
| 上　海 | 78989 | 1 | 63549 | 1 |
| 北　京 | 70452 | 2 | 58140 | 2 |
| 天　津 | 62574 | 3 | 44992 | 4 |
| 江　苏 | 44744 | 4 | 35890 | 7 |
| 浙　江 | 44641 | 5 | 37395 | 5 |
| 广　东 | 41166 | 6 | 36355 | 6 |
| 内蒙古 | 40282 | 7 | 30699 | 12 |
| 山　东 | 35894 | 8 | 29688 | 14 |
| 辽　宁 | 35239 | 9 | 31104 | 10 |
| 福　建 | 33840 | 10 | 28666 | 16 |
| 吉　林 | 26595 | 11 | 26230 | 29 |

**2．工资总额的年均增长幅度低于GDP的增长幅度**

从2000年到2009年，吉林省职工工资总额由265.0亿元增加到678.2亿元，年均增长10.3%，同期GDP的平均增速为12.3%，工资总额的增速落后于GDP 2.0个百分点。职工工资总额占GDP的比重呈下降趋势，由2000年的13.6%下降到2009年的

9.3%。

3．工资增长与地方财政收入增长不协调

2004—2009年，我省地方财政收入由166.3亿元增加到487.1亿元，年均增长23.9%，同期城镇职工工资总额由355.5亿元增加到689.5亿元，年均增长14.2%。地方财政收入增速高于劳动报酬增速9.7个百分点。2009年我省人均财政收入为1778元，居全国第17位，领先于平均工资12位。

4．工资增长远远落后于固定资产投资的增长

通过固定资产投资可以扩大社会再生产的规模，提高社会生产的技术水平，调整经济结构，增强地区经济实力，提高和改善人们物质和文化生活水平。近年来，我省固定资产投资快速增长，成为拉动全省经济增长的重要力量。2004年—2009年，我省固定资产投资总额由1171.6亿元增加到7259.5亿元，年均增长44.0%,同期工资总额的增速仅为4.5%，落后于固定资产投资总额39.5个百分点。

综上所述，当前我省经济快速增长，财政收入大幅度增加，职工工资却增长缓慢，呈现明显的不协调。较低的工资水平会造成消费不足和社会贫富差距的扩大，使经济增长过度依赖投资和出口，也无法体现“让发展成果惠及百姓”，影响劳动者的积极性和创造力的发挥，出现消极怠工、人才流失现象，制约企业和社会的和谐稳定发展。

（三）工资收入分配不均衡

1．不同经济类型单位的工资差距显著

2009年吉林省不同经济类型单位的工资差异较大。外商投资企业职工工资最高，为35503元，其次是股份有限公司32652元，居第三位的是国有单位27523元。工资最低的是联营企业，工资水平为13131元。外商投资企业职工工资是联营企业的2.7倍。

2．不同行业的工资差异显著

从不同行业的情况看，2009年，在国民经济19个行业门类中，9个行业的工资高于全省平均水平，11个行业的工资低于全省平均水平，垄断性行业和新兴产业工资处于高位，传统行业和竞争性行业工资水平偏低。其中金融业居首位，人均工资为达38849元；科学研究技术服务和地质勘察业位居第二，34290元；采矿业位居第三，31791元；信息传输计算机服务和软件业居第四位，31453元；电力燃气及水的生产与供应业居第五位，29605元。全省农林牧渔业工资最低，为13667元，其次是住宿餐饮业14689元，居民服务和其他服务业16257元，水利环境和公共设施管理业17238元，建筑业19519元，批发和零售业20138元。工资最高的金融业与工资最低的农林牧渔业相比，前者工资水平是后者的2.8倍。

### 3．不同地区工资水平差距显著

2009年，在全省9个市州中，长春、吉林、松原三个市的工资超过全省平均水平，其他6个市州的工资低于全省平均水平。全省工资最高的地区是长春市，工资水平为30448元，工资最低的地区是白城市，工资水平为17948元，前者是后者的1.69倍。

### 4．城区与县域工资差异显著

由于城区与县域所处的地理位置、经济发展状况、人文环境等方面存在诸多差异，城区和县域的工资水平有很大差距。高端产业、中省直大型企业多集中在城区，县市的小型企业效益明显低于大中型企业，县市的机关事业单位工资也明显低于处在城区的省直、市直单位。2009年吉林省城区的职工平均工资水平为30279元，县域的职工平均工资仅为19535元，两者相差10744元，前者是后者的1.5倍。县域职工人数占全省的36.0%，这一低工资群体对全省工资的水平有很大影响。

## 二、原因分析

相对于大多数省份和全国平均水平，我省职工工资水平低，工资分配在不同单位、行业和区域存在较大差距。形成的原因是多方面的：

### （一）工资集体谈判机制不健全

我省属于经济欠发达的内陆省份，经济环境决定用人单位支付的工资水平。此外，经济转型、结构调整遗留的下离岗人员问题，新增劳动年龄人口的就业问题，使我省的就业压力难以有效缓解，因此，我省的普通劳动力市场是一个相对买方垄断的市场。当前，我省工资集体谈判机制不健全，工资水平主要通过劳动者个体与企业谈判形成，在这种劳动力供大于求的市场结构中，这种谈判实质上变成企业单方决定，劳动者个体力量难以促成工资水平的提高。

### （二）最低工资标准低，调整不及时

我省最低工资标准分为若干档，在不同区域执行。其中一档（最高档）标准1999年为270元/月，2002年调整为310元/月，2003年调整为360元/月，2007年调整为650元/月，最后一次调整是2010年，调整为820元/月。数据显示，我省一档的最低工资标准不足当年全省平均工资的40%，且标准调整不及时，大体是三四年调整一次，对我省工资水平造成较大影响。此外，对于执行最低工资标准的检查力度还有待于进一步加强。

### （三）企业工资增长缺乏制度保障

目前，我省对企业工资增长的管理缺乏约束力，仅仅依靠不定期发布工资指导线，而工资指导线对企业的工资增长只具有“指导”作用，没有刚性的制约。2009

年我省的规模以上工业、限上商业和资质以上建筑业均实现了盈利企业数增多、利润额增大，企业有条件、有能力提高职工工资水平。但由于缺乏企业职工工资正常增长机制和支付保障机制，经营者为追求利润最大化，降低生产成本，广大一线职工工资增长缓慢。

（四）增资政策缺乏力度

在2007年规范津贴补贴后，我省在2008年为机关事业单位人员增加了人均300元的补贴，此后没有再出台有力的增资政策。相对于企业来讲，我省事业、机关的工资增长更加缓慢， 2009年我省机关职工工资27929元，同比增长10.8%，事业单位平均工资为26151元，同比增长10.5%，增幅分别低于企业2.4和2.1个百分点。机关事业单位能达到10%的增长水平很大程度依靠县市工资的补发补涨。

## 三、建议对策

党的十七届五中全会明确提出，要提高劳动报酬在初次分配中的比重，我省也将居民收入增长与经济增长相协调作为当前发展的主要目标。建立工资增长机制，加快职工工资增长既是对普通劳动者劳动成果的肯定，也是促进经济发展的坚强动力。

（一）建立政府促进职工工资增长责任制，推动全省工资快速增长

将逐步提高劳动报酬在初次分配中的比重和促进职工工资正常增长纳入国民经济和社会发展计划，作为各级政府的主要考核目标，建立目标指标评估考核办法，定期公布各地考核目标完成情况。确立职工工资与企业效益同步增长的机制，实现经济发展规划目标与职工工资增长目标相统一。

（二）积极推进工资集体协商，确保广大职工在工资分配领域的基本权利

建立以劳资双方平等协商为基础的职工工资共决机制，提高普通职工在收入分配和工资改革等方面的“话语权”，确保广大职工的基本权利。明确企业职工人数达到一定数量必须组建工会，由工会方和企业行政方依照法定和民主程序产生集体协商委员会。依照政府发布的工资指导线、劳动力市场工资指导价位等，结合企业经济效益，参照本地区经济发展、职工工资水平、行业平均利润率等因素，双方通过平等协商的方式，依法确定本企业内部工资分配制度、工资分配形式、工资收入水平，并签订工资集体合同。企业通过实施平等协商集体合同制度，切实保障广大职工的合法权益。

（三）完善企业工资指导线制度，维护工资分配的公平性

目前我省实施的工资指导线制度只具有“指导性”，可以考虑赋予该制度一定的刚性，强化工资指导线发布后的执行效果。规定生产经营能够正常运转的企业，

工资增长不得低于指导线下线，资产利润增长的企业应当围绕工资指导线中线安排工资增长，工资增长低于指导线下线的企业，需报当地劳动保障部门核准。对于国有带有垄断性质的企业，可以制定特殊的工资指导线，实行工资增长封顶。规定企业上年度平均工资达到当地职工平均工资3倍的本年度不得安排增资。合理调节企业经营者与职工的分配关系，规范企业经营者收入管理办法，研究确定经营者与普通职工收入的合理比例，企业经营者收入达到或者超过职工工资一定倍数，不得安排增资。实现企业管理者的经营业绩、年薪考核与经济效益和职工工资增减“双挂钩”。

（四）完善并落实最低工资制度，确保低工资群体的合法权益

加大最低工资标准调整力度，根据我省经济发展水平、城镇居民消费价格指数、职工平均工资增长等因素，及时合理提高最低工资标准，确保产业工人和农民工工资水平能够随着经济发展得到提高，真正提供“托底”的保护作用。同时要规范按最低工资标准发放工资行为，规定以最低工资标准发放工资的企业应在企业内部履行民主程序，并向劳动保障部门备案。

（五）加大劳动保障监察执法力度，发挥社会各方面的监督作用

一方面要加强劳动保障监察执法，定期和不定期对执行最低工资制度、工资支付制度以及同工同酬等情况开展重点检查和日常巡查，依法查处企业的违法行为；另一方面要充分发挥工会、企业组织以及新闻媒体的作用，共同营造良好的社会环境，促进企业职工工资正常增长机制的形成。

（六）及时出台增资政策，促进机关事业单位工资增长

近年来，我省一直没有出台有力的增资政策，这也是我省职工工资增长缓慢的一个重要原因。相对于企业和事业单位，机关职工工资与全国平均水平的差距更为显著。从近年来我省的财政收入的增幅明显高于机关事业人员的工资增速，有条件增加机关事业人员的福利待遇，应结合“富民工程”，将财政收入增长部分按比例纳入机关事业人员增资预算，以推进建设高效政府和社会服务机构。

# 创新驱动吉林省经济快速发展
## ——回归模型解析我省创新需求

王晓东

**编者按：《创新驱动吉林省经济快速发展》一文于2010年11月22日以《统计分析》第51期（总第611期）印发。在国家统计局社会科技司2010年度统计分析评比中荣获一等奖。省委孙政才书记批示："请晓光、福平、福春同志阅。"**

自主创新不仅是企业生存和发展的源动力，同时也是推动产业结构调整、促进经济增长的有力抓手。去年以来，在省委、省政府的领导下，我省提出"投资拉动、项目带动、创新驱动"的经济发展模式，其中研究与试验发展伴随着"创新型省份建设"的步伐在经济增长的大潮中发挥着重要作用。本文旨在分析我省自主创新现状，建立回归统计模型说明创新能力对经济增长的驱动性，并针对发展中存在的问题提出对策建议。

### 一、2009年全省创新能力现状分析

#### （一）创新实力不断提高，研发（R&D）投入总量稳步增长

2009年，全省已拥有各类科研机构637家，其中企业办科技机构196家。全省有研究与试验发展（R&D）活动的单位有358家，同口径比上一年增长12.9%；R&D经费内部支出合计81.4亿元，增长28.6%；R&D活动人员折合全时当量39393人年，增长17.2%。

#### （二）R&D项目快速增长，创新意识不断增强

2009年，全省共开展限额以上R&D项目15728项，同口径比上一年增长31.3%。其中，高校R&D项目最多，达11695项，占全部R&D项目的74.4%；其次分别是科研机构、工业企业、非工业企业和事业单位，分别开展R&D项目1727、1597、373、336项，占全部R&D项目的11.0%、10.1%、2.4%、2.1%。R&D项目数的快速增长，说明全省创新意识正在不断增强。

(三) 企业创新投入增加，科研成果日趋显现

2009年，我省企业创新能力发展势头良好。全省规模以上工业中有R&D活动的企业194家，比上一年增长21.3%；R&D经费内部支出合计33.0亿元，增长23.5%；R&D人员折合全时当量18863人年，增长了近1倍。全省规模以上工业企业，专利申请（授理）数1433件，比上一年增长65.3%；其中发明专利申请（授理）数560件，增长88.6%；实现新产品产值2934.2亿元，增长79.0%；实现新产品销售收入2892.6亿元，增长139.0%。（见图1）

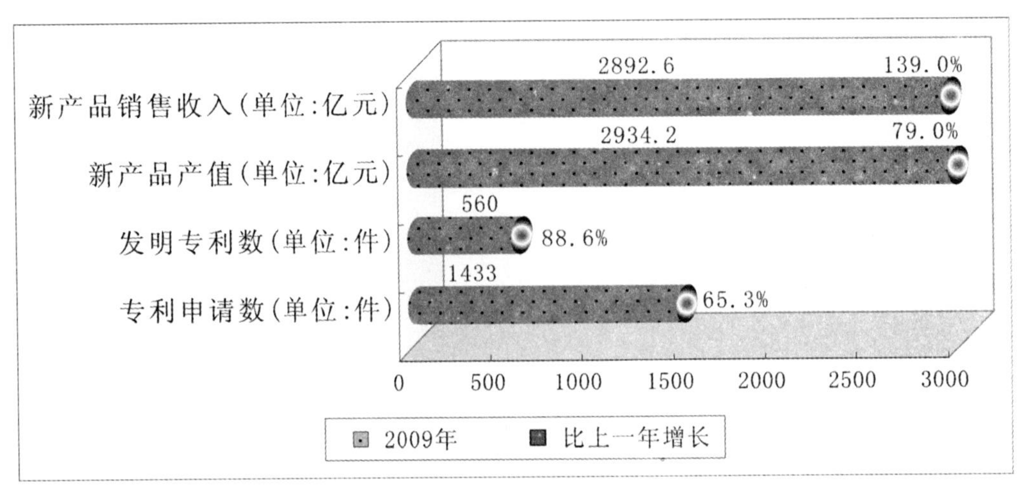


图1 2009年吉林省企业科研成果情况

(四) 大中型工业企业自主创新势头良好

大中型工业企业作为我省经济发展的主体力量，其创新能力的发展至关重要。2009年，全省大中型工业企业已建设科研机构121个，其中有一汽集团、东宝药业等13个国家级企业技术研发中心和通化钢铁集团公司等近百个省级企业技术中心，有效地提升了大中型工业企业研发能力。2009年，全省大中型工业企业R&D经费内部支出合计30.6亿元，比上一年增长21.0%，占全省R&D经费内部支出合计的37.6%，R&D人员折合全时当量17190人年，增长了1.1倍,占全省的43.9%。

(五) 区域自主创新平台初具规模

各类开发区建设紧锣密鼓。经过多年的集聚和发展，我省形成了2个国家级开发区和1个省级开发区，以长春—吉林经济带为核心，分布在全省3个市（州），成为我省经济、科技发展的新的增长极，为我省自主创新能力的发展提供了不同层次的平台。

## 二、模型分析

选取我省2002—2009年间相关数据（2009年数据未包含军工部分）建统计模型，解析自主创新对我省经济发展的驱动作用。

### （一）发明专利的多元线性回归模型的构建

#### 1．模型构建

建立多元回归模型的基本思路是:选择发明专利作为因变量，将影响因素R&D人员和R&D经费支出作为解释变量建立多元回归模型为：

$$Y=b_0+b_1X_1+b_2X_2+u_i$$

其中：$Y$为发明专利申请数，单位为个。$X_1$为R&D人员全时折合当量，单位为人年。$X_2$为R&D经费内部支出，单位为亿元。各项影响因素具体数据如表1所示。

表1　发明专利的影响因素

| 年份 | $Y$ | $X_1$ | $X_2$ |
|---|---|---|---|
| 2002 | 470 | 19580 | 26.4 |
| 2003 | 569 | 19480 | 27.8 |
| 2004 | 654 | 22685 | 36.5 |
| 2005 | 697 | 25755 | 39.6 |
| 2006 | 789 | 28464 | 40.9 |
| 2007 | 923 | 32510 | 50.9 |
| 2008 | 1218 | 33624 | 63.3 |
| 2009 | 1747 | 39149 | 81.2 |

#### 2．回归模型估计与检验

我们根据表1数据，采用最小二乘法进行模型估计，利用SPSS软件得到多元回归结果如表2：

表2　多元回归模型要素

| 模型 | 未标准化相关系数 | | 标准化相关系数 | t | P值 |
|---|---|---|---|---|---|
| | 系数值 | 标准误差 | 系数值 | | |
| 常数项数 | 48.866 | 145.844 | | 0.335 | 常数项数 |
| $X_1$ | −0.017 | 0.012 | −0.286 | −1.376 | $X_1$ |
| $X_2$ | 28.407 | 4.671 | 1.266 | 6.082 | $X_2$ |

$Y$=48.866－0.017$X_1$+28.407 $X_2$

t=（－0.335）（－1.376）（6.082）

$R^2$=0.993　修正$R^2$=0.985　F=166.224　DW=2.550

(1）拟合优度检验

从结果看，可决系数$R^2$=0.985,该模型的解释变量$X_1$、$X_2$解释了2002—2009年间发明专利申请数变异的98.5%,而$R^2$最大值为1,因此样本回归方程对数据拟合得很好,方程通过拟合优度检验。

(2）回归系数显著性检验（t检验）

$X_1$的系数－0.017表示，在样本期间即2002—2009年间，在其他解释变量保持不变的条件下，R&D人员折合全时当量每增加1人年，发明专利申请数将平均下降0.017个。这与经济情况不符，正常情况下增加人员精力的投入应该会提升专利的申请数，所以这里$X_1$的回归系数显著性检验不通过。但是$X_1$与$Y$的相关系数却高达0.936，属于高度相关。这一现象说明，R&D人员折合全时当量对发明申请数确实存在很积极的相关影响，造成回归系数检验不通过的原因可能是工作人员效率较低、人员素质参差不齐、具有专业开发能力人员较少和人员安排和结构不合理等。

$X_2$的系数28.407表示，在样本期间即2002—2009年间，在其他解释变量保持不变的条件下，R&D人员经费内部支出每增加1亿元，发明专利申请数将平均增加28.407个。并且回归系数检验通过，说明R&D研发经费支出与发明专利申请数存在显著的相关关系。

(3）回归方程的显著性检验（F检验）

由SPSS计算结果我们得到F=166.224> $F_{0.01}$（2，5）=13.27，因此回归方程是显著的，即可认为在1%的置信系数下发明专利申请数与R&D人员折合全时当量与R&D人员经费内部支出存在着显著的线性相关关系。

(4）经济意义检验

从回归得出的结果来看，$X_1$的系数为－0.017，$X_2$的系数为28.407。$X_1$是R&D人员折合全时当量，这似乎应与因变量$Y$呈正相关相矛盾，所以，利用回归方程作结构分析并不理想。这可能是由于人员与经费相关程度高达0.965，即自变量间存在着多重共线性。

（二）R&D经费对发明申请的自回归模型

根据表1提供的数据，以2002—2009年的发明申请为因变量$Y$，分别以t，t－1，t－2，t－3，t－4,年的R&D经费内部支出$X$作自变量，采用逐步回归法（这个方法可以自动筛选出前几年的影响会对当年产生影响，本结果显示是前两年）构建的经费决定发明申请的模型为：

$Y$=-262.298+24.232 $X_{t-2}$

(-3.220) (17.464)

$R^2$=0.987，F=287.722 DW=2.185

此模型的各项统计检验是合格的。模型表明t-2年的R&D经费内部支出对当年的专利申请数具有正的决定效应，这种效应主要是因为研究是一项耗费时间和人力的工程，具有一定的滞后期。

(三) GDP的多元线性回归模型的构建

**1．模型构建**

建立多元回归模型的基本思路是:选择GDP作为因变量，将影响因素R&D人员折合全时当量和R&D经费支出作为解释变量建立多元回归模型为：

$Y=b_0+b_1X_1+b_2X_2+u_i$

其中：$Y$为GDP，单位为亿元。$X_1$为R&D人员全时折合当量，单位为人年。$X_2$为R&D经费内部支出，单位为亿元。各项影响因素具体数据如表3所示。

表3 GDP的影响因素

| 年份 | $Y$ | $X_1$ | $X_2$ |
|---|---|---|---|
| 2002 | 2348.54 | 19580 | 26.4 |
| 2003 | 2662.08 | 19480 | 27.8 |
| 2004 | 3122.01 | 22685 | 36.5 |
| 2005 | 3620.27 | 25755 | 39.6 |
| 2006 | 4275.12 | 28464 | 40.9 |
| 2007 | 5284.69 | 32510 | 50.9 |
| 2008 | 6424.06 | 33624 | 63.3 |
| 2009 | 7278.75 | 39149 | 81.2 |

**2．回归模型估计与检验**

我们根据表3数据，采用最小二乘法进行模型估计，利用SPSS软件得到多元回归结果：(如表4)

$Y$=-1498.004+0.142 $X_1$+42.326 $X_2$

t= (-2.233) (2.519) (1.970)

$R^2$=0.983 修正$R^2$=0.976 F=144.829 DW=2.442

(1) 拟合优度检验

从结果看，可决系数$R^2$=0.976,该模型的解释变量$X_1$、$X_2$解释了2002—2009年间GDP变异的97.6%,而$R^2$最大值为1,因此样本回归方程对数据拟合得很好,方程通过拟合优度检验。

表4 多元回归模型要素

| 模型 | 未标准化相关系数 | | 标准化相关系数 | t | P值 |
|---|---|---|---|---|---|
| | 系数值 | 标准误差 | 系数值 | | |
| 常数项数 | −1498.004 | 670.990 | | −2.233 | 0.076 |
| $X_1$ | 0.142 | 0.056 | 0.561 | 2.519 | 0.053 |
| $X_2$ | 42.326 | 21.489 | 0.439 | 1.97 | 0.106 |

(2) 回归系数显著性检验(t检验)

$X_1$的系数0.142表示，在样本期间即2002—2009年间，在其他解释变量保持不变的条件下，R&D人员折合全时当量每增加1人年，GDP将平均增加0.142亿元。并且系数t检验通过，说明$X_1$与$Y$之间存在显著的相关关系。

$X_2$的系数42.326表示，在样本期间即2002—2009年间，在其他解释变量保持不变的条件下，R&D经费内部支出每增加1亿元，GDP将平均增加42.326亿元。并且t0.05=1.86<1.97,说明在5%的显著水平下存在相关关系。

(3) 回归方程的显著性检验（F检验）

由SPSS计算结果我们得到F=144.829> F0.01（2，5）=13.27，因此回归方程是显著的，即可认为在1%的显著性水平下GDP同R&D人员折合全时当量与R&D人员经费内部支出存在着显著的线性相关关系。

(4) 经济意义检验

从回归得出的结果来看，$X_1$的系数为0.142，$X_2$的系数为42.326。与经济预期一致，模型可以用于预测。（也可以用最后一年来验证模型的准确性，经济意义可以描述更多，比如系数都为正，所以影响是正向的，$X2$的系数较大，说明经费对GDP的影响更为明显，下图为该模型实际值和拟合值图。（见图1）

## 三、自主创新发展中存在的问题

### (一) 研发投入整体水平较低

近年，我省创新投入不断增加，投入强度也有所提高，但我省创新投入的整体水平还有待提高。2009年我省研发投入强度（R&D经费占GDP的比重）为1.12%，低于1.70%的全国平均水平;规模以上工业企业研发投入强度（R&D经费占主营业务收入比重）我省为0.34%，低于0.7%的全国平均水平。这说明我省自主创新氛围还不浓厚，研发投入整体水平的不足，制约了我省自主创新能力的提升。

（二）企业创新活动中行业分布过于集中，研发层次较低

我省企业创新活动主要集中在交通运输设备制造业、化学纤维制造业、石油和天然气开采业、医药制造业等四大支柱产业，其R&D经费内部支出占全省的74.4%，形成了较好的规模效益，但是行业分布过于集中不利于企业自主创新发展过程中风险分散和产业结构优化。企业科技发展收益较高的是信息技术和生物技术，在我省信息技术和生物技术所占份额并不高，而其他行业的产品附加值不高、产业层次较低、经济效益不高。这说明我省企业科研技术层次偏低，信息化对工业化的带动作用还不强，不利于经济的结构调整。（见图2）

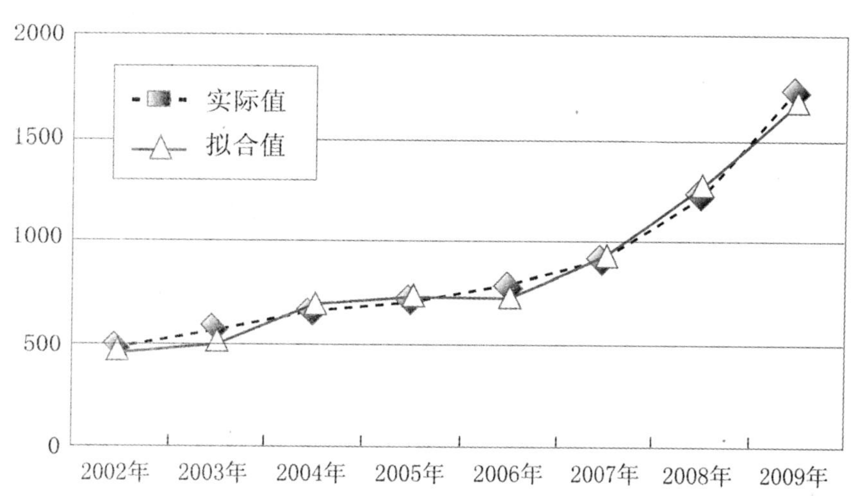


图1　模型实际值和拟合值图

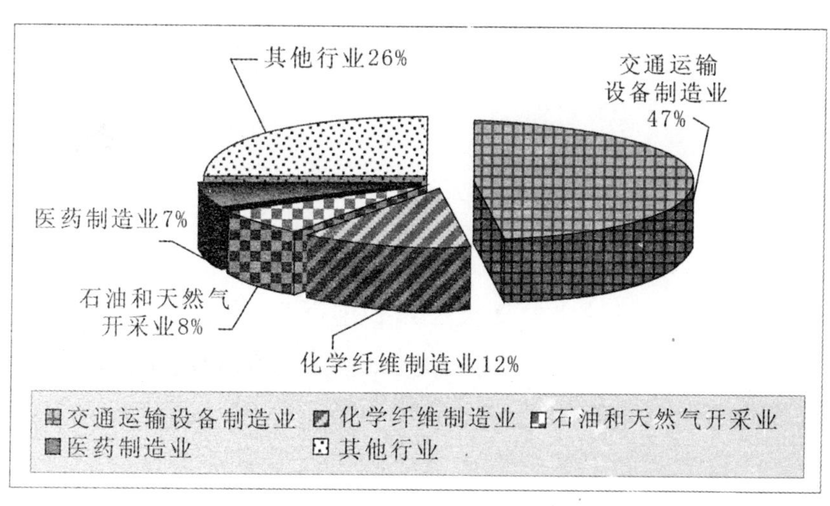


图2　2009年吉林省企业研发经费行业分布情况

（三）自主创新队伍素质偏低，企业创新高端人才匮乏

上面的分析模型可以得出结论，多年来制约我省自主创新能力发展的重要原因是科研队伍整体素质偏低，致使科技成果转化率偏低。企业吸纳科技成果和主动开发技术能力不强，高端技术人才及科技成果流失比重居高不下。吉大、师大等多所高校每年培养出众多各领域的创新高端人才，我省企业招揽乏术，创新技术人力资源开发利用不够的问题亟待解决。与此同时，缺少能够整体把握企业发展特点、适应市场环境变化、引领企业技术创新的高级管理人才，极大地限制了我省企业研发能力的发展。

（四）创新结构有待调整

我省自主创新结构发展滞后。2009年，我省企业共开展R&D项目1970项，仅占全部R&D项目的12.5%，企业作为经济发展的主要载体，其自主创新活动占全省份额较低。工业企业自主创新结构也急需调整，国有大中型企业依然是自主创新的主体。同国内发达地区相比较，我省私营企业研发能力存在着较大的差距，还难以成为我省自主创新的中坚力量。2009年，我省私营企业R&D经费内部支出合计2.0亿元，仅占全部规模以上工业企业的6.0%，占全省R&D经费的2.5%，研发投入偏低。私营企业规模不大，资金不雄厚，技术创新资金短缺，融资渠道不畅等因素在一定程度上制约了其技术创新的发展，但自主创新意识的薄弱才是抑制私营企业加大投入提高研发能力的最大阻力。

（五）产学研结合程度不高

同全国部分省市相比，我省企业自主开发项目比重偏高，与高校和科研院所合作项目、全委托项目比重偏低，且增长较慢。这充分说明我省在充分利用科研优势，推动“校企联姻”方面所做的工作还不够深入，效果还不好，产学研结合程度还不高。高校和科研院所的许多成果难以与企业生产相结合，科技成果转化率始终无法大幅度提高。

## 四、对策建议

（一）加速完善我省自主创新相关政策制度

从模型中可以看出，研发实力直接关系到地区生产总值的高低。我省自主创新能力的发展必须有政府相关政策的支持和推动。高效的制度供给能够有效性地对我省创新驱动发展战略起到重要的调控、保障、激励作用。因此要完善自主创新发展的政策制度，激活自主创新主体，为企业健康快速发展营造良好的自主创新外部环境；深化科研机构体制改革，逐步建立“开放、流动、竞争、协作”的科技运行机制，加强自主创新源头建设；完善人才引进流通机制，搭建高端创新人才招聘和交

流平台，建立高端创新人才税收、补贴制度，为我省自主创新队伍注入新活力。

（二）重点扶持创新投入高收益行业

为加速我省向创新驱动型经济发展模式的转变步伐，重点扶持企业科技发展收益较高的信息技术和生物技术等领域企业。鼓励企业强强联合，通过重组并购，推动形成几个具有较强研发能力、竞争力和影响力的龙头企业。在此基础上，深化重点领域企业改革，初步形成以龙头企业为研发主体、中小型企业为技术基础的企业创新新格局。

（三）拓宽资金渠道，加大自主创新投入力度

继续加大政府财政对企业自主创新的支持力度、鼓励企业利用自有资金进行自主创新的同时，引导金融机构加大对企业研发投入的信贷支持力度，支持担保机构、风险投资机构为企业提供融资担保或风险投资；鼓励企业通过资本运作、引进战略投资者、吸纳社会资本等形式筹集发展资金。推进实施知识产权保护战略，充分利用专利制度中各种行之有效的手段，完善无形资产评估体系，为拥有自主知识产权的创新型企业提供无形资产质押、订单质押、保险业务等方面的融资服务。

（四）搭建一流的创新服务平台

加快重点实验室、企业技术中心和创业服务中心等区域自主创新平台建设步伐，充分发挥其知识创新功能，全面激活我省自主创新资源，并以机制创新为切入点，打破科技资源的条块分割，使平台的分布更趋于均衡，强化资源的共享和整合，提高科技资源自主创新支撑能力。

# 对我省消费水平及消费特点的分析

冀群英　陈刚　刘鑫

编者按：《对我省消费水平及消费特点的分析》一文于2010年12月8日以《统计分析》第52期(总第611期)印发。近些年来，在国家一系列政策措施的刺激下，我国经济增长模式正逐步由投资拉动向消费拉动转型。我省积极贯彻落实国家的一系列扩大内需政策，促进了全省经济的稳定较快发展。但我省消费水平如何、消费有哪些特点、今后如何进一步扩大消费是各级党政领导和社会各界关注的问题。为此作者针对当前我省的消费水平及消费特点做出了具体分析，撰写了此文。12月28日，省委书记孙政才对此文作出批示："请财经办阅。"

2009年，为应对国际金融危机冲击，保持经济平稳较快发展，国家将扩大内需作为促进经济增长的长期战略方针和根本着力点，积极扩大国内需求特别是消费需求。近些年来，在一系列政策措施的刺激下,各项数据显示,我国经济增长模式正逐步由投资拉动向消费拉动转型。

近些年来，我省积极贯彻落实国家的一系列扩大内需政策，促进全省经济保持了稳定较快发展。但我省消费水平如何，消费有什么特点，今后如何进一步扩大消费，是各级党政领导和社会各界关注的问题。本文就这些问题谈一些初浅的看法,以供参考。

## 一、对我省消费总体水平的分析

### (一）消费率明显低于投资率，且逐年走低

GDP从使用的角度看，由最终消费支出、资本形成总额和净出口三个部分组成。最终消费支出反映消费需求，包括居民消费支出和政府消费支出，其占GDP比率即为最终消费率。资本形成总额反映投资需求，包括固定资本形成总额和存货增加。其占GDP比率即为投资率。货物和服务的净出口额反映净出口需求，即出口的货物和服务与进口的货物和服务的差额。我省这一块为负值。近些年，我省投资需求增长加快，投资规模扩张明显，资本形成总额近5年年均增长 28.3%，不但高于同期GDP年均增长16.3%的增幅12.0个百分点,更高于同期最终消费年均增长10.7%的增幅17.6个百分点。我省消费率由2000年的62.7%下降到2009年的44.3%，而投资率同期由37.7%上升到79.6%。(见表1)

表1　近些年我省消费率、投资率变化情况

| 年 份 | 消费率（%） | 其中：居民消费率（%） | 投资率（%） |
|---|---|---|---|
| 2000 | 62.7 | 46.4 | 37.7 |
| 2001 | 62.6 | 44.8 | 39.1 |
| 2002 | 61.2 | 43.4 | 39.9 |
| 2003 | 59.9 | 43.4 | 41.4 |
| 2004 | 56.2 | 41.3 | 44.7 |
| 2005 | 51.1 | 37.4 | 49.8 |
| 2006 | 43.0 | 31.3 | 57.9 |
| 2007 | 46.2 | 32.5 | 69.3 |
| 2008 | 45.5 | 31.0 | 79.8 |
| 2009 | 44.3 | 30.2 | 79.6 |

我省最终消费率不但逐年下降，而且其中居民消费率也是逐年走低。2000—2009年最终消费率下降18.4个百分点，其中居民消费率下降了16.2个百分点。

投资与消费的比例看似单纯的分配问题,但从经济学的角度观察，实质上关系到国民经济持续增长问题。从国际经验看,长期的投资率过高、消费率过低,最终消费需求被压抑,较高速度的持续增长几乎是不可能。目前,发达国家的投资与消费的比例近20%:80%，即使是众多发展中国家消费率也在60%以上。我省2009年的投资与消费的比例为79.6%:44.3%，已成为制约今后经济增长的突出问题。显然,近些年，我省GDP超过10%以上的持续增长主要依靠投资拉动,是高投资低消费的经济增长方式，而长此以往必然难以为继。因为，投资率长期偏高，消费率偏低，会加剧能源、原材料和运输供求紧张矛盾，加大通胀压力，投资效率下降，使投资增长失去最终需求的支撑，不利于经济的长期协调发展。

（二）我省消费率不但低于南方省份，同时也低于全国平均水平

通过和全国及南方省份消费率比较，可见我省总体消费水平较低。(见表2)

2009年最终消费率我省分别低于全国、浙江省、上海市、黑龙江省3.7、2.1、7.0和11.4个百分点。

（三）消费需求对经济增长的拉动作用明显低于投资的拉动作用

近几年，我省GDP增速加快，主要是投资拉动较大,消费对经济的拉动作用明显低于投资的拉动。(见表3)

表2 2000—2009年我省与全国及南方省份最终消费率比较

| 年 份 | 全 国 | 吉林省 | 浙江省 | 福建省 | 上海市 | 辽宁省 | 黑龙江 |
|---|---|---|---|---|---|---|---|
| 2000 | 62.3 | 62.7 | 51.3 | 54.4 | 47.0 | 55.4 | 50.1 |
| 2001 | 61.4 | 62.6 | 51.9 | 54.4 | 47.5 | 56.2 | 51.7 |
| 2002 | 59.6 | 61.2 | 50.8 | 54.0 | 48.6 | 55.5 | 51.5 |
| 2003 | 56.9 | 59.9 | 47.6 | 53.2 | 48.1 | 51.7 | 51.2 |
| 2004 | 54.4 | 56.2 | 46.5 | 51.6 | 47.5 | 48.7 | 48.5 |
| 2005 | 52.9 | 51.1 | 47.4 | 50.2 | 48.2 | 47.7 | 48.3 |
| 2006 | 49.9 | 43.0 | 47.2 | 48.6 | 49.0 | 44.6 | 47.7 |
| 2007 | 49.5 | 46.2 | 46.1 | 45.7 | 49.4 | 41.6 | 49.7 |
| 2008 | 48.4 | 45.5 | 43.0 | 44.2 | 50.5 | 34.5 | 51.3 |
| 2009 | 48.0 | 44.3 | 46.4 | 42.8 | 51.3 | 41.2 | 55.7 |

表3 我省“三驾马车”拉动经济增长情况

| 年 份 | GDP增速 (%) | 消费拉动 (%) | 其中居民消费拉动 (%) | 投资拉动 (%) | 进出口拉动 (%) |
|---|---|---|---|---|---|
| 2004 | 12.2 | 6.6 | 3.2 | 5.8 | −0.2 |
| 2005 | 12.1 | 3.7 | 2.6 | 8.5 | −0.1 |
| 2006 | 15.0 | 2.7 | 1.8 | 12.5 | −0.2 |
| 2007 | 16.1 | 5.1 | 2.4 | 11.4 | −0.4 |
| 2008 | 16.0 | 4.2 | 2.7 | 12.6 | −0.7 |
| 2009 | 13.6 | 5.3 | 3.1 | 9.7 | −1.4 |

由表3中可见，2009年我省消费拉动经济增长5.3个百分点，低于投资拉动4.4个百分点。说明目前我省经济发展处于投资主导型的发展模式，投资拉动占主导地位。

(四）城乡居民消费处于中游水平

目前，国家统计制度中反映居民消费水平的统计指标有两个，一是社会消费品零售总额；二是城乡居民人均生活消费支出。

**1．社会消费品零售总额**

社会消费品零售总额是指国民经济中批发、零售、住宿、餐饮业直接售给城乡居民和社会团体的消费品总额。其中包括城乡居民消费和社会团体的消费。在现行的统计制度中，社会消费品零售总额中居民消费额和社会集团消费额分不开，但有关测算表明，居民消费是消费需求的主体，所占份额在70%以上，社会集团消费占30%左右。从社会消费品零售总额在全国的排位看，近五年一直保持在16位，超过我省经济总量的排位，也超过我省城镇居民收入、地方财政收入的位次。(见表4)

表4　近几年我省主要经济指标在全国的位次变化情况

| 年份 | 全省消费品零售额（亿元） | | 全省经济总量（亿元） | | 全省地方财政收入（亿元） | | 全省城镇居民收入（元） | |
|---|---|---|---|---|---|---|---|---|
| | 增加值 | 位次 | 增加值 | 位次 | 增加值 | 位次 | 增加值 | 位次 |
| 2005 | 1470.3 | 16 | 3620.3 | 22 | 207.15 | 24 | 8690.6 | 19 |
| 2006 | 1697.6 | 16 | 4275.1 | 22 | 245.05 | 24 | 9775.1 | 12 |
| 2007 | 2038.3 | 16 | 5284.7 | 21 | 320.50 | 24 | 11285.5 | 21 |
| 2008 | 2549.2 | 16 | 6426.1 | 21 | 422.77 | 24 | 12829.5 | 23 |
| 2009 | 2957.3 | 16 | 7203.2 | 22 | 487.09 | 24 | 14006.3 | 22 |

从社会消费品零售额看，我省居民及社会集团消费处于中等水平。

**2．城乡居民消费支出**

城乡居民消费支出指城乡居民家庭人均用于日常生活的支出，包括食品、衣着、居住、家庭设备用品及服务、医疗保健、交通和通信、娱乐教育文化服务、其他商品和服务等八大类支出。我省城乡居民消费支出近几年呈现逐年稳定增长的态势，在全国处于中游水平。

我省城镇居民生活消费支出由 2005年的 6794.71元增加到2009年的10914.44元，在全国的位次由第17位前移至第 12位；农村居民消费支出由2005年的2306.0元增加到 2009年的3902.90元，在全国的位次由第16位前移至第14位。可见，我省经济近些年来加快发展，城乡居民的收入及消费水平有了较快的提高，在全国的排位有所前移。经济发展使居民受惠，是值得庆贺的事情。(见表5)

表5　近几年我省城镇、农村居民人均生活消费支出变化情况

| 年份 | 城镇居民人均消费支出 | | 农村居民人均消费支出 | |
|---|---|---|---|---|
| | 绝对值（元） | 在全国排位 | 绝对值（元） | 在全国排位 |
| 2005 | 6794.7 | 17 | 2306.0 | 16 |
| 2006 | 7352.6 | 17 | 2700.7 | 13 |
| 2007 | 8560.3 | 15 | 3065.4 | 14 |
| 2008 | 9729.1 | 14 | 3443.2 | 14 |
| 2009 | 10914.4 | 12 | 3902.9 | 14 |

但值得注意的是我省农村居民人均生活消费支出虽然排位前移，但绝对值2009年不但低于全国平均水平，同时也分别低于邻省辽宁省、黑龙江省及内蒙古的人均水平。说明我省农村居民消费水平虽然有所提高，但步伐相对较慢，已被邻省落在了后面。(见表6)

表6　2009年我省农村居民人均生活消费支出情况

| 省 份 | 我省农村居民人均生活消费支出（元） | 我省与各省比较（增、减） |
|---|---|---|
| 全 国 | 3993 | －90.1 |
| 吉林省 | 3902.90 | |
| 辽宁省 | 4254.03 | －351.13 |
| 黑龙江省 | 4241.27 | －338.37 |
| 内蒙古 | 3968.42 | －65.52 |

## 二、我省城乡居民消费支出特点

在城乡居民消费支出中共包括八项内容，我省城乡居民各项消费比例见表7、表8。

表7　2009年全省城镇居民消费支出分类比重

| 消费支出分类 | 全国消费支出比重（%） | 吉林省消费支出比重（%） | 辽宁省消费支出比重（%） | 黑龙江省消费支出比重（%） | 广东省消费支出比重（%） | 山东省消费支出比重（%） | 浙江省消费支出比重（%） |
|---|---|---|---|---|---|---|---|
| 食品 | 36.5 | 33.3 | 38.0 | 35.3 | 36.9 | 32.9 | 33.6 |
| 衣着 | 10.5 | 13.0 | 10.9 | 14.6 | 6.3 | 13.0 | 9.7 |
| 居住 | 10.0 | 12.8 | 10.5 | 10.7 | 10.8 | 10.7 | 8.9 |
| 家庭设备用品及服务 | 6.4 | 5.0 | 4.9 | 5.7 | 6.2 | 7.4 | 5.0 |
| 医疗保健 | 7.0 | 10.3 | 8.3 | 10.2 | 5.5 | 7.4 | 5.9 |
| 交通及通信 | 13.7 | 12.0 | 12.1 | 9.6 | 17.7 | 14.3 | 19.7 |
| 教育文化娱乐服务 | 12.0 | 9.4 | 10.4 | 9.9 | 12.9 | 11.1 | 13.8 |
| 杂项商品和服务公司 | 3.9 | 4.3 | 4.9 | 4.1 | 3.7 | 3.4 | 3.5 |

表8　2009年全省农村居民消费支出分类比重

| 消费支出分类 | 全国消费支出比重(%) | 吉林省消费支出比重(%) | 辽宁省消费支出比重(%) | 黑龙江省消费支出比重(%) | 广东省消费支出比重(%) | 山东省消费支出比重(%) | 浙江省消费支出比重(%) |
|---|---|---|---|---|---|---|---|
| 食品 | 41.0 | 35.1 | 36.7 | 31.4 | 48.3 | 36.6 | 36.4 |
| 衣着 | 5.8 | 7.4 | 7.9 | 8.2 | 3.8 | 6.0 | 6.1 |
| 居住 | 20.2 | 18.9 | 18.7 | 22.3 | 18.8 | 21.4 | 19.3 |
| 家庭设备用品及服务 | 5.1 | 4.3 | 4.4 | 3.8 | 4.1 | 6.2 | 4.8 |
| 医疗保健 | 7.2 | 13.1 | 9.6 | 10.2 | 4.6 | 6.8 | 7.9 |
| 交通及通信 | 10.1 | 9.1 | 9.8 | 10.1 | 11.1 | 12.1 | 12.5 |
| 教育文化娱乐服务 | 8.5 | 9.7 | 10.3 | 11.7 | 5.9 | 9.1 | 10.9 |
| 杂项商品和服务公司 | 2.1 | 2.4 | 2.6 | 2.3 | 3.2 | 1.8 | 2.1 |

我省城乡居民消费支出呈现以下特点：

（一）吃、穿、住生活必需品消费占据主导地位

从上表可见，我省城乡居民消费支出分类比重中，吃、穿、住三大类基本消费占居前三位。其中食品类比重（即恩格尔系数）的高低是反映居民消费水平的重要指标。我省城镇居民食品类消费比重为33.3%，低于全国3.2个百分点，也低于辽宁、黑龙江、广东省、浙江等省的水平。我省农村居民食品类消费比重为35.1%，低于全国5.9个百分点，也低于辽宁、广东、山东、浙江省的水平，说明我省城镇居民消费水平还不低。

从穿类消费比重看，我省城乡居民消费有明显的特点，高于南方省份和全国平均水平，低于黑龙江。我省城镇居民为13.0%，不但高于辽宁、广东、浙江省的水平，也高于全国2.5个百分点。我省农村居民穿类比重为7.4%，也分别高于广东、山东、浙江省的水平，也高于全国平均水平1.6个百分点,但低于辽宁和黑龙江。这与地域和生活习惯有着密切的联系。一方面是东北地区季节变化明显，四季分明，着装应季变化频繁，服装随着季节变化，薄厚齐全。另一方面，我省较高收入的居民群体比较注重外表着装，注重名牌和档次。

居住类消费我省城镇占12.8%，高于全国和辽宁、黑龙江、广东、山东、浙江省

的水平，主要是我省由于房价在全国各省比较中处于较低水平，居民购买的积极性较高。农村居民居住类消费占18.9%，高于辽宁和广东省的水平，但低于全国、黑龙江、山东、浙江省的水平。

（二）我省城乡居民医疗保健类消费比重较高

我省城镇居民消费支出中医疗保健类比重达10.3%，不但高于全国3.3个百分点，还高于辽宁、黑龙江、广东、山东、浙江省等省；农村居民消费支出中医疗保健类比重更高，达13.1%，高于全国5.9个百分点，也高于辽宁、黑龙江、广东、山东、浙江等省。这一方面说明我省城乡居民保健意识较强，同时更反映出我省城乡居民身体素质不是太高，用于医疗保健的开销较多。我省农村居民到冬天，由于气候寒冷，加之诸多不良生活习惯，如喝凉水、吸烟、口重，造成很多种常见病。从上表可见，从南到北的省份医疗保健类比重呈现由低到高的走势，这与气候和生活习惯有着直接的联系。

（三）我省城乡居民高档消费比重较低

近些年来，消费升级换代主要表现在交通通讯，教育、文化娱乐及服务等享受方面的支出比重上升。教育文化娱乐及服务消费是新兴的消费形式，也是高档次的消费。表现在居民基本生活消费品基本饱和，手持现金、存款和金融资产的积累增多，消费结构升级愿望强烈，时间观念、信息观念、健康意识和身份意识进一步加强，更加重视培养人才、生活质量的提高，消费热点转向购买各种教育、服务产品、保健养生产品、设备和外出旅游等。数据显示，我省居民在这些方面转变的不是很快。

我省城镇居民交通及通信的消费支出比重为12.0%，不但低于全国13.7%的水平，同时也低于辽宁、山东、浙江、广东等省的水平。农村居民交通及通信的消费支出比重为9.1%，低于全国平均水平，也低于辽宁、黑龙江、广东、山东、浙江等省的水平。交通及通信的消费主要用于购买汽车及通信设备上，说明我省城市化、城镇化发展进程不是很快。

我省城镇居民教育文化娱乐服务的消费支出比重为9.4%，不但低于全国2.6个百分点，也低于辽宁、黑龙江、山东、浙江、广东等省的水平。农村居民教育文化娱乐服务的消费支出比重为9.7%，高于全国8.5%的水平，低于辽宁、黑龙江、浙江省。农村居民用于这方面的消费主要用在了教育，供大学生读书费用大，有的家庭负担过重。而用于娱乐、服务方面的消费比重很小。

综上所述，目前，我省城乡居民消费还处于发展型消费结构。其主要特征是：城镇居民消费水平进入小康水平初级阶段，但整体水平仍有待提高，日常支出主要集中于满足食品、衣着、居住等基本生存需求及医疗保健、子女教育等刚性需求上面，用于提高生活质量、改善生活的高档消费所占份额不高。

## 三、制约我省居民消费水平提高的因素

### （一）较低的收入水平制约了我省居民消费水平的升级

弗里德曼的持久收入理论认为，消费与持久收入的关系是恒定的。居民消费取决于居民的持久收入，即可支配收入的稳定增长是居民消费能力不断提高的基础和保证。近年来，虽然我省收入水平有了较大幅度的提高，但是和全国水平和其他省市相比，仍然有不小的差距。而收入水平是影响消费水平的最重要因素。2009年我省城镇居民人均可支配收入为14006.27元，排在全国的第22位，同比增长9.2%，排在全国第11位；农民居民人均纯收入为5266元，排在全国第10位，同比增长6.8%，排在全国28位；在岗职工平均工资26230元，比全国平均水平低6506元，排在全国第29位，同比增长11.7%，排在全国第19位。较低的收入水平和较慢的增长速度制约了我省居民消费水平的较快提升。(见表 9 )

表9　2009年各省城镇居民人均可支配收入及在岗职工平均工资比照表

| 地 区 | 城镇居民可支配收入 | | | | 在岗职工平均工资 | | | |
|---|---|---|---|---|---|---|---|---|
| | 绝对值（元） | 位次 | 增幅（%） | 位次 | 绝对值（元） | 位次 | 增幅（%） | 位次 |
| 全 国 | 17174.65 | — | 8.8 | — | 32736 | — | 12 | — |
| 吉 林 | 14006.27 | 22 | 9.2 | 11 | 26230 | 29 | 11.7 | 19 |
| 辽 宁 | 15761.38 | 10 | 9.5 | 6 | 31104 | 10 | 12.2 | 18 |
| 黑龙江 | 12565.98 | 29 | 8.5 | 23 | 26535 | 28 | 15.1 | 5 |
| 山 西 | 13996.55 | 23 | 6.7 | 31 | 28469 | 18 | 10.2 | 23 |
| 陕 西 | 14128.76 | 18 | 9.9 | 3 | 30185 | 13 | 16.4 | 4 |
| 浙 江 | 24610.81 | 3 | 8.3 | 27 | 37395 | 5 | 9.5 | 27 |
| 广 东 | 21574.72 | 4 | 9.3 | 10 | 36355 | 6 | 9.8 | 25 |

### （二）消费环境也制约着消费的进一步提升

改善消费环境对于构建和谐社会、促进社会发展的有着重要的意义。目前我省市场秩序不规范，社会诚信体系不健全，食品安全事件和安全生产重特大事故时有发生，在一般商品市场，低劣假冒商品普遍存在，特别是食品安全还存在一些问题，使老百姓不敢放心消费。在旅游消费等服务消费领域，还存在价格虚高、服务质量低下的现象，坑蒙拐骗的现象也时有发生。

（三）信贷消费不够，消费形式创新不足

传统的中国文化崇尚节俭，“轻消费，重储蓄”、“量入为出”、“无债一身轻”等消费观念在一些居民特别是中老年人群中表现得很突出。目前，追求时尚消费，敢于超前消费的主要是青年人，中老年人的传统消费观念还没有完全转变，有钱舍不得花，对贷款消费更是避而远之。消费信贷主要投放于房地产，其他领域的消费信贷很少，导致银行资产结构单一，创新不足。而信用消费刚刚建立还很不健全，贷款手续繁琐，条件苛刻，这些都抑制了信贷消费的扩大。

（四）社会保障体系亟待完善和健全

在收入水平一定的条件下，影响居民消费意愿的最重要因素是未来支出预期。目前，教育、养老、医疗等支出预期加大，所谓的“新三座大山”让老百姓心里没底。那么，理性的选择就是将必需品消费以外的节余储蓄起来，以备不时之需。居民对未来支出预期缺乏信心，存钱用于养老、防病治病、子女教育和购买住房等的需求较强，这在很大程度上抑制了即期消费欲望。

## 四、对提高我省居民消费水平的建议

当前，我国正处于消费结构加速升级换代的时期，扩大消费需求的潜力巨大。但不可否认的是，国际金融危机给就业造成的压力已明显影响到了城乡居民收入水平，社会保障体系的完善也需要一个长期渐进的过程。推动国民经济平稳前行，消费“马车”仍需加鞭。从战略上看,扩大内需,是我国发展经济的一个永恒性主题。1998年下半年以来,国家提出了扩大内需的方针,对拉动经济有效增长起了积极作用。我省各级政府需加大力度认真落实中央各项举措，稳步扩大消费需求，让消费“马车”真正跑得更快一些。建议做好以下工作：

（一）提高收入水平，扩大消费基础

收入是消费的决定性因素。从总体看，收入增长是拉动消费的基础，是决定我省居民消费能力的根本性因素，只有收入水平提高了，才能扩大消费需求，优化消费结构。要努力提高全省城乡居民收入，特别是城镇低收入者和农村居民的收入。我省是一个农业大省，农村人口占总人口的很大比例，提高农民收入是启动消费需求的最有力杠杆。目前。城镇化发展已进入加速阶段，新农村建设已开始启动，工业化发展空间广阔，农民增收必将与此紧密地联系在一起，收入增长会越来越依靠非农产业的发展和劳动力的流动转移。因此，要适应农民收入增长格局的变化，加快农业产业结构调整，加快工业化和城镇化步伐，拓宽农村居民收入渠道，千方百计增加农村居民收入，提高农民的消费能力。

（二）缩小收入差距，促进共同富裕

社会的快速进步，经济的高速发展带来的负面影响正在逐步显现，其中最主要的一点就是收入差距加大，马太效应明显。而这一点也正是影响消费水平提高的一个重要因素。因此，我们要规范收入分配秩序，理顺收入分配关系。一方面，要切实注重社会公平，加大对垄断行业高收入的调节力度，加强对垄断行业收入分配的监督和管理；另一方面，改革和完善各项财政政策和税收制度，使税收真正成为国民收入再分配、调节贫富差距的有力杠杆。努力缓解地区之间和社会成员之间收入差距扩大的趋势，促进共同富裕。

（三）加快完善社会保障体系

社会保障体系不健全严重制约了我省居民消费水平的提高。对于城镇居民来说，要进一步完善养老、医疗和失业保险，将尽可能多的从业人员纳入到社会保障制度中来，切实解决城镇居民的后顾之忧，进一步完善最低生活保障制度，关键是要抓好落实，做到应保尽保，认真解决好低收入群体在住房、医疗、就业和子女入学等方面的困难；对于农村居民来说，在收入之外的众多因素中，预防性储蓄多和流动性约束是使得农村居民平均消费倾向长期偏低的主要原因。中国农村的消费观念非常保守，为了养老看病，没有攒够足够的钱就不敢进行消费。因此，一方面要帮助农民逐步转变保守的消费观念，另一方面，要加快包括农村医疗保险和养老保险在内的农村社会保障体系的发展，从而减少农民的预防性储蓄和流动性约束。

（四）加快市场建设，进一步改善消费环境

近年来，商品市场监管力度不断加大，市场秩序有所改善。但在部分地区还存在不正当的市场竞争行为，这种不正当的市场竞争行为严重影响了商品市场的发展和我省消费水平的提高。因此，一方面，我省要加快建立良好的消费安全保障，使消费者在市场上买得舒心、用得放心。同时，在确保营造良好的消费基础设施的前提下，完善生产、流通、消费等环节，建立安全有保障的质量体系；另一方面，要严厉打击制假、贩假以及以次充好、虚假广告、虚假打折等误导消费者的不正当竞争行为，创造良好的安全消费环境，使得消费者能够大胆消费、放心消费。

（五）提高信贷消费拉动消费水平的杠杆作用

随着社会的进步、科技的发展、社会保障制度的不断完善，建设和谐社会各项政策措施的出台以及落实城乡居民在医疗、养老等方面的各项利民措施之后，城乡居民的“后顾之忧”正在逐步减弱，信贷消费需求也略有提高。但由于我省经济相对落后，金融体系还不完善，信贷消费受到了很大影响，在农村，农民由于不了解信贷政策、害怕信贷消费带来的风险损失以及缺乏超前消费意识，这种负面影响更是呈几何级数放大。因此，应该完善我省的金融机构体系，实现信贷消费机构多元化，丰富信贷消费产品，加深公众对信贷消费的理解，促进我省信贷消费发展及内需增长，进而带动经济发展及消费水平的提高，真正体现出信贷消费对撬动消费的杠杆作用。

（六）加强企业创新、科技创新，培育新的消费热点

在现代这样一个知识大爆炸、新事物层出不穷的社会环境下，要加强引导企业进行产品创新、科技创新，生产出更多品种丰富、功能齐全的新型商品，从而利用这些新的消费热点来吸引消费者，同时大力发展网上购物、电话电视购物等形式多样的购物方式，进一步激发市场需求，形成新的消费热潮。

# 11月份全省用电量增速有所回落 但节能形势依然十分严峻

高跃珊　刘冰

**编者按：《11月份全省用电量增速有所回落　但节能形势依然十分严峻》一文于2010年12月8日以《统计参考》第16期（总第31期）印发。12月14日，省委书记孙政才对该文做出批示："儒林、延风同志：建议综合考虑几个主要指标，加强调度。"**

全社会用电量是核算能源消费总量的重要组成部分，也是国家衡量和评估地方政府推进节能降耗成效的一个重要依据。为全面完成"十一五"节能规划目标任务，我省于10月底在全省范围内适时启动了《节能预警调控方案》，对全省50余户高耗电企业果断地采取了限产、停产措施。各地区也相应启动了市、州级《节能预警调控方案》，采取了一些节能限电措施。从目前情况看，虽然取得了一定成效，但效果尚不明显，全省节能降耗形势依然十分严峻。

## 一、基本情况

据省电力公司统计月报数据显示，11月份，全省全社会用电总量为53.21亿千瓦时，比上年同月增耗5.49亿千瓦时，增长11.5%，当月电耗增速比10月份回落了3.0个百分点。

1—11月份，全省全社会累计用电量为523.43亿千瓦时，同比增长12.5%，仅比1—10月份累计增速回落了0.1个百分点。

### （一）三次产业及城乡居民用电情况

第一产业用电量增势明显。11月份全省第一产业用电量为0.49亿千瓦时，比上年同月增耗230万千瓦时，增长4.9%，其当月增速比10月份提高了4.7个百分点，主要是林业用电量增速比10月份提高了7.6个百分点。

第二产业用电量增速有所回落。11月份全省第二产业用电量为38.06亿千瓦时，比上年同月增耗3.98亿千瓦时，增长11.7%，增速比10月份回落了4.2%。其中，工业用电量为37.39亿千瓦时，比上年同月增耗3.83亿千瓦时，增长11.4%，比10月份增速回落4.4个百分点，拉动全社会用电量增长8.0个百分点。

从工业经济内部8大重点耗电行业的情况看，11月份用电量增速与10月份比较呈七降一升态势。其中，非金属矿物制品业电耗增速降低0.9个百分点；化学原料及化学制品制造业增速回落19.5个百分点；食品、饮料和烟草制造业增速回落8.4个百分点；石油和天然气开采业增速回落15.4个百分点；煤炭开采和洗选业增速回落9.2个百分点；电力、热力的生产和供应业增速回落2.6个百分点；交通运输、电气、电子设备制造业用电量增速回落4.6个百分点。黑色金属冶炼及压延加工业增速提高12.9个百分点。

第三产业用电量增速有所提高。11月份全省第三产业用电量为6.04亿千瓦时，比上年同月增耗0.55亿千瓦时，增长10.1%，其增速比10月份提高0.8个百分点。其中，商业、住宿和餐饮业用电量增速比10月份提高了2.3个百分点，对第三产业用电量增速的提高产生了重要影响。

城乡居民生活用电量增速略有回落。11月份，全省城乡居民生活用电量为8.62亿千瓦时，比上年同月增耗0.93亿千瓦时，增长12.1%，其当月增速比10月份回落了0.4个百分点，拉动全省全社会用电量增长近2个百分点。1—11月份累计，全省城乡居民生活用电量同比增长9.8%，比1—10月份累计增速提高了0.2个百分点，增势相对平稳。

（二）各市、州用电情况

11月份，全省有6个市（州）当月全社会电力消费增速比10月份有所回落。长春、吉林、白山、松原市、白城市和延边州全社会用电当月增速分别比10月份回落了8.2、6.4、7.5、4.3、3.2和2.4个百分点；四平、辽源和通化市全社会用电当月增速有所上升，分别比10月份提高了2.8、9.3和8.0个百分点。

从各市、州工业用电情况看，长春、吉林、白山、白城市和延边州当月用电量增速比10月份有所回落，分别降低14.8、9.7、6.4、6.0和6.1个百分点。四平、辽源、通化和松原市工业用电增速分别比10月份提高了4.6、10.4、9.1和0.4个百分点。

从前11个月全社会累计用电情况看，辽源、白山和长春市用电增幅仍然偏高，分别增长21.9%、19.8%和18.4%。

## 二、全年全省单位GDP电耗降低率预测

单位GDP电耗是国家审核评估各省、区、市单位GDP综合能耗降低率的一个重要控制指标。按目前国家要求，单位GDP能耗降低率与单位GDP电耗降低率两者差距不能超过3个百分点。我们按11月份全省用电增速测算全年我省单位GDP电耗如下:

1．按GDP增速13%测算:单位GDP电耗降低率为0.4%。

2．按GDP增速13.5%测算:单位GDP电耗降低率为0.8%。

3．按GDP增速14%测算:单位GDP电耗降低率为1.3%。

按目前国家审核控制方案，我省单位GDP能耗降低率测算结果分别为：3.4%、3.8%和4.3%。

根据上述测算结果,按国家目前的审核评估办法，我省要完成全年单位GDP能耗下降5.3%的目标任务，即全年完成我省“十一五”节能降耗目标任务十分艰难。

## 三、三点建议

目前距离年底只有20几天的时间，时间紧，任务十分紧迫。为全面完成我省“十一五”节能规划目标任务，各级政府必须进一步高度重视节能、节电工作。

### （一）千方百计保增长

保持全年GDP较快增长是完成节能规划目标的关键环节。要进一步采取有力措施，确保全年全省GDP增速达到13.5%的预期目标，力争实现14%或以上的经济增长率。

### （二）进一步扩大工业节电成果

各级政府节能主管部门要坚决按省政府的要求，在保持经济较快增长的前提下，进一步采取措施，强化工业节电、限电。特别是要进一步对高耗能、高耗电企业实行更严格的限产、停产等措施。

### （三）强化城市用电管理

要进一步强化对城市景观照明等用电的管理，在不影响民生的前提下，对城市景观照明、商业广告和招牌用电等进行限制， 晚上超过20点钟应全部或部分关闭，以减少没必要的电力耗费。

# 2010年全省经济基本预测分析

综合处

**编者按：《2010年全省经济基本预测分析》一文，于2010年12月21日以《统计参考》第17期（总第32期）印发。**

2010年是“十一五”的收官之年，全省人民在省委、省政府的坚强领导下，万众一心，大力推进吉林老工业基地振兴，全面建设小康社会，卓有成效地应对了国际金融危机的冲击，战胜了历史罕见的洪涝灾害。全省上下，认真贯彻“三动”战略，坚持“三化”统筹，采取切实可行的措施，推动经济发展，根据当前的相关数据判断，2010年全省经济实现了又好又快增长，总体实力继续得到较大提高。

## 一、基本特点

### （一）经济实力跃上新台阶

**1．人均GDP达到4600美元**

预计全年GDP总量在8600亿元以上，增长14%左右。其中第一产业预计完成增加值1050亿元，增长3.5%；第二产业预计完成增加值4500亿元，增长19.0%；第三产业预计完成增加值3050亿元，增长9.5%。

经济总量的大幅增加，带动我省人均GDP水平显著提高，初步推算全年我省人均GDP为30980元，按现行汇率折算，约为4600美元，标志着我省经济进入了新的发展阶段。

**2．工业实现利润将达到780亿元**

初步预计，全年全省规模以上工业企业实现净利润将达到780亿元，创历史新高，是“十五”末期2005年的5.6倍，比整个“十五”时期利润总和还多20亿元。

**3．地方财政收入将超过600亿元**

经济的快速发展和企业效益的大幅提升，带来了全省财力的迅速增强。预计2010年将跃上新的台阶，有望超过600亿元。财力的增加为促进全省经济发展、切实改善民生、有效应对各种风险和自然灾害的冲击提供了有力的资金保障。

#### 4．粮食产量再创历史最好水平

省委、省政府高度重视农业和农村经济发展，扎实推进社会主义新农村建设，强化落实各项强农惠农政策，突出抓好粮食生产，深入开展增产百亿斤商品粮能力建设工程，最大限度减少自然灾害造成的损失。作为国家重要商品粮基地，今年全省粮食生产实现了新的突破，初步统计，粮食总产量达到568.5亿斤，再创历史最好水平，为保障国家粮食安全做出了积极贡献。

### （二）经济发展呈现快速增长势头

#### 1．工业经济对全省经济支撑作用突出

今年以来，我省规模以上工业经济高开稳走，生产呈现出前高后稳、逐月回调的走势，工业经济总体上保持了稳定健康发展的良好态势。1—11月份，全省规模以上工业实现增加值3429.75亿元，按可比价格计算（下同），比上年同期增长20.1%。预计全年工业增加值将达到3650亿元，增长19%左右。同时，全省产业结构也得到进一步优化：

一是汽车产业领涨。今年以来，全国汽车市场，尤其是乘用车市场需求旺盛，以一汽大众为龙头的我省交通运输设备制造业产销两旺，带动了全省工业经济持续高速增长。1—11月份，全省交通运输设备制造业累计实现增加值1030.26亿元，比上年同期增长25.3%，对全省工业增长的贡献率为38.3%。

二是民营工业贡献提高。今年以来我省民营工业生产保持了持续高速增长，增长幅度波动不大，对全省工业增长的贡献率稳步提高。前11个月，全省民营工业实现增加值1699.46亿元，同比增长24.8%，增长速度高于全省工业4.7个百分点。

三是高耗能行业比重降低。今年以来，我省高耗能行业低速运行，发展速度持续放缓，产出规模所占比重继续降低。截至11月末，全省六大高耗能行业增加值增长13.8%，低于全省工业增速6.3个百分点，增速比上半年回落3.7个百分点；累计实现增加值734.63亿元，占全省工业增加值的比重为21.4%，比上年末下降1.8个百分点，表明我省行业结构正在得到进一步优化。

#### 2．固定资产投资仍保持较高增长势头

今年的投资项目建设明显好于上年，特别是进入9月份以后，随着雨季的结束，全省上下抢抓有效施工期，加快项目建设进度，尤其是随着灾后重建工作量的增加，全省投资总量增长加快，结构进一步优化。1—11月全省完成城镇固定资产投资7693.08亿元，同比增长30.7%，比当期全国平均水平高出5.8个百分点。预计全年可完成全社会固定资产投资9500亿元的目标。

当前投资运行主要呈现如下特点：

一是各产业投资均实现较快增长。1—11月，全省城镇固定资产投资中，第一、

二、三产业分别完成投资130.63亿元、4506.47亿元和3055.98亿元，分别比去年同期增长30.4%、34.0%和26.0%。工业完成投资3989.79亿元，比去年同期增长33.9%，比城镇投资增速高3.2个百分点。基础设施完成投资1659.22亿元，同比增长37.7%，比城镇投资增速高7个百分点。民间投资完成5148.24亿元，同比增长27.6%，占全部城镇投资的66.9%，稳居主体地位。

二是重点项目建设扎实推进，项目拉动作用明显。1—11月，全省施工项目12263个，同比增加587个。其中，新开工项目10735个，同比增加617个，增长6.1%；完成投资5901.41亿元，同比增长34.9%，高于城镇投资增幅4.2个百分点，占城镇投资的76.7%。重点项目建设扎实推进，亿元项目带动力增强，1—11月全省计划总投资1亿元以上施工项目994个，完成投资2788.58亿元，增长55.1%，对全部投资增长的贡献率为62.7%，是带动投资增长的主要力量。一批重大项目建设取得重要进展，全省在建总规模超过20亿元的项目有75个，完成投资1000.49亿元。其中，一汽大众公司AUDI产品换型改造和CC/PQ46/GOLF A6整车项目本年完成投资12.83亿元；抚松长白山旅游建设开发有限公司全国冬季运动会分赛场南区一期滑雪中心项目本年完成投资32.05亿元；伊通县莫里青石油引资服务有限公司石油开发项目本年完成投资22.00亿元；松原华东油田石油天然气综合开发项目本年完成投资34.60亿元；国电吉林龙华长春热电一厂供热改造及扩建工程本年完成投资12.70亿元；吉林电力股份有限公司四平第一热电公司二期扩建工程本年完成投资11.01亿元；长春市政府投资建设项目管理中心长春亚泰大街改造工程本年完成投资3.98亿元；长春西部新城开发区管理委员会建设长春西站综合交通换乘中心本年完成投资6.90亿元；吉林鑫达铸造有限公司年产200万吨高速线材项目本年完成投资20.00亿元。从交通运输项目看，吉珲高铁本年完成投资4.1亿元；吉长城铁本年完成投资26.19亿元；靖松铁路本年完成投资7.5亿元，一部分重点项目年内有望竣工验收。

**3．消费需求持续旺盛，消费结构不断升级**

1—11月，全省实现社会消费品零售总额3152.74亿元，同比增长18.4%。预计全年实现社会消费品零售总额3480亿元，增长18.0%。我省消费品市场呈现如下特点：

一是消费结构不断升级。全省以私家车、商品房为代表的“万元级”“几十万元级”的高端消费开始越来越多地走入普通百姓的消费生活。同时，城乡居民的教育文化、旅游支出、交通通讯支出也在迅速增加。1—11月，全省限额以上批发零售企业实现汽车类零售额207.33亿元，同比增长35.5%；家俱类零售额14.93亿元，增长20.7%；文化办公类零售额9.68亿元，增长47.2%；家用电器和音像器材类零售额65.78亿元，增长35.7%；中西医药类零售额19.21亿元，增长27.8%；书报杂志类零售额7.05亿元，增长32.8%；金银珠宝类零售额14.39亿元，增长40.0%；化妆品类零售额9.71亿元，增长30.8%。

二是城乡市场实现均衡发展。今年以来，“汽车下乡”、“家电下乡”、“家电以旧换新”等一系列扩大内需政策的继续推行，以及“万村千乡”市场工程的启动，都有力地拉动了全省乡村消费品市场的发展，进而实现了城乡均衡发展，共同繁荣。1—11月，全省城镇社会消费品零售总额2797.05亿元，增长18.5%；农村社会消费品零售总额355.69亿元，增长17.8%。

**4．对外贸易已经恢复到金融危机前的水平**

1—11月，我省累计实现外贸进出口总值152.36亿美元，同比增长47.2%,高于当期全国平均增长速度10.9个百分点。其中，实现出口总值38.67亿美元，同比增长45.9%，高于当期全国平均增长速度12.9个百分点；实现进口总值113.69亿美元，同比增长47.6%，高于当期全国平均增长速度7.3个百分点。全省外贸进出口规模已经恢复到金融危机之前的水平。从目前全省对外贸易发展形势看，全年全省外贸进出口总值将大幅超额完成年初确定的总量136.3亿美元及增速16%的目标。

（三）基本保障条件达到新水平

**1．人民生活保障水平进一步提升**

一是城乡居民收入稳步增长。今年前三个季度，全省城镇居民人均可支配收入达到11493元，同比增加1010元，增长9.6%；农村居民人均现金收入达到6309元，同比增加477元，增长8.2%。11月末全省城乡居民储蓄存款余额5069.15亿元，比年初增加390.41亿元，增长8.3%。

二是就业基本稳定。今年前三个季度，全省城镇新增就业48.84万人，增长17.5%；下岗失业人员实现再就业30.15万人，增长0.1%。城镇登记失业率为3.80%，比上年末回落了0.11个百分点。

**2．生产保障部门运行平稳**

一是交通货物运输和邮电通信保障能力不断加强。1—11月全省累计完成铁路货物发送量7044万吨，比上年同期增长8.5%；完成铁路货物周转量545.97亿吨公里，增长5.7%。全省累计完成公路货物发送量30384万吨，比上年同期增长24.8%；完成公路货物周转量608.65亿吨公里，增长16.1%。完成民航货物发送量2.07万吨，增长26.7%。运输保障能力大幅度提升。

1—11月份，全省实现邮电业务总量594.59亿元，比上年同期增长23.8%；实现互联网接入用户285.5万户，比上年同期增长26.1%；移动电话用户达到1810.5万户，比上年同期增长15.1%。

二是金融保障水平进一步提高。截止11月末，全省金融机构本外币贷款余额达到7174.88亿元，比年初增加874.46亿元。其中，中长期贷款余额4281.25亿元，比年初增加907.68亿元；短期贷款余额2743.60亿元，比年初增加130.97亿元。中长期贷款余额的大幅度增加有效地保证了我省建设项目的投资需求。

三是主要原材料加工保障能力持续扩大。1—11月，全省规模以上工业企业累计生产钢材817.98万吨，同比增长4.9%；生产铝合金4.14万吨，增长22.9%；生产人造板762.79万立方米，增长28.6%；生产平板玻璃384.97万重量箱，增长15.3%；生产十种有色金属0.61万吨，增长2.3倍；生产水泥3893.25万吨，增长8.0%。

**3．创新驱动初显成效**

一是创新氛围日益浓厚。1—11月，全省专利申请量达到5599件，比上年同期增加651件，增长13.2%；全省专利授权量3996件，比上年同期增加1283件，增长47.3%。专利申请量和授权量的大幅上涨，表明全省的创新意识不断提高，创新氛围更加浓厚。

二是农业新技术的推广和应用保障了粮食生产的增长。全年全省财政农田水利资金投入达到1.04亿元，比上年增长36.8%；全省农作物良种普及率达到100%；耕地秋翻面积达到1855万亩，增长5.8%；机耕和机播面积分别达到6175万亩和5533万亩，增长4.9%和6.0%；机收面积达到1885万亩，增长64.7%。农业新技术的应用保障了我省在今年极其不利的自然条件下取得了粮食生产的丰收，创造了粮食生产水平的新高度。

三是工业技术创新速度加快。1—11月，全省工业新产品产值率达到24.0%，产品的技术创新在保障我省工业经济快速发展中发挥了重要作用。

## 二、基本问题

### (一) 经济增长质量相对较低

在我省全年GDP的总体构成中，传统产品及低附加值的产品仍占有相当大的比重，主要表现在：

**1．第一产业创造的实物量与价值量不相匹配**

我省是产粮大省，年粮食产量约占全国总产量的5%以上，而第一产业增加值占全国的比重却仅为2%多一些。2010年，我省粮食产量占全国的5.5%，而第一产业增加值约占2.2%，第一产业对全省经济增长的拉动率仅为0.4%，比第二、三产业对经济增长的拉动率分别低8.9个和3.4个百分点。这说明，在宏观上粮食大省生产较多的是实物量，而实现的价值量却不及实物量的一半儿，实物量与价值量的比例明显地不相匹配。其主要原因就在于我省农业现代化水平相对较低。据测算，我省农业现代化对人均GDP的贡献份额只有工业化的四分之一。农业现代化水平居全国中游偏下水平，与我省农业大省的地位极不相匹配。

2．**工业中低附加值产业占比较大**

我省工业中的汽车、农产品加工和原料化学三大支柱产业，其创造的产值占全部工业的比重分别为36.3%、10.0%和8.5%，而增加值率分别为30.0%、27.3%和27.4%，均低于全省31.5%的水平，比具有高技术产业特征且产值比重不高的医药工业增加值率（41.8%）和通信电子设备工业（36.8%）低得更多。数据表明，我省工业中创造了54.8%产值的支柱产业增加值率处在30%以下，低附加值产业占较大比重的现象，充分说明我省经济发展的质量还亟待提高，转变经济发展方式任重而道远。

3．**现代服务业发展相对滞后**

现代服务业发展程度是衡量一个地区经济发展质量的重要标志。从传统服务业与现代服务业的对比来看，我省现代服务业增加值占服务业增加值的比重在40%左右，比传统服务业比重低20个百分点。如2009年，我省传统服务业中的交通运输、仓储和邮政业；批发和零售及住宿和餐饮业增加值占全省服务业的42.5%。然而，传统服务业的附加值相对较低。经测算，今年上半年我省消费需求中的批零贸易销售额达2334.83亿元，其计算的现价增加值为305.31亿元，简单比较增加值率仅为13.1%。从比较中不难看出，现代服务业增加值率明显高于传统服务业，2009年，信息传输、计算机服务和软件业的增加值率为59.6%，其中电信和其他信息传输服务业增加值率达65.0%；金融业的增加值率为75.4%，其中银行业和证券业的增加值率分别达79.0%和83.9%；房地产业的增加值率为64.6%。由此可见，服务业中产业升级的问题依然严峻地摆在我们面前。

（二）经济增长成本相对较高

主要表现是高耗能结构的特征较为突出，挤压了社会财富的产出效率。

1．**能耗水平偏高**

从宏观看，“十一五”以来,我省万元GDP综合能耗逐年下降。2009年我省万元GDP综合能耗为1.21吨标准煤，但横向比较，仍比全国平均1.08吨标准煤的消耗水平高12%，与北京、上海、江苏和浙江等先进省份相比，分别高出98.4%、65.8%、59.2%和63.5%。

从微观看，由于主要耗能设备和技术水平低，造成主要产品单位产出水平较低。据对全省年综合耗能在1万吨标准煤及以上的重点耗能工业企业的52种主要产品单位产品能耗统计，与全国平均水平相比较，有35种产品的单耗高于全国平均水平，占67.3%。

2．**贡献水平偏低**

从我省的现实情况看，高耗能行业单位增加值能耗水平大体相当于全部规模以上工业能耗平均水平的3倍左右。由于具有投入高、产出低的特点，高耗能行业对全省经济增长的贡献始终处于偏低状态。我省6大高耗能行业综合能源消量费占全部规模以上工业能耗的70%左右，而实现的工业增加值仅占25%左右，消耗多而贡献少。从东北三省及内蒙古等4省区的对比情况看，2008年辽宁、黑龙江和内蒙古6大高耗能行业能源消费量分别占规模以上工业能耗的78.9%、64.7%和84.8%,而其实现的增加值占工业的比重分别为41.1%、16。3%和45。4%，除黑龙江省外，辽宁和内蒙古高耗能行业对工业经济增长的贡献水平均高于我省。

### 3．节能降耗压力大

今年是“十一五”规划的最后一年。前4年我省已累计完成“十一五”期间单位GDP能耗下降22%规划目标的77%。今年前3季度，我省单位GDP能耗下降了5.3%，有望全面完成“十一五”节能规划目标，但进入4季度以来，随着冬季采暖用电及其用能的刚性增长，特别是全社会用电量增速居高不下，给节能降耗工作带来了巨大压力，全省节能降耗形势相当严峻。

## （三）经济增长差距有所扩大

### 1．区域差距继续扩大

区域经济是经济社会发展的重要组成部分，区域协调发展是国民经济平稳、健康、高效运行的前提。然而区域经济差异又是经济发展过程中长期普遍存在的问题。今年以来，我省各市州经济增长水平均有较大幅度提高，但是地区间增长幅度差距较大。前3季度，经济增长速度最快的白山市比增速最慢的延边州快3.8个百分点，地方财政收入增速最快的白城市比增速最慢的吉林市快50.3个百分点。随着区域经济一体化进程的不断加快，区域经济发展正在成为支撑国民经济的强劲动力，因此，在保证发达地区持续快速发展的同时，缩小地区间经济发展差距，促进区域经济协调发展，是我省国民经济持续、稳定、健康发展的重要保证。

### 2．城乡收入差距有所扩大

随着国民经济的发展，我省城乡居民生活水平近年有了不同程度的提高，但是从收入水平来看，城乡之间仍存在较大差距，且差距呈现出逐渐扩大的趋势。2008年全省城镇居民人均可支配收入是农民人均纯收入的2.6倍，而2009年扩大到2.7倍，从今年前3季度调查的城乡居民生活收支数据来看，1—9月份城镇居民人均可支配收入达11493.14元，同比增长9.6%，农民人均现金收入6308.78元，同比增长8.2%，城镇居民收入增长快于农民收入增长1.4个百分点。若这一趋势持续到年底，我省今年城乡居民收入差距必将继续扩大。

### 3．三次产业结构性问题值得关注

“十一五”时期，我省通过加大招商引资力度、扩大投资规模，有力的推动了国民经济迅猛发展，工业化水平得到迅速提高。而相比之下，第一产业和第三产业发展相对缓慢，尤其是第三产业的发展速度明显偏低，其对国内生产总值的贡献率也逐年萎缩。2009年，一、二、三产业对国内生产总值的贡献率分别为2.7%、59.4%和37.9%，预计2010年三次产业的贡献率将分别达到3.0%、69.1%和27.9%，第三产业贡献率将比2009年下降10个百分点左右。我省正处在“工业化、城镇化和农业现化”统筹发展的关键时期，加快发展第三产业，提高第三产业比重，将有利于我省“三化统筹”的顺利实施和可持续发展，是我省推进产业结构调整、实现经济增长方式转变的重要途径。

## 三、基本展望

“十一五”末期，全省GDP总量将达到8600亿元，人均GDP将达到4600美元，这预示着2011年全省经济总量有能力跃上万亿元的大台阶，将成为全国 “万亿GDP”俱乐部的新成员；同时人均GDP将会超过5000美元，意味着吉林社会由中等收入水平加快向中高等收入水平迈进的步伐。

可以说2011年是我省关键时期的重要机遇年，所谓关键时期，就在于达不到万亿元GDP的水平，我省在全国各省市区的排序中就有退位的可能。所谓重要机遇年，到“十一五”末期，我省工业经济资产总额已超过万亿元，经比较，全国GDP超万亿元的省市区数据表明，在GDP达到万亿元的临界点上，与工业资产过万亿元有很强的相关性。所以，紧紧抓住这个机遇，2011年总体经济仍需保持较快的增长速度。

获得相对较高的增长速度，产业间协调发展至关重要。统计分析表明，“十一五”期间在GDP增速较高的2007和2008两年，其二、三产业增加值增长贡献率与该产业占GDP的比例，相比较较为合理；而GDP增长率相对较低的年份就显得不甚协调。比如，今年预计二产业的贡献率将达到69.1%的高位，而第三产业仅为27.9%，比该产业增加值占GDP的比重低10个百分点。产业结构增长的不稳定性，对经济总量会产生重大影响。所以，促进产业结构优化，即是加快发展方式转变的内在要求，更是我省GDP总量再上新台阶的迫切需要；同时也说明，在产业间的增长上，第三产业存在着较大的增长空间。

获得相对较高的增长速度，加大产业创新发展是重要驱动力。比如，今年我省粮食产量比历史最高水平多出5000万斤，但一产业创造的增加值对GDP的贡献率却下降5个多百分点，而且今年的粮价也达到了较高的水平。这说明传统的种值业现有的水平对提高第一产业附加值的作用减弱，加快农业现代化步伐，通过农业产业创新改变我省实物量（粮食）大省，价值相对小省的局面。再比如，我省工业经济的投入产出比，“十一五”末期的1.14比“十五”末期的0.81提高了33个百分点，但是占56.6%的企业总产出（销售收入），其产出效率低于100%（99.2%）。这说明我省的很多工业产品，价格低廉，价值低下。作为老工业基地，我省有产业基础、有科技优势，要想创造更多的财富，应不断实现创新创造，提高我省产品的科技含量，获取产业微笑曲线高端的价值。

获得相对较高的增长速度，更要把共享发展放在极为重要的位置上。“十五”末期，我省人均GDP居全国各省市区的第13位，城镇人均可支配收入居第19位；到“十一五”末期，人均GDP前进到11位，城镇人均可支配收入后退到22位。这说明发展的成果还没有真正为人民群众所共享，所以，经济增长与居民收入增长同步，是实现2011年全省经济较快增长的基本要求。

# 吉林省工业产业结构现状分析及调整建议

刘　莉

**编者按：《吉林省工业产业机构现状分析及调整建议》一文于2010年12月27日以《统计分析》第53期（总第613期）印发。2011年1月12日，王儒林省长阅后批示："要下功夫培育我省新兴战略产业，培育新的产业集群，形成新的更多的工业经济增长点。请省发改委、工信厅阅研"。**

产业结构具有影响经济增长、收入分配、环境和就业等多方面的效应。合理的产业结构可以充分利用各种资源，使资源在各部门间得到合理的配置和使用，从而具有较高的产出效率。因此，产业运行效率是判断产业结构是否优化的重要标志。本文通过对我省工业结构现状的描述和运行效率的分析，提出了对我省工业结构调整的几点建议，供领导决策参考。

## 一、工业经济运行情况

### （一）工业经济总体运行水平

近年来，我省工业经济结构较好地发挥了其增长效应，工业经济总量不断扩大，盈利能力显著增强，工业经济实现了平稳较快发展。2010年前10个月，我省纳入定期统计范围的规模以上工业企业有6041户，比2005年末净增加3210户；拥有资产达10740.04亿元，是2005年末的2.4倍；从业人员128.51万人，比2005年末增加26.24万人；累计实现总产值10850.19亿元，是2005年的2.9倍；实现增加值3077.58亿元，比2005年增加1876.8亿元；实现主营业务收入9741.71亿元，比2005年增加6165.16亿元，增长1.7倍，户均实现主营业务收入1.61亿元，比2005年增加0.35亿元；实现利润670.05亿元，是2005年的4.8倍。

2010年预计全省规模以上工业企业资产总额将达到11500亿元左右，将实现工业总产值13000亿元左右，将实现增加值3650亿元，实现利润有望达到780亿元以上。2005年、2008年和2010年1—10月份我省规模以上工业主要经济指标完成情况。（见表1）

表1　我省规模以上工业主要经济指标完成情况

| | 计量单位 | 2005年 | 2008年 | 2010年1–10月 |
|---|---|---|---|---|
| 企业数 | 个 | 2831 | 4393 | 6041 |
| 总产值 | 亿元 | 3772.60 | 8369.01 | 10850.19 |
| 增加值 | 亿元 | 1200.78 | 2491.28 | 3077.58 |
| 资产 | 亿元 | 4508.88 | 7114.01 | 10740.04 |
| 主营业务收入 | 亿元 | 3576.55 | 7703.81 | 9741.71 |
| 利润 | 亿元 | 138.26 | 353.80 | 670.05 |
| 从业人员 | 万人 | 102.27 | 117.40 | 128.51 |

（二）分市州工业经济运行水平

2005年以来，在国家振兴东北地区老工业基地重大战略的促动下，通过投资拉动和项目带动，我省各市州规模以上工业经济总量都有了明显扩大，2010年前10个月，长春规模以上工业累计实现增加值1233.60亿元，比2005年增加778.03亿元，在九个市州中增量最大；辽源规模以上工业累计实现增加值149.87亿元，是2005年的4.1倍，在九个市州中增幅最高。五年间，四平市规模以上工业增加值的绝对量在全省的位次，由第五位上升到了第四位；白山市规模以上工业增加值在全省的位次已由第七位上升到了第六位。2005年、2008年和2010年1—10月份全省分市州工业增加值完成情况。（见表2）

表2　分市州工业增加值

单位：亿元

| | 2005年 | | 2008年 | | 2010年1–10月 | |
|---|---|---|---|---|---|---|
| | 增加值 | 位次 | 增加值 | 位次 | 增加值 | 位次 |
| 全省 | 1200.78 | | 2491.28 | | 3077.58 | |
| 长春 | 455.57 | 1 | 884.45 | 1 | 1233.60 | 1 |
| 吉林 | 214.48 | 2 | 437.79 | 2 | 519.61 | 2 |
| 四平 | 68.51 | 5 | 174.37 | 5 | 241.80 | 4 |
| 辽源 | 36.36 | 8 | 101.68 | 8 | 149.87 | 8 |
| 通化 | 77.62 | 4 | 196.27 | 4 | 214.21 | 5 |
| 白山 | 50.3 | 7 | 124.83 | 7 | 172.72 | 6 |
| 松原 | 169.67 | 3 | 391.95 | 3 | 386.77 | 3 |
| 白城 | 20.34 | 9 | 38.92 | 9 | 66.86 | 9 |
| 延边 | 58.99 | 6 | 133.59 | 6 | 165.90 | 7 |

## 二、工业产业结构现状

### （一）支柱和高耗能产业结构状况

经过十一个五年计划的积累和沉淀，我省已经形成了以交通运输设备制造、石油化工和食品加工制造三大产业为支柱的工业经济格局。“十一五”期间，三大支柱产业占全省规模以上工业的比重总体基本保持稳定，其中食品工业占比显著提高，交通运输设备制造业占比略有提升，石化工业占比有所降低。2010年前10个月，全省三大支柱产业累计实现增加值1882.56亿元，占规模以上工业增加值总量的比重为61.2%，比2005年降低0.7个百分点。其中交通运输设备制造业实现增加值932.33亿元，占比为30.3%，比2005年提高2.4个百分点；食品工业实现增加值489.45亿元，占比为15.9%，比2005年提高5.7个百分点；石化工业实现增加值460.78亿元，占比为15.0%，比2005年降低8.8个百分点。近年来，我省紧紧围绕节能减排目标，大力调整高耗能产业结构，是石化工业占比下降的重要原因。2010年前10个月，我省六大工业高耗能行业累计实现增加值460.78亿元，占规模以上工业增加值总量的比重为21.5%，比2005年下降7.9个百分点。2005年、2008年和2010年1—10月份我省三大支柱行业和六大高耗能行业增加值完成情况。(见表3)

表3 三大支柱行业和六大高耗能行业增加值完成情况

单位：亿元，%

| | 2005年 | | 2008年 | | 2010年1−10月 | |
|---|---|---|---|---|---|---|
| | 增加值 | 占比 | 增加值 | 占比 | 增加值 | 占比 |
| 规模以上工业 | 1200.78 | | 2491.28 | | 3077.58 | |
| 三大支柱产业合计 | 743.00 | 61.9 | 1500.09 | 60.2 | 1882.56 | 61.2 |
| 交通 | 334.73 | 27.9 | 617.43 | 24.8 | 932.33 | 30.3 |
| 石化 | 285.71 | 23.8 | 483.18 | 19.4 | 460.78 | 15.0 |
| 食品 | 122.56 | 10.2 | 399.48 | 16.0 | 489.45 | 15.9 |
| 高耗能行业 | 352.98 | 29.4 | 589.67 | 23.7 | 661.43 | 21.5 |

（注：六大高耗能行业包括非金属矿物制品业、电力、热力的生产和供应业、石油加工、炼焦及核燃料加工业、黑色金属冶炼及压延加工业、化学原料及化学制品制造业、有色金属冶炼及压延加工业）。

### （二）轻重工业结构状况

新中国成立以后相当长的一个时期内，在国家“优先发展重工业”战略指导思想的作用下，国家始终将我省作为重工业基地实行产业布局，建立了以“一汽”、“吉化”为代表的大型重工业企业。“十一五”期间，伴随着我省工业结构的持续战略性调整，重工业实现增加值占全省规模以上工业的比重虽不断下降，但仍占七成以上。2010年前10个月，我省轻、重工业累计实现增加值分别为853.26亿元和2224.33亿元，分别比2005年增加610.85亿元和1265.96亿元，轻重工业比例由2005年的20.2:79.8调整为27.7:72.3。2005年、2008年和2010年1—10月份我省轻、重工业增加值完成情况。（见表4）

**表4　分轻重工业增加值**

单位：亿元，%

| | 2005年 | | 2008年 | | 2010年1–10月 | |
|---|---|---|---|---|---|---|
| | 增加值 | 占比 | 增加值 | 占比 | 增加值 | 占比 |
| 规模以上工 | 1200.78 | | 2491.28 | | 3077.58 | |
| 轻工业 | 242.41 | 20.2 | 638.58 | 25.6 | 853.26 | 27.7 |
| 重工业 | 958.37 | 79.8 | 1852.69 | 74.4 | 2224.33 | 72.3 |

（三）经济类型结构状况

“十一五”时期，随着国企改制步伐的加快和民营经济三年腾飞计划的顺利实施，我省工业经济中股份制经济和民营经济得到迅速发展，股份制经济和民营经济已经在工业经济中占据了半壁江山。2010年前10个月，全省规模以上股份制企业累计实现工业增加值1731.99亿元，占全部规模以上工业增加值的比重达到56.3%，比2005年扩大了5.7个百分点；民营工业累计实现增加值1512.62亿元，占全部规模以上工业增加值的比重达到49.1%，比2005年扩大了28.4个百分点。2005年、2008年和2010年1—10月份我省分经济类型工业增加值完成情况。(见表5)

**表5　分经济类型增加值**

单位：亿元，%

| | 2005年 | | 2008年 | | 2010年1–10月 | |
|---|---|---|---|---|---|---|
| | 增加值 | 占比 | 增加值 | 占比 | 增加值 | 占比 |
| 规模以上工业 | 1200.78 | | 2491.28 | | 3077.58 | |
| 国有企业 | 268.64 | 22.4 | 253.87 | 10.2 | 307.14 | 10.0 |
| 集体企业 | 29.71 | 2.5 | 24.09 | 1.0 | 13.28 | 0.4 |
| 股份合作企业 | 4.68 | 0.4 | 3.49 | 0.1 | 7.25 | 0.2 |
| 股份制企业 | 607.01 | 50.6 | 1422.89 | 57.1 | 1731.99 | 56.3 |
| 外商和港澳台商投资企业 | 253.37 | 21.1 | 661.79 | 26.6 | 770.80 | 25.0 |
| 民营工业 | 249.14 | 20.7 | 919.04 | 36.9 | 1512.62 | 49.1 |

## 三、产业结构运行效率判断和评价

### （一）基于劳动生产率的判断

产业结构优化的一个重要标志是创造更高的劳动生产率，劳动生产率作为反映产业投入和产出关系的重要指标，集中体现了一个产业或者一个行业的生产力发展水平，是产业和行业资源配置效率的重要表现形式。

由于国家统计局从2008年开始不再公布全国及各省（自治区、直辖市）规模以上工业增加值总量数据，因此，我们只能对2005—2007年全国和我省规模以上工业劳动生产率进行比较。2005年，我省规模以上工业劳动生产率为117413元/人，高于全国平均水平12732元/人。到2007年，我省规模以上工业劳动生产率达到190230元/人，高于全国平均水平的差距扩大到41601元/人，我省规模以上工业劳动生产率不仅高于全国平均水平，而且增长速度也快于全国平均水平。因此，从以劳动生产率衡量的产业运行效率看，我省在全国处于中等偏上水平。2005年以来我省规模以上工业劳动生产率与全国平均水平比较情况。(见表6)

表6　2005年以来我省规模以上工业劳动生产率与全国平均水平比较情况

单位：元/人

| | 2005年 | 2006年 | 2007年 | 2008年 | 2010年1−10月 |
|---|---|---|---|---|---|
| 全国 | 104680 | 123771 | 148629 | — | — |
| 吉林 | 117413 | 143937 | 190230 | 212137 | 239487 |
| 位次 | 12 | 12 | 11 | — | — |

从规模以上工业内部行业的劳动生产率情况来看，我省支柱产业劳动生产率较高，运行效率良好。而纺织、印刷等劳动密集型行业运行效率相对较差。2010年前10个月，我省交通运输设备制造、石化和食品工业累计资产额达5440.76亿元，占规模以上工业的50.7%，累计实现新产品产值2245.59亿元，占规模以上工业的86.9%。资金和技术的强大支持使得支柱产业劳动生产率远超全省平均水平，其中交通运输设备制造业劳动生产率为442019元/人，高于全省平均水平202533元/人，石化工业劳动生产率为272246元/人，高于全省平均水平32759元/人，食品工业劳动生产率为289147元/人，高于全省平均水平49660元/人。各支柱行业的劳动生产率水平均排在大类行业的前列。分行业看，劳动生产率排在前四位的依次是烟草制品业、石油加工、炼焦及核燃料加工业、交通运输设备制造业和农副食品加工业，其劳动生产率分别是1448125元/人、979278元/人、442019元/人和303212元/人，分别高于全省平均水平1208638元/人、739792元/人、202533元/人和63725元/人。同时，我省也存在着

劳动生产率不足10万元/人的行业，这类行业以高人力投入、低产出、小规模和发展活力不足为主要特征，其劳动生产率往往不及全省平均水平的一半，运行效率相对低下。在这些行业中，纺织业劳动生产率为96894元/人、造纸及纸制品业劳动生产率为96828元/人、煤炭开采和洗选业劳动生产率为95116元/人、印刷业和记录媒介的复制业劳动生产率为90960元/人、燃气生产和供应业劳动生产率为90241元/人、其他采矿业劳动生产率为50055元/人、水的生产和供应业劳动生产率为42940元/人。2010年前10个月我省劳动生产率最高的4个行业和最低的7个行业劳动生产率水平。(见表7)

表7　2010年前10个月我省劳动生产率最高的4个行业和最低的7个行业

| 行业名称 | 工业增加值(万元) | 从业人员(人) | 劳动生产率(元/人) | 按行业劳动生产率排序 |
|---|---|---|---|---|
| 烟草制品业 | 557528 | 3850 | 1448125 | 1 |
| 石油加工、炼焦及核燃料加工业 | 818383 | 8357 | 979278 | 2 |
| 交通运输设备制造业 | 9323338 | 210926 | 442019 | 3 |
| 农副食品加工业 | 3184088 | 105012 | 303212 | 4 |
| 纺织业 | 182742 | 18860 | 96894 | 33 |
| 造纸及纸制品业 | 152592 | 15759 | 96828 | 34 |
| 煤炭开采和洗选业 | 880416 | 92562 | 95116 | 35 |
| 印刷业和记录媒介的复制 | 57623 | 6335 | 90960 | 36 |
| 燃气生产和供应业 | 41520 | 4601 | 90241 | 37 |
| 其他采矿业 | 1807 | 361 | 50055 | 38 |
| 水的生产和供应业 | 61069 | 14222 | 42940 | 39 |

（二）基于单位增加值能耗的判断

工业产业结构的运行效率还可以通过单位工业增加值能耗水平来具以反映。近年来，我省通过大力推进技术进步和实施创新驱动，积极调整高耗能产业布局，结构性节能工作取得了明显成果。2005年、2008年、2009年和2010年前三个季度全省单位工业增加值能耗分别为3.32吨标准煤/万元、1.98吨标准煤/万元、1.62吨标准煤/万元和1.53吨标准煤/万元，全省单位工业增加值能耗呈现持续下降的态势。2009年，我省规模以上工业单位增加值能耗水平居全国第12位，处于中上游水平。一般情况下，随着经济发展水平的不断提高，单位工业增加值能耗水平会呈现不断下降的趋势。2009年，广东省单位工业增加值能耗为0.809吨标准煤/万元，比我省单耗水平低出一半还多；浙江省单位工业增加值能耗为1.123吨标准煤/万元，我省高出其0.498吨标准煤/万元。同为东北老工业基地的黑龙江省，其单位工业增加值能耗为1.382吨标准煤/万元，比我省低0.239吨标准煤/万元。这说明，近年来我省工业产业结构的调整虽有效促进了工业经济的加快发展，但与发达省份和同为东北老工业基地的省份相比较仍相对粗放，能源利用效率水平仍然相对较低。工业经济在这种产业结构下运行，尚不能充分发挥效率，工业产业结构仍存在着进一步改善的空间。2009年各省、自治区、直辖市单位工业增加值能耗水平。（见表8）

## 四、对我省工业结构调整和发展的几点思考

“十一五”期间，虽然受到国际金融危机的强力冲击和影响，但我省工业经济基本保持了平稳快速发展的基本态势，工业经济总量连年扩大，各年度工业增速持续保持在16%以上，为保证全省“十一五”规划目标的实现做出重大贡献。但是，这并不能说明我省目前工业经济结构已经达到了完美状态。在国际金融危机的冲击下，我省工业生产一度跌至个位数增长的事实要求我们必须清醒认识到，我省工业结构调整仍任重道远，需要从以下方面做出努力。

（一）培育更多的工业经济增长点

我省交通运输设备制造、石化和食品三大产业在工业经济中比重过大，对工业经济的长远发展具有双面性的影响。在外部经济环境良好，内部产业运行正常的情况下，三大支柱产业对工业经济的增长表现出强力拉动作用，但是一旦外部环境发生变化或遇到不可抗力事件，这些行业往往会最先受到冲击。因此，培育新的战略产业，形成新的支柱产业集群，培育更多的工业经济增长点，有利于全省工业经济的长期稳定健康发展。2009年省政府印发了《吉林省工业产业跃升计划纲要》，为信息、医药等产业带来新的难得的发展机遇。

（二）借鉴他山之石，研究和学习外省先进经验

表8 2009年各省、自治区、直辖市单位工业增加值能耗水平

| 序号 | 地区 | 指标值（吨标准煤/万元） | 同比上升或下降（±%） | 按指标值排序 |
| --- | --- | --- | --- | --- |
| 1 | 北京 | 0.909 | −12.3 | 2 |
| 2 | 天津 | 0.911 | −13.54 | 3 |
| 3 | 河北 | 2.999 | −9.54 | 24 |
| 4 | 山西 | 4.55 | −8.81 | 29 |
| 5 | 内蒙古 | 3.557 | −15.1 | 27 |
| 6 | 辽宁 | 2.257 | −6.95 | 18 |
| 7 | 吉林 | 1.621 | −8.19 | 12 |
| 8 | 黑龙江 | 1.382 | −9.64 | 9 |
| 9 | 上海 | 0.957 | −5 | 4 |
| 10 | 江苏 | 1.107 | −10.17 | 5 |
| 11 | 浙江 | 1.123 | −4.96 | 6 |
| 12 | 安徽 | 2.1 | −11.13 | 15 |
| 13 | 福建 | 1.15 | −2.7 | 7 |
| 14 | 江西 | 1.674 | −10.13 | 13 |
| 15 | 山东 | 1.543 | −9.2 | 10 |
| 16 | 河南 | 2.708 | −11.56 | 21 |
| 17 | 湖北 | 2.35 | −12.27 | 19 |
| 18 | 湖南 | 1.57 | −13.68 | 11 |
| 19 | 广东 | 0.809 | −6.94 | 1 |
| 20 | 广西 | 2.235 | −6.68 | 16 |
| 21 | 海南 | 2.613 | −4.53 | 20 |
| 22 | 重庆 | 1.854 | −11.95 | 14 |
| 23 | 四川 | 2.249 | −9.18 | 17 |
| 24 | 贵州 | 4.32 | −0.03 | 28 |
| 25 | 云南 | 2.739 | −3.78 | 22 |
| 26 | 陕西 | 1.367 | −5.82 | 8 |
| 27 | 甘肃 | 3.53 | −12.84 | 26 |
| 28 | 青海 | 2.936 | −9.46 | 23 |
| 29 | 宁夏 | 6.509 | −8.71 | 30 |
| 30 | 新疆 | 3.095 | −1.72 | 25 |

近年来，天津市积极调整工业产业结构，积极发展符合国家产业政策的高新、高端、高质、低耗能产业，逐步培育出航天航空、石油化工、先进装备制造、新能源新材料等高端产业集群，使得天津工业在危机中获得了新的竞争优势。天津市采取的多面出击，多措并举，从而形成多方见效的良好局面的成功经验很值得我们深入学习和借鉴。

（三）加快促进劳动密集型产业向资金和技术密集型产业转化

通过对工业经济分行业运行效率的分析可以发现，我省运行效率偏低的行业大多属于劳动密集型产业，因此，促进劳动密集型产业向产业链高端发展，鼓励和支持企业加大对设计、研发、品牌和服务等方面的投入，提高劳动密集型产业运行效率，进而把全省工业经济运行效率提高到一个更高的水平和层次。

（四）以市场为导向，避免采取强硬的行政干预

产业结构升级必须以市场要求为导向，提升企业自主发展能力和竞争力。在推动工业经济产业结构优化升级的过程中，政府应以经济手段进行引导，切莫以行政干预的方式进行推动，因为这样做不仅会扭曲产业经济运行效率，甚至会影响全省经济的长期平稳发展。

# 全省六大高耗能行业发展现状、特点及趋势分析

张志刚

**编者按：《全省六大高耗能行业发展现状、特点及趋势分析》一文于2010年12月28日以《统计分析》第54期总第（614）期印发。王儒林省长阅后批示："所提建议值得高度重视，请福春、常明同志阅研。"**

所谓高耗能行业，是指生产过程中所消耗的一次能源或二次能源比重相对较高，能源成本在产值中所占比重较大的行业，也可以称为能源消费密集型行业。依据单位工业增加值能耗的高低，国家统一把石油加工、炼焦及核燃料加工业、化学原料及化学制品制造业、非金属矿物制品业、黑色金属冶炼及压延加工业、有色金属冶炼及压延加工业、电力热力的生产和供应业列为六大高耗能行业。六大高耗能行业都是国民经济生产活动中重要的生产资料和能源供应部门，一方面为经济社会发展提供强有力的基础性支撑；另一方面又由于其具有高能耗、高排放的特点而使生态环境受到危害，从而对经济社会的可持续发展产生制约性的影响。

## 一、全省高耗能行业发展的现状

### （一）高耗能行业生产在全省工业经济中占有较大比重

我省规模以上工业企业中现有隶属六大高耗能行业的企业1372户，占全省规模以上工业企业总户数的22.3%，其中非金属矿物制品业577户；化学原料及化学制品制造业423户；电力热力的生产和供应业217户；黑色金属冶炼及压延加工业66户；有色金属冶炼及压延加工业48户；石油加工、炼焦及核燃料加工业41户。截至11月末，六大高耗能行业资产合计3879.74亿元，占全省规模以上工业资产总额的比重为35.9%。六大高耗能行业企业从业人员32.39万人，占全省规模以上工业企业从业人员总数的比重为25.2%。2010年1—11月份全省高耗能行业主要生产效益指标数据见表1：

### （二）对全省能源消费量有着重大影响

当前，在全省能源消费总量的构成中，工业六大高耗能行业仍然是能源消费的

表1　1—11月份全省高耗能行业主要生产效益指标数据

单位：亿元

| | 增加值 | 占全省工业比重（%） | 产值 | 占全省工业比重（%） | 利润 | 占全省工业比重（%） | 利税 | 占全省工业比重（%） |
|---|---|---|---|---|---|---|---|---|
| 全省规模以上工业 | 3429.75 | 100.0 | 12076.53 | 100.0 | 743.32 | 100.0 | 1313.46 | 100.0 |
| 六大高耗能行业合计 | 734.63 | 21.4 | 2940.24 | 24.3 | 65.10 | 8.8 | 196.03 | 14.9 |
| 石油加工、炼焦及核燃料加工业 | 91.49 | 2.7 | 129.45 | 1.1 | 1.85 | 0.2 | 9.41 | 0.7 |
| 化学原料及化学制品制造业 | 203.33 | 5.9 | 989.50 | 8.2 | 19.17 | 2.6 | 88.04 | 6.7 |
| 非金属矿物制品业 | 177.34 | 5.2 | 697.16 | 5.8 | 34.35 | 4.6 | 54.90 | 4.2 |
| 黑色金属冶炼及压延加工业 | 96.86 | 2.8 | 499.94 | 4.1 | -5.44 | -0.7 | -0.78 | -0.1 |
| 有色金属冶炼及压延加工业 | 35.94 | 1.0 | 110.94 | 0.9 | 6.79 | 0.9 | 9.06 | 0.7 |
| 电力热力的生产和供应业 | 129.66 | 3.8 | 513.25 | 4.2 | 8.39 | 1.1 | 35.40 | 2.7 |

主体，其能源消耗的高低对全省能源消费状况起着决定性的作用。今年1—11月份，全省六大高耗能行业综合能源消费量为2966.60万吨标准煤，占全省工业综合能源消费量的73.3%；六大高耗能行业用电量为231.46亿千瓦小时，占全省工业用电量的64.3%，占全省全社会用电量的44.2%。1—11月份全省高耗能行业能源消费主要数据见表2：

表2　1—11月份全省高耗能行业能源消费主要数据

| | 综合能耗(万吨标准煤) | 占全省工业比重(%) | 用电量（亿千瓦小时） | 占全省工业比重(%) | 原煤消费量（万吨） | 占全省工业比重(%) | 热力消费量(百亿千焦) | 占全省工业比重(%) |
|---|---|---|---|---|---|---|---|---|
| 全部工业企业 | 4048.30 | 100.0 | 359.70 | 100.0 | 6637.65 | 100.0 | 7145.80 | 100.0 |
| 六大高耗能行业合计 | 2966.60 | 73.3 | 231.46 | 64.3 | 4629.68 | 69.7 | 4529.29 | 63.4 |
| 石油加工、炼焦及核燃料加工业 | 72.43 | 1.8 | 5.64 | 1.6 | 0.00 | 0.0 | 0.00 | 0.0 |
| 化学原料及化学制品制造业 | 708.45 | 17.5 | 33.21 | 9.2 | 270.61 | 4.1 | 3940.79 | 55.1 |
| 非金属矿物制品业 | 493.37 | 12.2 | 36.16 | 10.1 | 666.45 | 10.0 | 94.26 | 1.3 |
| 黑色金属冶炼及压延加工业 | 597.43 | 14.8 | 57.00 | 15.8 | 93.49 | 1.4 | 30.00 | 0.4 |
| 有色金属冶炼及压延加工业 | 22.81 | 0.6 | 3.45 | 1.0 | 24.62 | 0.4 | 0.00 | 0.0 |
| 电力热力的生产和供应业 | 1072.11 | 26.5 | 96.00 | 26.7 | 3574.51 | 53.9 | 464.24 | 6.5 |

### （三）高耗能行业企业效益状况低于全省平均水平

截至11月末，全省规模以上工业高耗能行业企业的平均利润额为474.47万元，仅为全省规模以上工业企业平均利润水平的39.4%。当期全省高耗能行业企业的亏损面比全省规模以上工业平均水平高出1.8个百分点。其中，电力、热力的生产和供应业亏损面高达30.9%，比全省工业平均水平高出20.2个百分点。高耗能行业企业总资产利润率和主营业务收入利润率分别比全省工业平均水平低5.2和4.0个百分点；资产负债率比全省工业平均水平高1.5个百分点；产品销售率比全省工业平均水平低0.9个百分点；全员劳动生产率比全省工业低43374元/人。1—11月份高耗能行业效益指标见表3：

表3　1—11月份全省高耗能行业效益指标

| | 亏损面（%） | 总资产利润率（%） | 主营业务收入利润率（%） | 资产负债率（%） | 产品销售率（%） | 全员劳动生产率（元/人） |
|---|---|---|---|---|---|---|
| 全省规模以上工业 | 10.7 | 6.9 | 6.4 | 51.9 | 98.2 | 262029 |
| 六大高耗能产业合计 | 12.5 | 1.7 | 2.4 | 53.4 | 97.3 | 218656 |
| 石油加工、炼焦及核燃料加工业 | 9.8 | 1.6 | 1.9 | 20.8 | 82.3 | 1021258 |
| 化学原料及化学制品制造业 | 6.9 | 2.8 | 2.0 | 37.9 | 97.7 | 224263 |
| 非金属矿物制品业 | 9.2 | 5.3 | 4.9 | 61.8 | 98.2 | 198725 |
| 黑色金属冶炼及压延加工业 | 18.2 | -1.1 | -1.2 | 71.4 | 97.7 | 234019 |
| 有色金属冶炼及压延加工业 | 14.6 | 3.2 | 6.8 | 62.4 | 92.0 | 204508 |
| 电力热力的生产和供应业 | 30.9 | 0.5 | 2.1 | 52.2 | 99.8 | 153131 |

## 二、全省高耗能行业发展的特点

### （一）非金属矿物制品业生产增速和有色金属冶炼及压延加工业综合能耗增速维持在较高水平

年初以来，在各项宏观调控政策的作用下，全省高耗能行业生产总体在低位增长的态势下运行，除非金属矿物制品业外的五大高耗能行业生产增长速度均维持在较低的水平。1—11月份，有色金属冶炼及压延加工业和石油、炼焦及核燃料加工业增加值累计增速分别只有0.6%和3.0%，但非金属矿物制品业生产却呈现持续强劲增长之势，其1—11月份增加值累计增速高达29.7%，不仅高于高耗能行业整体增速15.9个百分点，而且还高于全省规模以上工业生产增速9.6个百分点。1—11月份，全省六大高耗能行业中有五个行业的综合能耗增速在10%以下低位运行，而有色金属冶炼及压延加工业综合能耗增速则高达29.9%，比全省工业综合能耗增速高出23.3个百分点。1—11月份全省高耗能行业发展速度见表4：

表4 1—11月份全省高耗能行业发展速度

| | 增加值增速(%) | 产值增速(%) | 综合能耗增速(%) | 用电量增速(%) |
|---|---|---|---|---|
| 全省规模以上工业 | 20.1 | 32.6 | 6.6 | 13.5 |
| 六大高耗能产业合计 | 13.8 | 27.8 | 4.2 | 11.8 |
| 石油加工、炼焦及核燃料加工业 | 3.0 | 30.7 | 9.5 | 0.6 |
| 化学原料及化学制品制造业 | 11.9 | 28.9 | 6.2 | 19.0 |
| 非金属矿物制品业 | 29.7 | 40.8 | 7.5 | 9.1 |
| 黑色金属冶炼及压延加工业 | 11.1 | 25.7 | 8.9 | 18.7 |
| 有色金属冶炼及压延加工业 | 0.6 | 24.8 | 29.9 | -25.1 |
| 电力热力的生产和供应业 | 11.3 | 13.7 | -1.4 | 9.5 |

（二）小企业在高耗能行业中占据较大比重

截至11月末，全省共有规模以上高耗能大型工业企业14户，中型企业110户，小型企业1248户。小型企业数量占全部高耗能企业总户数的91.0%，这个比例虽然比全部规模以上小型工业企业占全部规模以上工业企业总户数的比重（92.5%）低了1.5个百分点，但由于高耗能企业均为投入大、消耗高、污染重的企业，特别是小型高耗能企业普遍存在着资源整合能力差，研发创新能力弱，成本控制水平低，企业发展缺乏长远目标规划等缺陷，尤其是小炼油、小化工、小水泥厂都是排放较大，污染较重的企业，因此小型高耗能企业的发展应该得到有效限制。1—11月份，全省化学原料及化学制品制造业和非金属矿物制品业的规模以上小型企业户数占本行业规模以上企业总户数比重分别达到94.3%和94.8%，分别比全省规模以上小型企业户数占全部规模以上企业总户数的比重高出1.8和2.3个百分点。1—11月份全省高耗能企业规模情况见表5：

（三）各市州工业经济增长对高耗能行业的依赖性差异较大

从目前情况看，全省工业经济发展中对高耗能行业依赖程度最大的地区是吉林市。1—11月份，吉林市高耗能行业实现增加值占本地区工业增加值总量的比重达到47.0%，化学原料及化学制品制造业和石油加工、炼焦及核燃料加工业仍然是其主导

表5　1—11月份全省高耗能企业规模情况

| | 企业户数 | 大型企业 | 中型企业 | 小型企业 | 小型企业所占比重（%） |
|---|---|---|---|---|---|
| 六大高耗能行业合计 | 1372 | 14 | 110 | 1248 | 91.0 |
| 非金属矿物制品业 | 577 | 1 | 29 | 547 | 94.8 |
| 化学原料及化学制品制造业 | 423 | 4 | 20 | 399 | 94.3 |
| 电力热力的生产和供应业 | 217 | 4 | 40 | 173 | 79.7 |
| 黑色金属冶炼及压延加工业 | 66 | 4 | 9 | 53 | 80.3 |
| 有色金属冶炼及压延加工业 | 48 | 1 | 6 | 41 | 85.4 |
| 石油加工、炼焦及核燃料加工业 | 41 | 0 | 6 | 35 | 85.4 |

产业，化工产品是其最主要的工业产品。其次是四平市，其高耗能行业增加值占地区工业增加值总量的比重也高达39.4%，黑色金属冶炼及压延加工业是其支柱产业。高耗能行业在其工业经济中比重最低的是长春市，增加值比重仅占8.7%。1-11月份全省各市州高耗能工业增加值见表6：

表6　1—11月份全省各市州高耗能行业工业增加值

单位：亿元、%

| 市　州 | 规模以上工业增加值 | 六大高耗能行业工业增加值 | 非金属矿物制品业增加值 | 化学原料及化学制品制造业增加值 | 电力热力的生产和供应业增加值 | 黑色金属冶炼及压延加工业增加值 | 有色金属冶炼及压延加工业增加值 | 石油加工、炼焦及核燃料加工业增加值 | 六大高耗能行业工业增加值占规上工业比重 |
|---|---|---|---|---|---|---|---|---|---|
| 全　省 | 3429.75 | 734.63 | 177.34 | 203.33 | 129.66 | 96.86 | 35.94 | 91.49 | 21.4 |
| 长春市 | 1354.96 | 117.22 | 43.35 | 12.16 | 52.68 | 2.79 | 1.56 | 4.68 | 8.7 |
| 吉林市 | 576.97 | 271.42 | 41.51 | 106.54 | 22.83 | 18.21 | 20.37 | 61.95 | 47.0 |
| 四平市 | 272.49 | 107.36 | 19.98 | 28.09 | 13.58 | 41.75 | 3.95 | 0.00 | 39.4 |
| 辽源市 | 166.06 | 45.27 | 9.66 | 12.53 | 5.67 | 7.73 | 8.45 | 1.21 | 27.3 |
| 通化市 | 243.59 | 54.25 | 13.47 | 5.39 | 6.01 | 28.04 | 0.19 | 1.15 | 22.3 |
| 白山市 | 194.31 | 56.11 | 17.62 | 8.26 | 14.72 | 3.04 | 1.73 | 10.74 | 28.9 |
| 松原市 | 438.45 | 62.16 | 21.45 | 23.14 | 5.54 | 0.12 | 0.30 | 11.61 | 14.2 |
| 白城市 | 78.34 | 15.62 | 5.71 | 0.61 | 7.09 | 0.40 | 0.46 | 1.37 | 19.9 |
| 延边州 | 190.12 | 25.89 | 8.60 | 2.16 | 10.54 | 1.06 | 2.77 | 0.76 | 13.6 |

## 三、全省高耗能行业发展的趋势

### （一）高耗能行业整体生产增速回落

今年前11个月，全省工业经济运行速度整体上呈现前高后低的态势，此间高耗能行业的生产增速也快速回落，并且与全部规模以上工业增速一直保持着一定的落差。在工业经济整体增速回落的时期，高耗能行业生产增速的回落速度更快，而在整体工业增速提升的时期，高耗能行业生产增速的回升也慢于全部工业。9月份以后，全省工业的当月增速呈现一定幅度的回升反弹，而高耗能行业的生产增速不仅没有出现反弹而且还呈现出加快回落的态势，12月份高耗能行业生产增速将有可能继续回落到本年的最低点。高耗能行业与全部规模以上工业生产增速变化情况（见图1）

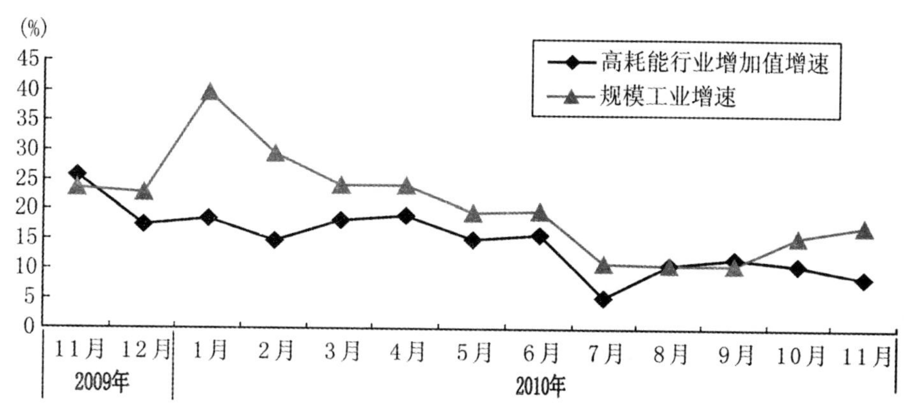


图1　高耗能行业与全部规模工业生产增速变化情况

### （二）一批高耗能产品产量增速回落，生产能力利用效率普遍不高

今年1—11月份，全省大部分高耗能产品产量同比增速有所回落。在石油化工类产品中，原油加工量同比下降2.6%，焦炭产量同比下降0.3%，化学纤维产量同比下降7.9%；在冶金类产品中，铁合金产量同比下降9.1%。此外，水泥、水泥熟料、粗钢、钢材产量累计增速均较上年同期增速有一定回落。从2009年工业统计年报数据反映的情况看，主要高耗能产品的生产能力利用效率多数处于较低水平，发电能力利用率为43.8%，其中火力发电能力利用率为60.5%，铁合金生产能力利用率为54.6%。在高耗能行业的主要产品中，只有粗钢和水泥熟料生产能力利用率维持在较高水平，分别是98.6%和94%。高耗能行业主要产品产量和生产能力利用情况见表7：

### （三）高耗能行业固定资产投资占全省工业项目投资总额的比重出现反弹

“十一五”时期，我省招商引资工作取得了卓有成效的进展，全省固定资产投资规模逐年扩大。与此同时，在国家节能减排战略的指导下，我省高耗能行业

表7　高耗能行业主要产品产量和生产能力利用情况

| 产品名称 | 计量单位 | 2009年末生产能力 | 2009年生产量 | 能力利用率(%) | 2010年1−11月份产量 | 2010年1−11月份产量增速(%) | 2009年1−11月份产量增速(%) |
|---|---|---|---|---|---|---|---|
| 原油加工能力／原油加工量 | 吨 | 11800000 | 8169053 | 69.2 | 7431356 | -2.6 | -0.2 |
| 焦炭 | 吨 | 4757000 | 4237807 | 87.3 | 3880174 | -0.3 | 10 |
| 农用氮、磷、钾化学肥料总计(折纯) | 吨 | 391500 | 266216 | 68.4 | 255644 | 26.1 | 4.4 |
| 化学纤维 | 吨 | 385000 | 304529 | 79.1 | 250131 | -7.9 | 15.2 |
| 水泥 | 吨 | 53195924 | 41706026 | 81.2 | 38932531 | 8.0 | 30.4 |
| 水泥熟料 | 吨 | 34927376 | 30188746 | 94.0 | 30276770 | 4.6 | 45.8 |
| 生铁 | 吨 | 7655000 | 6483092 | 84.7 | 6367603 | 8.5 | 5.5 |
| 粗钢 | 吨 | 8286500 | 7925624 | 98.6 | 7741235 | 6.2 | 19.9 |
| 钢材 | 吨 | 10983863 | 8480785 | 81.4 | 8179757 | 4.9 | 17.8 |
| 铁合金 | 吨 | 999880 | 530973 | 54.6 | 442980 | -9.1 | -12 |
| 发电设备容量总计／发电量 | 万千瓦／万千瓦小时 | 1535.18 | 5795247 | 43.8 | 5452023 | 13.0 | 5.3 |
| 其中：火电设备容量／发电量 | 万千瓦／万千瓦小时 | 909.58 | 4737683.7 | 60.5 | 42183389 | 4.4 | 3.4 |

的发展得到了明显的遏制，没有出现爆发式的增长。但是，今年以来出现了高耗能行业固定资产投资增速加快的情况，1—11月份高耗能行业固定资产投资增速达到48.6%，比全省工业项目固定资产投资增速高出14.6个百分点。“十一五”前4年全省高耗能行业固定资产投资占全部工业项目投资的比重分别是21.1%、22.3%、23.4%和20.7%，2010年1—11月份这一比重提高到27.0%，本年度高耗能行业投资的较高增长和比重明显上升，可能会对未来1到2年的节能降耗工作带来一定的负面影响。2006—2010年11月份高耗能行业固定资产投资情况见表8：

## 四、对高耗能行业发展的几点建议

高耗能行业作为国民经济的重要组成部分，为社会生产和日常生活提供重要的物质资料，是创造社会财富、稳定财政收入和解决就业的重要渠道，在经济社会发展中具有不可或缺的作用。但是，高耗能行业的过快和无序增长又会损害人民的根

表8　2006—2010年11月份高耗能行业固定资产投资情况

| | 2006年 | 2007年 | 2008年 | 2009年 | 2010年<br>1-11月份 |
|---|---|---|---|---|---|
| 全部工业 | 1421.18 | 2086.33 | 3088.7 | 3974.37 | 4506.47 |
| 六大高耗能行业合计 | 300.55 | 464.62 | 721.9 | 823.55 | 1216.95 |
| 石油加工、炼焦及核燃料加工业 | 6.37 | 5.20 | 12.25 | 9.00 | 20.71 |
| 化学原料及化学制品制造业 | 73.05 | 139.96 | 162.10 | 245.34 | 247.67 |
| 非金属矿物制品业 | 68.15 | 104.86 | 142.99 | 226.60 | 344.79 |
| 黑色金属冶炼及压延加工业 | 35.64 | 41.75 | 58.14 | 37.51 | 127.64 |
| 有色金属冶炼及压延加工业 | 13.19 | 17.81 | 20.56 | 21.69 | 22.75 |
| 电力热力的生产和供应业 | 104.15 | 155.04 | 325.86 | 283.41 | 453.39 |

本利益，危害社会的和谐发展，因此，对高耗能行业的发展需要采取积极、审慎、稳妥的政策措施。

（一）加强对高耗能行业的发展规划，防止高耗能产业的无序扩张和重复建设

应在产业发展总量、区域布局、企业规模、装备水平、综合利用、降低污染等方面统筹制定高耗能产业发展规划，加大对生产规模小、生产水平低、环境保护差的企业的整改力度，以淘汰落后产能为契机，将优势资源向投入产出效益好的地区和企业集中，加快推进全省高耗能企业的兼并重组步伐，促进高耗能企业相对集中建设和经营，充分发挥企业规模优势和效应，通过集约化生产，降低投资风险和成本，提升生产水平和竞争力，提高能源利用效率，改善生态环境。

（二）采取有效措施，加大调控力度，严格控制高耗能高污染行业过快增长

综合运用国土、金融、环保、工商等多部门力量，切实加大项目审核审批力度和提高行业准入条件，严格控制新建高耗能项目。坚决执行国家对高耗能行业发展的各项政策措施，认真贯彻落实有关淘汰高耗能行业落后产能、对能耗超限额企业实施惩罚性电价、严格高耗能行业建设项目批地供地的审核审批及控制其信贷规模总量、加大环评审核力度等各项政策措施。

（三）突出监测预警，强化目标责任，完善对高耗能行业的监测监管体制

要进一步加强对高耗能企业生产运行及能源消费的监测预警，尤其是要加大对重点耗能企业的监测力度，要对趋势性、苗头性的问题及时作出预警分析。要进一

步落实节能减排目标责任制和实绩评价考核制度，强化节能环保执法监督，严格考核各级各部门相关节能降耗工作负责人的目标责任，对未完成目标任务的要实行严肃的问责制。